구약정경론

구약정경론

초판 인쇄 | 2011년 4월 11일
초판 2쇄 | 2019년 2월 27일

지은이 | 신득일
펴낸이 | 박신웅
펴낸곳 | 도서출판 생명의 양식
등록 | 1998년 11월 3일. 서울시 제22-1443호
주소 | 137-803 서울특별시 서초구 반포동 58-10
전화 | (02) 533-2182
팩스 | (02) 533-2185

총판 | 생명의 말씀사
전화 | (02) 3159-7979
팩스 | (080) 022-8585

북디자인 | 김혜연
교열 | 김성완

ISBN 978-89-88618-56-1 93230
www.qtland.com

구약정경론

생명의 양식

머리말

구약학 과목은 크게 구약정경론(총론), 구약역사, 구약주석, 구약계시역사(구약신학)로 구성된다. 그 가운데 정경론은 이 학문의 출발점이자 기초가 되는 과목이다. '정경론' 이란 말은 한국 신학생들에게는 다소 생소한 제목이다. 이 정경론은 내용적으로는 총론과 같은 성격을 가진 과목이라고 할 수 있다. '구약총론' 이란 제목은 아이히호른이 처음으로 사용한 용어다(J.G. Eichhorn, *Einleitung in das Alte Testament* II, 1780). 이 명칭은 구약문헌의 형성과 문헌형태를 중립적인 상태에서 연구하려는 의도를 담고 있다. 그러나 카이퍼는 신학과목을 분류할 때 '총론' 이란 명칭을 쓰기를 거부하고 '정경론' (Kanoniek)이라고 했다(A. Kuyper, *Encyclopaedia der heilige Godgeleerdheid* III, 20ff., 1894). 그것은 성경을 믿음과 삶의 표준이 되는 권위 있는 하나님의 말씀으로 받아들인 상태에서, 성경을 중립적으로 다룰 수 없고 고백적인 입장에서 연구해야 한다는 것이다. 이 책의 제목은 이런 고백적 입장을 따라서 붙인 것이다.

제1부의 전반부의 서두에서는 정경형성에 대한 근거를 성경과 역사적 자료에서 살피는 '일반 정경론' 을 다루었다. 다음으로 구약비평사에 해당하는 '특수 정경론' 을 소개했다. 여기서 모든 구약비평을 다루지 않고 처음으로 소개된 주요 비평이론과 비평가들을 주로 소개했다.

제2부에서는 구약정경의 본문전승과 비평을 다루면서 다양한 구약사본과 역본의 가치를 평가했다. 전반부의 말미에서는 구약배경을 다루었다. 이것은 구약을 이해하기 위한 기본적인 정보에 해당하는 것이다.

제3부에서는 구약정경의 각론을 개괄적으로 다루었다. 이 개관에서는 각 권의 명칭과 기록목적 그리고 내용분해와 역사적 배경을 소개했다. 그러나 구약총론 책에서 대할 수 있는 저자와 연대문제를 따지는 무미건조한 토론은 피했다. 그 대신 구약의 풍성한 내용을 드러내기 위해서 각 권의 신학적 주제와 구속사적 메시지 그리고 '특기사항' 을 할애하여 본문내용과 주제에 대한 궁금증을 해소할 수 있는 설명을 덧붙였다.

책 말미에 첨부된 참고도서는 저술에 사용된 문헌을 기록한 것은 아니다. 오히려 한국의 독자들이 손쉽게 접근할 수 있는 책을 참고서로 소개했다. 그래서 참고도서는 영어로 써진 책과 다른 서양언어에서 주로 영어로 번역된 책만 실었다. 물론 이 중에 한국어 번역판도 많이 있을 것이다.

본서의 목적은 구약을 처음 대하는 독자를 위한 것이 아니라 신학대학원생과 신학수업을 준비하는 대학생을 목표로 해서 쓴 것이다. 물론 이 책은 이미 '구약총론' 을 공부한 신학생과 목회자에게도 구약연구를 위한 적절한 지침서가 될 것이다.

끝으로 어려운 여건 가운데서도 본서의 출판을 쾌히 허락해주신 '생명의 양식' 대표 나삼진 박사님과 본서의 집필을 위해서 여러 가지 배려를 아끼지 않은 대양교회와 김상석 목사님, 그리고 교열로 수고한 김성완 연구원에게도 감사를 드린다.

영도 고신대학교 연구실에서

저자識

차례

부록

제 1 부

구약정경론

01 일반정경론

구약을 해석하고 신학적 연구를 하기 전에 개론적으로 이 책의 성격과 형성 그리고 공적인 인정에 대해서 살펴보는 것이 중요하다. 그래서 이 정경론이란 제목하에 구약이 어떻게 권위 있는 하나님의 말씀으로 신앙공동체에 받아들여졌는가를 다룬다. 구약이라는 책은 유대교와 기독교가 다 같이 거룩한 문헌으로 여기고 최고의 권위를 가진 책으로 받아들인다. 물론 유대교는 이 집성된 책을 '구약' 이라고 명명하지 않고 '히브리 바이블' (*Hebrew Bible*) 또는 '타나크' (*Tanakh*)[1]란 명칭을 쓴다. 그들은 신약을 정경으로 인정하지 않기 때문에 신약성경에서 새 언약에 대조되는 의미로 쓴 옛 언약에 해당하는 '구약' 이란 명칭을 쓰지 않는다. 그렇지만 기독교는 유대 공동체에서 권위 있고 거룩한 것으로 집성한 그 한정된 책을 기독교 정경으로 받아들였기 때문에 이 정경론을 다루는 부분에서는 같은 개념으로 사용할 것이다.[2]

---

1) Tanakh는 *tōrā* (율법), *n^e^ḇī'īm* (선지서), *k^e^ṯūḇīm* (제문서)의 히브리어 첫 글자를 딴 글, 즉 두문자어다.

1. 정경의 이름과 개념

어원적으로 헬라어 *kanōn*(곧은 막대기, 자)은 셈어 중 히브리어 '갈대'를 의미하는 *qānē* (겔 40:3, 욥 40:21)에서 유래했다.[3] 이 갈대는 원래 측정도구였다. 그래서 나중에는 삶의 규범, 기준, 범주, 모범, 한계, 연대표, 과세 평가표 등을 의미하게 되었다. 고전문학에서는 따라야 하는 본이 되는 여러 작품에 적용되었다.

그러나 교회에서 정경이란 말이 현재의 성경을 의미하기까지는 많은 시간이 흘렀다. 이것은 세 가지 단계로 설명할 수 있다. 첫째, 주후 1, 2세기에 카논은 신앙의 규정(로마의 클레멘트)이나 세례 시 하는 공식 신앙고백(이레네우스) 또는 일반적인 교회의 교리를 정경이라고 했다(알렉산드리아의 클레멘트). 그래서 당시의 정경에 대한 이해는 마치 그것이 '표준'(norm)이란 말의 동의어와 같았다. 이 시대의 정경은 여러 가지 성격의 교회법을 가리키게 되었다.[4] 유대교에서는 필로가 '진리의 규정'(*kanona tēs alētheias*)이라는 말을 쓴 것도 성경을 가리키는 것은 아니었다.[5] 둘째, 헬라어 카논이란 말은 4세기 중반에 이르러 성경에 적용되었을 것으로 본다. 물론 유세비우스는 이전에 오리겐이 정경의 목록을 작성했다고 하면서 22권의 구약 제목을 나열했다.[6]

---

2) Lee Martin McDonald, *The Biblical Canon: Its Origin, Transmission, and Authority*, Peabody, MA: Hendrickson Publishers Inc., 2007, 38. McDonald는 기독교와 유대교간의 정경의 용어개념이 상당히 다르지만 하나님께서 특정한 문헌수집을 통하여 말씀하신 것은 같다고 한다.

3) 이것은 아캇어 *qanû*, 우가릿어 *qn*, 수메리어 GI-NA와 동일어근을 가졌다. 히브리어는 아캇어에서 차용된 것을 본다. Cf. R.K. *Harrison, Introduction to the Old Testament*, Grand Rapids, MI: William B. Eerdmans Publishing Company, 1985, 260.

4) McDonald, *The Biblical Canon*, 50.

5) Philo, *Legum allegorae* III, 233. '건전한 진리의 규정을 깨뜨리는 시혼'이란 말이 무엇을 의미하는 지 명확하지 않지만 율법의 일부로 생각할 수 있을 것이다.

6) Pamphilus Eusebius, The Church History of Eusebius, in *The Nicene and Post-Nicene Fathers Second Series* Vol. I, VI, XXV, 2. 272. 오리겐이 말하는 '교회의 정경'이란 유대교가 채택한 구약과 정확하게 일치하지는 않는다. 이 22권속에 '예레미야의 서신'이라는 것과 '마카비

그러나 그 정경이 하나님의 영감된 성경을 가리키는지는 명확하지 않다. 그것도 간접적으로 전해질 뿐이다. 정경이란 말이 성경을 지칭하는데 쓰였다는 직접적인 증거는 아타나시우스(주후 293?-373년)가 325년에 쓴 니케아 신조 18항에 나타난다. 이 말이 사용될 때는 성경은 다른 책과는 달리 거룩하다는 생각에서 '거룩한 문헌'의 목록과 한계를 지시하는데 사용되었다. 이 성경 목록은 그 후에(367년) 그가 부활절에 쓴 서른아홉 번째 서신에서 나타난다.[7] 셋째, 라틴어 용법에서 canon에 해당하는 *rēgula*는 성경 자체의 이름으로 사용되었다. 이것은 정경이 특정한 신앙공동체의 신앙과 정체성을 규정하는 확정된 성경책의 수집을 의미한다고 볼 때 정경이란 말 자체가 같은 성경을 의미하지는 않는다. 왜냐하면 유대교와 기독교는 정경이 다르기 때문이다. 그러나 기독교의 정경은 구약과 신약이 신적 권위를 가진 생활의 규범임을 가리켰다. 교회가 '구약 정경'이라고 말할 때 우리는 구약이 하나님의 성령으로 영감된 문헌을 최종적으로 모은 것을 의미한다. 그것은 교회에 규범적인 의미를 가지며, 그리스도인의 신앙과 생활의 법칙이 된다는 말이다.

정경이란 말의 이러한 용례는 정경이란 용어가 성경에 적용되는 것이 유대교가 아니라 기독교적인 기원을 갖는다는 것을 의미한다.[8] 유대교 랍비들은 성경에 대해서 이야기할 때 그냥 '거룩한 문헌'(sacred writings)이라고 했다.

서'가 있다. Soggin과 McDonald는 Origen이 정경을 성경에 적용시킨 최초의 사람이라고 한다. J.A. Soggin, *Introduction to the Old Testament*, London: SCM, 1989, 13; McDonald, *The Biblical Canon*, 51.

7) Athanasius, *The Nicene and Post-Nicene Fathers Second Series* Vol. IV, Letter XXXIX, 5. 그가 오리겐과 같이 22권의 제목을 기록했으나 마카비서와 에스더가 빠졌다. 그런데 그는 예레미야서에 '바룩서'와 '예레미야 서신'을 첨가했다. 아마도 이것은 교회가 읽어볼 것을 권장하기 위해서 넣은 것으로 보인다.

8) Cf. B.S. Childs, *Introduction to the Old Testament as Scripture*, London: SCM, 1979, 50.

2. 성경의 자증

구약 정경 형성과 구약이 정경으로 인정받은 과정에 대해서는 알 수 있는 게 별로 없다. 이것은 성경의 영감과 관련된 내용이다. 즉 구약도 신약과 마찬가지로 하나님께서 주신 계시의 말씀이라는 것이다. 여기서 할 수 있는 말은 성경의 저자이신 성령께서 이중으로 감동시키셨다는 것이다. 먼저 성경의 저자들을 감동시키시고, 성경의 독자를 감동시키셨다는 것이다. 성경은 영감된 하나님의 말씀이지만 교회가 공적으로 그 말씀을 권위 있는 책으로 받아들여서 정경으로 인정하는 과정에서 하나님이 그 백성을 감동하셔야 된다. 그리고 그 책의 내용의 권위뿐만 아니라 책의 낱권이 생겨서 집성될 때도 하나님의 특별한 간섭이 있었다고 봐야 한다. 이것은 하나님의 특별섭리로 볼 수밖에 없다.[9] 이 섭리는 성경의 권수에도 마찬가지로 적용된다. 즉 더도 덜도 아닌 그 수의 책만이 정경으로 받아들이도록 간섭하셨다는 것이다.

이것은 일종의 신앙고백이다. 이 문제는 역사적 연구를 통해서 답을 얻을 수 없다. 성경 바깥의 자료에 근거해서 정경의 형성과 인정에 대한 탐구를 한다고 할지라도 이 고백을 벗어나면 정확한 결론에 이르기 어렵다. 왜냐하면 성경 자체보다 더 큰 권위를 가지고 정경의 권위를 인정할 수 있는 것은 없기 때문이다. 성령이 성경 저자를 영감시켰고, 하나님의 백성이 성경의 신적인 권위를 볼 수 있는 눈이 열렸다는 것이 정경의 기원을 이해하는 가장 기본적인 출발점이 될 것이다.

구약이 권위 있는 하나님의 말씀이라고 할 때 그 권위를 인정하기 위해서는 더 높은 권위가 필요하겠지만 공의회가 그런 권위를 가질 수가 없다. 그래서 성경의 권위는 다른 권위 있는 기관이나 공의회의 권위를 덧입을 필요가 없는 것이다. 성경은 그 자체로서 최고의 권위를 가진 하나님의 말씀이다. 그래서 그리스도인은 성경이 자증적(self-evident)이라는 사실을 깨닫고, 성경 자체

9) Nic. H. Ridderbos, *De canon van het Oude Testament, Inleiding in de Torah*, 2 (강의안).

가 신적인 권위의 빛을 발한다는 것을 인정해야 한다.[10] 성경의 영감과 권위를 자증적으로 받아들인 것은 전통적으로 초대 교부 때부터 받아들여 온 것이다.[11]

교회의 선언은 분명히 정경을 인정하는데 중요한 기능을 가졌다. 그러나 사람들이 구약의 신적 권위를 선포하기 이전에 이미 신적인 권위를 가지고 있었고, 또 권위를 행사하고 있었다. 교회의 공의회는 이 수집된 책에 신적 권위를 부여한 것이 아니라 단지 이 책들이 신적인 권위를 가지고 있으며, 또 발휘하고 있다는 것을 인정했을 뿐이다. 그래서 역사적인 공인보다는 성경의 자증으로 성경의 권위가 인정받아야 한다.

3. 구약 정경의 각 권의 인정

구약의 다양한 책들이 권별로 어떻게 수집되었는가에 대해서는 구약 자체가 가끔 그 수집과 공인에 대해서 제시하는 자료를 언급하기 때문에 그것은 성경이 알려주는 범위에서 말할 수밖에 없을 것이다. 구약에서 편집에 대한 정확한 정보를 주는 책도 있지만[12] 거기에 대해서 아예 언급이 없거나 있어도 그 표현이 명확하지 않는 경우가 대부분이다. 그렇지만 우리는 정경의 형성이 구약 문헌의 발전과 밀접한 관련이 있다고 보고 히브리 문헌의 분류(율법, 선지서, 제문서)[13]를 따라서 단계별로 그 과정을 살펴보려고 한다. 물론 성경이

10) Belgic Confession 5항, "우리는 어떠한 의심도 없이 거기서 이해할 수 있는 모든 것을 믿는다. 교회가 그것을 받고, 거기에 대해서 주장하기 때문이 아니라, 성령께서 우리 마음속에 그것이 하나님에게서 왔다는 증거를 주시기 때문이다."

11) Cf. Harrison, *Introduction to the Old Testament*, 467.

12) 시 72:19-20, "그 영화로운 이름을 영원히 찬송할지어다 온 땅에 그의 영광이 충만할지어다 아멘 아멘 이새의 아들 다윗의 기도가 끝나니라"; 잠 25:1, "이것도 솔로몬의 잠언이요 유다 왕 히스기야의 신하들이 편집한 것이니라."

13) 히브리 성경을 율법, 선지자, 제문서로 삼분하는 것은 Jesus Ben Sirach의 서문에 처음 나타난다. 이 전통은 그의 후손들이 서문을 쓴 때인 주전 2세기 후반부터 시작된 것으로 본다.

생성되는 과정에서 최종적 의미의 정경개념은 적용할 수는 없지만 그 발전단계에서 그 공동체가 권위 있게 받아들이는 것을 정경적이라고 할 수 있을 것이다.

율법

모세 시대에 이미 율법의 수집이 글로써 확정된 것으로 본다. 모세가 '야웨의 모든 말씀' 을 기록하고 '언약서' 를 만든 것은 '정경화' 와 일치시키기 어려운 면이 있지만 그 책의 신적 권위를 인정한 것으로 보는 데는 무리가 없을 것이다(출 24:4-7). 또 신명기에서 모세가 '이 율법책' 을 기록했다고 하는데(신 31:9, 24), 이것은 신명기의 핵심부분과 율법규정에 관련된 부분일 것이다.[14] 모세가 기록해서 선포한 율법은 정경과 같은 권위가 있었기 때문에 다른 문헌과 섞어서 사용할 수 없었다. 그래서 그 율법에 인간의 말을 첨가하거나 율법의 일부를 제거하는 일은 엄격히 금지되었다(신 4:2). 그 율법이 특별한 권위를 지녔다는 것은 그 책을 언약궤 곁에 두어야 한 것에서 확인된다(신 31:26). 율법을 법궤 곁에 두는 것은 하나님의 면전에 두는 것과 같은 의미가 있으며[15] 거룩한 문헌인 율법에 기초해서 하나님을 섬겨야 한다는 준엄한 복종의 임무를 나타내는 것이다. 이 권위는 당대뿐만 아니라 자손대대로 인정받는 것이기 때문에 영원한 것이었다(신 31:12, 13). 성경은 율법 작성에 대한 기록은 언급되었지만 오경에서 율법을 제외한 내용이 어떻게 기록되었는지는 말하지 않는다. 그렇지만 율법이 이스라엘 백성을 위한 규범이고, 또 그것이 진정한 권위를 갖기 위해서는 율법이 주어지는 타당한 근거와 상황을 알려주는 것이 대단히 중요하다. 그래서 오경의 역사가 야웨 하나님과 선택받은 백성 이스라엘 간의 이야기 일뿐만 아니라 그 백성을 위해서 일어난 사건이라고 할 때 그것이 율법과 함께 오경에 포함되는 것은 자연스럽다.

---

14) Ridderbos, *De canon van het Oude Testament*, 3.

15) Cf. D.I. Shin, *The Ark of Yahweh in the Old Testament: An Exegetical-Theological Study*, Ph.D. dissertation in North West University, Potchefstroom, 2004, 109.

우리는 오경이 언제 완성되었는지 모르지만 처음부터 거기에 큰 권위가 부여되었음을 인정해야 한다. 많은 증거들이 이스라엘 역사에서 모세의 율법을 신앙과 생활의 신적인 규범으로 여겼다는 것이다(수 1:7f.; 왕상 2:3; 왕하 14:6). 이 일에는 선지자들의 역할이 컸다고 본다. 구약의 후반부도 이스라엘이 야웨께서 모세를 통해서 주신 율법책에 대해서 순종할 공적인 책임을 받았음을 말해준다. 요시야가 성전수축에서 발견한 율법책에 의거해서 종교개혁을 단행한 것도 율법의 권위를 인정했기 때문이다(왕하 22f.; 대하 34f.). 그가 개혁하는 내용을 볼 때 그 율법책은 신명기일 것으로 추측된다. 그리고 율법이 주어진 지 천 년에 가까운 세월이 지났음에도 불구하고 에스라가 율법에(스 7:6, 14; 느 8-10) 근거하여 개혁을 하고 백성이 거기에 순종으로 반응한 것은 율법에 대한 신적인 권위는 지속적으로 인정받았다는 것이다. 아마도 에스라가 읽은 율법은 오경일 것이다.

선지서

유대교 성경의 두 번째 부분에 해당하는 선지서는 여호수아, 사사기, 사무엘, 열왕기를 포함하는 전선지서와 이사야, 예레미야, 에스겔, 소선지서로 구성된 후선지서로 나누어진다. 먼저 전선지서가 권위 있는 문헌으로 인정된 데는 특히 세 가지 요인이 작용했다고 본다. 첫째, 역사서가 이스라엘 백성과 함께 한 야웨의 행위를 묘사한다. 둘째, 그 책들이 언약적 율법과 선지자의 정신을 따라 기록되었다. 셋째 그 저자들이 공적인 직분을 맡은 자들이었다.[16] 그런데 선지서에 해당하는 여호수아서에서 여호수아가 말씀을 하나님의 율법책에 기록했다고 한다(수 24:26). 그러나 이 말을 여호수아가 오경에 어떤 부분

16) Cf. Harrison, *Introduction to the Old Testament*, 265. Zaman은 율법서를 시작하는 창세기부터 전선지서를 마감하는 열왕기까지 '율법서'라는 말로 통일성을 가진 한 단위로 묶는다. 물론 이 말이 신명기부터 열왕기까지 흐르는 신명기의 역할을 의미하겠지만, 일단 율법의 정신을 따라 전선지서가 기록되었다는 것을 인정하는 것이다. Luc Zaman, *Bible and Canon: A Modern Historical Inquiry*, Leiden: Brill, 2008, 220-267.

을 기록한 것으로 간주하지 않는다. 특별히 전선지서의 내용은 유대민족의 정체성과 그들의 종교의 가치를 인정해 줄 뿐만 아니라 하나님의 백성으로서 그들의 민족을 재건하는데 필수불가결한 요소이기 때문에 그들이 전선지서를 정경으로 받아들이는 데는 아무런 문제가 없었을 것이다.[17]

후선지서의 문헌들은 처음부터 크고 작은 그룹에서 권위 있는 책으로 받아들여진 것은 사건의 성격에 의한 것이다. 이스라엘 백성이 포로로 잡혀감으로써 그들에게 주어진 심판의 예언이 성취된 것이 의심의 여지없이 그 책의 권위를 넓게 인정할 수밖에 없었음을 의미한다. 또 선지자가 율법에 호소하거나(렘 4:4; 5:15, 17; 11:4) 한 선지자가 반복해서 다른 선지자의 말을 인용하는 사실을 보아 선지자들은 자신의 권위를 앞선 시대의 선지자들에게 돌리고 있음을 알 수 있다. 또 선지자는 여러 차례 앞선 선지자들의 말에 귀를 기울이지 않은 이스라엘을 책망한 것은 그들이 전한 예언의 권위를 인정하는 것이다(슥 1:1-6; 7:7; 호 6:5). 이사야가 '야웨의 책'을 읽어보라고 명령할 때(사 34:16) 그 책은 자신이 이미 기록한 예언들을 수집한 형태의 책으로 보이고,[18] 다니엘이 '책들'(the books)이라고 언급한 것(단 7:10)은 아마도 예레미야의 예언과 같은 것을 포함한 선지서의 모음집을 의미할 것이다. 그렇다면 선지서에 신적인 권위를 돌렸다는 것이 분명해진다. 그 책들은 모세오경과 권위에 있어서 다르지 않다는 말이다.

제문서

히브리 정경의 세 번째 부분(제문서)은 열한 권의 다양한 성격을 가진 책으로 이루어져 있다. 이 책들을 분류할 때 우리는 이 책들이 성문서로 여겨지는데 대해서 아는 바가 별로 없다.

---

17) McDonald, *The Biblical Canon*, 79.

18) Cf. Gray Smith, *Isaiah 1-39*, NAC 15A Nashville, Tenn.: B & H Publishing Group, 2007, 575.

이 부분에서 정경의 위치에 문제가 되었던 책은 하나님이란 말이 한 번도 언급되지 않는 에스더와 아가서였다. 이 두 책이 종교적인 성격이 없어 보이지만 그래도 에스더는 대중적인 부림절의 기원을 알려주는 것으로 정경의 가치를 인정할 수 있었을 것이다. 그리고 아가서의 경우도 이스라엘에 대한 야웨의 사랑을 제시하는 것으로 알레고리적으로 보았다면 그 영감된 권위를 인정받았을 것이다.[19] 사실 아가서는 알레고리 해석과 무관하게 정경으로 인정받을 수 있었을 것이다. 유대인들이 최고의 지혜자로 인정하는 솔로몬이 주요 인물 중의 하나로 등장하는데 그가 저자라고 한다면 이 노래들이 분명히 옛날부터 성문서로 여겨졌을 가능성을 부인할 수 없었을 것이다.

시편이 성문서 중의 하나로 여겨진 것은 놀라운 일이 아니다. 많은 시편들이 제의에서 공식적인 문서로 사용되었을 것이다. 다윗은 시편 저작에서 중요한 몫을 차지하고 있다. 물론 일흔 세 편의 시가 '다윗의 시'란 표제를 달고 있는데 이들이 모두 다윗이 지은 시로 볼 필요는 없다.[20] 그러나 내용이 다윗과 관련에 있고 그의 생애를 잘 보여줄 때 그것이 다윗의 것이라는데 의심하지 않는다(시 3, 7, 18, 34, 51, 54, 56, 57, 59, 60, 63, 142편). 특히 다윗에 대해서 잘 이해한다면 그가 상당한 시를 썼다는 것을 부인할 수 없다.[21] 또 권위 있는 선지자가 선포한 말씀을 담고 있는 시편도 있다(시 50, 81, 110편).

욥, 잠언, 전도서가 들어 있는 지혜서에 관해서는 우리가 말할 수 있는 것은 그 저자가 하나님의 특별한 은사를 받은 지혜자로 등장한 사람이라는 점이다(왕상 3:28; 4:29; 욥 38–42; 시 49:2–5; 잠 8; 전 12:11 등). 또 많은 잠언이

---

19) F.F. Bruce, *The Canon of Scripture*, Downers Grove, Ill.: IVP, 1988, 35.

20) '다윗의 시'란 표제는 히브리어로 *l*^{e}*ḏawiḏ*이다. 고대 문헌에 같은 표현이 바알에게 적용시킨 *l*^{e}*ḇa`al*이라는 말이 나오는데 이것은 바알이 썼다는 말은 아닐 것이다. 그것은 바알을 위한 것이다. 이런 점을 고려할 때 그 표제가 그 시편의 출처를 말해준다는 단적인 증거가 될 수는 없다. J.P. Lettinga, *Hulpboek bij de grammatica van het bijbels Hebreeuws*, Leiden: E.J. Brill, 1976, 39.

21) 다윗은 음악가, 시인, 예배자, 풍부한 감정과 경험의 소유자, 성령의 인도를 받은 자였다. Cf. E.J. Young, *An Introduction to the Old Testament*, Grand Rapids, Michigan: Eerdmans, 1964, 298-299.

솔로몬에게서 나왔다는 사실은 잠언을 정경으로 분류하는 이유가 된다.

제문서 중에서도 역사서와 오축의 일부(스-느, 대, 룻, 단)가 되는 책도 위에서 다룬 것처럼 고려된다. 이 책들은 유대인들의 역사와 종교의 근간을 제공할 뿐만 아니라 그 민족의 미래의 생존과 관련되기 때문에 정경으로 채택되는데 아무런 문제가 없었을 것이다. 역대기의 내용은 상당 부분이 열왕기와 겹쳐지지만 그 책은 열왕기와는 다른 방법으로 기록되었고 기록목적도 다르다. 역대기는 유다와 레위인을 중심으로 기록되었고, 포로에서 돌아온 백성이 성전을 중심으로 하나님을 섬기도록 격려하기 위해서 쓰였다. 또 한 가지의 질문은 왜 역대기의 자료가 되는 책은 정경에 채택되지 않았느냐는 것이다. 사실 구약이 기록되던 시대에 존재했던 다양한 책들이 사라져 버렸다(예: 야웨의 전쟁기, 민 21:14; 야살의 책, 수 10:13; 삼하 1:18). 그리고 역대기의 자료가 되는 책은 여전히 궁금증을 갖게 한다. 왜냐하면 역대기가 늦은 연대에 속하고, 부분적으로 사무엘, 나단과 같은 선지자들에 의해 쓰여졌기 때문이다(대상 29:29; 대하 9:29; 32:32). 그러나 우리가 받아들여야 할 것은 이런 책들은 역대기로 대치되었다는 것이다.[22)]

4. 에스라-느헤미야 시대의 구약정경

에스라 시대에 구약정경이 마감되었다는 것이 오랜 세월 동안 폭넓은 지지를 받아온 지배적인 견해였다. 그 일에 있어서 에스라가 주도적인 역할을 했다는 것이다. 이 견해는 이미 알려진 에스라 7장과 느헤미야 8-10장 뿐 아니라 고대 문헌의 증거에 근거한 것이다.[23)]

---

22) Ridderbos, *De canon van het Oude Testament*, 5.

23) Soggin은 팔레스타인 정경 형성에 대한 두 전승은 요세푸스의 글과 제4에스라라고 한다. 그러나 그는 이 문헌의 역사적 근거는 없는 것으로 본다. 13f.

고대문헌의 증거

요세푸스

Flavius Josephus는 그의 글에서 "그 문헌에는 모세의 율법과 인류의 기원에 대한 전승을 담고 … 아닥사스다 왕(Artaxerxes I, 465-425 BC) 통치 때까지의 역사가 기록되었다"(39, 40)고 했다.[24] 그는 "아닥사스다 이후 우리의 역사도 기록되었지만 이 책은 이전 것과 똑같은 권위가 있은 것으로 인정받지 못한다. 왜냐하면 선지자들의 정확한 승계가 없기 때문이다"(41)라고 했다. 요세푸스의 글은 구약의 모든 부분을 언급하지 않고 역사만 언급하고 있다. 그래서 그는 에스라 시대(5세기 중반)에 적어도 구약 역사서가 완성되었다는 것을 알려준다.

탈무드

탈무드는 주후 1세기에 시작해서 7세기에 완성되었지만[25] 수 세기 전의 유대 전통을 담고있다. 그 책에서 구약 책의 저자들을 열거하고 있다(Baba Bathra 14b, 15a): "히스기야와 그의 신하들이 아사야, 잠언, 아가서, 전도서를 썼고, 대회의 사람들(the men of the Great Assembly)이 에스겔, 12 소선지서, 다니엘, 에스더를 기록하고, 에스라가 그의 책과 역대기를 기록하고, 느헤미야가 그것을(에스라의 책) 완성했다." 그런데 '대회의 사람'이란 표현이 고대 유대 문헌에 자주 나오는데, 그 의미는 확정되지 않았다. 그것은 이 의미를 밝혀주는 문헌적 증거가 부족하기 때문이다. 여기에 대한 개념은 매우 다양하다. 그래도 학자들의 일반적인 견해는 이 표현이 스룹바벨과 에스라 시대에 포로에서 돌아온 사람들이라는 것이다. 그러면 이 표현은 에스겔 22:21과 39:28에서 말한 것과 관계가 있을 것이다.[26]

---

24) *Against Apion* (AD 95) I, 8.

25) M. Katz & G. Schwartz, *Swimming in the Sea of the Talmud: Lessons for everyday living*, Philadelphia, PA: The Jewish Publication Society, 1993, 9.

제4에스라서

주후 100년경에[27] 나온 유대 묵시 문학인 제4에스라서는 에스라가 예루살렘 멸망 이후 가장 위협이 심했던 시기인 주전 557년에 에스라가 바벨론에 머물렀다고 한다. 야웨의 율법이 불탔다고 그가 탄식하는 중에 성령을 받아 40일 만에 다섯 명의 서기관에게서 94권의 책을 받아 적었다. 그는 24권의 책을 공포하라는 명령을 받았다. 그래서 "귀한 자나 비천한 자들이 그 책을 읽을 수 있었다." 그러나 나머지 70권은 "너의 백성 중 지혜자들에게 전해주기 위해서" 그가 감추어야 했다(14:44–46). 유대 전통에서 공인된 성경의 수로서, 처음으로 나타나는 이 24권의 책은 기독교가 구약을 분류하는 39권의 책과 같은 것으로 받아들여야 할 것이다. 그 70권 가운데는 묵시문학과 같은 책들이 있을 것인데 그것은 백성과는 구별되는 특별 계층의 공동체에서 은밀하게 사용되었을 것이다.[28] 그러나 정확한 숫자와 그 이름은 알려지지 않았다. 이 책의 에스라는 외경의 교훈 전승에 매우 강한 의식을 가진 것을 보여준다.[29]

마카비 2서

마카비 2서는 예루살렘과 유다의 거민들이 애굽에 있는 유대인들에게 보냈다고 하는 한 서신에서 구약 책에 관한 내용을 언급한다: "이러한 사실이 열왕의 기록과 느헤미야의 전기에서 발견된다. 그는 도서관을 설립하고 다윗의 저작물과 예물에 관한 왕의 편지와 왕과 선지자에 대한 책을 수집하였다. 유다 역시 전쟁 때문에 흩어진 책을 수집하였다. 우리는 여전히 그것들을 가지고 있다. 만약 네가 이런 책들이 필요하다면 우리에게 알려라 그러면 우리가 보

26) Cf. Ridderbos, *De canon van het Oude Testament*, 6; Paul V.M. Flesher, Great Assembly, in *ABD* II, 1992, 1089. '대회의 사람들' 에서 '대회' 를 뜻하는 히브리어 *kᵉnęsęṯ haggᵉ ḏōlā*를 the Great Synagogue로 번역한 것은 오역이다.

27) Michael Edward Stone, *Fourth Ezra: A Commentary on the Book of Fourth Ezra*, Hermeneia, Minneapolis: Fortress Press, 1990, 10.

28) Bruce, *The Canon of Scripture*, 36.

29) Stone, *Fourth Ezra*, 441.

내줄 것이다”(2 Macc. 2:13-15). 이 서신이 사실이라면 이 편지는 주전 약 165년에 쓰여졌을 것이다. 그러나 많은 사람들은 그 진정성을 인정하지 않고 그 연대를 주전 1세기로 본다.[30] 느헤미야가 수집했다는 그 책에는 구약의 상당한 부분이 포함된다는 것을 알 수 있다. ‘열왕들에 관한 책들’ 은 전선지서를 의미할 수 있고, ‘다윗의 저작들’ 은 시편이 될 것이다. 그리고 ‘봉헌의 예물과 관련된 열왕의 서신들’ 은 우리가 에스라 6:3-12; 7:12-26에서 발견하는 것과 같이 페르시아 왕들의 서신이 될 것이다.[31] 우리는 느헤미야가 구약의 모든 책을 수집했다고 보지는 않는다. 마카비가의 유다가 했다고 하는 수집도 그 범위 확정된 것이라고 볼 수 없다. 그것은 구약의 모든 책들을 포함 할 뿐만 아니라 또 다른 책들도 들어있었을 가능성이 있다.

에스라의 율법 낭독

성경에서 말하는 율법과 관련된 에스라의 역할을 보면 에스라가 그때부터 율법책이 거룩한 문헌으로 여겨지고, 신적인 권위를 덧입을 것이라는 칙령을 반포하지는 않았다는 것을 알 수 있다(스 7장; 느 8-10장). 그가 낭독한 율법책은 옛날부터 신적 권위를 가졌던 것이다. 그래서 그 책을 “야웨께서 이스라엘에게 주신 모세의 율법책”[32]이라고 했다(느 8:1). 물론 오랜 세월 동안 그 백

---

30) Cf. Jonathan A. Goldstein, *II Maccabees*, Anchor Bible, Gardnen City, New York: Doubleday & Company, INC., 1983, 71-83; Daniel R. Schwartz, *2 Maccabees*, Berlin, New York: Walter de Gruyter, 2008, 15.

31) 이 기록에 근거해서 느헤미야가 열왕과 선지자에 관한 책을 정경화했을 것이라는 Leiman의 견해는 근거가 없다. Sid Z. Leiman, *The Canonization of Hebrew Scripture*, Hamden, Connecticut: The Shoe Stiring Press, 1976, 29.

32) 에스라가 낭독한 ‘모세의 율법’ 은 Chapman이 주장하듯이 오경의 율법부분만 말한다고 볼 수 없고 오경전체나 거의 전부를 가리킬 것이다. 왜냐하면 오경의 많은 부분을 차지하는 역사에 나타난 하나님의 은혜가 율법의 기초가 되기 때문이다. 또 포로시대에 율법(토라)을 잃어버렸다고 보고 에스라가 그 일부를 읽었다고 보는 것도 타당하지 않다. 에스라의 율법 낭독으로 인하여 생겨난 유대교 회당의 율법낭독의 전통을 고려하면 오경전체를 읽

성이 그 율법을 등한시하고 가나안 땅에서 율법의 가장 중요한 부분마저도 잊어버렸던 것은 사실이다(느 8:14-18). 그러나 그 백성은 그것이 자신의 죄라는 것을 바로 깨닫고, 그 율법책을 권위 있는 거룩한 문헌으로 받아들였다. 물론 에스라의 칙령에 근거한 것은 아니라 그 내용이 그들의 마음을 사로잡았기 때문이다.

에스라 시대에 구약의 모든 책이 기록되지는 않았기 때문에 구약 정경이 완결되었을 것이라는 추측은 불가능하다. 그때는 완결된 정경이란 개념도 없었다. 위에서 인용한 탈무드와 요세푸스의 글도 그것을 분명하게 말해주지 않는다. 여기서 알 수 있는 사실은 에스라가 구약정경을 형성하는데 특별한 역할을 하지 않았다는 것이다.

에스라와 느헤미야가 구약의 책들을 기록한 마지막 사람인 것처럼 언급한 탈무드(바바 바트라 14b, 15a) 전통은 구약이 에스라와 느헤미야까지의 이스라엘 역사를 이야기한다는 것을 보여준다. 에스라가 구약 정경의 형성자라는 내용은 제4에스라서에서 처음으로 제시되었다. 이 이야기는 역사적으로 신빙성이 없으나 그 저자는 문제를 잘 파악하고 있었다. 즉 예루살렘 멸망 때 그 당시 이미 존재했던 구약 책에 무슨 일이 일어났으며, 또 어떻게 포로 귀환 이후에 이스라엘 백성이 이 책들에 대한 지식을 가지게 되고, 또 그것이 보관된 것이 의문시 되었다는 것을 알고 있었다. 그러나 그 책의 저자가 이 문제에 대해서 준 해결책은 받아들일 수 없다. 그럼에도 불구하고 제4에스라의 이야기는 에스라와 그의 동시대인들이 여러 구약 책을 수집했을 가능성에 대한 바른 전통에 근거를 두고있다는 것이다.

에스라-느헤미야 본문과 고대 문헌의 구약정경에 대한 증거는 구약정경의 상당 부분이 에스라 느헤미야 시대에 수집되었다는 것이다.

없을 것이다. Cf. Stephen B. Chapman, *The Law and the Prophets: A Study in the Old Testament Canon Formation*, Tübingen: Mohr Siebeck, 2000, 236; H.G.L. Willamson, *Ezra-Nehemiah*, WBC 16, Dallas: Word, Incorporated, 1985, 287; McDonald, *The Biblical Canon*, 74.

5. 에스라-느헤미야 시대부터 신약시대 전까지의 구약정경

에스라 느헤미야 이후 수 세기 동안 유대인의 역사에서 정경에 관한 실제적인 자료는 밝혀지지 않았다. 다만 외경에서 언급된 자료를 참고할 수밖에 없다.

시락(Jesus Ben Sirach)의 서문

시락(Jesus Ben Sirach)의 서문은 이렇게 시작한다. "율법서, 예언서와 후에 작가들을 통하여 우리에게 풍성하고 훌륭한 교훈이 전달되었는데 우리는 그 교훈과 지혜로 인하여 이스라엘을 칭송해야 할 것이다"(1-3).[33] 그리고 바로 그 다음에 "율법과 예언서와 우리 조상들의 다른 책들"이란 말도 언급되었다(8-10). 여기서 처음으로 히브리 정경의 세 구분에 대해서 명백하게 제시되었다. 세 번째 부분인 '조상들의 다른 책들' 도 앞의 두 부분과 마찬가지로 하나의 단위로 명확하게 제시하고 있다.[34] 물론 그 단위가 히브리 정경과 같은 것으로 확정할 수는 없을 지는 모르지만 우리는 시락의 서문으로부터 그의 시대에 구약 책의 상당한 분량이 존재했고, 또 거기에 권위가 부여되었다는 사실을 알 수 있다.

시락은 예루살렘 사람이었다. 시락이 그의 책을 쓴 시기는 주전 2세기 초반이라는 것이 지배적이다.[35] 서문에서 밝힌 대로 두 세대 차이나는 그의 손자가

---

33) 이 서문의 저자는 스스로 예수 벤 시락의 손자라고 밝히고 있다(*ho pappos mou Iēsoūs*, 7).

34) 이 '조상들의 다른 책들' 혹은 '나머지 책들(*tōn allōn patriōn bibliōn*)이란 표현은 학자들에 의해서 정경 외의 책을 포함할 수 있다는 주장이 제기되었다. 그러나 이 어구에 붙은 정관사는 지정된 책임을 전제하고 있다. 또한 그 뒤에 '우리 조상들' 이란 말로 한정하는 것은 앞의 율법과 선지서에 준하는 책으로 보고 있다는 것이다. Cf. Arie van der Kooij, *Canonizaion of Ancient Hebrew Books and Hasmonaean Politics*, in J.M. Auwers & H.J. de Jonge (ed.), *The Biblical Canons*, Leuven: Leuven University Press, 2003, 31f.

저자라면 그 서문의 연대는 2세기 후반이 될 것이다.

마카비서

마카비서는 여러 부분에서 거룩한 문서들에 대해서 언급하고 있다. "발견된 율법책은 찢어지고 불태워졌다. 성경을 복사하거나, 율법을 지키는 자는 왕(안티오쿠스 에피파네스)의 명령에 의해 죽었다"(마카비 1서 1:56-57); "유다가 적의 군대가 얼마나 강한가를 보았을 때 기도했다. '우리는 이스라엘의 구원자이신 당신을 찬양할 것입니다. 주님께서 당신의 종 다윗의 손으로 거인의 공격을 물리쳤으며 사울의 아들 요나단과 무기를 가지고 있는 젊은 사람들이 전 블레셋 군인을 패배시켰습니다' "(4:30, 이것은 삼상 14, 17장을 반복하고 있다); "주님, 왕인 주님을 모욕하기 위해 사자를 보냈을 때 당신의 천사가 내려와서 그의 군인 18만 5천 명을 죽였다고 성경은 말합니다"(7:41, 이것은 왕하 19:35에 대한 언급이다); "지금 우리는 그런 동맹이 필요없다. 왜냐하면 우리가 소유한 성경에서 힘의 근원을 발견할 수 있기 때문이다"(12:9, 스파르타 사람들에게 한 요나단의 편지); "엘리자르를 시켜 성경을 크게 읽도록 명령한 후 그는 부하에게 전쟁의 구호인 '하나님께서 우리를 도우실 것이다' 를 하달했다. 그리고 유다 자신이 니카노르에 대해 공격을 이끌었다"(8:23, cf. 1 Macc. 3:40); "유다는 율법서와 예언서를 그들에게 읽힘으로써 그들이 이미 승리한 전투를 상기시킴으로써 희망을 새롭게 했다"(15:9) 그리고 마카비 2서 2:13-15는 앞에서 다루었다. 성경에 대한 이 모든 언급은 분명히 마카비 시대에 신적인 권위를 가진 성경을 가지고 있었다는 것을 보여준다.[36] 비록 마카비

---

35) Alexander A. Di Lella, *Wisdom of Ben-Sira*, in Anchor Bible Dictionary vol. 6, 1992, 932. Lella는 시락이 주전 175년 이전에 죽은 것으로 보고 그의 책도 그 전에 출판되었을 것으로 본다. Chapman은 주전 180년 정도로 본다: Stephen B. Chapman, *The Law and the Prophets*, 18. Coggins도 주전 190-180년 정도로 잡는다: R. J. Coggins, *Sirach*, Sheffield: Sheffield Academic Press, 1998, 18-20.

36) Hieke는 마카비 운동의 성공과 관련해서 '성경' 의 역할의 중요성을 강조했다. Thomas

1서 12:9과 마카비 2서 8:23에 '성경' (*ta biblia ta hagia, the holy books; tēn hieran biblon, the holy book*)이란 표현이 정경을 의미하는 것 같지만 이것으로 그 당시 완결된 정경이 존재했다는 것을 증명할 수는 없다.[37]

6. 신약시대의 구약정경

신약이 존재하고 또 예수께서 지상 사역을 하실 때 구약은 신적 권위를 가진 성경으로서 이미 완결된 수집의 형태로 존재했다고 볼 수 있다. 이것은 신약 성경의 권위에 근거한 것이다. 신약은 여러 곳에서 구약을 '성경' 이라고 언급한 것은 구약이 하나의 통일성을 가진, 잘 알려진 수집된 문헌이었다는 것을 의미한다(마 26:54; 요 5:39; 행 17:2 등). '성경' 이란 말이 구약의 특정한 부분을 일컫는 경우도 있고(눅 4:21; 요 13:18 등) 구약을 전체적으로 가리키는 경우도 있다(요 2:22; 행 8:32 등). 이때 이 '성경' 에 신적인 권위가 부여되었다는 것은 새삼스럽게 증명할 필요가 없다(마 1:22; 5:18; 요 10:35; 행 1:16).

신약은 구약 성경 전체를 가리켜서 그냥 '율법' 이라고 칭하기도 한다. 이것은 오경이 아닌 선지서나 시편에도 그 명칭을 쓰는 것으로 보아도 알 수 있다(요 10:34, cf. 시 82:6; 고전 14:21, cf. 사 28:11, 12).

신약이 정경의 완결을 시사하는 대목은 예수님의 말씀에서도 나타난다(마 23:35; 눅 11:51). 아벨을 살해한 것은 히브리 정경의 첫 번째 책인 창세기에서 나오고, 사가랴의 살해는 히브리 정경의 마지막 책인 역대기(대하 24:20-22)에서 언급하고 있다. 이것은 그 시대에 이미 정경은 역대기로써 끝났다는 것을 시사한다.[38] 이 정경은 우리가 지금 가지고 있는 책과 똑같다고 할 수 있다.

Hieke, The Role of "Scripture" in the Last Words of Mattathias (1 Macc 2:49-70), in G.G. Xeravits, J. Zsengeller, *The Books of the Maccabees: History, Theology, Ideology*, Leiden: Brill, 2007, 62-73.

37) Daniel R. Schwartz, *2 Maccabees*, 304.

예수께서는 구약을 가리켜서 '율법과 선지자' 라고 하셨다(마 5:17; 22:40; 눅 16:16). 그런데 이 표현을 그때까지 구약정경이 완결되지 않은 증거로 삼기도 한다.[39] 그러나 이것은 구약정경을 '모세의 율법과 선지자의 글과 시편' 으로 세 구분하는 것과 같은 내용으로 봐야 한다(눅 24:44).[40]

거룩한 문서를 집성한 것을 가리키는 '구약' 이란 이름은 한번이기는 하지만 이미 신약에서 나타난다(고후 3:14, "그러나 저희 마음이 완고하여 오늘까지도 구약을 읽을 때에 그 수건이 벗겨지지 아니하고 있으니 그 수건은 그리스도 안에서 없어질 것이라").

물론 에스더, 전도서, 아가서, 에스라, 느헤미야, 오바댜, 나훔, 스바냐 같은 구약의 여러 책은 신약에서 인용되지 않았는데 이 사실이 그것들이 정경의 부분으로 여겨지지 않았다는 것을 증거해 주지는 않는다. 신약에는 외경이나 위경에서 인용한 글도 있다. 가끔 구약에서 찾아보기 어려운 '경으로부터' 말이 인용된다. 그렇지만 그런 경우에 그 신약 책을 정경이 아니라고 말할 수는 없을 것이다. 우리는 구약적인 표현과 조화를 이루는 것을 볼 수 있다(요 7:38은 사 58:11과 에스겔 36:25f.; 고전 2:9은 사 64:3, 52:15, 65:17). 다른 경우는 유다서이다. 유다서 1장 14절은 에녹 1서 1장 9절을 인용했을 가능성이 있다.

---

38) 예수님께서 하신 말씀은 엄격한 연대적 순서를 따른 것은 아니다. 예를 들어 우리야 선지자(렘 26:23)의 살해는 스가랴의 죽음 이후에 일어난 것이다.

39) McDonald, *The Biblical Canon*, 76. "히브리 성경의 두 범주(율법과 선지자)는 기독교가 탄생하기 전에 확립되었지만 셋째 범주(제문서)는 교회와 회당이 분리된 후 한 동안 확정되지 않았다." 그러나 이 분류에 대한 견해가 구약의 일부가 정경으로 확정되지 않았다는 말과는 다르게 들린다. "율법과 선지자라는 오래된 구분은 그냥 당연한 것으로 여겨졌을 것이다. 왜냐하면 바리새인들의 정경이론에서는 모든 책이 끊임 없이 이어지는 선지자들에 의해서 예언적 영감하에서 기록되었기 때문이다. 히브리 성경에 사용된 '율법과 선지자' 란 표현은 쿰란, 신약과 탈무드에서 나타난다." F.M. Cross, *From Epic to Canon*, Baltimore & London: The Johns Hopkins University Press, 1998, 228.

40) 이 구약의 분류가 우선 이 책을 성경으로 그 권위를 나타내는 것이고, '율법, 선지자, 제문서' 라는 표현은 늦게 나왔지만 유대교의 모든 성경을 다 포함하는 표시가 된다. Julio C. Trebolle Barrera, *Origins of a Tripartite Old Testament Canon*, in L.M. McDonald & J.A. Sanders (ed.), *The Canon Debate*, Peabody, MA: Hendrickson Publishers, 2002, 145.

그러나 그것은 놀라운 일이 아니다. 이는 신약 자체가 이교도의 글도 인용하고 있기 때문이다(행 17:28; 고전 15:33). 물론 유다가 '경에서' 인용했다는 말을 하지 않은 것은 중요하다. 이것은 유다서 1장 14절과 에녹 1서 1장 9절이 구전으로 소급될 수도 있다는 것이다.

7. 주후 1세기 유대인의 정경

얌니아(Jamnia, Jabneh) 회의

19세기 후반에 제기된 구약정경에 관한 이론은 주후 90년경의 얌니아(Jamnia, Jabneh) 회의에서 구약의 정경을 결정했다는 것이다.[41] 이 가설의 주창자인 그레츠(Graetz)는 그가 쓴 '유대인의 역사' 에서 이 부분을 이렇게 요약하고 있다: "두 번째 질문은 솔로몬의 저작이라고 하는 전도서(Kohelet)와 아가서(Shir Hashirim), 이 두 책의 거룩성에 관한 것이었다. 샴마이(Shammai)학파는 그것을 거룩한 책으로 인정하지 않았다. 이 오랜 논쟁은 72명의 위원(College)에 의해서 처리되었다. 그들은 힐렐(Hillel)의 결정을 승인하지 않았던 자들인데 그 결과는 잘 모른다. 나중에 이 할라카들이 성문서(the Holy Writings)의 수집(Canon)에 포함되었다. 그 후 정경은 완성되고 시락의 잠언, 마카비 1서 등 다른 몇몇 히브리어 문헌은 외경으로서 거절당했다."[42] 지난 세기에 이 가설은 실제로 많은 학자들에게 널리 받아들여졌다.[43]

---

41) H. Graetz, *Kohelet oder der solomonische Prediger*, Anhang I, "Der alttestamentliche Kanon und sein Abschluss," Leipzig: C.F. Winter, 1871, 147-173.

42) H. Graetz, *History of the Jews: From the Earliest Time to the Present Day II*, London: David Nutt, 1891, 347.

43) Cf. Robert H. Pfeiffer, *Introduction to the Old Testament*, London: *Adam and Charles Black*, 1966, 64; Rudolf Smend, *Die Entstehung des Alten Testaments*, Stuttgart: W. Kohlhammer, 1978, 17.

그러나 동시대의 요세푸스나 초기 기독교 문헌들은 얌니아 종교회의에 대해서 언급하지 않는다. 사실 그런 회의가 있었는지도 모른다. 단지 후대의 랍비 문헌에서 언급하고 있을 뿐이다.[44] 욥바와 아스돗 중간, 지중해 연안에 위치한 이 도시는 예루살렘 멸망 이후 성경 연구의 중심지가 되었다.[45] 때때로 여기서 에스겔, 에스더, 아가, 전도서, 잠언 등 일부 구약 성경의 정경성에 대한 논의가 벌어지곤 했다. 그렇다고 해서 이 시기에 어떤 책은 넣고, 어떤 책은 빼고 해서 정경을 확정짓는 일을 한 적은 없는 것으로 보인다.[46] 이들의 회의는 이미 있는 기존의 정경을 다루었고, 특별히 정경상 문제가 있어 보이는 부분에 대해서 논의했을 뿐이다. 그래서 이 회의를 무시해도 관계없다.[47]

제4에스라와 요세푸스

제4에스라와 요세푸스의 작품도 이 시기에 속한다. 이 둘은 동시대 사람으로 후기 유대 공동체를 다루고 있다. 에스라는 24권의 책을 언급했는데 요세푸스는 22권만 정경 속에 넣고 있다.[48] 아마 이것은 유세비우스가 소개한 오리겐의 목록과 아타나시우스가 22권의 목록을 제시하듯이 룻기는 사사기에 넣고, 예레미야 애가를 예레미야에 넣어서 계산한 것으로 보인다. 이것은 기독교 구약의 39권과 같은 것으로 생각할 수 있을 것이다. 이렇게 제4에스라의 저자와 요세푸스는 각각 다른 환경 속에 있었지만 정경에 대한 그들의 증거는

44) Cf. Jack P. Lewis, Jamnia Revisited, in L.M. McDonald & J.A. Sanders (ed.), *The Canon Debate*, Peabody, MA: Hendrickson Publishers, 2002, 153.

45) 요하난(Jochanan)이 티토 장군에게 이 지역에 제자들을 가르칠 학교를 세울 것을 허락받고 세운 것이다. Graetz는 이 순간을 평가하기를, "이 대수롭지 않은 허락으로 그가 유약해 보이는 유대교가 로마보다 더 오래 존속할 수 있도록 해주었다는 사실을 예견하지 못했다"고 했다. Graetz, *History of the Jews* II, 327.

46) Cf. Harrison. *Introduction to the Old Testament*, 277f.

47) Sundberg는 "'얌니아 종교회의' 가설은 죽었다"고 선언했다. Albert Sundberg, *The Old Testament of the Early Church*, New York: Kraus Co., 1969, 100.

48) Josephus, Against Apion 1.8.38: "왜냐하면 우리는 (헬라인들이 가진 것과 같이) 서로 맞지 않고 모순된, 헤아릴 수 없이 많은 책을 가지지 않고 오직 스물두 권만 가진다."

참고가 될 만하다.

결론적으로 1세기의 유대인 정경을 정리하자면, 유대인들은 특별히 예루살렘 멸망 이후 그들이 '거룩한 책' 으로 전수받은 것을 영적인 분별력을 가지고 보았다는 것이다. 그들이 전도서, 아가서, 에스더와 같은 책을 문제 삼은 것을 보아도 알 수 있다. 그 결과로 정경의 한계는 이전 보다 훨씬 더 분명해졌다. 그렇다고 해서 구약정경은 1세기 유대인의 산물은 아니다. 그들은 새로운 일을 한 것이 아니라 단지 이미 존재하던 것을 특별히 확정했을 뿐이다. 이렇게 정경의 한계를 재확인했다고 하는 것은 그 밖에도 많은 책들이 있었다는 말이다. 그런데 얌니아에서 배제되었다고 하는 예수 시락과 마카비 1서 같은 것은 왜 정경에 들어올 수 없는가라는 의문이 생긴다. 구약 39권을 정경으로 받는 우리는 거기에 대한 가장 큰 원인은 그 책들이 영감되지 않았다는 것이다. 책이 존재하던 그 시대에 어떤 경우에도 팔레스타인 유대인 공동체가 이 책들을 정경으로 받아들였다는 언급이 없다.

8. 기독교의 구약정경

그리스도와 사도들을 따라서 기독교는 구약의 39권을 정경으로 받아들였다. 이것이 가장 중요한 것이지만 전부 다는 아니다. 헬라어를 쓰는 세계에 있었던 신생교회는 계속해서 유대교 정경을 형성하는 책뿐만 아니라 다른 책에도 호소했다. 즉 기독교회는 '외경' 과 '위경' 그리고 유대교 구전도 사용했다.

헬라어를 쓰는 기독교인은 유대교 기원에 관한 많은 책을 다루었다. 이것은 정경의 한계가 처음부터 분명히 확정되지는 않았다는 말이다. 아마도 헬라권 디아스포라 유대인들도 그렇게 하지 않았을 것이다. 얌니아 회의의 결정은 많은 기독교인들에게는 잘 알려지지 않았다. 요세푸스조차도 얌니야 회의에서 받아들이지 않은 책들을 사용했다.

그럼에도 불구하고 정경을 기록한 기독교의 목록은 유대교 정경까지로 한

정하고 있다 이것은 주후 약 160년, 사르데스(Sardes)의 감독 멜리토(Melito)가 작성한 정경의 목록에서 나타난다.[49] 그리고 오리겐, 아타나시우스, 키릴(Cyril of Jerusalem)의 글에도 그렇게 말한다.[50] 그럼에도 불구하고 교회는 더 많은 문서를 가지고 있는 구약의 헬라어 역본인 칠십인역을 사용했다. 그렇지만 그들은 칠십인 역에 있는 모든 책에 동일한 권위를 부여하지는 않았다.

어거스틴도 칠십인 역에 대한 애착이 컸지만 외경부분을 정경과 똑같은 것으로 생각하지 않고 그 부분은 하위 권위를 가진 것으로 여겼다. 그러나 어거스틴이 주도한 힙포 회의(393년)와 제3차 카르타고 회의(397년)는 구약의 '칠십인역 첨가서' (the Septuagintal plus)[51]를 포함해서 카톨릭 교회의 정경을 확정했다.

종교개혁은 다시 유대인의 정경으로 되돌아갔다. 그래서 개혁자들은 그리스도와 사도들의 정경을 받아들였다. 특히 루터는 카톨릭 교회의 연옥교리와 면죄부와 관련된 죽은 자를 위한 기도가 언급된 외경부분을 인정할 수가 없었다(마카비 2서 12:45). 그는 제롬의 입장을 따라서 외경은 성경과는 다르지만 읽으면 유익한 책으로 여기고 구약의 두 범주를 구분해서 그의 독일어 번역판에 외경을 부록으로 덧붙였다(1534년). 쯔빙글리의 쮜리히 성경(1524-29년)에는 외경이 처음부터 구약의 다른 부분과 분리되어서 따로 출판되었다.[52]

그러나 반종교개혁운동의 일환으로 개최된 트렌트 공회의(1546년)는 힙포 회의와 카르타고 회의의 결정을 따르고 개혁자들의 개념을 거절했다. 그 회의

---

49) 유세비우스가 전하는 멜리토의 26권의 구약 목록에는 '예레미야 애가' 와 '느헤미야' 가 빠져있다. 이것은 예레미야에 애가를 넣고 에스라를 느헤미야를 포함하는 것으로 볼 수 있다. 여기에 열두 소선지서를 합하면 기독교에 말하는 39권의 성경이 된다. 그리고 '지혜서' 라고 되어있는 것은 외경인 '솔로몬의 지혜서' 가 아니라 '잠언' 으로 본다. Pamphilus Eusebius, The Church History of Eusebius, in *The Nicene and Post-Nicene Fathers* Second Series Vol. I, VI, XXV, 2. 206.

50) 이 세 사람은 모두 22권의 정경을 언급했다.

51) 제롬시대에 '외경' (Apocrypha)이란 말을 쓰기 전에는 히브리 성경에 없지만 칠십인 역에 있는 책을 'Sepuagintal plus' 라고 불렀다.

52) Cf. Bruce, *The Canon of Scripture*, 101-102.

는 라틴어 판(Vulgata)에 포함된 '제1정경' (protocanonical books)과 '제2정경' (deuterocanonical books) 간의 차이를 없애버렸다.[53] 그래서 트렌트 공의회는 토빗(Tobias), 유딧(Judith), '솔로몬 지혜서' (Sapientia), '예수 벤 시락' (Jesus Sirach), '바룩' (Baruch), '마카비 1, 2서' (1, 2 Maccabees)를 정경으로 채택했다.

9. 구약정경의 분류

유대교의 정경분류

- 토라(*tōrā*, 율법서, 5): 창세기, 출애굽기, 레위기, 민수기, 신명기
- 너비임(*nᵉḇī'īm*, 선지서, 8)
  - 전선지서(4): 여호수아, 사사기, 사무엘, 열왕기
  - 후선지서(4): 이사야, 예레미야, 에스겔, 소선지서
- 커투빔(*kᵉṯūḇīm*, 제문서, 11)
  - 시가서(3): 시편, 잠언, 욥(*'ᵉmeṯ*)
  - 오축(5): 아가, 룻기, 예레미야 애가, 전도서, 에스더
  - 역사서(3): 다니엘, 에스라-느헤미야, 역대기

기독교의 정경분류

- 오경(5권): 창세기, 출애굽기, 레위기, 민수기, 신명기
- 역사서(12권): 여호수아, 사사기, 룻기, 사무엘상, 사무엘하, 열왕기상, 열왕기하, 역대상, 역대하, 에스라, 느헤미야, 에스더

53) Bruce, *The Canon of Scripture*, 104.

• 시가서(5권): 욥, 시편, 잠언, 전도서, 아가서
• 선지서(17권): 대선지서(5권): 이사야, 예레미야, 예레미야 애가, 에스겔, 다니엘
소선지서(12권): 호세아, 요엘, 아모스, 오바댜, 요나, 미가, 나훔, 하박국, 스바냐, 학개, 스가랴, 말라기

02 특수정경론(구약비평사)

구약비평은 개혁신학에서는 특수 정경론이라고 한다. 이것은 앞 단원에서 다룬 일반정경론과 대조해서 쓴 것이다. 이 단락에서 다루는 것은 구약에 대한 비평이론을 역사적으로 간략하게 살펴보는 것이다. 비평이란 말은 다양한 의미로 사용되었다. 비평은 성경 본문에 대한 의문에서 시작되었다. 본문을 이성으로 쉽게 이해할 수 없다는 것이다. 우선 상식적 차원에서 성경비평이라고 할 때 성경에서 이해하기 어려운 난제를 이성의 기준에 맞추어서 설명하려고 시도하는 모든 방법을 비평이라고 할 수 있을 것이다. 이것은 성격상 객관적으로 성경 내용을 설명하려는 합리적인 시도라고 할 수 있다. 이 과정에서 성경 본문의 역사적 성격을 규명하거나 본문의 순서를 재배치하기도 하고 때로는 본문을 문학적, 언어적으로 분석하는 절차를 밟는다. 이런 시도는 일종의 성경주석 방법이라고 볼 수 있는데 이 과정의 어느 한 부분을 강조하여 체계화한 방법론을 일반적으로 비평적 방법론이라고 한다. 예를 들어 본문의 진의성과 관련된 문제를 다루는 비평을 본문비평이라고 하고, 본문의 문체와 문학적 특징을 다루는 비평을 문학 비평이라고 할 수 있다.

구약을 주석하는 과정에서 비평이 제시하는 방법을 어느 정도 따라야 하는 것은 사실이다. 성경비평이 제시하는 방법 중 이 정도의 작업은 교부시대에도 있었고 종교개혁 시대에도 있었다. 이런 점에서 비평은 성경 본문을 해석하는 하나의 절차라고 할 수 있다.[1]

그러나 여기서 문제로 삼는 것은 하나님의 계시인 성경을 이성에 근거하여 판단하는 것이다. 계몽주의 이후로 인간의 이성이 모든 것을 판단하는 최종 기준이 되어서 하나님의 계시를 인간의 이성으로 평가하게 되었다. 그 결과 합리주의적 관점에서 성경을 해석하는 방법으로 제시된 비평이론이 성경의 내용을 합리적으로 이해할 수 있도록 돕는 것이 아니라 성경 본문의 의미와는 거리가 먼 엉뚱한 방향으로 독자를 인도하게 되었다. 합리주의적 입장에서 성경을 보면 성경의 정경적 권위는 사라지고 구약성경도 하나의 고대문헌으로 취급하게 된다. 이런 종류의 비평을 '고등비평'(higher criticism)이라고도 한다. 이 비평의 결과는 본문의 의미를 구축하는 것이 아니라 본문을 파괴하는 결과를 가져왔다. 이 단락에서 다루는 것은 이런 의미로 사용된 비평이다. 그리고 비평이론의 발달과정을 역사적으로 간략하게 살펴볼 것이다.

1. 장 아스트뤽(Jean Astruc)이전

초대교회 시대

초대교회에서 일어난 구약에 대한 비평은 주로 이교도의 입장을 취하거나 그 영향을 받은 자들에게서 나왔다. 그 중에서도 영지주의는 구약에 대해서 파괴적인 비평을 제시했다. 예를 들어 시몬이란 자가 율법과 선지서의 신적인

---

1) Cf. John Barton, *The Nature of Biblical Criticism*, Louisville, London: Westminster John Know Press, 2007, 3-5.

기원을 부인하고 '구약을 믿는 자는 누구나 죽음의 지배를 받고있다' 고 했다.[2] 또 영지주의 한 지도자인 발렌티누스(Valentinus)는 구약본문의 진정성을 의심하고 율법과 선지서의 일부를 거절했다.[3] 특별히 영지주의 영향을 받은 말시온(Marcion)은 구약은 기독교 신앙에 적합하지 않다고 판단하여 구약 전체를 정경에서 완전히 제외시켜버렸다.[4]

유대인으로서 기독교에 속한 집단 중에 구약에 비평적 입장을 취하는 자들도 있었다. 나사렛파(Nazarites)는 오경의 모세 저작권을 거부하고 에비온파(Ebionites)는 율법의 일부를 거부하고 선지자들의 글을 완전히 무시했다.

신플라톤주의자인 폴피리(Porphyry)는 다니엘의 저자가 선지자 다니엘이 아니라 안티오쿠스 에피파네스 시대의 사람이 썼을 수 있다고 했다. 왜냐하면 다니엘이 예언을 그렇게 상세하게 기록할 수 없다고 보았기 때문이다.[5]

기독교 안에서도 문헌비평이 가끔 제시되었다. 제롬은 에스라가 오경을 재편집했다는 암시를 주고,[6] 또 요시야 때 발견된 율법책이 신명기라는 기록도 남겼다.[7] 데오도르 몹수에스티아(Theodore of Mopsuestia)는 시편의 표제를 거절하고 시편 일부의 저작을 마카비 유대인에게로 돌리고, 시편의 표제는 히

---

2) Epiphanius, *The Panarion of Epiphanius of Salamis*, trans. by Frank Williams, Leiden: Brill, 2009, 65-66.

3) Cf. E.J. Young, *An Introduction to the Old Testament*, Grand Rapids, MI: William B. Eerdmans Publishing Company, 1977, 108-9; R.K. Harrison, *Introduction to the Old Testament*, Grand Rapids, MI: William B. Eerdmans Publishing Company, 1985, 3-4.

4) 그가 인정하는 정경은 누가복음에서 나온 복음과 열 개의 바울서신에서 편찬된 것이다. K. Greschat, Marcion, in Hubert Cancik and Helmuth Schneider (ed.), *Brill's New Pauly: Encyclopaedia of the Ancient World 8*, Leiden: Brill, 2006, 308. "그는 율법과 모든 선지자들을 거절하고 선지자들은 세상을 만든 지배자(archon)의 영감에 의해서 예언했다고 말한다": Epiphanius, *The Panarion*, 297.

5) Cf. J.J. Collins & F.M. Cross, *Daniel: A commentary on the book of Daniel*, Hermeneia, Minneapolis: Fortress Press, 1993, 25.

6) Jerome, *Against Helvius*, 7, in *The Nicene and Post-Nicene Fathers Second Series* Vol. VI, 337.

7) Jerome, *Against Jovinuanus*, 1.5, in *The Nicene and Post-Nicene Fathers Second Series* Vol. VI, 349.

스기야와 스룹바벨 시대에 붙여졌다고 했다. 그는 욥기와 역대기도 정경으로 받지 않는다는 의심을 받았을 뿐만 아니라 아가서의 내용을 남녀 간의 육체적 사랑으로 이해했다. 또 욥기 주석에서 잠언과 전도서의 영감을 부인했다.[8]

중세 때에 스페인에서 구약, 특히 오경에 대한 문헌비평과 역사적인 성격을 띤 비평이 제기되었다. 이슬람 신봉자였던 코르도바의 이븐 하잠(Ibn Hazam, 약 994년)은 구약의 연대기에 심각한 오류가 있다고 여겼고, 또 오경의 상당 부분은 실제로 에스라의 작품이라고 주장했다.[9] 랍비 이자키(Jizchaki, Ibn Ezra가 인용한 랍비 Isaac of Toledo로 보인다, 982-1057년)는 창세기의 에돔 왕에 대한 기사(창 36:31)는 이스라엘에 왕이 있었을 때 막 기록 될 수 있었다고 한다.[10] 그는 그것을 여호사밧의 시대의 것이라고 생각한다. 이븐 에즈라(1092-1167년)는 '가나안 땅에 가나안 사람이 있었다' (창 12:6)는 기사는 가나안 사람들이 이미 쫓겨난 때로 연대를 계산할 것이라고 했다.[11] 그는 대체로 오경의 모세의 저작권을 주장하지만 그래도 여기저기서 후대 첨가를 생각한다. 그리고 이사야의 마지막 스물여섯 장은 이사야가 아닌 다른 사람이 썼다고 한다. 그의 생각은 후대에 스피노자를 통해서 알려졌다.

초대교회 때부터 구약에 대한 다양한 비평이 제기되었지만 그 지적은 산발적이었고 교회의 전통에 영향을 줄만한 이론은 아니었다.

종교개혁 시대

종교개혁 시대에도 비평이론에 일치를 보지 못했다. 그러나 이 시기는 전체 비평연구가 획기적으로 발전할 수 있는 기반을 마련했다. 왜냐하면 모든 학문을 원전에서(*ex fontein*) 출발하려는 인문주의의 성격은 성경언어와 분문연

8) Cf. F.F. Bruce, *The Canon of Scripture*, Downers Grove, Ill.: Inter-Varsity Press, 1988, 81.

9) R.K. Harrison, *Leviticus: An introduction and commentary*, Tyndale Old Testament Commentaries 3, Downers Grove, IL: InterVarsity Press, 1980, 15.

10) B. Holwerda, *Bijzondere Canoniek*, Kampen: Van den Berg, 1972, 8.

11) C. Houtman, *Inleiding in de Pentateuch*, Kampen: J.H. Kok, 1980. 28.

구에도 대단한 의미가 있었기 때문이다. 특별히 이 시기에 발간된 두 권의 히브리어 문법책이 개혁자들에게 큰 영향을 미쳤을 것이다.[12] 덕분에 개혁자들은 로마카톨릭 교회와 투쟁할 때 라틴어 번역(*Vulgata*)에 호소하지 않고 원문에 근거하여 자신의 입장을 제기할 수 있었다. 이 시기에 구약비평과 관련된 몇 가지 이론이 있다.

보덴슈타인(Andreas Bodenstein, Carlstadt)[13]

보덴슈타인은 프로테스탄트 신학 내부에서 나온 최초의 구약 문학비평 연구의 선구자다.[14] 모세의 연설 가운데 자신에 관한 이야기에서 다른 문체가 만연하다고 한다. 그래서 그 기사와 후대 저작의 역사적 부분의 문체와 일치한다는 것이다. 그는 모세가 오경의 저자가 아니라고 제언하지만 모세가 하나님의 율법을 받았다는 것을 부인하지는 않는다. 그는 오경의 저작성에 대해서 적극적인 언급은 하지 않았지만 에스라가 저자일 것이라는 제시는 반대한다. 신명기 34:5 이하는 모세가 저자가 아니라고 주장한다.[15]

마시우스(Andreas Masius)

마시우스는 벨기에 북부 플란더스(Vlaams) 지방의 카톨릭 신학자이자 법률가였다. 그는 칠십인역 바티칸 사본에 대한 평가와 시리아어 연구로 잘 알려졌다. 그가 쓴 여호수아서의 주석은 본문비평에다가 설명을 첨부한 것이다.[16] 여기서 그는 다양한 후대의 모자이크(단의 출현 같은)와 다른 상호모순

---

12) Conrad Pellicanus, *De modo legendi et intelligendi Hebraea*, Strassburg, 1504; Johannes Reuchlin, *Rudimenta linguae Hebraicae*, 1506. Reuchlin의 책을 보면, 전체 629쪽이 3부로 구성되었는데, 1부는 음운론, 2부는 사전(32-543), 3부는 형태론이다.

13) D. Andreae Bodenstein (Karlstadt), *De cannonicis scripturis Libellus*, Stadii Sacre Thologie Doctoris & Archidiaconi VVitten, 1520.

14) Hans-Joachim Kraus, *Geschichte der historisch-kritischen Erforschung des Alten Testament*, Neukirchen-Vluyn: Neukirchener Verlag, 1988, 28-29.

15) Ex quibus demonstatur, defendi posse, Mosen nõ fuisse scriptorem quinque librorum, quum sepulto Mose filum oprationis idem videmus, verba locutum.

점들을 지적했다. 그래서 그는 비록 오경의 상당한 부분이 모세에게서 비롯되었다 할지라도 지금 현재의 형태로는 먼저 하늘에서 성령을 받은 에스라와 같은 이에게 돌릴 수 있다고 한다. 모세의 저작은 부정하지 않지만 여러 가지 내용이 모세 시대보다 훨씬 뒤에 첨가되었다고 생각한다. 오경에 대해서는 기럇 아르바가 옛날 이름인데 창세기에는 헤브론으로 나온다는 것을 지적했다(창 23:2; 수 14:14, 15).[17] 역사서에 대해서는 여호수아서뿐만 아니라 사사기, 열왕기와 다른 부분의 성경이 수집되고 편집되었다고 주장했다.[18] 그에게 있어서 성경은 연대기나 비망록 (*annales et diaria*)같은 것이 모여서 편집된 것이기 때문에 역사서에서도 그 역사성을 의심할 수밖에 없었다. 그는 2세기 후에나 구약비평 영역에서 유행하게 될 수집과 편집 개념을 그의 비평에 최초로 도입하게 되었다. 구약책의 기원을 이렇게 밝혀 놓음으로써 그때까지 자명하게 받아들여진 역사적인 근거를 잃어버리게 되었다.

계몽주의 시대

그로티우스(Hugo Grotius, 1583-1645년)

그로티우스는 네덜란드의 정치 사상가요 법률가로서 인문주의 입장에서 당시의 신학적 화합을 위해서 노력했다. 물론 그는 알미니우스의 제자로서 선생의 입장을 따랐다. 그로티우스는 구약을 대할 때 철저하게 합리주의적이고 역사적인 입장을 취했다. 그는 개혁자들이 해석의 원리로 주장한 '문자적' 해석을 집요하게 적용시켰는데 그 결과로 기독교 정통 교리를 등지게 되었다. 그는 성경에서 가르치는 것이 역사적 교훈이고, 그것은 '도덕' 이라고 한다. 그는

16) Andreas Masius, *Josuae impertoris historia illustrata atque explicata*, Antwerpen, Christofor Plantinus, 1574.

17) Masius, *Josuae*, 247.

18) "… non solum hunc Josuae, verum etiam Judicum, Regum, alios quos in sacris ut vocant bibliis legimus libros ex diversis annalibus aqud ecclesiam Dei conservatis compilasse in eumque ordinem, qui jam olim habetur, redigiss atque disposuisse." Masius, *Josuae*, 2.

구약의 예언을 해석할 때 일단 역사가로서 대한다. 그래서 그는 구약 어디에서도 그리스도를 발견할 수 없다고 한다.[19] 이사야서의 '고난의 종'도 예레미야라고 주장했다.[20] 그의 책 '기독교 진리에 대하여'에서 전도서는 행복이란 주제에 대한 인간의 견해를 수집한 것으로서 아람어 단어가 쓰인 것을 보아 그 책의 기원은 솔로몬이 아니라 그 이후라고 했다. 그는 욥기를 포로후기의 산물로 보았고 에스더의 역사성도 의심했다. 그는 에스라가 구약의 책들을 한 권으로 편집했다고 한다.[21] 그로티우스 사상의 근원은 자연법이었다. 문제의 핵심은 그에게서 이미 18, 19세기에 제시될 역사비평연구가 나타났다는 것이다.[22]

홉스(Thomas Hobbes, 1588-1679년)

홉스의 레비아단(*Leviathan*)[23]은 신학 책이 아니고 이상적인 국가의 형태와 권력에 대해서 쓰면서 성경을 자료로서 다룬 책이다. 그는 이 책 33장에서 구약의 다양한 책의 고대성과 저자에 관해서 간략하게 언급하고 있다. 교회는 모세를 오경의 저자로 보지만 모세가 오경의 저자라는 말은 그가 실제로 이 책을 기록했다는 것을 의미하지 않는다. 단도직입적으로 그는 "오경은 모세가 기록했다기 보다는 모세에 대해서 기록했다"고[24] 주장한다. 곧 이어서 모세의

---

19) 이 말은 시몽이 콕세이어스와 그로티우스를 비교해서 한 말이다. Richard Simon, *Histoire critique des principaux commentateurs du Nouveau Testament*, Rotterdam: Chez Reinier Leers, 1693, 764: "On dit de lui (Cocceius) qu' il trouvait partout le Messie et que Grotius tout au contraire, qu' il combat ordinairement, ne le trouvoit presque en aucun endroit."

20) Hugonis Grotii, *Annotata ad Vetus Testamentum* II, Luteti æ Parisiorum: Sumptibus Sebastiani Cramoisy et Gabrielis Cramoisy, 1644, 11-115.

21) Hugo Grotius, *De Veritate religionis Christianae*, Amsterdam: Edition Novissima, 1662, III, XVI.

22) Cf. Kraus, *Geschichte der historisch-kritischen Erforschung*, 53.

23) Thomas Hobbes, *Lebiathan*, sive De Materia, Forma, & Potestate Civitatis Ecclesiasticae et Civilis, Amsterdam: Joannes Blaeu, 1670.

24) Liber *Pentateuchi* Scriptorem habuisse *Mosem* non videtur, sed potius de *Mose*, quam à Mose scriptum esse.

매장지가 언급된 신명기 34:6, 그 땅에 가나안 사람이 있었다는 창세기 12:6, 여호와의 전쟁기를 언급한 민수기 21:14은 모세의 글이 될 수 없다고 한다. 모세와 관련된 오경의 저작성에 대해서는 잃었다가 힐기야 시대에 다시 찾은 신명기 11-27장 같은 부분은 모세의 저작으로 돌릴 수 있다고 한다. 그는 오경 이외의 책도 각 권의 제목이 저자를 알려주는 정보가 될 수 없다고 한다. 대부분의 책은 책에서 말하는 사건이 일어난 것보다 훨씬 이후에 기록되었다고 한다. 그래서 사무엘이나 열왕기도 포로이후의 작품으로 보았다. 그리고 구약전체는 포로귀환과 톨레미(Ptolemy II, 주전 309?-247?)시대 사이에 형성되었다고 한다.[25]

드 라 페이레르(Isaac de la Peyrère, 1596-1676년)

드 라 페이레르는 원래 프랑스 개신교 학자였다. 익명으로 출판된 그의 책은 파리에서 공개적으로 불태워졌고 그가 아담 이전에 사람이 있었다고 주장하며 성경의 권위에 도전했다는 이유로 브뤼셀 감옥에 갇히기도 했다. 나중에 그는 로마 카톨릭으로 개종했다. 그의 책 '아담이전 가설' (Praeadmitae)[26]은 두 부분으로 되어있는데, 둘째 부분이 1655년에 출판된 '아담이전 가설에서 나온 신학 체계' (*Systema theologicum ex praeadamitarum hypothesi*)이다. 그는 여러 가지 시대착오적 현상, 반복, 순서상의 결여, 역사적 모순을 지적한다(민 21:14; 신 1:1; 3:11, 14).[27] 그러면서 오경은 다양한 요소가 결합되었다고 본다. 그는 생각하길 모세가 출애굽 광야 여행과 율법 수여에 대한 일종의 자서전을 썼는데 거기에 과거의 역사를 덧붙였다고 한다.[28] 아담 이전 시대의 역사도 마찬가지다. 그러나 모세의 친필서는 잃어버렸고 우리가 가진 책은

---

25) Hobbes, *Liviathan*, 179.

26) 이 책의 전체 제목은 "*Praeadamitae sive exercitatio super versibus duodecimo, decimotertio et decimoquarto capitis quinti epistolae D. Pauli ad Romanos. Quibus inducumtur Primi homines ante Adamum conditi*"이다.

27) Peyrère, *Praeadamitae*, 173-176.

28) Peyrère, *Praeadamitae*, 173.

연대를 아주 후대로 잡는다. 게다가 오경은 모세의 작품에서 직접 채택하는 것이 아니고 여호수아, 열왕기, 역대기와 같이 다양한 원전을 사용했다. 아담은 인류의 시조가 아니고 유대인의 조상일 뿐이다.[29] 로마서 5장은 그 가능성을 시사하고 있다. 갈대아, 이집트, 구스인들은 다른 인류의 기원을 가지는데 창세기 1:26에 언급된 사람은 아담 이전의 사람이고 창세기 2:4이후에 언급된 사람은 유대인의 조상 아담이다.[30] 노아의 홍수도 유대인의 땅에 한정된 것이라고 한다.[31] 그의 오경 연구 결과는 당대에 그렇게 영향을 미쳤다고 할 수 없다. 또한 그의 오경에 대한 철저한 문헌비평 방식도 개인적인 차원에 머물러 있었을 뿐이다.

스피노자(Benedictus de Spinoza, 1632–1677년)

스피노자는 네덜란드 암스테르담에서 태어나 나중에 데카르트의 제자가 된 유대인 학자로서 "신학–정치 논문"[32]을 썼다. 그의 책은 철학과 조직화된 종교가 다른 영역을 지배해야 한다는 것을 보여주는 것이다. 이 책 제8–10장에서 오경과 구약의 다른 책의 저자 문제를 다루는데 여기서 이븐 에즈라가 오경의 모세 저작설과 관련하여 언급한 문제를 여섯 가지로 제시한다.[33] 특히 모

---

29) Peyrère, *Praeadamitae*, 94, "유대인은 아담안에서 하나님에 의해서 지음받았다(*formati*). 이방인은 하나님에 의해서 창조되었다(*creati*). 다른 피조물이 창조되는 같은 날에 다른 피조물이 창조되듯이 하나님의 말씀에 의해서 창조되었다. 특별히 유대인은 하나님의 손으로 지음받았다. … 아담은 유대인의 첫 조상이고, 유대인들은 아담의 아들이라고 불린다" (*Systema* 2-X).

30) Peyrère, *Praeadamitae*, 113, "아담은 창조시의 인간과 별개로 창조되었다. 아담은 첫째 인간이고, 유대인의 조상이지, 모든 사람의 조상은 아니다. 아담의 조성은 첫 사람들의 창조와는 판이하게 다르다. 하와는 아담이 지음받은 같은 날 창조될 수는 없었다"(*Systema* 3–II).

31) Peyrère, *Praeadamitae*, 202, "노아홍수는 온 세상에 대한 것이 아니고 유대인의 땅에 대한 것이다. 모든 사람을 멸망시키는 것이 아니라 오직 유대인을 멸하기 위한 것이었다" (Systema 4–VII).

32) Benedict Spinoza, *Tractatus theologico-politicus*, Hamburg: Henricum Künraht, 1670.

33) 신 1:2; 신명기 마지막 장; 신 31:9; 창 12:6; 창 22:14(모리아 산); 신 3:11(바산 왕 옥의 철침대). Spinoza, *Tractatus*, 104-106.

세에 대해서 3인칭으로 말한 것(민 12:3; 신2:1, 17)과 선지자에 대한 언급(신 34:10) 등에 대해서 여러 자료를 갖고 그의 의심을 증명하려고 했다. 창세기 14:14과 사사기 18:29의 '단'에 대한 언급은 모순이고, 출애굽기 16:35과 여호수아 5:12의 '만나'에 대한 보도도 다르다는 것이다. 창세기 36:31의 에돔왕은 다윗이 에돔을 친 시대와 관계가 있다고 한다(삼하 8:14). 이런 문제점에 근거해서 "모세가 오경의 저자라고 확정할 수 있는 어떤 근거도 없다. 그것은 순전히 이성에 반하는 것이다"[34]라고 결론지었다. 그는 오경의 저자를 잠정적으로 에스라일 것이라고 추정한다.[35] 그가 모세의 기록을 이끌어 냈다. 그러나 자기 생각에 따라 수정을 가했다. 그의 임의의 죽음으로 말미암아 그의 작품을 마무리 하지 못했다고 한다. 스피노자는 모세가 저자임을 부인하지 않는 부분도 있다. 그것은 직접 모세가 기록했다고 하는 본문이다(출 17:4; 민 33:2; 신 31:9; 32). 오경 이외의 책에 대해서도 그는 비평적 입장을 취했다. 욥기는 히브리어를 쓰지 않는 다른 이방인에 의해서 기록되었고, 다니엘, 에스라, 느헤미야, 에스더와 역대기는 마카비 시대로 돌린다.[36] 그는 선지자의 이름을 가지고 있는 책들도 그들의 저작으로 인정하지 않는다. 즉 에스겔서는 에스겔이 저자가 아니다. 그에게 있어서 구약은 인간지성의 산물, 유대공동체의 산물이지 더 이상 계시가 아니다. 그래서 성경을 해석하는 방법도 다른 문헌과 같아야 한다고 본다. 크라우스는 스피노자가 구약연구에서 최초로 문헌-역사적 문제를 발견했고, 그로 말미암아 역사문헌해석의 원칙이 최초로 형성되었다고 한다.[37] 그의 주장은 그 시대에는 무시당했지만 19세기 후반의 문서설의 중요한 기초가 되었다.

---

34) Spinoza, *Tractatus*, 110, "sed omnino contra rationem affirmare, Mosen autorem esse Pentateuchi."

35) Spinoza, *Tractatus*, 115, "나는 다른 사람이 더 확실하다는 것을 보여줄 때까지 그를(에스라) 앞에서 언급한 책들의 저자로 여길 것이다."(cum pro Scriptore praedictorum librorum habebo, donec aliquis alium certiorem ostendat).

36) Spinoza, *Tractatus*, 127-137.

37) Kraus, *Geschichte der historisch-kritischen Erforschung*, 62, 64.

시몽(Richard Simon, 1638-1712년)

시몽은 카톨릭 사제로서 성경은 단지 교회의 교령에 의해서 주어진 권위로 보았다. 그는 그의 책 '구약역사 비평'[38]에서 유대인들이 모세가 오경 전체를 기록했다고 주장하는 것을 반대하면서 그가 율법부분을 기록했다고 한다. 그는 우선 창세기와 출애굽기, 레위기에 나타나는 반복기사를 지적했다(창 7:17-24; 출 31:14-16; 32:15; 레 3:9, 14). 물론 그가 반복과 설명이 나오는 것이 반드시 다른 저자를 의미한다고 보지는 않고 그것이 히브리어의 특징이 될 수도 있다고 했다. 그러면서 순서상의 결여도 지적했다(창 21:3-5; 31:46-49; 35:27; 38; 출 18). 또한 문체의 다양성을 지적하면서 모세는 창세기의 이야기와 계보를 더 오래된 구전이나 기록된 자료에서 빌려 왔다고 한다.[39] 이 말은 모세가 부분적으로 오경의 저자가 된다는 것이다.[40] 그는 요세푸스가 선지자들의 역할을 언급한 것에서 착안하여 선지자들이 저작을 맡은 것으로 본다.[41] 모세가 자기 시대의 역사적 기록을 자기를 위해 일한 연대 편찬자들에게 맡겼을 것으로 본다. 이 모든 공동 작업을 통해서 오경이 생겼을 것이다. 여기서 전승과 편집개념이 도입되었다. 그는 여호수아서, 사사기, 사무엘서도 그때까지 통용되던 저자에 대한 개념을 거부했다. 시편의 표제와 욥기의 출현도 후대의 손길을 거쳐서 이루어진 것으로 평가했다.

그의 급진적인 주장은 개신교 학자들을 자극했을 뿐만 아니라 카톨릭 학자

---

38) Richard Simon, *Histoire Critique du Vieux Testament*, Paris, 1678.

39) Simon, *Histoire Critique*, 47.

40) "Moïse ne peut être l'Auteur de tout ce qui est dans les Livres qui lui sont attribués." Simon, *Histoire Critique*, 31.

41) "요세푸스에 의하면 이 일을 맡은 사람들은 선지자들이라고 한다, 그리고 나는 이것이 오늘날 유대인들이 성경 역사서의 대부분을 선지서라고 부르는 이유라고 믿는다. 왜냐하면 그것들이 선지자라고 하는 사람들에 의해서 쓰여졌기 때문이다: 성 베드로는 성경 전체를 선지서와 같이 보았다 … 모세 시대부터 이런 종류의 선지자들이 있었을 가능성이 매우 크다. 그 나라에서 일어난 행적을 수집하기 위하여 그 나라에 필요한 그런 선지자들이 있었을 것이다. … 우리는 모세가 백성에게 주었던 십계명과 율례는 그에게 돌릴 수 있을 것이다. 그리고 그가 이런 공적인 저자들이 역사의 대부분의 저자가 되도록 했을 것이다." Simon, *Histoire Critique*, 14f.

들에게도 공격 대상이 되었다. 그 중에 르 클레릭이 그의 이론을 반박했다.

르 클레릭(Jean le Clerc, Johannes Clericus, 1657-1736년)

르 클레릭은 암스테르담의 신학교 교수로서 당시 알미니안 항변자(Remonstrants) 중 한 사람이었다. 그가 시몽의 책에 대해서 편지 형식으로 친구들에게 보낸 글이 Sentimens[42]이란 제목으로 출판되었다. 여기서 그는 시몽의 서기관을 통한 오경 전승에 대한 입장을 거절한다. 만일 모세가 처음으로 공식 문서기관을 만들었다면 모세 이전의 원전이 존재할 수 없다는 것이다.[43] 오경은 후대에 생겼다고 한다. 오경은 주전 722년 이후 앗수르의 왕이 새로운 식민지의 시민들에게 야웨를 섬기는 것을 가르치도록 하기 위하여 팔레스타인으로 보낸 이스라엘의 제사장(왕하 17:27, 28)의 작품일 것이다. 그러나 그는 그의 창세기 주석에서 다시 이 주제로 되돌아간다.[44] 여기서 그는 여러 삽입구에 있는 편집성을 주장한다. 바벨론과 관련된 기사는 바벨론 포로 생활을 경험한 사람이 썼고(창 2:11f; 10:7-12), 에돔 왕의 명단은 야곱과 모세 사이의 시대와는 맞지 않는다(창 36:31). 모세가 자기 후대의 일을 잘 알았다는 말이다.[45] 창세기 35:19; 48:7에 언급된 베들레헴과 에브랏에서 베들레헴이란 지명을 에스라에게로 돌린다. 창세기 40:15의 '히브리인의 땅' 이란 표현은 요셉도 모세도 사용할 수 없다. 이 모든 자료에 근거해서 모세는 창세기의 저자가 될 수 없다고 한다. 게다가 출애굽기와 민수기에 나타나는 '선지자' 란 말은 시대 착오적 현상으로 본다(삼상 9:9).

---

42) *Sentiments de quelques Thélogiens de hollande sur l'Histoire Critique du Vieux Testament par R. Simon de l'Oratoire*, Amsterdam: Henri Desbordes, 1685.

43) Clerc, *Sentiments*, 123.

44) *Genesis*, sive, Mosis prophetæ liber primus/ ex translatione Joannis Clerici, cum ejusdem paraphrasi perpetua, commentario philologico, dissertationibus criticis quinque, et tabulis chronologicis, Amstelodami: Sumtibus auctoris, et veneunt apud Abrahamum Wolfgangum, & Janssonio-Waesbergios, 1693.

45) 스피노자의 논적이었던 P. D. Huet는 모세가 예언적 은사에 근거해서 썼다고 한다. Cf. C. Houtman, *Inleiding in de Pentateuch*, 44.

모세는 고대문서를 편집하지 않았지만 족장들에게서 나온 옛날의 문서로부터 창세기를 편찬했을 것이다. 오경의 자료가 되는 것은 모세 이후, 그의 시대, 그 이전의 것으로 구성되었지만 모세 이전의 것은 불완전한 형태일 뿐 아니라 비역사적이다(창 4장, 라멕 이야기, 민 13:22, 네피림의 후손). 르 클레륵은 시몽의 공식문서의 작성에 대한 견해를 이해할 수 없는 것으로 보고 모세의 개인의 편집으로 보았다. 그는 시몽과 차이가 있으나 오경이 전승 과정의 결과로 보는 데는 일치한다.

비트링가(Campegius Vitringa, 1659-1722년)

비트링가는 네덜란드의 탁월한 주석가로 알려졌다. 그는 콕세이어스(Coccejus)의 제자로서 언약사상의 영향을 받았지만 여전히 합리주의적 입장을 취했다. 그의 선지서 주석은 영향력이 매우 컸으나 그 사상은 역사적인 그로티우스와 약간 신비적인 콕세이어스 사이에 서 있는 것이다. 그는 오경 저작시 모세가 족장 시대의 정보를 알려주는 원전을 가졌다고 제시했다: "우리의 견해는 모세가 수집해서 배열하고 다듬고 부족한 것은 이스라엘 사람들이 보존하고 있던 족장들의 기록과 기록된 페이지를 채워넣고 해서 그의 첫 번째 책을 만들었다."[46] 원전에 대한 이런 생각은 다음에 이루어질 무성한 원전가설의 기초가 되었다.

이 시기에 구약의 여러 부분에 대한 비평이 증가하고 특히 오경의 통일성과 순수성에 대한 여러 반대 의견이 제시되었다. 이 비평의 내용은 성경의 신적 권위와 기독교 신앙에 치명적이긴 하지만 이때까지는 개인적인 차원에 머물러 있었을 뿐이지 공적으로 결정된 이론에 대한 언급은 없었다. 그 비평이론들은 아직 시험 단계에 있다고 볼 수 있다. 무엇보다도 교회 전통이 그런 새로운 사고에 대해서 배타적인 입장을 취했던 것이다.

---

46) Cf. John H. Sailhamer, *The Meaning of the Pentateuch: Revelation, Composition and Interpretation*, Downers Grove, Ill.: Inter Varsity Press, 2009, 280.

2. 아스트뤽(Astruc)에서 벨하우젠(Wellhausen)까지 (1753-1865년)

구약비평에 대한 싹이 여기저기 감지되지만 그것은 산발적인 사적인 의견에 불과하다. 이때까지만 해도 아직 아무도 오경이나 역사서에 대한 근본적인 분석을 시도하지 않았기 때문에 구체적으로 연결된 문서들(원전 가설)과 그 연대를 추정하려고 시도하지 않았다. 그러나 1753년 프랑스 궁중 의사 장 아스트뤽의 책이 출판되면서 사태는 달라졌다. 그렇지만 아스트뤽이 하나님의 이름으로 문서를 분류한 첫 번째 사람은 아니었다. 왜냐하면 1711년에 이미 Hildesheim의 목사 비터(Henning Bernhard Witter, 1683-1715)의 책이 출판되었기 때문이다.[47] 그 책에서 그는 창세기 1:1-2:4에 쓰인 하나님의 이름과 실제 병행 기사인 창세기 2:5-3:24에 쓰인 하나님의 이름이 서로 다르다는 것을 보여주었다. 그러나 그의 연구는 잊혀졌다. 그 이유는 그의 이론은 후대에 소개할 제자가 없었기 때문이다. 그렇지만 그의 연구에서 현재까지 문서를 분리하는 것에 대한 모든 이론을 지배하는 몇몇 요소가 나타난다. 그것은 하나님의 이름의 차이와 중첩이 있더라는 것이다.

아스트뤽(Jean Astruc, 1684-1766년)

아스트뤽에서 오경 비평사가 시작되는 것은 이 의사의 책을 아이히호른(Eichhorn)이 잊어버리지 않도록 자신의 책에서 소개했기 때문이다. 아스트뤽은 그의 책 “모세가 창세기를 작성할 때 사용한 것으로 보이는 원래의 문서들에 대한 추측들”[48]에서 일단 보수적인 입장을 취하여 모세를 창세기의 저자라고 주장했다. 먼저 그는 창세기에 같은 사건이 반복된다는 것을 지적했다.[49]

47) Cf. Holwerda, *Bijzondere Canoniek*, 11.

48) *Conjectures sur les mémoires originaux dont il paroit que Moyse s' est servi pour composer le livre de la Genèse*, Brussel: Fricx, 1753.

그가 주장한 하나님의 이름(Elohim, Jahwe)의 차이로부터 그는 모세가 두 개의 주된 문서를 가졌다는 것을 받아들인다.[50] 그는 이 두 문서 속에 전체 자료를 적용시키지 못했기 때문에 그 외에 순전히 단편만 포함하는 열개의 문서를 더 나누었다. 이것은 창세기 33-40장에 속한 내용을 분류한 것이다.[51] 모세는 열개의 문서와 함께 이 두 문서를 네 난(column)[52]에 기록했을 것이다(야웨, 엘로힘, 여호와 엘로힘, 나머지).[53] 그러나 필사자들이 그 모든 것을 배열했는데 어떤 것은 잘못된 위치에 와서 문제가 되었다.

---

49) Astruc, *Conjectures*, 10, "Il y a dans la Gesese des répetitions fréquentes des mesmes faits, qui fautent aux yeux."

50) Astruc, *Conjectures*, 10, "창세기의 히브리 본문에서 하나님은 주로 두 개의 다른 이름으로 지정된다": "Dans le texte Hebreu de la Genese, Dieu est principalement designé par deux noms differents."

51) Astruc, *Conjectures*, 452. 사실 원전은 네 개인데 문서를 숫자로 배열해서 열 개로 분류했다.

52) Colomne A.
1:1-2:3; 5:1-32; 6:9-22; 7:6-10,19,22,24; 8:1-19; 9:1-10,12,16,17,28,29; 11:10-26; 17:3-27; 20:1-17; 21:2-32; 22:1-10; 23; 25:1-11; 30:1-23; 31:4-47; 31:51-32:2; 32:24-33:16; 35:1-27; 37; 40-48; 49:29-33; 50; Ex. 1-2.
Colomne B.
2:4-4:26; 6:1-8; 7:1-5,11-18,21,24; 8:20-22; 9:11,13-15,18-29; 10:1-11:9; 11:27-13:18; 15:1-17:2; 18:1-19:28; 20:18-21:1; 21:33-34; 22:11-19; 24; 25:19-26:33; 27:1-28:5; 28:10-22; 29; 30:24-43; 31:1-3,48-50; 32:3-23; 33:17-20; 38; 39; 49:1-28.
Colomne C.
7:20, 23, 24; 34.
Colomne D.
14; 19:29-38; 22:20-24; 25:12-18; 26:34,35; 28:6-9; 34; 35:28-36:43.
Colomne A, B, C.
7:24.
Colomne A, B.
9:28, 29.
Astruc, *Conjectures*, 25-280; cf. C. Houtman, *Inleiding in de Pentateuch*, Kampen: Kok, 1980, 53-54.

53) Astruc, *Conjectures*, 13, "l' un celui d' Elohim, & l' autre celui de Jehovah, ou de Jehovah Elohim."

아스트뤽은 현대 학자들이 추정하는 연대에 대해서는 말하지 않고 문서(mèmoires = sources)에 대해서만 말했다. 그가 두 문서가 창세기 전체에 나타난다고 제시한 데서 비터를 능가한다. 여기서 초기 형태의 원전 가설이 나타났다. 이것은 창세기에만 국한되었다.

젬러(Johann Salomo Semler, 1725–1791년)

젬러는 독일 할레의 루터교 신학교수였다. 성장기에 가정의 경건한 분위기에서 자랐으나 그는 경건과 무관했다. 당시 여러 비평가들 가운데 특별히 시몽의 영향이 그에게 결정적이었다. 그는 시몽의 '구약역사비평'을 독일어로 번역하기도 했다. 그는 그의 비평적 입장을 수용했지만 그의 비평은 시몽을 훨씬 능가했다. 그의 자유로운 사고방식은 결국 교회의 전통과 결별하고 말았다. 그는 교회의 정통교리를 교황의 교령으로 간주했는데, 그는 신학이 학문의 무한한 수단과 지식을 정당화하고 진실한 의식을 해방시키기 위해서 거기에서 벗어나야 한다고 했다. 그는 성경이 그 문화권 속에서 인간의 언어로 기록되었기 때문에 축자영감을 거절했다. 그것은 성경적 근거가 없고 근본주의적 종교의 필요에 의하여 또 기독교의 최상의 종교적 권위를 확정하기 위한 것이라고 했다. 그는 구약에 대한 극단적인 입장을 취했다: "구약정경은 주로 유대적 편견에 의한 수집으로 구성되었기에 기독교와 정면으로 대치된다. 단지 이 정경의 작은 부분만이 유대인을 위해서 경건하고 교훈적인 글을 담고 있다. 여기서 그리스도인을 위한 유용하고 필요한 진리도 대하게 된다."[54] 그는 신약은 보편적이고 성숙하고 영원한 종교를 담고 있는데 반해서 구약은 편협하고 민족적 유대주의이고 시간의 제약을 받는다고 한다. 유대인의 구약은 '성경'(Heilige Schrift)에 속하는 것으로서 '하나님의 말씀'(Wort Gottes)과 구분되는 것이라고 한다. 전자는 하나님에 의해서 주어진 책이 아니고 유대인에게

54) Johann Salomo Semler, *Abhandlung von freier Untersuchung des Canon* III, Gütersloh: Mohn, 1771, 28.

서 나온 인간의 교훈이라고 하고 후자는 그리스도인들이 영감(Theopneustie)의 개념으로 가진 것이라고 한다.[55] 그러므로 인간적인 요소로 이루어진 구약은 자유로운 비평연구가 보장될 수밖에 없는 것이다. 젬러의 이와 같은 합리주의적 신학적 조치로 역사비평에 대한 길을 열어놓게 되었다.

헤르더(Johann Gottfried von Herder, 1744-1803년)

헤르더는 독일의 문학비평가로서 레씽(Lessing)과 함께 메마른 지성주의로부터 계몽주의를 구한 시적(poetic) 운동의 지도자였다. 그는 여러 직책을 거치는 중 바이마르에서 궁중 설교자로 일하기도 했다. 그는 스피노자의 일원론에 매력을 느끼고 하나님을 감정과 지성을 만족시키는 대상으로 제시했다. 그는 최초로 히브리시의 구조와 평행법을 연구한 로우스(Lowth)의 영향을 받아서 '히브리시의 영혼' 이란 책을 썼다.[56] 그의 책에서 히브리 시의 구조 속에 이 감정이 영적으로 표현되어 있는 것을 깨닫고는 그것을 전달하려고 노력했다. 헤르더는 영혼과 언어 간의 관계를 다루면서 구약에 나타난 시적인 표현과 문체에 대해서 미적으로 감탄을 표했다: "많은 것을 표현하고, 묘사하는 동사를 가진 언어는 하나의 시적인 언어다: 언어가 또한 명사를 동사로 많이 만들 수 있을수록 그 언어는 더 시적이 된다. 하나의 명사는 항상 죽은 사건을 묘사하지만 동사는 언어를 활기 있게 하는데 그것이 감정을 자극한다. 왜냐하면 마찬가지로 언어에도 혼을 불어넣기 때문이다."[57] 그러나 그가 시편에 내재된 미

---

55) Johann Salomo Semler, *Abhandlung von freier Untersuchung des Canon*, Gütersloh: Mohn, 1967, 69.

56) J.G. Herder, Vom Geist der Ebräischen Poesie, in R. Smend (hrg.), Johann Gottfried Herder Werke Band 5, Frankfurt am Mein: Deutscher Klassiker Verlag, 1993.

57) Herder, Vom Geist der Ebräischen Poesie, 675: "Die Sprache, die viel ausdrückende, malende Verba hat, ist eine poetische Sprache: je mehr sie auch die Nomina zu Verba machen kann, desto poetischer ist sie. Ein Nomen stellt immer eine Sache tot dar: das Verbum setzt sie in Handlung, diese erregt Empfindung, denn sie ist gleichsam mit Geist beseelt."

적이고 도덕적인 요소를 강조하려고 노력함에도 불구하고 그의 신학적 결론은 성격상 사색적이고 낭만적이다. 그는 자연적이고, 자유분방한 정신의 소유자로서 심미적인 영역에 깊이 뿌리내린 히브리적 인문주의로서 합리주의와 정통신앙을 극복했다. 이러한 낭만주의적 입장이 나중에 궁켈(Hermann Gunkel)의 전승사비평에 영감을 불어넣게 된다.

아이히호른(J.G. Eichhorn, 1752-1827년)

아이히호른은 헤르더의 영향을 받아서 '구약총론' 이란 책을 썼다.[58] 그 책에서 정경론에서는 구약이 예수 탄생 직후 정경화되었다고 하고,[59] 문헌비평과 관련된 부분에서는 아스트뤽의 이론을 받아들여서 전개했다. 그는 아스트뤽 만큼 이 문제를 깊이 다룬 사람은 없다고 했다.[60] 그는 주된 두 독자적인 문서를 문체와 내용을 따라 연구했다. 그러나 판을 거듭하면 아스트뤽의 이론을 약간 수정해서 두 개의 원전만이 아니라 더 많은 많은 원전이 있다고 생각했다.[61] 아이히호른은 처음에 아스트뤽과 함께 모세를 편집자로서 표시했지만 그는 후판에서 이 생각을 철회했다. 그는 이 작품을 그 문서를 말하는 알려지지 않은 편집자에게 돌렸다. 오경의 마지막 네 권의 책은 모세 자신과 동시대 사람들의 것이다. 현재 형태의 오경은 여호수아와 사무엘 사이의 시대에 이루어진 것이고 오경의 중요한 부분을 모세에게 돌릴 수 있다.[62] 아이히호른은 단순히 아스트뤽에 머물지 않고 오래된 이야기에 대한 헤르더의 직관적-낭만적 이해로 넘어갔다. 그가 민족의 기원이나 고대의 신화적 시대와 원시민족의 신화를 언급하면서 '신화' 라는 말을 구약에 도입한 것도 그 관계에서 온 것으로

---

58) *Einleitung in das Alte Testament* II, Leipzig: Die Weidmannischen Buchhandlung, 1780.

59) Eichhorn, *Einleitung in das Alte Testament* I, 1832, 102.

60) Niemand is "so tief in diese Materie eingedrungen, als Astrük": Houtman, *Inleiding in de Pentateuch*, 57.

61) Eichhorn, *Einleitung in das Alte Testament* II, 1832, 67.

62) Eichhorn, *Einleitung in das Alte Testament* II, 350ff.

볼 수 있다.[63] 그는 종교사학파적인 입장을 견지하면서 이스라엘 종교는 자연적인 성장의 결과로 보았다. 그는 이사야 40장 이후를 바벨론에 포로로 살았던 시인이 말한 것이라고 하고 다니엘 7-12장을 마카비 시대의 작품으로 보았다. 아이히호른은 예언서 연구뿐만 아니라 '총론, 신화, 고등비평'과 같은 새로운 용어와 구약연구에 '종교사학파'의 관점을 적용하는 시도로 구약비평 연구에 많은 과제를 남겼다.

일겐(Karl David Ilgen, 1763-1834년)

일겐은 아이히호른의 후계자이다. 그의 문헌비평은 주로 오경에 관한 것인데 그것은 "문서 원형 속의 예루살렘 성전 기록 보관소의 기록문서"[64]통해서 이루어졌다. 그는 창세기 전 본문을 번역하고 분석하여 문서가 나누어질 수 있는 가능성을 다양하게 제시했다. 그는 장소의 불일치, 반복, 문체 등을 연구한 결과로 세 명의 저자에 의해서 이루어진 17개의 문서를 지적할 수 있다고 생각했다.[65] 그들은 두 엘로힘(E^1, E^2)과 야웨기자(J)이다(창 1:5; 6-8장; 9-12장).[66] 물론 야웨기자(1:5 부분; 1:8)도 두 명으로 생각해야 한다는 것을 시사했다.[67] 일겐은 순전히 임의로 몇 가지 본문을 변경시켰다. 그래서 그의 견해는 비평가들 사이에 한 동안 통용되지는 않았다. 더욱이 그는 반대편의 손에 무

---

63) Cf. E. Ruprecht, Die Frage nach den vorliterarischen Uberlieferungen in der Genesisforschung des ausgehenden 18. Jh., *ZAW* 84, 1972, 296.

64) Karl David Ilgen, *Die Urkunden des jerusalemischen Tempelarchivs in ihrer Urgestalt*, Halle: Hemmerde & Schwetschicke, 1798.

65) Ilgen, *Die Urkunden des jerusalemischen Tempelarchivs in ihrer Urgestalt*, 494.

66) Ilgen, *Die Urkunden des jerusalemischen Tempelarchivs in ihrer Urgestalt*, 425f. 그는 이것을 각각 *Sopher Eliel* (Gott ist mein Gott), *Sopher Elijah* (mein Gott ist Jah oder Jehovah)라고 부르고 두 엘로힘 문서에 대해서는 각각 *Harischon* (der erste)과 *Haschscheni* (der zweite)를 붙였다.

67) Ilgen, *Die Urkunden des jerusalemischen Tempelarchivs in ihrer Urgestalt*, 426. 이것은 그가 *Sopher Elijah Harischon* (첫째 엘리야의 책)이란 표현을 쓰는 것만 보아도 알 수 있다.

기를 제공한 셈이 되었다. 즉, 그가 발견한 엘로힘기자(Elohist)는 언어와 성격이 야웨기자(Jahwist)와 일치하는 것 같다는 것이다. 그래도 일겐은 구약비평사에서 중요한 위치를 차지한다. 이는 그의 개념이 50년이 지나서 훕펠트(Hupfeld)를 통해서 보다 더 확고하게 제시되었기 때문이다. 바로 이것이 신문서설(영어권에서는 수정문서설)의 동기가 된다.

단편설(fragment hypothesis)

앞에서 보았듯이 오경의 저자로 보이는 사람들이 몇몇 나타나지만 모든 문서를 그들의 것으로 보기에는 너무 복잡하다. 이는 크고 작은 범위의 다양한 율법의 수집(집성)이 나타나기 때문이다. 여기서는 창세기에서와 같이 두 흐름이 있는 것이 아니라 다양한 율법의 묶음이 있기 때문에 사상적으로 교차되어 있다고 본다. 이것이 스코틀랜드 출신 카톨릭 사제였던 게데스(A. Geddes)의 '단편설' 이다. 그의 자유로운 사고는 전통신앙의 헌신에서 벗어나지 않았지만 합리적 신앙을 호소하면서 카톨릭과 개신교에 대해 매우 비판적이었다.[68] 그는 오경에는 모세가 쓴 문헌만 있는 게 아니고 오경은 원래 아무런 상관이 없는 문헌과 E문서와 J문서 그리고 다양한 기원을 가진 문헌으로 구성되었다고 한다. 그러나 그는 가정된 '단편들' 이 두 개 혹은 세 개의 문서로 형성될 수도 있다는 것을 보지 못했다.[69]

특히 독일의 파터(J. S. Vater)가 이 단편설을 옹호했다.[70] 파터는 이렇게 창

---

68) Alexander Geddes, *Critical remarks on the Hebrew Scriptures: corresponding with a new translation of the Bible*, London, 1800: "천박한 카톨릭 신자는 신앙을 자기 교회의 가정된 무오성에 의존하고 … 천박한 개신교의 신앙은 더 낫게 보이는가? 그는 믿음을 하나님의 무오한 말씀이라고 믿는 성경이라는 책에 의존한다. 양쪽 다 이성적으로 생각해보기도 전에 그들의 이성을 포기해버린다." v; 옛 격언을 인용하면서 "무지는 헌신의 어머니다"라고 했다. vi.

69) Cf. T.K. Cheyne, *Founders of Old Testament Criticism*, London: Methuen & Co. 1893, 9.

70) J.S. Vater, *Commentar über den Pentateuch* I-III, 1802-1805.

세기에서 자그마치 38편의 단편을 구분했다. 이 분류에서는 오경의 핵심을 신명기나 창세기 또는 출애굽기로 본다. 이 책들의 연대는 다윗-솔로몬 시대로 돌린다. 그래서 서서히 여기에다 'E' (Elohistisch), 'J' (Jahvistisch) 그룹에 배열된 여러 가지 역사적 부분이나 율법의 일부가 덧붙여졌을 것이다. 그리고 그 과정은 포로 직전에 끝났을 것이라고 본다. 특히 이 가설에 반대하고 나선 사람이 에발트(H. Ewald)와 랑케(H. F. Ranke)였다.[71] 이 이론은 의도적인 구성과 관련성 그리고 연대기적 배열을 간과한다는 것이다.

드 베테(Wilhelm Martin Leberecht de Wette, 1780-1849년)

드 베테는 단편설을 지지하는 자 중에 특별히 언급할 필요가 있다. 그는 자신의 총론 초판에서 엘로힘 기자의 원문서는 출애굽기 6장까지 계속된다고 했다. 이 가운데서 창세기의 저자는 다른 문서에서 가져온 여러 요소들을 섞었다고 본다.[72] 드 베테는 파터에게서 독립해서 다양한 결론에 도달한다. 그의 총론 제1권에서 그는 오경의 가장 오래된 부분을 다윗 시대 초기로 연대를 잡았다. 단편설의 입장에서 오경의 이야기는 원래 독립적인 글이었을 것이다. 이 부분적인 글들은 여러 편집자를 통해서 엮어졌다. 레위기는 출애굽기보다 더 늦은 편집자의 것이었다. 민수기는 레위기에 첨가한 부록이기 때문에 더 늦다. 신명기는 이 시리즈를 맺는데, 그것은 여호수아 이전에는 생기지 않았다고 한다.

제2권에서 그는 오경의 역사적인 부분뿐만 아니라 율법의 부분도 신빙성이 없음을 보여주려 했다. 그는 오경 자료의 특징을 신화와 민담(saga)으로 보았다. 왜냐하면 원래 독자적인 이야기들이 이스라엘 종교 제도를 설명하기 위한

---

71) H. Ewald, *Die Composition der Genesis kritisch untersucht*, Braunschweig: Ludwig Lucins, 1823; H. F. Ranke, *Untersuchungen über den Pentateuch*, Erlangen: Carl Heyder, 1834.

72) W.M.L. de Wette, *Beiträge zur Einleitung in das Alte Testament* I-II, Schimmelpfennig & Compagnie, 1806-7.

것이기 때문이라는 것이다. 그래서 모세 율법은 '율법적 신화' 로서 모세 시대가 아닌 다른 후 시대로 본다. 오경은 역사적 근거가 없고 창세기와 출애굽기는 이스라엘 신정정치의 민족적 서사시를 형성하며, 레위기는 후기 수집물로서 시내산의 모세에 권위를 부여해주고, 민수기는 첨가가 많고 순서가 맞지 않다고 한다. 그래서 특히 드 베테는 신명기에 관한 그의 견해[73](신명기는 가장 늦은 책으로 요시야 시대에 발견된 율법책이다)와 그가 역사 비평을 문헌비평과 연결시켰다는 사실이 중요하다. 그의 주장은 처음에는 비평가들에게도 거의 받아들여지지 않았다. 그는 자연주의에서 출발한 과격한 비평의 선구자이다. 그는 하나의 원전에 여러 단편이 붙었다고 말해서 '보충설' 의 근거를 제시했다. 더 나아가서 드 베테는 역대기는 사무엘서와 열왕기에 근거해 있지만 과장이 많고 유다에 대한 편견이 있어서 신뢰할 수 없다고 했다. 그리고 시편은 대부분 포로이후에 나온 것이라고 했다.

보충설

단편설은 에발트(Heinrich Georg August Ewald, 1803-1875년)에 의해서 전복되었다. 그는 단편설의 파터는 물론 기존문서설의 아이히호른과도 동시에 싸우면서 창세기를 전체적으로 독립된 작품으로 보았다. 그는 모세가 창세기의 저자라는 것을 보여주려고 하지는 않았으나 언어의 일관성과 언어적 특징으로써 창세기의 통일성을 증명하고자 했다. 특히 그는 하나님의 이름이 히브리어 언어 특성의 정확한 규칙을 따라 배치되었다고 한다. 그것은 아랍 문학과 비교해 볼 때 고대 근동 문학의 특징이라는 것이다. 그런데 여기서 괄목할 만한 것은 그가 1831년 단편설의 추종자 스텔린(Stähelin)의 작품[74]을 서평

73) '신명기의 연대와 편집' 에 관한 이 견해는 1805년 예나대학에 박사학위논문으로 제출한 것이다. 여기서 그는 신명기는 주전 7세기 이전에는 쓰여질 수 없다고 하면서 요시야 왕 때 발견된 율법책이 신명기일 것이라고 주장했다. 그리고 그 연대도 모세시대가 아닌 요시야 개혁시대로 본다.

할 때 옛 문서설에 관해서 그를 비판했다는 것이다. 여기서 그는 전 오경을 통하여 확고한 계획과 특정한 언어는 이전의 문헌이 계속되고 있다고 제시한다. 특히 그 문헌의 특징은 '엘로힘' 을 사용하는 것이다. 나중에 후대의 도덕과 이상을 이전 것이라고 하는 문서 그리고 하나님을 족장시대에도 '야웨' 라고 불렀다는 새로운 문서가 생겼다는 것이다. 제3자의 손이 이 마지막 문서에서 나온 부분들을 첫 번째 문서에 삽입했을 것으로 보았다. 이로써 에발트는 한 새로운 가설의 동기를 부여하게 되었다. 그것이 '보충설' (Ergänzungshypothese)이다. '하나의 엘로힘 기본문서와 야웨 문서를 통한 그것의 보충' (eine elohistische Grundschrift und ihre Ergänzung durch den Jahwisten)이란 표현이 하도 매력적이어서 많은 추종자들이 생겼다. 그들 중에는 원래 단편설 진영에 속한 자도 있었다. 중요한 지지자들 중에 투흐(F. Tuch)와 블레이크(F. Bleek) 그리고 델리취(F. Delitzsch)도 있었다. 더욱이 에발트의 연구에서 중요한 것은 그가 E와 J가 출애굽기 6:2까지만 이어지는 것이 아니라 오경의 다른 책에도 나타난다는 것을 보여주었다. 투흐는 여호수아까지도 계속된다고 했다.

결정가설

보충설은 그렇게 오래 가지는 않았다. 그 가설을 무너뜨리는 데도 또한 에발트가 일조를 했다. 그의 비평은 여덟 권의 방대한 저서 '이스라엘 백성의 역사' 에서 상세하게 소개되었다.[75] 에발트는 이스라엘의 역사를 재구성하기 전에 구약의 역사를 구성하는데 자료가 되는 것을 먼저 소상하게 다루었다. 그것은 이 책의 목차에서부터 일목요연하게 정리되었다. 그는 역사를 재구성하기 위해서 사용한 역사적 전통을 세 대작으로 나누었다: 오경과 여호수아를 포함하는 '기원의 책' ; 사사기, 룻기, 사무엘, 열왕기를 포함하는 '열왕의 책' ;

---

74) *Kritische Untersuchungen über den Pentateuch, die Bücher Josua, Richter, Samuels und der Könige*. Cf. Cheyne, *Founders of Old Testament Criticism*, 74f.

75) *Geschichte des Volkes Israel* I-VIII, Göttingen, 1843-1859.

역대기, 에스라 그리고 느헤미야를 포함하는 '그리스 시대에 까지 이르는 세계역사의 책.' 그는 여기서 오경에는 E나 J 혹은 신명기로 소급되지 않는 단편들이 있다고 주장했다. 가장 오래 된 단편들로는 '지명 목록' (민 33; 창 14), '여호수아의 연설' (수 17:14-18), '야웨의 전쟁기' (민 21:14)와 '모세의 전기' (출 4:18; 18), '언약서' (창 21:22-32; 26:28-31; 31:44-54) 그리고 '야샬의 책' 이 있다. 이 중에 아브라함에서 사사기 마지막까지의 역사적 자료를 가진 '언약의 책' 은 사사기 마지막 시대로 연대를 잡고 도처에서 하나님을 '엘로힘' 이라고 부른다. 에발트는 이 저자를 '화자' (narrator)라고도 하는데 그가 사사기 후반부에 모세의 십계명과 족장 전통을 포함해서 책으로 내었다고 한다.[76] 또 창조부터 성전건축까지의 기간을 다루고 율법을 포함하는 '기원의 책' (창 1:1-2:4; 10-11; 출 35-40; 레 1; 20; 23; 25:1-26:2, 24과 민수기 일부)은 하나님을 '엘로힘' 이라고 부르고 솔로몬 통치 초기에 레위인에 의해서 기록되었다고 본다. 그가 에발트가 생각하는 제2의 화자이다. 제3의 화자는 북왕국에 살았으며 모세의 역사를 이야기한 엘리야와 동시대인으로서 주로 요셉에 관한 자료를 제공했다고 한다. 제4의 화자는 주전 9, 8세기 선지자들의 시대에 메시아적 기대와 죄의 기원(창 3장) 그리고 광야에서 일어난 이스라엘의 반란(출 32-34), 소돔과 고모라 이야기(창 18:1-19:28) 그리고 아브라함의 약속(창 12:1-3)을 기록했다. 제5화자는 오경의 처음 네 권과 여호수아를 현재의 형태로 만들었다. 그는 '기원의 책' 과 그 책의 연대기에 근거해서 지금 레위기에 있는 제의에 대한 자료의 단편들을 배치했다. 이 말은 그가 편집자라는 것이다. 그는 집요하게 하나님을 '야웨' 라고 부르지만 '엘로힘' 을 창세기 2-3장과 족장과 모세의 역사에 나오는 '야웨' 이름에 덧붙였다. 그러나 야웨 이름에 대한 소개는 출애굽기 3:15로 미루었다고 한다. 에발트는 신명기가

---

76) Heinrich Ewald, *History of Israel* I, London: Gongmans, Green, and Co., 1876, 63-74. 에발트는 이 장에서 132쪽까지 구약의 초기자료와 편집에 대해서 설명하고 있는데 그 핵심을 Rogerson이 잘 요약했다: John Rogerson, *Old Testament Criticism in the Nineteenth Century, England and Germany*, London: SPCK, 1984, 93-96.

원래 존재하던 것으로서 므낫세 통치 후반에 첨부되었다고 한다. 신명기 기자는 이미 있던 기존 자료를 자유롭게 다루었고, 여호수아가 행한 것에 따라서 백성에게 모세가 선언한 새 언약(신 27-30장)을 제시하려고 했다. 그는 여호수아와 여호수아서에 있는 많은 구절을 현재 형태로 채택했다. 신명기는 선지자들의 활동에 깊은 영향을 받았는데 그것이 요시야의 종교개혁의 기초가 되었다. 그것은 독립된 단위였는데 제5화자가 한 문헌작업과 신명기의 결합은 오경과 여호수아의 마지막 편집자의 작업이다. 이 편집은 주전 7세기 말이거나 적어도 예루살렘 멸망 전에 이루어진 것이라고 한다.

여기서 결국 단편설과 문서설이 결합된 일종의 절충가설이 나타난다. 루프레흐트(Eduard Rupprecht, 1837-1907년)는 여기서 오경의 원전이 결정된다고 해서 이것을 '결정가설'(Kristalhypothese)이라고 했다.[77] 이것은 오경의 핵심이 점점 다른 자료로 성장하여 다섯 차례까지 점차 확산되어 새로운 형태로 결정되었다는 것이다. 이 가설을 크노벨(August Wilhelm Karl Knobel, 1807-1863년)은 좀 단순하게 가르치면서 기본 문서, 율법책, 전쟁기는 '야비스트'를 통해 결합되고 거기에 신명기가 첨부되었다고 한다. 에발트의 제자인 쉬라더(Eberhard Schrader, 1836-1908년)는 좀 더 확대한 절충론을 전개한다: ① 분석적 화자(E^1), ② 신정적 화자(E^2), ③ 분석적 화자와 신정적 화자를 절충해서 보충하는 예언적 화자(J), ④ 포로 직전의 신명기.

신문서설(수정문서설)

원전가설을 창세기에만 관련해서 연구한 훕펠트(Hermann Hupfeld, 1796-1866)는 세 명의 독자적인 화자가 있다고 한다.[78] 그들은 두 '엘로힘'과

---

77) Eduard Rupprecht, *Wissenschaftliches Handbuch der Einleitung in das Alte Testament*, Gütersloh: C. Bertelsmann, 1898, 101.

78) Hermann Hupfeld, *Die Quellen der Genesis und die Art ihrer Zusammensetzung*, Berlin: Wiegandt und Grieben, 1853.

세 번째의 '야웨' 이다. 그러나 J는 지금까지 받아들인 것 같이 첫째 '엘로힘' 을 보충하는 사람이 아니고 독자적으로 계속 이어지는 저자이다.[79] 그래서 여기서 일겐의 견해가 되살아난다. 그러니까 E^1은 가장 오래된 기사(Urschrift)인데 창조에서 여호수아의 땅 분배 사건을 포함하고, E^2는 '야비스트' 보다는 오래되었는데, 족장의 역사를 이야기하며 J는 E^2와 관계있다. 그러나 J는 창조부터 시작한다. 그것들은 독자적인 입장을 취하는 R(편집자)에 의해서 합해졌다. 이것이 '신문서설' (der neueren Urkundenhypothese)이다. 여기서 주목해야 할 새로운 이론은 '엘로힘' 이란 이름을 사용한 저자가 둘이라는 것이 아니고, 첫째 '엘로히스트' 는 제사장적 경향을 반영하고, 둘째 '엘로히스트' 는 '야비스트' 에 동의하는 특징을 보여준다는 것이다. 일단 여기서 나중에 등장하게 될 '제사문서' (P)에 대한 암시가 주어졌다.

이 시기에 마침 또 하나의 새로운 원전 가설을 위한 근본적인 작업이 수행되는데 그것은 림(Eduard Riehm, 1830-1888년)의 신명기 연구이다.[80] 그의 책은 신명기를 철저히 연구한 것인데 여기서 그는 신명기를 독자적인 원전으로 인정했다. 그렇지만 그는 신명기가 주전 667-640년에 므낫세 통치 후반부에 기록되었다고 한다.[81] 그래서 오경은 네 개의 문서로 이루어졌다는 이론을 받아들인다(E^1, E^2, J. D). 내용적으로는 여기서 이미 오늘날까지 영향을 미치는 중요한 이론이 되는 기본문서가 형성되었다고 봐야 할 것이다.

헤겔(Georg Wilhelm Friedrich Hegel, 1770-1831년)

헤겔의 철학의 영향은 모든 학문영역에 지대했다. 이것은 구약 부문에도 예외는 아니었다. 만일 종교를 헤겔의 변증법 사고의 틀속에서 이해한다면 종교

---

79) Hermann, *Die Quellen der Genesis und die Art ihrer Zusammensetzung*, 101f.

80) Eduard Riehm, *Die Gesetzgebung Mosis im Lande Moab: ein Beitrag zur Einleitung in's Alte Testament*, Gotha: Friedrich Andreas Perthes, 1854.

81) Eduard, *Die Gesetzgebung Mosis im Lande Moab*, 98-105.

는 역사를 통해서 더 나은 단계의 자의식으로 전진하는 무한정신과 유한정신 간의 관계가 될 것이다. '유-무-생성' (Sein-Nichts-Werden)이라는 변증법적 도식을 따라서 종교는 마지막에 성취했던 최정점에서 계속 진행할 것이다.[82] 이 과정에서 획득된 경험에 의해 재발견된 위치는 마지막 정점이 아니라 다음 단계를 위한 출발점일 뿐이다.

그가 분류하는 첫 단계(Sein)에 속하는 종교는 자연종교다. 여기에는 중국, 인도 그리고 페르시아의 종교가 속한다. 둘째 단계(Nichts)에 속하는 종교는 정신적 개별종교인데, 발달된 이스라엘 종교, 그리스 미적 종교 그리고 로마의 실천종교가 여기에 속한다. 그리고 가장 높은 단계의 종합은 절대종교인데, 그것은 기독교다. 물론 이것은 헤겔 철학 속의 기독교다. 그러므로 헤겔의 사변에 의하면 모든 종교는 그 다양한 현상을 따라 고등종교와 하등종교로 분류된다.[83]

유럽의 정신사에 그토록 영향을 미친 이 위대한 철학자와 관련된 사람들은 구약연구에 대한 이 사상적 구조로부터 나온 치명적인 결론을 대할 수밖에 없었다. 여기서도 종교는 나선형으로서 위로 가는 길을 추구했다. 이때 그들은 E^1을 이해할 수 있는 더 높은 성향 때문에 마지막 저자로, 신명기보다 더 늦은 것으로 보았다. 구약과 이스라엘 종교에 헤겔의 사상을 가장 강하게 적용시킨 자는 파트케(Vatke)와 게오르게(George)이다.

퀘넌(Abraham Kuenen, 1828-1891년)

퀘넌은 그의 '구약역사비평' 책에서[84] J의 독자성과 E^1과 E^2의 차이를 받아

82) 헤겔은 그의 '논리학'에서 '정-반-합'(These-Antithese-Synthese)이란 표현을 쓴 적은 없고 그 대신 Sein-Nichts-Werden을 썼다. G.W.F. Hegel, *Wissenschaft der Logik*, herausgegeben von George Lasson, Leipzig: Felix Meiner, 1948, 66f.

83) G.W.F. *Hegel, Hegels Religionsphilosophie*; in gekürzter Form/mit Einführung/ Anmerkungen und Erlänterungen herausgegeben von Arthur Drews, Jena und Leipzig: Eugen Diederichs, 1905, 189-237, 248-318, 320-331.

들였다. 여기서 중요한 것은 그가 E^1에서 보다 오래된 것과 늦은 요소들을 발견했다는 것이다. 그래서 이 문서는 예루살렘의 제사장 그룹에서 생겼을 것이고, 솔로몬 치하에서 시작되었겠지만 최종 편집은 신명기 이후에 이루어졌을 것으로 보았다.[85] 그래서 D가 아니라 이 제사장 중 하나가 오경의 R(편집자)이 된다는 것이다. 그는 오경이 포로기 초에 현재 형태로 형성되었다고 본다. 그렇지만 퀘넌은 이 책에서는 E^1에 대한 확실한 입장을 밝히지 않는다.

3. 그라프-퀘넌-벨하우젠의 전복

로이스(Eduard Reuss, 1804-1891년)

로이스는 Strassburg의 교수로서 1834년 강의시간에 오경의 역사적 부분을 율법의 부분에서 따로 떼어내서 연구할 수 있고 또 해야 한다고 했다. 즉 양자는 기록 편집되지 않은 채 존재했을 수도 있다는 것이다. 그러나 역사적 부분의 기록은 율법 부분보다 더 오래되었다고 한다. 구약의 율법과 시편은 예언서보다 더 늦다. 오경의 중요한 부분은 신명기 이후에 생겼다고 했다: "주전 8, 7세기 예언자들은 모세의 율법을 몰랐다. 예레미야가 성문화된 율법을 알았던 첫 선지자이다 … 신명기(4:45-28:69)는 제사장들이 요시야 왕 때 성전에서 발견한 책이다. 그 율법은 오경에 포함된 규정 중에 가장 오래 되었다."[86] 여기서 신명기 발생시기에 관한 것은 드 베테의 영향이지만 로이스가

---

84) Abraham Kuenen, *Historisch-kritisch onderzoek naar het ontstaan en de verzameling van de boeken des Ouden Verbonds*, 1e druk, 1861.

85) Kuenen, *Historisch-kritisch onderzoek*, 165f., 194f.

86) "6. Les prophètes du 8e et du 7e siècle ne savent rien du code mosaique. 7. Jerèmie est le premier prophète qui connaisse une loi écrite et ses citations rapportent au Deutéronome. 8. Le Deutéronome (4:45-28:69) est le livre que les prêtres prétendaient avoir trouvé dans le temple, du temps de roi Josias. Ce code est la partie la plus ancienne de la législation (rédigée) comprise dans le Pentateuque." Cf. Holwerda, *Bijzonder Canoniek*, 18f.

신명기를 이스라엘의 기록된 율법 중에 가장 오래된 부분이라고 주장하는 데서 드 베테를 능가한다. 그래서 오경에 있는 나머지 율법책들은 621년 이후에 생긴 것으로 생각한다. 즉 포로시대나 그 이후 시대에 생겼다는 것이다. 로이스는 이 견해를 그의 '거룩한 역사와 율법' 이라는 책에서 발표했고[87] 그라프는 거기서 실마리를 찾아 연대적으로 이른 것으로 제시된 '기본문서' 를 다른 시각에서 보게 된다.

파트케(Johann Karl Wilhelm Vatke, 1806–1882년)

파트케와 게오르게(Johann Friedrich Leopold George, 1811–1873년)를 여기서 언급하는 것은 바로 뒤에 출현할 벨하우젠에게 직접 영향을 미쳤기 때문이다. 이 둘은 헤겔주의자로서 그 역사철학의 구조를 따라 구약의 역사를 설명하려고 했다. 파트케는 이스라엘 종교사를 세 부분으로 나누어 자연종교 시대인 선지자 이전 단계, 모세로 시작한 선지자 시대, 예레미야, 에스겔 등이 활동한 선지자 후 시대로 발전한 것으로 보았다.[88] 게오르게도 마찬가지로 이른 시기는 창세기 출애굽기가 속해 있는 신화가 난무한 단계, 둘째 단계는 종교적 감정을 통제하는 시인과 선지자들의 시대, 마지막 시기는 포로후기의 신정정치의 이상으로서 종교의 완성기로 보았다.[89] 그는 이 관점에서 이스라엘의 절기가 어떻게 성장했는지를 설명했다.[90] 특별히 용어 사용과 책의 구성에 있어서 파트케의 책이 헤겔의 역사철학의 영향을 강하게 드러낸다. 칠백 페이

---

87) Eduard Reuss, *L `Histoire Sainte et la Loi*, Paris: Librairie Sandoz & Fischbacher, 1879.

88) W. Vatke, *Die biblisch Theologie wissenschaftlich dargestellt* I, Berling: G. Bethge, 1835, 205ff. "Die spätere religiöse Anschauung des hebräischen Volkes hat daher eben sowohl die sabäische Naturreliegion und vorzugsweise die Verehrung des Saturn zu ihem empirischen Ausgangspunkte, als die Offenbarung der göttlichen Idealität und Heiligkeit zu ihrem höheren Principe," 249.

89) J.F.L. George, *Die älteren jüdischen Feste mit einer Kritik der Gesetzgebung des Pentateuch*, Berlin, 1835, 11-13.

지나 되는 그의 책은 난해한 철학적 구조 때문에 사람들의 주목을 받지 못했다. 그렇지만 벨하우젠이 그의 작품의 영향을 받았다는 사실이 중요하다. 벨하우젠은 자신의 책 '이스라엘 역사서설'의 서문에서 그가 파트케에게서 가장 많이 배웠다고 밝히고 있다.[91] 여기서 두드러진 것은 오경의 분석이나 원전의 상호 간의 특이성에 있는 것이 아니라 받아들인 문서의 순서와 연대에 있다는 것이다. 즉 문학적인 관심이 아니라 역사적인 것에 치중한다는 것이다.

콜렌소(John William Colenso, 1814-1883년)

콜렌소는 남아공 나탈의 주교로서 '오경과 여호수아서 비평연구'를 출판했다.[92] 콜렌소는 오경의 역사성을 신랄하게 비판하면서 그 보도는 비역사적이라고 한다. 왜냐하면 그것들은 시공간의 법칙에 맞지 않기 때문이다.[93] 콜렌소에 있어서 새로운 것은 문서를 아주 정확한 그리고 진정성이 있는 문서로 묘사하는 그 부분이 가장 비역사적이라는 것이다. 그는 창세기의 주된 문서는 '엘로히스트'와 '여호비스트'인데 그가 말하는 가장 오래된 '엘로히스트'가 일반적으로 통용되는 '기본문서'이다. 그는 이 기본문서에 '여호비스트'가 보충되었다고 본다.[94] 이 관점에서 제2-4권의 책을 저술했다. 그는 오경과 여호수아의 편집은 모세와 여호수아 이후에 이루어졌으며, 그 일부는 사무엘이나 다윗보다도 더 늦은 시대에 이루어졌다고 본다.[95] 그가 비록 기본문서의 기사에 대해 문서분리를 다루지 않았음에도 불구하고 그의 비평은 가장 파괴적이

---

90) George, *Die älteren jüdischen Feste*, 193-303.

91) J. Wellhausen, *Prolegomena zur Geschichte Israels*, Berlin, Georg Reimer, 1927[6], 14: "Meine Untersuchung ist … nähert sich der Art Vatkes, von welchem letzteren ich auch das meiste und das beste gelernt zu haben bekenne."

92) John William Colenso, *The Pentateuch and the Book of Joshua Critically Examined* (I-VII), 1862-1879.

93) Colenso, *The Pentateuch and the Book of Joshua*, I, 10f.

94) Colenso, *The Pentateuch and the Book of Joshua*, II, 175f

95) Colenso, *The Pentateuch and the Book of Joshua*, II, 208.

다. 이것은 퀘넌에게 제사문서를 생각하도록 하는 여지를 준 것으로 보인다. 비록 그가 콜렌소의 이론을 반박하지만 그것이 '기본문서' 에 집착하도록 하는 계기가 되기 때문이다.[96]

포퍼(Julius Popper)

포퍼가 이 시기에 '성막에 대한 성경의 보도' 라는 책을 내었다.[97] 유대교 랍비인 포퍼는 성막과 제사장에 대한 묘사(출 35-40장, 레 8-10장)가 거기에 대한 규정(출 25-31장)보다 더 늦다는 결론을 내리고 에스라 시대에 살았던 사람이 그 저자라고 한다.[98] 포퍼는 기본문서는 한 사람의 작품이 아니라 장기간에 걸친 개정과 전승의 결과라고 한다.[99] 오경의 근간을 이루는 부분들이 결합되고 나서, 사소한, 잡다한 것을 교정하는 일과 순서를 다루었다.[100] 가장 늦은 이 개정은 다양한 분문비평의 도움으로 추적할 수 있고 한다. 퀘넌은 여기서 1861년의 자기 작품과 병행하는 것을 발견했다. 즉 E^1(기본문서)는 보충된 것이 아니라 보충자이고 종종 사람들이 받아들이는 것처럼 그렇게 오래되지 않았다는 것이다.[101]

그라프(Karl Heinrich Graf, 1815-1869년)

그라프가 1865년에 그의 역사비평 연구서인 '구약역사서' 를 출판함으로써

96) A. Kuenen, Critische bijdragen tot de geschiedenis van den israëlietischen godsdienst, *Theologisch Tijdschrift*, jaargang 4, 1870, 400f.
97) Julius Popper, *Der biblische Bericht über die Stiftshütte*: Ein Beitrag zur Geschichte der Composition und Diaskeue des Pentateuch, Leipzig: Heinrich Hunger, 1862.
98) Popper, *Der biblische Bericht über die Stiftshütte*, 204f.
99) Popper, *Der biblische Bericht über die Stiftshüttee*, 15-83.
100) Popper, *Der biblische Bericht über die Stiftshütte*, 84-124.
101) Kuenen, Critische bijdragen, 401-404.

오경 원전비평은 새로운 국면에 접어들었다.[102] 그는 이 책의 두 번째 부분에서 모세의 율법수여의 고대성 때문에 사람들이 역대기에 호소하는 것을 취급한다. 그러나 그라프는 역대기는 입수할 수 있는 전승과 역사적인 것과 비역사적인 것과 함께 아주 산만하게 구성되었는데[103] 그 간격을 자체의 종교적인 확신으로 메웠다고 한다.[104] 그래서 기본문서에 대한 상당한 지지가 나온다. 첫 부분에서 그는 기본문서를 더 연구했다. 물론 그가 그 책에서 오경에서 가장 이른 것으로 제시되었던 '기본문서' (Grundschrift)가 가장 늦다고 주장한 것은 그의 선생 로이스의 영향이었다. 그는 신명기가 요시야 때 출판되고 막 만들어졌다고 확신한다. 그리고 신중하게 비교한 후 '여호비스트' 율법은 전신명기적이고 거기에 반해서 기본문서의 제사장적, 제의적 율법은 후신명기적이라는 결론에 도달한다.[105] 그러므로 그라프는 내용상 현재 통용되는 개념을 벗어날 수밖에 없었다. 그런데 그는 순서에 있어서 통용되는 개념을 주장한다: 기본문서(G)-여호비스트-신명기 기자.[106] 그래서 신명기 기자는 율법적, 역사적 작품의 편집자가 된다. 창조에서 여호수아까지(육경)진행하는 것이다. 그러나 이것은 우리가 말하는 오경에다 여호수아를 덧붙인 것을 의미하지 않는다. 이것은 포로이후 에스라가 그 신명기적 육경에 삽입한 것으로 보는 몇몇 제사에 관한 기사와 모든 제사법전을 가리킨다.[107] 즉 그것은 출애굽기 25-31, 35-40장, 레위기 전체 그리고 민수기 대부분이다. 그래서 이것은 그가 기본문서를 두 부분으로 나눈다는 것을 의미한다. 더 작은 역사적인 반쪽은 그에게는 여호비스트의 기초이다. 그래서 기본문서로 남는다. 그에 반해서 가장 큰 E[1]의 법적인 부분은 오경 중에 가장 늦은 부분이다. 사람들이 지금

102) Karl Heinrich Graf, *Die geschichtlichen Bücher des Alten Testaments: Zwei historisch-kritische Untersuchungen*, Leipzig: T.O. Weigel, 1865 (1866).

103) Graf, *Die geschichtlichen Bücher*, 207.

104) Graf, *Die geschichtlichen Bücher*, 246f.

105) Graf, *Die geschichtlichen Bücher*, 91-92.

106) Graf, *Die geschichtlichen Bücher*, 35.

107) Graf, *Die geschichtlichen Bücher*, 112.

까지 어떻게 한 문서의 부분들에 대해서 가장 오래된 부분과 가장 늦은 부분을 주장할 수 있었는지, 사람들은 더 늦은 입법자가 모방한 언어의 일치로 말미암아 혼란스럽게 된다.

여기에 대해서 퀘넌은 전체 문헌가설이 달려있는 아킬레스건에 해당하는 '기본문서'를 그렇게 분류하는 그라프의 가설이 터무니없다고 판단했다. 퀘넌 자신은 그라프의 늦은 연대와 논지에 대해서 반쯤 승복되었다. 이때 퀘넌이 도달한 결론은 단지 제사적 율법수여 뿐 아니라 제사적인 역사자료도 후대의 것이라는 것이다.[108] 그는 여기에 대해서 그라프와 서신교환을 했을 때 그라프는 즉각 승복했다. 그들은 서로에게 영향을 주었던 것이다. 퀘넌의 고백은 이렇다: "그 이후 나는 그라프의 지속적인 연구와 '구약역사서'라는 탁월한 글로 인하여 출애굽기-민수기의 제사장적 율법수여가 포로이후에 현재 형태로 주어지고 신명기보다 훨씬 늦다는 것을 확신하게 되었다."[109] 이렇게 해서 구약비평에서 오경의 원전으로 제시된 네 문서의 순서가 확정되었다: J. E. D. P.

뇔데케(Nöldeke)

뇔데케의 작품은 이 새로운 문서설을 전달하는데 중요하다.[110] 그는 '여호비스트'가 기본문서보다 더 오래되었다는 것을 받아들이고자 하지만 신명기는 확실치 않다고 했다. 제사법전이 포로직후에 사용된 것은 사실이지만 그것이 그때 처음 생겼다는 것을 증명할 수 없다. 그것들은 이미 오래되었지만 그때 막 전달되었을 수 있다는 것이다. 왜냐하면 그때 처음으로 제사장들이 주도권

108) A. Kuenen, Critische bijdragen tot de geschiedenis van den israëlietischen godsdienst, 401-2.

109) A. Kuenen, *De godsdienst van Israël tot den ondergang van den Joodschen Staat* I, Haarlem: A.C. Kruseman, 1869, 504.

110) Theodore Nöldeke, *Untersuchungen zur Kritik des Alten Testaments*, Kiel: Schwers'sche Buchhandlung, 1869.

을 가졌기 때문이다. 그래서 그에 의하면 순서는 1) 기본문서, 2) 여호비스트, 3) (1, 2를 한데 묶은) 편집자 4) 신명기 기자 순이다.[111] 이 신명기가 그의 율법 수여와 역사적인 자료 그리고 편집자가 한 작품을 한데 묶었다고 한다. 뇔데케는 기본문서의 특별한 공식과 자료적 특성을 연구하여 걸작의 개요를 구상했다. 그 '여호비스트'가 예언적으로 작업한 설화를 제공하는 반면 기본문서의 특징은 구조주의, 연대기와 숫자들이다. 도무지 이해할 수 없는 연령과 인구수를 제공하는 기본문서는 전통으로부터 뒤로 물러나고 그 대신 환상의 산문과 자체의 신학적 요구를 부여한다고 한다.[112] 그리고 뇔데케에게서 중요한 것은 그가 훕 펠트의 이론을 개선한 점이다. 훕 펠트는 J가 보충자가 아니라 독자적인 문서임을 보고, 기본문서(E^1)에서 E^2를 분리시켰다. 그래서 편집자(R)는 독자적으로 E^1, E^2와 J를 가졌을 것으로 본다.[113] 그러나 뇔데케는 편집자가 E^2와 J를 스스로 독자적으로 가지지 않고 그들의 결합된 상태로 있었다고 주장한다(Jehovist=JE).[114]

벨하우젠(Wellhausen, 1844–1918년)

벨하우젠의 '이스라엘 역사 서설' : 벨하우젠은 뇔데케의 문헌적 근거에 입각하여 JE, D, P의 편집 순서를 받아들였다.[115] 그는 제1부에서 이 세 주된 문헌을 중심으로 이스라엘 종교 발전에 새로운 변화를 이루는 단계를 분류했다.

---

111) Nöldeke, *Untersuchungen zur Kritik*, 3.

112) Nöldeke, *Untersuchungen zur Kritik*, 120f.

113) Hupfeld, *Die Quellen der Genesis*, 101-103.

114) Nöldeke, *Untersuchungen zur Kritik*, 3-4.

115) J. Wellhausen, *Prolegomena zur Geschichte Israels*, Berlin, Georg Reimer, 1927^6, 6-11. 물론 벨하우젠은 P를 기본문서로 본다. 그렇지만 연대는 Graf-Kuenen 노선에서 설정하고, 그는 그 문서가 그 생성시기와 관련하여 그 시대의 이상향을 투사하고 있다고 본다. 그는 이미 서론에서 파트케의 지대한 영향을 언급함으로써 헤겔 역사철학에 입각한 이스라엘 역사 재건을 인정했다.

이 세 단계는 1) 분열왕국에 속한 JE시대, 2) 요시야의 개혁운동 시기인 주전 7세기를 가리키는 D시대, 3) 포로에서 돌아온 시대와 그 후기로 보는 P시대로 이루어진다.[116] 이것은 성경역사와 문헌에 적용된 벨하우젠의 철학적 이념을 예증하는 것이다. 그가 헤겔의 영향을 받은 것은 헤겔주의자 인 "파트케에게서 가장 많이 배웠다"고 시인하는 서론 말미에서 나타난다.

벨하우젠은 이 책에서 이스라엘 역사를 성경에 기록된 대로가 아니라 '실제 역사'를 보여주려고 했다. 그는 고대 이스라엘에서 신성시 여겼던 것으로 보이던 다섯 가지 주제를 세 단계의 연대를 따라 나열해서 분석했다: 제의 장소, 제사, 절기, 제사장과 레위인, 성직자의 몫. 각 주제가 원시 종교의 형태 즉 다신론의 형태에서 도덕적 유일신론으로, 또 성숙한 속죄의 종교로 각 단계를 따라 다음과 같이 발전했다는 것이다.[117]

① 성소: JE시대에는 다신론적인 형태로서 여러 군데 성소가 있었다. D시대에는 요시야가 아모스, 호세아, 이사야, 미가와 같은 선지자들의 메시지의 영향으로 하나의 성소가 요청되었다. P시대는 포로 후기로서 성막에 대한 이야기를 매개로 하여 성소의 통일이 전제되었다. 이것은 결코 존재한 적이 없는 역사적인 분위기를 만들어 내었다는 것이다.

② 제사: JE시대는 제사가 일상생활과 관련된 것으로 혈연관계 속에서 제사를 드렸다. D시대에는 성소의 중앙화로 인하여 제사의 의식화 현상이 두드러진다. P시대에는 이 의식화 경향이 상세한 규정과 함께 완성되는데, 그 희생제사의 목적은 속죄이다.

③ 절기: JE시대의 절기는 농사 축제였다(유월절, 칠칠절, 장막절). D시대에는 절기에 출애굽과 가나안 정복과 같은 역사적인 사건을 함께 기념했다. P시대에는 역사적인 사건이 절기의 핵심이 되고 안식일과 월삭과 같은 새절기가 첨가되었다.

---

116) Wellhausen, *Prolegomena*, 9, 13f.
117) Wellhausen, *Prolegomena*, 17-162.

④ 제사장과 레위인: JE에 속하는 사사기와 열왕시대에는 제사장의 직능이 특별히 정해져 있지 않았다. 개인이 자기 사설 성소를 위해서 제사장을 고용할 수도 있었고, 해고시킬 수도 있었다. 왕도 제사장직을 겸할 수 있었다. D시대는 요시야의 제의 중앙화로 인하여 예루살렘 제사장 직분에 모든 제사장들의 통합이 요구되었다. P시대에 속하는 에스겔 시대에는 제사장 직분이 사독 계열의 제사장에게 제한되었다.

⑤ 제사장의 몫: JE시대에는 제사장들을 위해 규정된 임금 같은 게 없었다. 그냥 일방적으로 제공되는 것을 기대해야 했다. D시대에는 성직자들이 제사를 집행하는데 따른 보상을 받는 규정된 대가가 마련되었다(신 18장).

그런데 여기서 말하는 발전이라는 것은 사실상 이념의 발전이지 구약에 나타난 역사적인 사건을 토대로 한 것은 아니다. 벨하우젠에게 있어서 이스라엘 전체 역사는 P의 이상에 의해서 이루어진 비실제적 역사이며, 제사장 종교를 과거로 투사한 역사이기 때문에 구약에 묘사된 이스라엘 역사는 신뢰할 수 없는 역사였다.[118] 그는 율법이 주어진 역사적 상황은 단지 법률 자료를 배치하기 위한 틀로 사용되었다고 한다.[119] 예를 들어 성막의 실재에 대한 성경기록은 단지 신화에 지나지 않으며 광야와 같이 궁핍한 상황에서 그런 값진 물건을 구할 수 없었다고 한다.[120] 또한 구약에서 증거하는 왕국시대의 이스라엘 존재에 대해서는 그것이 신정국가가 아니었다고 하고, 신정정치는 후대의 이상향을 반영한 그림에 불과한 것으로 보았다.[121] 이스라엘 종교가 원시적 자연종교에서 윤리적 유일신론으로 발전한 것은 선지자들의 사역에 기인한 것으로 본다.

제2부에서는 이스라엘의 '전승의 역사' 라는 제목하에 역사적인 내용을 다룬다. 역대기와 에스라는 제사문서의 정신에 의해서 기록되었다(주전 약

118) Wellhausen, *Prolegomena*, 35-38; 340-360.

119) "Historisch ist nur die Form, sie dient dem gesetzlichen Stoff als Rahmen, um ihn anzuordnen, oder Maske, um ihn zu verleiden." Wellhausen, *Prolegomena*, 7.

120) Wellhausen, *Prolegomena*, 39f.

121) Wellhausen, *Prolegomena*, 412-420.

200). 그 역사적인 과거는 자신의 시대를 투사하고 있다. 모든 것은 제의와 율법을 축으로 해서 돌아간다. 과거는 유대화된 것이다. 사사기, 사무엘서와 열왕기의 역사를 다루면서 그 책에는 옛 전승과 늦은 신명기적 편집 간에 구분이 있다고 보고 신명기적 편집이란 D의 정신 속에서 자료를 다루고 P로 넘어가는 과도기를 이루는 단계라고 한다. 역대기에 묘사된 것과 같이 이 작품도 전체적으로 역사적 정당성을 지니지 못한다. 사무엘서와 열왕기는 포로시대에 최종 편집되었는데 이 책들은 예언과 제의보다는 국가의 역사와 성전에 관심을 갖고 있으며, 인위적으로 계보에 맞추어 또 종교적으로 꾸몄다고 한다. 또 제사장과 선지자는 경쟁의 상대로 서로 간에 긴장이 있었기 때문에 선지자들은 제사를 거부하는 예언을 했다. 그리고 육경 이야기는 이스라엘 종교의 발전을 확정했다고 한다. 여러 문서에서 J에서 P로 발전하는 것을 묘사하고 있는데 창세기 1장을 마지막 발전단계로 본다. J는 아직 예언적인 요소가 없고 E는 아모스의 영향으로 상당히 많이 가지고 있으며, 그 뒤에 JE는 D의 정신으로 개정되었다고 한다(창세기, 출애굽기, 여호수아). 결론적으로 옛 전승은 P의 포로 후의 입법의 관점에서 완전히 개정되었고 신명기는 요시야 때 복원된 것이 아니라 개혁의 일환으로 그때 제시된 것이다. 현재 오경은 에스라-느헤미야 시대에 출판되었다고 한다.

제3부에서는 '이스라엘과 유대교' 라는 제목하에 율법비평의 완결과 구전과 성문화된 율법을 다룬다. 벨하우젠에 의하면 옛날 이스라엘에 규율이 있었지만 성문화되지는 않았다. 율법책은 요시야의 개혁으로 선포되었다. 율법이 기록되지 않았지만 포로기의 상황 때문에 성문화하지 않을 수 없었다고 한다. 이스라엘에 신정(theocracy)은 없었고 단지 선지자의 이상에 불과 했다고 본다. 벨하우젠은 이스라엘의 실제 역사를 찾으려고 노력했지만 결과적으로 자신의 환상에 기초한 비실제적 역사를 만들고 말았다.

'벨하우젠 학파'와 그 후의 발전

벨하우젠의 연구의 영향이 구약분야에서 얼마나 대단했던지 그의 추종자들을 중심으로 이른바 '벨하우젠 학파'가 출현할 정도였다. 학자들은 나름대로 벨하우젠의 비평이론에 어느 정도 수정을 가하면서 발전시켰다. 이들 중 중요한 지지자들은 부데, 둠, 쉬타데, 스멘트, 키텔, 아이스펠트, 헴펠, 쉬타에크 같은 자들이 있다.[122] 그러나 성경문헌과 이스라엘 역사에 대한 그들의 역사문헌 비평 연구는 서로 간의 일치를 보지 못했다. 예를 들어 부데(Budde)는 창세기 2-3장에 관한 연구에서 낙원의 이야기는 J^2의 보충에 의해서 형성되었다고 주장하면서 보충설의 입장을 견지했다.[123] 스멘트(Smend)는 보충이 아니라 독자적인 문헌으로서 J^1, J^2, E, D, P 문서라는 오문서설을 옹호했다.[124] 아이스펠트(Eissfelt)는 스멘트의 이론은 '최신 문서설'이라고 하면서 그의 J^1와 J^2를 대신해서 L과 J라는 기호를 사용했다. 기호 L은 '평민문서'(Laienquelle)를 뜻하는데 P에 반대해서 성직자적, 제의적인 경향이 가장 적은 것으로서 가장 오래된 문헌으로 여겼다.[125] 그후 파이퍼(Pfeiffer)는 '남쪽' 혹은 '세일'을 뜻하는 기호 S를 가장 오래된 문헌으로 보았고,[126] 포러(Fohrer)는 유목민 자료(die nomadische Quellenschicht)라고 하는 N이 가장 오래 되었다고 했다.[127] 헴펠(Hempel)은 J를 J^1 (창세기 12장 이후의 작품), J^2 (요셉 이야기), J^3 (창세기 2-11장)로[128] 나누고 그 시기는 다윗과 솔로몬 시

---

122) Cf. Kraus, *Geschichte der historisch-kritischen Erforschung*, 275.

123) Karl Budde, *Die biblische paradiesegeschichte*, Giessen: Verlag von Alfred Töpelmann, 1932, 86ff.

124) R. Smend, *Die Erzählung des Hexateuch auf ihre Quellen untersucht*, Berlin: Georg Reimer, 1912, 16-18, 37-39.

125) Otto Eissfeldt, *Einleitung in das Alte Testament*, Tübingen: J.C.B. Mohr, 1964, 224.

126) R.H. Pfeiffer, *Introduction to the Old Testament*, London: Adam and Charles Black, 1966, 159-167.

127) Sellin-G. Fohrer, *Einleitung in das Alte Testament*, Berlin: Walter de Gruyter, 1965, 141ff.

128) J. Hempel, *Die althebräische Literatur und ihr hellenistisch-jüdische Nachleben*, Wildpark-Potsdam: Athenaion, 1930, 112ff.

대로 본 반면에 쉬타에크(Staerk)는 J에 대한 어떤 구분도 반대하여 J는 하나의 단위라는 입장을 고수했다.[129] 특별히 폴츠(Volz)는 E의 독자성을 부인했다. 그는 아이스펠트의 육경연구에 관한 책을 서평하면서 이렇게 말했다: "우리는 단 한 명의 화자를 대할 수 있다. 우선 이른바 E 기자는 독자적인 화자가 아니다. 일반적으로 그가 존재한다면 그는 기껏해야 그 큰 설화집의 새로운 편집인에 불과할 것이다."[130] 폴츠는 학자들이 J와 E를 나누는 근거가 되는 기준은 적합지 않다고 한다. 왜냐하면 하나님의 이름이 문서를 나누는 기준이 될 수 없다고 보기 때문이다. J 기자가 '엘로힘' 이란 말을 쓰는 것은 자신의 의도를 가지고 사용했다고 한다. 그는 사람들이 일반적으로 P라고 하는 부분을 J로 돌린다. 폴츠는 P도 화자가 아니고, '율법수여자' 혹은 '영적 문서를 기록한 자' 라고 주장한다. 이스라엘 종교의 발전과 관련해서 키텔(Kittel)은 모세가 진정한 유일신론을 가르쳤다는 것을 받아들이지 않지만 벨하우젠이 주장하듯이 자연 종교에서 발전한 것이 아니라 모세의 단일신론으로부터 윤리적 유일신론으로 진화했다는 입장을 취했다.[131] 역사문헌비평에 대한 이렇게 다양한 경향이 이 비평을 받아들이기 어렵게 할 수도 있을 것이다.

영국에서는 스미스(Smith)가 벨하우젠의 책을 번역함으로써 역사문헌비평의 방법론과 목적과 그 결론을 보급하려고 노력했다. 그는 이 방법론을 구약을 해석하는 역사적인 열쇠로 받아들였다. 그는 번역판 서문에서 "구약의 아주 많은 부분이 사상적 깊이가 있는 사람들에게 조차도 실제적으로 인봉한 책이 된 주된 이유는 단지 그들이 이 훌륭한 문학작품을 해석하기 위한 역사적 열쇠를 갖지 못했기 때문이다. … 독자는 이 책의 각 부분이 역사적 관심을 불러일으키고, 고대 이스라엘이 실제로 어떠했으며, 그리고 이 책이 영적 신앙

129) W. Staerk, Zur alttestamentlichen Literarkritik, *ZAW* 42, 1924, 34-58.

130) "daß wir in der Genesis nur einen einzigen Erzähler vor uns haben, daß vor allem der sog. Elohist kein selbständiger Erzähler war, daß der sog. Elohist, wenn er überhaupt existierte, höchsten Neuherausgeber des großen Erzählungs wirkes war". C. Houtman, *Inleiding in de pentateuch*, 100.

131) R. Kittel, *Geschichte des Volkes Israel* I, Stuttgart: W. Kohlhammer, 1912, 187ff.

의 역사와 많은 관련을 가지는 이유를 발견할 것이다".[132] 영국에서 벨하우젠의 이론을 영향력 있게 보급한 다른 학자는 드라이버(Driver)였다. 그는 그의 책 '구약문학입문' 에서 벨하우젠의 입장을 완전히 수용하여 그 이론을 구약 전체에 적용시켜 성경 본문에 대한 문학적 분석을 시도했다.[133] 율법은 서서히 성장하고 선지자들은 이스라엘의 고대역사를 새롭게 변화시켰다고 하는 '벨하우젠 학파' 의 급진적 입장은 처음부터 독자들에게 와 닿았다. 1880년대부터 그런 진보적 사상과 진화론적 사상의 유형이 영국 지성과 신학계를 점차적으로 잠식했다. 결과적으로 이스라엘 종교에 대한 진화론적 사상은 영국의 비평학계에서 오랫동안 구약을 이해하는 열쇠가 되어왔다. 영국학계에 미친 벨하우젠의 역사문헌비평의 영향은 '국제비평주석' (ICC)이라는 주석 시리즈에서 발견된다. 이 중에는 그레이(Gray)의 이사야 주석, 스키너(Skinner)의 창세기 주석, 브릭스(Briggs)의 시편 주석, 토이(Toy)의 잠언 주석 등이 포함되어 있다. 이러한 '시대정신' 을 따라서 여러 학자들이 자신의 연구에 발전적 사상을 적용시켰던 것이다.

독일에서 발생한 구약 연구 방법론이 영국에 파급됨과 거의 동시에 미국에도 소개되었다. 이 새로운 방법론을 받아들이는데 선구자 역할을 한 사람이 브라운(Brown)과 브릭스(Briggs)였다.[134] 특히 브릭스는 벨하우젠의 가설과 연관된 자신의 입장 때문에 심한 논쟁에 휩싸였다. 그는 1892년 뉴욕 노회에서 이단으로 심리되기도 했다.[135] 이런 사실을 볼 때 당시 미국의 성경연구의 일반적인 분위기는 보수적인 입장이었다는 것을 알 수 있다. 그러나 뷰어, 토이, 토리와 파이퍼와 같은 여러 학자들은 이 가설이 미국 학계의 경계의 대상

---

132) W. Robertson Smith, Preface, in J. Wellhausen, *Prolegomena to the History of Israel*, trans. by W. Robertson Smith, Endinburgh: Adan & Charles Black, 1885, vii, ix.

133) S.R. Driver, *An Introduction to the Literature of the Old Testament*, Edinburgh: T. & T. Clark, 1891, 1913⁹.

134) F. Brown, Chronicles I&II, in *DB* (Hastings), Edinburgh: T. & T. Clark, 1905, 389ff.; C.A. Briggs, *Higher Criticism of the Hexateuch*, New York: Scribner, 1897.

135) Cf. Harrison, *Introduction to the Old Testament*, 31.

이 됨에도 불구하고 브릭스를 따랐다.

벨하우젠의 역사문헌비평에 대한 반론

벨하우젠의 역사문헌비평이 구약학계에 폭넓은 지지를 받았지만 이스라엘 종교의 역사적 발전과 하나님의 이름으로 문헌을 나누는 기준으로 삼는데 대해서 다양한 의견이 제시되었다.

유대인 학자

카우프만(Kaufmann)은 벨하우젠의 결론을 대체로 수용하지만 벨하우젠과는 달리 D와 P의 연대적 순서를 바꾸었다. 그는 P가 포로 이전의 문서로 보고 D보다 이르다고 했다. 왜냐하면 P가 D와 같이 제의의 중앙 집중 체제를 요구하지 않았지만 실제로 산당 예배를 언급하고 있기 때문이라고 했다.[136] 그는 "P의 작품이 포로 이후 현실과 아무런 상관이 없다"고 주장했다.[137] 그는 전체 오경과 창세기 이야기를 가장 이른 단계의 것으로 보고, 율법(토라)이 선지자의 신앙으로부터 후대에 성장한 것으로 이해해서는 안 된다고 했다.[138] 카우프만은 전체 율법 집성이 포로 이전에 이루어졌으며, 이것이 포로후기 예루살렘 공동체의 특징을 보여주는 것이 아니라고 주장한 첫 번째 학자였다. 이것은 이스라엘 종교발전에 대한 그의 견해가 고전적 성경비평적 입장을 취하는 유럽 학계에 정면 충돌하는 것임을 의미한다. 그는 히브리 종교는 고대 민족들에게 알려진 것과는 완전히 다른 것에서부터 출발했다고 보고 아주 이른 시기부터 유일신론이 존재했다고 하면서 이스라엘 종교의 기원과 발전에 대한 벨하우젠의 견해와 결별했다.

---

136) Y. Kaufmann, Probleme der israelitisch-jüdischen Religionsgeschichte I, *ZAW* 48, 1930, 35.
137) Kaufmann, Probleme, 42.
138) Y. Kaufmann, *The Religion of Israel*: From Its Beginnings to the Babylonian Exile, London: George Allen & Unwin Ltd., 1961, 165.

다른 유대인 학자들도 벨하우젠의 방법론에 반기를 들었다. 야콥(Jacob)은 창세기가 하나의 정신에서 나온 통일성 있는 작품임을 강조했고, 카수토(Cassuto), 하란(Haran), 허비츠(Hirvitz)도 벨하우젠의 역사문헌비평에 부분적으로든, 전체적으로든 부정적으로 반응했다.[139]

카톨릭 학자

카톨릭 학자 중에는 드 보(De Vaux)와 까젤(Cazelles)이 이 방법론의 문제를 제기했다. 드 보의 주장에 의하면 "벨하우젠 이후 문헌비평이 이스라엘의 종교사와 관습에 대해서 진화론적인 도식과 연결되어왔기 때문에 우리가 본문에 대한 문헌비평 방법적 의문을 제기하기도 전에 이런 재구성은 약화되어 버렸다. … 오경의 여러 이야기와 율법의 성향은 그 시대의 역사적 상황과 사회의 상황과 율법의 정신을 전제로 하고 있다"고 했다.[140] 까젤은 성경을 해석할 때 발굴된 문헌에 의해 고고학으로 설정된 역사 속에서 본문을 보아야 한다고 했다.[141] 이것은 벨하우젠의 사변적인 논지를 반대하는 것이다.

개혁신학자의 오경에 대한 이해

개혁주의 진영에 속한 학자들은 전반적으로 벨하우젠의 문헌비평을 받아들이지 않는다. 그렇다고 해서 역사문헌비평의 문제점을 지적하거나 구체적인 대응도 하지 않는다. 그들은 모세가 오경의 저자라고 단정적으로 말하지는 않

---

139) B. Jacob, *Das Buch der Tora Genesis übersetzt und erklärt*, Berling: Schocken Verlag, 1934, 10; U. Cassuto, *The Documentary Hypothesis*, trans. by Israel Abrahams, Jerusalem: The Magnes Press, 1961; M. Haran, Behind the scenes of history: determining the date of the priestly source, *JBL* Vol. 100, Sep. 321-333; Avi Hurvitz, Dating the Priestly Source in Light of the Historical Study of Biblical Hebrew a Century after Wellhausen, *ZAW* 100 Suppl., 88-100;

140) R. de Vaux, A propos du second centenaire d'Astruc réflexions sur l'état actuel de la critique du Pentateuque, in *Congress Volume Copenhagen*, Leiden: Brill, 1953, 195.

141) Henri Cazelles, *Ecriture Parle et Espirit; trois aspects de l'herméneutique biblique*, Paris: Desclée, 1971, 151.

지만 본문의 상황에 근거해서 적어도 원래 문서와 모세를 관련시키려는 노력이 엿보인다. 네덜란드의 구약학자인 노르뜨제이(A. Noordtzij)는 오경이 우리 앞에 놓인대로 다양한 여러 문서에서 성장했고, 그것의 편집을 위해서는 한 사람의 생애보다는 훨씬 많은 시간이 필요했음을 인정한다. 그러나 벨하우젠 학파의 자료 분류와 연대 측정은 받을 수 없다고 했다.[142] 미국의 보수적 구약학자인 영(E.J. Young)은 모세가 기존 문서를 오경에 인용했을 가능성이 있음을 인정한다. 동방의 문서로서 성경의 문체는 항상 논리적인 순서를 따르는 것만은 아니라는 것이다. 비록 '본질적으로 근본적으로'(substantially and essentially) 오경이 모세의 작품이기는 하지만 모세가 기존문서를 사용했을 뿐만 아니라 후대에 작은 첨가나 수정조차도 있을 수 있다.[143] 그는 모세가 율법을 기록했다는 오경 자체의 증거를 제시했다(출 17:14; 24:4-8; 34:27; 민 33:1, 2; 신 31:9, 22). 독일의 복음주의자인 묄러(W. Möller)는 원역사(창 1-11장)에 관해서는 모세가 구전과 성문화된 전승을 사용했을 가능성이 있다고 했지만 오경의 통일성과 정교한 구조를 강하게 주장했다.[144] 네덜란드 자유대학 구약교수였던 알더스(G.H. Aalders)는 오경은 모세 이후에 살았던 그리고 모세와 다른 사람의 확대된 자료를 사용하여 오경을 제작한 편집자의 작품이라고 했다.[145] 캐나다의 보수신학자인 해리슨(R.K. Harrison)은 모세가 오경에 상당히 관련된 것으로 보고 오경 생성의 큰 몫을 모세에게 돌린다. 실제로 오경은 사무엘 시대에 오늘의 형태가 되었다고 한다.[146] 자유대학 구약교수였던 히스펜(W.H. Gispen)은 오경의 전체 편집에 대해서는 아마 히스기야의 신하들이 책임을 졌을 것이라고 한다(잠 25:1).[147] 출애굽기 율법의 역사적 부분은 모세가 직접썼다(17:14; 24:4; 34:27). 출애굽기는 계보와 율법

142) A. Noordtzij, *Levitikus*, KV, Kampen: Kok, 1976, 15ff.

143) Young, *An introduction to the Old Testament*, 45.

144) Wilhelm Möller, *Grundriß für alttestamentliche Einleitung*, Berlin, 1958, 40, 110f.

145) G. Ch. Aalders, *Oud-Testamentische Kanoniek*, Kampen: J.H. Kok, 1952, 126-132.

146) Harrison, *Introduction*, 531.

147) W.H. Gispen, *Het Boek Genesis* I, COT, Kampen: J.H. Kok, 1974, 12f.

규정을 역사적 이야기에 삽입한 후대의 편집자가 제작했다. 그는 레위기는 후대의 작가가 모세의 자료를 배열했거나 모세가 직접 현재 형태로 이 책을 주었을 가능성도 있다고 보았다.[148]

4. 궁켈(Gunkel)과 전승사 비평

궁켈(Hermann Gunkel, 1862-1932년)

궁켈은 벨하우젠이 확인한 역사 문헌 비평의 문제점을 밝히려고 시도하면서 전승의 형성과정을 연구했는데 이 과정에서 전승사(Überlieferungsgeschichte) 비평의 선구자로 등장하게 되었다. 그렇지만 원래 전승이라는 개념은 시몽(Richard Simon)이 처음으로 성경연구에 도입한 것이기[149] 때문에 궁켈이 주장한 전승의 개념은 새로운 것이 아니었다. 특별히 궁켈의 관심은 구약문헌 형성에서 문제가 되는 부분에 있었다. 벨하우젠은 주로 기록된 문헌으로 해석하고 이스라엘 종교 형성에 중요한 창의적 동인으로 이해한 원전에 관심을 두었던 반면,[150] 궁켈은 문헌 형성이 구두 의사전달에 의해서 영향을 받았다고 보는 구약문헌의 역사적 단계를 이해했다는 점에 있어서 진일보한 비평적 관점을 소개했다.[151] 그래서 그가 주장하는 것은 계속되는 역사의 한 부분인 다양한 이야기와 규정들의 현재 모습은 특정한 장소와 관습과 독자적으로 관련된 이전 단계에 의존한다는 것이다. 이것을 생장지(Sitz im Leben)라고 하는데 이 문제는 그 문헌에 포함된 다양한 양상을 이해하는데 그 중요성을 지니는

---

148) W.H. Gispen, *Het Boek Leviticus*, COT, Kampen: J.H. Kok, 1950, 19.

149) R. Simon, *A Critical History of the Old Testament*, trans. by H. Dickinson, London: Walter Davis, 1682, 34-46.

150) J. Wellhausen, *Prolegomena zur Geschichte Israels*, Berlin[6]: Georg Reimer, 1927, 1-14.

151) H. Gunkel, *Genesis*, Göttingen: Vandenhoeck & Ruprecht, 1977, LVI-LXXX.

것으로 이것은 본질적으로 사회학적 문제이기도 하다.[152] 문학의 형태와 유형과 생장지에 대한 이러한 관심 때문에 궁켈은 이스라엘 역사 초기에 구전으로 유포된 신화, 서사시, 노래, 동화와 민담과 같은 다양한 종류의 문헌이 이스라엘을 둘러싼 고대근동 문헌과 같이 후대에 구약에 동화되었다고 생각하게 되었다.[153] 그의 창세기 주석은 문헌의 최초의 형태에 치중하는 전승사 또는 양식사(Formgeschichte)적 방법을 적용시킨 결과를 분명하게 보여준다.

문화가 고도로 발전하지 않으면 역사를 기록할 수 없다는 궁켈의 근본적인 전제로부터 창세기는 역사적 기록이 아니라 민담(sagas)이라는 신념으로 흘러갔다. 이 신념은 자신의 책 장별 제목에서 나타난다. 즉 '창세기는 민담의 수집물이다' (Die Genesis ist eine Sammlung von Sagen), '창세기 민담의 종류' (Arten der Sagen der Genesis), '창세기 민담의 예술형태' (Kunstform der Sagen der Genesis)가 그것이다. 궁켈의 정의에 따르면 민담은 "과거의 인물이나 사건을 다루는 통속적이고, 오랜 전통을 가진 시적인 이야기"다.[154] 그래서 그는 창세기를 여러 복잡한 단계를 거쳐서 생겨난 민담의 편집집성체로 보는데, 이 민담은 역사적 기록이 존재하지 않았던 왕국 이전 시대로부터 구전으로 전승된 고대 설화들(narratives)이다. 그는 심미안적인 관점에서 이 민담을 예술적으로 높이 평가했으며 그 아름다움에 깊은 인상을 받았다.[155] 이 입장을 고수하면서 그의 미학적인 그리고 문학적인 관심은 창세기 이야기의 역사성을 모호하게 만들었다.

더 나아가서 그는 창세기에 기록된 역사적 사건을 원인론적 민담(ätiologische

---

152) Cf. Kraus, *Geschichte der historisch-kritischen Erforschung*, 344ff.

153) H. Gunkel, *Schöpfung und Chaos in Urzeit und Entzeit*, Göttingen: Vandenhoeck & Ruprecht, 1895.

154) Gunkel, *Genesis*, 1977, VIII: "volkstümliche, altüberlieferte, poetische Erzählung, die Personen oder Ereignisse der Vergangenheit behandelt."

155) Gunkel, *Genesis*, XII: "Diese poetischen Erzählungen sind ja das Schönste, was ein Volk auf seinen geschichtlichen Lebensweg mitbringt; und Israels Sagen, besonders die Sagen der Genesis, sind vielleicht die schönsten und tiefsten, die es je auf Erden gegeben hat."

Sagen)으로 설명하려고 했다. 원인론은 후대 사람들이 실제로 존재하지 않았던 이야기를 꾸며내어 당대의 제반 현상의 기원으로 제시하려는 이론이다. 그는 역사적 원인론을 네 가지 범주로 나누어서 설명했다. 즉 민족적, 어원적, 제의적 그리고 지리적 민담이다. 예를 들면 암몬과 모압 족속의 기원을 설명하기 위해서 후대에 롯과 그의 딸의 이야기를 만들어내고, 벧엘의 제의의 기원을 밝히기 위해서 야곱의 이야기를 지어내고, 사해 바다의 현상을 설명하기 위해서 소돔과 고모라 이야기를 꾸며냈다는 것이다. 이런 이론에 따라서 기원과 관련된 역사적 사건은 서로 다른 다양한 기원을 해독하기 위하여 이스라엘 사회의 독특한 자생적인 성격을 지닌 기원의 형태에 맞추게 되었다.

그가 민담의 예술형태에서 지적한 것은 고대시대의 민담은 시적인 특성이 있으며 민족적 전통과 관련된 구두전승이었는 것이다. 민담의 크기가 작고 단순한 것일수록 더 오래된 것으로 본다. 이스라엘은 유목시기에 민담을 전수받았고 가나안에서 바벨론 민담을 배웠다. 그래서 바벨론 민담이 이스라엘에 영향을 미쳐서 변화되었다. 즉 바벨론 홍수가 노아 홍수가 되었다는 것이다. 요셉 이야기는 원래 애굽의 설화에서 왔다. 이런 것이 발달해서 인명과 지명이 뒤섞여 나타나는데 그 예가 족장들의 거짓말 사건이다(창 20, 26장). 창세기의 종교는 단순한 이스라엘 종교가 아니다.[156] 그러나 이스라엘 종교는 초기단계의 저급한 사상에서 더 높은 이념으로 발전했는데 그것이 곧 유일신론이다. 원래 조상들의 실수는 없었지만 이야기를 재미있게 하기 위해서 그렇게 지어내었다고 한다.

궁켈에게 있어서 '야비스트,' '엘로히스트,' '여호비스트'는 저자가 아니고 편집자였다. 문서기록은 민담의 내용이 유실되는 것을 막기 위해서 기록의 필요성을 느꼈다고 한다. 민담의 문서수집은 세 가지로 이루어졌는데 이른 시기의 '야비스트'와 '엘로히스트' 그리고 늦은 시기의 P이다. 이 편집자들이 제시하는 것은 통일성이 있는 하나의 작품(aus einem Guss)이 아니라 여러 사

156) "dass die Religion der Genesis nicht einfach die Religion Israels ist."

람의 손과 오랜 세월에 걸친 편집 작업의 결과이다. 이 편집을 맡은 사람은 백성 중에 엘리트였는데 이것은 그 민담을 편집함으로써 백성이 같은 이상을 갖도록 하기 위함이었다. P는 언어와 정신에 있어서 창세기에 흔히 나타나는 J, E와는 다르다고 한다. J와 E는 편집자였지만 P는 전수받은 자료들을 따로 모아서 그 내용을 자신의 취향에 따라 작성한 작가였다. P의 연대는 포로시대로 보고 에스라 시대(주전 500-444년) 이후에 최종 편집자가 P와 JE를 한데 묶었다고 본다. 이 결합이 필요한 것은 고대의 민담들이 핵심부에 너무 깊이 들어있어서 새로운 정신에 의해서 다듬어질 필요가 있었기 때문이라고 한다. 궁켈은 자신의 관심을 창세기에서 시편으로 옮겨서 전승사적 방법을 시편 연구에도 적용시켰다. 그의 시편 연구는 시를 다양한 유형을 따라 분류한 데서 공헌을 인정해야 할 것이다.[157)]

그레스만(Hugo Gressmann, 1877-1927년)

그레스만은 출애굽기 설화 부분에 대한 방대한 연구와 여호수아서에서 열왕기까지의 역사서에 대한 좀 간단한 연구 결과를 내었다.[158)] 그레스만은 여기서 이스라엘 민담으로서 특별한 성격을 보여주는 것에 관심을 가지고 모세와 이스라엘의 출애굽에 관한 설화의 성격을 보여주려고 했다. 그는 궁켈의 방식을 출애굽기에 적용시켜서 출애굽기 이야기와 고대 전설과 민담의 관계를 강조했다. 그는 궁켈과 같이 출애굽 사건과 관련된 여러 사건에 관한 이야기를 민담으로 규정하고 그 성격을 규명하려고 했다. 광야에서 일어난 반란 사건 중 불뱀의 사건은 제의와 관련된 원인론적 민담이고, 모세가 반석을 치고 벌

---

157) H. Gunkel, *Einleitung in die Psalmen*, Göttingen: Vandenhoeck & Ruprecht, 1975, 32-292: "die Hymnen, die Klagelieder des Volkes, Königspsalmen, die Klagelieder des Einzelen and die Danklieder des Einzelen."

158) Hugo Gressmann, Mose und seine Zeit, Göttingen: Vandenhoeck & Ruprecht, 1913; *Die älteste Geschichtschreibung und Prophetie Israels*, Göttingen, 1910^1, 1921^2.

을 받은 것은 지명과 관련된 민담이다.[159] 그는 구약의 자료와 가나안 종교를 비교하면서 그 문학적 상황과 목적을 설명하는 중에 성경계시의 의도를 무시하는 경우가 많았다. 그가 법궤 안에 든 내용물을 설명하면서 그 속에 신의 형상이 있다고 하며 그것은 야웨의 형상으로서 금송아지라고 했다.[160] 문헌비평과 관련해서 특이한 것은 그가 벨하우젠의 십계명 연대에 대해서 반대한 것이다. 그는 일반적으로 받아들여지는 율법의 늦은 연대에 반대하여 십계명을 신명기보다 이른 것으로 보았다. 그것은 가나안의 영향을 받은 증거가 없기 때문이라고 했다. 그래서 십계명을 중심으로 언약서와 신명기 율법이 결합되었다고 한다.[161] 궁켈과 그레스만은 여러 학자들이 전승사 혹은 양식사를 적용하여 여러 단계의 구약문헌의 전체 전승과정의 성격을 규명하는데 기여하도록 독려했다.

알트(Albrecht Alt, 1883–1956년)

알트는 사회학적인 접근 방식과 고고학적 정보를 통해 설정된 구도 속에서 전승사적 방법에서 얻은 통찰력을 동원하여 이스라엘 율법의 기원을 연구하였다.[162] 알트는 율법을 두 가지 범주로 나누었는데, '언약서' 와 신명기에서 일반적으로 언급하는 조건문 형식으로 된 율법(das kasuistisch formulierte Recht)의 기본 유형과 당위적 형식으로 된 율법(das apodiktisch formulierte Recht)의 보다 특이한 형태로 나누었다. 조건법은 백성들 가운데서 생긴 것인데 이것은 '만일 ~하면' 의 형식을 띠고 당위법은 이스라엘 제의가 생장지인데 부정어와 함께 '~하지 말지니라' 는 형식을 지닌다.[163] 알트에 의하면 조건

159) Gressmann, *Mose und seine Zeit*, 150-154, 289.

160) Gressmann, *Mose und seine Zeit*, 231.

161) Gressmann, *Mose und seine Zeit*, 471-476.

162) A. Alt, *Philologisch-historische Klasse*, 86 Band 1 Heft, Leipzig: S. Hirzel, 1934.

163) A. Alt, *Kleine Schriften zur Geschichte des Volkes Israel* I, München: C.H. Beck'sche Verlagsbuchhandlung, 1959, 278-332.

법은 이스라엘 백성이 다른 방식으로 이스라엘 사회에 적용되었던 동해보복(*lex talionis*)과 같은 가나안 법을 물려받은 과정을 보여준다고 한다.[164] 특히 당위법과 관련하여 그는 이스라엘의 제의적 배경이 율법을 이해하는데 중요한 가치를 지닌다고 주장하고 더 나아가 제의 전승과정의 기간을 배정함으로써 오경에 있는 역사적 자료를 설명했다.[165] 그렇지만 당위법의 형태를 띤 이스라엘의 십계명을 전형적인 이스라엘 법이라고 말할 수는 없다. 왜냐하면 고대근동 문헌에 그와 병행을 이루는 여러 가지 법전이 있기 때문이다. 당위법의 예는 무르실리스 2세(Mursilis II)와 마나파(Manapa)가 맺은 조약의 형태에서 찾을 수 있다.[166] 그리고 바벨론의 잠언서와 이집트의 아메네모페 지혜와 같은 지혜문학에서도 나타난다.[167] 이런 병행 법규가 알트의 양식사적 연구가 수정되어야 한다는 것을 보여준다. 알트는 바벨-비벨 논쟁에서 제시된 범 바벨론주의적 입장에 대해서는 이스라엘의 삶과 종교가 단순히 메소포타미아에서만 영향을 받은 것이 아니라 구약은 일찍부터 가졌던 이집트와의 관계에 대한 폭넓은 증거를 보여준다고 했다. 그는 그의 교수자격논문에서 이스라엘과 이집트의 역사적 관계에 대해서 폭넓은 연구를 했다.

폰 라트(Gerhard von Rad, 1901-1971년)

폰 라트는 전승의 작은 단위와 그 생장지에 관해서 관심을 가졌다. 그는 어떻게 여러 개의 전승 단위가 집성된 이야기 속에서 서로 결합되었는가를 질문

164) Alt, *Kleine Schriften*, 302-308: “Auf kanaanäische Herkunft deutet ja auch nicht das Mindeste in den apodiktischen Satzreihen hin, weder die Anschauungen, die aus ihn sprechen, noch auch nur die allgemeinen Kulturverhältnisse, die sie voraussetzen.”

165) Alt, *Kleine Schriften*, 331.

166) Dennis J. McCarthy, *Old Testament Covenant*: A Study in Form in the Ancient Oriental Documents and in the Old Testament, Analecta Biblica, 21A, Rome: Biblical Institute Press, 1978, 61.

167) E. Gerstenberger, *Wesen und Herkunft des apodiktischen Rechts*, Neukirchen-Vluyn: Neukirchener Verlag, 1965, 131-138.

하고, 현재의 육경 형태에서 최종단계(Endstadium)의 궁극적 출처에 대해서 연구했다. 그는 전체 육경은 기본 역사적 개요가 되는 설계도를 가졌다고 하는데, 그것은 다섯 단계의 주제로 형성되었다: 족장사, 애굽에서의 압제, 출애굽, 광야여행, 가나안 입성.[168] 이 주제들은 전형적인 역사의 요약이거나 한때 제의에서 예전적으로 믿음을 확인하는 부분으로 사용된 역사적 작은 고백(das kleine geschichtliche Credo)이다. 폰 라트는 길갈이 생장지라고 보는 땅 점령 전승(Landnahmetradition)이 지리적으로 전승의 최종목표가 되는 가장 근본적인 고백으로 간주한다.[169] 근본이 되는 이 고백은 율법이 특징이 되는 '시나이 전승' 에 대해서 언급하지 않기 때문에 그는 이 전승이 지파와 지역적 근원에서 나온 모든 종류의 전승과 함께 이후의 발전 단계에서 방대한 모양으로 결합하여 서로 엮어졌다고 주장한다.[170] 폰 라트는 이렇게 다양한 전승이 편집되는 과정에서 야웨기자의 역할과 신학적 영향에 중요성을 부여한다.[171] 야웨기자의 신학이 반영되었다는 것은 이 견해가 편집비평이라고 하는 또 다른 형태의 비평을 위한 여지를 주었다. 이스라엘 전승에 대한 정교한 연구는 그의 걸작품인 '구약신학' 에 잘 나타나 있다. 실로 폰 라트에게 있어서 결정적인 문제는 '이스라엘에 실제로 무슨 일이 일어났는가?' 가 아니라 '이스라엘이 무엇을 믿었으며, 자신의 전승 속에서 신학적으로 무엇을 고백했는가?' 이다. 그래서 그의 관심은 역사가 아니라 고백의 역할에 있다.[172]

---

168) G. von Rad, *Das formgeschichtliche Problem des Hexateuch*, Stuttgart: W. Kohlhammer, 1938, 3-7.

169) Rad, *Das formgeschichtliche Problem*, 17.

170) Rad, *Das formgeschichtliche Problem*, 46ff.

171) Rad, *Das formgeschichtliche Problem*, 78: "es ist ein Geschichte gttlicher Führungen und Fügungen, die der Jahwist bezeugt."

172) Cf. G. von Rad, *Theologie des Alten Testaments* I, München: Chr. Kaiser Verlag, 1966, 355.

노트(Martin Noth, 1902-1968년)

노트는 폰 라트와 함께 전승사의 선구자의 위치를 점한다. 그는 오경에서 다섯 가지 전승의 주제를 구분했다. 이 주제들이 폰 라트의 업적과도 같이 제의에서 점차적으로 증가되고 성장해 갔다고 한다. 이 분류와 관련하여 노트는 신명기에서 열왕기까지 전체의 책이 거대한 역사적 신명기적 작품(Deuteronomistic work)에 속한다고 주장하고 폰 라트가 주장하는 육경까지 오경의 자료가 확대된다는 것은 반대했다.[173] 그래서 그는 신명기를 오경과는 별개로, 독자적으로 생겨난 작품으로 보고 사경(Tetrateuch)을 한 단위로 취급했다.[174] 특별히 성경의 역사성과 관련된 이스라엘 열두 지파에 대한 그의 연구는 지파동맹체로서 이스라엘은 가나안 땅에 전쟁이 아닌 평화적인 유입에 의해서 정착한 후에 비로소 존재하게 되었다고 주장했다.[175] 이 입장은 그리스와 로마의 부족동맹체(amphictyonies)에서 이스라엘의 지파와 유사한 점을 발견함으로써 대두되었는데, 그의 지파 동맹체 이론은 중앙성소를 중심으로 한 제의를 통하여 각기 독립된 지파들이 연합한 기구이다. 특별히 열두 지파로 구성된 것은 매달 한 지파씩 제사를 담당하기 위함이라고 한다. 결국 노트는 이스라엘 지파가 야곱의 자손을 중심으로 형성된 것을 부인하고, 각 지파가 야웨의 전쟁을 통해 가나안 땅을 점령한 것을 알려주는 성경의 기록을 사실로 받아들이지 않았다. 그의 지파동맹체 가설은 전승사적 방법이 제공한 또 다른 부산물이다.

---

173) M. Noth, *Überlieferungsgeschichtliche Studien*: Die sammelnden und bearbeitenden geschichtswerke im alten Testament, Tübingen, 1943, 12f.; cf. *Könige* 1, BKAT IX1, Neukirchen-Vluyn: Neukirchener Verlag, 1968, 8f.

174) Noth, *Überlieferungsgeschichtliche Studien*, 211: "Die Landnahmeerzählung im Josuabuche aber bildete einen Teil des Werk von Dtr. das ganz unabhängig vom Pentateuch entstanden ist."

175) M. Noth, *Das System der Zwölf Stämme Israels*, Stuttgart: W. Kohlhammer, 1930, 65-86.

로스트(Leonhard Rost 1896–1979년)

로스트는 사무엘서와 열왕기의 역사 이야기에 전승사적 접근 방식을 적용했다.[176] 그는 구약의 역사서에서 자료이론에 심층자료(Unterquellen)라는 개념을 부여한다. 이 자료에 해당되는 것은 '법궤 이야기,' '나단의 예언,' '암몬 전쟁보도' 그리고 '왕위계승 설화' 이다.[177] 그래서 삼무엘하 9–20장과 열왕기상 1–2장을 '왕위 계승 설화' (Thronnachfolge Erzählung)라고 하는 독립된 이야기로 이해했다. 그것을 한편의 역사 드라마로 생각한 것이다. 로스트는 왕위 계승 설화나 법궤 이야기와 같은 독립된 이야기들이 사이클 혹은 집성체로 엮어져 역사적 이야기 속에 배치되었다고 인정한다. 그의 연구는 사무엘서가 비교적 초기 단계의 역사와 관련된 특정한 인물에 관한 이야기의 확대된 집성체를 담고 있다고 점차 인식하게 만들었다.

스칸디나비아의 전승사

스칸디나비아 학자들은 대체로 전승사적 방법론을 사용하여 구약을 연구했다. 이들 중 스칸디나비아의 전승사학파의 창시자라고 하는 페델슨(Johannes Pedersen)은 이스라엘의 정신과 문화적, 사회적 환경과 관련된 정보를 주는 자료에 관심을 보였고,[178] 노르웨이 사람으로 궁켈의 제자였던 모빙켈(Sigmund Mowinckel)은 이 방법론에 근거해서 시편을 연구했다. 특별히 그는 야웨 하나님을 왕으로 찬양하는 시편 47, 81, 98편과 같은 '제왕시' 는 원래 초기 이스라엘의 신년 축제에 사용하기 위해서 작성되었다고 주장했다.[179] 이것은 바벨

---

176) L. Rost, *Das kleine Credo und andere Studien zum Alten Testament*, Heidelberg: Quelle & Meyer, 1965, 193.

177) Kraus, *Geschichte der historisch-kritischen Erforschung*, 459.

178) J. Pedersen, *Israel* I-II, III-IV, Copenhagen: Branner og Korch, 1954, 1953.

179) Sigmund Mowinckel, *Psalmenstudien* I-II, Amsterdam: P. Schippers, 1966, 32, 40, 81ff.

론 왕들이 신년축제(*akitu*) 때 즉위하듯이 야웨도 해마다 왕위에 올랐다는 것이다.

이 밖에도 스칸디나비아의 대부분의 학자들 간에는 전승의 전달이 중요한 부분을 차지했기 때문에 초기 단계의 구전이 후대의 성문화된 자료로 작성되는 시기와 그 방식을 각자의 주장을 갖고서 구전을 어떻게 다루었는가(modus operandi)에 대해서 열렬한 토의가 있었다. 웁살라의 동양학자 니베르그(H. S. Nyberg)는 구약은 구전에 기초해서 기록되고, 문자로 기록된 구약은 포로 이후에 나올 수 있었다고 주장했다.[180] 이 견해가 의미하는 바는 구약 자료의 기원이 선지자나 시인과 같은 저자들의 저작 산물이 아니라 전승의 집단에서 연유되었다는 것이다. 같은 맥락에서 '웁살라 학파'의 설립자인 엥넬(Ivan Engnell)도 구전의 중요성에 관한 니베르그의 결론을 채택하고서, "구두 전달이 구약의 기원과 성장에서 결정적인 역할을 했다"고 주장했다.[181] 더욱이 엥넬은 구약문헌은 어떤 전승을 보존하고 발전시키는데 관련된 여러 집단의 사람들에 의해서 작성되고 배포되었다는 것과 구약문헌이 오랜 구전 기간을 거쳐서 이루어졌다는 입장을 취했다.[182] 이와는 반대로 비덴그렌(G. Widengren)은 고대 근동과 구약의 전승 현상을 비교 연구하면서 여러 학자들이 구전에 대해서 잘못 이해하고 있다고 지적하고, 그는 이스라엘에서도 고대 근동과 마찬가지로 전승이 변질되는 것을 막기 위해서 전승을 빨리 기록하는 성향이 농후하다고 주장했다.[183]

---

180) H.S. Nyberg, *Studien zum Hoseabuche*, Uppsala: Lundequistska, 1935, 5ff.

181) Ivan Engnell, *A Rigid Scrutiny: Critical Essays on the Old Testament*, John T. Willis (trans. & ed.), Nashville: Vanderbilt University Press, 1969, 6f., 10f.

182) Ivan Engnell, *A Rigid Scrutiny*, 7f.

183) G. Widengren, *Literary and Psychological Aspcts of the Hebrew Prophets*, Uppsala: Lundequistska, 1948, 62ff.

종교사학파(Religionsgeschichtliche Schule)

전승사적 해석방법의 또 하나의 중요한 전제는 종교사학파의 개념이다.[184] 이 종교사적 관점은 영국의 이신론(deism)에서 유래하여 일반 종교학으로 발전했는데, 초기에는 종교가 다신론에서 유일신론으로 성장하는 진화론적인 해석을 하는데 관심을 가지다가 나중에는 현상학적으로 접근하는 학문으로 발전하게 되었다. 이것은 구약 연구에서 이스라엘 종교의 특성뿐만 아니라 구약의 전승의 기원과 과정을 설명하는 도구로 채택되었다. 이 관점에서 종교사학파는 구약과 성경 바깥의 종교 간의 역사적 관계에 관한 질문에 답을 주려고 했다. 이것은 모든 종교를 동일 선상에 놓고 비교 평가하는 것으로서 영어권에서 통용되는 '비교종교학'과 같은 것이다. 크라우스는 종교사적인 비교가 반드시 유사한 것을 수집하거나 현상학적 유사점을 모으는 것을 의미하지 않는다고 주장하지만[185] 종교사학파는 현상학과 종교학과 근본적인 관계를 유지한다고 볼 수밖에 없을 것이다. 그래서 이스라엘 종교를 종교사학파적 관점에서 볼 때 고대 역사로 기록된 내용은 주변국가의 종교에서 그 기원과 유래를 찾아 볼 수 있는 것이고 구약의 종교가 독특한 것은 포로 이후에 그 종교가 가진 차별의식 때문이라는 것이다.[186] 또 이것을 밝혀내는 것이 종교사학파의 임무가 될 것이다.

---

184) Cf. Kraus, *Geschichte der historisch-kritischen Erforschung*, 366: "Alle Exegese muß auf die Geschichte, sonderlich auf die Religionsgeschichte bezogen sein. Damit wird die „theologische Blickrichtung" in eine religionsgeschichtliche Betrachtungsweise eingefangen. Theologie … muß sich als Religionsgeschichte darstellen."

185) Kraus, *Geschichte der historisch-kritischen Erforschung*,, 331: "religionsgeschichtliche Vergleichung bedeutet eben nichts Sammlung von Analogien und Häufung von phänomenologischen Parallelen."

186) Andreas Wagner, Primäre/sekundäre Religion und Bekenntnis-Religion Thema der Religionsgeschichte, in Andreas Wagner (heraus.), Primäre und sekundäre Religion als Kategorie der Religionsgeschichte des Alten Testaments, Berlin New York: Walter de Gruyter 2006, 3-20.

바벨-비벨 논쟁(Babel-Bibel Streiss)

이 논쟁의 주창자인 프리드리히 델리취(1850-1922년)는 복음주의 주석가인 프란츠 율리우스 델리취의 아들로 태어났다. 그는 아시리아 전문 학자로서 당대의 권위자였다. 델리취는 라이프치히(1878-1893년)와 브레슬라우(Breslau, 1893-1899년)에서 가르치다가 1899년부터 은퇴할 때까지 베를린에서 교수로서 가르쳤다. 그는 아직 초보 단계의 수준인 아시리아 학문을 구약 연구와 같은 선상에 두고 보았으며, 바벨론 종교와 문화를 옹호하면서 히브리 종교와 문화를 바벨론의 아류로 폄하했다. 그래서 그는 신학적으로 보수적인 입장을 취하는 아버지 델리취와는 달리 정통 기독교에 대해서 적대적인 태도를 취하게 되었다. 그가 쓴 스무 권이 넘는 책은 복음적인 신학을 정면 공격하는 것이었다. 그 중에 가장 유명한 책이 'Babel und Bibel' 이다. 여기서 그가 '범-바벨론주의' 의 최선봉자라는 것을 보여준다.

델리취는 '바벨-비벨' 이란 제목으로 모두 네 차례 강연을 했다. 첫째는 1902년 1월 13일 베를린 음악학교(Singakademie)에서 독일 황제 빌헬름 2세(Wilhelm II)가 참석한 가운데 독일 동양 연구소(Deutsche Orient-Gesellschaft) 앞에서 한 것이고, 둘째는 이듬해 1903년 1월 12일 황제와 왕비, 그리고 귀빈들이 참석한 가운데 역시 같은 연구소 앞에서 이루어졌다. 셋째는 1904년 10월 27일과 28일,[187] 바르멘과 쾰른의 문학연구회 앞에서 각각 있었다. 마지막 넷째 강연은 새로운 강의가 아니고 앞의 것을 반복했는데, 프랑크푸르트의 '지리와 통계 연구회' 앞에서 이루어졌다. 이 강의 중에서 두 번째 강의가 국제적인 논쟁을 불러일으켰다.[188] 물론 첫 번째 강의도 대단히 충격적인 강의였다. 그래서 주된 내용은 처음 두 강의에 다 들어있다고 보아도 무방하다.

그는 첫째 강의를 시작하면서 여러 나라들이 앗수르와 바벨론 지역의 고고

---

187) Klaus Johanning은 1904년 10월 말과 11월 초라고 한다: Klaus Johanning, *Der Bibel-Babel-Streit: Eine forschungeschichltliche Studie*, Fankfurt am Mein: Peter Lang, 1988, 53.

188) Bill T. Arnold & David B. Weisberg, A Centennial review of Fridrich Delitzsch' s "Babel und Bibel" Lectrures, *JBL*, 121/3, 2002, 141.

학적 발굴에 열을 올리는 이유는 성경 때문이라고 했다: "왜 이렇게 멀고 황량하고 위험한 나라에서 이런 수고를 해야 하나? 왜 금이나 은도 발견되지 않는 지하수에 이르는 수천 년 된 토성을 발굴하려고 이렇게 많은 경비를 들이는가? 왜 발굴을 위해서 가능한 더 많은 구릉지를 확보하려고 국가 간에 경쟁을 하는가? 그리고 다른 한편으로 아시리아와 바벨론의 발굴을 위해서 대양의 이쪽과 저쪽 간에 주어진, 계속 증가하는 집요한 관심이 어디서 나오는가? 이 두 질문에 대한 답은 하나다. 물론 완전하지는 않지만 상당한 부분에 있어서 그 이유와 목적은 바로 성경이다."[189)]

델리취는 첫 강연에서 50개의 사진을 제시하면서 구약의 종교와 관습이 바벨론에서 비롯된 것임을 증명하려고 했다. 그래서 구약의 기원과 그 의미를 제대로 이해하기 위해서는 구약의 종교와 불가분의 관계에 있는 바빌로니아와 아시리아의 고고학적 발굴의 결과를 알아야 한다고 역설했다. 그리고는 구약의 내용이 결코 초자연적인 계시가 아니라 주변 문화의 산물로서 가장 늦은 것으로서 겨우 주전 550년에 와서야 근동의 역사적 자료가 될 수 있었다고 했다.[190)]

그는 먼저 고고학적 자료에 근거하여 바빌로니아 역사의 유구함과 위대성을 열거하고, 무역과 상업, 목축과 농업, 기하학과 수학 무엇보다도 천문학과 같은 과학이 발달했음을 역설했다. 그리고 바벨론은 문화와 과학 그리고 문학의 중심이고 근동의 '두뇌' 라고 했다.[191)] 이런 바빌로니아 문화는 가나안의 영향력이 있는 도시들과 애굽을 지배했고 예루살렘도 예외가 아니라고 했다. 그것은 텔 엘 아마르나 서신을 통하여 가나안 도시들도 이스라엘이 가나안 땅을 점령하기 이전에 바빌로니아 언어를 외교 공용어로 사용했다고 보기 때문이다. 특별히 그는 아간이 여리고 성에서 취한 바빌로니아 산 외투(수 7:21)를 언

189) Fridrich Delitzsch, *Babel und Bibel: Ein Vortrag*, Leipzig: Hinrichs, 1902, 3.

190) Delitzsch, *Babel und Bibel*, 5.

191) "그러나 바벨론은 이미 3천년기 말부터 문화와 학문과 문학의 이러한 초점이자 근동의 '두뇌' 였고 모든 것을 지배하는 세력이었다." Delitzsch, *Babel und Bibel*, 27.

급하면서 바빌로니아와 상업적 교류가 있었음을 지적했다.[192] 그 외에도 법률과 관습, 화폐, 도량형, 법전의 외형까지도 바빌로니아의 영향을 받았다고 한다.

그는 구약의 제사 제도와 제사장 제도도 바벨론의 영향으로 이루어지고 또 이스라엘의 중요한 전통인 안식일의 기원도 바빌로니아 문헌에서 찾았다. 바빌로니아의 안식일(*šabattu*)은 신들을 달래기 위해서 제정된 것이다.[193] 또 노아의 홍수에 대해서는 길가메쉬 서사시를 홍수 이야기의 근원으로 본다.[194] 바빌로니아 사람들은 자신들의 역사를 홍수 이전과 홍수 이후로 나눈다. 특별히 바벨론은 홍수의 땅이라는 의미가 있다는 것이다. 길가메시 서사시는 주전 2000년경부터 기록된 형태로 존재하던 것으로서 주변 아르메니아와 메디아의 산악지역까지 널리 알려졌다. 델리취는 과학적인 견지에서 아스트뤽이 주장하듯이 오경이 다양한 원전으로 이루어졌다는 사실은 너무도 분명하다고 하면서 구미 사람들은 여기에 대해서 눈을 감고 있다고 했다.[195]

그는 구약의 창조기사를 바빌로니아의 창조신화와 비교했다. 처음부터 나타나는 어둠과 혼돈, 티아맛이라고 하는 원시바다가 같다는 것이다. 빛의 신인 마르둑이 티아맛의 몸을 반으로 잘라 하나는 하늘로, 다른 하나는 땅으로 만들었다. 하늘은 해와 달, 별로 덮고, 땅은 식물과 동물로, 그리고 결국 신의 피를 섞은 진흙으로 한 쌍의 인간을 만들었다는 것이다. 여기서 구약의 시인들과 선지자들이 마르둑의 영웅적인 행위를 야웨에게 바로 옮겨갔다고 한다.[196] 구약에서 제사장들이 창조 이야기에서 신화적인 요소는 제거했으나 성경의 여러 곳에서 그런 요소가 나타난다고 한다(시 74:13f.; cf. 89:10; 사 51:9; 욥 26:12).[197]

---

192) Delitzsch, *Babel und Bibel*, 28.

193) "그러나 바벨론 사람들은 안식일이 있어서 제사력과 절기력에다 한 달의 7, 14, 21, 28일을 새겨놓고 그날에 아무 일도 해서는 안되었다." Delitzsch, *Babel und Bibel*, 28-29.

194) "이 전체 이야기가 그것이 기록된 그대로 가나안으로 갔다." Delitzsch, *Babel und Bibel*, 31.

195) Delitzsch, *Babel und Bibel*, 32.

196) Delitzsch, *Babel und Bibel*, 33.

197) Delitzsch, *Babel und Bibel*, 34.

또한 이웃 사랑에 대한 명령에서도 구약의 독특성이 없다고 한다. 이것은 인간사회의 자기 보존의 근본적인 요구로서 바빌로니아 인들에게도 있다는 것이다.[198]

델리취는 기독교 신앙과 신학에 가장 중요한 교리를 형성하는 원죄의 사건인 인류의 최초 타락에 관한 기사에도 분명히 바빌로니아의 윤곽이 있다고 지적했다. 그는 타락과 관련이 있어 보이는 오래된 바빌로니아 원통인장을 제시했다. 거기에는 가운데 과일이 맺힌 나무가 있고, 양쪽으로 오른 쪽에 힘을 상징하는 뿔을 단 남자가 앉아 있고, 왼쪽에는 열매에 손을 뻗는 여자가 앉아 있다. 그 여자 뒤에는 뱀이 묘사되었다. 그는 "이 고대 바빌로니아의 형상과 성경의 타락 이야기 간에 아무런 관련이 없는가?"라고 수사적으로 물었다.[199]

하나님이 사자를 보내는 개념도 근본적으로 바빌로니아에서 온 것이라고 한다. 애굽 사람들은 여기에 대한 지식이 없었고 그룹과 스랍과 경계하는 천사들도 바빌로니아로 소급해 간다고 한다. 천사는 사람의 형상과 매서운 눈과 펼친 날개를 가진 독수리 형상, 또는 힘 있는 황소나 용맹한 사자의 모습을 하고서 신에게 접근하지 못하도록 경계한다. 이런 혼합체는 에스겔의 환상에 나타난 그룹과 유사하다고 한다. 또 그는 우리가 생각하는 천사의 모습은 아슈르나실팔의 궁전에서 나온 날개달린 천사 상에서 그 유사성을 찾을 수 있다고 한다.[200] 더욱 놀라운 것은 함무라비 시대의 것으로 여겨지는 세 토판에 '야웨'의 이름이 나온다는 것이다: '야웨는 신이다'(*Ia-ah-ve ilu, Ia-hum ilu*). 야웨는 영원히 변치 않는 존재로서 대대로 살아서 역사하는 분이다. 야웨는 천년 후 이스라엘 열두 지파가 따른 고대의 유업이 되었다.[201] 또한 태양신 십파르(Sippar)가 지성소에 앉아 있는 모습을 그린 부조와 그룹 위에 앉아서

---

198) "우리는 바벨론에도 5, 6, 7계명과 꼭 같은 배열에서 인간의 자기 보존에 대한 이 근본적인 요구를 읽을 수 있다." Delitzsch, *Babel und Bibel*, 35.

199) Delitzsch, *Babel und Bibel*, 37.

200) Delitzsch, *Babel und Bibel*, 41-43.

201) Delitzsch, *Babel und Bibel*, 47.

배를 타고 물을 건너는 인간 형상의 신을 묘사한 원통인장도 제시했다. 이런 것이 열두 유목민 지파들을 하나로 묶은 야웨 신앙에서 하나님이 의인화(anthropomorphischen Anschauungen)되어 표현되는 이유가 된다고 본다.[202]

두 번째 강의에서 델리취는 스무 개의 그림 자료를 사용하여 구약의 사건과 종교와 문헌을 설명했다.

그는 살만에셀 3세의 공적비와 아슈르바니팔의 십각형으로 된 점토 프리즘을 소개하면서 아시리아에게 조공을 바치는 이스라엘의 종속된 위치를 설명하고 제국으로서 속국에 미치는 영향을 역설했다.[203] 이것은 지속적으로 공격을 받아온 구약의 본문을 명확하게 밝히는 것이라고 했다. 또한 히브리어 들소(*re´ēm*)가 구약에 많이 언급되었는데(시 22:22; 29:6; 욥 39:9; 신 33:17) 이것은 팔레스타인에서 볼 수 없고 바벨론의 이쉬타르 문에 장식된 고고학적 발굴물로 제시했다.[204]

델리취는 다니엘서에 나오는 느부갓네살의 만년에 관한 이야기(단 4:29-37)는 아비데누스(Abydenus)에 보존된 갈대아 전설에서 그 원래의 형태가 나타난다고 했다.[205] 그는 숫자 7과 3이 지니는 신성한 의미(렘 22:29; 사 6:3)는 바빌로니아의 제의에도 나타나며, 거기서는 침을 뱉는 것이 마술적인 능력이 있는 것으로 생각되었다(막 7:33). 그는 '바벨'과 '비벨'에서 모든 것이 유사하다고 말하면서 상징적 행위에 의한 언어와 사상까지도 같다고 했다.[206] 델리

202) Delitzsch, *Babel und Bibel*, 50.

203) F. Delitzsch, *Babel und Bibel: Zweiter Vortrag*, Stuttgart: Deutsche Verlags-Anstalt, 1903, 5-7.

204) Delitzsch, *Babel und Bibel: Zweiter Vortrag*, 11.

205) 이 전설에는 느부갓네살이 그의 권력이 정상에 달해서 왕궁의 지붕에 올라가서 한 신의 영감을 받았다고 한다: "나 느부갓네살이 너희에게 선언하노라. 재난이 올 것인데, 그것은 Bel이나 여왕 Beltis도 그 운명의 여신이 비켜가도록 설득하지 못할 것이다. 한 페르시아 사람(고레스)이 올 것이다. … 그가 너를 노예로 삼을 것이다. 시민들이 멸망하기 전에 그는 도시나 인적이 없고 맹수가 먹이를 찾고 새가 나는 사막에서 쫓겨 다닐 것이다. 산의 절벽과 계곡사이에서 그가 홀로 방황할 것이다. 그러나 나는 더 좋은 결말을 맞이하게 될 것이다." Delitzsch, *Babel und Bibel: Zweiter Vortrag*, 15.

206) Delitzsch, *Babel und Bibel: Zweiter Vortrag*, 17-18.

취는 바빌로니아의 선지자들도 그들의 신의 계시를 받았다고 하면서 구약의 계시성을 부인한다. 그러면서 학문적으로 훈련된 신학자들이라면 카톨릭이나 개신교를 막론하고 축자영감 교리를 부인했다고 한다. 그는 모세가 야웨께 율법을 받은 것이나 함무라비가 샤마쉬에게서 계시를 받는 것에는 차이가 없다고 말했다.[207] 이스라엘 시민법에 나타나는 동해 보복법(*lex talionis*)도 마찬가지로 보았다.

구약의 모든 부분에 걸쳐서 이스라엘 외적인 것이 스며있는데도 이스라엘 종교를 윤리적인 유일신으로 제시하는 것은 그들의 교의(dogma) 때문이라고 한다. 델리취는 구약의 상대적인 가치만 인정한다.[208]

마지막으로 그는 자신의 작업을 종교개혁과 비교하면서 종교개혁은 단지 진리라는 목표로 가는 길의 무대에 지나지 않는다고 한다. 그렇지만 그 목표에 도달하기 위해서는 우리가 모든 자유로운 과학적 연구를 동원하여, 기쁨으로 종교적 발전의 해결을 위해 헌신할 목적으로 고백하면서 겸손하게 노력해야 한다고 했다.[209]

이와같이 구약의 역사적 사실에 관심을 두지 않는 전승사 비평은 양식사, 양식비평, 편집비평과 밀접한 관련이 있고, 문학적, 종교사적, 문화적, 인류학적, 사회학적 문헌과 관련된 다양한 비평을 포함한다. 이렇게 궁켈에서부터 시작한 전승사적 방법이 구약학계에 널리 수용되어 학자들과 학파 간에 다소 그 개념과 강조점의 차이는 있으나 이스라엘 종교의 계시의 특수성을 고려하지 않은 채 전승에 대한 일반적인 이해는 대체로 공유하고 있는 실정이다.

---

207) "이른바 야웨와 이스라엘 간의 언약체결이라는 시내산 율법수여와 마찬가지다. 이스라엘 율법의 순전히 인간적인 기원이 충분히 명백해진다!" Delitzsch, *Babel und Bibel: Zweiter Vortrag*, 26.

208) "내가 가진 신념은 구약성경이 비록 '계시된' 혹은 '계시'의 영에 의해서 널리 알려진 문헌이라는 특징은 상실하지만 여전히 대단한 중요성을 유지하는데, 특히 우리 시대에 이르기까지 방대한 종교적, 역사적 과정을 담은 유일한 기념비로서 중요성을 지닌다는 것이다." Delitzsch, *Babel und Bibel: Zweiter Vortrag*, 38-39.

209) Delitzsch, *Babel und Bibel: Zweiter Vortrag*, 40.

계몽주의 시대의 특징은 외부의 권위에 대한 반항정신을 지닌 인간의 이성이 권좌를 차지하는 것이다. 이 새로운 시대의 한 지류는 구약도 세속 문학에 일반적으로 적용된 것과 같은 원리를 가지고 연구해야 한다는 것이다. 개혁신학의 관점에서는 성경의 역사는 그 목적이 다르기는 하지만 단순한 일반 역사가의 기록보다 더 신빙성이 있다고 본다. 이런 성경 역사의 역동적인 성격이 역사 자체로부터 케리그마나 고백을 분리시키는 문제를 극복하도록 한다.

5. 현대문학비평

최근 40년간 구약 비평학계의 두드러진 변화는 과거의 역사 문헌 비평에 근거하여 본문을 자르고 나누는 작업에서 벗어나 현존의 본문을 하나의 단위로 보려는 시도가 현저하다는 것이다. 그것은 저자와 역사적 배경에 대한 관심이 본문 자체나 독자 중심으로 바뀌었다는 말이다. 이런 해석의 현상은 언어학과 일반 문학 이론의 영향을 받은 것이지만 지난 세기의 Gunkel의 전승사적 방법과도 밀접한 관계가 있다.[210]

신비평(New Criticism)

1920년대에 시작된 이 비평은 1960년 초부터 성경해석에 적용되었다. 이 방법론은 저자의 의도와 본문 외적인 평가에는 관심을 두지않고 본문의 자율성과 충족성을 강조하여 본문의 최종적 형태에 관심을 갖는다. 신비평의 임무는 구조나 글의 성격과 주제 같은 내적인 면을 연구하는 것이다. 그렇지만 그 구조는 단순한 형식이 아니고 내용의 본질로 본다. 본문의 최종적 형태를 강

210) 신득일, "Modern Literary Approaches to the Old Testment Interpretation and Assessment" 《고신신학》, 창간호 1999, 71-120.

조하는 사상은 차일즈의 정경론적 비평(Canonical Criticism)의 기초가 된다. 즉 말씀의 역사성에는 관심을 두지 않고, 교회가 권위를 부여한 정경의 현재적 의미를 중요시하는 것이다.

구조주의 비평(Structuralism)

구조주의는 소쉬르의 언어학에서 왔는데, 성경해석에 적용된 구조분석도 이 구조주의에서 발전한 것이다. 성경해석과 관련하여 구조주의의 장점은 본문의 최종 형태를 전체로 보는 것이고, 성경 본문의 문학적 틀을 설명하는 것이다. 그러나 구조주의는 성경의 영감성을 설명하지 못하고, 발견한 구조가 저자가 의도한 것과 맞는지 알 수 없고, 너무나 주관적이라는 점이다. 사실 같은 본문을 두고 학파마다 구조가 다르게 나타난다. 어떤 경우는 수학공식과 같은 구조를 나타내는데 그것은 혼란스럽기만 하지 해석에 별 도움을 주지 못할 때도 있다. 구조주의자는 결정적으로 본문이 역사적인 사실을 지시하는 기능을 제한하고 있다. 결국 구조분석 자체는 주석이나 해석이 아니고 해석 이전의 단계인 분석일 따름이다.

수사비평(Rhetorical Criticism)

이 비평은 양식비평의 한계를 극복하려는 의도에서 비롯되었다. 이 방법론의 목적은 저자의 사상이 어떻게 문학의 한 단계에서 다음 단계로 전개되는가를 연구함으로써 저자의 의도를 드러내는데 있다. 구약에 적용된 수사비평은 고대 이스라엘에서 사용된 문학적 틀을 알아내어 구약본문의 특정한 단위에 나타난 특별한 예술적 문학을 발견하고 분석하도록 한다. 다른 문학비평과 같이 이 방법론도 본문의 의미와 내용보다는 방법에 치중하는 것이다.

내러티브 비평(Narrative Criticism)

이 문학적 방법론은 문학 작품이 독자들에게 미치는 효과와 그 이유를 분석하고 설명하는 데서 수사비평과 비슷하지만 실제 독자와는 다른 상상에 의해 설정된 내재된 독자의 관점에서 본문을 해석하는 데서 차이가 있다. 그래서 이 비평도 실제 독자의 역사적 상황을 아는 데는 관심이 없다. 구약해석에 이 방법이 적용될 때 성경 본문은 하나의 드라마와 같은 구성을 가진 것으로 보고 하나의 단위를 가진 이야기를 만들기 위해서 본문을 여기저기서 선택해서 재배열하는 일이 종종 있다.

이 과정은 전승사와 맥을 같이 하고, 문헌비평같이 본문을 나누는 일을 서슴지 않는다. 이 방법은 나레이터를 모든 사실을 알고 있는 사람으로 생각하는데 성경의 권위를 인정하는 입장에서 그는 성령에 영감된 저자와 같은 것이다. 내라티브 비평은 복잡하지만 다른 문학비평보다 장점이 많다고 볼 수 있는데 성경 이야기를 영감된 것으로 본다면 해석에 도움을 줄 수 있을 것이다.

독자중심해석
(Reader-centred Interpretation, Reader Response)

이 방법론은 해석에서 독자의 능동적인 역할을 강조하는 것이다. 본문은 모든 시대의 독자들의 필요를 충족시켜주어야 한다는 점에서 의미가 있는 방법론이다. 하지만 여러 부분에서 해석과 적용을 혼동하고 있다. 이 방법론의 주된 문제점은 독자가 저자의 의도와는 관계없이 본문의 의미를 창조해낼 위험이 있다는 것이다(*eisgesis*). 해방신학, 민중신학, 여성신학, 흑인신학, 선교적 관점에 따른 해석 등 포스트모더니즘의 대부분의 해석이 여기에 속한다.

결론적으로 성경의 여러 문학적 유형은 다양한 문학적 접근 방법을 필요로 한다. 그렇지만 여기서 소개한 문학비평이 과거의 해석법을 대치한다고 볼 수는 없다. 역사적이고 신학적 방법과 함께 문헌학적 방법의 일부로 보아야 할 것이다. 사실 문학적인 방법은 비역사적이기 때문에 성경의 역사성과 조화될 수 없다. 문학적 접근 방식이 아무리 중요하다고 해도 문제점은 너무 자주 내용보다는 형식에 치중하는 것이다. 문학적 유형은 목적을 위한 수단이지 목적 그 자체는 아니다. 그래서 이 방법론은 구약해석에서 부차적인 역할을 할 수밖에 없다.

제 2 부

구약정경본문과 배경

01 구약정경 본문전승과 비평

1. 본문비평의 필요성

구약의 원본이 존재하지 않기 때문에 구약본문을 주석하는데 선행되어야 할 작업은 본문을 확정하는 일이다. 그래서 구약 주석가는 다양한 구약사본과 역본의 역사와 전승 그리고 그 본문의 특징을 비교, 분석하고 평가하는 작업인 본문비평을 통하여 처음에 존재한 원본에 가까운 본문을 구축해야만 정당한 성경해석을 시도할 수 있을 것이다. 이 본문비평은 원문의 기원과 저자, 문헌의 성격, 편집과정과 시기 등을 다루는 '고등비평' 에 대조되는 개념으로 사용한 '하등비평' (lower criticism)과 같은 것이다.

먼저 마소라 본문(𝔐)을 중심으로 본문 전승과정에서 나타나는 구약사본의 문제점을 다음과 같이 몇 가지 예를 들어 본문비평의 필요성을 부각시키고자 한다.[1)]

철자혼동(confusion of similar letters)

히브리어 철자의 유사한 모양이 이런 혼동을 가져오는 것은 어떻게 보면 자연스러운 오류라고 할 수 있다. 이것은 가장 흔한 오류인데 철자 자체의 혼동도 있지만 필사할 당시 발음상의 혼동도 있다.

① ב와 כ

• 열왕기상 22:20, וַיֹּאמֶר זֶה בְּכֹה וְזֶה אֹמֵר בְּכֹה׃

역대하 18:19, וַיֹּאמֶר זֶה אֹמֵר כָּכָה וְזֶה אֹמֵר כָּכָה׃

"하나는 이렇게 말하고 다른 사람은 저렇게 말했다."

이 두 구절은 전치사를 각각 다르게 사용하지만 그 의미는 유사하다.

• 열왕기하 3:24, 커티브($\mathfrak{M}^{K}$), וַיָּבוֹ בָהּ וְהַכּוֹת אֶת־מוֹאָב

그들이 거기에 들어가서 모압 사람들을 공격했다.

커레이($\mathfrak{M}^{Q}$), וַיָּכוֹ בָהּ וְהַכּוֹת אֶת־מוֹאָב

그들이 그것을 쳐서 모압 사람들을 공격했다.

② ד과 ר

• 창세기 22:13, וְהִנֵּה־אַיִל אַחַר נֶאֱחַז בַּסְּבַךְ

보라, 한 수양이 *뒤에* 수풀에 걸려 있다.

사마리아오경($\mathfrak{w}$), וְהִנֵּה־אַיִל אַחַד נֶאֱחַז בַּסְּבַךְ

보라, *한 마리*의 수양이 수풀에 걸려 있다.

여기서는 이 번역이 훨씬 타당하고 넓게 받아들여진다.[2]

---

1) 더 많은 실례는 구약본문비평에 관한 책에서 찾아 볼 수 있다: Emanuel Tov, *Textual Criticism of the Hebrew Bible*, Assen/Maastricht: Van Gorcum, 1992, 236-285(이 책의 특징은 본문비평에 대한 세밀한 지침과 함께 문제가 되는 많은 본문을 취급할 뿐만 아니라 대안을 제시하고 있다). Ernst Würthein, The Text of the Old Testament, Grand Rapids, Michigan: Eerdmans, 1995, 107-112(이 책은 고대사본과 자료를 소개할 때 독자의 이해를 돕기 위해서 그 자료의 사진을 제시하며 상세히 설명하는 특징이 있다).

• 사사기 18:28, כִּי־רְחוֹקָה־הִיא מִצִּידוֹן וְדָבָר אֵין־לָהֶם עִם־אָדָם
시돈과는 거리가 멀고 어떤 사람과도 관계를 갖지 않는다.

여기서 마소라 본문은 의미전달이 잘 되지 않는다. 그래서 אָדָם을 אֲרָם으로 수정하는 것이 훨씬 자연스럽고 이해가 잘 된다: "시돈과는 거리가 멀고 아람사람과는 아무런 관계를 갖지 않는다." 칠십인 역(𝔊)도 그렇게 이해했다(*Suria*).[3]

③ ה와 ח

• 잠언 20:21, 𝔐 K מְבֻחֶלֶת(경멸을 받는 자)
𝔐 Q מְבֹהֶלֶת(급히 얻는 자)

마소라 본문의 מְבֻחֶלֶת는 전혀 의미전달이 안된다. 그래서 커레이에서 מְבֹהֶלֶת로 고쳐서 읽도록 권했다.

• 이사야 30:33, תָּפְתֶּה(토펫, 화장하는 연료 또는 장소, a burning place, ESV)

쿰란사본(1QIsa), תפתח

마소라 보다 이른 사해사본이 가진 표기는 이해할 수 없는 것이다. 필사자는 그 단어를 פתח로 이해하거나 발음상의 이유로 오류가 생긴 것으로 볼 수 있다.

④ ה와 ת

• 사사기 7:8, וַיִּקְחוּ אֶת־צֵדָה הָעָם(백성이 양식을 취했다)

• 칠십인 역(𝔊)은 אֶת־צֵדָה הָעָם을 אֶת־צֵדַת הָעָם으로 이해해서 연계형으로 번역했다:

"그들이 백성의 양식을 취했다." 이 수정이 내용상 타당해 보인다. 이 말은

2) Cf. G. J. Wenham, *Genesis* 16-50, WBC2, Dallas: Word, Incorporated, 2002, 98.
3) Cf. D. I. Block, *Judges, Ruth*, NAC6, Nashville: Broadman & Holman Publishers, 1999, 510.

마소라 본문의 필사가 ת를 ה로 잘못 봤다는 것이다. NIV도 이 역본을 따랐다.

⑤ א과 ע

• 열왕기상 1:18, וְעַתָּה אֲדֹנִי הַמֶּלֶךְ לֹא יָדָעְתָּ

그리고 이제 내 주 왕 당신은 알지 못했습니다.

이 본문의 **עַתָּה** 같은 절 바로 앞 문장에서 한 번 쓰였기 때문에 실수한 오류로 보인다. 칠십인 역은 이것을 **אַתָּה**로 이해하고 '당신' (*su*)으로 번역했다. 그래서 이 단어가 그 문장의 주어 역할을 해주는 것이 타당해 보인다: "내 주 왕 당신은 모르고 계십니다."[4)]

⑥ ע과 צ

• 열왕기하 20:4, 𝔐 K הָעִיר (도시, 성읍)

𝔐 Q הָצֵר (궁전, 마을)

"이사야가 성읍 가운데까지 이르지 않았다"는 본문은 어색해 보인다. 그래서 커레이를 따라서 본문을 수정하는 것이 바람직하다.[5)]

단어 누락(random omissions)

사본을 필사하는 과정에서 전혀 의도성이 없었지만 실수로 글자나 단어를 빠뜨리는 경우가 있다. 그래서 대부분의 번역본이 권위가 있다고 생각되는 사본을 따라 번역했다. 물론 여기에는 '유사어두' (homoioarchton)나 '유사어미' (homoioteleuton) 때문에 구절이 누락되는 경우도 있다.

① 창세기 4:8

•𝔐: וַיֹּאמֶר קַיִן אֶל־הֶבֶל אָחִיו .... וַיְהִי בִּהְיוֹתָם בַּשָּׂדֶה:

4) S. J. DeVries, *1 Kings*, WBC12, Dallas: Word, Inc., 2003, 5.

5) T. R. Hobbs, *2 Kings*, WBC13, Dallas: Word, Incorporated, 1985, 285.

직역: 가인이 그의 형제 아벨에게 말했다. 그리고 그들이 들에 있을 때,

- KJV: And Cain talked with Abel his brother: and it came to pass, when they were in the field,
- NIV: Now Cain said to his brother Abel, "Let' s go out to the field." And while they were in the field,
- 개역: 가인이 그 아우 아벨에게 고하니라 그후 그들이 들에 있을 때에
- 개역개정: 가인이 그의 아우 아벨에게 말하고 그들이 들에 있을 때에 가인이 그의 아우 아벨을 쳐죽이니라(고대 역본들에 의하면 '우리가 들로 나가자' 가 있음).

이 본문에는 앞 절과 뒷 절 사이에 대화의 내용이 빠져 있다. 그래서 번역마다 기준이 다르다. KJV와 한글개역은 내용이 좀 어색하더라도 문자적으로 번역했고, NIV는 '우리가 들로 나가자' 는 문구를 삽입해서 문장을 매끄럽게 만들었다. 개역개정판은 그 문구를 참고로 첨가했다. 이 문구는 사마리아 오경(⅏)에 있는 것이다.[6]

② 사무엘상 13:1

- 𝔐: בֶּן־שָׁנָה שָׁאוּל בְּמָלְכוֹ וּשְׁתֵּי שָׁנִים מָלַךְ עַל־יִשְׂרָאֵל׃

문자적 번역: 사울은 그가 통치할 때 한 살이었다. 그리고 그는 이스라엘을 이 년 통치했다.

- *NIV*: Saul was *thirty years* old when he became king, and he reigned over Israel *forty-two* years.
- *KJV*: Saul reigned *one year* and when he had reigned *two years* over Israel.
- *NASB*: Saul was thirty years old when he began to reign, and he reigned *forty two* years over Israel.

---

6) Tov, *Textual Criticism of the Hebrew Bible*, 236-237.

- *NEB*: Saul was *fifty years* old when he became king, and the reigned over Israel for *twenty-two* years.
- *NRSV*: Saul was … years old when he began to reign; and he reigned … and *two years* over Israel.
- 개역개정: 사울이 왕이 될 때에 사십 세라 그가 이스라엘을 다스린지 이 년에.

히브리어 본문에서 숫자가 빠져서 정확한 나이와 통치기간을 제대로 번역하기가 어렵다. 여러 번역에서 보는 바와 같이 사울의 나이와 관련된 번역이 각기 다르다. 그렇지만 문자적으로 번역한 *NRSV*(*New Revised Standard Verision*)는 도무지 의미가 통하지 않는다. 칠십인 역은 이 절 전체를 빠뜨렸다. 그러나 칠십인 역 루키안 사본(𝕲[L])에는 삼십 세로 되어있다. 영어성경 *NIV*는 이 사본을 따른 것이다.

③ 여호수아 21:35-38

- 𝔐: וְאֶת־מִגְרָשֶׁהָ עָרִים אַרְבַּע׃ 36 וּמִמַּטֵּה רְאוּבֵן…
  37 אֶת־קְדֵמוֹת… וְאֶת־מִגְרָשֶׁהָ עָרִים אַרְבַּע׃ 38 וּמִמַּטֵּה־גָד
- 직역: 그 들을 네 성읍과 함께 36 그리고 르우벤 지파로부터 …
  37 *그데못* … 그 들을 네 성읍과 함께
  38 *그리고 갓 지파로부터*…

𝔙 (Vulgata): 35 et Damna et Nalol civitates quattuor cum suburbanis suis
37 et de tribu Gad civitates confugii Ramoth in Galaad et Manaim et Esebon et Iazer civitates quattuor cum suburbanis suis

7) Tov, *Textual Criticism of the Hebrew Bible*, 238.

이 본문은 ‘w^{e}'ēṯ’ 시작하는 ‘유사어두’ (homoioarchton) 때문에 혼동이 되어서 36절 전부와 37절 일부를 빠뜨린 예다. 이것은 히브리 사본과 라틴어 역본뿐만 아니라 탈굼(𝔗)가운데도 36–37절이 빠진 것이 있다.[7]

④ 이사야 4:5, 6

עָנָן ׀ יוֹמָם *וְעָשָׁן וְנֹגַהּ אֵשׁ לֶהָבָה לָיְלָה כִּי עַל־כָּל־כָּבוֹד חֻפָּה׃* 𝔐:
וְסֻכָּה תִּהְיֶה לְצֵל־יוֹמָם מֵחֹרֶב

이 본문에서 이텔릭체로 된 부분은 마소라 본문보다 더 오래된 쿰란문서 이사야 사본(1QIs^{a})에는 누락되었다. 이것은 ‘유사어미’ (homoioteleuton)로 인하여 혼동을 일으킨 경우로 볼 수 있다.[8] 이 본문은 마소라 본문에 문제가 있는 것은 아니고 필사상의 오류가 이렇게도 나타난다는 것을 예증하기 위함이다.

중복기록(dittography)

필사자의 실수 중의 하나로서 한 글자나 단어 혹은 한 어구 전체를 의미없이 반복해서 기록한 것을 말한다. 이것은 표현을 장황하게 하는 이중어(doublets)와는 다른 것이다.

① 민수기 10:33, דֶּרֶךְ שְׁלֹשֶׁת יָמִים

‘사흘 길’ 이란 말이 같은 절에서 두 번 기록되었다. 이것은 별 의미 없는 말로서 중복기록으로 보인다. 그러나 이것을 중복기사로 여기지 않고 밀그롬(Milgrom)과 같이 억지로 ‘그 사흘 여행에서’ 로 번역하는 것은 ‘그’ 에 해당되는 한정사도 없고 문맥도 더 어색해 보인다.[9]

---

8) Ernst Würthein, *The Text of the Old Testament*, Grand Rapids, Michigan: Eerdmans, 1995, 109.

9) J. Milgrom, *Numbers*, JPS, Philadelphia: Jewish Publication Society, 1990, 80.

② 사무엘하 6:3, 4, חֲדָשָׁה וַיִּשָּׂאֻהוּ מִבֵּית אֲבִינָדָב אֲשֶׁר בַּגִּבְעָה
그들이 그것을 새 … 언덕에 있는 아비나답의 집에서 나오는데

이 여섯 단어가 이 절에서 두 번 기록되었다. 내용상 반복할 필요가 없는 부분이다. 그리고 같은 내용을 언급하는 역대상 13:7과 칠십인 역 그리고 사해사본(4QSam[a])에는 빠져 있다.

단어교체

단어가 교체되는 것은 의도적인 것도 있고 우발적인 실수도 있을 것이다. 물론 부지중에 한 실수는 엄격히 말해서 단어를 교체했다고 볼 수 없고 결과적으로 교체되었다고 말해야 할 것이다. 의도적인 것은 신학적인 이유일 때가 많다.

① 예레미야 27:1, בְּרֵאשִׁית מַמְלֶכֶת *יְהוֹיָקִם* בֶּן־יֹאושִׁיָּהוּ מֶלֶךְ יְהוּדָה
유다 왕 요시야의 아들 *여호야김*의 통치 초기에

이 본문에서 '여호야김' 이란 말은 '시드기야' 로 바뀌어야 한다. 여호야김은 상황에 맞지 않다. 몇몇 사본과 시리아 역본 페쉬타(S)도 시드기야로 대체했다.[10)]

② 신명기 11:30, תָּקִימוּ אֶת־הָאֲבָנִים הָאֵלֶּה ... בְּהַר *עֵיבָל*
이 돌들을 *에발산*에 세울 것이라.

사마리아 오경(ƜƜ)에는 이 에발산을 '그리심' 산이라고 바꾸었다. 에발산을 사마리아 사람들이 신성하게 생각하는 그리심 산으로 대치했던 것이다. 이것은 신학적인 이유로 단어를 바꾼 것이다.[11)]

---

10) W.L. Holladay, & Hanson, P. D., *Jeremiah 2 : A commentary on the Book of the Prophet Jeremiah,* chapters 26-52, Hermeneia, Minneapolis: Fortress Press, 1989, 115.

11) Ellis R. Brotzman, *Old Testament Textual Criticism: A Practical Introduction*, Grand Rapids, Michigan: Baker Book House Company, 1994, 68.

③ 사무엘상 14:49; 사무엘하 2:8, יִשְׁוִי ; אִישׁ בֹּשֶׁת
역대상 8:33, אֶשְׁבָּעַל

사울의 넷째 아들의 원래 이름은 이스바알(바알의 사람)이었다. 그런데 그 이름에서 이교도적인 요소를 없애고 '이스위' 라고 했다. 이 말은 '여호와의 사람' 이란 뜻이다. 그리고 다르게는 '이스보셋' (수치스런 사람)이라고 했다.[12]

자위전환(metathesis)

자위전환은 두 글자의 위치가 바뀌는 것이다. 여기서는 동사 어간형 히트파엘과 같이 문법에 따른 정상적인 자위전환을 문제 삼는 것은 아니다. 필사자의 착시현상을 통해서 일어나는 오류가 있다는 것이다. 물론 말을 바꾸어도 부자연스럽긴 하지만 뜻이 통하는 경우도 있다.

① 사무엘하 23:12, וַיַּעַשׂ יְהוָה תְּשׁוּעָה גְדוֹלָה
역대하 11:14, וַיּוֹשַׁע יְהוָה תְּשׁוּעָה גְדוֹלָה

동사의 두 글자가 바뀌었다. 첫째 동사는 עשה로서 "야웨께서 큰 승리(구원)를 이루셨다"이고, 둘째 동사는 ישע로서 "야웨께서 큰 승리(구원)(로) 구원하셨다"로 각각 번역할 수 있다. 글자 순서가 바뀐 둘째 것은 내용은 이해할 수 있으나 목적어가 없어서 부자연스럽다.

② 열왕기상 7:45, 𝔐 [K] כָּל־הַכֵּלִים הָאֹהֶל(모든 그릇들, *그 성막*)
𝔐 [Q] כָּל־הַכֵּלִים האלה(*이* 모든 그릇들)

여기서는 마소라 본문을 도무지 이해할 수 없다. 그래서 필사자의 오류로 자위전환 현상이 일어난 것으로 보고 커레이에서 글자순서를 바로 잡아서 האלה로 읽으라고 했다.

12) Tov, *Textual Criticism of the Hebrew Bible*, 268.

띄어쓰기

우리가 볼 때는 띄어쓰기로 보이지만 이것은 문자분할을 잘못한 것을 말한다. 물론 히브리어가 원래 띄어쓰기 규칙이 없었다는 것은 아니다.

여기서는 필사자가 앞 단어 끝에 붙여야 할 철자를 뒷단어 앞에 붙인다거나 그 반대의 경우를 말한다. 또 단어를 띄어야 하는데 붙이고, 붙여야 하는데 띄운 경우에 해당된다.

① 아모스 6:12, אִם־יַחֲרוֹשׁ בַּבְּקָרִים (소가 거기 밭갈겠느냐?)
수정안, אִם־יַחֲרוֹשׁ בַּבָּקָר יָם (사람이 소로 바다를 갈수 있겠느냐?)
마소라 본문은 억지로 번역한 것이다. 이것은 ים을 접미사로 보고 띄어 쓰지 않았기 때문에 나타난 오류로 본다.[13]

② 예레미야 2:21, סוּרֵי הַגֶּפֶן
수정안, סוֹרִיָּה גֶּפֶן (썩은 넝쿨)[14]
욥기 38:12, יִדַּעְתָּה שַּׁחַר מְקֹמוֹ
수정안, יִדַּעְתָּ הַשַּׁחַר מְקֹמוֹ
(네가 그 새벽으로 그의 장소를 알게 하겠느냐?)

13) S.M. Paul, & F.M. Cross, *Amos : A commentary on the book of Amos*, Hermeneia, Minneapolis: Fortress Press, 1991, 218.

14) L, Koehler & Baumgartner, *The Hebrew and Aramaic Lexicon of the Old Testament (HALOT)* Leiden; New York: E.J. Brill, 1999, 749.

2. 구약정경의 본문전승

사해사본 이전의 본문전승(주전 300년까지)[15)]

사해사본이 발견되기 전에는 본문전승에 대한 직접적인 증거는 없다. 그러나 이 시기가 구약분문전승에 중요하기 때문에 전승의 특징을 유추할 필요가 있다.

언어

히브리어는 원래 처음부터 동질성을 가진 체계가 아니라 그 형태가 '혼성어' (Mischsprach)였을 것으로 생각한다.[16)] 왜냐하면 셈어라고 하는 커다란 언어군 가운데서도 고대 가나안 언어의 공통적인 특징을 가지고 있기 때문이다. 히브리의 기원은 수수께끼로 남아 있다. 그리고 아마 아람어와 다른 가나안 언어와 섞여서 쓰였을 가능성은 있지만 히브리 민족이 하나의 집단으로 형성되면서 그 공동체 안에서 언어가 독자적으로 발전한 것으로 보는 것이 자연스러울 것이다. 그래서 이스라엘 민족이 그 전에도 히브리어를 썼겠지만 독자적인 언어는 가나안 땅에 정착하면서부터 시작되었을 것으로 본다. 셈어 비교문법 연구를 통해서 볼 때 시기적으로 아마르나 시대(주전 1350년경) 이전에 히브리어 문법의 개정이 있었을 것이다.[17)] 왜냐하면 그 이후의 히브리어는 구약의 히브리어가 표준이 되기 때문이다. 물론 그 후 계속되는 문법의 수정이 있었지만 이것은 이스라엘 백성들의 통념에 따른 것이기 때문에 구약성경 내용

---

15) 이 구분은 Brotzman의 분류에 따른 것이다. EllisR Brotzman, *Old Testament Textual Criticism*, 37-62.

16) Hans Bauer and Pontus Leander, *Historische Grammatik der Hebräischen Sprache des Alten Testamentes*, Hildesheim: Georg Olms, 1962, 19.

17) Bruce Waltke, The Textual Criticism of the Old Testament, in Frank E. Gaebelein, *The Expositoer's Bible Commentary* 1, Grand Rapids, Michigan: Zondervan Publishing House, 1979, 213.

의 변경은 없는 것으로 본다.

문자의 특징

다양한 증거에 비추어 볼 때 처음에 구약 책은 페니키아 문자(paleo–Hebrew)로 기록하고 베꼈다는 것을 알 수 있다. 이 문자는 히브리어뿐만 아니라 아람어와 모압어와 같은 여러 가나안어를 기록하는 데도 쓰였다. 구약의 경우는 사해문서 가운데도 고대 히브리어로 기록된 레위기 사본(11QpaleoLev)과[18] 제1동굴에서 발견된 하박국 주석에서[19] 하나님의 이름을 고대 히브리어로 쓴 것을 보면 알 수 있다. 고대 히브리어는 바벨론 포로귀한 이후 당시 국제 공용어였던 아람어 문자를 차용한 정방형 문자로 점차 대치되었다.[20] 이 두 문자는 글자형태상 쉽게 혼동할 가능성이 있기 때문에 구약본문의 필사오류를 일으킬 수밖에 없다(고대히브리어: 𐤁(*bet*), 𐤃(*dalet*), 𐤊(*kaf*), 𐤌(*mem*); 정방형 ;ר, ד, ;כ, ב;, ח, ה, צ, ע). 이 정방형 문자는 랍비히브리어나 사해사본에서도 계속 쓰였다.

책의 형태

구약에 목판 위에 선지자의 예언을 기록하도록 하는 내용이 나온다(사 30:8; 합 2:2). 그러나 이것은 짧은 내용을 기록하는데 쓰였을 것이다. 고대근동 지역에 널리 쓰였던 토판은 직선으로 된 쐐기문자를 기록하는 데는 용이하지만 굴곡이 있는 고대 히브리어를 쓰기에 적합하지는 않았을 것이다. 고고학적으

---

18) D. N. Freedman & K. A. Matthews, *The Paleo-Hebrew Leviticus Scroll* (11QpaleoLev), American Schools of Oriental Research 1985, 99-137.

19) John C. Trever (photo), *Scrolls from Qumran Cave I*: The great Isaiah scroll, the order of the community, the Pesher to Habakkuk, Jerusalem: Albright Institute of archaeological research 1972, 150-163.

20) B.K. Waltke & M.P. O'Conner, *An Introduction to Biblical Hebrew Syntax*, Winona Lake, Ind.: Eisenbrauns, 1990, 19.

로 글자가 새겨진 석판, 갑골 그리고 동판 같은 것도 발견되지만 구약본문은 두루마리로 전승된 것으로 본다. 이 두루마리는 파피루스와 가죽이었다. 파피루스는 이집트에서 삼천 년기에 이미 사용되었다. 팔레스타인에서도 손쉽게 만들어 사용했다. 이것은 약한 종이에 불과하지만 이집트나 팔레스타인과 같이 건조한 기후에서는 수천 년을 보존할 수 있었다.[21] 가죽도 글을 쓰는 재료로서 그 역사가 아주 오래되었다. 특별히 히브리인들은 정한 동물을 잡아야 하기 때문에 주로 양피지가 많이 쓰였을 것이다. 구약을 기록하는데 사용한 표준 크기를 이사야 전체를 기록한 사해사본에 비추어보면 26cm 폭에 길이가 7.34m이다. 이것은 이사야 본문 전체를 쓸 수 있는 크기이다. 오경을 이렇게 다섯 부분으로 나누어서 기록했을 것이고 사무엘과 열왕기, 역대기는 각각 하나의 두루마리에 기록될 수 있었다. 나중에 칠십인 역에서 각 권을 두 부분으로 나누었다. 왜냐하면 헬라어의 모음이 추가되어서 분량이 크게 늘어나기 때문이다.

독법

순전히 자음만으로 구성된 히브리어 성경을 읽기가 쉽지 않았을 것이다. 그런데 읽을 수 있도록 돕는 기능을 하는 것이 바로 모음문자(*matres lectionis*)이다. 모음문자는 주전 9세기에 아람어의 영향을 받아서 히브리어 정서법에 도입된 것이다. 처음에는 단어 끝에만 쓰이다가 나중에 중간음절까지 그 적용이 점차 확대되었다.[22] 이렇게 모음문자가 적용된 장모음 표기를 '완전철자법'이라고 하고 모음문자가 없는 것은 '불완전 철자법'이라고 한다. 물론 네 개밖에 안되는 모음문자는 모든 단어를 정확하게 발음할 수 있도록 하는 완벽한 체계를 제공하지는 못하지만 이것은 계속해서 본문에 적용되어 '마소라 대본'(proto-Masoretic Text)을 이어 사해사본에도 널리 사용되었다.

---

21) Würthwein, *The Text of the Old Testament*, 6.

22) Angel Sáenz-Badillos, *A History of the Hebrew Language*, Cambridge: Cambridge University Press, 1993, 66.

23) Brotzman, *Old Testament Textual Criticism*, 40f.

이 시기의 히브리어 본문전승에 대한 전통적 견해는 본문의 문자는 단어사이에 간격이나 분리기호가 없이 연속적으로 쓰였다고 추측하는 것이다. 이것은 본문 전승상 많은 오류를 시사한다. 그러나 이것은 신빙성이 없어 보인다. 고대 히브리어나 정방형 문자는 분명히 구분되었을 것이다. 특별히 히브리어와 같은 서북셈어에 속한 우가릿어가 수직 쐐기를 사용해서 단어를 분리한 것을 보면 더욱 그렇다.[23] 물론 이것은 설형문자에 속하지만 고대 히브리어에 해당하는 페니키아 문헌도 그것을 증거해준다. 현재까지 남아 있는 유물 가운데 가장 명확한 페니키아어 본문을 제시하는 것은 주전 9세기 중반의 모압 왕 메사의 석비이다. 그 석비를 보면 각 단어사이에 단어를 구분하는 점이 아주 선명하게 찍혀있는 것을 볼 수 있다. 히브리어도 같은 언어로서 그렇게 간주할 수 있을 것이다. 만일 전체 구약본문이 연속 철자법으로 기록했다면 본문상의 오류는 현재의 형태보다 훨씬 더 심각했을 것이다.

사해사본에서 무랍바아트 사본까지(주전 300-주후 135년)

이 시기는 사해사본(주전 3세기-주후 1세기)이 형성된 때이다. 사실 이 사본이 발견되기 전(1947년)에는 여러 사본 연구를 통한 유추와 전통에 근거한 추측을 할 수 밖에 없었다. 사해사본은 이 시기의 서기관의 활동을 직접 전해준다. 에스더를 제외한 구약의 모든 책이 부분적이기는 하지만 사해사본에서 발견되었다.

사해사본의 본문 계열은 복합적이다. 사본 중에는 마소라 본문에 가까운 것도 있고, 칠십인 역과 유사한 것도 있고, 또 사마리아 오경의 본문 전승과 비슷한 것도 있다. 그래서 이 시기의 히브리어 본문은 다양한 본문전승의 계열을 따라 존재했다고 볼 수 있다.

이 시기의 또 다른 히브리어 사본은 1955년 쿰란의 남쪽 와디 무랍바아트 근처에서 발견된 사본이다. 이 사본의 연대는 주후 135년으로 본다. 이 사본은 소선지서 부분이 적혀있는데 외형상으로 볼 때 사해사본보다 훨씬 필체의 일관성을 유지한다. 이 사본의 주된 특징은 후대에 마소라로 알려진 본문과 거의 완벽하게 일치한다는 것이다. 이 본문이 마소라 본문과 같다는 것은 2세기 초반에 이미 권위 있는 표준 본문이 존재했다는 것을 추측하게 된다. 학자들의 견해는 다양하지만 사해사본에 나타난 본문의 복합적인 성격은 이 단일성이 있고 권위 있는 본문에 의해서 대치되었을 것으로 본다.[24] 이 표준적 본문은 주후 135년 이전에 팔레스타인에서 받아들여진 것으로 본다. 물론 이 본문이 공인된 본문이 아니라 할지라도 그 당시에 있었던 다른 본문보다 선호했다고 볼 수 있을 것이다.

서기관과 마소라 학자의 활동시기(주후 135–1000년)

서기관의 활동시기(주후 135–500년)

서기관의 활동시기는 탈무드 시대와 대충 일치한다. 이 시기에 서기관들은 본문을 필사할 때 세심한 규정을 가지고 신중하게 필사한 것으로 유명하다.[25] 또한 본문을 절로 나누었는데 이 전승은 크게 바벨론과 팔레스타인 전통으로

---

24) Cf. E. J. Revell, Masoretic Text, *ABD* 4, 1990, 598; Ellis R. Brotzman, *Old Testament Textual Criticism*, 44; E. Würthwein, *The Text of the Old Testament*, 164.

25) "1. 정한 동물에서 만든 피지만 쓰고, 정한 동물에서 온 실로 봉합한다. 2. 기록된 두루마리의 각 난은 48 이상 60줄 이하라야 한다. 이때 넓이는 30자가 되어야 한다. 3. 글자보다 먼저 선을 그어야 한다. 4. 잉크는 특별 조제된 검은 색이어야 한다. 5. 어떤 낱말이나 글자도 기억해서 쓰면 안된다. 6. 자음사이에 머리카락만한 간격을 두고 단어사이에는 작은 모음의 간격을 둔다. 또 다른 띄어쓰기 규정도 있다. 7. 서기관은 두루마리에 필사를 시작하기 전에 전신을 씻고 유대인 정장을 입어야 한다. 8. 서기관은 새로 찍은 붓으로 '야웨' 라는 이름을 쓸 수 없고, 이 거룩한 이름을 쓰는 중에는 아무도 의식해서는 안된다. 왕조차도 안된다." 그 후에 나온 규정은 이렇다. "1. 정방형 히브리어 문자 이외에 오래된 히브리어 문자나 언어를 쓰면 안된다. 2. 문자는 금색으로 쓰면 안된다. 3. 사두개인, 밀고자, 개종자, 노예, 여자, 광인 혹은 미성년자가 쓴 두루마리는 회당에서 낭독용으로 사용할 수 없다. 4. 다음의 이름은 지워져서는 안된다: אל(*'ēl*), אד(*'aḏ*), אדני(*'aḏonāy*), יה(*yah*), יהוה(*yahweh*), שדי(*šadday*), צבות(*ṣᵉḇa'ōt*), אהיה אשר אהיה(*'ẹhye 'ăšẹr 'ẹhye*), 출 3:14). Paul D. Wegner, *The Journey from Texts to Translations*: The Origin and Development of the Bible, Grand Rapids, Michgan: Baker Books, 1999, 169f.

나누어진다. 이것은 현재 장절 구분과는 다른 것이다. 현재 형태의 장절 구분은 기독교 전통에 의한 것이다. 14세기부터 라틴어 역본에서 넘겨받았는데 그것은 랭턴(Stephan Langton, 1150?-1228년)에 의한 것이다. 서기관 활동 시기에 장절을 나누었던 자들은 당시 세 그룹(Sopherim, Tannaim, Amoraim)의 서기관 중 아모라임이었다.[26)]

본문을 단락으로 나누는 것은 시편을 제외한 모든 구약 책이 두 종류의 단락으로 나누어져 있다: 열린 것(petua)과 닫힌 것(setuma). 열린 것은 남은 여백을 두고 줄을 바꾸어 다음 줄을 시작하고, 닫힌 것은 짧은 자리를 띄어두고 행을 계속한다. 마소라 본문에서는 פ와 ס로 각각 표시한다.

본문의 제의적인 구분이 또한 이 시기에 이루어졌다. 여기서 또 바벨론과 팔레스타인 전통이 다른데, 팔레스타인에서는 3년에 한 번 율법을 낭독하는데 그러기 위해서 율법은 452 Sedarim(s)으로 나누어진다. 바벨론에서는 해마다 율법을 통독하는데 여기서는 율법을 54 Parashoth(parash)로 나눈다.[27)]

마지막 특징은 이교적인 표현을 변경시키는 것인데 원래 이스바알(바알의 사람, 대상 8:33)이란 이름을 거기에 상응하는 이름인 이스보셋(수치스런 사람, 삼하 2:8)으로 바꾸었다.

이 시기는 주된 변화는 독법과 본문이해와 제의적 용법을 돕기 위한 본문의 외적인 형태와 관계가 있다고 하겠다.

마소라 학자의 활동시기(주후 500-1000년)

마소라 학자의 활동시기의 시기는 유대인들에게 영향을 미쳤던 역사적인 요인들 때문에 여러 장소에서 이들의 활동이 전개되었다. 주후 2세기에 팔레스타인에 기독교가 우세해지자 대규모의 유대인 학자들이 바벨론으로 이주했다. 그래서 주후 3-10세기에는 바벨론에서 성경본문연구가 번창했다. 이때 두 종류의 바벨론 모음체계가 나왔는데 어느 것도 주류 유대인 본문학자들에

26) Wegner, *The Journey from Texts to Translations*, 170.

27) Brotzman, *Old Testament Textual Criticism*, 47-49.

의해서 인정받지는 못했다.

주후 638년 이슬람이 팔레스타인을 정복하자 유대인들은 갈릴리 서편에 있는 도시인 티베리아에서 본문작업을 이루었다. 이 티베리아의 마소라 학자들의 작업이 이전에 있었던 팔레스타인과 바벨론 모음체계를 능가하여 후대에 전수되고 있다. 사실상 19세기말 카이로의 Geniza(아람어 *g^enaz*, 숨기다, 하나님의 이름이 적혀 있는 사본을 오용하지 못하도록, 사용하지 않거나 틀리게 기록한 사본을 완전히 폐기시키던 창고)에서 자료가 발견되고 나서야 이 두 모음체계가 현대 학자들에게 알려졌다. 티베리아와 바벨론 본문전승의 상이점은 *BHS*에서 약자로 Occ와 Or로 각각 표시한다.

티베리아 마소라학자들의 공헌

티베리아 마소라학자들의 공헌은 탈무드 시대의 랍비들에게서 전수받은 자음본문을 후세대에 정확하게 전수하기 위해서 신중하게 사본을 필사할 뿐만 아니라 구약본문의 정확한 이해를 위해서 전반적인 독법의 체계를 구축했다는 것이다. 이들의 활동을 간략하게 세 가지로 요약할 수 있다.

① 완전하게 모음을 표기하여 읽을 수 있도록 했다. 이전에는 모음문자(*matres lectionis*)에 의존해서 읽었는데 그것은 불완전한 것이었다. 마소라 학자들은 본문의 의미를 유실하지 않도록 하기 위해서 모음부호를 붙였다. 그러나 이 표기는 전승으로 내려오던 것이었다. 이것은 헬라어 역본 아퀼라와 라틴어 역본과 탈무드의 지지를 받고 있다. 또한 마소라 학자들 간의 다양한 본문에 의해서도 지지를 받는다.

② 마소라 학자들은 히브리어 본문에 기록된 액센트 부호를 발전시켰다. 이 액센트는 단순한 강세부호가 아니라 중세에는 마치 음악부호와 같이 사용되었다. 그 수가 수십 개에 달한다. 히브리어의 액센트의 목적은 두 가지이다. 음절의 강세와 본문이해와 읽기를 돕는다. 이것은 다시 두 종류로 나뉘는데 즉 분리 액센트와 연결 액센트다. 주 분리 액센트는 절을 둘, 셋 이상의 단위로 나눌 때 쓰인다. 이 액센트는 모음의 길이에 영향을 미친다.

③ 마소라 학자들은 본문 읽기를 돕기 위해서 마소라 난외주를 만들었다. 이것은 전통적으로 세 가지 영역으로 나누어진다.

- 소마소라(Masorah parva): 본문 옆의 여백에 독법에 관한 주를 달았는데 주로 커레이 커티브 독법이다.
- 대마소라(Masorah magna): 전통적으로 본문의 위나 아래에 기록되는 것으로서 소마소라에 포함된 정보를 더 광범위하게 알려준다. 그래서 한 낱말이나 어법보다는 그와 관련된 여러 구절들을 싣고 있다. 이 부분은 따로 출판되어서 자세한 사본자료를 제공하기도 한다.
- 종마소라(Masorah finalis): 성경 책의 끝이나 구약 부분의 말미(예; 오경의 끝)에 나타나는 것으로서 책의 단어 수와 책의 가운데 오는 낱말과 중간 자음에 대한 특별한 정보를 준다.[28]

벤 아셀(Ben Asher)과 벤 납달리(Ben Naphtali)

마소라 학자들 가운데 마지막에 해당하는 아론 벤 아셀과 모세 벤 납달리는 티베리아 마소라 학자들의 두 가문을 대표한다. 그런데 이들의 전통에 약간의 차이가 있다. 벤 아셀 본문은 현재 보급된 본문과 가장 가깝다. 이 둘의 차이는 우선 세부 액센트 조직에서 나타나고, 또 몇몇 곳에서 철자와 단어분리, 모음부호달기, 다게쉬와 라페의 용법, 모음의 길이, 복합, 단순 쉬와 사용에서도 나타난다.[29] 그러나 이 차이는 지엽적인 것이지 본질적인 차이는 아니다.

마소라 사본에서 인쇄본이전(주후 1000–1450년)

이 시기는 마소라 학자들의 모음표기, 강세, 난외주 첨가와 같은 활동에 의

---

28) Cf. Brotzman, *Old Testament Textual Criticism*, 49-53; Harrison, *Introduction to the Old Testament*, 212-214; E. J. Revell, Masorah, ABD 4, 592f.; Würthwein, *The Text of the Old Testament*, 28-30.

29) Tov, *Textual Criticism of the Hebrew Bible*, 46.

해서 본문이 확정된 상태에서 전수되는 시기이다. 여기서는 편의상 주후 1100년 이전과 이후로 나누면 그 이후의 사본은 너무 많아서 소개할 수가 없다. 티베리아 전통을 반영하는 현존하는 히브리어 사본이 3000개 넘게 12세기와 그 이후에 기록되었다. 대체로 그 사본들은 이전의 사본과 크게 다르지 않았다. 이 사본들은 중간기(medieval) 사본이라고도 한다. 이 시기는 인쇄술의 발달과 12세기 사이의 기간으로 보기 때문이다. 주후 1100년 이전의 사본을 소개하면 다음과 같다.

① Aleppo Codex (A): 925, 구약 전체를 포함하지만 토라의 대부분은 유실되었다.
② Leningrad Codex (L): 1008, 전체 구약를 보존하고 있다.
③ British Museum 4445 (B): 925, 대부분의 토라만 있다.
④ Cairo Codex (C): 896, 전, 후 선지서가 포함된다.
⑤ Sassoon 507 (S): 10세기, 대부분의 토라가 남아있다.
⑥ Sassoon 1053 (S1): 10세기, 대부분의 구약이 포함된다.
⑦ Petersburg Codex (P): 916, 후선지서를 기록하고 있다.

구약인쇄본(주후 1450년에서 현재)

이 시기는 인쇄된 구약성경이 나타난 때이다.[30] 시편이 최초로 인쇄되었다(1477 Bologna?). 선지서(1485-86 Soncino), 제문서(1486-87 Naples), 오경(1491 Lisbon). 전체 성경의 출판은 Soncino(1488), Naples(1491-93)와 Brescia(1494)에서 있었다. 16세기에는 유럽에서 사본이 사용되지 않고 인쇄본이 그것을 대치했다.

야콥 벤 하임(Jacob ben Chayyim)의 Rabbinic Bible은 베니스에서 봄베르크(Daniel Bomberg)에 의해서 출반되었다(초판, 1516-17년). 그 뒤에 재판

30) Würthwein, *The Text of the Old Testament*, 31-44.

이 나왔는데(1524-25년) 이것이 가장 이른 성경인쇄본은 아니지만 당시 출판된 구약 가운데서 가장 중요하다. 전체 네 권으로 구성된 이 성경에는 아람어 역도 함께 있고 라쉬(Rashi), 이븐 에즈라(Ibn Ezra), 킴치(David Kimchi), 벤 게르손(Levi ben Gershon)과 같은 유명한 랍비들의 주석도 포함되기 때문이다.[31] 이것은 Bombegriana(B)로 알려져 있다. 이 성경이 Kittel의 히브리어 성경(BHK) 1, 2판의 기초로 사용되었다. 18-20세기의 성경은 다음과 같다.

① Michaelis판(1720, Halle)

② Seligmann Baer & Friedrich Delitzsch판(1869-95)

③ Christian D. Ginsburg판(1926, Ben Chayyim의 본문에 기초)

④ Norman H.Snaith판(1958); BHK 1, 2, 3판(1906, 1909년 판은 Ben Chayyim을 따름)

⑤ BHS(Biblia Hebraica Stuttgartensia, 1975년 이후 현재까지 가장 중요한 본문)

⑥ 예루살렘 히브리대학 성경 편집은 아직 진행 중에 있다.

3. 구약정경의 사본

사해사본

1947년 사해 근처의 쿰란 동굴에서 처음 발견된 고대 사본에 대한 말은 많지만 현재 이것을 정확하게 설명하는 것은 불가능하다. 그러나 일반적으로 알려진 것은 이렇다. 1947년 봄 두 베두인 목자가 쿰란 근처에서 양과 염소가 섞인 가축의 무리를 치고 있었다. 그 중 한 사람의 이야기에 의하면 그 무리 중

31) Christian D. Ginsburg, *Introduction to the Rabbinic Bible*, London: Longmans, Green, Reader and Dyer, 1867, 5-7.

에 하나를 잃어버려서, 한 목자가 절벽에 나있는 구멍으로 돌을 던져 넣었는데 뭔가 깨어지는 소리를 듣고 놀라서 달아났다고 한다. 그 뒤에 호기심이 생겨서 그 동굴로 기어들어 가보니 길쭉하게 생긴 몇 개의 항아리에 세마포에 싼 가죽 두루마리를 발견하게 되었다. 그것이 '사해사본' 진본이었다.[32] 제1동굴에서 전부 11개의 두루마리를 발견했다. 이 중 다섯 개는 성마가 시리아 정교 수도원 대주교 사무엘(Samuel)이 소유하고, 나머지는 예루살렘 히브리대학의 수케닉(Eleazar L. Sukenik) 교수가 구입했다. 물론 이 사본은 팔레스타인에서 난 전쟁 때문에 1949년에야 진상을 파악할 수 있었는데 이 연구는 하딩(L. Harding)과 드보(R. de Vaux)의 지시하에 이루어졌다.

처음 이 두루마리를 팔려고 한 사람들은 그 가치를 몰랐다. 올브라이트(Albright)와[33] 몇몇 학자들이 그 연대를 주전 마지막 몇 세기로 보았으나 또 다른 학자들은 이 연대에 대해서 회의적이었다. 특히 고고학자들이 한 번도 그 두루마리가 항아리 안에 있던 것을 보지 못했기 때문에 의심했다.[34] 그러나 드보는 Khirbet 쿰란과 그 지역의 Feshkha 우물과 인근 여러 동굴을 탐사하고 고고학 발굴물에 관한 글을 시리즈로 출판했다. 두루마리 발견에 대한 그의 요약은 이 두루마리가 쿰란 동굴에서 발견되었고 그 필사본은 고대의 것이며, 이 문서는 고대에 동굴에 보관했다는 것이다. 이 필사본의 고대성은 여러 증거의 지지를 받는다. 쿰란에서 발견된 동전, 도자기의 연대는 탄소 14 방사능 측정에 의해서 주전 2세기에서 주후 1세기로 밝혀졌다.[35]

---

32) Frank Moore Cross, *The Ancient Library of Qumran*, Sheffield : Sheffield Academic Press, 1995, 20f.

33) Albright는 Zeitlin의 책을 서평하면서 자신은 이 사본이 다양한 손을 거친 것으로 보이고 연대는 주전 3세기에서 주후 1세기 중반 혹은 1세기에서 2세기 사이로 본다고 했다. W.F. Algright, Review, *The American Historical Review*, Vol. 62, no. 1, 1956, 103f.

34) S. Zeitlin, *The Dead Sea Scrolls and Modern Scholarship*. Philadelphia: Dropsie College for Hebrew and Cognate Learning, 1956, x, 86.

35) R. de Vaux, *Archaeology and the Dead Sea Scrolls*, London: Oxford University Press, 1973, 99-102.

내용

처음 발견한 11개 두루마리는 6개의 작품의 7개의 사본을 제시한다. 이중 가장 중요한 것은 이사야서의 두 사본(주전 150-100년)이다. 하나는 St. Mark's Isaiah Scroll이라고 했는데, 나중에 1QIsa[a]로 지정되었다. 이 기호의 의미는 제1쿰란동굴에서 발견된 이사야 첫째 사본이란 뜻이다. 이것은 이사야서 전부를 필사한 것이다. 본문의 54개 난은 17장의 가죽으로 꿰매진 두루마리 형태에 기록되었다. 1QIsa[a]의 본문 특징은 완전 철자법(*scriptio plena*)을 쓴 것이다. 히브리 대학에서 가져간 다른 이사야 사본은 부분만 있는 필사본이다(1QIsa[b]). 이것은 보존을 잘 못해서 이사야 10, 13, 16, 19-30, 35-66장만 남아 있다. 1QIsa[b]는 전통적인 마소라의 이사야 본문과 매우 가깝지만 1QIsa[a]는 66권 전체에 걸쳐서 매줄 마소라 본문과 다른 형태를 보여준다. 물론 이 엄청난 차이는 본문의 내용이 다른 것은 아니고 하나의 형태일 뿐이다. 이것은 오히려 우리가 가진 본문이 역사를 통해서 얼마나 정확하게 전수되었는가를 확인시키는 것이다.[36)]

제1동굴에서 발견된 성경과 관련된 세 번째 두루마리는 하박국 1, 2장에 관한 주석(pesher)이다(1QpHab). 이것은 주석이 군데군데 들어 있는 성경본문을 제시한다. 이 주석은 주석을 편집할 당시의 사건에 대한 예언과 관련된 것이다. 이 하박국 주석에 호기심이 가는 것은 하나님의 이름은 고대 히브리어로 기록되었고 나머지 본문은 정방형으로 쓰였다는 것이다.[37)] 제1동굴에서 발견된 나머지 두루마리는 모두 성경 외적인 것이다: 공동체 규율(Manual of Discipline), 창세기 외경(Genesis Apocryphon), 전쟁문서(War Scroll), 감사시편(Thanksgiving Psalms).

여기서 모든 사본을 다 제시할 수는 없고 다만 전체적인 정황만 소개할 뿐

---

36) Eugene Ulrich, The Qumran Scrolls and the Biblical Text, in Lawrences H. Schiffman, Emmanuel Tov, and James C. VanderKam (ed.), *The Dead Sea Scrolls, fifty years after their discovery*, Jerusalem: Israel Exploration Society, 2000, 51f.

37) John C. Trever (photo), *Scrolls from Qumran Cave I*, 150-163.

이다.[38] 1949년 이후 200개가 넘는 쿰란 지역의 동굴을 탐사했으나 25개의 동굴에서만 첫 번째 동굴에서 나온 같은 유형의 도자기가 나왔고, 11개 동굴에서 사해사본과 비슷한 사본 단편들이 나왔다. 11개 동굴에서 약 600권의 단편이 나왔고, 이중의 사분의 일이 성경과 관련된 필사본이다. 구약은 에스더를 제외한 모든 책의 단편이 나왔다. 성경은 주석을 군데군데 첨가한 것이 많은데 하박국, 미가, 시편, 이사야가 그렇다. 외경과 다른 문서는 Tobit, Ecclesiasticus (the Wisdom of Ben Sirach), the Epistle of Jeremy, Book of Enoch, Testament of Levi, Testments of the Twelve Patriarchs, Rule of the Community(1QS: Manual of Discipline), Damascus Document, Rule for the Final War, Hodayot 등이다.

쿰란 구약 사본은 본문의 성격을 따라 다섯 가지로 분류할 수 있다.[39] 첫째 그룹의 두루마리는 쿰란 공동체 관행을 따라 기록한 본문이다. 특별한 관습을 가진 그 공동체의 서기관들이 필사할 때 그 관습이 반영되었을 것이다. 그들은 '마소라 원문'(proto-Masoretic)을 사용했을 것이다. 전형적인 쿰란본문으로 묘사된 이 본문에는 약 20%의 쿰란성경본문이 포함된다. 둘째 그룹은 '마소라 원문'을 제공한다. 쿰란 구약본문의 60%정도가 여기에 해당된다. 셋째 그룹의 본문은 '전 사마리아 본문'(pre-Samaritan)의 특징을 가지고 있다. 여기에 사마리아 이념이 기입되었다. 이 본문은 쿰란성경본문의 약 5%를 차지한다. 넷째 그룹은 칠십인 역의 히브리 원문에 가까운 본문을 반영한다. 이런 본문은 쿰란에서 발견된 것이 없지만 몇몇 본문은 칠십인 역과 매우 가깝다(4QJer^{b,d}). 그런 특성이 있는 여러 본문을 칠십인 역의 원문(Vorlage)으로 보기는 어렵겠지만 그렇게 가까운 본문이 쿰란성경본문의 약 5%정도 차지한다. 다섯째 그룹의 사본은 일관성이 없는 본문형태로 '쿰란의 관행' 즉 서기

38) Cf. H.P. Scanlin, *The Dead Sea Scrolls and Modern Translations of the Old Testament*, Wheaton, Ill.: Tyndale House Publishers, 1993. 이 책에서 사해사본에 관한 전반적인 정보를 얻을 수 있다.

39) Tov, *Textual Criticism of the Hebrew Bible*, 114-117.

관의 관행과 쿰란에서 발견된 두루마리로 알려진 표기법의 특징을 반영한다는 것이다.

사해사본의 가치

쿰란 사본은 구약연구의 여러 분야에 영향을 끼칠 수 있다. 그것은 정경론, 히브리어와 아람어의 발달, 고대 필사법, 정서법, 역사비평과 본문비평, 유대주의 등 수없이 많은 분야에 영향을 줄 수 있다. 그것은 지난 반세기가 지나면서 사해사본에 대한 엄청난 연구가 이루어진 것만 봐도 알 수 있다. 학자들의 관심분야에 따라 그 가치가 다르겠지만[40] 가장 큰 가치는 본문비평에 관련된 것이라고 할 수 있다. 사해사본이 본문비평에 기여하는 바를 크게 세 가지로 정리할 수 있다.[41]

첫째, 사해사본은 주석가에게 기존 구약본문보다 약 1000년이나 이른 본문을 제시한다. 사해사본이 발견되기 전의 마소라 사본은 주후 약 10세기의 것이었고 완전한 것은 11세기 초의 것이다.

둘째, 사해사본은 전통적인 히브리 성경의 본문이 이천 년이 넘도록 놀라운 정도로 정확하게 보존되었다는 것을 증명한다. 이것은 구약본문의 신빙성을 더해준다. 물론 약간의 차이점을 제외하고는 거의 대부분이 두 사본이 일치하는 것은 놀라운 일이다. 1000년 전의 사본이 필사본으로 전수된 본문을 지지할 만큼 신빙성이 있다.

셋째, 사해사본은 구약본문의 보존에 대해서 상세하게 보여준다. 사해 사본은 주전 2세기 말부터 주후 1세기까지 대체로 신빙성 있게 기록되었는데, 본문이 한 가지 유형이 아니라 다양한 유형을 띠고 있다. 이 사본이 발견되기 전에는 칠십인 역의 번역자들이 사용한 변형된 형태의 히브리어 본문을 추측하

---

40) Collins는 사해사본의 일차적인 중요성은 유대주의에 대한 풍부한 이해라고 한다. John J. Collins, Dead Sea Scrolls, *ABD2*, 96.

41) Cf. Ulrich, The Qumran Scrolls and the Biblical Text, 58f.; Brotzman, *Old Testament Textual Criticism*, 94-96.

면서 간접적인 본문비평을 할 수밖에 없었다. 이렇게 사해사본은 본문비평가가 작업할 수 있는 실제적인 필사본을 제공함으로써 구약 본문비평 분야에 혁명을 일으켰다고 볼 수 있을 것이다.

사마리아 오경(Samaritan Pentateuch)

1616년 이 사본이 다메섹에서 발견되어 서방에 알려졌다. 이것은 페니키아어, 고대 히브리어에서 파생한 고대 문자로 보존되었다. 일반적으로 연대는 칠십인 역보다는 이르고, 주전 4세기경에 이루어진 것으로 본다. 이것은 유대인들과 결별이 있은 후라는 전제 때문이다. 그러나 이 사마리아 오경이 언제부터 존재했는지는 정확히 알 수 없다. 오히려 북이스라엘은 자체적으로 자기들만의 오경을 소유했을 것으로 보는 게 타당해 보인다. 만일 포로 이후에 비로소 오경을 자기들의 정경으로 삼았다고 한다면 유대인과 결별하는 상황과 맞지 않다. 유대인들의 멸시를 받는 상황에서 유대인의 경전을 같이 정경으로 받아들이는 것은 생각하기 어려운 일이다. 그래서 이들은 멸망하기 전에 이미 자신의 오경을 정경으로 받고 있었다고 보는 게 타당할 것이다.[42)]

사마리아 오경의 본문의 형태는 마소라 본문과 견줄 수는 없고 원문을 평이화하는 작업이 첨가되었고, 고풍의 형식들이 현대화되었다. 물론 사마리아 오경이 마소라 본문에 의존하고 있다는 견해는 잘못되었다. 처음 발견되었을 때는 이 오경이 오경의 원문과 더 가깝다고 믿었다. 그러나 게세니우스의 연구에 의해 곧 그 믿음이 깨어졌다. 사마리아 오경은 6000군데가 마소라 본문과 다르고, 1900군데가 마소라 본문과 다른 칠십인 역과 일치한다.[43)] 월키는 사마리아 오경의 특징을 8가지로 분류했다.[44)] 첫째, 일반적인 필사자의 오류로

---

42) Harrison, *Introduction to the Old Testament*, 222; cf. Howerda, *Bijzondere Canoniek*, 70.

43) Würthwein, *The Text of the Old Testament*, 45f.

44) Bruce Waltke, Samaritan Pentateuch, *ABD* 5, 936-938.

본문이 훼손되었다. 둘째, 티베리아 문법학자들의 언어전통과는 다른 전통을 보존하고 있다. 셋째, 늦은 전통으로써 고대 히브리어의 형태를 현대화시키는 작업을 했다는 것이다. 넷째, 어려운 문법을 제거함으로써 주석적으로나 언어적으로 보다 일관성있는 본문을 제시한다(창 12:3). 다섯째, 본문의 의미를 분명하게 나타내기 위해서 단어를 삽입하고 혹은 병행구에서 가져온 짧거나 긴 글을 보충했다. 여섯째, 본문을 역사적으로 일관성을 유지하도록 시도했다(창 50:23). 일곱째, 본문에 약간의 변화를 주어서 의미를 선명하게 드러내려고 했다. 여덟째, 사마리아의 신학을 적용했다(출 20:21; 20:17; 신 11:30; 27:4). 마소라 본문의 에발 산에 단을 세우라는 명령을 사마리아 오경에서 그리심이라고 전형적인 신학의 반영이라고 할 수 있다.

본문비평에서 사마리아 오경의 가치는 위에서 묘사한 본문의 성격과 관련된다. 그래서 본문비평에는 가치가 적다고 하겠다. 특별히 대부분의 본문 비평가들이 마소라 본문보다 열등하게 보는 데는 다음 몇 가지 이유가 있다.

① 사마리아 오경은 대중적인 본문형태를 띠고 있다. 그래서 이 글은 유대인들의 전수과정에서 엄격한 형태를 유지하지 않았다.

② 사마리아 오경은 표준 비평 편집에 경계해야 할 것은 오류와 중요한 자료(Abisha Scroll)가 빠져있다는 것이다.

③ 사마리아 오경은 구약의 다른 부분보다 오경을 본문비평할 때 적게 쓰인다.

④ 사마리아 오경의 사본은 주후 10세기 이전의 것은 없다. 히브리어 모음 표기는 12세기에 부분적으로 이루어졌다. 이런 이유로 본문비평을 위한 사마리아 오경의 가치는 감소되었다.[45]

---

45) Brotzman, *Old Testament Textual Criticism*, 68;

중요한 마소라 사본

벤 아셀 사본(The Ben Asher Manuscripts)

카이로 사본(Codex Cairensis, Cairo Codex, C)

전, 후 선지서를 포함하고 있는 이 사본은 Moshe ben Asher가 주후 895년에 기록하여, 모음부호를 붙여 예루살렘에 있는 커렛 공동체(Karaite Community)에 주었다고 전해지는데, 1099년 십자군에 의해 압류되었다. 그것이 반환된 후 카이로의 카레어 교회의 소유가 되어 현재까지 그곳에 소장되어있다. 벤 아셀 전통보다 벤 납달리 전승을 따랐기 때문에 진정성에 대한 논란의 여지가 있다. 이것이 Kittel, Biblia Hebraica 첫 두 판의 본문이 되었다.

알렙포 사본(Aleppo Codex, A)

주후 925년의 것으로 판권장(colophon)에 의하면, 자음 본문은 서기관 벤 부야(Solomon ben Buyaa)가 기록했고 구두점과 액센트 마소라부호는 벤 아셀(Aaron ben Asher)이 직접 붙였다고 한다. 이 사본은 알렙포의 한 회당에 보관되어 있었는데, 1948년 그 장소에 아랍인들의 반-유대인 소요가 있을 때 훼손을 입었다. 그래서 이후에 발견된 것은 원래 380쪽 중에서 284쪽으로 이것만 보존되어있다. 현재 대부분의 오경은 없다. 카이로의 한 회당에 옮겼다가 현재 예루살렘 사해문서 박물관에 소장, 전시되고 있다. 이 사본의 중요성은 아셀 전통에 근접해 있고 또 히브리대학 성경프로젝트로 알려진 신비평 구약 편집의 기본본문으로 사용된다는 것이다.[46)]

레닌그라드 사본(Leningrad Codex, L)

판권장에 따르면 이 사본은 벤 아셀(Moshe ben Asher)의 아들 벤 모세(Aaron ben Moshe)에 의해 1008년에 이루어진 것으로 알렙포 사본만큼 벤

46) Würthwein, *The Text of the Old Testament*, 34-35.

아셀 전통에 가깝지 않으나 그래도 상당히 가까운 사본이다. 구약의 전체 본문을 가지고 있으며, 이 사본과 알렙포 사본의 차이점은 모음 문자와 메덱을 사용하는 것과 관계 있다. 1839년에 레닌그라드로 옮겨졌다. 알렙포 사본이 부분적으로 유실되자 레닌그라드 사본은 우리가 가진 아셀 가의 전통을 담은 사본 중 가장 오래된 그리고 가장 중요한 사본이 되었다. Kahle가 편집한 BHK 제3판은 이 사본을 본문으로 삼았다. 엘리거와 루돌프(K. Elliger & W. Rudolph)가 이 본문을 수정없이 본문 순서 그대로 1968년 포켓용으로 출판해서 본문 비평을 본격적으로 시작하는 계기를 마련했다. Kittel이 지나치게 수정한 부분을 빼서 1978년에 완성한 것이 BHS다.

벤 납달리 사본(Ben Naphtali Manuscripts)

벤 아셀의 것과 함께 표준본문(Textus Receptus)으로 인정된 마소라 본문 중의 하나로 대체로 아셀의 것을 따른다. 본문상 나타나는 특성은 주로 모음 표기와 액센트와 같은 사소한 것이다. 모음은 전치사와 요드가 결합할 때 아셀 사본과 차이를 보인다. 벤 납달리 메덱을 자주 붙여서 그 안에서 발전된 다른 본문형태를 좌우한다. 이것은 KJV의 대본으로 사용되었다.

나쉬 파피루스(Nash Papyrus)

1947년 이전에는 히브리 본문 중에 가장 오래된 것으로 간주한 것으로 1902년 나쉬(W.L. Nash)가 이집트 골동품 상인으로부터 구입해서 영국성서공회가 있는 케임브리지 대학 도서관에 기증한 것이다. 십계명의 일부(출 20:2이하, 신 5:6이하)와 쉐마 이스라엘(신 6:4-9)등이 포함되어 있는데, 이것은 이 파피루스가 단순히 두루마리의 파편이 아니라, 예배의식, 교육적, 학습의 목적을 가졌다는 것을 보여준다. 주전 100년경의 필사본으로 보는데, 올브라이트는 마카비시대의 것으로 보고 칼레는 성전파괴의 시기로 본다. 마소라 사본과 일치하지만, 6, 7계명의 순서가 바뀌었고, 쉐마는 마소라 본문에 빠진 한 문장을 첨가했다.[47]

피터스버그(Petersburg Codex, P)

이 사본은 1839년 크리미아의 Tschufut Kale 회당에서 피르코비치(Firkowitch)가 발견한 것으로 916년에 기록된 것으로 본다. 그래서 모음이 붙여진 사본 중에서 가장 오래되었다. 이 사본의 중요성은 바벨론의 모음표기법을 소개할 수 있다는 데 있다. 모음표기는 바벨론 식이지만, 마소라는 서부 티베리아 방식을 따랐다. 대, 소 마소라와 함께 모음표기도 몇 페이지는 티베리아식을 따랐다. 이 사본은 후선지서(이사야, 예레미야, 에스겔)와 12소선지서를 담고 있다.[48]

대영 동양 박물관 4445(British Museum Oriental 4445, B)

대부분의 토라를 포함하며 판권장과 창세기와 신명기의 많은 부분을 상실했다. 자음으로만 기록되었으며 925년의 것으로 알렙포 사본과 같은 시대로 본다. 벤 아셀 전통을 제법 잘 대변하고 있다. 알렙포 사본이나 레닌그라드 사본만큼 벤 아셀에 가깝지는 않으나 이 사본은 알렙포 사본보다 약간 이른 단계의 마소라 전통을 반영하는 것 같다. 매 페이지마다 성경본문은 세 개의 난으로 되어있으며 가장자리에는 소 마소라, 아래 위에는 대 마소라가 표기되어 있다. 긴스버그(Ginsburg)는 이 필사본을 가장 오래된 것으로 보았다(주후 820-850년). 칼레(Kahle)는 이 사본 전체가 벤 아셀의 생존시 이루어진 것으로 보았다.

4. 구약정경의 고대 역본

칠십인 역

이 역본은 셉투아진타(Septuaginta)로 알려진 헬라어로 번역된 구약성경이

47) Würthwein, *The Text of the Old Testament*, 33.
48) Würthwein, *The Text of the Old Testament*, 35.

다. 이것을 번역한 도시의 이름을 따서 알렉산드리아 역본이라고도 한다. 이 역본은 히브리어 성경을 타국어로 번역한 최초의 성경이며, 초대교회에서는 구약의 표준형으로 여겨졌다.

헬라어 역본의 역사적 배경

'아리스테아(Aristeas) 서신'은 칠십인 역의 기원을 보여주는 문서로 보인다. 이 글이 난데없이 'Aristeas to Philocrates'라는 제목이 붙어서 일반적으로 서신이라고 알려져 있지만 그것은 서신이라기보다는 그 책의 첫 줄에서 언급하듯이 그것은 그의 형제에게 하는 '이야기'이다.[49] 기자는 자신이 그 번역에 참여한 한 사람이라고 한다.[50] 그 내용에 의하면 왕실 도서관의 책임자였던 데메트리우스가 히브리 율법서(오경)를 헬라어로 번역해서 도서관에 비치하는 일의 중요성을 톨레미 II 필라델포스(주전 285-247년)에게 시사하였다고 한다. 왕은 계획에 만족하여 이 일을 즉시 시행토록 했다. 사절단을 예루살렘의 대제사장 엘리아자르에게 보내어서 유능한 학자들을 보내줄 것을 요청했다. 대제사장은 각 지파에서 6명씩 뽑아 구성된 72명에게 값진 율법 두루마리를 들려서 알렉산드리아로 보냈다. 그들은 알렉산드리아와 제방으로 연결된 파로스 섬으로 가서 72일 동안 그 율법을 번역했다고 한다. 그 후 유대인의 대회에서 이 역본이 인정받았다고 한다.

이 시대에는 이 이야기가 어처구니없어 보이지만 요세푸스는 이 서신을 자구적으로 받아들이고 히브리어 성경의 헬라어 번역과정을 설명했고,[51] 필로는

---

49) 이 글의 전문은 이 책에서 볼 수 있다: H. St. J. Thackeray, *The Letter of Aristeas*, London: MacMillan & Co., Limited, 1904. 요세푸스는 이것을 'the book of Aristaios'라고 했다. Josephus, *Antiquities*, XII, ii.

50) 그가 역사가라는 견해가 있다: R.H. Charles (ed.), *The Apocrypha and Pseudepigrapha of the Old Testament in English* II, Oxford: Clarendon Press, 1913, 94. 그러나 그가 유대이고 또 자신을 역사적인 인물로 묘사하지만 그를 유대 역사가로 볼 수 없다. Abraham Wasserstein, *The Legend of the Septuagint: From Classical Antiquity to Today*, Cambridge: Cambridge University Press, 2006, 22.

51) Josephus, *Antiquities*, XII, ii.

그 서신에 근거해서 그 번역자들이 율법의 일부를 제하거나 변경할 수 없기 때문에 그 번역을 영감된 작품으로 보았다.[52] 이러한 필로의 이해는 기독교 여러 교부들이 받아들였다: 저시틴 마터, 이레네우스, 알렉산드리아의 클레멘트, 키릴, 어거스틴 등.[53] 그러나 제롬은 히브리어 성경을 직접 라틴어로 번역한 자로서 이 서신을 진실한 것으로 받을 수 없다며 비판했다.[54]

사실 이 서신은 당시 무시당하던 유대인의 종교를 이집트의 왕까지도 존중했다는 것을 부각시키려 하고, 유대인들이 관대한 왕의 통치하에 알렉산드리아에서 율법에 부합하는 삶을 살도록 하려는 의도를 가진 익명의 유대인이 후대에 기록한 것으로 보인다(주전 100-150년)[55] 그래서 아리스테아 서신은 일종의 위조문서인 셈이다. 칠십인 역은 서신의 내용과는 달리 율법이 아니라 구약 전체와 외경까지도 번역되었다. 칠십인 역은 팔레스타인 유대인이 아니라 알렉산드리아의 유대인에 의해 번역되었다고 볼 수 있다. 많은 부분에서 히브리어 원문에서 벗어나 있고, 고유명사나 팔레스타인 지명은 다르게 번역되었기 때문이다. 또 알렉산드리아 헬라어에 포함된 단어, 숙어 등을 많이 포함하고 있다. 당시 팔레스타인 유대인들은 이교도의 언어로 성경이 번역되는 그 자체를 반기지 않았을 것이다.

칠십인 역은 헬라문화권에 살던 유대인들의 필요에 의해서 생겼다. 알렉산더 대왕과 톨레미 왕조의 왕들이 유대인에 대한 우호정책을 편 후 알렉산드리아에 많은 디아스포라 유대인들이 상주하게 되었다. 또한 왕들은 그곳을 학문, 문화, 교육도시로 만들려고 학교, 도서관, 박물관, 대학을 설립했다. 이런 분위기에서 그곳에서 교육받고 정착하여 사회의 엘리트 계층으로 자리잡은

---

52) Philo, *The Works of Philo*, trans. by C.D. Yonge, Peabody: Hendrickson, 1996, 493.

53) Abraham Wasserstein, *The Legend of the Septuagint*, 95-131.

54) Jerome, *The Nicene and Post-Nicene Fathers*, Vol. III, 516, "그 이야기는 칠십 명이 한 공회당(basilica)에 모여서 서로 의논했다고 하지 예언하지는 않았다고 한다. 이는 예언자가 되는 것과 번역자가 되는 것은 별개의 문제이기 때문이다."

55) John R. Bartlett, *Jews in the Hellenistic World: Josephus, Aristeas, the Sibylline oracles, Eupolemus*, Cambridge: Cambridge University Press, 1985, 11-17.

유대인들도 많았다. 그 중에는 데오도투스, 필로, 극작가 에스겔, 역사기록자 데메트리우스, 철학자 아리스토불루스 같은 사람도 있었다. 그것은 아리스테아 서신의 내용이 보여주는 상황이다.[56] 그렇지만 당시의 헬라어는 이집트의 공용어인데 이 언어를 떠나서는 사회생활은 물론 삶의 기반을 잡을 수가 없었다. 유대인들은 그들의 셈어를 고수하기가 어렵게 되자 과거에 히브리어를 버리고 아람어를 채택했던 것과 같이 헬라어를 채택할 수밖에 없었다. 이런 상황 속에서 회당예배와 사적인 성경강독을 위해서 시급히 구약성경을 헬라어로 번역할 수밖에 없었다.[57]

칠십인 역의 번역 상태

이 역본은 다양한 배경을 가진 번역자들이 오랜 세월에 걸쳐서 번역하다보니 이것은 전체적으로 하나의 통일된 번역이 아니라 여러 번역물을 수집해 놓은 것 같다. 그래서 책 부분에 따라서 번역의 특징도 다양하다. 오경과 같은 대부분의 책들은 매우 자구적으로 번역했다. 오경의 각 권은 한 사람이 한 책을 번역한 것 같은데 두 권의 책이 같은 번역자에 의해서 번역되었다.[58] 욥기와 다니엘서는 자유로운 번역이다. 예레미야서는 히브리어 본문보다 2700단어가 모자란다.[59] 그리고 책의 순서도 다르다. 칠십인 역은 셈어로 된 책으로서 서방언어로 최초로 번역하는데 따르는 어려움을 생각할 수 있다. 그래서 히브리어 관용어와 미묘한 표현은 잘 번역할 수가 없었다. 그리고 예루살렘의 이사야서 두루마리(주전 125년)와 나쉬 파피루스에 나타난 증거를 볼 때 칠십인 역에 사용된 본문은 고대 히브리어에서 정방형 문자로 변해가는 과도기 문

56) Erich S. Gruen, The *Letter of Aristeas and the Cultural Context of the Septuagint*, in Martin Karrer und Wolfgang Kraus (hrs), Die Septuaginta: *Texte, Kontexte, Lebenswelten*, Tübingen: Mohr Siebeck, 2008, 134-156.

57) Würthwein, *The Text of the Old Testament*, 63f.

58) Würthwein, *The Text of the Old Testament*, 53.

59) Würthwein은 2700 단어라고 하지만 Y.J. Min은 3097 단어가 부족하다고 한다. 이것은 마소라 본문의 칠분의 일이 없다는 것이다. Cf. Sven Soderlund, *The Greek Text of Jeremiah: A Revised Hypothesis*, Sheffield: JSOT, 1985, 11.

자였던 것으로 생각한다. 일관성이 없는 띄어쓰기나 구두점, 모음부호도 없는 문서를 번역하는데 생기는 오류는 어쩌면 당연한 일이다.

① 칠십인 역의 언어는 코이네 헬라어였다. 좀 더 엄격하게는 '성경 헬라어' 또는 '유대적 헬라어' 였다.[60] 그래서 원문에 충실하려고해도 헬라어의 성격상 불가피한 것도 있었다. 종종 히브리어에서 부정사와 결합한 전치사는 칠십인 역에서 접속사로 번역된다: MS: עד בוא אדניו ; LXX: ἕως ἦλθεν ὁ κύριος(창 39:16); MS: בצאתו מחרן ; LXX: ὅτε ἐξῆλεν ἐκ Χαρραν(창 12:4). 히브리어의 특징인 접속사와 연결된 중문은 칠십인 역에서는 계속되는 분사로 번역해서 단문을 만든다: MS: וישלח ידו ויקחה ; LXX: καὶ ἐκτείνας τὴν χεῖρα ἀυτοῦ ἔλαβεν αὐτήν(창 8:9)[61] 또한 히브리어 דבר의 용법은 다양해서 헬라어 ῥῆμα나 λόγος로 그 의미를 다 표현할 수 없다. 그래서 칠십인 역은 이 단어를 다양하게 표현하고 있다: 출 1:18, πρᾶγμα(일, 사건); 출 12:35, συντάσσειν(지시하다); 출 18:16, ἀντιλογία(논쟁, 주장, 반란), 출 18:22, χρίμα(재판, 소송), 출 24:14, χρίσις(재판, 심판) 등으로 다양하게 번역되었다.[62]

② 헬라어를 쓰는 디아스포라 유대인들은 사고가 히브리어를 쓰는 유대인과 다르다는 것을 칠십인 역에서 확인할 수 있다. 그들은 환경 때문에 생활과 사고가 헬라화되었다. 그래서 히브리어 성경에 나타나는 신인동형론적 (anthropomorphic) 표현을 기피했다. 그래서 모세가 하나님께 올라가는 것이 아니라 하나님의 '산' (εἰς τὸ ὄρος τοῦ θεοῦ)에 올라간다고 했고(출 19:3), 장로들이 하나님을 본 것이 아니라 하나님이 계신 장소(τὸν τόπον οὗ εἱστηκει)를 보고(출 24:10), '야웨의 손' 은 '주의 능력' (ἡ δύναμις τοῦ κυρίου)로 번역했다(수 4:24). '하나님이 후회하셨다' (נחם)는 표현은 종종

---

60) Karen H. Jobes & M. Silva, *Invitation to the Septuagint*, Grand Rapids: Baker Academic, 2000, 105-17.

61) Georg Walser, Die Wortfolge der Septuaginta, in *Die Septuaginta: Texte, Kontexte, Lebenswelten*, 261f.

62) Würthwein, *The Text of the Old Testament*, 68.

ἀνιέναι(겔 15:6, 참다), παυειν(겔 26:3, 13, 19, 그치다), ἀναπαυειν(겔 42:10, 쉬다, 그만두다)과 같이 문맥에 맞춘 우회적인 표현을 씀으로써 회피했다.[63] 특별히 하나님의 이름을 번역할 때 그 이름의 개념을 확장시켰다. 그래서 יהוה를 κύριος라고 번역했다. 이것은 이스라엘에 국한된 하나님이 아니라 보편적인 하나님을 나타낸다고 한다. 뷔터바인(Würthwein)이 "하나님을 야웨라고 하는 성경은 한 민족의 성경이고, 하나님을 주라는 성경은 보편적인 성경이다"라는 다이스만(Deißmann)의 말을 인용하면서 칠십인 역 번역자들은 가능하면 폐쇄적이기 보다는 선교와 같은 개방성을 추구하고 있다고 보는 것은 타당하지 않은 것 같다. 오히려 그들이 하나님의 이름 대신에 κύριος라고 한 것은 하나님의 이름의 형언할 수 없는 속성을 보호하기 위한 것이라고 보는 게 옳을 것이다.[64] 왜냐하면 그들은 그 전부터 יהוה를 κύριος라고 불렀을 가능성이 있기 때문이다.

③ 칠십인 역 번역자들은 히브리어 단어를 헬라어 대응어구를 사용함으로써 충분한 의미를 전달하지 못했다. 출 5:6의 הנגשים을 ἐργοδιώκται(감독, 패장)으로 번역했다. 여성 장신구에 대한 표현은 그 주변에서 볼 수 있는 잡화용어로 대치했는데 그것은 전혀 의미전달이 안 된다(사 3:18-24). 그것은 번역이라고 할 수 없다. 관용적인 히브리어는 아무 의미도 없는 비관용적 헬라어로 번역되기도 했고, 해석, 수식, 의역이 나타났다. 때로는 과장, 때로는 생략하기도 했다. 이렇게 번역자는 번역과 해석을 명확히 구분을 하지 못했다. 어떤 곳에서는 번역, 어떤 곳에는 해석, 또 어떤 곳에는 주석이라고 할 수 있다.[65]

④ 칠십인 역은 미묘하긴 하지만 당시의 유대주의 신학을 반영하고 있다.

---

63) Bernard M. Zlotowitz, *The Septuagint Translation of the Hebrew Terms in Relation to God in the Book of Jeremiah*, New York: KTAV Publishing House, Inc., 1981, 41. 여기에 많은 예가 소개되어 있다.

64) Albert Pietersma, Kyrios or Tetragram, in Albert Pietersma and Claude Cox (eds.) *De Septuaginta*, Mississauga, Ont., Canada: Benben Publications, 1984, 98.

65) Würthwein, *The Text of the Old Testament*, 69f.

재미있는 것은 칠십인 역은 하나님은 '반석' 이란 표현에서 צוּר를 πέτρα로 직역을 하지 않았다는 것이다. 그것은 시편과 신명기, 이사야와 하박국에서도 그 번역을 회피하고 있다. 칠십인 역 번역자는 '반석' 이라는 은유법을 쓰기를 거절하고 대신에 '하나님, 돕는 자, 수호자, 보호자' 와 같은 용어로 대치했다. 이렇게 한 단어에 대해서 많은 용어를 동원한 것은 각기 다른 번역자가 다른 시대에 번역했기 때문일 것이다. 이렇게 이런 은유법을 기피하는 것은 헬라적 타부와도 관계가 있어 보이지만 좀 더 가능성이 있는 것은 돌 형상을 숭배하는 것을 용납하지 않는 변증적인 노력의 일환으로 볼 수도 있다는 것이다.[66] 또 다른 경우는 유대적 종말론과 관련된 것인데 '일어서다' 는 히브리어 קוּם (시 1:5)을 헬라어 동사 ἀνίστημι로 번역했다. 물론 이것도 '일어서다' 를 의미하지만 신약의 저자들은 부활을 언급하는 것을 이해한 것을 보면 종말의 심판 때의 부활을 의식한 번역으로 볼 수도 있을 것이다.[67]

그래서 본문비평을 위해서 칠십인 역을 사용할 때는 이런 문제점을 고려한 상태에서 다루어야 할 것이다. 이 역본은 마소라 본문보다는 훨씬 열등하지만 전반적으로 원문을 따른 훌륭한 작품이라고 할 수 있다. 번역본의 선구자적인 상황을 고려하면 더욱 그렇다.

후기 헬라어 역본

기독교인들은 대체로 칠십인 역을 영감된 권위 있는 성경으로 존중했으나 유대인들은 일반적으로 칠십인 역에 대해서 호감을 갖지 않았다. 이것은 비유대적인 문화와 기독교에 대한 적개심 때문이었다. 유대인들은 칠십인 역 여러 사본의 오류 때문에 혼란스러웠다. 기독교인과 유대교인들이 서로 원문을 수정했다고 비난했다. 보다 더 정확한 헬라어 번역에 대한 요구가 나오자 유대

---

66) Isac Leo Seeligmann, *The Septuagint Version of Isaiah and Cognate Studies* (FAT), Tübingen: Mohr Siebeck 2004, 265.

67) Jobes & Silva, *Invitation to the Septuagint*, 95f.

인들은 칠십인 역을 포기했다.

아퀼라 역본(Aquilla, ά)

본도 시노페(Sinope) 출신인 아퀼라는 주후 130년 경 기독교에서 유대교로 개종한 자이고 유대전통에 의하면 그가 랍비 아키바의 제자라고 한다. 그의 어휘력을 보면 헬라어에 대한 상당한 지식이 있었지만 히브리어 원문을 고지식할 정도로 축자적으로 번역했다. 그래서 히브리어에 대한 지식이 없는 독자는 읽기도 어려운 책이 되었다. 그는 아키바와 랍비들에게서 철저한 교육을 받았는데 그의 축자적인 방법은 바로 아키바의 영향을 받은 결과로 본다. 그의 번역은 유대인들에게 큰 환영과 인정을 받았다. 이 번역은 나중에 오리겐의 헥사플라의 한 부분이 되었고 게니자에서 발견된 6세기 양피지에 지웠다 쓴 본문의 기초가 되기도 했다. 그는 오리겐뿐만 아니라 제롬과 같은 기독교 학자에게도 환영을 받았다. 이 축어적 번역은 어느 정도 본문비평의 가치가 있다고 하겠다.[68]

데오도치온 역(Theodotion, θ́)

주후 2세기에 두 번째 대안으로 나온 것이 데오도치온역이다. 전승에 의하면 데오도치온은 에베소에 살았던 유대교로 개종한 사람이라고 한다. 그의 번역은 아퀼라의 것보다 다소 늦게 나왔는데 그의 헬라어 문체는 아퀼라의 경직된 문체에 비하면 훨씬 자유롭다. 그의 종교적인 입장은 분명치 않으나 이 역본은 기독교회의 환영을 받았다. 그의 다니엘서 번역은 기독교의 구약에서 칠십인 역을 대치할 정도였다. 그의 작업은 히브리어 본문을 가지고 그냥 헬라어 번역본을 교정했기 때문에 전혀 새로운 것이 없다고 보는 자도 있다(Rahlfs). 그러나 그의 다니엘서 번역은 칠십인 역 다니엘에 대한 지식을 가진 상태에서 원문인 히브리어 아람어 본문에 기초하여 새로 번역한 것으로 본다. 신약 히

68) Cf. Leonard J. Greenspoon, Aquila's Version, *ABD*1, 320f.

브리서 11:33의 경우는 다니엘서 6:3의 데오도치온의 번역을 의존하고 있는 것 같다. 그래서 '데오도치온 원본' 의 존재에 대한 추측도 하게 된다. 이와 관련하여 학자들은 *kaige*-Theodotion을 생각한다. 그것은 원래 칠십인 역의 기독교 이전에 나온 정교한 개정판을 의미한다. 그래서 이 본문이 아퀼라와 시마쿠의 대본이 되었다고 생각한다.[69]

시마쿠스 역(Symmachus, σ́)

유세비우스와 제롬에 따르면 그는 에비온파에 속했고, 에피파니우스에 의하면 그는 유대교로 개종한 사마리아 인이라고 한다. 그러나 최근 연구는 그가 유대인 기독교 종파인 에비온파에 속한 것으로 인정된다. 그것은 그의 자유로운 히브리어 번역과도 관계가 되고 그의 헬라어 번역판은 에비온파의 주석과 신앙의 특징을 지니고 있다고 한다.[70] 시마쿠스는 170년경 이해할 수 없을 정도로 자구적으로 번역한 아퀼라 역본에 대한 반동으로 나온 것으로, 훌륭한 헬라어 관용어를 구사한 새로운 번역이다. 이것은 칠십인 역과 데오도치온역을 참고해서 문자보다는 의미를 중시해서 번역했다. 이 번역은 몇몇 헥사플라 단편에서 나타난다. 이 번역은 칠십인 역 전승역사에서 별 영향을 주지 못했지만 제롬이 성경을 라틴어로 번역할 때 가장 많이 따른 헬라어 번역본이 시마쿠스 역이다.

오리겐의 헥사플라(Origen' s Hexapla)

오리겐(주후 185-254년)은 알렉산드리아 출신으로 가이사랴에 상주했다. 칠십인 역을 영감된 말씀으로 본 그는 변조된 원문을 바로잡고 원문을 통일하기 위한 작업을 착수했다. 물론 그가 처음부터 히브리 본문과 비교해서 헬라어 역본의 개정이나 수정을 하려고 계획한 것은 아니었다. 그는 다만 히브리

69) Jobes & Silva, *Invitation to the Septuagint*, 41f.

70) Cf. Leonard J. Greenspoon, Aquila's Version, *ABD* 6, 251.

어 본문에 호소하는 유대인과 칠십인 역을 쓰는 기독교 간의 토론을 위한 자료를 제공하기 위해서 칠십인 역과 히브리 본문 간의 양적인 차이를 발견하려고 했을 뿐이다.[71] 그렇지만 그의 작업은 이 목표를 벗어났다. 그는 알렉산드리아에서 이 작업을 시작해서 가이사랴에서 완성했다(주후 230-245년). 약 15년에 걸쳐 완성한 이 작품을 Hexapla라고 한다. 그 부피가 열다섯 권에 무려 6500페이지에 달한다. 이 책은 여섯 난으로 이루어졌다. 이것은 대역 성경으로서 첫째 난은 히브리어 본문이고, 둘째 난은 히브리어 본문을 헬라어로 음역한 것이고, 셋째 난은 아퀼라 역본, 넷째 난은 시마쿠스, 다섯째 난은 오리겐이 표기한 칠십인 역 본문, 여섯째 난은 데오도치온 역으로 이루어졌다. 다섯째 난은 원래 히브리어 본문과 맞추려고 자료가 첨삭된 것을 표시하는 일련의 특별한 부호가 있었다. 그것은 아리스타쿠스(Aristarchus, 주전 217-145년)가 고안해서 알렉산드리아 문헌학에 널리 쓰이던 의구표(−, ÷)와 변형 의구표(÷, √)와 별표(※)였다. 히브리어 본문에는 없는데 칠십인 역에 있지만 제거되어야 할 어구는 의구표와 변형 의구표 사이에 넣었다: ÷είς φαῦσιν της γῆς√(창 1:14). 그리고 칠십인 역에는 없지만 히브리어 본문에 있는 어구는 다른 사본에서 가져와서 다섯 째 난에 삽입했다. 이때 별표와 변형 의구표를 썼다: ※καί ἐγένετο οὕτος√(창 1:7)[69]

이 책은 부피가 너무 커서 전부를 복사한 적은 없는 것 같다. 다섯째 난은 이후 몇 년 동안 필사를 많이 했지만 오리겐이 사용한 특별한 부호는 없었다. 이 난은 오리겐이 직접 개정했기 때문에 자기도 모르게 혼동을 해결하려고 하다가 혼동스럽게 한 면도 있다. 오리겐이 이룬 이 대작을 통하여 칠십인 역은 새로 회복될 수 있었다. 이것이 곧 다른 사본에도 심오한 영향을 주기 시작했

71) Abraham Wasserstein, *The Legend of the Septuagint*, 95. 오리겐이 율리우스 아프리카누스(약 240년)에게 한 편지를 보면, "내가 다양한 사본에 대해서 무지하지 않으려고 진력하는 것은 유대인들과 하는 논쟁에서 칠십인 역 사본에서 발견되지 않는 것을 인용하지 않고, 비록 우리 성경에는 없다할 지라도 거기에서 발견되는 것을 사용할 수 있도록 하기 위함입니다"라고 했다: D.C. Parker, The Hexapla of Origen, *ABD* 3, 188.

72) Würthwein, *The Text of the Old Testament*, 58.

다. 제롬은 “이 첨가어(즉 헥사플라 첨가어)를 갖지 않은 책은 거의 찾기 어려울 것이다”라고 하면서 그 책의 영향력을 평가했다.[73]

오리겐의 헥사플라는 가이사랴 도서관에 보관했다가 주후 638년 이슬람교도들이 그 도시를 불태웠을 때 사라졌다. 그러나 계속 복사해온 다섯째 난은 남아 있었다. 이것은 바울(Paul of Tella, 주후 616-617년)이 시리아어로 번역한 역본인데, 밀라노도서관에 소장되어 있다. 이 부분은 시가서와 예언서를 포함한다. 오경과 역사서를 포함하던 이 책의 1권은 1574년까지 있었으나 이후 없어졌다. 그 외에 이른바 ‘시리아-헥사플라’[74] 역본의 단편들이 대영 박물관에 소장 중이다.

그 밖의 칠십인 역 개역판

루키안 역(Lucian)

루키안은 안디옥의 장로였는데 주후 312년에 순교했다. 고대의 여러 증거 자료들이 루키안의 삶과 활동을 인정하고 있다. 그 중에 사본과 관련된 증거는 제롬의 것이다. 제롬은 역대기 서문에서 루키안에 대해서 유명한 평가를 남겼다: “… 콘스탄티노플에서 안디옥까지 순교자 루키안의 사본을 인정한다.” 이 역본이 적어도 안디옥과 콘스탄티노플에서 사용되었다는 것이다. 그의 구약 칠십인 역 개정판의 특징은 일관된 개정 원칙이 없다는 것과 두 역본을 하나의 역본으로 합성한 경향이 있다는 것이다. 생략된 것을 보충하고 고쳤다. 특히 이사야는 헥사플라에서 가져왔다. 그렇지만 히브리어 본문은 거의 사용하지는 않았다. 이러한 특징은 안디옥 출신인 크리소스톰과 데오도르가 인용한 구약본문과 여러 자료에서 나타나는 것이다.[75]

---

73) “Vix enim unus aut alter invenietur liber, qui ista (i.e., additamenta hexaplaria) non habeat.”

74) 오리겐 헥사플라의 다섯 번째 난을 시리아어로 번역한 것이다. 이것은 616년 텔라의 감독 바울의 후원으로 이루어진 것이다.

75) Würthwein, *The Text of the Old Testament*, 60; Melvin K.H. Peters, Septuagint, *ABD* 5, 1999.

헤시키우스 역(Hesychius)

팔레스타인에서 오리겐의 헥사플라가 사용되는 동안 배포되고 있던 두 사본 중에 하나가 헤시키우스 역이다. 헤시키우스와 같은 이름을 가진 순교당한 감독이 동일 인물로 추측되는데, 그는 주후 약 300년에 헬라어 역본을 내었다. 제롬은 그의 역대기 서문에서 이 역본이 알렉산드리아와 이집트에서 인정을 받았다고 한다. 그러나 루키안과 함께 헤시키우스 역본이 신랄한 비판을 받았다: "나는 루키안과 헤시키우스로 알려진 사본들을 무시한다. 거기에 권위를 부여하는 것은 잘못된 것이다. 칠십인 역의 작품이후로 구약에는 어떤 것도 합법적으로 개정되지 않았다. 신약도 마찬가지다. 왜냐하면 여러 언어로 된 더 이른 번역본들이 이 추가물들이 얼마나 잘못되었는가를 보여주기 때문이다."[76] 이집트에서 사용된 자료는 더 이상 존재하지 않는다. 학자들은 루키안과 함께 이 역본이 대충 바티칸 사본의 바티칸 대문자 사본을 대표한다고 한다. 바티칸 사본이 가장 오래된 사본의 형태를 제시하기 때문에 여기에 대해서 반대하는 자에 대해서 스위트(Swete)는 "매 상황과 책에 관해서 그것이 옳다고 생각하는 것은 잘못일 수 있을 것이다. 그리고 바티칸 사본의 본문을 어디서나 반드시 칠십인 역 원본을 제시하는 것으로 다루는 것은 훨씬 중대한 잘못이 될 것이다"라고 경고했다.[77]

중요한 필사본

칠십인 역 사본 전승은 매우 방대하다. 위에서 소개한 고대 역본 이외도 대문자사본 21개를 포함한 297개 사본이 있고, 주후 4세기부터 16세기까지의 기간에 속하는 것이 2,050개 정도의 헬라어 필사본 완본이나 단편이 현재까지 알려져 있다.[78] 그 중에 중요한 것을 몇 개 소개하면 다음과 같다.

---

76) Cf. Sidney Jellicoe, *The Septuagint and Modern Study*, Oxford: The Clarendon Press, 1968, 148f.

77) Henry Barclay Swete, *An Introduction to the Old Testament in Greek*, Cambridge: The University Press, 1902, 487f.

78) Würthwein, *The Text of the Old Testament*, 71.

바티칸 사본(Codex Vaticanus, 𝕭)

주후 325–350년경의 것으로 바티칸 도서관에 1475년 이래로 지금까지 소장되어 있다. 1481년 바티칸 박물관의 소장품으로 처음 공개되었는데 사본은 질 좋은 송아지 가죽으로 제작되었고, 서체는 작고 깔끔한 대문자로 쓰였다. 원래 이 사본은 콘스탄티노플에 있었는데 1438–39년 재연합 공의회에 파견된 그리스 대표가 선물로 로마로 보냈다고 한다.[79] 이것은 구약 전본문을 수록한 것으로 대체로 훌륭한 칠십인 역 원문을 제공해 준다. 바티칸 사본은 원래 창세기 1:1–46:28[a], 사무엘하 2:5–7, 10–13, 시편 105:27–137:6[b]와 외경 마카비서가 없었다. 그런데 창세기와 시편 부분은 15세기 때 추가되었다. 이때 본문 외에 추가된 것도 많이 있다: 장과 단락의 번호, 사본의 장식, 창세기 제목을 큰 글자로 네 줄을 표기한 것, 시편에 붉은 잉크로 덧대어 쓰기 등.[80] 로마판 또는 식스투스판은 1590년 식스투스 V세의 후원에 의해서 출판되었으므로 바티칸 사본은 지금까지 헬라어 성경의 거의 모든 인쇄판의 토대가 되었다. 바티칸 사본의 원문은 이집트의 것으로서 대체로 오리겐 이전의 원문을 재생하고 있다. 특히 그 본문과 내용을 볼 때 하부 이집트인들의 것이었다고 한다.[81]

시내산 사본(Codex Sinaiticus, 𝕾)

시내산 사본은 1884년과 1859년에 사나이 반도의 성 캐더린 수도원에서 티쉔도르프(Constantin Tischendorf, 1815–74년)가 발견했다. 그때 그것은 네 권으로 되어있었다. 이 사본은 360년경에 가이사랴에서 기록된 것으로 일반

79) Theodore Cressy Skeat, The Codex Vaticanus in the Fifteenth Centrury, in *The Collected Writings of T.C. Skeat*, NTS, Leiden: Brill, 2004, 131.

80) Theodore Cressy Skeat, The Codex Vaticanus in the Fifteenth Centrury, 125-129.

81) Würthwein, *The Text of the Old Testament*, 73. 그러나 Skeat는 아타나시우스와 바티칸사본을 연결시켜서 이집트 기원을 설명하는 Rahlfs의 견해를 반대하고 바티칸 사본은 가이사랴에서 기록되었다고 한다. Theodore Cressy Skeat, The Codex Siniticus, The Codex Vaticanus and Constantine, in *The Collected Writings of T.C. Skeat*, 209-215.

적으로 바티칸 사본과 비슷하다.[82] 이 사본의 주요 부분은 러시아 혁명 이후 러시아의 손에 들어가 레닌그라드에 있다가 1933년 영국이 50만 달러에 구입하여 현재 대영 박물관에 소장 중이다. 그 작은 단편은 Codex Frederico-Augustanus란 이름으로 라이프찌히에 있다.

최근 연구에 따르면 이 사본은 세 명의 서기관에 의해서 기록되었는데 그 중에 두 사람은 교정자였다. 남아 있는 구약본문은 불완전하기는 하지만 창 23:19-24:46; 민 5:26-7:20 부분이 있고, 대상 9:27-19:17; 에스라-느헤미야(스 9:9 부터), 에스더, 토빗, 유딧, 마카비 상하, 이사야, 예레미야(애 2:20 까지), 요엘-말라기(헬라어 역본 순서대로), 시편, 잠언, 전도서, 아가, 지혜서, 시락서와 욥기가 있다.[83]

알렉산드리아 사본(Codex Alexandrinus, 𝔄)

이 사본은 주후 450년경 이집트에서[84] 나왔다. 1078년 알렉산드리아 주교에게 헌납해서 알렉산드리아 대주교 도서관에 있었기 때문에 그 이름을 얻게 되었다. 그후 1627년 영국 왕 칼 I세에게 헌납되어 지금까지 런던 대영 박물관에 소장되어 있다. 이 중요한 대문자 사본은 구약과 신약이 다 있지만, 앞의 두 사본과 마찬가지로 창세기에 문제가 있다. 창세기 14:14-17; 15:1-5, 16-19; 16:6-9만 빠졌다. 또 사무엘상 12:17-14:9과 시편 49:20-79:11이 없는 것을 제외하면 구약은 온전한 사본이다. 이 사본의 본문은 오리겐의 헥사플라(수, 룻, 에, 삼, 왕)와 헤시키아 역본(대, 스, 느) 그리고 루키안 역본(욥, 시, 선지서)의 특징을 각 책에서 반영하고 있는 특이한 사본이다.

H.B. Swete가 발행한 *The Old Testament in Greek* (3 vol., 1887-1891년과 이후의 몇 판)은 주로 바티칸 사본의 본문을 인쇄하고, 빠진 부분은 알렉산드리아 사본과 시내산 사본에서 보완했다. A. Rahlfs가 발행한 *Septuaginta*

---

82) Skeat, The Codex Siniticus, 193-209.

83) Würthwein, *The Text of the Old Testament*, 73.

84) Jellicoe, *The Septuagint and Modern Study*, 187.

I, II(Stuttgart, 1935년)는 주로 위 세 사본(B, A, S)에 근거해서 편찬되었다.

헬라어 사마리아 오경(Samariticon)

사마리아 오경도 헬라어로 번역되었다. 오리겐은 이 번역을 Samariticon 이라고 하면서 43번 그의 헥사플라의 목록에 인용했다. 이 번역의 단편들은 주후 4세기의 한 필사본에 남아 있다. 이 단편들은 크기는 빈약하다 할지라도 그 번역이 사마리아인들에게서 나왔지만 칠십인 역의 영향을 받았다는 것을 보여주기에 충분하다.[85] 아론의 축복(민 6:22-27)의 헬라어 본문이 적혀 있는 한 비문이 주후 4세기 데살로니카에 설립된 사마리아 회당에서 발견되었는데, 그것을 B. Lifshitz와 J. Schiby가 연구해서 발표했다. 그러나 그 축복은 헬라어 사마리아 오경이 칠십인 역에 의존하고 있다는 것을 증명하는 것이 아니라 그 비문이 히브리어 사마리아 오경에 얼마나 충실한 가를 보여주는 것이다.[86]

탈굼 역(Targums, 𝕿)

탈굼의 기원과 특징

아람어 탈굼은 시대적 필요를 충족시키기 위해서 그 시대의 통용어로 번역되었다는 점에서 칠십인 역과 같다. 포로 이후 아람어가 유대인들의 공용어가 되자 지식층과 일부 신학자를 제외한 일반 사람들은 히브리어를 이해하기가 힘들었다. 그래서 회당에서 성경을 낭독하는 것도 일상용어인 아람어로 할 수 밖에 없었다. 이 아람어 번역을 칭하는 탈굼은 *targēm*(번역하다)에서 왔다. 이것은 에스라 4:7의 מְתֻרְגָּם(pu. pt. 번역된)과 어근(*trgm*)이 같다.[87] 회당에

---

85) Jellicoe, *The Septuagint and Modern Study*, 245.

86) B. Lifshitz et J. Schiby, Une Synagogue samaritaine a Thessalonque, *Revue Biblique* 75, 1968, 368-378.

87) 아캇어: *targummanu* (번역자); 히타이트어: *tarkammāi* (번역하다, 설명하다).

서 관례적으로 번역자를 임명해서 낭독자가 각 절을 낭독한 후 번역자가 일상용어로 자유롭게 해석을 해주는데 그 사람을 *hamm^{e}tūrgem*(he who translates)이라고 했다. 랍비 히브리어에서는 *tirgēm*이 '설명하다'란 의미도 있지만 좀 더 제한적을 쓰여서 히브리 성경에서 다른 언어로 번역하는 사람에게 적용되었다. 그래서 명사 *targūm*도 어떤 언어든지 번역된 성경을 가리키는 말이 되었다.[88] 탈굼 역은 칠십인 역과 같이 히브리어 성경에서 번역했지만 자구적인 번역이 아니라 유대인 해석방법 중 하나인 다라쉬(*darash*)와 같은 방법을 적용한 자유로운 '해석'이라고 할 수 있다.[89] 특별히 팔레스타인 탈굼 전부를 가지고 있는 바티칸 도서관의 Neofiti는 설명체의 해석을 하고 있는 데 그것은 랍비와 같은 엘리트를 위한 것이 아니라 종교적으로 교육받지 못한 사람들을 위한 것이다.[90] 그래서 탈굼을 랍비문헌으로 분류하지 않고 하나의 번역 성경으로 분류한다. 그것은 성격상 영어성경 *Living Bible*과 같은 것이다.

탈굼은 오랫동안 구전으로 전해오다가 후대에 문자로 기록되었는데 이미 신약시대에 문자로 기록된 해석이 있었다.[91] 율법서와 예언서의 원본은 주후 2세기 것이다. 이것은 3세기에 바벨론에서 편집되었다. 현존하는 것은 후대의 개정판이다.[92] 탈굼은 한 책으로 구약 전체를 담고 있는 것은 없고, 모두 합해서 다니엘과 에스라-느헤미야를 제외하고는 다 번역되었다. 물론 이 책들은 원래 아람어로 쓰였기 때문에 번역할 필요가 없었다(느헤미야는 에스라로 분류했다).

---

88) Philip S. Alexander, Targum, *ABD* 6, 320.

89) Josep Ribera, The Targum: From Translation to Interpretation, in D.R.G. Beattie and M.J. McNamara (ed.), *The Aramaic Bible: Targums in their Historical Context*, Sheffield: JSOT Press, 1994, 218.

90) Paul V.M. Flesher, Targum as Scripture, in Paul V.M. Flesher (ed.), *Targum and Scripture: Studies in Aramaic Translations and Interpretation*, Leiden: Brill, 2002, 75.

91) 예: 11QtgJob, Jongeling, 1974.

92) Würthwein, *The Text of the Old Testament*, 79f.

탈굼의 종류

탈굼 옹켈로스(Targum Onqelos)

옹켈로스 탈굼은 유대인들의 공인된 오경 아람어 역본이다. 이 이름은 아마 헬라어 번역자 아퀼라를 잘못 발음해서 생겼을 것으로 본다. 이 역본은 주후 2세기에 기록했을 것이지만 본문 자체는 기독교 이전의 전승에 근거한다. 바벨론 모음표기가 붙었기 때문에 그것이 바벨론에서 기록되었다는 주장도 제기되었다.[93] 그러나 첨부된 설교의 문체가 팔레스타인 탈굼의 구절과 일치하고 옹켈로스의 방언이 어휘와 문법에 있어서 동부보다는 서부 쪽의 성향이 훨씬 강하게 나타나기 때문에 그것은 팔레스타인에서 기록되었다고 본다. 또 옹켈로스의 아람어는 쿰란에서 발견된 '외경 창세기'와 매우 흡사하다. 팔레스타인에서 기록된 옹켈로스는 바벨론에서 받아들여져서 거기서 공인되었다.[94] 물론 그것은 단순한 전수가 아니라 4, 5세기 바벨론에서 마소라 작업과 함께 철저한 개정 과정을 거쳤을 것이다. 탈굼 전승의 전반적인 과정을 고려해 볼 때 옹켈로스가 히브리어 본문의 꽤 축어적 번역을 제시하는 것은 이 개정작업 때문으로 보인다. 시적인 본문과 일부 산문은 풀어서 의역하는 경향이 있고, 또 편집과정에서 제거한 의역을 볼 때 의역을 지향한 흔적도 역력하다. 옹켈로스 탈굼은 몇몇 의인화(anthropomorphism)된 표현을 하나님의 임재나 행동을 표현하는 용어로 대체하고 족장들을 이상적인 인물로 제시하는 경향이 있다. 또 고대의 명칭은 현대식으로 바꾸었다.

카이로의 게니자에서 탈굼 생성 초기에 관한 부가적인 정보를 얻을 수 있다. 다른 게니자 자료에서 팔레스타인 탈굼을 발견했다. 이 단편들은 한때 높이 존중을 받았던 팔레스타인 탈굼이 완전한 형태로 존재했다는 것을 증거한다. 이 탈굼이 바벨론에서 개정을 거친 후 옹켈로스 탈굼으로 공식 인정받은 탈굼 원본과 관계가 있을 것이다. 1956년 Alejandro Diez Macho는 바티칸

---

93) Paul E. Kahle, *The Cairo Geniza*, Oxford: Basil Blackwell, 1959, 191.

94) Philip S. Alexander, Targum, *ABD* 6, 321.

도서관의 Neofiti I 사본에서 오경 팔레스타인 탈굼을 발견했는데 이 사본은 주후 1504년에 복사한 것이다. 서문 자료와 부록이 첨부된 이 탈굼의 초판은 1968년과 1979년 사이에 출판되었다.[95)]

탈굼 요나단(Targum Jonathan)

요나단 탈굼도 옹켈로스와 함께 유대 공동체가 공식적으로 인정하고 받아들인 탈굼이다. 이 명칭은 헬라어 번역자 '데오도치온'의 히브리어 음역에서 왔다. 탈굼 옹켈로스와 같이 이 역본도 팔레스타인에서 생겨서 후에 바벨론에서 개정되었다. 이 역본은 주후 4세기 초 바벨론 탈무드에 권위 있는 것으로 인용되었다. 요나단 탈굼은 선지서 전부(전후)를 포함한다. 이 탈굼은 일반적으로 옹켈로스보다 의역이 많다. 그러나 전선지서는 대체로 마소라 사본을 충실히 따르는 편이다.[96)] 그래도 탈굼이 가지는 특성을 벗어나지 못하고 있다. 그것은 설명과 의미의 정확한 전달을 하려는 데서 나타나는 현상이다. 즉 인명과 지명의 수정(수 7:9; 17:15) 및 현대화(수 10:41), 수(단수, 복수)의 명료화(수 7:21), 단어삽입과 교체(수 2:5; 왕상 12:15), 시대 착오적인 표현은 시대에 맞게(삼상 4:6, 9), 은유적인 표현을 구체적으로(왕상 11:36), 하나님의 이름을 '주'로(수 22:33), 미드라쉬적 첨가와 신학적 해석(삿 5장)이 나타난다.[97)] 특히 후선지서에서는 그 공동체의 의식과 신학을 반영한 해석이 많이 나타나기 때문에 설명을 위한 수정이 더 많다. 즉 예레미야서에서 '내 백성'을 '총회'라고 한다든지, 바리새적 랍비 전통을 가진 탈굼 에스겔서에서 '하나님의 이상'을 보는 것을 '주의 계시의 영광'을 보는 것으로 번역했다.[98)] 후선지서에서 이런

---

95) Brotzman, *Old Testament Textual Criticism*, 71; Würthwein, *The Text of the Old Testament*, 81.

96) Holloway는 탈굼 요나단이 미드라쉬같은 해석은 피하고 문자적으로 마소라 본문에 충실하다고 한다. Steven Holloway, Book of 1-2 Kings, *ABD*4, 74.

97) Daniel J. Harrington and Anthony J. Saldarini (trans.), Targum Jonathan of the Former Prophets, *The Aramaic Bible*, Edinburgh: T.& T. Clark, 1987, 5-13.

98) Robert Hayward (tans.), *The Targum of Jeremiah*, Edinburgh: T.& T. Clark, 1987, 24;

현상이 더 심하게 나타나는 것은 글의 특성상 명확하게 표현해야 할 부분이 많기 때문으로 여겨진다.

가경 탈굼 요나단(Targum Pseudo-Jonathan)과 탈굼 단편(Fragment-Targum)

이 탈굼들은 비공인 역본인데 가경 탈굼 요나단은 *Targum Yerushalmi I* 로도 알려져 있다. 가경 탈굼 요나단은 탈굼 옹켈로스에서 좀 개정한 팔레스타인 탈굼을 보여준다고 한다. 이 탈굼의 근원은 기독교 이전 시대로 거슬러 가기 때문에 기독교초기의 유대주의 연구에 중요한 기여를 한다. 그 언어는 팔레스틴에서 상용되던 아람어이기 때문에 아람어 연구에 중요한 자료가 된다.[99] 다니엘과 에스라-느헤미야를 제외하고 히브리어 성경의 모든 책은 적어도 한 개 이상의 탈굼이 있다. 이것은 전부 팔레스타인 아람어로 기록되었는데, 아마 잠언은 예외가 될 것이다.[100]

탈굼 단편은 *Targum Yerushalmi II*로 알려져 있는데 이것을 '단편'이라고 하는 이유는 이 역본이 연속적인 본문번역은 빠뜨리고 각 절에 대한 미드라쉬적 주석만 포함하기 때문이다. 이것은 곧 팔레스타인 탈굼에서 온 미드라쉬 자료모음집이다. 이 역본은 다섯 개의 그룹으로 나누어져 있는데 그 내용과 분량이 서로 다르고 내용이 중첩되는 것도 많다. 이렇게 분류된 역본들의 통일된 근원을 찾는 것도 불가능하다. 공통된 것은 팔레스타인 탈굼에서 나왔다는 것이다. 그래서 이 사본들은 네오피티와 외경 탈굼 요나단 사이의 성경 주석에 대한 광범위한 전통을 형성하고 있다.[101]

탈굼의 다양한 버전이 제문서에 해당하는 시편, 욥기, 잠언, 오축(the five scrolls)과 역대기를 포함하고 있다. 에스더가 세 가지 개정판이 있는 것을 보면 이것이 널리 보급되었다는 것을 알 수 있다. 오축과 역대기 탈굼은 고대 예

Samson H. Levey (tans.), *The Targum of Ezekiel*, Edinburgh: T.& T. Clark, 1987, 12.

99) Würthwein, *The Text of the Old Testament*, 82.

100) Brotzman, *Old Testament Textual Criticism*, 71.

101) Philip S. Alexander, Targum, *ABD* 6, 323.

루살렘 탈굼에 속한 것으로 본다. 단편 탈굼의 형태는 매우 다양하다. 시편 탈굼은 철저한 축어적 번역과 극도의 의역이 혼합되었고, 욥기도 시편과 비슷하다. 오축 탈굼은 지나친 의역으로 미드라쉬 수준이다. 아가서는 8세기에 기록되었을 것인데 아랍어의 영향이 나타난다. 이 탈굼들이 그렇게 중요하지 않은 것은 대체로 사적인 것이고 연대적으로 후대에 속하고 공인된 것이 아니기 때문이다.[102)]

구약본문비평을 위한 탈굼의 가치는 기대하는 것보다 적다. 우선 탈굼이 생성되는 역사적 배경이 구두 해석으로 이루어졌기 때문이다. 유대인들은 해석을 함으로써 회당 예배자들의 이해를 도왔기 때문에 그것은 정확한 본문 전승의 도구라기보다는 유대교의 구약주석역사에 대한 중요한 자료를 제공한다. 물론 이 말은 탈굼이 구약원문을 결정하는데 전혀 도움이 되지 않는다는 뜻은 아니다. 이것은 단지 구약본문 연구에 탈굼이 얼마나 유용한가를 표현하는 일반적인 특성을 지시할 뿐이다.[103)]

사마리아 탈굼(The Samaritan Targum)

사마리아 사람들이 신성시했던 오경도 아람어로 번역되었는데 어떤 것도 공식적인 개정본으로 인정받지 못했다. 그 이유는 사람들이 히브리어를 몰랐고 또 아람어에 대해 무지한 서기관들에 의해서 그 사본의 가치가 폄하되었기 때문이다. 그 대본은 사마리아 오경의 잔존하던 사본들이었을 것이다. 탈굼 옹켈로스의 영향도 나타나는데 그것은 주후 800-1000년 사이에 있었던 것으로 보인다.[104)] 남아 있는 거의 모든 필사본이 자체의 본문을 갖고 있다. 이 역본

102) Bleddyn Jones Roberts, *The Old Testament Text and Versions: The Hebrew Text in Transmission and the History of the Ancient Versions*, Cardiff: University of Wales Press, 1951, 209-211.

103) Cf. Brotzman, *Old Testament Textual Criticism*, 72; Würthwein, *The Text of the Old Testament*, 80.

104) Bruce Waltke, Samaritan Pentateuch, *ABD* 5, 935.

은 팔레스타인에서 사마리아 사람들이 쓰던 아람어 방언으로 기록되었다. 칼레는 "우리는 여기서 성경번역이 완성되기 전에 번역이 이루어지는 초기단계의 탁월한 탈굼의 본을 대할 수 있다"고 했다.[105)]

시리아 역, 페쉬타(Peshitta, 𝔓)

기독교가 시리아에 전파됨으로써 그곳의 언어로 성경을 번역할 필요를 느꼈다. 시리아어는 히브리어로 아람어라고 하는데 이것은 유대인들이 이교도에게 적용한 명칭이기 때문에 기독교인들은 이 용어를 시리아어라고 했다. 그래서 시리아어는 기독교적 아람어라고 할 수 있을 것이다.

페쉬타는 시리아 교회(시리아정교회, 마론파, 동방교)의 표준성경이다. 9세기부터 쓰이기 시작한 페쉬타라는 말은 '단순한, 평이한' 이란 뜻으로 라틴어판 '불가타' 와 같은 의미의 이름을 붙였다. 이것은 오리겐의 헥사플라에 있는 칠십인 역에 기초한 시리아-헥사플라의 복잡성과 구분하기 위한 것이다. 페쉬타의 기원과 초기 역사에 대해서 알려진 바는 없다. 그 기원에 대한 시리아어 정보는 전설적인 성격이 있고 또 별로 가치도 없다. 한 전승은 그 역본이 솔로몬 통치 때 이루어졌다고 하고, 또 다른 전승은 기독교적 기원을 갖는다고 한다. 칼레는 요세푸스의 글(Antiq. XX 4)을 인용해서 그 기원을 설명했다. 티그리스 동쪽에 있는 도시 Adiabene의 왕과 관리들이 유대교로 개종하여 자기들이 이해할 수 있는 말로 기록된 성경이 필요했다는 것이다. 그때 그곳의 언어는 '시리아어' 라고 하는 아람어 방언이었다. 시기적으로는 주후 1세기 중반인데 오경은 거기에 유대교를 믿는 왕들이 있을 때 소개되었다고 한다.[106)] 그러면 이것이 페쉬타 번역의 시작이 될 수 있을 것이다. 그러나 아마 주후 150-200년경 시리아 교회가 탄생한 후 이 번역이 이루어졌을 가능성이 있

105) Kahle, *The Cairo Geniza*, 52.
106) Kahle, *The Cairo Geniza*, 272.

을 것이다. 또 번역과정에서 아람어 탈굼이 이 시리아 번역에 지대한 영향을 끼쳤다고 주장하는 이도 있고, 이 번역이 처음부터 히브리어 본문으로부터 이루어졌다고 보는 학자도 있다.[107] 페쉬타는 마소라 본문과 언어에 있어서 밀접한 관계가 있으므로 히브리어 본문에서 출발했다고 볼 수 있다. 페쉬타의 기원이 무엇이든 간에 그것은 다른 본문과 번역에 따라서 여러 차례 개정을 거쳤다. 이 과정에서 주로 칠십인 역이, 때로는 탈굼이 시리아 역본에 영향을 끼친 것으로 보인다.[108] 그러나 서기관은 개정과정에서 꼼꼼하게 히브리 본문에 맞춘다거나 본문을 표준화하려는 시도는 하지 않았다. 그런데 9, 10세기 사본들이 하나의 표준본에서 나온 것처럼 여겨지는 원본이 있었다. 이때 엄청나게 많은 사본이 이집트 Der es-Suryan수도원에 들어왔는데 그 수가 주후 932년에만 250개에 달했다. 시리아에서는 사본의 공백기간이 있었겠지만 그것은 시리아에 우연히 남겨진, 9세기부터 만들어진 사본으로 채워졌다. 이렇게 마소라 본문에 근거한 새로운 사본 전승이 일어나서 지리적으로나 본문의 방향에 있어서 다양하게 퍼져나갔다. 이것은 런던과 로마에 있는 거의 초기의 모든 사본이 왜 이집트에서 왔는지 그리고 왜 후기 사본들이 페쉬타 본문의 역

107) 출애굽기를 연구한 Koster는 오경은 히브리어 원문에서 왔지만 시편과 선지서는 다르다고 한다. M. D. Koster, *The Peshiṭta of Exodus*: The Development of its Text in the Course of Fifteen Centuries, Assen: Van Gorcum, 1977, 196f.; 레위기도 초기 페쉬타는 마소라 본문과 관련된다고 한다: David J. Lane, *The Peshiṭta of Leviticus*, Leiden: Brill, 1994, 48; Morrison은 사무엘상도 마소라 본문에서 왔다고 본다: Craig E. Morrison, *The Character of the Syriac Version of the First Book of Samuel*, Leiden: Brill, 2001, 1-3. Walter는 예레미야는 마소라 본문에서 왔지만 당시 낡은 사본을 썼다고 한다: Donald M. Walter, Manuscript Relationships for the Peshitta Text of Jeremiah, in W.Th. van Peursen and R.B. ter Haar Romeny (eds.), *Text, Translation, and Tradition*: Studies on the Peshitta and its Use in the Syriac Tradition, Leiden: Brill, 2006, 252.

108) 시리아 역 개정에 칠십인 역이 가장 큰 영향을 미쳤다고 하는 Brotzman의 견해에 Morrison은 정면으로 반대한다. 그는 시리아 역이 칠십인 역에서 독립적인 입장이었다고 한다: Craig E. Morrison, *The Character of the Syriac Version of the First Book of Samuel*, 7, 148; Van der Kooij는 이사야서 한 부분에서 그 영향을 인정한다: Arie van der Kooij, MS 9A1 of the Peshitta of Isaiah: Some Comments, in *Text, Translation, and Tradition*, 76.

사 연구에 중요하지 않은지를 설명해준다.[109]

페쉬타는 마소라 본문과 언어적으로 가깝기 때문에 본문비평에 중요하다. 그렇지만 그 본문의 상이한 점과 전승을 잘 따져서 사용해야 할 것이다.

주후 5세기에 시리아 교회가 네스토리우스파와 야곱파로 나누어짐으로써 페쉬타도 동 시리아와 서 시리아 각각 두 전승으로 분리되었다. 페쉬타 중에 구약 전체를 담고있는 가장 중요한 원문(West Syriac Codex Ambrosianus, 주후 6 혹은 7세기)은 밀라노에 있는 암브로스 도서관에 소장되어 있는데 1879−1883년에 A. M. Ceriani가 사진 석판으로 편집 출판한 것이다(Translatio Pescitto Veteris Testamenti, ÍA). BHS에 인용된 것에는 London codex British Muesum Add. 14431 (ÍB), Leningrad codex Public Library No. 2 (ÍC)와 London codex British Museum Add. 14442(ÍD)가 있다.[110]

라틴어 역, 불가타(Vulgata)

기독교가 널리 전파된 1세기는 정치적으로는 로마의 지배를 받았지만 지중해 세계의 공용어는 헬라어였다. 그래서 바울도 헬라어로 설교하고 저술했다. 교회는 구약을 헬라어로 된 칠십인 역으로 쓰고, 신약을 헬라어 성경으로 그대로 썼다. 그런데 라틴어를 공용어로 사용하는 남부 골지방과 카르타고를 중심으로 한 북아프리카는 경우가 달랐다. 초기에 기독교가 북아프리카에 전파되었을 때 헬라어를 모르는 사람을 위해서 예배시 성경읽기와 설교를 라틴어로 구두 번역했을 것이라고 추측한다. 그 후 이 번역은 기록되어 성경 전 부분으로 확대되었다. 주후 2세기부터 라틴어 번역이 나오기 시작했는데 터툴리안(주후 160−220년)은 나름대로 라틴어 역을 사용했고, 3세기 중반에는 카르타고의 주교 키프리안(258년 사망)이 라틴어 성경을 상당부분 인용했다.[111] 그

---

109) Würthwein, *The Text of the Old Testament*, 87.

110) Würthwein, *The Text of the Old Testament*, 88-89.

111) Pierre-Maurice Bogaert, Latin Versions, *ABD* 6, 799.

런데 같은 구절에 대해서도 상당한 차이를 보이는 것은 통일된 번역본이 없었던 것이다. 이것은 연속된 개정에 대한 복잡한 역사가 있다는 것이다. 라틴어 역은 표준번역이 나올 때까지 너무나도 다양한 본문으로 성장했다.

구 라틴어 역(The Old Latin, Itala)

주후 2세기 말쯤에 배포된 라틴어 역은 '구 라틴어 역'이었다. 어거스틴은 구 라틴어 역본과 이탈라를 다른 역본을 보지만 많은 학자들은 이탈라는 따로 존재하는 역본이 아니라고 한다. 구 라틴어 역의 뿌리는 예배 때에 성경을 이중으로 읽는 관습에서 발견된다. 먼저 헬라어로 읽고, 다음에 현지어인 라틴어로 읽었다. 기록된 형태로는 처음에 절 사이에 번역을 적어 넣다가 나중에는 두 난으로 된 사본이 준비되었다.[112] 이후에 라틴어는 독자적인 번역본이 되었다. 이렇게 구 라틴어 역은 히브리어 성경이 아니라 칠십인 역에서 번역했기 때문에 또 다른 '번역의 소산'이다. 이 번역은 전체적으로 매끄럽지 못하고 종종 지나치게 자구적이다. 이 역본은 계속 개정을 거치며 성장하는 동안 아프리카와 유럽이라는 두 계보를 지니고 있다. 그들은 서로 다른 언어를 쓴 것이다.[113] 이 역본은 오래지 않아 불가타로 대체되었기 때문에 현존하는 사본은 얼마되지 않고 또 불완전하다. 그러나 그것이 주후 150년경에 번역되었다는 것은 이 번역을 통해서 오리겐, 루시안, 헤시키우스 역본보다 이른 시기의 헬라어 역본을 접할 수 있다는 말이다. 그래서 이 역본은 히브리어 성경 보다는 칠십인 역 원문을 결정하는데 도움을 준다. 여기에 더 큰 중요성이 있다 하겠다. 그래서 구 라틴어 역본은 구약 히브리어 본문을 논하는 간접적인 수단을 제공할 뿐이다.

---

112) Bruce M. Metzger, *The Bible in Translation: Ancient and English Versions*, Grand Rapids, Michigan: Baker Academic, 2001, 30f.

113) Metzger, *The Bible in Translation*, 31f. 헬라어 φῶς(빛)를 아프리카에서는 lumen, 유럽에서는 lux라고 하고, δοκιμάζω(조사하다, 증명하다)는 각각 clarificare, glorificare로 번역했다.

라틴어 역, 불가타(Vulgata, 𝔙)

라틴어를 공용어로 쓰는 교회에서는 예배와 신학 토론을 위해서 통일성과 신빙성이 있는 본문이 절실했다. 그래서 교황 다마수스 1세(Damasus I, 366–384년)는 당대에 가장 뛰어난 기독교 학자인 제롬(Eusebius Sophronius Hieronymus)에게 통일성이 결여된 구 라틴어 역본을 개정할 것을 위임했다. 제롬은 340년에서 350년 사이 Dalmatia에서 태어나 로마에서 문법과 논리학을 공부했다. 그후 로마제국의 동서양 여러 지역에서 금욕생활과 신학연구에 자신을 바쳤다. 그는 Chalcis사막의 은둔자로서 한 유대인 기독교인에게서 히브리어를 배우고(주후 374–379년) 그후 사제로서 라오디게아의 아폴로나리우스와 안디옥의 나지안주스의 그레고리의 문하에서 공부했다. 사실 그가 안디옥에 갈 때까지만 해도 헬라어를 몰랐던 것으로 생각된다.[114] 382년 로마로 소환되어 라틴어 성경작업을 위한 임무를 부여받았다. 그는 로마에서 그 작업을 시작했으나 386년 가을부터 베들레헴 근처 한 수도원 원장으로서 그 일을 계속했다. 거기서도 매일 밤 팔레스타인 랍비 바–아니나(Bar Anina)의 방문을 받아 히브리어를 배웠다. 실제로 제롬의 히브리어 지식은 부족한 것이지만 당대의 교부들에 비하면 탁월한 것이었다.[115]

제롬의 개정 작업은 여러 단계에 걸쳐서 수행되었다. 첫 번째 단계에서 그는 칠십인 역에 근거해서 시편을 약간 개정했는데 그것은 '로마시편' 으로 알려져 있다. 조금 뒤에 칠십인 역과 히브리어 성경에 근거하여 시편을 더 광범위하게 개정했는데 그것은 '갈리칸 시편' 으로 알려졌다. 이것은 오늘날까지 라틴교회의 시편 표준 번역판이 되었다. 마지막 세 번째 단계에서 제롬은 히브리어 본문에 근거하여 구약본문 전체를 완전하게 개정했다. 이때 자신은 외경의 정경성을 의심했지만 그것도 포함시켰다. 이 단계에서 제롬의 개역작업은 약 15년(주후 390–405년) 걸렸다.[116] 그가 히브리어 본문에 근거해서 개정

114) Metzger, *The Bible in Translation*, 33.
115) Metzger, The Bible in Translation, 33.
116) Würthwein, *The Text of the Old Testament*, 95f.

할 때 사전과 문법책도 없는 상태에서 이전의 여러 역본들의 도움을 받을 수 밖에 없었다. 처음에는 제롬의 작품은 엄청난 저항을 받아 사람들의 분노를 일으켰다. 교부들은 구 라틴어 역만 사용했다. 특히 칠십인 역을 영감된 것으로 여기는 어거스틴은 제롬이 라틴어 역을 더 좋아하는 것을 아주 불쾌하게 여겼다. 그렇지만 7세기 초에는 구 라틴어 역본과 동등한 존중을 받았다. 불가피하게 이 둘은 계속해서 교회에서 나란히 사용되었지만 8, 9세기에는 제롬의 작품이 구 라틴어 역본을 대신하게 되었다. 불가타 판은 1546년 트렌트 공의회에서 로마 카톨릭 교회에 의해서 공인된 성경으로 채택되었다. 사실 '불가타' 란 이름은 헬라어 '코이네' 와 같은 말인데 16세기 이후에 제롬의 번역을 포함하는 라틴어 성경을 가리키는 것으로 사용되었다.[117] 공의회 직후 인가받는 두 종류의 라틴어 판 성경이 나왔다. 첫째 판은 교황 식스투스 I가 1589년에 공인한 것이고, 둘째 판은 좀 더 신중하게 만든 것인데, 1592년 교황 클레멘트 VIII에 의해 출판된 클레멘타인 판이다.

불가타는 히브리어 본문을 증거하는 것으로서 중요하지만 그 가치는 보기보다는 적다하겠다. 비록 히브리어 분문에 대한 관주가 붙어있지만 본문비평을 위한 유용성은 한 번역이 지니는 다양한 특성에 의해서 또 구 라틴어 역본과 오랫동안 공존하던 것 그리고 칠십인 역과 상호 의존한 것에 의해서 영향을 받는다.[118]

다른 고대 구약 역본

콥트어 역(The Coptic Version)

헬라어를 모르는 이집트 원주민 농부들이 개종하여 콥트, 이집트 교회를 세

---

117) Pierre-Maurice Bogaert, Latin Versions, *ABD* 6, 801.

118) Brotzman, *Old Testament Textual Criticism*, 72; E. Würthwein, *The Text of the Old Testament*, 85.

웠고 그들을 위한 콥트어로 번역된 성경이 필요했다. 콥트어는 이집트 신성문자에서 파생된 방언인데 기독교 시대에 헬라어 용어를 빌려 쓰면서 헬라어 알파벳으로 표기되었다. 여기에 헬라어에서 발음되지 않는 이집트 민중문자 일곱 개가 첨가되었다. 다섯 개의 방언이 있지만 최초로 완성된 역본은 상 이집트 방언으로 된 사히딕(Sahidic) 역본인데 이것이 가장 중요하다. 이것은 3세기 중반 칠십인 역에서 번역한 것인데 아마 이집트 교회의 공식적인 요청에 의해서 번역되었을 것이다. 사하딕 역본은 제법 완성된 오경을 포함한 주요 부분이 현존하는 상당수의 사본에 의해서 재구성될 수 있다. 20세기 초 파이윰(Fayyum)지방 남쪽 경계에서 발견된 사본 수집물이 대부분 사하딕으로 기록된 사본이었다. 그 연도는 대부분 9세기 중반에서 10세기 후반이고, 거기에 56개의 성경사본도 포함되어있다.[119] 그 이후 역시 상 이집트 방언인 아크미믹(Akhmimic) 역본이 생겼는데 이것은 사히딕 역본을 따른 것이다. 4세기에는 하 이집트 방언인 보하이릭(Bohairic) 역본이 생겼는데 사히딕과는 독립적으로 칠십인 역에서 번역했다. 또 다른 방언으로 계속 번역되었지만 모두 4세기의 칠십인 역을 원문으로 해서 번역했고 가끔 이문도 나타난다. 이 역본은 완전히 보존된 유일한 사본으로서 궁극적으로 이 역본이 이집트에서 수용된 성경이 되었다. 이 방언은 아랍어가 일상어가 된 이후에도 콥트 교회의 예배와 교회의 언어로 생존했다.[120]

그래서 본문비평을 위한 가치는 이 사본의 고대성에 있다고 하겠다. 5세기 말 이전에 기록된 상당수의 완본과 단편이 아직 남아있고, 그 중에 다수는 3, 4세기의 것이다. 그렇지만 고대성이 원본을 추적하는데 결정적인 요인을 될 수가 없다. 왜냐하면 오리겐 이전 시대에도 본문의 여러 부분을 히브리어 본문에 근거해서 지속적으로 수정을 했기 때문이다.[121]

119) Metzger, *The Bible in Translation*, 36.
120) Metzger, *The Bible in Translation*, 36f.
121) Würthwein, *The Text of the Old Testament*, 100f.

에디오피아어 역(The Ethiopic Version)

루피누스(Rufinus)의 교회사에 의하면(1, 9) 4세기 중엽에 에디오피아의 수도 악숨(Aksum)의 왕과 백성이 기독교로 개종했다. 이것은 콘스탄틴 황제가 기독교를 공인한 직후의 일이다. 이들은 남부 아라비아에서 이주한 사람들의 후예로서 셈어의 방언인 기즈(Geez) 혹은 에디오피아어를 사용했다. 그들은 개종 직후 시리아 역, 히브리어 본문과 칠십인 역을 사용하여 성경번역을 착수한 것으로 보이지만 완전한 번역은 몇 세기 후에 이루어졌다고 한다(5-8세기). 이 원본은 뒤에 아랍어 역본과 칠십인 역 그리고 히브리어 본문을 참고하여 상당한 개정을 거쳤다. 현존하는 역본은 13세기의 것이다. 이 역본의 의의는 칠십인 역 본문에 대한 증거가 된다는 것이다. 특히 에디오피아 역의 소선지서 부분은 칠십인 역 알렉산드리아 그룹과 관계가 있다고 한다.[122]

아르메니아어 역(The Armenian Version)

주후 3세기 말엽 아르메니아는 국왕 티리다테스 III세(Tiridates III)가 세례를 받음으로써 기독교 국가가 되었다. 그 후 백 년 뒤 그 나라가 비잔틴과 페르시아로 분열되었다. 5세기 초 아르메니아 교회내부에 정치적이고 또 종교적인 개혁운동이 일어났다. 이때 아르메니아 민족 교회가 문헌과 예전을 위해서 헬라어와 시리아어를 사용했는데 아르메니아 사제 메스롭(Mesrob, 약 361-439년)이 아르메니아어 철자를 고안하고 그 민족 문학의 기초를 놓았다. 바로 그때 성경이 현지어로 번역되었다.[123] 최초의 성경 역본(약 414년)은 시리아어 페쉬타에 기초를 두었고 곧 바로 개정되었다. 우리에게 전해진 최종 공식 역본은 칠십인 역에 근거해서 개정되었지만 페쉬타의 영향도 분명히 나타난다. 아르메니아 역은 헥사플라 개정판만 따르고 헥사플라 참고표가 자주 그 사본에 나타나기 때문에 이 역본은 오리겐의 헥사플라 다섯째 란에 대한 중요

---

122) Würthwein, *The Text of the Old Testament*, 102; Metzger, The Bible in Translation, 44.
123) Jellicoe, *The Septuagint and Modern Study*, 259.

한 증거가 된다.[124]

아랍어 역(The Arabic Versions)

고대사회에서 한 지역에 머물러 있던 아랍어가 이슬람교의 승리와 함께 그 사용이 확대되어 그 언어가 문학적인 언어가 되었다. 아랍권에 사는 유대인과 기독교인은 아랍어가 일상용어가 되었고, 아랍어 성경 번역의 필요를 느꼈다. 7세기에 부분적으로 번역된 듯 하지만 최초의 역본은 모슬렘이 스페인을 점령한 지 12년 후인 724년에 Sevile의 감독이 번역한 것이다. 10세기에 히브리어 원문에서 번역한 사디아 가온(Saadia Gaon of Egypt, 928년부터 바벨론 Sura 아카데미 대표자였음)의 번역은 유대인 사회에서 가장 중요한 아랍어 역본이었다. 이것은 일부만 남아 있다. 이 역본은 처음에 사마리아인들이 받아들였고, 나중에 다른 민족들이 받았다. 현재 사마리아 사람들이 사용하는 아랍어 역본의 표준판은 13세기 후반에 살았던 Abu Sa' id에 의한 것이다.[125] 아랍어 여러 사본은 칠십인 역과 페쉬타 그리고 다른 역본에서 나왔기 때문에 현존하는 여러 사본을 혼합한 특징이 강하다. 이것은 파리의 대역성경과 런던의 대역성경에서 확인할 수 있다. 오경은 히브리어에서 온 사디아 역이고, 여호수아는 히브리어 본문을, 역사서와 욥기는 페쉬타, 선지서, 시편과 잠언은 헬라어 역본을 나타낸다. 이것은 편집인들이 16세기 이집트 사본을 사용한 결과로 나타난 것이다.[126] 이 역본의 본문 비평적 가치는 적지만 해석사에 기여하는 바는 있다.

---

124) Würthwein, *The Text of the Old Testament*, 103.
125) Würthwein, *The Text of the Old Testament*, 104.
126) Jellicoe, *The Septuagint and Modern Study*, 266.

5. 본문비평을 위한 지침

본문전승의 역사는 본문의 진정성과 관련된 많은 문제를 보여준다. 모든 본문에는 의도적이든 비의도적이든 많은 개정과 누락, 중음생략, 자위전환, 첨가, 이중표기, 오기와 같은 다양한 오류가 나타난다. 이러한 문제를 극복하고 히브리어 원본에 가장 가까운 원문을 복구해내는 것이 본문비평의 임무이다. 우리가 가지고 있는 히브리어 본문도 똑같은 전승의 과정을 거친 것을 생각한다면 본문비평은 구약 연구의 일차적인 작업이 될 것이다. 본문이 확정된 다음에 정당한 주석과 신학 그리고 설교도 가능해진다.

본문비평을 위한 지침으로 전통적으로 여러 가지 경구가 주어졌다.[127] 그것은 일반적으로 오래된 필사본에 우선권을 두는 것이다. 그런데 가장 오래된 사해사본이나 마소라 본문보다 오래된 콥틱 역본이 전체적으로 마소라 본문보다 더 낫다고 말할 수 없을 것이다. 또 어려운 필사본, 혹은 짧은 필사본에 우선권이 있다는 것도 그럴 수도 있지만 보편화시키기 어려운 점이 있다. 필사 당시에 의미전달이 안되는 오기를 할 수도 있고 또 원문의 일부를 빠뜨릴 수도 있는 것이다. 그래서 여기서 가장 일반적이고 실제적인 본문비평의 결정 지침으로 뷔터바인의 견해를 정리해서 소개하려고 한다.[128]

① 마소라 본문과 다른 증거들이 동일한 텍스트를 제공하고 있고 또 그것이 흠잡을 데 없고 뜻이 통하고 이문이 없이 보존된 것은 우선권을 갖는다.

② 마소라 본문과 다른 본문들이 차이가 있을 때 다른 본문은 주로 마소라 본문을 따라야 한다. 일반적 원칙을 따르기가 어려운 경우에는 즉 마소라 본문이 이해할 수 없는 언어나 주제를 제시할 때는 문제가 해결되지 않은 상태에서 양쪽 독본이 다 인정이 되어야 한다.

---

127) L.G. Archer, *A Survey of Old Testament Introduction* (3rd), Chicago: Moody Press, 1994, 64.

128) Würthwein, *The Text of the Old Testament*, 118-120.

③ 마소라 본문이 미심쩍거나 언어나 문맥에서 맞지 않는데 반하여 다른 증거들이 만족스러운 독본을 제시한다면 후자에게 신빙성을 부여해 주어야 한다. 그것은 필사자의 실수로 볼 수밖에 없다.

④ 마소라 본문과 다른 증거들이 모두 언어적으로 또 문맥상 개연성이 있거나 가능성이 있는 본문을 제시해 주지 못한다면 결국 합법적으로 추측에 도움을 청할 수밖에 없다. 그러나 이 같은 추측은 본문의 훼손이 아주 오래된 전승에 나타나서 가장 이른 역본보다 이를 때 정당화될 수 있다.

⑤ 모든 사본 비평 작업에 있어서 필사자의 심리적 측면을 유의해야 한다. 만일 오류가 있다면 이 오류가 필사자의 손에서 일어나게 된 상태를 고려해야 한다. 그것이 필사자의 성격이나 습관에 의한 것인지를 생각해봐야 할 것이다. 그래서 그 이유나 상황을 안다면 본문을 복구하기가 쉬워질 것이다.

02 구약정경의 배경

구약에 대한 이해는 구약 본문 연구만으로는 부족하다. 구약에 나타난 하나님의 계시는 인간의 역사 속에 주어진 것이기 때문에 그 계시나 사건과 관련된 다양한 상황을 이해하지 않으면 구약 본문의 의미를 제대로 파악할 수는 없을 것이다. 구약 본문에 나타나는 지명과 지형, 기후에 대한 다양한 표현은 우리에게 익숙하지 못한 것이 많다. 그리고 구약에 등장하는 다양한 민족과 그들의 종교도 이스라엘에 많은 영향을 미쳤는데 거기에 대한 어느 정도의 지식이 있어야 구약의 사건을 정당하게 이해할 수 있을 것이다. 이 단락에서는 구약 전반에 걸친 이해를 돕기 위해서 배경에 대한 설명을 지리, 정치, 민족, 종교로 나누어서 제시할 것이다.

1. 지리적 배경

한 국가나 백성은 지리적인 환경의 영향을 받을 수밖에 없다. 지형과 지질 그리고 기후에 따라서 주민의 취락구조와 산업의 형태가 달라진다. 심지어는 종교적인 사상도 지리적인 영향을 받는다. 성경 지리를 이해하는 것은 구약 본문의 다양한 표현과 역사적 사건을 이해하는 기본적인 도구를 마련하는 것이다. 여기서는 팔레스타인을 중심으로 지리적 경계와 지형, 지질과 기후 및 주요도시를 간략하게 소개할 것이다.

땅과 하나님의 계획

성경의 주 무대가 되는 팔레스타인은 인류 문명의 발상지라고 말하는 메소포타미아와 이집트 사이에 자리잡고 있다. 이것은 두 문명이 충돌하는 문화의 완충지대가 된다. 그래서 팔레스타인은 양 문화를 잇는 교량역할을 하여 고도로 발달한 고대문화를 접촉할 수 있는 길을 열어주는 곳이다(해변 길, *via maris*). 정치적으로나 경제적으로 이 땅은 열강들의 세력을 뻗치는 교두보 역할을 하기 때문에 양측이 탐을 내는 곳으로 열강들이 축구공을 다루듯 외침이 잦은 곳이었다.

하나님께서 아브라함에게 이곳으로 가서 정착하도록 하시고, 예수께서 바닷가의 이방의 갈릴리에서 공생애의 사역을 시작하신 것도 결코 우연이 아니다(마 4:12-16; 사 9:1-20). 예수님이 오심으로써 땅에 대한 개념이 바뀌는데 그 분의 선언은 이스라엘 땅이 온 민족을 향한 도약판의 역할을 한다고 하신 것과 같다. 하나님 나라는 고대 이스라엘의 경계를 훨씬 넘어서 그 영역이 확장된다. 새 언약의 관점에서 보면 바울의 말과 같이 아브라함과 우리는 세상의 상속자이다(롬 4:13). 모든 민족과 땅과 백성이 이 은혜로운 규정의 복을 경험하게 될 것이다.[1]

이렇게 지정학적인 국면을 신학적으로 보면 하나님의 구원의 계획이 세 대륙을 연결하는 지점을 통하여 하나님의 구원으로 인한 새로운 세계를 동경하도록 한다. 이런 점에서 이 땅은 하나님의 구원의 계획에 잠정적으로 중요한 역할을 하던 곳이다.

팔레스타인 땅

팔레스타인은 성경 역사의 가장 중요한 지리적 무대가 된다. 족장들의 활동, 가나안 정복과 사사시대, 왕국시대 그리고 포로 후 제2성전 시대와 신약시대의 중심무대가 되었다. 그래서 이 지역을 '성경의 땅' 이라고 부른다.

이 지역은 점령했던 민족에 따라서 '가나안' (창 11:3), '아모리인의 땅' 또는 '이스라엘 땅' 으로 불렸다. 그러나 신약시대 이후 2천 년 동안 '팔레스타인' 이란 명칭으로 통했다. 팔레스타인이란 말은 블레셋인이란 뜻을 가진 '필리스틴' 이란 말에서 유래했다.[2)]

경계

아브람에게 주어진 약속의 땅은 나일강에서 유프라테스 강까지 이지만(창 15:18) 한 번도 이 땅이 이 경계를 가진 적이 없다. 대개 구약에서 말하는 경계는 동으로는 요단 강, 서쪽으로는 지중해, 남쪽으로는 브엘세바 그리고 북쪽으로는 단까지라고 한다(삿 20:1; 삼상 3:20). 이때 단에서 브엘세바까지는 약 240km, 북쪽 갈릴리 바다에서 지중해까지는 약 45km, 사해 북쪽 끝에서 지중해까지의 폭은 약 135km이다. 이 지역의 총면적은 약 18,000km^2 에 달하고, 요단 동편 고지대를 합치면 30,000 km^2 정도의 크기다. 우리나라의 경상도 면적과 비슷하다.

---

1) O. Palmer Robertson, *Understanding the Land of the Bible*, Phillipsburg, NJ: P&R Publishing, 1996, 11-13.

2) Howard F. Vos, 《성경지리입문》 (한정건, 신득일 역, 서울: 기독교문서선교회, 1999), 26.

지역구분

팔레스타인은 경도를 따라 나눈 다섯 부분과 두 개의 저지대가 있다. 그것은 해안 평야와 쉬펠라, 서부고원지대, 요단 골짜기, 트랜스 요단이고, 두 측방지역은 이스르엘과 남부 네게브다.

해안 평야 지대

이 지역은 북쪽 로쉬 하-니크라강에서 남쪽 와디 엘-아리쉬에 이르는 약 240km의 지중해 동부 해안선을 따라 형성되었다. 그 폭은 북쪽에는 5km이하, 남쪽은 40km까지 늘어난다. 고도는 약 150m 정도다. 해안선은 곧고, 간만의 차가 거의 없다. 해안선은 완만한 경사의 모래사장이거나 험한 절벽이라서 항구가 될 만한 지리적 여건도 갖추지 못했다. 이 해안평야는 세 부분으로 구분되는데, 그것은 북쪽에서 남쪽으로 아크레 평야와 샤론 평야, 블레셋 평야이다.

쉬펠라 지역

구약에서는 '골짜기' (신 1:7; 수 10:40), '계곡' (수 11:2), '낮은 평야' (대상 27:28) 등으로 번역된 이 지역은 해안평야 동부에 위치한다. 고도는 150-300m에 달한다. 사실 이 지역이 계곡이 아닌데도 그렇게 부르는 것은 높은 유다 고원에서 볼 때 상대적으로 그렇게 보인 것이다.[3] 블레셋과 유대 중간 지대에 해당한다. 구약시대에는 이 지역에 숲이 울창했던 것 같다(왕상 10:27). 이곳에 있는 골짜기들이 유대의 중심부를 가로 지르고 있기 때문에 이 지역의 지배권을 놓고 블레셋 사람과 이스라엘 사람 사이에 싸움이 자주 일어났다(수 10:12; 삿 16:4; 삼상 17:2).

---

3) Harold Brodsky, Shephelah, *ABD* 5, 1204.

서부 고원지대

이 지역은 중부에 사람의 척추처럼 세로로 걸쳐있는 산악 지역인데, 성경의 대부분의 역사가 여기서 펼쳐진다. 이 지역은 다시 세 부분으로 나누어지는데, 갈릴리 지역과 사마리아 지역, 유대 지역으로 구성된다.

• 갈릴리 지역: 이 구릉지는 서쪽의 해안 평야와 북쪽의 리타니 강 협곡 그리고 동쪽 요단 계곡과 남쪽 이스르엘 골짜기가 경계가 된다. 상 갈릴리의 고도는 600-1,200m에 달하고, 하 갈릴리는 600m에 이른다. 하 갈릴리 남단에 길보아 산(492m)이 있고, 북단에 다볼 산(581m)이 있다. 갈릴리는 강우량이 적당하여 땅이 비옥하고, 이웃나라로 통하는 큰 도로들이 나 있다. 역사적으로 솔로몬이 히람에게 준 스무개의 성읍이 갈릴리의 도시였고(왕상 9:11-13), 게데스(수 20:7), 요단 계곡의 이욘과 아벨 벧 마아가(왕하 15:29)와 스불론과 납달리(사 8:23)가 이 지역에 속한다.

• 사마리아 지역: 이 지역의 경계는 북쪽으로 이스르엘 계곡, 남쪽에는 유대, 동쪽에는 요단 계곡, 서쪽에는 샤론 평야이다. 사마리아 지역은 산이 드문드문 있어서 방목하기도 적합하고, 강우량도 충분해서 곡물이 잘 자란다(요 4:35). 이 지역은 에브라임과 므낫세 반 지파가 차지했다. 사마리아의 작은 산은 북 이스라엘 왕국의 수도였고, 세겜과 디르사도 옛 수도였다. 에발 산과 그리심 산을 끼고 있는 세겜도 중요한 도시였다.

• 유대 지역: 유대의 고산지대는 남북으로 브엘세바에서 벧엘까지 96km 가량 뻗어 있고, 서쪽으로 쉐펠라와 연결되고, 동으로는 요단계곡과 접해 있다. 요단 계곡과 유대 고산 지대 사이는 경사가 심하여 통행이 어렵다. 잘 발달된 남북간 간선도로는 예루살렘과 베들레헴, 헤브론과 같은 도시를 연결시켜 준다. 유대 지역의 토양은 양호해서 유실수 특히 포도 경작에 적합하다. 예루살렘의 동쪽 너머로 유대 광야가 시작되는데 이곳은 험난한 지형을 이루고 있는 거의 완전한 사막이다. 우기에만 흐르는 와디가 발달했다.

요단 협곡

이 협곡은 헐몬 산에서 홍해까지 약 483km가량 뻗어 있다. 깊숙히 함몰된 이 골짜기는 폭이 평균 16km이며 사해 해변에서 해하 390m까지 내려간다. 그러나 협곡 양편의 산은 가파르게 솟아 골짜기 보다 900m 정도 높다. 이것은 요단의 동과 서를 나누는 경계가 된다.

요단 강물의 대부분은 헐몬 산(2,770m)에서 내려오는데 요단강은 네 개의 원천이 있다(Bareighit, Hasbani, Leddan, Banias). 이 네 줄기가 단 남쪽에서 만나 훌레 호수로 들어간다. 하솔은 이 호수의 남서쪽에 위치한다. 이 호수의 남쪽 16km 지점에 서양배 모양의 갈릴리 호수가 있다. 넓을 때 총 면적은 165km^{2}가 된다. 이 호수 주변에 북쪽에 가버나움과 고라신, 북서쪽에 게네사렛 평아, 서쪽에 디베랴가 있다.

요단강은 사해까지 구불구불 흘러서 약 320km의 물줄기를 이룬다. 이 강의 중요한 지류는 동쪽에서 흘러 내려오는 야르묵과 얍복이다. 사해는 길이가 80km, 폭이 16km이다. 물이 빠질 곳이 없는 사해는 열에 의해서 계속 증발되어 일정하게 염분도가 증가한다. 염분도 30-33%라는 세계 최고의 수치를 나타낸다. 사해 남쪽의 협곡은 아라바라고 한다. 사막이지만 구리가 생산되고 그 남쪽 끝은 솔로몬이 건축한 항구 에시온 게벨이 있었다. 이 항구에서 오빌로 정기 항로를 개설했다.[4]

트랜스 요단

이 지역은 요단 동편 지구와 시리아 사막 사이의 지역인데, 바산, 길르앗, 모압과 에돔으로 이루어져 있다. 바산은 요단 동편의 다른 지역보다 강우량이 많으며 현무암 토양으로 비옥해서 레바논의 곡창 지대라 불렀다(암 4:1). 고도는 해발 210-480m이고, 북쪽의 정상은 1,200m까지 이르고, 면적은 112km^{2}이다. 길르앗의 고도는 600-1,200m로 서부 산맥과 비슷하다. 북부는 고원

---

4) John Bright, *A History of Israel* (4th ed), Louisville, Kentucky: Westminster John Knox, 2000, 215.

지대, 남부는 산악 지대이다. 강우량은 760mm정도다. 에돔은 요단 동편의 다른 지역보다 더 산악 지대인데, 고도가 1,500m가 넘는 곳이 많다. 특히 바위로 이루어진 페트라는 유명하다. 에돔 사람은 바위틈에 살았다. 오바다는 이런 지형을 자랑하는 에돔에 대한 심판을 예언한다(옵 3, 4절)

측방지역

① 에스드렐론(이스르엘): 북쪽에 위치한 평야로 북서쪽의 갈멜 산에서 길보아 산까지 약 40km뻗쳐 있다. 고도는 18-49m로 다양한데, 토양은 유기물이 풍부한 옥토다. 이곳은 북부 팔레스타인 주요 교통망이 형성되어 있어서 수많은 전쟁의 무대가 되었다. 남쪽 측면은 므깃도 언덕인데 솔로몬이 요새화한 곳이다. 북서쪽의 갈멜산은 고도가 546m이다.

② 네게브: 팔레스타인 남쪽 측방 지역인 네게브는 유대 산지의 남쪽 변방을 밑변으로 하고, 아카바 만을 꼭지점으로 하는 직각 삼각형을 거꾸로 세워놓은 꼴이다. 남부의 에일랏 산의 고도는 914m인데, 이 지역의 절반 이상을 차지하는 중부의 산들이 이보다 좀 더 높다. 강우량은 350mm이하로 건조해서 사막과 같지만 족장 시대부터 정착민이 있었다. 중요한 무역로와 교통망이 이곳에 있다. 이 황폐한 지역은 이스라엘과 이웃 나라 간의 충돌을 조절하는 완충지대 역할을 한다.

지형

팔레스타인은 아주 좁은 땅이긴 하지만 아주 작은 지역들로 판이하게 다른 지형적 특징을 이루고 있다. 갈릴리 바다를 포함한 대부분의 요단 계곡은 해수면보다 낮다. 이 지역의 침하현상은 사해에서 극에 달하는데 사해의 표면은 약 해하 400m 되는 곳으로 지구상에서 가장 낮은 지점이다.[5] 이런 심한 균열

5) 실제적 수치에 대해서는 학자들마다 견해가 다르다. Vos는 425m, Page II와 Volz는 390m라고 한다. Charles R. Page II and Carl A. Volz, *The Land and the Book: An Introduction to the World of the Bible*, Nashville: Abingdon, 1993, 130.

로 인하여 경도상 네 가지 뚜렷한 지리적 특징이 나타난다. 그것은 서쪽에서부터 해안 평야 지대, 중앙 산맥 지대, 요단 계곡 그리고 트랜스 요단 고지대이다.

요단의 저지대와는 달리 주변지대는 많이 높다. 상 갈릴리, 헤브론, 네게브의 라몬 산은 해발 1,000미터이상 올라간다. 서부 팔레스타인의 산악지대 대부분은 약 500-700미터에 달한다. 이 지역의 지형이 험하고 돌이 많아서 이런 유대인 우화도 있다. 하나님이 땅을 조성하실 때 두 마리의 학을 시켜서 돌을 땅 위에 두도록 배치하도록 하셨다. 그런데 한 마리가 잘못해서 팔레스타인 산악지대에서 그 돌 주머니를 놓치고 말았다. 그래서 이 지역에 지구상의 돌의 반이 거기에 있다고 한다.[6] 요단 동편의 산악 고원 지대는 더 높다. 이 고원 지대는 평균 해발 700-833미터에 달하며, 정상이 1,000미터 이상 되는 곳도 여러 곳이 있다. 에돔 지역에는 1,600고지가 넘는 곳도 있다. 가장 높은 곳은 레바논과 헬몬 산이 포함된 안티 레바논 산맥인데 해발 2,666-3,000미터에 달한다.[7]

고지대들은 높은 산 능선이 만들어내는 계곡 때문에 지역이 나누어져 있다. 작은 땅이 산과 계곡으로 더 분할되어 더 작아지고, 그 작은 지역은 그 나름대로의 특유한 지리적 특징을 지니고 있다. 기후 또한 다양하다. 이 지역을 싸고 있는 동편의 사막과 서쪽 바다의 영향으로 다양한 기후가 형성된다.

토양[8]

팔레스타인의 지형은 화산들의 폭발로 인한 지각 활동에 의해서 형성되었다. 그 조산활동에 의해서 산들은 우뚝 솟아올랐고, 산곡의 틈은 깊이 파였다.

---

6) Robertson, *Understanding the Land of the Bible*, 30.

7) Yohanan Aharoni, *The Land of the Bible: A Historical Geography*, London: Burns & Oates, 1967. 21.

8) Cf. J. M. Houston, Palestine, in *New Bible dictionary* (3rd ed.), Leicester, England; Downers Grove, Ill.: IVP, 1996, 856, 866쪽의 지질도 참고; C. Nicholas Raphael, Palestine, *ABD* 2, 966-971.

이 산곡 중에 가장 깊은 곳이 요단 계곡이다. 이 계곡은 레바논의 베카에서 시작해서 홍해와 아프리카까지 펼쳐지는 대협곡의 한 부분이다. 화산의 지각활동에 민감한 깊은 계곡 지역은 온천이 많고 지진도 빈번하다.

팔레스타인 땅은 대부분 석회암과 화산암 그리고 이회토(marls)와 사암층 같은 충적토로 이루어져 있다. 특히 석회암은 밀도가 낮아 물이 잘 침투하는 성질을 가졌다. 팔레스타인은 다양한 석회암의 토양의 성격에 따라서 산업과 취락구조가 결정된다.

서부 산악지대와 중부 트랜스 요단 지대는 풍화된 비옥한 적갈색 토양(*terra rossa*)이다. 샤론에서 이스르엘 골짜기로 통하는 므깃도의 통로는 백악질의 회백색의 거친 흙으로 변하는 석회암 토양이다. 서부 팔레스타인의 계곡들은 구릉지에서 씻겨 내려온 두터운 충적토로 덮혀 있다. 이 계곡 중에는 가장 비옥한 해안 평야와 이스르엘 계곡이 있다. 서부 네게브는 모래언덕이 침투해 들어오고, 네게브의 대부분은 황토로 덮여 있다. 일종의 심한 황사현상의 결과다. 겨울에 폭우가 쏟아지면 순식간에 홍수가 날 위험이 있다. 남방에 와디가 발달한 것도 이 이유 때문이다(시 126:4).

남부 트랜스 요단의 대부분의 지역과 중부 트랜스 요단에 있는 얍복강 근처는 오랫동안 퇴적된 두꺼운 적사암층으로 덮혀 있다. 이 가파른 산이 에돔과 모압의 아름다운 벼랑을 형성했다.

북부 트랜스 요단과 낮은 갈릴리의 동부 지대는 화산암 지대를 이루고 있다. 이곳의 현무암은 풍화되어 비옥한 흑회색토가 되는데, 바산이 비옥한 이유가 이 때문이다(암 4:1; 시 22:12). 그러나 동부 비탈 지대와 하우란 동부 산지는 풍화되지 않은 현무암으로 척박하다.

기후

팔레스타인의 기후는 바다와 사막이라는 두 세력 간의 마찰이 만들어낸 결과라고 할 수 있다. 이곳의 지형이 판이하게 대조적이듯이 기후도 그 지형에 따라 대조적이라고 할 수 있다. 기후라고 할 때 그 지역의 기온, 강우량과 기압의 상태를 통틀어서 하는 말이다. 팔레스타인은 전체적으로 아열대 기후에 속하지만 네 개의 뚜렷한 날씨대로 이루어진 기후대가 있다.[9]

• 지중해성 기후(습지): 이 지역은 유대로부터 팔레스타인의 북쪽 지역까지 해안지대와 구릉지를 포함한다. 아열대 습지가 특징인 이곳은 연평균 강우량이 350mm이다. 이곳은 비가 꽤 오는 곳이기 때문에 테레빈 나무와 자작나무로 된 숲이 많다.

• 이란과 두로의 기후(건조한 대초원, 평원): 팔레스타인의 네게브와 브엘세바 주변이다. 이 지역은 지중해 기후보다 강우량이 적은데, 연평균 강우량은 150-300mm이다. 이 지역은 식물이 거의 생존할 수 없다.

• 사하라 신드 기후(사막): 네게브의 남부에서 시작되는 지역이다. 이곳은 아라비아 사막과 사하라 사막을 비롯한 주요 아열대 건조 지대의 일부이다. 연평균 강우량은 50-150mm이다. 농사는 관계시설에 의존하지 않으면 불가능하다.

• 수단 데카노 기후(오아시스): 이 오아시스 지역은 주로 사해 해변 주위에 있다. 이 지역은 아주 제한된 영역으로 다른 기후대와 분리되어 있다. 기온이 높고 풍부한 단물의 원천을 많이 보유하고 있다. 여리고와 엔게디가 팔레스타인에 있는 중요한 오아시스의 예가 된다.

이 좁은 땅에 네 기후대가 공존하지만 이 땅에 뚜렷이 구별되는 두 계절이 있다. 그것은 여름의 건기와 겨울의 우기이다. 여름은 높은 기온과 지속적으로 부는 서풍과 한발에 가까운 상태가 되는 것이 그 특징이다. 건기는 대개 함신(khamsin)이라고 하는 뜨거운 사막 바람이 불어오는 것으로 시작된다.[10] 때로는 먼지와 모래를 동반하기도 한다. 이 동풍이 식물을 말려 시들게 한다. 여

9) John Currid, Climate and Vegetation, in O. Palmer Robertson, *Understanding the Land of the Bible*, 56-59.

10) 함신이란 말은 '오십' 이란 뜻인데 이 바람이 주로 오십일 동안 지속되기 때문이다. 다른 이름으로 시로코(sirocco)라고도 한다. Joel F. Drinkard, Jr., East, *ABD* 2, 248.

름 폭풍은 희귀하다. 사무엘이 강한 폭우를 명한 것은 그와 같은 사건이 자주 일어나지 않는다는 것을 시사한다(삼상 12:17).

겨울철은 더욱 예측하기 어렵다. 이 시기는 우기인데, 이 계절이 "야웨께서 너희 땅에 이른 비, 늦은 비를 적당한 때에 내리시리니"(신 11:14)라는 표현이 적용되는 계절이다. 이른 비는 10월과 11월에 간헐적으로 내리는데 굳은 땅을 부드럽게 만들어준다. 12월과 2월 사이에 내리는 비가 한 해 강우량의 70%를 차지한다. 늦은 비는 4월과 5월초에 내리는데 곡물성장이 왕성해지도록 하는 효과가 있는 것으로 성장에 아주 중요하다. 만일 이른 비나 늦은 비가 늦게 내린다면 곡물성장은 시기가 길어져서 성장에 지장을 초래해서 수확이 늦추어지거나 썩게 된다.[11] 고지대에는 우박이나 눈이 내릴 수도 있다(시 68:14). 강우량은 일반적으로 남쪽에서 북쪽으로 가면서 증가한다.

취락구조는 이 강우량에 달려있는데, 남쪽 보다는 농사에 유리한 북쪽에 더 많은 인구가 있었다. 사막과 경작지 간의 차이로 다른 지역의 거주민 간의 전쟁이 잦았다. 미디안과 같은 사막의 약탈자들은 이스라엘에 가장 큰 대적이었다.

기후는 팔레스타인의 경제를 결정하였다. 주로 강우량이 많은 유다 산지와 사마리아 산지는 토양이 비옥했기 때문에 농사짓기에 용이했다. 이곳의 경제는 농업 기반 경제였다.

팔레스타인의 주요도시

세겜

이 성읍은 가나안 땅의 중심부에 위치해 있으며 동쪽에서 보면 에발산과 그리심산 사이에 위치해서 마치 여인의 가슴팍에 자리잡은 것 같다.[12] 고대 사람들은 물 공급이 용이하고, 농지가 충분하고, 교통이 좋고, 군사적으로 전략상 유리한 곳에 도시를 건설했다. 세겜은 이 모든 조건을 갖춘 곳이었다. 역사적

11) J. H. Tigay, Deuteronomy, *JPS*, Philadelphia: Jewish Publication Society, 1996, 113.
12) Yohanan Aharoni, *The Carta Bible Atlas* (4th ed.,), Jerusalem: Carta, 2002, 50.

으로 세겜은 주전 19세기 이집트 중왕국 초기부터 이집트가 차지한 도시 중의 하나로 저주문헌에 기록되어 있다.[13] 그곳에 강은 없지만 우물을 팔 수 있었다. 야곱의 우물도 멀지 않는 곳이다. 토양은 '테라 로사' 라서 비옥하고 땅이 융기되면서 골짜기에는 두꺼운 충적토를 남겼다. 연평균 강우량은 500-600mm되기 때문에 골짜기에는 곡물과 과수가 잘 자란다. 세겜은 족장 시대부터 이스라엘 역사에서 중요한 장소였다.

벧엘

지명은 '하나님의 집' 이란 뜻으로 이스라엘 신앙에 유서 깊은 전통이 있는 곳이다. 팔레스타인 중앙 산맥에 위치한 곳으로 예루살렘 북쪽, 아이와 아주 가까운 곳에 있다. 구약에서는 예루살렘 다음으로 많이 언급된 지명이다. 벧엘은 종교적 그리고 지정학적 위치 때문에 중요하다. 벧엘은 팔레스타인의 중앙산지를 둘로 나누는 지리적, 정치적 변방이 되고 사방으로 통하는 교차로에 자리잡고 있다. 동으로는 여리고, 서쪽으로는 지중해 무역로로 통하고, 남쪽으로는 예루살렘과 헤브론, 북쪽으로는 세겜과 사마리아로 이어진다. 벧엘은 조상 야곱 때부터 북이스라엘의 우상숭배에 이르기까지 이스라엘 종교와 밀접한 관계가 있는 곳이다.

헤브론

이 성읍의 옛 이름은 기럇-아르바(넷-성읍)였다(창 23:2). 이 이름의 어원은 그 위치와 관련된 네 개의 계곡을 낀 성읍을 뜻하거나 네 마을이 합해진 성읍일 수도 있을 것이다.[14] 이 도시는 예루살렘의 남서쪽으로 40km 떨어진 곳에 있다. 이곳은 아브라함이 자신의 생애의 상당 부분을 보낸 마므레에서 3km 정도 떨어진 곳이다. 이 성읍의 고도는 유대 지역에서 최고의 높이로 해발 약 1000미터에 달하며 유대 산지의 남쪽 끝을 표시한다. 동쪽으로는 급경

13) 저주문헌에는 세겜이 *s-k-m-m*으로 표기되었다. Aharoni, *The Land of the Bible*, 146.
14) Paul Wayne Ferris Jr., Hebron, *ABD* 3, 107.

사를 이루지만 서쪽과 남쪽으로는 완만한 경사를 이룬다. 토양은 비교적 비옥하여 자두, 무화과, 석류, 살구와 같은 다양한 과수가 재배되었고, 채소도 잘 자란다. 네게브까지는 양호한 목초지가 펼쳐진다. 상당수의 샘과 우물이 있어서 거민들에게 풍부한 물을 공급했다. 헤브론은 이스라엘 역사에서 종교, 정치, 군사적으로 중요한 역할을 한다(삼하 5:1-4; 15; 대하 11:11).

브엘세바

시내 광야의 끝에 자리잡고 있는 브엘세바는 약속의 땅 최남단 경계에 대한 지명이다(삼상 3:20). 이곳은 현재 지명으로 텔 브엘세바인데 헤브론에서 남서쪽으로 약 45km 떨어진 지점에 있다. 브엘세바의 연중 강우량은 250mm인데 그것도 남쪽으로 갈수록 건조해져서 50mm까지 떨어진다. 물론 그곳 거민은 강수에만 의존하지는 않았다. 그곳은 헤브론 쪽에서 오는 와디와 아랏 쪽에서 오는 와디가 만나는 곳이다. 그래서 그 물이 와디 브솔(Besor)을 이룬다.[15] 이후 이곳은 북쪽과는 달리 약속의 땅의 남쪽 경계로서 부동의 이름이 되었다.

그랄

서부 네게브에 위치한 성읍이다. 이곳은 시돈에서 가사까지 이르는 가나안 영토의 서쪽 경계를 지칭하는 지리적 이정표로 사용되었다(창 10:9). 족장시대에 이 도시는 네게브에서 주도적인 가나안 성읍으로 나타난다. 아브라함이 이곳에 잠시 머물렀고, 이삭은 이곳에서 하나님의 약속을 재차 확인받았고 그 명령에 순종하여 거부가 되었다(창 26:1-13).

여리고

사해의 서북쪽으로 16km, 그리고 요단 강 서편에서 약 6km의 위치에 있는

15) LaMoine DeVries, *Cities of the Biblical World*, Peabody: Hendrickson, 1997, 151.

고대 도시로서 이스라엘이 가나안 땅 정복 시 첫 개가를 올린 장소로 잘 알려져 있다. 구약의 여리고 위치는 현재 텔 에스-술탄 언덕에 있었다. 이 위치는 엘-리흐(er-Rih)로 알려진 현대 오아시스에 북서쪽으로 2km정도 떨어진 곳이다. 여리고는 해하 270m로(예루살렘보다 1,067m 아래) 요단 계곡의 서쪽, 한 부분으로서 성벽을 둘러쌌던 돌을 보아서 전체 면적이 4헥타르쯤 된 것으로 본다. 이 도시의 이름은 가나안의 월신(Yarikh)과 관계가 있는 것 같다. 이 도시의 별칭은 '종려나무의 도시' 이다(신 34:3; 삿 3:13; 대하 28:15).[16]

여리고는 성경에서 가나안 정복 시 대하는 도시로 나타나지만 사실 이 도시는 세계에서 가장 오래된 도시에 속한다. 주전 8000년 전, 신석기 시대의 유적이 발견된 곳이다. 이곳에 고대로부터 인구가 정착한 이유는 물이 풍부한 샘이 있고(왕하 2:18-22), 수단 데카노 기후에 속하는 곳으로 겨울에도 따뜻하고, 요단 나루턱과 내륙으로 진출하는 여러 통로의 입구에 위치한 이 도시의 전략적 위치 때문이다. 고대의 주민은 가나안 사람이었다(민 13:29).

하솔

이 성읍은 갈릴리 호수 북쪽으로 16km, 그리고 훌레 호수에서 서쪽으로 6km 정도 떨어진 곳에 있다. 훌레 평원의 남서쪽 모퉁이에 요새화 된 도시로서 시돈에서 벧산으로, 그리고 다메섹에서 므깃도로 가는 교역로의 교차로에서 있었다. 국제적으로는 이 도시가 이집트와 바벨론의 교역로에 있는 무역의 중심지였다. 이것은 하솔이 그 지역에서 전략상 중요한 위치를 점한다는 것이다. 그래서 이 도시는 주전 18세기 마리문서와 이집트의 신왕국 초기 왕조의 왕들의 목록에도 언급되어 있다.[17] 이 전략적 위치는 여호수아가 북쪽 지역을 점령할 때도 잘 나타난다. 하솔 왕 야빈이 북쪽 도시국가들의 동맹을 주도하는 것으로도 알 수 있다. 그래서 성경은 하솔을 '그 모든 왕국의 머리' 라고 했다(수 11:10).

16) DeVries, *Cities of the Biblical World*, 189-191.

17) Charles R. Page II and Carl A. Volz, *The Land and the Book*, 137.

실로

현재 키르벳 세일룬으로 알려진 곳으로 에브라임 산지 중심부에 위치해 있다. 이곳은 벧엘과 세겜 가운데 있는 도시로서 중요한 역할을 한다. 가나안 정복 이후 이곳은 성막이 세워진 곳이고 법궤가 안치된 곳이다. 또한 여호수아가 제사장 엘리아살을 통해서 각 지파의 땅을 분배한 곳이다(수 18:1-10, 19:51; 21:2; 22:9). 그러나 제사장의 범죄에 대한 심판으로 법궤를 빼앗김으로 말미암아 이 도시는 더 이상 의미 없는 장소가 되었다.[18]

기브아(게바?)

이 도시의 위치에 대해서는 의견이 분분하다. 올브라이트는 현재 텔 엘-풀(Tell er-Ful)로 알려진 곳으로 예루살렘 북쪽 5km 지점에 있다고 본다. 그러나 로빈슨은 예루살렘 북동쪽으로 9km 떨어진 게바(Jaba')로 본다. 현대 학자들은 후자를 따르는 경향이 있다.[19] 그러나 여러 문헌이 증거하는 것은 두 도시는 다르다는 것이다. 비록 게바는 지도상에 없지만 그것은 에브라임에 있었고, 기브아는 베냐민 지역에 있는 것으로 서로 다른 도시였다.[20] 기브아는 레위인의 첩 사건으로 말미암아 벤냐민 지파가 동족 간의 참혹한 전쟁에 휘말리는 원인을 제공했다(삿 19-21장). 그 곳은 이스라엘 초대 왕 사울의 고향이었다.

길르앗

요단 동편 지역으로 북쪽 야르묵 강과 남쪽 아르논 강사이의 영역이다.[21] 물

---

18) Israel Finkelstein, *Shiloh: The Archaeology of a Biblical Site*, Tel Aviv: Institute of Archaeology of Tel Aviv University, 1993, 389. 고고학적 증거는 실로가 주전 11세기 말에 파괴되고 이미 버려졌다고 하지만 이 장소가 사울 때만 국가적인 성소로 부상한 것이 아니고 그 뒤에도 사람들은 폐허된 장소에서 계속해서 제사를 지내는 관행을 지켰다고 한다.

19) Patrick M. Arnold, Gebeah, *ABD* 2, 1007f.

20) Yoel Elitzur, *Ancient Place Names in the Holy Land: Preservation and History*, Jerusalem: Hebrew University Magnes Press, 2004, 379f.

21) 북쪽 경계에 대해서는 성경은 야르묵을 언급하지 않고 애매하게 표현되었다. 남쪽에 비해서 북쪽 지역의 도시는 별로 언급하지 않기 때문이다(민 32:3, 34-38; 수 13:16-20; 사 15-16).

론 동쪽의 경계는 사막이고 서쪽의 경계는 요단강이다(신 2:36f). 소위 길르앗의 돔이라는 곳은 요단 계곡 위로 900m 이상 높은 고지대로 유다 중앙고원의 연장이라고 볼 수 있다. 원래 이곳은 르우벤, 갓 그리고 므낫세 지파에게 할당된 곳이었다(민 32장). 길르앗은 요단 동편의 인구가 밀집된 곳이기 때문에 때로는 이 명칭이 확장되어 트랜스 요단 전체를 가리키기도 한다.[22] 길르앗은 수세기 동안 아름다운 목초지로 유명했다. 길르앗은 사사 입다의 사역의 배경이 된 곳이다.

아벡

사론 평야에 위치한 성읍으로 텔아비브 동북쪽으로 5km 정도 떨어져 있는 현재의 라스 엘-아인(Ras el-Ain)과 일치한다. 주전 3000년부터 우물이 있는 도시로 존재했고 주전 19세기 이집트 문헌에도 나타난다.[23] 성경에는 그 왕이 여호수아 시대에 이스라엘 사람들에게 패배한 목록에 나타나 있다(수 12:18). 그리고 이곳은 블레셋의 영토로 나와 있다(삼상 4:1; 29:1). 이 도시는 이스라엘이 법궤를 빼앗긴 장소로 잘 알려져 있다(삼상 4:1-11).

베들레헴

'떡집' 을 의미하는 유다 베들레헴은 예루살렘에서 남쪽으로 9km 떨어진 곳에 있다. 고도는 790m 정도 되며, 물길이 나있는 동쪽 언덕에 있다. 이 장소는 물 대기가 좋은 비옥한 곳이다. 그 골짜기에는 샘은 없고 물 저장소가 있었는데(삼하 23:15) 일부는 언덕의 동굴이 저장소가 되었다. 베들레헴에서 멀지 않은 벧 사훌에서 주전 3000년기의 도자기가 발견된 것으로 보아서 오래전부터 주민이 상주했던 것으로 보인다.[24] 이곳은 룻기의 배경이 되는 '다윗의 동네' 이자 메시아가 탄생하는 장소가 되었다(미 5:2-4).

---

22) Aharoni, *The Land of the Bible*, 39.
23) Page II and Volz, *The Land and the Book*, 99.
24) Henri Cazelles, Bethlehem, *ABD* 1, 711.

블레셋 다섯 도시

팔레스타인의 남부 해안 평야를 따라 블레셋의 다섯 도시(Pentapolis)가 늘어 서 있다. 이 도시들은 가사, 아스글론, 아스돗, 에그론, 가드이다.

① 가사: 블레셋 다섯 도시 중 최남단에 위치한 곳으로 현재 텔 하루베(Tell Ḥrube)에 있던 도시였다. 가사는 해안 평야의 가장 넓은 부분에 있으며 단물을 공급하는 물이 풍부한 곳에 있다. 해안에서는 약 5km 떨어진 곳에 있으며, 높은 사구가 해안과 경계를 이룬다. 특별히 가사는 아프리카와 아시아를 연결하는 주도로에 놓여 있다. 그래서 이집트인들은 이 길을 '블레셋으로 통하는 길' (출 13:17)이라고 했고, 이후에는 '해변 길' (*Via Maris*)이라고 했다(사 9:1). 이 지리적인 조건 때문에 가사는 고대 팔레스타인의 가장 큰 교역 중심지가 되었다. 당시는 바다를 통해서가 아니라 초승달 모양의 옥토에서 오는 대상무역이 중심이 되었기 때문이다. 이 도시가 부를 누릴 수 있는 장점도 있었지만 이 지역을 통과하는 제국의 군대로 말미암아 희생을 당하는 처지에 놓이기도 했다. 가사란 이름은 투트모시스 3세의 연보에도 나온다. 그리고 텔 엘 아마르나 서신에 의하면 가사는 이집트 왕에게 충성을 했다고 한다.[25] 나중에 그 도시는 히스기야에게 점령을 당한다(왕하 18:8).

② 아스글론: 이 도시는 가사에서 북쪽으로 20km 그리고 텔아비브에서 남쪽으로 50km 되는 지점에 있는 지중해의 항구였다. 주전 4천년기 말부터 있었던 도시이고 고고학적 발굴에 의하면 오래 전부터 요새화 된 도시였으며 그 크기가 60헥타르 정도 된다. 아스그론 왕은 아마르나 시대에 일곱 번의 편지를 아켄아톤에게 보낼 정도로 충성을 보이며 군사 원조의 댓가로 엄청난 공물을 약속했다.[26] 항구도시인 아스글론은 블레셋이 장악하기 까지는 늘 이집트의 침략과 압제를 받은 것으로 보인다. 이곳은 삼손의 사역과 관련된다(삿 14:19).

③ 아스돗: 고대 도시는 현재 텔 아스돗과 일치하는데 아스글론에서 북쪽으

---

25) Carl E. DeVries, Gaza, Gazathites, *BEB* 1, 840.
26) Douglas L. Esse, Ashkelon, *ABD* 1, 487.

로 15km, 지중해에서는 4km 되는 지점에 있다. 가사에서 욥바로 가는 주 해안도로는(*Via Maris*) 이 도시의 바로 동쪽으로 나 있다. 이곳은 빼앗긴 법궤가 아스돗에 있는 다곤의 신전에 안치되어서 다곤 신상이 부러지는 사건이 있었던 곳이다(삼상 5장).

④ 에그론: 이 성읍의 위치는 예루살렘 서쪽으로 40km, 지중해 해안에서 16km 지점인데 현재 키르벳 엘-무칸나(Kirbet el-Muqanna)이다. 다른 블레셋 도시에 비해서 가장 북쪽에 있다. 이곳은 이스라엘과 블레셋의 경계에 있는 쉐펠라에 있는 도시로서 성경의 몇몇 사건과 관련되어 있다. 에그론은 유다에 할당된 도시지만(수 15:45-46) 단 지파의 영토의 남쪽 경계가 된다(수 19:43). 아하시야가 자신의 병이 낫는지를 물으러 에그론에 가는 것은 그곳이 바알세붑 숭배의 중심지이기 때문이다(왕하 1:1-3, 16).[27]

⑤ 가드: 현대 도시명으로는 텔 에스-사피(Tell es-Safi)라고 하는 이 성읍은 에그론 남쪽 16km 떨어진 쉐펠라에 위치한 곳으로 동쪽의 유대 땅에 가장 가까운 블레셋 도시다(삼상 17:52).[28] 사무엘상 7:14의 '에그론에서 가드까지'라는 말은 블레셋의 경계를 의미한다. 이 도시는 다윗의 영욕과 관련된다. 가드 사람 골리앗을 이김으로써 영예를 누리고(삼상 17장), 목숨을 부지하기 위해서 가드 왕 아기스에게 항복을 해야 했다(삼상 27장).

벧산(벳스안)

이 성읍은 구약에서는 별로 중요한 도시로 언급되지 않았지만 가나안에서는 매우 중요한 역할을 하는 도시였다. 그래서 투트모세 3세의 시리아-팔레스타인 연례 원정에서 점령을 당했다. 이 도시가 중요한 이유는 전략적 위치 때문이다. 이 성읍은 갈릴리 호수 남쪽으로 24km 요단강에서 서쪽으로 4km 지점의 아열대 기후의 요단 계곡에 위치한 팔레스타인의 전략적 도시이다. 벧

---

27) DeVries, *Cities of the Biblical World*, 169f.

28) Joe D. Seger, Gath, *ABD* 2, 909.

산 혹은 벳스안은 이스르엘 평원의 동쪽 끝에 위치해 있으면서 중요한 요단강 길목을 지키고 있다. 이곳은 교통의 요충지가 되기도 한다. 북쪽으로 갈릴리와 다메섹으로 가는 길이 나 있고, 서쪽으로 이스르엘 평원과 사마리아 언덕으로 가는 길로 연결된다. 또 물이 있고 100m정도의 언덕 위에 있어서 방어와 공격에 유리하다.[29] 벧산은 가나안 점령 시 잇사갈 지파에 분배되었으나 결국 므낫세 지파가 차지했다(수 17:11). 솔로몬 시대에는 바아나의 행정구역으로 병합되었다(왕상 4:12). 이 장소는 길르앗 야베스 사람들의 사울에 대한 보은의 장례와 관련된 곳이다(삼상 31:8-13).

예루살렘

구약에서 가장 많이 언급되는 도시로서(669번) 주전 19세기 이집트의 저주 문헌에 나타나는 것을 보면 아주 오래된 도시인 것 같다. 예루살렘도 텔 엘 아마르나 서신에 나타나는 것을 보면 이집트의 지배 아래 있었다. 예루살렘이란 이름의 어원은 명확하지 않으나 우가릿 본문에 비추어 보면 '세우다' 와 가나안 도시의 수호신의 이름 '살렘' 의 합성어로 여겨진다('살렘은 근본이시다'). 멜기세덱의 도성이 예루살렘인 것으로 보인다(창 14:18). 나중에 이 예루살렘은 하나님이 거하시는 시온과 동의어로 쓰였다.[30]

두 개의 봉우리로 이루어진 예루살렘은 유대 광야를 경계로 하고 주 교역로에서 벗어나 있으며 중앙 고원 지대에 해발 800m 석회암 고원에 위치해 있다. 유대 광야를 경계로 하고 주 교역로에서 벗어나 있다. 서쪽으로는 Tyropoeon 골짜기라는 유다 산지의 경사가 있고, 동쪽으로는 기드론 골짜기와 사해로 내려가는 유대 광야가 있다. 두 개의 능선이 만난 고원의 동남쪽이 오펠 혹은 다윗의 성이다. 그 바로 북쪽이 '성전 산' 이다. 그리고 다윗의 성 남쪽은 힌놈의 골짜기로 알려진 곳이 'ㄴ' 자 모양으로 지대를 감싸는 것 같다. 전체적으로 동

29) Cf. DeVries, *Cities of the Biblical World*, 156-158.
30) Cf. Philip J. King, Jerusalem, *ABD* 3, 721.

서 봉우리를 세 개의 골짜기가 보호하고 있는 셈이다.[31] 이렇게 울퉁불퉁한 예루살렘 지세는 적이 접근하기 어렵게 하기 때문에 방어에 용이한 군사적 이점이 있다. 동시에 그 위치와 자연적 지형은 상업적 손실을 가져왔다. 왜냐하면 팔레스타인의 상업 중심지는 산봉우리가 아니라 해안 평야였기 때문이다.

고고학적 증거에 따르면 이곳에 사람이 정착하기 시작한 것은 중청동기 이전 주전 4천 년기 말로 보인다.[32] 이 지역의 이른 정착 원인은 바로 다윗의 성 동쪽 경사지에 마르지 않는 기혼의 샘이 있기 때문이다. 여부스 인들은 터널을 만들어 여기서 물을 끌어다가 사용했다.[33] 다윗의 군대는 열려 있는 이 우물길을 통해서 예루살렘을 점령하게 된다(삼하 5:6–10).

그 후 난공불락의 요새인 예루살렘은 다윗에 의해서 수도로 지정되고 거기에 법궤가 안치됨으로써 종교적, 정치적 중심지가 된다(삼하 6장). 솔로몬 시대에는 성전이 건축되었다. 바벨론의 느부갓네살에 의해서 예루살렘과 성전이 함락되지만 이 성전과 성은 포로에서 귀환한 사람들을 통하여 다시 건설된다. 예루살렘은 이스라엘 종교와 역사에서 가장 중요한 장소가 되었다.

사마리아

사마리아의 역사는 길지 않다. 성경의 보도는 오므리가 세멜에게서 은 두 달란트로 사마리아 산을 사서 거기에 성을 건축하고 그 곳을 사마리아라고 불렀다고 한다(왕상 16:24). 사마리아란 말은 '지키다' (*šāmar*)에서 온 것인데

31) Cf. DeVries, *Cities of the Biblical World*, 288.

32) Cf. Hillel Geva (ed.), *Ancient Jerusalem Revealed*, Jerusalem: Israel Exploration Society, 1994, 32; John Charles Hugh Laughlin, *Fifty Major Cities of the Bible: From Dan to Beersheba*, London: Routledge, 2006, 166.

33) 기혼 샘에서 세 개의 터널을 통해서 물이 공급되었다. 첫째, 기혼에서 다윗 성으로 연결되는 수직 및 경사 갱도(Warren's Shaft)인데 그 길이가 수직갱도만 15m이고 경사터널은 29m이다. 둘째, 기드론 골짜기를 따라 실로암 못까지 400m 터널로 연결되어있다. 셋째, 히스기야 터널은 실로아 터널과는 달리 예루살렘 안쪽으로 돌아서 실로암 못까지 연결되어 있다. Geva (ed.), *Ancient Jerusalem Revealed*, 46-54; David Tarler & Jane M. Cahill, City of David, *ABD* 2, 61-67.

'지키는 산' 이란 말이 된다. 이것은 지형에서 나온 이름이다. 사마리아는 동쪽을 완만한 경사지의 조망을 갖고 있고 나머지 세 방향으로는 골짜기에 둘러싸여 약 100m 높은 언덕에 있다. 사마리아의 위치는 예루살렘에서 북쪽으로 56km, 텔 엘 파라에서 16km 떨어진 곳에 있다. 위치상 교차로 인근에 있어서 교통의 요지가 되었다. 동으로는 세겜과 요단 계곡, 서로는 해안 평야, 남으로는 예루살렘, 북쪽으로는 므깃도와 이스르엘로 통하는 길이 있었다. 그래서 군사적, 상업적으로 이점이 많은 곳이다. 그러나 물 공급이 용이하지 않은 단점도 있다. 이곳은 일주일 만에 함락된 디르사와는 다른 곳이다(왕상 16:15-18). 사마리아는 앗수르 군에 포위당해서 삼 년이나 버틴 곳이다(왕하 17:5).[34] 이곳은 150년 가까이 이스라엘의 정치적, 문화적 중심지가 되었고 사마리아가 멸망한 후 앗수르의 식민정책으로 혼혈민족이 탄생하게 되었다(왕하 17:24).

므깃도

이스르엘 평원의 남서쪽에 위치한 성읍으로서 현재의 지명 텔 엘-무테셀림(Tell el-Mutesellim)과 일치한다. 이 성읍은 메소포타미아와 이집트 사이의 주도로 상에 있기 때문에 신석기 시대부터(주전 8000년) 페르시아에 이르기까지(주전 4세기) 거의 지속적으로 점령을 당했다.[35] 서쪽으로 갈멜산을 뒤로 하고 남쪽으로 샤론 평야 그리고 동쪽으로 탁트인 이스르엘 평원을 두고 있다. 이런 전략적 위치가 므깃도를 주전 1, 2천 년기에 팔레스탄인의 가장 중요한 상업적, 군사적 중심지 중 하나가 되게 했다. 성경도 이곳에서 일어난 일이 전쟁과 연관된 것임을 말하고 있다(삿 5:9; 왕상 4:12; 9:27; 왕하 23:29-30). 그리고 마지막 전쟁인 아마겟돈도 이 이름과 관련된다.

게셀

고대 게셀은 텔 제젤(Tell Jezer)에 있다. 이곳은 유다 산지의 끝자락으로 해

---

34) James D. Purvis, Samaria, *ABD* 5, 914.

35) Laughlin, *Fifty Major Cities of the Bible*, 182.

발 250m 위치에 자리잡고 있다. 그리고 그곳은 경사길로 내려와 쉬펠라 북쪽과 마주친다. 그곳의 간선도로는 예루살렘과 '해변 길' 에서 갈라지는 여러 언덕의 지역으로 나있다. 이것은 성경의 보도만이 아니고 몇몇 이집트 문헌과 앗수르 문헌에도 언급되었다.[36] 성경 역사에서는 여호수아의 정복전(수 10:33)과 솔로몬의 요새화와 그의 결혼과 관련된다(왕상 9:15-17)

랍바

랍바는 고대 암몬의 수도로서 얍복강 근원 근처에 위치해 있는데 요단강 동쪽으로 약 40km 지점에 있고, 트랜스요단 고원을 따라 다메섹으로 나 있는 주 대상로에 걸쳐 있다. 이 길은 왕의 대로로 알려져 있다(민 20:17; 21:22). 현대 요르단의 수도 암만은 이 고대 도시를 포함한다. 랍바는 모세 시대에 이미 암몬족의 수도가 된 것 같다(신 3:11). 이스라엘 역사에서 랍바와 직접적인 접촉은 없었으나 다윗 시대에 요압은 물길을 차단하여 랍바 성을 함락시키고 지배했다(삼하 12:26-30).

라기스

현재 지명은 텔 에드-두웨일(Tell ed-Duweir)인데 이것은 '라기스 서신' 이 발견됨으로써 확인된 장소이다. 이 위치는 예루살렘에서 남서쪽으로 48km, 헤브론 서쪽으로 24km 되는 곳이다. 언덕으로 솟아 있는 이 지역은 전체 넓이가 120,000m^2 이고 상단부는 7,300m^2 쯤 된다. 고대문헌이나 고고학적 자료를 통해서 볼 때 라기스는 유다 왕국 기간 동안 매우 중요한 성읍이었음에 틀림없다.[37] 구약역사에서 이 도시는 여부스와 남부 동맹을 맺어서 여호수아와 기브온을 대항한 성읍이고(수 10:26, 32), 솔로몬의 아들 르호보암이 이곳을 요새화하여 블레셋과 이집트의 공격에 대비했다(대하 11:9). 라기스

---

36) John B. Hennessey, Gezer, *ABD* 2, 998.

37) Laughlin, *Fifty Major Cities of the Bible*, 176f.

는 주전 701년 산헤립의 공격을 받아 함락되고 그곳이 그의 야전 사령부가 되었다(왕하 18:17; 19:8). 대영박물관에 소장된 라기스의 함락에 대한 산헤립의 벽화는 그 당시 전쟁의 참상을 잘 알려주고 있다.

2. 정치적 배경

구약시대에 이스라엘에 영향을 미쳤던 나라는 크게 네 나라 정도를 들 수 있다. 물론 이스라엘과 인접한 모든 나라들이 크고 작은 전쟁으로 서로에게 영향을 주었지만 결정적으로 영향을 준 나라는 제국으로서 세계의 패권을 장악하던 나라가 될 것이다.

이집트

주전 3100년에 통일왕국을 이룬 이집트는 중왕국 시대부터 이스라엘의 족장들과 관계를 가졌다. 아브라함이 하나님의 소명을 받을 당시는 이집트가 가나안 땅에 정치적인 영향력을 행사하고 있던 때였다. 그래도 아브라함이 이집트에 들어갔을 때는 아마도 정치적으로 좀 허술한 첫 중간기일 것이다(창 12).[38] 주전 이천 년기 초반 제12왕조 초기 왕들은 누비아와 전쟁을 하면서 영토를 확장했다. 여기서 세소스트리스 3가 누비아 정복을 이끌어냈고 또한 그가 정치적 개혁을 단행한 것이 중요하다. 그에 이어서 아메넴하트 3세 때에는

---

38) 이것은 성경에서 솔로몬 통치4년 주전 966년이라는 이미 알려진 판단 기준에서부터 거꾸로 계산하면 증명될 수 있다. 왕상 6:1에 따르면 출애굽은 솔로몬 재위 4년으로부터 480년 전인 1446년에 일어났다. 야곱은 출애굽 40년 전(출 12:40) 그가 130세가 되었던 해인(창 47:9) 1876년에 애굽으로 들어갔었다. 그러므로 야곱의 출생연대는 1876년에 130년을 더한 주전 2006년이 된다. 야곱이 2006년에 태어났을 때 이삭은 60세이었으므로(창 25:26) 이삭은 2066년에 태어났고, 그때에 아브라함은 100세(창 21:5)였으며 그래서 아브라함은 주전 2166년에 태어난 것이 된다. 아브라함은 75세에 또는 주전 2091년에 우르(Ur)로부터 이주하였다(창 21:4).

중왕국 최고의 문예부흥을 맞이했다.[39] 마소라 본문의 연도를 따르면 요셉이 이집트에 들어간 시기는 이 직전인 중왕국 제12왕조 세소스트리스 2, 3세로 추정된다.[40] 요셉은 제2중간기의 지배자였던 힉소스왕조 때 이집트로 간 것이 아니다.[41] 중왕국 때 이집트의 팔레스타인 지배는 그렇게 명확하지 않으나 저주문헌에 나열된 여러 도시들은 가나안에 있는 도시들과 활발한 교역을 한 점과 지배력을 보여주는데 주전 19세기 말에는 그 영향력이 최고조에 달했다.[42] 주전 16세기 후반에는 대부분의 작은 가나안 왕국들은 확실히 이집트의 지배를 받았고, 북쪽의 왕국들은 헷 족속의 정치적 영향 아래 있었다. 이 시기가 이스라엘과 이집트가 가장 오랜 관계를 가지던 때였지만 그것을 알 수 있는 자료는 없다. 아무튼 이때에 야곱의 가족들은 이집트의 정치적 영향하에 하나의 민족으로 성장할 수 있었다.

이집트에서 이스라엘을 학대하던, 요셉을 모르는 새 왕은 팔레스타인에서 이집트 삼각주로 침입하여 나라를 세운 힉소스 왕조인 것으로 보인다.[43] 비돔(헬리오폴리스)과 람세스(콴티르)를 건축하면서[44] 힉소스 왕에게서 시작된 압제는 이집트 본토인 바로까지 이어졌다. 그것은 투트모시스 3세와 아멘호텝 2세와 같은 신왕국 제18왕조의 왕들이 나일강 삼각주에 건설사업을 많이 한 것

39) Ian Shaw, *The Oxford History of Ancient Egypt*, Oxford: Oxford University Press, 2000, 158-170.

40) Charles F. Aling, *Egypt and Bible History: From Earliest Times to 1000 B.C.*, Grand Rapids, Mich: Baker Book House, 1981, 29.

41) 요셉이 힉소스 시대에 들어갔다는 견해는 두 가지 주장에 근거한다. 첫째, 요셉이 힉소스시대동안 이집트에 있었다고 하는 마네토(Manetho)의 글에서 인용한 요세푸스(Josephus)의 진술이다. 둘째, 요셉이 아시아인이기 때문에 동족인 아시아인들이 이집트를 다스리는 동안에 요셉이 출세했다고 보는 것이 논리적으로 타당하다는 것이다. 이 주장 중에 그 어느 것도 우세하거나 성경의 연대기에 맞지 않다. Aling, *Egypt and Bible History*, 29. Iain Provan, V. Philips Long, and Tremper Longman III, *A Biblical History of Israel*, Louisville, Ky: Westminster John Knox Press, 2003, 123-125.

42) Aharoni, *The Land of the Bible*, 146.

43) Archer, *A Survey of Old Testament Introduction*, 236.

44) Aling, *Egypt and Bible History*, 66-69.

과 관계가 있다.[45] 이스라엘이 출애굽 할 당시의 애굽의 바로 아멘호텝 2세는 유능한 전사로서 팔레스타인을 원정하여 므깃도를 위시한 중요 지역은 대부분 장악했지만[46] 하나님의 특별한 간섭으로 가나안 땅을 정복할 당시 이집트의 방해를 받지 않고 성공적으로 땅을 점령할 수 있었다.

아멘호텝 4세는 아켄아톤으로 이름을 개명하고 텔 엘 아마르나로 수도를 옮겨서 '아톤' 이라는 '유일신' 을 섬겼다. 이런 문화적인 개혁으로 인해서 극도로 비대해진 사제들의 권력을 약화시키는데는 성공했지만 국외의 도시국가들을 관리할 여유가 없었다. 그 결과 팔레스타인에 흩어진 봉신들로부터 '하비루' 의 침공에 대한 원조를 요청하는 편지를 받았다. 그것이 유명한 텔 엘 아마르나 서신이다. 이 사건이 여호수아의 정복전과 관계가 있는지는 분명치 않다.[47]

제19왕조의 람세스 2세와 같은 막강한 통치자가 도시건설과 전쟁에서 이집트의 입지를 강화시켜 주었음에도 불구하고 그의 후계자들의 유약한 통치로 말미암아 주전 1150년 경 제20왕조 람세스 3세의 통치 때 이집트 제국이 해양민족에 의해서 몰락했다. 그 뒤 이스라엘은 물론 가나안 국가들과의 관계도 약화되고 소원해졌다. 솔로몬 통치 초기에 그가 바로의 딸과 결혼함으로써 이집트는 동맹국이 되었다(왕상 11:14-22). 이것은 당시 이집트의 위상이 얼마나 추락했는가를 보여준다.[48] 이집트는 솔로몬 통치 말기에 여로보암의 피신처가 되기도 했다(왕상 11:26-40). 이스라엘과 이집트 간의 가장 큰 사건은 르호보암 통치 때 시삭(쇼생크 1세)의 침공이었다(왕상 14:25-26).[49] 이때 유다

---

45) Aling, *Egypt and Bible History*, 97-100.

46) Anson F. Rainey & R. Steven Notley, *The Sacred Bridge*, Carta's Atlas of the Biblical World, Jerusalem: Carta, 2006, 69-70.

47) 존 브라이트는 하비루가 기존 사회계층에 속하지 않는 불만세력으로서 그들이 히브리 조상과 무관하다고 본다. Bright, *A History of Israel*, 93-96. 하비루는 팔레스타인에만 있었던 것은 아니고 고대근동 전역에 산재해 있었다: "그 용어는 미타니, 하티, 이집트, 바벨로니아와 같은 거의 모든 강대국의 기록에서 사용되었고 시리아-팔레스타인 국가에서 사용되었다." Marc Van De Mieroop, *A History of the Ancient Near East*, Ca. 3000-323 BC, Oxford: Blackwell, 2004, 187-188.

48) 이집트의 바로는 미타니 왕이나 바벨론 왕에게 그들의 공주를 준 적이 없다. Bright, *A History of Israel*, 212.

는 엄청난 조공을 바쳐야 했다. 그 후의 관계는 이스라엘 멸망의 원인을 제공했다. 이스라엘 왕 호세아는 앗수르에 대항하여 조공을 바치기를 거부하고 이집트와 동맹을 맺으려고 하다가 멸망당했다(왕하 17:14-16). 이어지는 이집트의 왕조는 주전 6세기의 바벨론, 4세기의 페르시아의 침략으로 말미암아 독자적인 정치력을 갖지 못하고 제30왕조로 끝이 났다.

아시리아

메소포타미아 지방에서 주전 18세기 중반에 발흥한 아시리아는 주전 13세기 전반부에 제국으로 성장해서 200년간 지속되다가 쇠퇴한 뒤 다시 제국으로 발전하여 맹위를 떨쳤다(주전 744-612년). 아시리아와 이스라엘 간의 접촉은 좀 늦게 나타지만 그것은 이스라엘에게 통렬한 것이었다. 주전 853년에 오론테스 강가의 카르카르 전투에서 '다메섹 동맹군'과 아시리아 군대가 격돌했다. 물론 아시리아의 살만에셀 3세가 승리했다고 기록되어있지만 연합군의 저항도 수년간 잇달았다. 이때 아합은 벤하닷에게 2천 대의 전차와 병사 1만 명을 보내서 일시적으로 아시리아의 세력을 저지하는데 도움을 주었다.[50] 그러나 결국 다메섹 동맹은 와해되고 살만에셀은 두로와 시돈, 이스라엘로부터 많은 조공을 받았다. 그의 공적을 기리는 방첨탑에 이 내용이 기록되어 있다.[51]

주전 8세기 중반 티글랏 빌레셀 3세는 한 동안 잃어버린 영토를 회복하기

---

49) Rainey & Notley, *The Sacred Bridge*, 170-171.

50) 이 동맹이 효력이 있었던 것으로 보이는 것은 살만에셀 3세가 4, 5년 동안 침략을 하지 못했기 때문이다. Bright, *A History of Israel*, 243. 그의 기록에 의하면 "다메섹의 하닷 에셀의 1,200대의 전차, 1,200명의 기마병, 2만의 군대 … 이스라엘 왕 아합의 2,000대의 전차, 만 명의 군대"라고 적고 있다. Mieroop, *A History of the Ancient Near East*, 212f. 그러나 Na`aman은 Kurkh 석비를 재해석하면서 아합이 200대의 전차를 보냈다고 주장한다: Nadav Na`aman, *Ancient Israel and its Neighbors*, Collected Essays Volume 1: Interaction and Counteraction, Winona Lake, Ind: Eisenbrauns, 2005, 1-10.

51) 이스라엘과 관련된 것은 '오므리의 아들, 예후'가 살만에셀 3세에 앞에 무릎을 꿇고 땅에 입을 맞추고 있는 모습이다. 이것은 이스라엘과 아시리아의 관계를 보여주는 중요한 성경 외적 자료이다. 지금 대영박물관에 소장되어 있다. Rainey & Notley, *The Sacred Bridge*, 210.

위해서 군사원정을 통해 아람과 다메섹 그리고 시리아와 지중해 국가들을 장악했다. 주전 734년 티글랏 빌레셀은 팔레스타인 가사까지 군사를 보내어 거기에 무역센터를 개설하고 가사를 아시리아의 봉신으로 만들었다. 이 무역센터는 아시리아와 이집트 간의 경제적 교역을 촉진하기 위함이었다. 몇 년 어간에 시리아와 팔레스타인 여러 도시에서 아시리아에 대항하는 반란이 일어났으나 제국의 군대의 공격을 받아 혹독한 댓가를 치루어야 했고, 결국 그 도시들은 아시리아 제국의 봉신으로 합병되었다.[52] 이 과정에서 이스라엘의 운명도 결정될 수밖에 없었다.

그 이후 살만에셀 5세는 사마리아를 함락시키고(주전 722년) 반란에 의해 살해를 당해서 그의 통치는 짧게 끝났다. 무력으로 권좌에 앉았지만 최초로 이집트까지 점령한 사르곤 2세는 사마리아 사람들을 아시리아로 이주시키고 여러 민족이 사마리아에 살도록 했다(왕하 17:24).[53]

이스라엘이 사라지자 사르곤2세의 아들 산헤립은 이집트와 에디오피아 동맹군과 싸우는 과정에서 유다의 모든 성읍을 점령하고 라기스에서 히스기야를 위협했다(왕하 18:13).[54] 그러나 하나님의 기적으로 아시리아 군은 죽임을 당하고 왕은 본국으로 돌아가서 아들에게 살해당했다(왕하 18:13-19:36). 그

52) A. Kirk Grayson, History of Mesopotamia, *ABD* 4, 744.

53) 성경에 나타난 함락 연대를 보면 살만에셀 5세와 사르곤 2세 사이에 누가 사마리아를 함락시켰는지 알 수 없다. 그러나 바벨론 연대기에 의해서 주전 722년으로 그 연대를 잡으면 그 공로는 살만에셀 5세에게로 돌아갈 것이다. 왜냐하면 사르곤은 주전 721년에 왕이 되었기 때문이다. Grayson, History of Mesopotamia, 744; A. Leo Oppenheim, *Ancient Mesopotamia: Portrait of a Dead Civilization*, Chicago: University of Chicago Press, 1970, 93.

54) 산헤립의 공적을 기록한 Rassam Cylinder (주전 700년)는 이렇게 적고 있다: "나의 멍에에 복종하지 않는 유대인 히스기야에 대해서 내가 그의 요새화된 강한 성읍 중 46개를, 그 근처의 수없이 많은 작은 성읍을 포위하고 짓밟고, 공성퇴와 보병의 무자비한 공격과 시추공과 성벽 틈을 내고 괭이로 쪼으면서 점령했다. 나는 그들의 200,150명 가운데서 크고 작은 남자와 여자, 말, 야생 나귀, 당나귀, 낙타, 황소와 양을 수없이 가져왔다. 그리고 나는 그것을 전리품으로 분류했다. 그로(히스기야) 말하자면 나는 그를 그의 왕도 예루살렘 가운데 새장의 새같이 가두었다. 나는 그에 대항하여 요새를 세우고 그가 그 도성의 문으로 갈 엄두도 못내게 했다. 내가 약탈한 그 도시들은 그의 땅에서 잘라내어 아스돗 왕 미틴티와 에그론 왕 파디 그리고 가사 왕 실-벨에게 주었다. 그래서 나는 그의 땅을 줄였다. 그들의 일년 급료, 이른 세금에 나의 주를 위한 공물을 더하고 이것들을 그들에게 부과했다(49-57)." William R. Gallagher, *Sennacherib`s Campaign to Judah*: New Studies, Leiden: Brill, 1999, 129.

의 후계자 에살핫돈은 팔레스타인 북부는 물론 이집트까지 원정해서 제국을 확장시켰다. 그리고 유다로부터 많은 공물을 받았다.[55] 에살핫돈의 후계자 아슈르바니팔(주전 668-627년)은 니느웨를 중심으로 아시리아 제국에 최고의 문화적 번영을 가져왔다. 그러나 군사적으로 강한 제국을 유지하지 못했다. 그가 일시적으로 이집트 테베까지 정복했으나 잘 통제하지 못하고 이집트는 독립하고 말았다.[56] 그 왕조의 통치 말기 바벨론과 메대의 동맹군에 의해서 니느웨는 함락되고(주전 612년) 남은 아시리아 왕조가 몇 년간 하란에서 버티다가 결국 그 제국은 끝이 나고 말았다.

바빌로니아

바빌로니아는 원래 나라로 등장한 것이 아니고 수메르와 아카드 제국의 영향을 입은 문화로 나타났다. 민족도 수메르와 아카드와 서쪽에서 유입된 아모리(Amurru)인으로 구성되었다. 그래서 문화와 인종의 혼합을 통해서 위대한 문명 중 하나를 만든 것이다.[57] 마리와 우가릿에서 발견된 문헌에 의하면 가나안은 주전 2000년에도 메소포타미아 국가와 접촉이 있었던 것으로 나타나는데 소돔의 주변 도시국가들과 바벨론 지역의 동맹국 간의 전쟁을 연상케 한다(창 14장).

---

55) 에살핫돈은 니느웨에 자신의 궁전건축에 기부한, 공물을 바치는 많은 통치자들 가운데 한 명으로 유다 왕 므낫세를 언급하고 있다. 아슈르바니팔도 므낫세가 다른 공물 바치는 자와 함께 첫 이집트 원정 시 그에게 공경을 표했다고 했다. Walter Mayer, Sennacherib's Campaign of 701 BCE, in Lester L. Grabbe, *'Like a Bird in a Cage': The Invasion of Sennacherib in 701 BCE*, London: Sheffield Academic Press, 2003, 185.

56) Grayson, History of Mesopotamia, 746.

57) A. Grayson, History and Culture of Babylonia, *ABD* 4, 758.

주전 1900년경에 바빌로니아 왕국이 설립되어 제6대 왕인 함무라비(주전 1792-1750년)의 통치 때에 나라가 제국의 차원으로 확장되었다. 그의 통치영역은 자그로스 산맥을 끼고 있는 강의 평지와 엘람과 페르시아만, 마리와 니느웨까지 뻗쳤다. 또한 문화적으로도 번창했다. 바벨론 창조신화, 길가메쉬 서사시와 같은 다양한 문학이 나오고 사전과 문법책도 나왔다. 그 중에 함무라비의 가장 큰 업적은 함무라비 법전이다.[58] 그러나 그의 아들(Samsu-iluna, 주전 1749-1712년)의 통치로 영토는 줄어들고 통치 기반이 약화되었다. 그의 경쟁자는 카시족(Kassites, 중앙 아시아인)과 '습지 민족' (페르시아만에서 온 수메르 본토인) 그리고 라르사의 림-신2세(Rim-Sin II)였다.[59] 이들은 제1왕조가 멸망할 때까지 주요 세력을 구축하고 있었다. 바벨론은 결국 히타이트의 무르실리스 1세에 의해서 점령을 당하고 제1왕조가 끝났다(주전 1595년).[60] 제2왕조는 '습지민족' 이 짧은 기간의 권력을 잡았으나 카시족에 밀려났다. 카시족의 제3왕조는 약 450년간 체제를 유지하다가 엘람 사람에게 그 권력을 넘겨주고 그들은 다시 바벨론에서 쫓겨나고 이신(Isin) 성읍의 왕자들이 제4왕조를 창건했다. 이 왕조를 '이신의 제2왕조' 라고 한다(주전 1156-1025년).[61] 느부갓네살 1세(주전 1124-1103년)는 바로 이 왕조에 속한 왕이다. 그가 엘람까지 영토를 확장하고,[62] 전리품을 가져왔는데 그 중에는 마르둑의 상도 있었다. 그가 마르둑 상을 다시 찾아와서 만신전에 세운 것은 마르둑이 최고의 신이라는 것을 공식적으로 선포한 것이다.[63] 그 후 바벨로니아는 다시 혼란기에 접어들어 오십년 만에 왕조가 세 번씩이나 바뀌고 알려진 역사도 별

58) Bright, *A History of Israel*, 58f.

59) Grayson, *History and Culture of Babylonia*, 761.

60) Cf. Bright, A History of Israel, 65. 히타이트의 점령은 그들이 메소포타미아를 지배했다는 것은 아니다. 그것은 습격일 뿐이었다.

61) Cf. W. A. Elwell, *Baker encyclopedia of the Bible* I, Grand Rapids, Mich.: Baker Book House, 1988, 245.

62) 엘람에 세운 그의 경계비에는 군사들이 목마르고 주린 것과 전차대의 효과를 적어두었다.

63) Grayson, History and Culture of Babylonia, 763.

로 없다. 여기서 중요한 것은 이 시기(주전 12-10세기)에는 아시리아, 이집트, 히타이트와 같은 열강들이 쇠퇴해서 주도권을 장악하지 못하고 권력의 진공 상태가 되었을 때 다윗은 이스라엘을 작은 제국으로 만들고 솔로몬의 통치로 최고의 번영을 구가했던 것이다. 바빌로니아의 암흑기는 주전 900년까지 계속되다가 결국은 아시리아의 살만에셀 3세(주전 858-824년)에 의해서 그 제국에 복속되었다. 이때 이스라엘도 그의 지배하에 있었다(왕하 17:3).

살만에셀을 이어 사르곤 2세(주전 721-705년)가 왕위에 오를 때, 바빌로니아는 엘람의 도움을 받은 갈대아 출신의 므로닥 발라단 2세가 왕을 자처하고 나섰다. 사르곤이 그를 공격했지만(주전 720년) 실패하고 므로닥 발라단은 바벨론을 11년간 통치했다(주전 721-710년). 그는 사르곤의 두 번째 공격으로 엘람으로 쫓겨나 있다가 사르곤을 이어 산헤립이 왕이 되던 해에 엘람의 도움을 받아 바빌로니아의 전 아람인과 갈대아인을 동원해서 아시리아에 대항해서 바벨론을 장악하고 다시 자신이 왕임을 선포했다(주전 705년). 이 짧은 기간에 므로닥 발라단은 유다 왕 히스기야에게 위문 차 사신을 보내어 편지와 선물을 전달했다(왕하 20:12). 그 뒤 산헤립은 그를 공격하여 하야시키고 귀향을 보냈다.[64]

아슈르바니팔과 그의 바벨론 부왕이 죽자 바벨론에는 한 동안 공식적인 통치자가 없었다(주전 627년). 이때 갈대아의 왕자 나보폴라살(주전 625-605년)이 바빌로니아에서 왕위를 차지하고 제10왕조를 세웠다. 이 왕조를 '갈대아 왕조' 혹은 '신바벨로니아 왕조' 라고 한다. 그리고 이것은 바빌로니아의 마지막 왕조였다. 그는 이란 고원에 있는 왕국 메대와 동맹을 맺어 아슐, 니느웨와 님로드를 침략해서 아시리아 제국을 멸망시켰다. 그의 아들 느부갓네살 2세(주전 604-562년)는 전 아시리아 제국을 물려받아 근동 전체를 장악했고, 유다와 예루살렘의 멸망도 그의 공적이었다. 그는 유다 사람들을 바빌로니아로 유배시켰다(왕하 24:1-25:21). 느부갓네살의 통치하에서 바벨론은 호사스

64) Cf. W. A. Elwell, *Baker Encyclopedia of the Bible* I, 247.

러운 전설적인 도시가 되었다.[65] 이 역사가 다니엘 예언의 배경이 된다. 그 후 그의 후계자들이 짧은 통치를 마치고 그의 외교담당관인 나보니두스(주전 555-539년)가 왕이 되었다. 그는 자기 어머니를 따라 월신 '신'(Sin)을 섬기고, 하란의 신전을 복구하고, 그 신을 만신전의 최고신으로 지위를 높였다. 이런 그의 조치는 마르둑의 제사장들의 반목을 살 수밖에 없었다.[66] 그의 통치 동안 메대는 페르시아의 고레스 2세(주전 559년) 아래로 들어갔다. 그는 10여 년 동안 에게 해와 중앙아시아의 파미르까지 정복했다. 이 당시 나보니두스는 아라비아(에돔의 동남쪽에 있는 Teima)에 머물었고,[67] 그의 아들 벨사살이 대리통치자로 바벨론에 있었다(단 5:1). 페르시아의 증가하는 위협을 예견한 나보니두스가 바벨론으로 돌아왔을 때는(주전 543년) 고레스가 바벨론을 공격하기 직전이었다. 그는 필사적으로 종교적인 쇄신을 통하여 백성을 영적으로 무장시키고 백성과 제사장들의 환심을 사려고 했지만 별 소용이 없었다. 결국 바벨론 사람들은 그를 지지하지 않고 고레스에게 항복하고 말았다(주전 539년 10월). 고레스는 전쟁을 하지 않고 바벨론에 무혈입성을 했던 것이다.[68] 이렇게 바빌로니아의 역사는 끝이 났다.

---

65) Elwell, *Baker Encyclopedia*, 248.

66) Bright, *A History of Israel*, 353. 그는 바벨론의 연중 최고의 제의인 신년 축제에도 참여하지 않았기 때문에 불경한 사람으로 간주되었다.

67) 나보니두스가 아라비아에 머문 것은 월신을 섬기기 위한 순전히 종교적인 이유라기 보다는 정치적인 이유가 컸다고 본다. 물론 아라비아는 월신숭배로 유명하다. 그러나 나보니두스의 비문에는 그가 그것을 장려했다는 암시는 없다. 오히려 그는 고레스의 정복에 맞설 수 있는 정책을 강구하기 위해서 그곳으로 갔을 것으로 본다. Mieroop, *A History of the Ancient Near East*, 262.

68) 고레스 자신의 비문에 의하면 바벨론 사람들이 자신을 정복자가 아니라 해방자로 환영했다고 한다. Edwin M. Yamauchi, *Persia and the Bible*, Grand Rapids, Mich: Baker Book House, 1990, 86f.

페르시아

주전 7세기 초 아키메네스(Achaemenes)에 의해서 파르수마쉬(Parsumash)에 페르시아 인들의 작은 왕국이 세워졌다. 그의 이름은 나중에 그들의 왕조 이름이 되었다. 이 나라는 불과 150년만에 5대 왕[69] 고레스 2세(Cyrus II, 주전 559-530년)에 의해서 세계를 제패하는 제국이 되었다. 고레스의 아버지 캄비세스는 메대 왕 아스티아게스(Astyages)의 딸과 결혼했다. 고레스는 파살가데에 대규모의 궁전을 짓고 바벨론의 나보니두스와 동맹을 맺어 할아버지 왕국인 메대를 치고 엑타바를 수도로 삼았다.[70] 여기에 그의 문서가 있었다(스 6:2). 그는 유능한 군사 지도자로서 서쪽으로는 소아시아와 사르디스의 루디아(Lydia) 그리고 그리스의 도시들을 복속시켰다(주전 547년). 동으로는 아리아를 넘어 박트리아(Bactria)와 겐지즈강 유역의 간다라(Gandhara)까지 확장했다(주전 546-540년). 고레스는 주전 539년에 바벨론을 점령하고 마르둑의 이름으로 자신이 합법적인 왕이라고 천명했다.[71] 그는 이전 제국의 통치자들과는 달리 피지배국의 백성의 종교를 말살하거나 제의기구들을 빼앗아가지 않고 오히려 그들의 신들을 달래기 위해서 일종의 계몽정책을 썼다.[72] 그것이 고레스의 문화관용 정책이다. 고레스는 포로로 잡혀온 유대인들이 예루살렘으로 돌아가서 성전을 재건하도록 칙령을 발표했다(스 1:1-4).

고레스의 아들 캄비세스 2세(주전 529-522년)는 이집트를 정복했다(주전

69) Yamauchi, *Persia and the Bible*, 70. 1. Achaemenes (700-675?); 2. Teispes (675-640?); 3. Cyrus I (640-600?); 4. Cambyses I (600-559?).

69) Yamauchi, *Persia and the Bible*, 70. 1. Achaemenes (700-675?); 2. Teispes (675-640?); 3. Cyrus I (640-600?); 4. Cambyses I (600-559?).

70) Elwell, *Baker Encyclopedia*, 1650. 나보니두스는 꿈에서 본 환상에 근거해서 고레스가 메대에서 하란을 해방시킬 것이라고 확신했다고 적고있다: Yamauchi, *Persia and the Bible*, 80f.

71) Bright, *A History of Israel*, 360.

72) 고레스의 실린더에는 "나는 그들의 이전 주민들을 모으고 그들을 자기들의 거주지로 돌려보냈다"고 적고있다. Yamauchi, *Persia and the Bible*, 91.

525년).[73] 그러나 그의 갑작스런 죽음으로 인하여 제국은 거의 와해될 위기에 놓여 있었다.[74] 그의 후계자 다리우스 대왕(주전 521-486년)은 내부의 반란세력을 진압하고 제국을 통합시켰다. 그는 20개의 도를 만들어 태수들의 휘하에 두고 수도를 파살가데(Pasargadae)에서 페르세폴리스(Persepolis)로 옮겨서 페르시아와 그 왕조를 상징하는 엄청난 규모의 궁전을 지었다. 그는 조로아스터의 추종자로 아후라 마즈다(Ahura Mazda)를 신봉했다. 크세르크스(아하수에로)와 아닥사스다도 마찬가지였다. 반란을 진압한 다리우스의 승리를 기념하는 유명한 유적이 비수툰(Bisutun)에 있다. 그것은 100미터가 넘는 석회암 산의 절벽에 높이 15미터, 길이가 25미터의 크기의 비문인데 그가 어떻게 반역자를 진압했는지가 페르시아어와 엘람어, 아캇어로 기록되었다. 이것은 왕실의 자화상으로서 그는 이것을 널리 알리는데 관심이 있었다.[75] 이때쯤에 다리우스는 유다 총독 닷드네의 서신을 받고 답을 했을 것이다(스 5:6-17; 6:1-4). 성전재건을 반대하던 자들은 그의 엄중한 경고를 받았다(스 6:11). 성전건축은 그의 시대에 완공되었다(주전 515년). 다리우스의 통치 말년에 그는 마라톤 전투에서 그리스에게 패했다(주전 491년). 그 후 그의 아들 크세르크스(주전 485-465년)부터는 국운이 기울어지는 시기에 접어들었다. 그는 이집트와 바벨론에서 일어난 반란을 진압하고 그의 긴 통치기간 중 상당부분을 건축사업에 할애했다. 그가 통치하던 제국이 에스더서의 배경이 된다. 그는 그리스와 치룬 살라미스 해전에서 패배했다(주전 480년). 크세르크스가 암살을 당하자 아닥사스다(Artaxerxes I, 주전 465-424년)가 암살자와 형을 처치하고 왕위에 올랐다. 그는 왕위에 오르자마자 이집트의 반란 진압에 나섰는데 거기서

73) 그때는 이집트 제26왕조의 Amasis가 통치했는데 아마 결혼과 같은 사적인 문제로 침략한 것으로 보인다. Yamauchi, *Persia and the Bible*, 96.

74) 그의 죽음을 자살로 보는 학자들이 많으나 다리우스의 글을 해석하면 그것은 폭행이나 사고로 인한 죽음이라는 것이 타당해 보인다. Yamauchi, *Persia and the Bible*, 125f.

75) "왕 다리우스는 선포하노라, 만일 네가 이 기록을 감추고 백성에게 알리지 않으면 아후라 마즈다가 너를 멸하는 자가 될 것이고, 후손이 너에게 없을 것이다." Josef Wiesehüfer, *Ancient Persia*: From 550 BC to 650 AD, London: Tauris, 1996, 14.

델로스 동맹을 주도하는 아테네 군과 치열한 전투를 벌였다. 주전 449년 그리스와 칼리아(Callias)협정을 맺음으로써 제국의 평화를 유지하고 전 제국을 통치하게 되었다.[76] 특별히 그는 유대인들에게 친절을 베풀어 예루살렘 재건을 도왔다(스 7:7, 8; 느 2:8). 이후에 제국의 마지막까지 여섯 명의 왕들이 불안정한 제국을 통치했다.[77] 이들 중 성경과 관련되는 인물은 없다. 페르시아 제국의 마지막 왕인 다리우스 3세는 대규모의 병력을 가지고도 기동성을 잃어버리고 여러 차례 원정에 실패했다.[78] 그의 군대가 잇소스(Issos)에서 알렉산더 대왕에게 패하고(주전 333년) 최종적으로 고가멜라(Gaugamela)에서 패함으로써 제국은 멸망했다(주전 331년).[79]

3. 민족적 배경

가나안 부족

가나안 땅에 거하는 부족은 일곱 부족이 넘는다. 그러나 가나안 정복 당시 그들이 대표적인 부족으로 인정된 것 같다. 이 부족의 명칭, 민족의 기원, 사회생활과 그 영토는 가끔 명확하지 않다.

가나안 족속

가나안 사람이란 가나안 땅에 사는 사람을 가리키는 말이다. 특별히 성경은

76) 칼리아의 평화에 대한 연대와 진정성과 그 성격에 관해서는 학자들의 견해가 분분하다. 그러나 평화협정인 것만은 분명하다. Cf. E. M. Yamauchi, *Persia and the Bible*, 521-523.

77) Xerxes II(주전 423년), Darius II(주전 423-404년), Artaxerxes II(주전 404-358년), Artaxerxes III(주전 358-338년), Arses(주전 338-336년), Darius III(주전 336-331년).

78) Pierre Briant, *From Cyrus to Alexander: A History of the Persian Empire*, Winona Lake, Indiana: Eisenbrauns, 2002, 780-800.

79) Pierre Briant, Persian Empire, *ABD* 5, 240-243; Pierre de Miroschedji, Susa, *ABD* 6, 245.

함의 아들 가나안의 후손으로서 나중의 팔레스타인에 흩어져 사는 민족을 말한다. 그렇지만 가나안 땅의 다른 부족과 구분해서 말할 때는 팔레스타인의 평지에 살던 족속을 가리킨다(민 13:29). 그들은 주로 물가에서 상업에 종사하던 사람들을 일컫는데 두로와 시돈도 그 중 대표적인 도시로 무역으로 유명하다. 이들은 주전 15세기 마리 문서에 그 이름이 나타나고 우가릿 문헌에서 가나안 사람들이 외국인 상인의 명단에 들어있다.[80] 구약에서는 종종 가나안 사람이란 이름은 이스라엘 사람이 아닌 그 땅의 토착민을 가리키기도 한다(창 12:6; 민 21:3; 삿 1:10).

아모리 족속

'아모리' 라는 말은 아캇어 '아무루' (*amurru*)에서 왔다. 이것은 지역이나 방향을 가리키는 '서쪽' 이란 말이다. 메소포타미아 인들이 묘사하는 아모리인은 시리아에 그 근거를 두고 있다고 기록했다. 마리 문서에 의하면 그들은 반유목민이었다. 이들이 주전 이천 년 전에 가나안으로 이주한 것으로 보인다.[81] 이들은 구약에서 가장 많이 언급되는 족속으로 넓은 의미에서는 가나안 족속을 가리켜서 아모리 족속을 가리키고(창 15:16; 48:22; 수 24:15, 18), 좁은 의미에서 산지의 거민들을 가리킨다(민 13:29; 수 5:1; 11:3).

헷 족속

헷족속은 가나안의 자손으로(창 10:15) 아나톨리아 반도에 근거를 둔 히타이트 왕국의 민족이었다(주전 1750-1200년). 그러나 성경은 아브라함 이전부터

---

80) Philip C. Schmitz, Canaan, ABD 1, 829. 아캇어로 *kinabb*는 '붉은 자주 빛' 을 의미한다. 왜냐하면 지중해 동쪽 연안은 이 염료의 공급원이었기에 그것이 자기 생산물과 동일시되는 가나안 상인에 의해서만 취급되었기 때문이다. J. Milgrom, *Numbers*, Philadelphia: Jewish Publication Society, 1990, 106.

81) Keith N. Schoville, Canaanites and Amorites, in Alfred J. Hoerth, Gerald L. Mattingly & Edwin M. Yamauchi (eds.), *Peoples of the Old Testament World*, Grand Rapids, Mich: Baker Books, 1994, 164-166.

헷 족속의 일부가 팔레스타인으로 이주해서 이미 정착한 것으로 말한다(창 15:20).[82] 이들의 영토는 유다의 고원지대로서 약속의 땅의 중심지였다(창 23:1-3; 26:34; 민 20:16-18; 삿 1:22-26; 겔 16:3, 45).[83] 그들은 가나안 정복시 다른 가나안 부족과 연대해서 이스라엘을 대항하려 했고(수 9:1, 2), 사사시대에는 이스라엘이 끝까지 근절하지 못한 족속 중의 하나였다(삿 3:5, 6).

기르가스 족속

기르가스 족속은 오직 성경에만 민족의 이름으로 나타난다. 그들은 노아의 아들 함의 후손으로(창 10:15-16) 여호수아 정복 당시 이미 토착민으로 살았다. 이들과 유사한 이름(*grgŝ, bn grgŝ*)이 우가릿 문헌에 발견되는 것을 보면 이스라엘이 가나안에 들어가기 전에 이미 가나안에 정착한 것 같다. 그들은 팔레스타인 북쪽에 살았을 것이다. 왜냐하면 남은 지역이 거기밖에 없기 때문이다.[84] 이 민족의 기원은 소아시아의 히타이트어로 카르키사(Karkisa)에 있었다고 추측하지만 분명치 않다.[85]

브리스 족속

브리스 족속은 언어에 근거해서 또 종종 가나안 족속과 나란히 언급된 관계로 비가나안 족속이라고 한다(창 13:7; 34:30; 삿 1:4-5). 그것은 그들이 후리안의 지역 그룹이었다는 것이다.[86] 그 영역은 팔레스타인 중앙 가나안 산지라

---

82) 헷 족속이 실제로 가나안으로 이주했는지에 대해서는 견해가 다양하다. 그러나 원래 언어 계통이 다름에도 불구하고 히타이트어와 히브리어 간의 공통점이 있는 것을 보면 헷 족속의 영향이 있었던 것으로 보인다. Harry A. Hoffner Jr., Hittites, in *Peoples of the Old Testament World*, 152-154.

83) "헷 족속의 땅이 유프라테스 강까지 이른다"고 말하는 성경구절(수 1:4)은 구약 전체 상황에 맞지 않다. 아마도 이것은 시리아의 '신 히타이트' 공국을 가리키는 것인지도 모른다. Gregory McMahon, Hittites in the Old Testament, *ABD* 3, 232.

84) Edwin C. Hostetter, *Nations Mightier and more Numerous: The Biblical View of Palestine`s Pre-Israelite Peoples*, N. Richland Hills, TX: Bibal Press, 1995, 63.

85) David W. Baker, Girgashite, *ABD* 2, 1028.

86) Stephen A. Reed, Perizzite, *ABD* 5, 231.

고하고 하는데 유다와 에브라임 사이의 숲 지역으로 본다(창 13:7; 수 11:3; 17:15).

히위 족속

가나안의 후손으로(창 10:17) 레바논 산맥(삿 3:3)과 헬몬산(수 11:3)에 거주한 히위 족속은 한때 이스라엘에게 정복을 당했으나 왕국시대에 살아남은 자들이 있었다(삼하 24:7). 그들은 시돈과 여타지역에서 살았다. 히위 족속은 호리 족속의 필사오기로 보는 자도 있고 이 둘이 가깝고 후리안과 관계가 있다고도 한다. 그러나 확실하지는 않다.[87]

여부스 족속

여부스 족속은 성경 이외의 문헌에는 나타나지 않는데 가나안의 후손으로서(창 10:16) 예루살렘에 살았다(수 15:63; 18:28; 삼하 5:6). 그들은 가나안 원주민으로 셈족이 아니라 후리안일 가능성이 있다.[88]

페니키아인

페니키아 사람들은 구약에는 두로와 시돈이란 이름으로 나타난다. 이들을 가나안 사람이라고 하는 것은 그들의 근본과 관련된 것이다(창 10:15; 사 23:11). 이들은 레바논 산맥 기슭의 시리아 해안 평야 지구에 비블로스, 두로와 시돈과 같은 몇 개의 도시국가를 형성하고 있었다. 주전 2000년경 그들은 셈어를 쓴 아모리 사람들로 그곳의 가나안 사람과 섞여 살았다. 페니키아는 오랫동안 이집트 제국의 지배를 받았다(주전 1580-1100년).

주전 1100년경 이집트와 히타이트 제국이 사라지자 독자적인 번영을 이루었다. 이것은 지중해를 무대로 자신의 본토는 물론 키프로스를 거쳐 북시리아

87) Cf. D. J. Wiseman, Hivite, *NBD*, 477.

88) G.J. Wenham, *Genesis 1-15*, WBC1, Dallas: Word, Incorporated, 2002, 226.

와 아나톨리아 반도, 그리스, 이탈리아, 스페인까지 뻗친 무역을 통한 것이었다. 이 시기에 그들의 알파벳을 여러 나라에 전한 것은[89] 서방세계의 알파벳이 서른 개 이하로 이루어지는데 큰 역할을 한 것으로 보인다. 고대 히브리어도 이 문자로 썼다. 페니키아는 무역을 통해서 부를 축적하고, 특히 두로는 키프로스와 에게 해에, 그리고 시돈은 아람과 길리기아에 교역을 위한 여러 식민지를 두었다.[90]

특별히 두로가 이백 년 동안 페니키아 도시들을 장악했을 때(cf. 사 23:3-8) 두로 왕 히람과 다윗의 관계가 이루어졌다. 이 관계는 솔로몬까지도 이어져서 그가 성전과 궁전을 건축하고 여러 도시들을 요새화하는데 도움이 되었다(왕상 9:10-28). 특히 솔로몬은 페니키아인들이 서부로 확장하는 것에 자극을 받아서 그는 홍해를 따라서 남쪽으로 진출했다. 그는 페니키아인들의 조선 기술의 도움을 받아 에시온게벨에서 배를 건조하고 오빌(지금의 소말리아 동부)까지 정기 무역항로를 열고 활발한 무역을 했다(왕상 9:25-27).[91]

페니키아가 끼친 문화적인 영향 중에서 종교적인 측면도 강하다. 페니키아인들은 그들의 식민지였던 키프로스에 아세라 신전을 세우고, 카르타고에도 바알과 아세라와 같은 그들의 신들을 위한 제의적 관행을 퍼뜨렸다.[92]

페니키아 종교는 주전 9세기 초반 이스라엘에 엄청난 영향을 끼쳤다. 아합이 두로의 공주 이세벨과 결혼함으로써[93] 그녀를 통하여 북이스라엘에 바알숭배가 공식화되었다(왕상 16장).

페니키아의 도시들은 아시리아가 서방으로 진출할 때 살만에셀 3세(주전

---

89) 그리스도 페니키아 문자를 받아서 사용했으나 주전 9세기에 독자적인 문자를 개발해서 사용하기 시작했다. Brian Peckham, History of Phoenicia, *ABD* 5, 352.

90) Peckham, History of Phoenicia, 352-3.

91) John Bright, *A History of Israel*, London: SCM Press, 1991, 215.

92) William A. Ward, Phoenicians, in *Peoples of the Old Testament World*, 202f.

93) 이세벨의 아버지 이름 '엣바알' (*'etba`al*)은 *'ittōba`al*과 같은 말로서 '바알이 그와 함께 한다' 는 뜻이다. 요세푸스는 그를 Ithobalus라고 하면서 그가 아스다롯의 제사장 경력을 가졌다고 했다. Flavius Josephus, *Contra Apionem* I, 18, in *The Works of Josephus*, trans. by William Whiston, Peabody, Ma: Hendrickson Publishers, 1987.

858-824년)와 아닷니라리 3세(주전 810-783년)에게 조공을 바쳐오다가 결국 산헤립(주전 704-681년)에게 처음 점령을 당했다. 그리고 시돈의 왕은 키프로스로 유배를 당하고 산헤립이 세운 새 왕이 통치했다.[94] 그 후 이사야(사 23장)와 에스겔(겔 26:2-19; 28:1-23)이 두로와 시돈을 정죄하고 그 멸망을 예언했다. 페니키아의 도시들은 주전 6세기 전반 바벨론 느부갓네살에게 멸망당했다.

아람인

아람인은 칠십인 역에 시리아인으로 번역되었다. 이들은 셈족의 후손이다(창 10:22-23). 이들은 히브리인의 조상이기도 하다(신 26:5). 아람인의 본 거주지는 엘람과 연결된 키르였다(암 9:7). 전통적으로 이들은 주전 이천 년기 전반부에 메소포타미아 상부에 정착한 것으로 알려졌다(창 25:20; 28:1-7). 이곳은 아브라함의 친척 브두엘과 라반이 살던 지역이다. 그들은 서부 셈어를 사용하던 자들로서 이 지역에서 반유목민으로 여러 성읍에 흩어져서 살다가 히타이트 제국이 멸망한 후 그 지역에서 서서히 정치적인 지배권을 갖게 되었다.[95] 아람지역을 28번이나 침략한 티글랏 빌레셀 1세(주전 1114-1076년)와 그의 아들 아슐벨 칼라(주전 1073-1056년)의 비문에 의하면 그들이 만난 아람사람들은 발달된 중앙집권정치에 대한 증거는 없고 주로 유목 마을을 형성하고 있었다고 한다. 좀 더 중앙집권화된 국가는 시리아와 메소포타미아 상부에서 아람 사람들의 지배를 받고 있었다고 한다. 이 아람 도시국가들은 다른 제국들과 같이 연합된 정치력을 가지지 못했고 몇몇 강한 부족들이 통치했다.[96] 주전 9세기가 되어서 그들은 영토에 따라 크고 작은 왕국으로 발전할 수 있었다.[97]

94) Ward, Phoenicians, 187.

95) Wayne T. Pitard, Arameans, in *Peoples of the Old Testament World*, 209f.

96) Pitard, Arameans, 211f.

97) A. R. Millard, Arameans, *ABD* 1, 349.

메소포타미아 상부에 거주하던 아람인 중에 다윗시대의 아람-소바와 솔로몬 이후의 아람 다메섹이 이스라엘 역사에 중요하다. 주전 11세기 아람 소바의 왕 하닷에셀이 다메섹과 마아가, 돕을 장악했으나 결국 다윗에 의해서 패배를 당했다(삼하 8:3-4; 10:17-19). 분열왕국은 아람과 여러 차례의 접촉이 있었다. 주전 890-880년 사이에 이스라엘의 바아사와 유다의 아사 간에 전쟁이 있었을 때 아사는 성전과 궁전의 금과 은을 내어주고 다메섹의 벤하닷에게 군사적 원조를 요청했다(왕상 15:18). 아합은 사마리아를 포위한 벤하닷과 32개의 동맹국과 싸워서 물리쳤다(왕상 20:1-25). 벤하닷은 두 번째 이스라엘 영토에 들어와서 아벡까지 이르렀다(왕상 20:26). 그는 또 패배하고 사로잡혔다. 그가 풀려난 후 다메섹은 이스라엘과 교역 대상이 되어 삼년 동안 평화를 유지했다. 그러나 아합은 아람 사람에 의해서 길르앗 라못 전투에서 전사했다(왕상 22:29-37). 아람 다메섹은 결국 이스라엘 왕 여호아스에 의해서 패배하고 말았다(왕하 13:25). 주전 733-732년 아람 다메섹이 붕괴된 후 아람인은 제국의 손아래 들어가게 되었다.

아람의 문화 가운데 이스라엘에 가장 큰 영향을 미친 것은 바벨론 제국 시대에 페니키아 문자인 고대 히브리어가 정방형 문자인 아람문자로 대치된 것이다. 그리고 그 언어는 신약시대까지도 공용어로 사용되었다.

암몬인

요단 동편 아르논 강과 얍복강 사이 중앙고원에 정착한 셈족 계통인 암몬은 그 기원이 롯과 그 딸 사이에서 난 벤 암미의 후손들이다(창 19:38). 암몬 족속은 일찍이 아르논과 얍복 강 사이의 삼숨밈의 영역을 차지했다(신 2:20-21, 37; 3:11). 그 후 아모리인들에 의해서 암몬 족속의 영역은 얍복의 동쪽 지역에 한정되었다(민 21:24; 신 2:37; 수 12:2; 13:10, 25; 삿 11:13, 22). 암몬 사람들이 이 지역을 작은 요새들로 에워싼 것이 고고학적으로 밝혀졌다(민 21:24).

이들의 수도는 랍바였다(cf. 신 3:11). 고고학적으로 암몬사람들은 유목생활도 했지만 이곳에 정착한 시기는 청동기 후기였다고 한다.[98] 랍바 성은 나중에 다윗의 군대장관 요압에 의해서 정복되었다(삼하 12:26–31). 이 민족은 특별히 호전성으로 유명하다. 사사시대에 길르앗 땅을 자기 땅이라고 우기며 그곳을 침략했다가 입다에게 당한 사건(삿 10장), 사울이 왕으로 등극할 당시 암몬은 요단 동편 길르앗 야베스 사람들에게 눈을 하나씩 뽑으라는 굴욕적인 항복 조건을 제시했고(삼상 11:1–11), 나하스를 조문하기 위해서 간 다윗의 사신에게 치욕을 느끼게 한 사건은 전쟁을 불러 일으켰다(삼하 10장). 또 몇 차례 모압과 동맹을 맺어 이스라엘과 유다를 괴롭혔다(신 23:3–6; 삿 313; 대하 20:13). 그들은 여호야김을 쳐서 유다가 망하는 일에 일조를 했다(왕하 24:2).

솔로몬 치하에서 암몬족은 이스라엘의 권력 아래 있었다. 특히 솔로몬이 사랑하는 여인 가운데 암몬 여인도 있었다(왕상 11:1). 그는 암몬 여인의 설득을 당하여 몰렉(Molech)의 신전을 세웠다(왕상 11:7). 솔로몬의 사랑을 받던 나아마(Naamah)는 이스라엘의 왕위를 계승하여 왕국이 분열되도록 한 르호보암의 어머니였다(왕상 14:21, 31; 대하 12:13).

암몬인은 주전 9–6세기에 번영을 이루었다. 주전 853년 아시리아 왕 살만에셀 3세의 진출을 반대하기 위해서 맺었던 동맹에 암몬도 가담해서 (수) 백명의 군사를 파견했다.[99] 주전 733년 티글랏 블레셀의 요단 동편 공격에 암몬은 크게 위축되었겠지만 그들은 그 땅을 지킬 수 있었다(왕하 15:29). 철기시대에 그들은 최고의 번영을 구가하는데 아슈르바니팔 시대에 암몬이 가장 많은 공물을 바친 것을 보면 그 민족의 번영이 어느 정도였는지 짐작할 수 있다.[100]

암몬족의 번영과 팽창주의는 하나님의 심판을 자초하여 선지자들의 신랄한 공격의 대상이 되었다(렘 49:1–6; 겔 21:20; 25:1–7; 암 1:13–15; 습 2:8–11).

---

98) Randall W. Younker, Ammonites, in *Peoples of the Old Testament World*, 300ff.

99) Mieroop, *A History of the Ancient Near East*, 213. "[ ] hundred troops of Ba'asa of Bit-Ruhubi, the Ammonite."

100) Younker, Ammonites, 308.

포로귀환 이후에도 암몬 사람 도비야는 느헤미야의 성벽건축을 방해했다(느 2:10, 19; 4:3, 7). 또 유대인들과 암몬 사람들 간의 결혼이 문제가 되었다(스 9:1-2; 느 13:1, 23-31). 암몬은 주전 6세기 이후 세력이 약화되어 주전 2세기 헬라시대까지 살아남았다.

모압인

모압인의 근원도 암몬과 같이 롯에게서 찾는다(창 19:37). 그들은 이 족속의 요람인 사해의 동남쪽 경계가 되는 소알에서부터 요단 동편으로 번져나갔다. 고고학적으로 모압족이라고 하면 청동기 후기 시대부터 이 지역에 집단으로 거주하던 민족을 가리킨다. 출애굽 직전에 아모리 왕 시혼이 요단을 건너와서 아르논과 얍복 강 사이 지역에 거주하던 모압인들을 몰아내었다(민 21:26-30). 시혼이 헤스본을 차지하고 모압 땅을 지배했다는 것은 이스라엘이 하나님의 명령을 지키면서 모압 땅을 차지할 수 있는 절묘한 상황이 된 것이다. 이스라엘은 신명기에 기록된 것과 같이 모압 사람을 괴롭히지도 않고 그들과 싸우지도 않고 그곳을 점령하고 있던 아모리와 싸우면 되기 때문이다(신 2:9).

역사적으로 보면 히브리 민족이 광야에서 약속의 땅을 향해 갈 때 모압 왕 발락은 발람을 사주하여 이스라엘을 저주하도록 했다(민 22:2-4). 그들은 압제받던 유약한 민족이었지만 사사시대에는 다시 강성해져서 모압 왕 에글론이 여리고를 점령했다(삿 3:12-30). 또한 모압 땅은 이스라엘에 기근이 있을 때 양식이 풍족한 땅으로 통했다. 엘리멜렉의 가정이 모압으로 이주하는 일로 인하여 룻이 이스라엘 가정과 관련을 맺고, 모압 여인으로서 다윗의 조상이 되었다(룻 4장). 그래서 다윗은 사울을 피해 다닐 때 부모를 모압 왕에게 부탁했다(삼상 22:3). 그러나 다윗은 모압을 쳐서 자신의 권위 아래 복속시켰다(삼하 8:2, 11, 12). 솔로몬의 후궁 가운데 모압 여인이 있었다. 솔로몬은 예루살렘 앞산에 그모스를 위한 산당을 지어서 그녀가 거기서 분향하며 제사하도록 했다(왕상 11:7-8). 그모스 신전은 요시야가 제거하기까지 3세기 동안 사용되었다.[101] 모압은 이스라엘이 분열될 때 잠시 독립을 얻었지만 오므리 왕에 의해서 다시 복속되어 아합이 죽을 때까지 조공을 바쳤다(왕하 3:4-5). 성경에 나타나지 않았지만 아합이 죽기(주전 853년) 직전에 기록된 메사 왕의 석비는 오므리와 아합이 모압의 메다바 지역을 장악한 것을 보여준다. 또한 메사가 그모스의 능력에 힘입어 이스라엘을 축출했다고 한다.[102] 그 후 모압은 번영을 이루었다. 이스라엘 왕 여호람과 유다 왕 여호사밧이 에돔과 합세하여 모압을 치려했으나 모압 왕이 극단적인 방법으로 인신제사를 지낸 것이 계기가 되어서 무위로 끝나고 말았다(왕하 3:27).

모압의 교만한 죄로 인하여 이사야는 그 땅에 대한 심판을 예언했다(사 15:1-16:14). 이사야와 바벨론 포로기간 동안 모압에 대한 언급은 별로 없다(렘 25:21; 27:3; 40:11; 습 2:8-10). 모압은 주전 730년 아시리아에 합병이 되어 주권국의 역할을 하지 못했고 느부갓네살 때 바빌로니아의 공격을 받아서 함락된 이후 다시는 역사의 무대에 등장하지 않았다.[103]

에돔인

에돔인은 에서의 후손이다(창 36:1-17). 에서의 후손은 에돔 지역으로 이주하여 호리족을 통합하면서 그곳의 주된 거주민이 되었다(cf. 창 14:6). 에돔의 족장들은 꽤 이른 시기에 나타났고(창 36:15-19, 40) 이스라엘에 왕이 있기

101) B. T. Arnold & H. G. M. Williamson, *Dictionary of the Old Testament: Historical books*, Downers Grove, IL: InterVarsity Press, 2005, 706.

102) Rainey & Notley, *The Sacred Bridge*, 211. 비문의 일부를 보면 이렇게 적혀있다: "나는 그모스의 아들, 모압의 왕, 이본사람 메사다. 내 아버지는 모압을 삼십 년 통치했고 나는 내 아버지 뒤를 이어 통치했다. 나는 카르호에 그모스를 위하여 이 산당을 지었다. 왜냐하면 그 신이 나를 모든 왕들에게서 구하고 내가 나의 모든 대적에게 승리할 수 있도록 해주었기 때문이다. 오므리는 이스라엘 왕이었고 그가 오랫동안 모압을 압제했다. 그것은 그모스가 자신의 땅에 진노를 발했기 때문이다. 그의 아들이 그를 계승했다. 그리고는 그가 말하길, '내가 모압을 압제할 것이다' 라고 했다. 내 시대에 그가 그렇게 말하였으나 내가 그와 그의 집을 이기고 이스라엘은 영원히 멸망했다."

103) Cf. Gerald L. Mattingly, Moabites, in *Peoples of the Old Testament World*, 320.

전에 왕도 있었다(창 36:31-39).

에돔과 이스라엘의 첫 만남은 이스라엘이 광야에서 왕의 대로로 가고자 에돔지역을 통과할 수 있도록 요청한 것이다(민 20:14-21; 삿 11:17-18). 이때부터 시작된 양자 간의 불편한 관계는 신약시대까지 이어진다. 사울(삼상 14:47), 다윗(삼하 8:13), 여호람(대하 21:8), 아마샤(왕하 14:7)는 에돔과 싸웠다. 에돔은 다윗에게 점령을 당하여 약 150년 동안 속국으로 있다가 여호람 시대에 독립했다(대하 21:8-10). 유다의 통제에서 벗어나려는 그들의 투쟁은 북쪽의 모압이 이스라엘을 자기 영토에서 쫓아낸 것에 영향을 받은 것으로 보인다.[104] 그러나 에돔의 독립은 오래가지 않았다. 아닷-니라리 3세의 서진으로 말미암아 아시리아의 봉신으로 다시 속국이 되었다. 아하스 시대에는 베가와 르신의 공격을 받던 유다는 에돔의 침략을 받아 사로잡혀 가기도 했다(대하 28:17). 에돔은 르신이 아시리아에 맞서서 맺은 동맹에 가담해서 아시리아에 등을 돌린 것처럼 보인다.[105] 그러다가 아시리아가 다메섹을 공격해서 르신을 제거한 후에 다시 아시리아에 조공을 바치는 신세가 되었다. 그래서 주전 736년 이후 에돔은 독립국가가 아니라 아시리아의 속국으로 존재했을 뿐이다. 웃시야가 아카바 만의 엘랏을 탈환하고 그것을 유다에 돌렸을 시기에는 에돔이 상당히 위축되었을 것이다(왕하 14:22). 에돔이 아시리아의 지배하에 있었지만 히스기야 시대는 유다의 동편 네게브 지역을 침범한 것으로 보인다.[106]

---

104) Kenneth G. Hoglund, Edomites, in *Peoples of the Old Testament World*, 338.

105) Hoglund, Edomites, 339.

106) Yohanan Aharoni, Arad Inscriptions, Judean Desert Studies, Jerusalem: The Israel Exploration Society, 1981, 71. 아랏의 한 요새 중앙에 있는 방에서 발견된 한 도편은 에돔 국경 지역 요새에 근무하는 두 지휘관이 말키야후라는 아랏의 상관에게 보내는 편지를 보여준다. 거기서 '에돔이 행한 악 때문' (*'ēt. hārā 'ārā ᵃšẹ [r] ᵉḏō[m 'áśtā*)이라는 말이 나오는데 아하로니는 이것을 산헤립에 대한 에돔의 조기 항복으로 보지만 그 내용이 히스기야 시대에 유다에 행한 에돔의 악한 행위를 시사하는 것일 수 있다. 이것은 에돔 국경지대이자 유다의 정착지인 Ḥorvat Qitmit에 있는 에돔의 신전을 발굴하면서 더욱 분명해졌다. 당시 에돔은 이 지역을 점령하고 노골적인 적대행위를 했다는 것이다. Itzhaq Beit-Arieh (ed.), *Ḥorvat Qitmit*, An Edomite Shrine in the Biblical Negev, Tel Aviv: Tel Aviv University, 1995, 303-315.

예루살렘이 당하는 재난을 통쾌하게 여긴 에돔은 저주의 대상이 된다(시 137:7; 옵 1-18). 여러 선지자들은 '형제'에 대한 에돔의 무정함과 변절행위로 인하여 그에 대한 심판을 예언했다(렘 49:7-22; 애 4:21-22; 겔 25:12-14; 35:15; 욜 3:19; 암 9:12; 옵 10절 이하). 에돔은 느부갓네살 때 바빌로니아의 침략을 받지 않았지만 나보니두스의 서방 원정 때 멸망을 당했다.[107] 유다 멸망 이후 일부 에돔 사람들은 유다의 헤브론으로 밀고 들어 와서 살았다. 주전 5세기에는 아랍의 손에 들어가고 주전 3세기에는 나바티안 족에게 점령당했다. 이 기간 중에 다른 에돔인들이 유다로 피신했으나 나중에 유다 마카비는 그들을 진압했다고 한다(1 마카비 5:65). 이어서 존 힐카누스는 강제로 그들이 할례를 받고 유대민족에 통합하도록 했다. 헤롯은 이두매(에돔) 사람으로서 당시 최고의 지위를 누린 자였다.

블레셋인

성경은 블레셋 민족은 갑돌(크레타)에서 온 해양 민족으로 묘사하고 있다(창 10:14; 신 2:23; 렘 47:4; 암 9:7)[108] 그들은 혼합 민족으로서 람세스 3세에 패배한 후 팔레스타인 해안 지대를 따라서 정착한 것으로 알려졌지만[109] 이 이전에도 일부가 가족별로 가나안 땅에 이미 이주한 것으로 생각된다. 그들이 족장들과도 이미 접촉이 있었다는 것도 시기적으로 가능성이 없는 것은 아니다(창 21:22-32; 26:33).

---

107) Hoglund, Edomites, 342.

108) 하나님께서 이스라엘을 애굽에서 부르시듯이 블레셋을 갑돌에서 불렀다는 표현은 갑돌이 블레셋의 원래 고향이 아닐 수 있다는 것을 시사하고 있다. 물론 그들이 크레데에서 지중해 동쪽 연안으로 이주한 것은 사실이지만 그 곳이 하나의 중간 체류지가 될 수도 있다는 것이다. 그래서 Killebrew는 블레셋의 본거지를 아나톨리아 연안에 가까운 키프로스일 가능성이 크다고 한다. Ann E. Killebrew, *Biblical Peoples and Ethnicity*, Atlanta: Society of Biblical Literature, 2005, 15.

109) Cf. H. J. Katzenstein, Philistines, in *ABD* 5, 326; David M. Howard Jr., Philistines, in *Peoples of the Old Testament World*, 234-236.

성경에서 지중해 동부 연안에 정착한 블레셋은 항상 적으로 묘사되었다. 이들은 다섯 도시를 중심으로 일치된 행동을 하는 기동성이 있는 집단으로서 이스라엘이 가나안 땅에 정착하는데 가장 위협적인 민족이었다. 가나안 정복시 이스라엘은 블레셋 평지를 점령하지 못했다. 그것은 그들의 철병거가 기동하고 있었기 때문이다(삿 1:19). 사사시대에는 블레셋의 침략을 받아서 다윗 때까지 이스라엘은 고통을 받았다. 이스라엘과 블레셋의 전면전은 아벡전투와 엘라 골짜기의 전투 그리고 이스르엘 전투였다. 아벡 전투에서 이스라엘은 참패를 당하고 제사장은 죽고 법궤를 빼앗겼다(삼상 4-6장). 블레셋은 전쟁에서 승리하였으나 이스라엘의 법궤로 인하여 재앙을 당하게 된다. 블레셋은 어쩔 수 없는 상황에서 법궤는 되돌려주었으나 그 후 사울 때까지 이스라엘을 통제하고 철기를 독점하기도 했다(삼상 13:19-22). 이스라엘은 엘라 골짜기에서 다윗이 골리앗을 죽임으로써 블레셋을 이길 수 있었다(삼상 17:1-17). 이스르엘 전투에서 이스라엘은 다시 참패를 당하고 사울과 그의 세 아들은 전사했다(삼상 31:1-21). 삼갈과 사무엘, 삼손, 사울의 사역은 일시적으로 이스라엘에 희망을 준 것이었다. 다윗도 사울을 피해서 피신하던 중 희망을 잃고 블레셋에 항복을 했다(삼상 27장). 다윗이 왕이 되었다는 소식을 들은 블레셋이 유다를 치려하였으나 다윗이 이를 저지하고 승리를 거둠으로써 이스라엘에 대한 블레셋의 실제적인 무력행사는 사라졌다(삼하 5:17-25; cf. 21:15-21). 그 후 블레셋은 이스라엘에 병합되었고 어떤 용사들은 다윗에게 발탁되어 이스라엘 군대의 중요한 요직을 차지하기도 했다(삼하 15:18-22). 웃시야는 블레셋을 치고 성읍을 세웠으나(대하 26:6-7) 아하스는 공격을 받아 변방도시들을 잃었다(대하 28:18). 그러나 히스기야는 블레셋의 가사까지 쳤다(왕하 18:8). 후기의 블레셋의 체제는 결코 단합된 모습을 보이지 못하고 살아남은 도시들의

---

110) Katzenstein, Philistines, 327. 처음 가사가 침략을 받았을 때 가사 왕 Hanno는 이집트로 도주했다가 나중에 돌아와서 아시리아의 봉신으로 복직되었다. 아시리아가 블레셋을 자신의 영토로 삼지 않고 일종의 자치국으로 둔 것은 자신의 국경을 이집트와 같은 강대국과 마주 대하고 싶지 않았기 때문에 하나의 완충지대를 둔 것으로 볼 수 있을 것이다.

개별적 행동양상만 나타날 뿐이다. 티글랏 블레셀이 지중해 연안의 해상권을 장악하기 위해서 서방으로 진출했을 때 블레셋도 침략을 당했다. 그러나 아시리아는 가사의 왕을 봉신으로 삼았을 뿐 블레셋을 멸망시키지는 않았다.[110] 사르곤 2세 때 가사의 봉신이 시리아 동맹에 가담하여 아시리아를 맞섰다가 포로로 잡혀갔다. 그 후 가사는 아시리아가 멸망할 때까지 충성된 봉신이 되었다. 아스돗은 아시리아에 대해서 반란을 일으켰을 때 사르곤에 의해서 점령되었다(사 20:1). 이것은 아시리아 연보에도 기록된 것이다. 아스글론 왕도 반란을 일으키다가 진압을 당하여 아시리아로 잡혀가고 에그론은 아시리아에 포위를 당했을 때 이집트의 지원을 받았으나 이집트 군대는 엘드케에서 패하고 말았다.[111] 이후에 블레셋은 가나안에 동화되어 역사의 무대에서 사라져 버렸다. 그 대신 그들은 팔레스타인이라는 이름을 남겼다.

4. 종교적 배경

이스라엘이 가나안 땅에 정착했을 때 가나안 사람들의 종교적 영향은 대단했다. 이것은 이스라엘 전 역사에 걸쳐서 나타나는 현상이다. 그러나 히브리인들은 가나안 종교를 멀리하고 하나님의 언약에 충실해야 했다. 그럼에도 불구하고 이스라엘은 정착 초기부터 가나안 문화와 종교의 영향을 받아 바알숭배에 빠졌다. 이것이 사사시대의 종교적 타락의 특징이 되었다. 가나안의 신들의 특징은 자연의 능력을 의인화한 것이며 그 이름의 의미가 곧 신의 역할이 된다. 그리고 음행이 그 종교의식의 특징이라고 할 수 있다.[112] 이 단락에서 가나안의 종교의 중요한 숭배대상을 열거하고 그 특징을 소개하려고 한다.

---

111) Katzenstein, Philistines, 327.

112) Harrison, *Introduction to the Old Testament*, 364, 454.

엘

이 이름은 이디오피아어를 제외한 모든 셈어가 같은 어근을 가지고 있다. 그 명칭의 뜻은 '강한 자, 우두머리, 지도자' 이다. 엘은 우가릿 만신전에서 바빌로니아의 에아의 위치를 점하고 있다. 우가릿 본문에서 이 이름은 서간문에서 종종 나타나지만 신화와 제의본문과 서사시에서도 나타난다. 엘은 상당부분의 우가릿 문헌에서 신성한 산에 거하는 신으로 묘사되고 신화에서 만신전의 최고신으로 나타나며 '인류의 아버지' 로 불린다. 우가릿 문헌에서는 그가 세상의 창조주라고 하지 않지만 페니키아 신화에서는 그가 땅의 창조주로 표현되었다. 그는 왕의 칭호를 가지고 궁극적인 권위를 소유한 자다. 그는 거룩하고 흰수염을 가진 자애로운 신으로 나타난다. 또한 공의로운 재판을 하는 지혜를 가진 신으로 묘사된다. 역사의 흐름에 따라 우가릿 만신전에서 엘의 지위가 하락하여 바알에게 그 자리를 내어주었다는 주장이 있지만 어떤 신화도 엘과 바알의 불화를 언급하지 않는다. 결국 엘은 자기를 숭배하는 자들에게 구체적으로 제시되었다. 그러나 안타깝게도 그의 형상이 보존되지 않아서 그것은 알 수가 없다.[113]

이스라엘에는 엘에게 고대문헌에 아세라로 알려진 아티라트(Athirat)라는 배우자가 있었다. 그녀는 신들의 어머니이자 '바다의 위대한 아세라' 로 불렸다. '생명 나무' 아세라의 상징이었다.[114] 그러나 성경은 바알과 아세라를 연관시켜서 언급하는 경우가 많다(삿 6:25-26; 왕상 16:32-33; 18:19; 왕하 17:16; 23:4 등).

이스라엘은 엘이란 이름을 차용하여 하나님의 이름에 다양하게 적용시켰다(창 14:18-24; 16:13; 20:5; 느 9:17, 31).

---

113) W. Herrmann, El, 'el, in K. van der Toorn, B. Becking, & P. W. van der Horst, *Dictionary of Deities and Demons in the Bible, DDD*, Leiden; Brill, 1999, 274-280.

114) K.L. Noll, *Canaan and Israel in Antiquity: An Introduction(Biblical Seminar)* Vol. 83, New York: Sheffield Academic Press, 2001, 244.

바알

가나안에서 가장 잘 알려진 신이 바로 바알이다. 바알에 대해서 지금까지 알려진 견해는 이렇다: '바알이란 이름은 처음부터 특정한 신의 이름으로 상용된 것은 아니었다. 그것은 종교적 영역과 무관하게 보통명사로서 남편, 주인, 소유주를 의미하는 단어였다. 그런데 주전 이천 년기 후반부터 점점 신을 지칭하는 역할을 가진 명칭으로 쓰이기 시작했다. 특별히 바알은 특정한 기능을 가진 신에게 붙여진 이름이 되었다.' 그러나 최근 연구는 바알이란 이름은 원래 신의 이름으로 사용되었다고 한다. 왜냐하면 고고학적으로 문헌에서 발견된 가장 오래된 단어가(삼천 년기) 신의 이름으로 쓰였기 때문이다. 바알은 엘과는 달리 '폭풍의 신'으로 또 그 이름의 의미를 따라 주권을 행사하는 신으로서 훨씬 더 역동적인 신으로 제시되었다.[116] 폭풍의 신 바알과 날씨의 신 하닷은 비슷하지만 숭배자가 다르다. 하닷은 아람인의 신이고 바알은 페니키아와 가나안 사람의 신이다. 사람들의 상상속에서 바알은 자폰(북방) 산에[117] 거하는 줄 생각하지만 제의에서는 우가릿 도시의 신으로 부른다. 바알이 엘을 아버지로 부르는 것을 보아 그는 엘의 아들이다. 또한 곡물의 결실을 가져다주는 풍산의 신이기 때문에 곡물의 신인 다곤의 아들도 된다. 그래서 만신전의 모든 신은 그의 형제자매가 된다. 바알 숭배는 가나안 땅에서만 있었던 것은 아니고 가나안 사람이 거하는 곳이면 어디서나 만연했다. 페니키아 사람들이 항해하는 지중해 지역에도 널리 퍼져있었다. 바알의 속성은 자연의 속성이고 인간의 본성을 따르는 것이다. 그래서 바알숭배는 현대적 표현으로 하지면 '세속적 인본주의'를 따른 것이라고 할 수 있다.

우가릿 서사시에서 바알은 모트(죽음의 신)의 영역인 지하세계로 내려가는 것으로 묘사되었다. 그것은 계절의 주기와 맞물려 있는 것이다. 바알을 죽음

116) Martin Rose, Names of God in the OT, in *ABD*, 1007-8.

117) 자폰 산은 우가릿 신화에서 신성한 산으로 묘사되었다. 신들은 이 산에서 총회를 열고 연회를 갖는다. Cf. Sang Youl Cho, *Lesser Deities in the Ugaritic Texts and the Hebrew Bible*, Piscataway, N. J. : Gorgias Press 2007, 12.

의 세계에서 이끌어 올리고 비옥한 우기가 시작된다는 것을 확정하기 위해서 가나안 사람들은 성적인 제의뿐만 아니라 인신제사까지도 포함한 주신제를 드렸다(렘 7:31; 19:4-6). 그렇다고 해서 바알의 사역이 단순히 계절의 주기적 변화에만 나타나는 것은 아니다. 바알은 인간역사에 개입해서 대적으로부터 인간을 보호하는 수호신의 역할도 한다. 기록에는 도시을 공격하는 대적을 물리치고, 또 바다의 신 얌과 싸워서 선원을 보호한다는 내용도 있다.[118] 우가릿에서 발견된 기념비는 그가 왼손에 번개, 오른 손에는 철퇴를 운반하는 것을 묘사하고 있다.[119]

바알숭배는 음행이 그 특징이다. 특히 거룩한 창녀들이 가을 종교의식에 참여했다.[120] 바알에게 드리는 제사는 이런 성적인 행위를 통하여 바알을 자극해서 여신 아스다롯(혹은 아세라)과 결합하도록 함으로써 풍요를 기원하는 것이다. 그래서 성경은 바알을 섬기는 것을 음행이라고 표현했다. 물론 이것은 영적인 의미도 되지만 실제적인 의미도 있다. 이스라엘 역사는 처음부터 바알숭배와 벌이는 영적인 전투라고 할 수 있다. 이 영적전쟁의 결과에 이스라엘의 운명이 달려 있었다.

아스다롯

성경에 번역된 아스다롯(Ashtaroth)은 히브리어 아스테렛(*'aštęręṯ*)의 복수형이다. 그렇다고해서 그 의미가 복수는 아니고 한 여신을 나타낸다. 우가릿에서는 아스타르트(Astart)라고 하며 바알의 배우자로 등장하며 시돈을 포함한 페니키아에서는 같은 신을 아스토렛이라고 했다.[121] 그녀는 혹성 비너스의 여신이다. 이 여신은 전쟁의 신으로 나타난다. 우가릿 문헌에 의하면 바알

118) W. Herrmann, Baal, in *DDD*, 134.

119) Noll, *Canaan and Israel in Antiquity*, 248.

120) W. A. Elwell & P. W. Comfort, *Tyndale Bible Dictionary*, Wheaton, Ill.: Tyndale House Publishers, 2001, 135.

121) Howard Jr., Philistines, 247.

이 신들의 총회에서 얌의 사신들[122] 앞에서 자제력을 잃었을 때 아낫과 아스다롯이 그를 무력으로 저지했고, 또 얌을 죽이려던 아스다롯이 개입해서 그에게 최후의 일격을 가하도록 했다고 한다.[123] 아스다롯은 시돈에서 중요한 신으로서 그 도시의 수호신 역할을 하며 왕실의 지지를 받기도 했다.

성경외적 문헌에서는 아스다롯의 성적인 역할에 대해서 거의 언급되지 않았다. 그러나 성경은 바알과의 관계를 강조하고 있다. 성경은 아스다롯의 신상과 신전을 혐오스런 것으로 간주하고 있다. '시돈 사람들의 여신 아스다롯' (왕상 11:5, 33); '시돈 사람의 가증한 아스다롯' (왕하 23:13). 아마도 예레미야가 언급한 '하늘의 왕후' 도 이 아스다롯을 의미할 것이다(렘 17:18; 44:17-19).

다곤

블레셋의 주신으로 인정된 다곤은 원래 메소포타미아 지방에서 '다간' 으로 알려졌다. 다간은 고대 바빌로니아 마리 지역에서 매우 중요한 신이었는데 그 후에 다른 지역으로 널리 전해졌다. 그 이름의 정확한 뜻은 알 수 없으나 대개 물고기(*dag*) 혹은 곡물(*dagan*)을 뜻하는 것으로 곡물의 신으로 알려졌다. 사르곤이 상부/서부 메소포타미아를 정복한 것을 다곤의 덕으로 돌리는 것을 보면 그의 위상을 잘 알 수 있다. 그러나 다간은 마리 왕국의 서쪽에 있는 테르카(Terqa)와 투툴(Tuttul)[124]이란 도시와 관련된 지역 신이었다. 남부 메소포타미아에서는 엔릴과 동일한 신으로 여겨졌다. 우가릿의 만신전에서는 세 번째 위치를 차지한다. 그는 곡물의 신으로서 풍요의 신인 바알의 아버지로서 엘과 일립 다음 가는 위치에 있었다.[125]

---

122) 얌의 사신이 등장한 것은 얌이 왕위에 등극했을 때 그의 통치에 위협이 되는 것을 저지하기 위해서 이름이 알려지지 않은 두 명의 사신을 보내어 바알의 항복을 요구한 사건이다. Cho, *Lesser Deities in the Ugaritic Texts and the Hebrew Bible*, 174.

123) N. Wyatt, Astarte, in *DDD*, 110.

124) Mark S. Smith, *God in Translation*, Deities in Cross-Cultural Discourse in the Biblical World, Tübingen : Mohr Siebeck, 2008, 138.

125) J. F. Healey, Dagon, in *DDD*, 216.

다곤의 활동과 성격에 대해서는 신화전승의 문헌이 없기 때문에 알 수 있는 것이 별로 없다. 성경에서 '벧-다곤' (다곤의 집)이란 이름이 나오는 것을 보면 이스라엘이 가나안 땅에 도착하기 전부터 다곤을 숭배하는 신전이 있었던 것 같다(수 15:41; 19:27). 메소포타미아의 다간 상의 뒷부분은 물고기 형상을 하고 앞부분은 사람의 모습인데[126] 성경의 묘사는 사람과 비슷한 형상인 것으로 짐작케 한다(삼상 5장). 다곤 숭배는 왕국시대에는 나타나지 않지만 신구약 중간기에 다시 언급되었다(1 마카비 10:83-84). 이 기록에서 아스돗에 다곤의 신전이 있었다는 것을 보면 블레셋 민족은 사라져도 그들의 종교는 끈질기게 살아남았다는 것을 알 수 있다.

몰렉

이 이름은 동사로는 '통치하다' 란 의미가 있고 명사로는 '통치자' 란 뜻이다. 성경은 지속적으로 몰렉을 가나안의 기원으로 설명하지만 몰렉은 주전 이천 년기부터 고대근동 마리와 우가릿에서 숭배하던 '말락' 과 같은 신으로 본다. 이 신은 죽음과 죽음의 세계와 관련이 있다. 성경에서는 이 종교적 관행이 암몬 사람과 가나안 사람들에 의해서 행해졌다고 한다(왕상 11:7, 33; 신 12:31). 자녀를 불가운데로 지나게 하여 몰렉에게 바치는 행위는 일종의 봉헌 의식이다. 성경에는 아하스(대하 28:3)와 므낫세(왕하 21:6)가 이 일로 정죄를 받았다. 예루살렘 남쪽 힌놈의 골짜기의 도벳을 더럽히는 이 의식은 신실한 이스라엘 사람에게는 너무나 가증스런 관행이었다(왕하 3:27; 시 106:37-38). 유다 왕 요시야는 몰렉에게 봉헌된 산당을 제거했지만(왕하 23:10, 13), 그 의식은 에스겔 시대까지도 사라지지 않았다(겔 16:20ff.; 20:26, 31; 23:27).[127] 몰렉은 암몬 국가의 신인 밀곰으로도 알려져 있다(왕상 11:5, 33; 왕하 23:13).

126) Cf. Elwell & Comfort, *TBD*, 255.
127) Cf. J. Wiseman, Molech, *NBD*, 779.

그모스

모압 왕조의 수호신으로 나타나는 그모스는[128] 메소포타미아의 에블라에서 공식적인 종교에서나 사적으로 아주 중요한 신(*Kamiš*)이었다. 그것은 개인의 이름에 그 신의 이름이 결합된 것과 그 신에게 많은 양이 제물로 바쳐지고 또 에블라의 12월을 '그모스의 달' 이라는 명칭을 사용하는 것을 보아서도 알 수 있다.[129] 그모스는 철기시대에 와서 모압의 주신이 된 것으로 보인다.[130]

성경외적인 문헌으로는 메사의 석비가 그모스에 대해서 분명하게 알려주고 있다. 그 석비는 메사 왕이 그의 신 그모스의 호혜로 말미암아 이스라엘과 싸워서 승리했다는 보도를 담고 있다. 또 그가 세운 산당과 비는 왕과 그모스의 능력으로 승리를 얻게 된 것을 기리기 위함이었다. 그 비석은 그모스가 그들에게 승리를 가져다주기도 하고 패배를 안겨주기도 한다는 것을 알려준다. 그것은 이스라엘에게 먼저 모압이 점령당한 것이 그모스의 진노로 인한 것이라고 말하고 있기 때문이다.[131]

성경은 모압을 '그모스의 백성' 이라고 했다(민 21:29; 렘 48:46). 그리고 몰렉 숭배와 마찬가지로 그모스를 숭배하는 것은 가증한 것이라고 했다(왕상 11:7; 왕하 23:13). 모압이 이스라엘의 공격을 받아 위기에 봉착했을 때 왕의 후계자를 번제로 바친 것은 그모스에게 바친 것으로 보아야 할 것이다(왕하 3:27). 그러면 그모스를 섬기는 종교의식은 인신제사와도 관련이 있을 것이다.

---

128) Mark S. Smith, *The Early History of God*, Yahweh and the Other Deities in Ancient Israel, Grand Rapids, Mich. : William B. Eerdmans 2002, 60.

129) H.P. Müller, Chemosh, in *DDD*, 186.

130) Gerald L. Mattingly, Moabites, *Peoples of the Old Testament World*, 329.

131) Rainey & Notley, *The Sacred Bridge*, 211.

제 3 부

구약정경 개관

01 오경

1. 오경개요

오경의 명칭

오경(Pentateuch)이란 말은 문자적으로 '다섯 개의 두루마리' 를 뜻하는 헬라어에서 왔다. 이 말은 구약의 첫 다섯 권의 책을 한 단위로 간주한다는 의미한다. 유대교에서는 이 부분을 율법서(토라)라고 한다. 왜냐하면 이 부분에서 율법에 할애하는 부분이 많기 때문이다. 율법이 주어진 역사적인 상황도 넓은 의미에서 율법 자체의 의미(교훈)가 되는 교훈적인 내용을 담고 있다. 오경에 대한 다른 이름인 '모세오경' 이란 명칭은 출애굽기부터 신명기까지 모세가 주인공이 되고, 또 이 책 전체를 전통적으로 모세의 저작으로 보기 때문이다.

오경의 범위

오경은 구약 처음 다섯 권의 책으로서 총 187장으로 이루어져 있다. 이것은 신약으로 본다면 마태복음에서 에베소서까지 해당하는 분량이다. 역사적인 측면에서 이해한다면 천지창조부터 이스라엘 민족의 형성과 가나안 입성 전까지의 시간대를 망라한다. 오경은 전체적으로 통일성을 가진 한 단위로 취급되지만 각 책마다 독특한 주제와 구성을 보여주고 있다.

창세기는 전체적으로 계보 중심으로 기록되었고, 출애굽기는 창세기의 약속을 성취하는 과정을 역사적으로 기록했고, 레위기는 대체로 주제별로 다루었다. 민수기는 오경의 마지막 지점에서 일어난 사건이 시간과 지리적인 이동을 따라서 기록되었고, 신명기는 서론과 결론이 분명한 설교체로서 독자성을 가지고 있다.

오경의 저자

창세기는 저자에 대해서 말하지 않는다. '기록하다'는 동사조차 없다. 그러나 출애굽기가 '그리고'라는 접속사로 시작하는 것으로 보아서 창세기 저자는 출애굽기 저자와 같은 것으로 볼 수도 있을 것이다. 출애굽기는 모세가 야웨의 말씀을 기록했다고 한다(출 24:4; 34:27). 레위기에서는 약 35차례나 모세가 야웨로부터 지시를 받았다고 한다. 민수기에서는 모든 장의 반 정도가 하나님께서 모세와 대화했다고 한다. 그리고 신명기는 모세가 죽기 직전에 그의 마지막 말을 포함한다. 이 사실은 오경의 내용이 대부분 모세를 통해서 이루어졌음을 말한다.

물론 구약의 다른 부분에서도 여러 차례 '율법'이 모세와 관련된 것으로 언급되고 있다(왕상 2:3; 왕하 14:6; 스 3:2; 느 8:1 등). 신약에서 예수님께서도 율법과 모세를 연결시키셨다(마 8:4; 19:7-8; 막 7:10; 12:26, 눅 24:24, 27; 요 5:46 등). 사도들도 율법을 전체적으로나 부분적으로 모세와 결부시켰다

(행 3:23; 15:21; 롬 9:15; 10:19; 고후 3:15 등).

오경의 주제

오경은 각 권이 자체의 고유한 주제와 문학형식을 지니고 있지만 거기에도 통일성 있는 주제가 있다. 그것은 '예수 그리스도를 통한 구원' (요 5:39), 즉 구속사라는 구약 전체의 주제와 맞물려 있다. 특별히 오경에 한정해서 독특한 주제를 한 마디로 표현한다면 아브라함에게 주신 '약속' 이 될 것이다. 이 약속은 씨와 땅에 대한 것이다. 하나님께서 인류구원을 위한 자신의 계획을 성취하기 위해서 먼저 약속을 주시고, 그 약속이 어떻게 점진적으로 이루어지는가를 보여주는 것이 오경이다. 그리고 이 약속이 많은 도전에 직면함에도 불구하고, 점진적으로 하나님이 구원의 계획과 약속을 이루어 가신다. 전반부의 천지창조와 인류의 타락과 홍수심판 그리고 민족의 발흥에 대한 기사는 구원의 필요성과 구속을 위한 하나님의 약속이 어떤 역사적인 상황 가운데서 이루어지는가를 보여주기 위함이다.

창세기는 땅에 대한 약속을 상기시키면서 씨의 번성에 치중한다. 출애굽기는 출애굽을 통한 자유와 언약관계를 강조한다. 레위기는 구원받은 백성의 삶을 유지하는 방식을 계시하고, 민수기와 신명기는 땅에 대한 약속을 이루기 위한 준비 작업을 하는 것이다. 이렇게 오경은 전체적으로 하나님의 약속을 중심으로 언약의 틀을 따라 구속을 이루어가는 과정을 보여준다.

오경의 구조

저자가 어떤 구조를 염두에 두고 기록했는지 알 수 없지만 독자의 이해와 기억을 위해서 편의상 다음과 같은 구조를 만들 수 있다.

1. 태고시대(창 1-9)
   ① 에덴 이야기(1-3)
   ② 홍수전후(4-9)

2. 족장시대(창 10-50)
   ① 가나안 이전(10:1-12:6)
   ② 가나안 거주(12:7-50:26)

3. 모세시대(출-신)
   ① 출애굽(1:1-15:21)
   ② 광야생활(출 15:22-민 21)
   ③ 모압평지(민 22-신 33)

오경의 교훈

구약이 그리스도를 위한 길을 예비하는 것이라면, 오경은 그리스도와 관련된 교훈을 줄 수 있을 것이다. 오경은 성격상 시작과 토대와 같은 것에 치중하지만 각 책이 그리스도와 관련된 균형잡힌 교훈을 제공하고 있다.

창세기는 이스라엘의 선택으로 인한 인류구원의 여명을 보여주고, 출애굽기는 이스라엘의 구속을 통한 구원의 본질을 보여준다. 레위기는 이스라엘의 거룩을 강조함으로써 구원받은 자의 삶의 상태를 제시하고, 민수기는 이스라엘에 대한 징계를 통한 견인을 가르친다. 그리고 신명기는 이스라엘이 받아야 할 교훈을 기록하면서 그리스도인이 순종하는 삶을 살아야 할 것을 가르친다.

창세기

1. 제목과 기록목적

창세기란 제목은 이 책이 히브리어로 '태초에' (*bᵉrēšīṯ*)라는 단어로 시작하기 때문이다. 헬라어 칠십인 역은 기원이란 뜻을 가진 *Genesis*라고 붙였다. 이 두 제목은 책의 주제와 관련해서 많은 것을 설명해준다. 이 제목들은 창세기가 우주와 세상, 인류와 인간의 제도와 민족, 죄와 구원, 무엇보다도 이스라엘 백성의 기원을 묘사하고 있음을 시사한다.

창세기의 기록목적은 하나님이 자신의 선한 창조사역을 통하여 자신의 영광을 드러내고 타락한 인간을 구속하심으로써 그 영광을 회복하고자 하는 약속에 신실하신 하나님을 드러내기 위함이다.

2. 구조와 내용분류

창세기의 가장 두드러진 구조적 특징은 모두 열한 번 나타나는 '톨레도트' (대략, 계보, 세대, 2:4; 5:1; 6:9; 10:1; 11:10; 11:27; 25:12; 25:19; 36:1; 36:9; 37:2)일 것이다. 12장부터 불규칙하게 나타난다 할지라도 이것은 하나의 구조를 만드는 표시가 될 수 있다. 이것은 특별히 계보와 나란히 나타난다. 이것은 특별히 씨에 대한 약속의 성취와 관련된다. 이것을 기준으로 대략 구조를 나누면 다음과 같다.

a. 창조기사(1:1–2:3)
b. 인간창조와 타락, 심판(2:4–11:26)

c. 아브라함(11:27-23:20)
d. 이삭(24:1-26:35)
e. 야곱과 요셉(27:1-50:26)

3. 역사적 배경

창세기는 모세의 인도하에 애굽에서 막 구속받은 이스라엘 백성을 위해서 기록되었다. 그들은 하나님의 보호 아래 광야에서 살았고 시내 산에서 그분의 장엄한 현현을 경험했다. 그들은 언약과 성막제사를 통해서 하나님과 새로운 관계를 맺게 되었다.

4. 신학적 주제

창조주 하나님

구약은 처음부터 하나님에 대해서 소개하지 않는다. 그러나 그 분의 사역을 통해서 하나님의 속성을 알도록 한다. 창조사역에 나타난 하나님은 유일하신 분이며, 존재하는 모든 것의 근원이 되신다. 하나님은 시간이 시작되기 전부터 계셨기 때문에 그분의 존재는 영원하다. 천지창조를 통하여 하나님은 스스로 전능하신 분임을 보여준다. 하나님은 그냥 무한하기만 한 비인격적인 신이 아니시고 말씀하시고 교제하시는 인격적 신이시다. 또한 '창조하다' 란 동사는 구약에서 하나님에게만 적용되는 말인데, 이것은 하나님의 주권적인 사역을 의미한다. 하나님은 천지를 창조하셨을 뿐만 아니라 피조세계의 주관자가 되신다.

하나님은 엿새 동안 우주와 만물을 창조하시고 그 마지막 날에 창조의 면류

관인 인간을 창조하시고 그를 하나님의 대리자로 세우셨다. 이는 하나님의 기쁘신 뜻을 따라 창조의 목적을 성취하기 위함이다.

인간: 하나님의 형상

하나님의 형상은 하나님에게 관계된 것이 아니라 전적으로 인간에게 주어진 별칭이다. 창 1:26의 '형상'(image)과 '모양'(likeness)이라고 하는 것은 완전한 형상을 강조하기 위해서 다른 말로 반복해서 사용했다고 볼 수 있다. 완전한 형상이라는 말과 하나님을 닮았다는 말은 인간은 본질적으로 하나님이 아니라는 뜻이다. 하나님과는 전혀 다른 존재일 뿐이다. 하나님의 형상이란 첨가된 어떤 속성이 아니고, 자연적인 인간 자신 전부가 하나님 형상이다. 인간이 하나님의 형상이라고 할 때 인간이 하나님을 닮았다는 말이다.

하나님을 닮았다는 말은 인간이 능력을 가졌다는 뜻이다. 이성적인 능력을 앞세워서 모든 것을 주도한다는 것이다. 즉 인간이 하나님을 위해서 행동할 수 있고, 사랑할 수 있는 존재라는 것이다. 그러므로 하나님의 형상이란 하나님이 전적으로 인간을 사랑하셨듯이 인간도 전적으로, 전인격적으로 하나님을 위한 삶을 사는 것을 말한다. 반대로 타락한 인간은 모든 것을 동원하여 하나님을 미워한다. 특별히 창조 기사가 의미하는 하나님의 형상은 세 가지 의미를 지닌다: ① 온 땅과 동물들을 다스리는 일, 즉 하나님의 통치력을 닮음; ② 남자와 여자로 지음 받았다는 신체적 차이가 아니라, 동반자적 관계가 필요하고, 사람은 처음부터 사회적 존재이며, 상호보완적인 존재임을 의미함; ③ 사람은 인격을 소유하는 동시에 책임을 수반하는 존재임을 뜻한다. 하나님의 완전한 형상은 그리스도에게서 볼 수 있다(골 1:15).

타락

하와는 간교한 짐승으로 나타난 사탄의 유혹을 받아 지식나무의 열매를 따먹었다. 아담은 2장에서 이미 계명을 어기는 죄에 대해서 경고를 받았지만 범죄하고 말았다. 뱀의 유혹에는 다음과 같은 특징이 있다: ① 의심을 일으키고, ② 계명이 지나치다고 지적하고, ③ 하나님이 잘못 제시한 것으로 말하고, ④ 사람으로 하여금 교만과 야망을 갖도록 한다.

이 일로 말미암아 인간은 죄에 빠지고, 창조의 머리가 타락함으로써 모든 피조물이 이 죄에 빠지게 되었다.

창세기 3:15에서 하나님은 뱀과 여인의 후손 간에 적대감을 두시고 결국은 뱀이 멸망할 것을 예언하신다. 비록 인간에게 많은 고충이 따르지만 그것은 희망이었다. 또 역사는 계속 사탄과 하나님의 자녀 간의 투쟁으로 나타날 것이다. 여자는 가장 아름다운 순간에 이 고통을 당한다. 남자는 노동의 대가로 살아야 한다(살후 3:10). 이 일로 그들은 더 이상 낙원에 머물 수 없게 되었다. 그들이 추방당하는 것도 은혜다. 범죄한 상태에서 영원히 산다면 가장 큰 심판이 될 것이다. 영원한 죽음 가운데 살아서는 안된다.

칼빈은 타락으로 말미암아 인간은 하나님의 형상은 잃고 자취, 흔적만 있으며(시 8편), 그 결과는 너무도 처참하여 끔찍하고 기형적이라고 했다.

구속

구속은 가장 큰 주제이지만 창세기에 구속에 해당하는 말은 없다. 그러나 그 전체적인 내용은 구속을 지향하고 있다. 창세기 3:15의 "내가 너로 여자와 원수가 되게 하고 너의 후손도 여자의 후손과 원수가 되게 하리니 여자의 후손은 네 머리를 상하게 할 것이요 너는 그의 발꿈치를 상하게 할 것이니라"는 원복음(proto-evangelium)으로서 사탄은 그리스도께 손상을 끼치지만 궁극적으로 멸망을 받는다는 예언이다. 그리스도와 교회는 사탄의 권세를 깨뜨릴 것이다.

창세기에서 하나님의 구속의 계획은 아벨, 셋, 에노스, 노아와 같은 경건한 후손을 통하여 이어지고 아브라함의 선택에서 절정에 이른다. 이 선택은 하나님의 구속이 한 민족의 선택을 통하여 본격적으로 시작되는 것을 의미한다. 창세기에 나타난 모든 사건에는 구속을 향한 하나님의 의지가 스며있음을 볼 수 있다.

약속

창세기 12-50장의 핵심주제는 아브람에게 하신 하나님의 약속이다. 물론 이것은 창세기뿐만 아니라 계시역사의 핵심을 이루는 것이다. 12장에 나타난 약속의 내용은 땅과 씨에 관한 것이다. 이것은 나라를 이루는 근본 요소가 된다.

이 약속은 씨도 없고, 땅도 없는 아브람에게 주어진 것이지만 그 후손을 통해서도 지속적으로 반복하여 강조된다(12:2-3; 13:14-17; 15:1-7, 13-21; 16:11-12; 17:1-21; 18:10-32; 21:12-13, 17; 22:11-18; 25:23; 26:2-5, 24; 28:13-15; 31:3; 32:27-29; 35:1, 9-12; 46:3-4). 이것은 언약과는 달라서 쌍방적인 것이 아니라 일방적인 것이다. 하나님 편에서 약속의 내용을 이루겠다는 의미가 강하다. 비록 족장들이 불순종할 지라도 그 약속을 무효화하지 못했다. 물론 백성의 불순종은 약속의 성취를 더디게 하는 면은 있으나 하나님은 그 성취를 통하여 자신의 신실성을 보여주신다. 창세기는 약속과 함께 그 약속의 점전적인 성취를 그 내용으로 한다.

언약

언약을 맺는 것은 창세기 9:9에서 처음으로 시행되었만(cf. 6:18) 그 내용은 에덴동산에서부터 있었다. 노아와 그 가족과 맺는 언약은 정화된 땅 위에 인류가 새롭게 번성하도록 하기 위한 보편적 조치였다. 그러나 선택적 의미에서 언약이란 아브람과 맺은 언약에서 분명히 나타난다. 이것은 하나님과 그 백성의 관계를 나타내는 전형적인 표현이 된다.

15장에서 아브람은 하나님을 '주 야웨'로 부르고, 하나님은 그에게 씨와 땅에 대한 약속을 재확인시키셨다. 그리고는 하나님은 짐승을 잡아 둘로 쪼개어 그 쪼갠 고기 사이로 언약을 맺으셨다. 이것은 언약의 인준과 서약을 뜻한다. 아브람이 짐승을 제공하지만 그 짐승들은 아브람의 서약의 표시가 아니라 하나님의 서약의 표시이다. 이것은 하나님의 '자기 저주'를 의미한다. 즉 약속의 확실성을 뜻한다. 헷 족속의 종주권 언약에서 짐승을 잡아 쪼갠 고기 사이로 언약을 맺는다. 이것은 언약을 어기는 쪽이 쪼개진 짐승과 같이 되어도 마땅하다는 것이다. 그래서 히브리어에서 '언약을 맺다'란 말을 '언약을 자르다'로 문자적으로 표현한다.

이 언약은 17장에서 다시 구체화된다. 하나님은 전능자로 나타나시고, 아브람은 아브라함이 되는데 이것은 그의 삶에 일어난 중요한 사건을 반영하는 것이다. 사래의 이름이 사라로 바뀌는 것도 법적인 절차가 아니라 그의 몸에서 날 자손이 상속인이 될 것이기 때문이다. 또한 하나님은 할례를 제정하심으로써 언약의 표를 주셨다. 그것은 아브람에게 의무로 주어졌는데, 이후 모든 자녀는 이 언약의 표을 가져야 했다. 그리고 '내년 이 맘 때 언약의 약속이 성취된다'고 일러 주었다(21장).

이 언약은 일방적이기도 하고 쌍방적이기도 하다. 즉 시작은 일방적이지만 진행은 쌍방적이다. 이것은 믿음을 요구한다는 임무가 따른다는 말이다.

5. 구속사적 메시지

하나님은 자신을 전능한 창조주로 또 구속을 위해 약속에 신실하신 분으로 계시하셨다. 하나님은 만물을 선하게 창조하시고 인간을 하나님의 형상으로 만들어 창조의 머리로 세우셨다. 그러나 인간이 사탄의 유혹에 넘어감으로써 창조의 목적을 상실했다.

죄가 세상에 들어옴으로써 하나님과 인간, 인간과 인간, 인간과 세상과의 관계가 뒤틀렸다. 그 가운데서 하나님은 인류구원에 대한 약속을 주셨다

(3:15). 이 후의 역사는 여자의 후손과 사탄 사이의 투쟁의 역사로 구성된다. 죄의 여파로 가인은 아벨을 살해하고 그 후손들은 배교문화를 건설했다. 가인의 후손 라멕은 두 아내를 취함으로써(4:19) 처음으로 일부다처제가 들어왔다.

그런 중에서도 하나님은 셋의 후예인 경건한 자손을 통하여 믿음의 계통을 이어가셨다. 일부다처제가 땅 위의 관영한 죄악으로 이어지자 하나님은 노아와 그 가족을 보존하고 나머지 세상은 물로 쓸어버리셨다(6-8장). 새로워진 공동체는 다양한 민족으로 나누어져서 독자적인 문화를 건설하는데 성경의 보도는 민족의 기원을 보여주기 위한 목적이 아니라 이스라엘이 어떤 상황 속에서 등장하게 되었는가를 묘사하기 위해서 그 민족의 목록을 제시한다(10장).

하나님은 그 분의 주권적인 은혜로 아브람을 부르시고(롬 4:17), 언약의 약속을 주셨다(12:1-3). 자녀가 없는 것이 하나님의 구속계시의 연결점이 되었다. 이 약속은 땅과 씨에 대한 약속인데 아브라함의 자손 즉 그 백성, 교회를 통해서 인류를 구원하실 것을 약속하셨다. 창세기의 저자는 하나님이 족장들과 함께하시고, 큰 민족을 이루신다는 약속을 반복하면서(18:18; 22:18; 26:4;28:14) 그 분의 백성에 대한 관심을 부각시킨다. 또한 약속의 내용으로 언약을 맺으시고 하나님과 백성의 신실한 관계를 원하셨다(15, 17장). 이 약속의 효력은 족장들이 실수를 하는 상황에서도 지속되었는데, 이것은 약속에 대한 하나님의 의지 때문이었다(12:10-20; 20:1-18; 26:6-16). 이삭과 야곱을 통하여 하나님은 씨에 대한 약속을 부분적으로 이루셨다. 특별히 야곱의 열두 아들을 통하여 이스라엘 지파의 기초를 형성한다. 그렇지만 야곱의 자손들이 가나안 땅에서 가나안 사람들과 결혼을 함으로써 그 땅의 상황은 아브라함의 자손이 한 민족으로 성장하는데 부적절했다(38장). 그래서 족장들의 후손이 한 민족으로 보존될 수 있는 적합한 장소로 이동해야 했다. 이때 요셉이 하나님의 구속역사의 도구로 사용되어서 70명의 야곱의 자손들은 한 민족으로 성장하도록 애굽 땅에 정착하는데 중요한 역할을 한다(45:7). 요셉이 팔리고, 보디발의 집에서 종으로 생활하고, 옥살이를 통해서 바로의 꿈을 해몽할 기회를 얻고, 애굽의 총리가 되는 전 과정이 구속에 대한 약속을 이루시는 하나님의 계획 속에 있던 것이다. 특히 야곱의 유언에 나타난 유다에 대한 예언은 메시아가 오는 길을 보여줄 뿐만 아니라 그의 통치를 보여준다(49:10). 이렇게 창세기의 계시역사는 구속을 중심으로 하나님의 약속이 성취되는 기초를 형성하는데, 그것은 이스라엘이 한 민족으로 성장하는데 준비를 갖추는 것이었다.

6. 특기사항

창세기와 역사

벨하우젠의 역사 문헌 비평과 궁켈의 전승사 비평에 의하면 창세기는 각각 유대주의의 이상을 반영한 하나의 환상이며, 고대 민담을 집성한 것에 지나지 않는다. 여기에는 역사적인 요소가 전혀 나타나지 않는다. 그러나 고고학의 발전으로 비평가들의 환상은 깨어지고 창세기 족장들의 이야기는 실제 역사라는 점을 새롭게 인식하게 되었다.

① 족장들의 이름은 주전 2000년기 초에 흔히 사용된 이름이었다. 누주문서와 이집트의 저주 문헌에는 아브라함과 비슷한 이름이 나타나고, 야곱, 이삭과 이스마엘과 같은 이름은 초기 아모리인들(주전 1800년) 사이에 표준이 된 이름이었다. 족장 이야기에 나오는 세룩, 나홀과 같은 다른 이름은 그 족장들이 하란 지역에서 왔다는 것을 암시한다.

② 족장들의 사회적 관습은 고대 근동 문서와 잘 어울린다. 그 중에 남자가 결혼할 때 딸에게 결혼지참금을 주는 관습은 이천 년 동안 거의 변하지 않았다.

누주에서 발견된 후리족(Hurrians) 문서에 의하면 족장시대와 관련된 사회적 관습이 여러 가지가 있다: ① 아들이 없을 때 간접 상속인(*ewuru*)에 해당하는 외부사람, 즉 종을 양자로 삼아서 상속하는 것은 관습(창 15:2–3). ② 본처가 무자할 때 몸종을 통하여 대를 이을 후사를 보도록 하는 것(사라가 하갈을 아브람에게 첩으로 준 일(창 16:2); 라헬이 야곱에게 빌하에게로 들어가라고 한 일, 창 30:3). ③ 장자권을 양도하는 일(창 25:31). ④ 아들이 없을 때 야곱과 라반의 관계는 단순한 사위가 아니라 법적인 양자로 삼았고 아들은 그가 20년 동안 머물 때 태어난 것으로 보임(창 31:41). ⑤ 레아를 먼저 주는 것(창 29:26). ⑥ 드라빔(일종의 수호신)은 장자권의 표이기 때문에 또 야곱이 상속권을 주장할 까봐서 그것을 그렇게 찾으려고 애씀(창 31:19, 30-35). ⑦ 이삭과 야곱의 구두 축복에 대해서 변경이나 취소가 안 됨(창 27:33). ⑧ 누주 사회에는 아버지 다음으로 장자의 권한 컸기 때문에 남편이 아내를 보호하는 것보다 오빠가 동생을 보호하는 권리가 더 크다는 형권주의(fratriarchy)가 아브람과 이삭에게 적용됨(창 12:13; 26:7).

족장들의 이러한 관습은 정확한 연대를 제공해주지는 않지만 족장의 역사가 사실에 근거해 있다는 가능성을 보여준다. 요셉 이야기의 여러가지 특징은 주전 2000년기의 이집트 문헌에서 그 병행 기록을 찾을 수 있다.

③ 족장들의 종교와 도덕은 오경의 다른 책에 나타나는 것보다 이른 것 같다. 가끔 족장들의 관습과 신앙은 이후의 율법이 요구하는 것과는 다르다. 예를 들어 아브라함은 이복 동생과 결혼했고(20:12; 레 18:9 비교), 야곱은 두 자매와 결혼했다(창 29:21-30; 레 18:18 비교). 야곱은 돌베개를 세웠다(창 28:18; 레 26:1; 신 16:21, 22 비교). 창세기에서 하나님은 자신을 '엘' 로 계시하셨다: 엘 샤다이(17:1), 엘 엘욘(14:9). 그 후에는 '야웨' 가 이스라엘의 공식적인 하나님의 이름이 되었다(출 6:3).

이 모든 증거는 족장 이야기가 역사에 기초를 두고 있다는 것을 보여준다. 그러나 창세기 1-11장의 이야기는 대부분 고고학적으로 접근할 수 없다. 또 대부분의 이야기는 글자가 고안되기 오래 전에 일어난 일로 본다. 그래서 학자들은 창세기의 처음 열한 장 엄격한 의미에서, 또 성경 외적인 증거로 검증할 수 없다는 견지에서 '역사' (Geschichte)라고 하지 않고 '원역사' (Urgeschichte)라고 한다. 그러나 이 부분의 내용은 고대 근동의 창조 신화와 선사시대의 여러 민족들 사이에 배포되었던 신화와 민담의 내용과 밀접한 관계가 있다. 이것은 창세기 1-11장의 역사성을 반영해 줄 수도 있다. 또 창세기는 전체적으로 연대기적 순서를 따라 잘 배열되었다. 창세기의 저자는 이 부분에서도 아담과 하와와 그 후손들의 역사성을 부각시키고 있다. 그는 아브라함으로 끝나는 긴 계보에 그들을 연결시키고 있기 때문이다.

창세기와 과학

창세기는 세상의 시작과 인류 역사의 시작, 그와 관련된 일련의 사건을 보여주고 있는데 그 목적은 현대 학문에서 요구하는 과학적, 역사적, 인류학적 근거를 제공하기 위한 것이 아니다. 하나님의 창조사역은 하나님이 창조주시며 존재하는 모든 것의 관할자요 주관자임을 알려준다. 홍수심판은 하나님의 피조물인 인간과 자연계에 대한 하나님의 창조 목적을 새로이 인식하게 하며, 민족의 발흥은 인류의 기원을 설명하는데 도움을 주지만 성경의 보도는 단지 하나님께서 세상의 어떤 형편 속에서 이스라엘 민족을 이루셨는가를 보여줄 뿐이다.

성경은 과학책이 아니다. 성경은 천지만물의 생성과 자연계의 현상을 언급하고 있지만, 그 자체에 그치지 않고, 자연계를 창조하시고, 주관하시는 하나님과 그 주관자의 섭리로 나타나는 자연현상이 주는 교훈에 집착한다. 성경 전체가 예수 그리스도 안에 있는 인류 구원을 말하듯이, 창세기도 역시 구속을 향해서 일하시는 하나님의 역사를 보여준다. 그래서 창세기도 구속사적인 관점에서 읽어야 할 것이다. 그것이 성경 자체가 요구하는 해석적 접근 방법이다.

그러나 그리스도인은 성경과 과학의 관계에 대해서도 올바른 관점을 가져야 한다. 일반적으로 과학에 대한 세 가지 그릇된 입장이 있는데, 그것은 일치론(concordism), 반-과학주의(anti-scientism), 신앙지상론(fideism)이다. '일치론' 은 과학적 연구 결과를 수용하여 성경 내용과 일치시키는 타협적 입장을 취하고, '반-과학주의' 는 창조론에 입각하여 창세기의 내용을 문자적으로 해석한 나름대로의 과학적 이론을 세워 종교에 대한 과학적 평가를 거부한다. '신앙지상론' 은 성경의 가르침과 과학적 관심은 처음부터 무관한 것이라고 본다. 이 이론에 따르면 성경은 종교적인 진리이지만 물리학적인 진리는 아니고, 교리적이지만 역사적이 아니라는 입장이다. 이 세 가지 이론의 약점과 한계를 인식하면서 그리스도인이 알아야 할 것은 하나님이 진리이시고 그분의 계시가 진리라고 한다면, 그 계시에 담긴 자연의 생성과 현상에 관련된 언급도 참이어야 한다는 것이다. 그렇지 않으면 기독교 신앙의 근거는 사라질 것이다.

성경에 기록된 것은 과학적으로도 틀리지 않다. 그러나 그것은 과학적 체계를 따라 기록되지 않았다. 성경의 사건은 역사적이지만 종종 역사적 연대에 충실하지 않다. 성경의 인물도 실제 인물이지만 전기를 제시해 주지는 않는다. 왜냐하면 성경의 기록 목적이 이런 학문과는 다르기 때문이다. 이 사실을 바로 이해할 때 창세기를 대하는 독자의 태도가 어떠해야 하는지 분명해진다. 창세기에 기록된 것은 과학적으로 타당하지만, 강조점은 과학적으로 그 내용을 증명할 수 있다거나 과학적 호기심을 충족시켜주는 것이 아니라는 것이다. 즉 창조주 하나님의 존재와 속성(전능, 거룩, 영광 등)과 인류 구원을 위한 하나님의 사역에 있다는 것이다. 하나님의 창조를 과학적으로 증명할 수 있다는 것은 반가운 일이지만 성경이 요구하는 것은 '믿음으로' 그 창조를 받아들이는 것이다(히 11:3). 그러므로 독자는 우선적으로 창세기의 이런 일차적인 의도에 집중해야 할 것이다. 하나님께서 주신 법칙인 자연현상을 설명하고 규명하는 과학은 성경에서 말하는 하나님과 그 사역을 이해하는데 있어서 부차적일 수밖에 없을 것이다.

연대기 문제

성경에 나타난 엿새 동안의 창조와 창세기 5장과 11장의 족보를 계산하면 홍수사건의 연대와 인간의 역사 그리고 우주생성의 기원을 알 수 있을 것 같다. 그래서 아일랜드의 아셔 주교(James Ussher, 1581-1656년)는 성경의 족보를 계산하여 천지창조의 연대를 주전 4004년으로 잡았다.

현대 천문학자들은 지구와 태양계는 약 50억 년 전에 생성되었고, 진화론적 지질학자들은 원시적인 생물의 형태가 10-20억 년 전에 무기화학물질에서 진화했고, 또 다른 모든 생명체는 뒤따르는 지질학적 시대를 통하여 점차 발달하여 마침내 100-200만 년 전에 인간이 현재 형태로 진화했다고 주장한다.

이렇게 성경의 연대와 현대 과학적 연대가 보여주는 심한 격차로 인하여 일부 크리스천 과학자들은 양자를 조화시키기 위한 다양한 이론을 제시했다. 그렇지만 양자를 절충하는 형태는 성경의 토대를 와해시키는 무리한 결과를 낳을 뿐이라는 것은 명백하다.

이중에 지질학적 연대는 너무나 터무니없는 기간이다. 지질학적 연대측정법은 주로 우라늄 반감기에 의한 것인데 외부의 열이나 다른 에너지의 영향을 받지 않는 상태에서 균일하게 반감되는 것은 불가능하므로 이 방법은 근본적인 문제가 있다. 즉 '균일론' 은 타당하지 않다는 것이다. 또 같은 물질을 포타슘과 같은 다른 측정방법을 쓰면 수억 년의 연대가 단축되어 나타난다.

그렇다고 성경의 계보를 합산해서 나온 연대를 따르는 것을 이상적으로 볼 수도 없다. 성경의 계보만을 따를 때 이상한 현상이 일어난다. 창세기 11장에 나오는 나이를 계산해 보면 아브람이 50살 때 노아가 아직 살아있다는 말인데 이것은 이해할 수 없는 일이다. 아브람과 노아사이에 수백 년의 간격이 아니라 수천 년의 간격이 있는 것으로 볼 수 있다. 저자는 창세기를 기록할 때 5장과 11장을 다른 방식으로 기록했다. 즉 5장은 죽을 때의 전체 해수를 알려주지만 11장은 단지 언제까지 자손을 보았다는 것만 말해준다. 그리고 11장의 계보에는 누락된 명단(missing link)이 있다. 누가복음 3장과 비교해보라(특히 36절). 그래서 성경의 계보를 가지고 홍수의 연대나 천지창조의 연대를 정확하게 산정할 수 없다. 그러나 성경 계보의 이런 점들을 고려해서 연대를 계산하면, 지구의 나이는 약 만 년 이내로 볼 수도 있을 것 같으나, 그렇다고 이대로 주장할 수는 없다.

성경적 입장에서 지질학적 연대를 이해하도록 돕는 하나의 관점은 '성숙 창조론'(mature creation)인데, 이 이론은 하나님께서 만물을 창조하실 때 모든 피조물을 성숙한 상태로 창조하셨다는 것이다. 즉 인간을 만드신 것도 최초의 사람이 아기의 상태가 아니라 바로 결혼해서 생산할 수 있는 성인으로 창조하셨다는 것이다. 다른 생물들도 분명히 '생육하고 번성하라'는 명령에 어울리게 성숙한 상태로 창조되었을 것이다. 나무를 예로 든다면 비록 금방 생긴 나무이지만 사람들이 보기에는 수십 년, 혹은 수백 년 되어 보이는 수목도 있었을 것이다. 이것은 암석이나 다른 광물질에도 해당된다. 물론 어떤 광물은 지각변동과 같은 특별한 환경과 긴 기간을 거쳐 한 물질이 다른 물질로 변화되었겠지만, 어떤 광물은 처음부터 있었을 것이다. 그때 그 광물은 실제로 생성된 지 오래지 않는 것일지라도 사람들의 측정에 의하면 엄청난 세월이 지난 것으로 나타날 것이다. 바위는 처음부터 바위로 생겼을 지라도 그것이 흙이나 모래가 굳어져서 생겼다고 보는 사람에게는 그 연대가 상당한 것으로 측정될 것이다. 이 성숙 창조론에 의하면 성경적 연대와 지질학적 연대 간의 마찰을 어느 정도 줄일 수도 있을 것 같다.

성경의 창조기사와 고대근동의 창조신화

성경의 창조기사 외에 창조에 대해서 기록된 고대 근동문헌도 있다. 이집트의 창조신화는 성경보다 오래전에 기록되었고 수메르와 아캇어로 된 것은 늦게 편집된 형태로 발견되었지만 일찍 기록된 것으로 추측한다. 그러나 우주와 인간의 창조를 분명하게 알려주는 신화는 아직 발견되지 않았다.

수메르와 바벨론에는 고대 도시와 신들과 관련된 다양한 창조 이야기가 있다. 그중에서 낙원 딜문(Dilmun)의 신화는 남신 엔키(Enki)가 식물을 먹고 저주를 받아 여신 닌티(Ninti, 갈비뼈의 여인, 생명을 주는 여인)가 치료해 주기까지는 병중에 있었는데, 그럼에도 불구하고 모신 닌후르삭(Ninhursag)이 고통없이 아기를 낳았다고 전한다 . 이 신화에는 엔키와 닌후르삭이 진흙으로 사람을 창조했다고 한다. 가장 잘 알려진 바벨론 창조신화는 수메르 우주생성론에서 채택한 것인데, 에누마 엘리쉬(Enuma elish)란 이름으로 소개되었다. 이 이름은 그 신화의 첫 글자(When above)를 음역한 것이다. 이 신화에 의하면 바벨론의 신인 마르둑(Marduk)이 죽은 티아맛(Tiamat)의 몸을 반으로 잘라 하늘의 궁창과 땅을 창조하는데 사용했다고 한다. 그때 그는 신들을 천한 일에서 해방시키기 위해서 별과 해 그리고 달을 순서대로 배열했다. 마르둑은 에아(Ea)의 도움을 받아 진흙에다 티아맛의 군대를 이끌던 반항의 신 킹구(Kingu)의 피를 섞어 인간을 창조했다고 한다 . 또 여러 서사시에서 신들을 섬기기 위해서 인간을 만들었다고 강조한다.

이집트의 어떤 창조신화에는 아툼(Atum)이 혼돈의 바다 위 원시 언덕 위에서 신들을 창조하고, 그 다음 세상을 혼돈으로 부터 질서 있게 창조했다고 한다. 프타(Ptah)신이 창조를 구상하고 말씀으로 명령함으로써 창조했다고 한다. 또 다른 신화에서는 태양신 레(Re)가 지하세계인 아포피스(Apophis)를 이겼다고 하는데, 이 신화에서 인간은 레의 눈물로 창조되었고, 모두가 기본적인 삶의 욕구를 채울 수 있는 동등한 권리를 가졌다고 한다.

위에서 소개한 창조신화의 내용은 다신론적인 배경에서 나왔으며 터무니없고 조잡하기 이를 데 없다. 그런데 성경의 창조기사와 비슷한 성격을 가진 요소도 있다. 이를테면, 천지창조, 혼돈과 원시 바다에 대한 표현, 창조의 명령과 같은 로고스 사상, 진흙으로 사람을 창조, 낙원에서 식물을 먹고 저주받은 것 등이다. 그래서 이런 유사한 요소들 때문에 '범바벨론 사상' (Pan-Babylonism)을 따르는 구약학자들은 창세기의 창조기사는 바벨론 포로기에 그곳의 신화를 빌어서 꾸며낸 것이라고 주장한다. 그들은 창조기사를 하나의 전통으로 보고 그런 전통이 이스라엘에서 생겨날 수 없다고 한다. 그렇지만 이런 관점은 성경이 하나님의 계시의 말씀인 것을 고려하지 않았기 때문에 생긴 것이다.

신화가 터무니없는 내용임에도 불구하고 그것이 성경의 창조기사와 일치하는 요소가 있다는 것은 어떤 측면에서는 당연한 일이다. 창조에 대한 이야기는 하나님의 계시를 통해서만 자세히 알 수 있다. 하나님께서 아브라함을 부르시기 전에는 하나님의 계시는 보편적이었다. 즉 특정한 민족에게 국한되지 않고 모든 사람들이 계시를 접할 수 있었다. 그때는 모든 사람들이 하나님의 창조사역과 노아 홍수 같은 사건을 다 알고 있었다. 그러나 계시가 점점 한 민족에게 집중되면서, 창조와 홍수에 대한 정확한 정보가 분명치 않게 되었다. 그러나 하나님의 계시가 계속 진행되고 계속 주어지는 곳에는 창조 사역에 대한 정확한 정보를 대대로 전달할 수 있었다. 반면에 하나님의 계시가 사라진 곳에는 신화가 무성하게 자랄 뿐이었다. 처음에는 성경에 나타난 창조의 사건을 다 잘 알았겠지만, 계시가 없는 이방세계에서는 똑같은 사건이라 할지라도 그 중에서 몇 가지 특색만을 지닌 지역적 신화로 발전시켜 전달할 수밖에 없었다. 이렇게 창조에 대한 다양한 신화는 성경의 창조기사의 진의성을 희석시키는 것이 아니라 계시의존적 측면에서 보면 오히려 그 역사성을 확인시켜주는 의미도 있다. 이런 점을 고려한다면 신화와 비교해서 성경의 창조기사가 종교적으로나 도덕적으로 또 과학적으로도 우월하다고 주장하는 것은 크게 의미 있는 일이 아닐 것이다.

하나님의 아들들과 사람의 딸들

"하나님의 아들들이 사람의 딸들의 아름다움을 보고 자기들이 좋아하는 모든 여자를 아내로 삼는지라"(창 6:2). 본문에 나타난 '하나님의 아들들' 에 대한 견해는 크게 세 가지로 요약할 수 있다. 첫째, '하나님의 아들들' 은 전통적으로 믿음의 계통인 셋의 후손으로 생각한다. 거기에 대한 성경적 근거는 "너희는 너희 하나님 야웨의 자녀라"(신 14:1)라고 한다. 여기서 '너희' 는 이스라엘이기 때문에 믿음의 자녀가 하나님의 자녀라고 하는 것은 틀린 말이 아닐 것이다. 그러나 노아홍수 이전에는 이스라엘이 존재하지 않는데 그 상태에서 이 본문을 적용하는 것은 적합하지 않다. 둘째, 유대인들의 전통을 따라서 '하나님의 아들들' 을 천사로 보는 것이다. 여기에 대한 성경적 근거는 욥기에 나

타난다: '하나님의 아들들이 야웨 앞에 섰고' (욥 1:6). 이 문맥에서는 '하나님의 아들들' 은 천사가 되어야 한다. 그러나 표현이 같다고 해서 뜻이 같은 것은 아니다. 창세기 문맥에서 볼 때 천사가 사람과 결혼한다는 것은 가능하지도 않고 성경사상에 맞지도 않다. 셋째, 이 '하나님의 아들들' 을 고대사회의 왕이나 영웅 호걸로 보는 것이다. 이것은 고대문헌에서는 자주 나타나는 표현이다. 성경에서도 바로 앞에 나아가는 모세를 신이 되게 하겠다고 하셨다(출 7:1). 고대사회에서는 특별한 능력을 가진 사람이나 위대한 통치자를 '신들의 아들' 이라고 불렀다. 창세기 본문에서도 고대의 용사들은 바로 '하나님의 아들들' 로 보아야 할 것이다. 문맥상 1절의 '딸들' 과 2절의 '딸들' 은 같은 딸이다. 이것은 일반 여성을 일컫는 말이지 불신자를 가리키는 것이라고 볼 수는 없다. 또 2절의 하나님의 아들과 4절의 하나님의 아들은 같은 것이다. 그들이 낳은 아들들이 고대의 용사라는 것은 그들의 유전자가 달랐다는 것으로 이해할 수 있다. 그래서 이 본문의 '하나님의 아들들' 에 대한 번역은 고대의 문학적 용법을 따라서 '신들의 아들들' 이라고 번역하는 것이 해석상 오해를 없앨 수 있을 것이다.

소명 이전의 아브라함의 믿음

아브라함은 하나님의 부름을 받기 전에는 야웨 하나님을 믿지 않았다. 그는 다신론적 믿음을 가진 가정에서 나왔다(수 24:2, 14). 바울은 그가 부름을 받는 상황에서 하나님을 설명할 때 "하나님은 죽은 자를 살리시며 없는 것을 있는 것으로 부르시는 이시니라"(롬 4:17)라고 했다. 이것은 아브라함이 영적으로 죽은 자로 살았지만 그에게 생명을 주셨다는 것을 암시하는 말로 볼 수 있을 것이다. 그래서 그가 부름을 받는 순간에는 야웨 하나님에 대한 신앙이 아니라 다른 사람과 똑같이 다신론적인 믿음을 갖고 있었다는 것이다.

당시 메소포타미아에는 사회가 신을 중심으로 계층화되면서 신에 대한 서열도 분명해졌다. 국가의 신, 도시의 신, 가족 수호신과 같은 서열이 존재했다. 아브라함도 가족신을 섬기고 예배하는 댓가로 가족과 개인의 행운과 번영을 기대하며 살았을 것이다. 그가 처음 하나님의 부름을 받았을 때에도 그는 그 하나님이 유일한 하나님이신 줄 몰랐을 것이다. 그러나 그가 그 부름에 순종함으로써 다신론의 관계를 다 끊어버리게 된다. 그것은 국가의 신, 지역 신, 가족 신을 떠나서 오직 야웨 하나님을 섬기게 된다.

비록 그 하나님이 유일한 신인 것을 직접 계시받은 적은 없지만 하나님의 약속에 나타난 내용은 그 하나님이 천지의 주재가 되시고 복의 근원이 된다는 것을 알게 되었을 것이다. 아브라함은 고대 신들을 섬기듯이 신들의 비위를 맞추면서 진노를 누그러뜨리며 초조하게 사는 것이 아니라 약속에 신실한 하나님을 의지하며 안연하게 그분의 인도를 받을 수 있었다. 그는 가나안 땅에서 더 이상 새로운 지역신과 관계를 맺지 않고 언약의 하나님을 믿는 신앙을 소유한 자가 되었다.

아브라함은 복의 근원?

한글개역성경은 "너는 복의 근원이 될찌라"(창 12:2)고 번역했다. 원문은 문자적으로 '복이 되라' 고 명령형으로 되어 있다. 그러나 구문상 앞의 청원법에 연결된 용법으로 "너는 복이 될 것이라"로 번역하는 것이 좋아 보인다. 이 말은 아브라함이 다른 사람을 위한 복이 된다는 뜻이다. 복의 근원은 어디까지나 하나님이시지만 아브라함은 복을 받는 채널이 된다는 말이다. 그가 복을 받을 뿐만 아니라 그 자신이 많은 사람을 위한 복이 되어야 했다. 그가 하나님의 복을 받는 통로가 된다는 것은 3절의 말씀에서 구체적으로 설명한다: "너를 축복하는 자에게는 내가 복을 내리고 너를 저주하는 자에게는 내가 저주하리니 땅의 모든 족속이 너로 말미암아 복을 얻을 것이라."

하나님은 아브라함을 복을 내리는 기준으로 삼으셨다. 사람들이 아브라함을 대하는 태도에 따라서 복이 좌우된다. 여기서 '너' 라는 말은 단순히 아브라함 개인에 한정되지는 않는다. 오히려 집합적 의미를 지닌 것으로 아브라함에게 속한 자손들을 포함한 집단으로 보아야 한다. 사실 개인적으로 아브라함을 선대한 자들이 복을 받겠지만, 전 이스라엘 역사를 통하여 개인이든, 집단이든 아브라함의 자손을 선대한 자들은 복을 받고, 저주한 자들은 저주를 받았다(수 2:12; 시 137; 암 1:3-2:3 등). 이것은 아브라함의 자손의 무리인 교회에도 동일하게 적용되는 것이다(갈 3:29). 하나님의 교회에 적대적인 입장을 취하는 세력은 사탄의 편에 서있기 때문에 하나님이 대적할 수밖에 없을 것이다. 이것은 역사속에서 하나님의 백성이 중심이 된다는 말이다. 하나님은 자기 백성인 교회를 중심으로 역사를 운행해 가신다. 아브라함이 복의 통로가 된다는 약속은 교회론적이며 교회에 대한 하나님의 관심을 알려주는 중요한 약속이다.

소돔의 죄(창 19:5)

이 본문에 대해서 대립된 견해는 동성애적 죄로 보는 전통적 견해와 그것과 상관없이 약자와 나그네를 돌보는 규정을 위반한 죄로 보는 입장이다.

우선 본문의 '상관하다' (*yāda·*)란 동사는 '알다' 라는 기본 의미를 갖는다. 그리고 특별한 상황에서 '성관계를 갖다' 란 의미로 쓰인다. 이것은 모든 셈어에 공통적으로 나타나는 현상이다. 본문 8절에서도 '남자를 가까이 아니한 두 딸' 이라고 할 때 같은 동사가 쓰였다. 이 의미에 대해서는 헬라어 번역인 칠십인 역이 확실하게 지지하고 있다(*sugginomai*). 문맥으로 볼 때 롯의 말이 '이런 악을 행치말라' 고 반응한 것은 단순히 신분확인을 요구하는 태도에 대한 반응으로 보기 어렵다. 또 손님들을 알아보기 위해서 온 자들에 딸을 내어주면서 '너희 눈에 좋을 대로 그들에게 행하라' 고 대응할 필요가 없었을 것이다. 사사기 19:22의 사건도 같은 맥락에서 볼 수 있을 것이다.

에스겔 16:49에서는 소돔이 교만하고 약자를 돌아보지 않은 죄를 지적하고 있다. 물론 여기서 끝나지 않고 50절에서는 '가증한 일' 을 언급하면서 소돔의 동성애를 암시하고 있다. 특별히 이 말은 레위기에서 이런 종류의 성적인 죄를 평가하는데 쓰였다(레 18:26-29). 신약의 베드로후서 2:6-8에서도 소돔의 '음란한 행실' 을 언급하고, 유다서 7절도 소돔사람들이 '다른 색' (다른 육체)을 좇아갔다고 한 것은 동성애를 염두에 두고 한 말로 보인다.

중요하지는 않지만 소돔의 죄를 언급한 유대전승은 18개 정도로 알려져 있다. 이 내용은 환대의 규정을 위반한 것과 음행을 제시한다. 그런데 성적인 내용으로 해석하는 수가 많다. 물론 환대와 음란을 동시에 말하더라도 동성애의 가능성을 완전히 배제하지는 않는다.

이 모두를 종합해서 판단할 때 소돔의 죄는 '집단 동성애적 성폭력' 에 대한 의도라고 볼 수 있다. 이것은 나그네를 홀대한 내용이 될 수 있을 것이다. 그 땅에는 그런 일이 있었다(레 18:29).

요셉이 애굽에 들어간 시기

성경의 연대에 따르면 야곱이 이집트로 이주한 시기는 대략 주전 1876년으로 추정해야 한다. 요셉이 이집트의 노예로 팔렸던 때는 중왕국 시대로 산정된다. 이 견해는 중왕국 몰락 이후 한동안 삼각주지역을 다스렸던 아시아인 힉소스왕조의 제2중간시대에 요셉의 생애를 배치하는 대부분의 최근 학자들의 주장과 상충된다. 이 견해는 두 가지 주장에 근거한다: ① 요셉이 힉소스시대 동안 이집트에 있었다고 하는 마네토(Manetho)의 글에서 인용한 요세푸스(Josephus)의 진술, ② 요셉이 아시아인이기 때문에 동족인 아시아인들이 이집트를 다스리는 동안에 요셉이 출세했다고 보는 것이 논리적으로 타당하다는 것이다. 이 주장 중에 그 어느 것도 유력하거나 성경의 연대에 맞지 않다.

성경의 종교적 정치적 상황을 보면 중왕국 시대와 어울린다는 것을 알 수 있다. 요셉이 팔려간 시위대장 보디발은 그 이름이 '라의 소생' (*pa-di-pa-ra*)이란 의미를 지닌다. 그것은 전형적인 이집트 사람이란 뜻이다. 그런 사람이 바로의 경호실장을 맡는 것은 상식적으로 맞지 않다. 보디베라도 같은 의미를 지니는데 그는 '온' (Heliopolis)의 제사장이다. 요셉에게 제사장의 딸을 주는 것을 최고의 경의를 표하는 것이다. 온은 태양숭배의 중심지인데 그 시기가 힉소스라고 하는 것은 맞지 않다. 왜냐하면 힉소스는 '세트'를 섬겼기 때문이다. 정치적으로도 요셉이 애굽에서 경험한 것은 권력의 중앙집중화라고 할 수 있다. 이것은 중왕국의 세소스트리스 2, 3세와 잘 어울린다.

출애굽기

1. 제목과 기록목적

오경의 두 번째 책 제목인 출애굽기는 칠십인 역(*Exodos*)에서 유추한 것이다. 이 제목은 책의 중심주제를 따라서(출 19:1) 붙였는데 영어 명칭 Exodus도 이 번역을 따랐다. 그 말은 '나가다' 란 뜻이다. 이 '탈출' 이란 의미를 지닌 제목이 말해주듯이 이 책의 주제는 구속이다. 히브리어 성경은 첫 두 단어를 따서 '그리고 이것들이 이름들이다' (*wᵉ'ēllê šᵉmōṯ*)라고 제목을 붙였다.

본서는 한 민족으로 성장한 이스라엘을 애굽에서 해방시킴으로써 자기 백성으로 선택한 것을 확인시키신 신실하신 구속자 야웨를 계시하고, 율법제정과 성막건립을 통하여 거룩한 나라의 기틀을 놓는 과정을 보여주기 위한 목적으로 기록되었다. 여기서 구속과 율법을 묘사하고 있는 자체가 하나님과 그의 백성 이스라엘 간의 언약 관계를 보여주고 있다.

2. 구조와 내용분류

본서는 크게 두 부분으로 구성되었다. 첫 부분은 애굽에서 히브리민족을 구속하는 것이고(1:1-15:21), 둘째 부분은 구속받은 백성의 성막중심 생활에 관한 것이다(15:22-40:38). 이것을 좀 더 세분화하면 다음과 같이 나눌 수 있다.

a. 히브리인의 압제와 출애굽 준비(1-12)

1) 애굽에서의 압제(1-6)

2) 애굽에 내린 재앙(7-12)

b. 출애굽과 시내산까지의 여정(13-19)

c. 시내광야에서 주어진 규정(20-40)

1) 십계명과 '언약법' (20:1-23:33)

2) 언약체결(24)

3) 성막과 법궤 제작 명령(25-31)

4) 지체된 상황(32-34)

5) 성막건립과 봉헌(35-40)

3. 역사적 배경

이스라엘 백성에 대한 압제가 요셉이 죽고 난 직후에 시작된 것은 아닌 것 같다. 아마도 히브리인들을 억압하는 사건이 부분적으로, 간헐적으로 이루어졌을 것이다. 그러나 일반적으로 이집트 사람들은 요셉과 그가 그 나라를 위해서 했던 일을 기억했음에 틀림없다. 중왕국 말기에 아시아인들의 영향이 커지고 있었는데 그들 대부분이 이 새로운 땅의 문화를 받아들였다. 비록 그들이 원래 노예 신분이었지만 어떤 이는 요셉과 같이 권좌에 오르기도 하고 애굽 사람들과 국제결혼도 했다.

출애굽기 1:9, 10에서 박해하는 왕이 히브리인들을 노예로 삼을 이유를 말하면서 "이 백성 이스라엘 자손이 우리보다 많고 강하도다"라고 했다. 그리고 그가 두려워한 것은 그들이 애굽의 적들과 동맹을 맺는 것이다. 사실 이스라엘 사람들이 애굽 사람보다 수가 많아진다는 것은 상상할 수 없는 일이다. 그러나 가능성이 있는 것은 그들이 소수민족에 지나지 않는 힉소스보다 수가 더 많아 질 수 있다는 것이다. 역사적으로 히브리인들이 라암셋에서 노동을 했다는 성경의 진술은 힉소스 시대와 어울린다. 성경의 연대를 따른다면 출애굽 당시 바로는 아멘호텝 2세가 될 것이다(주전 1450-1425년).

4. 신학적 주제

하나님의 이름

'당신은 누구십니까?' 라는 모세의 질문에 하나님은 '나는 스스로 있는 자' 라고 말씀하셨다. 이 이름은 하나님의 영원성과 더불어 이스라엘과 함께 계시는 그 분의 존재성 즉 복과 징계를 가져오시는 분으로서 그 분의 임재를 말한다. 이 이름이 가르치는 것은 하나님은 언약에 신실하신 분이라는 것이다. 지금 이 이름이 소개된 것은 야웨께서 족장들에게 약속하신 바를 이제 이루시겠다는 말이다. 특별히 6:3("내가 아브라함과 이삭과 야곱에게 전능의 하나님으로 나타났으나 나의 이름을 야웨로는 그들에게 알리지 아니하였고")의 의미는 이전의 족장들은 야웨란 이름을 몰랐던 것으로 이해하지 않고, 그 이름이 가진 의미와 기능을 몰랐던 것으로 이해해야 할 것이다. 왜냐하면 에노스 시대부터 야웨의 이름을 불렀기 때문이다(창 4:26). 이 야웨라는 이름은 이스라엘 하나님의 고유한 이름이 된다. 그 이름은 아캇어 문헌에 언급되기는 했지만, 어떤 이방신의 이름에서도 찾아 볼 수 없는 이름이다. 하나님은 야웨라는 이름으로 자기 백성을 부르시고, 인도하시는 인격적이고 신실하신 하나님이다. 모세는 그 분이 어떤 분이신지 분명히 들었다. "야웨께서 구름 가운데에 강림하사 그와 함께 거기 서서 야웨의 이름을 선포하실새 야웨께서 그의 앞으로 지나시며 선포하시되 야웨라 야웨라 자비롭고 은혜롭고 노하기를 더디하고 인자와 진실이 많은 하나님이라"(출 34:5-6).

구속

출애굽의 주제는 구속이다. 그래서 4:22은 이스라엘이 야웨의 장자됨을 언급한다. 이 '구속' (*goel*)이란 용어가 이 책에서 소개된 것은 대단히 중요한데 (6:6), 이것은 포로에서 돌아오는 것을 제2의 출애굽이란 견지에서 묘사한 이사야 40-55장에서도 중요한 신학적 주제가 된다. 이 말은 한 때 개인이나 가족에 속했지만 다른 이에게 넘어가서 주인으로 권리를 주장할 수 없던 것을 되찾는 것이다. 이것은 사람이나 물건을 정상적인 위치로 되돌려 놓는 것이다. 그래서 하나님은 이스라엘을 자신과 정당한 관계로 회복하시기 위해서 구속주로 개입하신다. 바로에게 종 되었던 자기 아들을 요구하신다. 구약의 사회제도 하에서는 그런 행위의 수혜자는 구속자에게 빚을 지게 되고 특별한 관계에 들어간다. 이 관계는 이스라엘이 한 때 애굽에서 종 되었던 것과 같이 자신을 야웨의 종으로 묘사하는 데서 나타난다. 구속으로 말미암아 이스라엘은 하나님을 섬기는 데서 완전한 자유를 누리게 된다.

열 가지 재앙

이 재앙이 내리기 전에 애굽 사람들에게 지대한 영향을 미치는 뱀의 표징을 주어서 앞으로 임할 일련의 재앙(피, 개구리, 이, 파리, 돌림병, 악성종기, 우박, 메뚜기, 흑암, 장자죽음)을 암시했으나 바로의 마음은 강퍅케 되어서 모세의 요구를 거절했다. 그러자 점점 높은 강도로 야웨는 애굽에 재앙을 내리심으로써 자신의 전능과 하나님 되심을 나타내셨다. 그것은 하나님 자신을 알리기 위해 애굽의 신들을 심판하신 것이다(12:12).

열 번째 재앙은 야웨의 장자인 이스라엘(4:22f.)을 보내는 결정적인 사건이 된다. 애굽 사람들은 그들의 장자 죽음으로 인하여 통곡해야 했다. 이스라엘이 죽음을 보지 않고 보호를 받은 것은 용서하시는 하나님의 자비에 근거를 둔다. 바로가 순간적인 어려움을 면하기 위해서 이스라엘 백성을 놓아주기로 약속했으나 매번 마음을 돌이킨 것은 자신이 신으로서 그 재앙을 현실로 받아들이기 힘들었기 때문으로 보인다.

유월절

애굽의 가정에 장자들이 죽임을 당하는 순간에 이스라엘은 하나님의 장자로서 어린 양의 피로 구원을 받는다. 야웨께서는 이 유월절의 의식을 매년 정한 날에 시행할 것을 명하셨다. 이것은 생명의 구원과 해방의 역사를 기념하는 것이다. 이스라엘은 시내 광야에서 두 번째 유월절을 지켰다(민 9:1-5). 개혁교회가 세례와 주의 만찬을 그리스도의 사역을 확인하는 성례로서 지키는 것과 같이 이스라엘 백성은 할례와 유월절의 성례를 지켰다. 이때 무교절과 함께 지키게 되는데 발효되지 않은 빵을 유월절 어린 양과 함께 먹어야 했다. 그들이 황급히 나와야 했기 때문이다. 이것은 죄의 땅에서 빨리 벗어나는 것을 의미한다. 죄에서 벗어난 그리스도인은 누룩의 사악을 버려야 한다(고전 5:7-8).

율법

율법은 하나님의 은혜에 기초하고 있다. 십계명의 서론("나는 너를 애굽 땅 종 되었던 집에서 인도하여 낸 네 하나님 야웨니라")은 야웨께서 계명을 요구할 권리가 있음을 보여주고 있다. 야웨는 이스라엘을 구속하신 분으로서 그 은혜의 관계를 지속하기 원하셨다. 계명은 언약적 요구로서 하나님과 백성 간의 관계를 맺어주는 것이다. 이 율법은 이스라엘이 하나님의 언약의 공동체로 존속하기 위한 하나님의 은혜로운 장치이다. 은혜를 받은 백성은 감사의 삶을 살아야 하는데 그 감사는 계명을 지킴으로써 나타내어야 한다. 율법 자체는 구원의 은혜에 대해서 감사의 삶을 살아가는 수단으로 주어진 것이다.

거룩하신 야웨

출애굽기는 하나님만이 거룩하시고 인간은 그 죄성 때문에 특별한 상황에서만 하나님의 면전에 설 수 있다고 가르친다. 모세가 불타는 떨기나무 가운데 나타나신 하나님을 만났을 때 그는 그 땅이 거룩하기 때문에 신발을 벗어야 했다(3:5). 그 후 이스라엘 사람들은 하나님은 보고 죽을까봐 시내산에 오르지 못했다(19:12, 13, 21-24). 이렇게 하나님의 거룩과 인간의 죄성이 양립할 수 없기 때문에 야웨께서 그 백성 가운데 거할 수 있도록 하기 위해서는 특별한 조치가 취해져야 했다. 그래서 그 교제를 위해서 하나님의 거룩이 반영된 구체적인 모습, 즉 특별히 고안된 성막이 건조되어야 했다.

거룩한 백성

본서가 강조하는 또 다른 점은 이스라엘 백성은 하나님의 거룩성을 공유해야 하는 것이다. 그래서 그들은 거룩한 백성(제사장 나라)이 되어야 했다(19:6). 이 부분의 끝에서는 십계명과 '언약서'(20:22-23:33)가 하나님의 거룩성과 함께하는 자질들을 지시하고 있다. 여기서 거룩은 먼저 도덕적인 순결과 모범적인 행동과 관계가 있다. 그러나 그러한 완전성은 인간이 도달할 수 없는 속성이기 때문에 출애굽기는 부정한 것을 정화시키고 죄를 속할 수 있는 희생제사를 강조하고 있다. 이것은 다양하게 나타나는데, 유월절 의식과 시내산 언약체결에서 볼 수 있다. 이 제사는 봉헌하는 제사장들의 사역의 필수적인 부분이기도 하다(29:1-46). 더욱이 하나님께서 받으실만한 희생제사를 통해서만 가까이 할 수 있다는 사실을 상징적으로 보여주기 위해서 큰 놋제단이 성막 뜰의 입구와 성소 사이에 놓여 있다.

야웨의 긍휼과 공의

출애굽기는 하나님의 사랑과 공의라는 속성에도 주의를 끈다. 이것은 이 책의 전반부에서 하나님께서 이스라엘에 대한 특별한 관심 때문에 행동하시고 그 백성을 부당하게 다루는 애굽 사람들을 처벌하시는 데서 분명하게 나타난다. 이 두 속성은 시내산 언약의 중요한 부분을 이루는 율법과 도덕적 요구에서 두드러진다. 이스라엘 백성은 공의에 대한 특별한 표준을 유지해야 할 뿐만 아니라 사회의 연약한 구성원들에 대해서는 긍휼을 갖고 대해야 한다. 이것은 금송아지 사건에서도 나타난다. 하나님의 공의는 이스라엘 백성들의 반역 행위에 대해서 그들을 심판하는 데서 나타나지만, 그분의 긍휼때문에 모세가 백성을 위해서 중보할 때 그 언약은 곧 갱신된다.

안식일

제4계명으로 주어진 안식일에 관한 규정은 안식에 대한 중요한 신학적 개념을 형성하고 있다. 이 안식의 개념은 성경적 구속의 목표로서 점차로 중요하게 되었는데 그것은 하나님 앞에서 쉬는 것으로 나타난다. 히브리적 개념으로 이 사상은 온갖 종류의 갈등이 제거된 상황의 발전이나 안락한 상태를 의미한다. 우선 이 안식이 의미하는 것은 약속의 땅에서 성막과 성전을 통해서 이루어질 하나님의 임재를 가리킨다. 구약에서는 안식이 여호수아에서 시작하여 솔로몬 성전건축에서 완성된다(왕상 8:56). 이스라엘 백성은 땅 위에서 주중에 하루 동안 이 안식을 맛보며 살 수 있었다.

성막과 법궤

성막은 하나님이 그 백성과 함께 하시려는 은혜로운 의지의 표출이다. 이 성막제사를 통해서 이스라엘은 죄를 사함받고 하나님과 교제할 수 있었다. 또한 성막은 항상 이스라엘이 어떤 집단인가를 알려주는 역할을 한다. 하늘의 왕이신 야웨의 지상 처소로서 성막은 이스라엘의 최종적 권위를 나타낸다. 이 성막에서 요청되는 예배의 임무는 그 백성 위에 행사하는 신적인 왕권을 인정하는 것이다. 예배란 신적인 왕에게 나아갈 수 있는 의정서와 같은 것이다. 그래서 출애굽기는 이스라엘을 왕이신 하나님이 세우신 규정을 따라 예배하는 공동체로 제시한다.

성막의 구성요소 하나하나에 그리스도의 대속사역과 성도의 헌신과 관련된 중요한 신학적 의미가 있다. 특히 성막의 지성소에 안치된 법궤는 하나님의 거룩하고, 영화로운 임재를 상징한다. 법궤를 덮고 있는 속죄소는 백성의 죄를 사하는 의미가 있고 동시에 백성에게 말씀을 주시는 하나님의 계시의 장소로서 그 기능을 갖는다. 그룹은 초월적인 하나님의 임재를 나타낸다. 물론 법궤와 관련된 기능은 성례적이고, 언약적 의미에서만 그렇다. 다시 말해서 백성이 죄를 지어 하나님의 언약을 저버릴 때는 법궤가 나타내는 상징적 의미는 상실된다.

5. 구속사적 메시지

야곱의 가정은 한 백성이 되었으나 요셉을 알지 못하는 새 왕의 잔혹한 학대를 받았다. 특히 아이를 버리라는 명령은 대단히 위험한 것이었다. 그것은 씨에 대한 약속이 위협을 받기 때문이다. 그래서 구원의 책인 출애굽기는 땅위에서 구원을 향한 하나님의 사역과 이를 저지하는 사탄의 일이 서로 격돌하는 것을 묘사한다.

하나님은 모세를 애굽 궁정에서 보호하시고(행 7:22) 그를 구원의 도구로 사용하셨다(히 11:27). 모세의 변명에도 불구하고 하나님은 그에게 사명을 주셨다(3:10). 그러나 하나님께서 아들에게 할례를 행하지 않은 모세를 죽이려 한 것은(4:24-26) 하나님의 일은 언약의 하나님의 요구를 먼저 행해야 하기 때문이다.

모세와 바로와의 첫 대면은 사태를 더욱 악화시켜서 모세가 비난받고(5:20, 21), 모세도 하나님을 원망했다(5:22). 하나님은 모세를 신이 되게 해서 바로를 상대하게 하셨다(7:1). 그는 바로 앞에 기적을 베풀고, 야웨의 재앙을 선언했다. 이 재앙 가운데서 애굽의 경제, 사회, 그 거민들, 애굽의 정신과 문화,

무엇보다도 종교가 엄청난 타격을 입었다. 하나님의 궁극적인 공격 대상은 그들의 신이었다: “애굽의 모든 신을 내가 심판하리라”(12:12). 마지막으로 장자 죽음 때 죽음의 재앙이 애굽을 덮쳤지만 이스라엘은 해방 전야의 축제를 벌였다. 어린양의 피로 구원받은 이것은 이스라엘의 영원한 규례가 되었다(12:24). 마지막 장애물이 제거되자 출애굽이 실시되었다(12:31). 온 이스라엘 백성(12:37)과 여러 잡족(12:38)이 대열을 갖추어 나갈 때에 요셉의 해골을 가지고 갔다(13:18). 하나님께서 친히 인도자가 되셔서 구름기둥과 불기둥으로 인도하셨다. 바로가 전차로 추격을 했지만 이스라엘은 홍해를 가르고 구원 받았고 애굽 군대는 빠져죽었다. 이로써 하나님께서 영광을 얻으셨다(14:4). 이 큰 일을 보고 이스라엘은 야웨를 경외하며 그와 그 종 모세를 믿었다(14:31). 이것이 하나님의 사역의 목적이다. 그래서 이스라엘은 이 큰 구원을 영원히 노래하게 된다.

하나님은 심판을 통해서 이스라엘을 애굽에서 구원한 사실을 상기시키며 언약을 지킬 것과 그 백성에게 특별한 소명이 있음을 일깨워주셨다(19:3-6). 이스라엘이 ‘제사장 나라, 거룩한 족속’이라는 것은 하나님의 보배로운 소유로서 이스라엘의 개념을 상세히 설명한다. 이것은 세상에 대한 이스라엘의 관계가 제사장의 관계로서 다른 나라를 섬기기 위해서 부름을 받았다는 것을 의미한다. 이스라엘은 구체적인 거룩한 삶을 통하여 세상을 하나님의 나라로 인도하는 일을 해야 했다. 이런 관계 속에서 십계명이 주어졌다. 십계명은 은혜의 관계를 반영하여 이스라엘의 삶이 어떤지 보도록 하는 거울로서 주어졌다. 이것이 시내산 언약의 기본 내용이다.

언약은 피의 제사로 규정되었다. 모세와 아론과 나답과 아비후와 이스라엘 장로 칠십인이 하나님의 면전에서 언약의 식사를 한 것은 교제의 관계라는 미래의 목표와 관계가 있다(사 25:6-8; 계 19:7-9).

광야에 건립된 성막은 항상 이스라엘이 어떤 집단인가를 알려주는 역할을 한다. 이 성막에서 요청되는 예배의 임무는 그 백성 위에 행사하는 신적인 왕권을 인정하는 것이다. 그래서 출애굽기는 이스라엘을 왕이신 하나님이 세우신 규정을 따라 예배하는 공동체로 제시한다. 하늘의 실체를 반영하는 성막의 지성소에 안치된 법궤는 하나님의 특별한 임재를 상징한다.

6. 특기사항

성막의 구성요소

지성소

성막의 중심을 이루는 곳으로 그 안에는 법궤가 있고 그 위에 속죄소와 그룹이 있다. 법궤는 하나님의 특별 임재를 상징하는 도구이다. 그 안에 율법이 보관되어 있는데 그것은 하나님과 누리는 교제는 율법에 순종함으로써 가능하다는 의미가 있다. 그러나 인간은 율법의 요구를 충족시킬 수가 없다. 그럼에도 불구하고 교제를 가능하게 하는 것은 속죄소에 나타나는 하나님의 은혜에 근거한다. 이스라엘은 대속죄일에 속죄소 주위와 위에 피를 뿌림으로써 속죄를 받고 교제를 누릴 수 있었다. 속죄소는 하나님의 은혜와 계시의 좌소이다. 그룹은 초월하시는 하나님의 임재의 영광을 나타내며 세속으로부터 거룩을 보호하는 의미를 지니고 있다. 지성소는 대제사장만 들어갈 수 있었는데 예수 그리스도의 대속의 죽음으로 말미암아 지성소와 성소 간의 휘장이 찢어짐으로써(히 10:20) 신약의 성도는 담대히 하나님께 나아갈 수 있게 되었다.

성소

지성소와는 달리 제사장이 들어갈 수 있는 곳으로 향단과 등대 및 진설병상이 있는 곳이다.

• 진설병상(25:30; 민 4:7): 상위에 납작하게 포개서 진설된 열두 떡은 열두 지파인 이스라엘이 야웨로부터 일용할 양식을 공급받는다는 것을 상징한다. 하나님과의 교제를 상징하는 떡은 궁극적으로 생명의 떡으로 우리를 먹이시

는 예수 그리스도를 예표한다(요 6:35).

• 순금등잔대(25:31-37): 등잔대가 상징하는 것은 야웨께서 지키신다는 것이다. 하나님은 자기 백성을 보호하시며 자신의 교회를 위하여 어둠을 쫓으셨다. 살구꽃 형상의 잔을 가진 일곱 가지에서 빛을 내는 등잔대는 성막 안을 아름답게 장식했을 것이다. 야웨는 자신의 얼굴빛을 자신의 백성을 향하여 비추시고 이스라엘은 그 얼굴빛을 즐김으로써 세상에 빛을 비출 수 있었다. 그 빛은 세상의 빛이신 예수 그리스도를 예표한다(요 8:12).

• 향단(30:1-10): 향단은 지성소 바깥 법궤 정면에 놓였다. 이것은 이스라엘이 야웨 앞에 아침저녁으로 하는 기도를 상징한다(계 5:8). 중보기도를 상징하는 타는 향은 그리스도의 중보기도를 예표한다(히 7:25).

물두멍(30:17-21)

안뜰에 있는 물두멍은 제사장들이 직분을 수행할 때 손을 깨끗이 씻는데 쓰였다. 물론 제물도 씻었을 것이다(레 1:9). 정결을 위해서 씻는 것은 예수 그리스도로 말미암아 죄를 씻는 것을 예표한다(고전 6:11).

번제단(27:1-8)

놋제단이라고도 하는 번제단은 희생제물이 놓이는 곳이다. 이 제단은 성막의 정문에 세워졌는데 이는 야웨의 면전에 두었던 것이다. 이 단에서 매일 아침과 저녁 어린 양으로 제사를 드려야했다. 하나님 앞에 나아가는 것은 희생제사를 통해서만 가능하다. 이 번제단에서 드려지는 제사는 그리스도의 희생을 예표한다(히 9:12-14).

애굽에 내린 열 가지 재앙의 성격

애굽 신에 대한 공격

성경의 열 가지 재앙들 모두가 애굽 만신전의 각 신들에 대한 공격을 의미하는 것으로 해석되어야만 하는가라는 의문이 종종 야기된다(출 12:12). 재앙들의 전체적 현상은 확실히 애굽의 종교체계를 조롱하였다. 왜냐하면 이교의 신들이 그들의 숭배자들을 보호하는데 무력했기 때문이다. 그렇지만 각각의 재앙이 각 신을 공격하였다는 것은 의심스러워 보인다. 재앙들 중 몇 개(1, 2, 7, 9, 10번째)는 개별 신들을 공격하는 것으로 나타나고, 다른 것들은(3, 4, 6, 8번째)은 그렇지 않다.

첫째 재앙에서 나일강은 피로 변하였다. 이 재앙은 분명히 나일강의 신 하피(Hapi)를 공격하였다. 그 신과 강은 같은 의미였고 강물이 피가 됨으로써 강은 그 땅에 생명과 풍성함을 줄 수 있는 능력을 잃어버렸다. 하피는 무능한 것으로 드러났다.

둘째 재앙은 그 땅을 개구리로 가득 채웠다. 애굽에는 몇 개의 개구리 신들이 있었고 그 중 가장 인기가 많았던 것은 아마 다산의 여신 헤카트(Hekat)였을 것이다. 틀림없이 이 재앙은 여신의 기능을 조롱하였다.

일곱째 재앙인 우박과 심한 천둥들은 애굽의 농작물을 겨냥하였다. 이 재앙은 주로 그 땅의 풍부한 농업생산력에 기반을 둔 애굽경제를 절름발이로 만들려는 의도였다. 이것은 또한 농업생산을 책임진다고 알려진 애굽의 신들, 레(Re)와 다른 태양신들과 곡물과 직접 관련된 죽음의 신 오시리스(Osiris)에 대한 공격으로 볼 수도 있다.

아홉 번째 재앙에서는 거대한 흑암이 애굽을 뒤덮었다. 이것은 애굽의 태양신 아몬-레(Amon-Re)와 다른 모든 하급 태양신들에 대한 최고조의 공격이었다. 태양신은 흑암을 헤치고 빛나기에 무력하였다. 이러한 현상은 애굽인들을 유달리 공포에 떨게 하였을 것이다. 왜냐하면 그 나라는 구름으로 덮이는 일이 매우 드물었기 때문이다. 이 흑암을 일식으로 추측할 수는 없다. 애굽인들은 일식을 알았고 두려워하지 않았으며 또한, 이 재앙의 짙은 어두움은 다른 어떤 일식보다 훨씬 숨막히는 것이었다.

열 번째 재앙은 장자의 죽음으로 이집트의 살아있는 신인 파라오를 공격하였다. 신-왕(god-king)은 그의 소문난 신성에도 불구하고 그의 아들의 죽음을 막을 수 없었기에 그 땅의 다른 모든 장자들처럼 죽어버렸다. 이 재앙에서 신-왕은 그의 가장 천한 신하보다 나을 것이 없다는 사실을 보여주었다.

다섯 번째 재앙은 특별한 경우이다. 이 재앙은 말, 나귀, 낙타, 황소, 그리고 양을 포함한 이집트의 수많은 생축에게 질병과 죽음을 가져왔다. 재앙을 당한 동물의 명단은 가장 중요한 동물에서 가장 덜 중요한 양까지 그 중요도에 따라 열거되었다: 말, 나귀, 낙타, 소, 양(출 9:3). 애굽의 서너 신들이 젖소(하도르, Hathor)와 관련된 것이 사실이지만 이 재앙을 특정 신들에 대한 공격으로 보지 않는 것이 좋을 것이다. 애굽에는 당나귀 신이나 낙타 신은 없다. 이것은 경제적인 것이지 종교적인 것이 아니다. 나머지 네 재앙도 특정 신에 대한 공격으로 보기 어렵다. 셋째 재앙은 애굽의 사제들에게 너무나 중요했던 개인의 청결을 조롱하는 것이었다. 넷째 재앙은 히브리 본문이 '곤충의 무리' 라고 부르는 것으로 파리 떼로 번역되었다. 파리는 불쾌감과 질병점염의 문제를 발생하지만 파리 신은 없었다. 여섯째 재앙의 '종기와 악창' 은 파리들이 옮기는 병균으로 볼 수 있다. 여덟 번째 재앙인 메뚜기 재앙도 경제적인 것이지 특정 신에 대한 공격이 아니다. 애굽인들은 메뚜기를 싫어하지 숭배하지 않았다.

애굽의 창조사상에 대한 공격

애굽에 내린 재앙은 애굽의 종교와 경제에 영향을 미쳤을 뿐만 아니라 애굽 사람들의 우주관에도 직접적인 혼선을 초래하도록 했다. 애굽인들의 세계관에 깊이 자리잡고 있는 사상은 '우주의 질서' (*ma'at*)라는 것이다. 사람들은 이 질서를 보존하고 땅 위에서 우주적 균형을 유지하려고 힘쓴다. 애굽인들이 이 질서에 집착하는 것은 세상과 창조에 대한 신의 계획 가운데 안전을 느끼기 위해서이다. 이 질서에 대한 개념이 애굽인들의 영원한 행복에 대한 개념에 있어서 매우 중요하다. 그래서 출애굽기 7-12장에 나타난 열 가지 재앙은 이 질서를 깨뜨리는 것이다. 그것은 창세기 1장의 하나님의 창조질서와 대조적으로 나타난다.

첫째 날 어둠에서 빛이 창조된 것은 아홉 번째 재앙에서 어둠이 빛을 덮는 것과 관련된다. 둘째 날 물이 분리되는 질서는 첫 번째 재앙에서 물이 피로 변함으로 무질서해졌다. 셋째 날 뭍이 드러나는 것과 식물의 창조는 일곱, 여덟 번째 재앙에서 우박과 메뚜기로 식물이 파괴되었다. 넷째 날 발광체의 창조는 아홉 번째 빛이 어두워짐으로써 그 기능이 마비되었다. 다섯 번째 날의 새, 물고기, 해양생물 창조는 첫째, 둘째 재앙의 물고기과 개구리의 죽음으로서 창조에 대한 파괴가 일어났다. 여섯 째 날의 동물과 인간 창조는 셋째, 넷째 재앙에서 나타난 곤충의 재앙, 다섯 번째 재앙에서 나타난 가축질병, 여섯 째 재앙의 동물과 사람에 대한 종기와 악질, 열 번째 재앙이 장자 죽음은 창조질서와 반대되는 것이다.

하나님은 이 재앙으로써 애굽의 우주관을 깨뜨리시고 자신이 모든 창조세계의 주권자가 되신다는 사실을 알리셨다. 이 재앙의 목적은 하나님의 영광을 드러내는 것과 자신이 하나님 됨을 알리는 것이다(출 7:5).

애굽체류 연대

마소라 본문의 출애굽기 12:40에 나타난 애굽 체류기간은 430년이지만 칠십인 역과 사마리아 오경의 보도는 가나안 땅과 애굽 체류기간을 합해서 430년이라고 한다. 그렇다면 애굽 체류기간은 215년이 될 것이다. 이를 뒷받침하는 근거로서 창세기 15:16의 4대라는 말과 출애굽기 6:16-20의 레위, 고핫, 아므람, 모세와 결부시킨다. 즉 이 4대는 215년이 맞다는 것이다. 또한 신약의 증거로 갈라디아서 3:17에 호소한다: "내가 이것을 말하노니 하나님의 미리 정하신 언약을 사백 삼십년 후에 생긴 율법이 폐기하지 못하고 그 약속을 헛되게 하지 못하리라." 그렇지만 언약은 아브라함에게만 주어진 것은 아니다. 야곱에게도 주어졌다.

그러나 창세기 15:13의 "야웨께서 아브람에게 이르시되 너는 반드시 알라 네 자손이 이방에서 객이 되어 그들을 섬기겠고 그들은 사백 년 동안 네 자손을 괴롭히리니"는 마소라 본문을 지지하고 있다. 뿐만 아니라 요셉의 통치기간이 주전 19세기 중왕국의 정치적 상황과 어울린다는 것을 고려하면 애굽체류기간을 마소라 본문을 따라 430년으로 보는 것이 타당할 것이다.

출애굽연대

1930년대 올브라이트 이후 여러 학자들은 15세기 출애굽설을 반대하고 13세기 출애굽설을 주장해왔다. 여기에 대한 가장 큰 근거는 라암셋이라는 시의 이름이다. 이 이름은 람세스 2세라는 인명에서 왔다는 것이다. 그렇지만 태양신 'Ra가 낳음' 이란 뜻을 지닌 라암셋이란 말은 이미 이전부터 알려져 있었다. 또한 후기 출애굽설을 지지하는 성경외적인 여러 가지 증거가 제시되었지만 그것이 충분한 설득력을 지닌 것도 아니다.

성경의 보도를 문자적으로 따르면 출애굽연대는 주전 1446년이 된다. 이 연도의 산출근거는 열왕기상 6:1이다. 솔로몬 성전건축을 시작할 당시 주전 966년이었는데 이때가 출애굽한지 480년되는 해라고 기록되었다. 사사기 11:26은 이 연도를 지지한다. 입다가 그때까지 이스라엘이 블레셋 땅에 300년을 거했다고 진술했다. 이것은 나머지 네 명의 사사들의 활동과 사울과 다윗의 통치기간을 고려하면 15세기 출애굽설을 지지하는 것으로 볼 수 있다.

출애굽한 이스라엘 백성의 수

본문 12장 37절에는 장정만 60만 가량이라고 했는데 이 숫자에 계수되지 않은 어린아이와 노인과 여자의 수를 합하면 300만 정도는 될 것이다. 당시 노예 생활하던 이스라엘의 인구가 실제로 그렇게 많다고 보는 것은 어색하다. 그것은 성경의 보도를 신뢰하지 않아서 그런 것은 아니다. 사실 고대 사회에 그렇게 많은 인구를 가진 민족을 찾아보기가 쉽지 않다. 또한 단 지파가 땅을 점령할 때 동원된 군사가 육백 명 정도라는 것을 감안한다면 전체 이스라엘 숫자가 그렇게 많지는 않을 것이다. 무엇보다도 성경의 보도가 이스라엘이 가장 적다고 말한다: "야웨께서 너희를 기뻐하시고 너희를 택하심은 너희가 다른 민족보다 수효가 많기 때문이 아니리라 너희는 오히려 모든 민족 중에 가장 적으니라"(신 7:7).

사실 60만이라는 성경의 보도를 어떻게 해결하는가는 번역에 달려있다. '천' 이라는 수의 단위로 사용된 '엘렙' (*'ęlef*)은 그때만 해도 현대인이 인식하는 수의 개념으로 확정되지 않았다는 것이다. 이 단어는 소를 의미하는데, 이것이 나중에는 소를 치는 가족이나 집단을 나타내는 단위로 사용되다가 결국 천이라는 숫자로 발전했다. 그래서 60만이란 숫자는 대략의 숫자로 보아야 할 것이다.

레위기

1. 제목과 기록목적

한글성경의 레위기란 이름은 헬라어(*Leuitikon*)와 라틴어(Leviticus) 번역판에서 유래한 것이다. 물론 이것은 이 책의 내용에 레위 제사장들의 직무와 관련된 규율들이 포함되어 있기 때문이다. 그러나 제목과는 달리 책 내용의 상당한 부분이 일반 이스라엘 백성의 생활과 관련되어 있다. 특별히 예배생활, 가족 간의 윤리, 사회생활과 경제적인 거래를 언급할 때 그렇다. 이 책은 레위인들 뿐만 아니라 직분을 가지지 않은 백성에게도 중요하다. 히브리어 책 제목은 이 책의 첫 글자를 따서 '그리고 그가 불렀다' (*wayyiqrā*)로 붙였다.

레위기는 하나님의 백성이 거룩한 나라로 살아가는 방편이 되는 규례를 가르치기 위해서 기록되었다.

2. 구조와 내용분류

레위기를 크게 두 부분으로 나누면 전반부는 주로 제사장의 임무에 관한 영역이고(1–17장), 후반부는 이스라엘이 실제적 삶의 모든 영역에서 거룩하게 살 것을 요청하고 있다(18–27장).

a. 제사규정: 번제, 화목제, 속죄제, 속건제, 소제(1–7)
b. 제사장 임명과 임무와 그 중요성(8–10)
c. 정한 것과 부정한 것에 대한 규례(짐승, 성적 부정, 문둥병)(11–17)
d. 생활 속의 거룩(18–27)

3. 역사적 배경

이 책의 사건은 시내산 기슭에서 일어났다. 이 계시는 성막이 세워진 후에 주어진 것이므로 그 시기는 출애굽한 지 2년째 되는 첫 달(출 40:17)이다. 민수기 1:1의 날짜를 계산하면 레위기의 계시는 한 달 동안에 주어진 것임을 알 수 있다.

4. 신학적 주제

희생제사

레위기의 중요한 주제는 출애굽과 언약 체결을 통하여 형성된 이스라엘이 어떻게 하나님과 바른 관계를 유지하는가에 관한 것이다. 그 답은 하나님께서 친히 은혜로서 그 방법을 제공해주신다는 것이다. 구속의 은혜로 형성된 그 관계는 하나님의 용서하시는 은혜에 의해서만 유지될 수 있다. 희생제사 제도는 은혜를 받는 수단이지 하나님의 호의를 사는 것은 아니다. 율법에 주어진 실제적 순종이란 거룩을 이루면서 살아가는 것이 아니고 하나님께서 이미 그 나라에 부여하신 구별성을 따라 사는 것이다. 이스라엘은 하나님의 은혜에 적절하게 응답함으로써 그들의 가장 큰 복을 누릴 수 있었다. 그것은 하나님이 그들 가운데 임재하는 것인데, 이 복은 상징적으로 성막에서 나타나지만 실제 생활, 모든 영역에서 매일 느끼는 것이다. 어떤 형태로든 하나님의 임재를 위협하거나 그 처소를 더럽히는 자는 호된 재난을 당하게 된다. 하나님의 준엄한 심판은 그것이 그 배후에 긍정적인 목표가 있다.

레위기가 희생제사를 통해서 제공하는 은혜는 전적으로 예수 그리스도 안에서 발견된다. 희생제사는 신약 저자들에게 십자가의 의미를 해석하기 위한 풍부한 심상을 제공한다.

제사장

하나님은 자기 백성이 자신에게 나아올 수 있는 제도를 설립할 뿐만 아니라 중보자 역할을 할 수 있는 제사장을 세우셨다. 하나님은 제사장이 백성의 죄를 위해서 제사를 드리고, 율법을 가르치는 일을 하도록 임무를 부여하셨다. 그 직분을 통하여 자기 백성을 언약 백성으로 유지하려고 하셨다. 하나님은 제사 규정을 어긴 제사장들(나답과 아비후)이 벌하심으로써 이 직분의 중요성을 일깨워주셨다.

정한 것과 부정한 것

하나님은 정한 짐승을 음식으로 허락하시고, 부정한 것은 금하셨다. 이것은 이스라엘 사회의 섭생의 원리를 따른 것으로 보인다. 오늘날 이 규례는 더 이상 따를 필요는 없지만 규례의 정신은 여전히 이어진다. 즉 거룩한 삶을 유지하는 것이다. 새언약 시대의 성도는 이런 의식법에 얽매이지 않고 말씀을 따라 성령의 음성에 순종하며 살면서 거룩한 삶을 유지한다.

거룩한 삶

레위기에서 요구하는 거룩이란 이스라엘이 다른 나라와 구분된다는 표시인데 신약에서 거룩이란 그리스도인이 세상과 구별되는 삶을 살아야 할 것을 요청하고 있다. 그러나 거룩이란 단순한 거리감을 나타내는 것은 아니고 궁극적으로 하나님께 영광이 돌아가는 개념이다. 여기에는 도덕성과 순결도 수반된다. 구약 전체의 율법과 마찬가지로 레위기에 나타난 도덕성에 대한 강조는 교회 내에 국한되는 것은 아니다. 하나님은 이스라엘을 세상의 빛이 되게 하셨다. 그들의 구별성 때문에 이스라엘은 윤리적 표준을 제시할 수 있었고 하나님이 모든 사람들에게 원하시는 삶의 방향을 설정할 수 있었다. 그래서 이 책은 우리의 구원과 개인적 성화와 사회윤리를 위한 중요한 교훈을 지니고 있다. 바울에 의하면 레위기도 구원의 지혜가 있게 하고 우리가 어떻게 살아야 할 것인가를 가르치기에 유익한 성경의 한 부분이다(딤후 3:15-17). 물론 신약시대 이후의 성도들은 구약의 성도들과는 다른 방법으로 거룩을 유지해야 한다. 그것은 규례를 지킴으로써가 아니라 성령에 순종함으로써 이루어진다.

레위기 17-26장은 비평가들이 '성결법' 이라고 하는데 이 부분을 특별히 따로 취급한다. "너희는 거룩하라 나 야웨 너희 하나님이 거룩함이니라"(19:2; 20:7, 26; 21:8 등)는 표현이 특별한 입법의 특징이 된다고 보기 때문이다.

안식년과 희년

안식년에 대해서는 레위기뿐만 아니라 오경의 다른 부분에서도 규정하고 있다(출 23:10, 11; 레 25:1-7; 25:18-22; 신 15:1-11). 첫째 규정은 땅이 쉬어야 할 것을 전제하고 가난한 자들과 소산물을 나누어야 할 것을 말하고 있고, 둘째 규례는 주인이 종에 대한 배려를 잊지 말 것을 강조하고 셋째 부분은 채무자들의 면제를 명하고 있다.

레위기 25장에 희년법의 규정은 안식년을 포함하고 있다(18-22절). 희년법에 나타난 토지와 가옥의 반환이나 무이자 규정과 종의 해방은 안식년의 연장이며 그것과 정신적으로 맥을 같이 하고 있다는 것이다. 희년의 주제는 종의 해방과 토지나 매매관계의 상환이다. 그렇지만 이것은 단순한 사회개혁법이 아니라 구속받은 언약 공동체에 주어진 것이기 때문에 일반화시켜서 현대에 적용할 수 없다. 그렇지만 현대 교회에도 여전히 적용되는 것은 그 정신이다. 그것은 정의와 공평이 전제된 이웃사랑의 실천이다.

5. 구속사적 메시지

레위기의 계시의 내용은 이스라엘이 거룩한 삶을 살 것을 요구한다.

첫째 부분(1-7장)에 해당하는 제사에 관한 규정(번제, 화목제, 속죄제, 속건제, 소제)은 출애굽과 언약 체결을 통하여 형성된 이스라엘이 하나님과 바른 관계를 유지하기 위해서 주어진 것이다. 그것은 하나님께서 친히 은혜로 제공해 주신 방편이다. 구속의 은혜로 형성된 그 관계는 하나님의 용서하시는 은혜에 의해서만 유지될 수 있다. 희생제사 제도는 은혜를 받는 수단이지 하나님의 호의를 사는 것은 아니다.

둘째 부분(8-10장)의 계시는 하나님과 백성 간의 중보자 역할을 하는 제사장을 임명하는 것과 그 임무에 대해서 보여준다. 그리고 하나님의 제사규정을 어긴 제사장들이 벌을 받은 것은 그 직분이 얼마나 중요한 가를 깨닫게 하기 위함이다.

셋째 부분(11-17장)에서 하나님은 정한 짐승을 음식으로 허락하시고, 부정한 것은 금하셨다. 이것은 이스라엘 사회의 섭생의 원리를 따른 것으로 보인다. 새 언약의 성도들은 더 이상 이 규례를 따를 필요는 없지만 규례의 정신은 여전히 이어진다. 즉 거룩한 삶을 유지하는 것이다. 이 책의 핵심적인 부분은 모든 결례의 규정의 중심을 이루는 장황한 의식인 대 속죄일이다. 왜냐하면 다음에 나오는 장들이 백성과 제사장에게 야웨께서 요구한 결례와 거룩에 대해서 여전히 많이 언급하기 때문이다.

넷째 부분(18-27장)의 계시는 '성결법'이라고 하는 부분에 언급된 안식년의 규정(25:1-7)은 안식일과 같이 쉬는 것과 더불어 땅의 휴식을 통하여 이웃과 나누고, 채무자에 대한 면제로 인하여 형제가 노예가 되는 것을 막았다. 희년의 규례도 안식년과 일맥상통한 면이 있지만 나름대로의 고유한 특성을 지니고 있다: 해방과 상환(25:8-12); 토지 매매규정(13-23); 속전(24-34); 이자규정(35-38); 노예 해방(39-55). 이 법은 이스라엘의 사회-경제법이라기보다는 종교적 사상에서 출발한 것이다. 희년의 제도는 이 시대의 사회개혁을 위해서 주어진 것이 아니다. 그것은 언약의 백성에게 한정된 것이다.

레위기에 나타난 모든 규례는 그리스도의 구속사역에 의해서만 의미가 있다. 그리고 새 언약 시대의 성도들에게는 의식적 의미는 없다. 왜냐하면 그것은 하늘의 실체를 반영하는 그림자에 불과하기 때문이다. 그리스도인은 성취된 구속을 누리며 이 규례의 영적인 의미를 따라 살아야 할 것이다. 그것은 정의와 사랑의 실천으로 나타나는 거룩한 삶이 되어야 한다.

6. 특기사항

제사의 종류

번제

번제란 직역하면, '올라가는' (*'ōlā*)이란 뜻이다. 제사를 통해 '야웨께 향기로운 냄새' 가 올라간다(1:9, 13, 17). 번제는 전적으로 하나님만을 위한 것이다. 그래서 제물 전체가 타고 남는 것이 없다. 번제는 백성이 감사, 회개, 서원, 스스로 헌신을 표현할 경우에 드린다. 제물로는 소나 작은 생축으로 드린다.

소제

소제라는 용어는 단순히 선물 혹은 제물(*minḥā*)을 의미하는 히브리 용어(창 32:13; 43:11; 삼하 8:2)를 번역자가 편의상 만든 말이다. 이 말이 때로는 그저 사람의 선물을 표시하는 데 사용되지만, 대체로 하나님께 드리는 제물을 가리킨다. 레위기에서는 이 말이 피를 흘리지 않는, 즉 속죄를 표시하지 않는 제물로만 사용되었다. 그러나 이 말이 가인과 아벨의 제물에도 사용되었다(창 4:4-5). 경작하지 않은 야생의 산물은 소제 제물로 들릴 수 없었다. 이스라엘 사람들은 자기들이 기른 재료를 가지고 자기들이 만든 것을 드려야했다. 소제는 보통 피 제사인 번제나 속죄제 뒤에 온다(민 15:1-10; 레 6:14-23). 이것은 피흘림을 통해 정결케 된 후에야 비로소 매일의 일을 하나님께 바칠 수 있다는 것이다. 소제는 곡물과 기름으로 드렸지만 부패와 죄의 개념이 있는 누룩이나 꿀은 드리지 못했다. 소제의 전형적인 네 가지 구성요소는 고운가루, 기름, 소금 그리고 유향이다(레 2:11-15).

화목제

화목제는 하나님과 헌제자 간의 화목과 교제를 이루는 것이다. 화목제의 기름을 '단에 있는 번제물 위에' 올려놓고 태웠다(6:12)는 것은 오직 번제에 기초해서만 화목이 온다는 것이다. 화평을 의미하는 '살롬' 이란 말이 뜻하는 '온전함' 과 같이 제물은 '흠이 없어야' 한다(3:1, 6). 피는 생명과 죽음을 표시하는 속죄의 의미를 지니고 있기에 전적으로 하나님께만 드려졌다. 기름도 야웨의 것이다(3:16). 고대 사회에서 기름은 소중한 것으로 인식되었다.

레위기 3:5에 대한 칠십인 역의 번역은 에베소서 5:2의 대응구절이다. 우리는 예수의 향기로운 제물에 근거해서 평화를 맛볼 수 있다. 부활로 인해서 우리는 십자가에 못박히신 그리스도가 '야웨를 기쁘시게 하는 향기' 였다는 것을 안다. 화평은 하나님의 위대한 특성 중의 하나이며 그리스도의 복음의 특성이기도 하다(롬 4:25; 5:1; 10:15; 15:33). 화목제는 제사장, 헌제자와 함께하는 교제의 식사로 끝이 난다.

속죄제

속죄제는 부지중에 계명을 범한 죄로 야기된, 하나님과의 손상된 관계를 회복하는 것이다. 그렇다고 해서 번제가 고의로 범한 죄를 위한 제사라는 말은 아니다(욥 1:5). 속죄제와 관련하여 부지중에 범한 죄와 하나님이 미워하시는 고의적인 죄는 구별된다(민 15:22-31). 부지중에 범한 죄에 대해서는 속죄제를 드리면 되지만 고의적인 죄를 범한 사람은 반드시 이스라엘에게서 끊어졌다. 부지중에 범한 죄는 밝혀져 알게 되었을 때에만 속죄제를 드리게 되어 있다(4:14, 23, 28). 피 흘림을 통해 속죄가 이루어지고 속죄는 용서를 가져온다

(4:20, 26, 31, 35).

제물로 대제사장은 수소를 드리고 하나님의 백성 전 회중을 위해서도 수소를 드렸다. 족장이나 백성의 죄는 염소를 드림으로써 용서받았다. 이 속죄제는 대속죄일에서 절정을 이루는데 이것은 그리스도의 십자가 대속사역의 본질을 예표하는 것이다.

속죄제와 속건제(5:1-6:7)

속죄제의 규정(5:1-13)과 속건제의 규정(5:14-6:7)은 섞여 있다. 속죄제 규정에도 속건제와 관련된 내용이 있다(5:6-7). 또 속건제와 관련이 있는 죄들도 속죄제를 드려야 하는 죄와 매우 유사해 보인다. 일반적으로 속죄제는 하나님께 지은 죄를 속하는 것인데 반해 속건제는 이웃에게 지은 죄를 다루는 것이라고 한다. 그러나 이웃을 속이는 일도 '야웨께 신실치 못하여 범죄하는 행위' (6:2)이다. 그래서 속건제를 야웨께 가져와야 했고 '제사장은 야웨 앞에서 그를 위하여 속죄해야' (6:7)했다. '부지중에' 라는 것이 여전히 속죄제나 속건제에 다 같이 중요한 개념이다.

속건제를 표시하는 히브리어 '아샴' (*'āšām*)은 보상금 지불을 의미한다. 이웃을 속이거나 이웃의 물건을 훔친 일은 그저 야웨께 제사를 드릴 뿐만 아니라 물건을 돌려주고 그 물건의 오분의 일을 더하여서 보내야 한다(6:5; 마 5:23-26). 속건 제물은 항상 수양이다. 속건제 때는 속죄제의 경우에서처럼 피를 제단 뿔에 바르지 않고 항시 단 곁에 뿌렸다. 이것은 속건제로서 속하는 죄들이 공적인 성격이 덜한 탓으로 보인다.

정한 짐승과 부정한 짐승

하나님이 정한 짐승을 음식으로 허락하시고, 부정한 것은 금하셨다. 이것을 종류별로 분류한다면 다음과 같이 정리할 수 있다.

- 포유동물: 발굽이 갈라진 것과 되새김질 하는 것(11:3-7)
- 조류: 포획하는 새와 썩은 고기를 먹는 새는 부정함(11:13-19)
- 파충류는 전체가 부정함(11:29-30)
- 물고기: 지느러미가 있는 것과 비늘이 있는 것(11:9-12)
- 곤충: 메뚜기 종류는 정하고, 날개가 달리고 네 발로 기어 다니는 것은 부정함(11:20-23)

'성결법'

학자들은 레위기 17-26장 부분을 '성결법'(Holiness Code)으로 분류한다. 이들에 의하면 성결법은 하나의 독자적인 문학적 단위로서 도덕적 행위와 제의적 순결이 그 특징을 이룬다는 것이다. 특별히 일인칭으로 사용된 하나님의 이름으로 명령하는 문장이 반복된다: "너희는 거룩하라, 이는 나 여호와 너의 하나님이 거룩함이니라"(19:2; 20:26). 그렇지만 이 명칭은 단순히 형태상의 특징을 말하는 것이 아니라 본문이 포함된 문서의 출처와도 관련된다. 즉 레위기 1-16장은 제사문서(P)이고, 17-26장은 원래 따로 존재하는 성결법(H)이었는데 나중에 제사문서에 통합되었다는 것이다. 그래서 '성결법'이란 명칭을 최초로 사용한 클로스터만(Klostermann)은 이 법전이 에스겔과 관련이 있다고 했다. 물론 이 관련성은 그 전에 그라프(Graf)를 통하여 제시되었다. 그는 에스겔이 성결법의 대부분(레 18-23; 25, 26)의 저자라고 한다. 그 이후 수많은 학자들이 성결법과 에스겔 선지자와의 관계를 연구했지만 일치된 의견은 없다. 그러나 대체로 이 본문은 포로이후에 제사장 그룹에서 형성된 것으로 본다.

그렇지만 특이하게 월드(Wold)는 레위기 18장과 히타이트 제국의 종주권 언약 간의 유사성이 있다고 주장했다. 그는 18장을 종주권 언약의 구조를 따라서 분석했다. 즉 전문(1-2절, 나는 여호와라), 역사적인 서언(3-5절, 출애굽과 땅 점령에 대한 상기), 세부규정(6-23절, 근친상간, 중혼, 월경 시 성관계,

간음, 몰렉숭배, 동성애, 수음), 합의 근거(24-28절, 땅을 더럽히고 가증스런 일), 증인(30절, 나는 여호와라), 저주(29절, 백성에게서 끊어 짐)로 나누었다. 물론 이것은 완전히 일치하는 양식은 아니라 할지라도 종주권 언약의 형식을 따르고 있다는 것이다. 이 사실은 레위기 18장의 본문이 독립된 자료라는 말할 수 없어도 적어도 독자적 문학양식을 취하고 있다는 것이다. 또 본문이 특별히 늦은 시대로 간주할 이유가 없다는 것이다. 히타이트 제국은 이스라엘이 생기기 전에 존재했기 때문에 이 양식을 따른 본문도 이른 시기에 존재했을 가능성을 보여 준다. 그래서 '성결법' 을 따로 떼서 포로기의 본문으로 볼 필요는 없다는 것이다.

레위기 법의 연속성과 불연속성

레위기의 법은 기본적으로 하나님의 백성의 거룩한 삶을 위해서 주어진 것이다. 그것은 개인적인 성결과 언약 공동체의 거룩을 위한 것이다. 이 법을 지킴으로써 이스라엘은 하나님과 은혜의 관계를 유지할 수 있었다. 그런데 레위기에 언급된 의식법, 정결법, 도덕법, 언약법, 시민법 등을 이 시대의 그리스도인들이 어떻게 이해해야 하는가가 중요하다. 기본적으로 구약의 법전과 현대인의 삶 사이에는 연속성과 불연속성이 존재한다. 그리스도께서 모든 율법을 성취하셨지만 연속적인 것은 이 시대에도 계속 적용되는 것이고, 불연속성은 그리스도의 구속사역의 성취로 인하여 더 이상 적용되지 않는 것이다. 여기서 의식법과 시민법은 폐기되었다. 그래서 의식법이나 정한 음식, 부정한 음식 구분, 안식년, 희년 규정, 이자 규정 등과 같은 것은 지금은 유효하지 않다. 그러나 도덕법과 언약법은 계속 유효하다. 살인, 도적질, 거짓말, 간음, 동성애, 우상숭배와 같은 규정은 현대 그리스도인에게도 여전히 적실성이 있다.

그렇다고 해서 제의적 정결법과 시민법이 현대 그리스도인에게 아무런 의미가 없는 것은 아니다. 그 규정의 영적인 의미, 그 정신은 그대로 유지된다. 정한 음식과 부정한 음식에 대한 규정은 그리스도인이 거룩한 삶을 추구해야 한다는 것을 가르쳐 준다. 그러나 다른 방식으로, 즉 성령의 인도를 따라 살아야 할 것을 말한다. 희년의 경우도 마찬가지다. 우리는 희년을 지킬 필요가 없다. 그러나 희년의 정신, 즉 이웃 사랑, 평등, 자유의 정신을 실천하며 살아야 할 것을 가르친다. 현대인은 이자를 받아도 상관이 없지만 그 기본 정신은 이웃 사랑이다. 이 해석의 중요한 원리는 계시역사의 전진이라는 것이다.

이 관점에서 보면 레위기의 명령을 처음 받은 이스라엘과 같이 이제 영적인 이스라엘이 이 명령에 순종하면서 하나님과의 관계를 유지해야 한다는 말이다. 왜냐하면 그리스도에 속한 자는 모두 아브라함의 자녀이기 때문이다(갈 3:29). 그리고 이 법이 명하는 바를 거역하는 자는 심판을 받게된다. 그 심판 중에서 '백성 중에서 끊쳐지리라' 와 '죽일지니라' 는 문자적으로 이해하지 않는다. 역시 계시의 점진의 관점에서 이해한다. 그래서 이것을 교회의 권징으로 주어진 것이다. '백성 중에서 끊어지는 것' 은 언약의 공동체의 교제에서 배제되는 것이기 때문에 수찬정지 혹은 그 이상으로 적용할 수 있을 것이고, '죽일지니라' 는 출교로 이해할 수 있을 것이다. 신접한 자를 죽이라는 것도 현대적 의미로는 출교를 의미하는 것이다.

민수기

1. 제목과 기록목적

히브리 성경의 제목은 '광야에서'(b^e*midbār*)란 뜻이고 한글성경의 제목은 '백성의 수'를 뜻한다. 이것은 칠십인 역(*Arithmoi*)에서 유래한 것이다. 이 제목들이 광야에서 이스라엘 인구조사로 시작하고 또 그것으로 마치는(1-4; 26) 책의 특징이 약속의 중간 성취임을 보여준다.

민수기는 레위기에 기록된 율법의 연속으로서 광야에서 일어난 사건을 기록하고 있는데 두 차례의 인구조사(1, 26장)와 여러 차례의 불순종으로 인한 반란 사건(12, 14, 16, 17, 20, 21장)이 나온다. 하나님께서 그 백성이 광야의 길을 통과하도록 한 것은 그들을 시험하여 믿음을 정화하기 위함이다. 약속은 자동적으로 받는 것이 아니고 믿음을 가진 자만 받는다. 두 번째 인구조사를 실시한 것도 광야의 2세대를 새로운 언약 공동체에 참여케 하고 믿음을 준비하도록 하기 위함이다.

2. 구조와 내용분류

민수기는 좀 복잡하게 구성되었지만 전체적으로 인구조사와 백성의 반란으로 구성되었다. 또 빠뜨릴 수 없는 내용은 제사장 직무(7-8; 18-19장)와 발람의 사건(22-24장) 그리고 땅 분배 사건(31-36장)이다.

a. 약속의 땅에 가기 위한 준비(1:1-10:10)

1) 백성계수와 이스라엘 조직(1-4)

2) 이스라엘의 성화(5:1-10:10)

b. 약속의 땅을 받는데 실패하는 구세대(10:11-25:18)

1) 가데스로 향하는 길에서 실패한 이스라엘(10:11-12:16)

2) 가데스에서 결정적으로 실패한 이스라엘(13:1-14:45)

3) 광야에서 실패한 이스라엘(15:1-19:22)

4) 모압으로 가는 길에서 실패한 이스라엘(20:1-25:18)

c. 약속의 땅을 상속받기 위한 새 세대의 준비(26:1-36:13)

1) 이스라엘의 재구성(26:1-27:23)

2) 제사와 맹세의 규례(28:1-30:16)

3) 이스라엘의 정복과 분배(31:1-36:13)

3. 역사적 배경

이 책에 기록된 역사적 사건은 성막이 완성된 지 정확하게 한 달되는 때에 시작되었다(민 1:1; 출 40:17). 이 책은 광야생활로부터 요단 강 가까운 모압평지까지 거의 40년 간의 생활을 묘사한다.

4. 신학적 주제

아브라함의 언약

민수기 전체를 통한 기본적인 주제와 교훈은 아브라함의 언약이다. 이 언약 때문에 하나님은 자기 백성이 범죄하는 가운데서도 영원히 버리지 못하신다(히 6:13-18). 이 맹세의 언약은 하늘과 땅보다 더 견고하다(느 9:6, 7; 사 40:8; 렘 31:36, 37; 33:25, 26; 마 24:35; 벧전 1:23-25). 같은 언약이 이삭과 야곱에게서 갱신되었다(창 26:3-5; 28:13-15). 이 반복되는 언약의 형식은 세 가지 주된 약속을 포함한다.

하나님과 갖는 관계

하나님은 영원한 언약으로 아브라함과 그 자손들과 관계를 맺으셨다(창 17:7). 야웨는 이스라엘의 하나님, 이스라엘은 야웨의 백성이다. 성경에서는 그 관계를 다양하게 나타내는데, 즉 교제, 아들됨, 하나님의 백성과 영원한 생명이 그것이다. 이 관계는 구속사의 궁극적 목표이자 전 성경의 근본적 관심사다.

땅

하나님은 아브람이 밟는 땅을 그에게 주리라고 약속하셨다(창 13:17). 때로는 가나안의 경계가 명시되어 있지만(창 15:18-21) 일반적으로 그 땅은 '내가 네게 보여 줄 땅' (창 12:1) 또는 '대적의 성문' (창 22:17)으로 묘사되어있다. 이것은 의심할 여지없이 가나안 땅을 의미한다. 야곱과 요셉은 그들이 그 땅에 묻힐 것을 유언했는데 이것은 창세기의 마지막 몇 절이 약속의 땅을 언급하고 있다는 것이다. 민수기의 사건도 약속의 땅을 향해가는 도중에 그 약속을 받을 준비를 위해서 난 사건이다.

백성

아브라함은 큰 나라를 이루고(창 12:2) 그 자손의 수효는 헤아릴 수 없을 것이라고 했다(창 13:16). 이 수효는 모든 백성 가운데 구속받은 백성을 가리킨다. 민수기의 계수는 이 백성에 대한 하나님의 약속을 확인하는 일이다.

하나님의 말씀

민수기 1-10장은 모든 것이 하나님의 말씀을 따라 이루어졌다는 것을 강조한다. 말씀을 따를 때는 이스라엘이 하나님의 복을 누리고(6:22-27) 그와 함께하는 복을 누린다(9:15-23). 말씀의 특징으로, 첫째, 하나님의 말씀은 변치 않는다. 이것은 시내산을 떠날 때(10:29)와 곤경 중에 피할 때(14:17-19) 모세가 확신하는 바다. 여호수아와 갈렙은 말씀에 의지하여 두려운 대적 앞에서도 담대할 수 있었다. 둘째, 하나님의 말씀을 저항할 수 없다. 가나안 땅에 들어가기를 거부한 자들이 나중에 마음은 고쳐먹지만 그들은 하나님의 말씀을 저항하다가 자신의 어리석음 때문에 멸망했다(14:41-45). 나중에 발람은 하나님의 축복의 말씀을 거부할 수 없었다. 그는 이스라엘을 저주할 수 없었다: "가령 발락이 그 집에 가득한 은금을 내게 줄지라도 나는 야웨의 말씀을 어기고 선악간에 내 마음대로 행하지 못하고 야웨께서 말씀하신 대로 말하리라 하지 아니하였나이까"(24:13). 하나님의 말씀이 맹세로 주어질 때 그 불변성과 불가항력적인 성격이 강조된다(14:20-35).

제사장직

민수기는 제사장 직분에 대한 교훈을 주고 있다. 계급제도와 같이 아론은 대제사장이고 그의 아들들은 제사장으로, 레위인들은 그 아래서 섬겼다(3:1-10). 이 제도가 거룩한 임무를 가진 제사장들의 봉사를 결정하고 십일조 제도를 정한다(18:8-32). 이스라엘은 십일조를 레위지파에게 주어야 했다. 아론의 가족은 레위인의 십일조에서 그들의 몫을 취했다. 제사장직의 교훈은 하나님의 거룩과 자비를 가르치기 위한 수단이다. 한편으로 하나님의 거룩은 자신과 제사장 간에 거리를 두는 것과 그 사역에서 나타나고, 다른 한편으로 중보자들을 두시는 하나님의 채비는 자비의 표시이다. 아론의 제사장직에 도전할 때 하나님이 벌하셨다(16-17장). 그 이유는 하나님의 권위를 도전했기 때문이다. 대제사장은 권위를 가지고 야웨의 이름으로 백성을 축복하도록 되어 있었다. 그것은 백성의 전체 삶이 달려 있는 하나님의 보호와 은혜 그리고 평강을 전하는 것이다(6: 24-26).

제사장 축복

하나님은 그들의 삶의 중심에 제의를 두시고 그 제의의 중요한 요소로서 축복을 명하셨다. 제사장 축복(6:24-26)에서 말하는 복은 일시적인 구원과는 구분되는 지속적인 보살핌을 의미한다. 그러나 신약적 관점에서 복이란 이 둘을 엄격히 구분하지는 않는다. 이것은 구원 자체가 일시적인 동시에 지속적이기 때문이다. 즉 구원받은 자도 구원의 완성을 향해서 자라간다는 말이다.

제사장 축복의 중심 사상은 성경의 중심 사상과 일치한다. 즉 하나님과 함께하는 임마누엘 사상이다. 하나님의 얼굴을 대면하는 관계는 이스라엘의 소망이고 가장 큰 특권이자 복이다(민 12:8; 시 42:3).

이 축복에 언급된 평강은 하나님의 구원 계획의 본질적 부분이다. 모든 평화는 그 분으로부터 오고 하나님은 평화의 근본이시다(왕상 2:33; 욥 25:2; 시 35:27; 122:6; 미 4:5). 야웨 하나님과 관계가 단절되면 평강은 없다(렘 30:5). 이 평강을 소유한 자는 복을 받고 보호를 받으며 은혜를 누린다. 왜냐하면 평강이란 구원의 결과로서 하나님과 관계가 회복된 상태를 말하기 때문이다. 메시아적 예언에서 예수님은 평강의 왕(사 9:6)이고 스가랴 역시 평강의 왕이 오시는 것을 묘사하고 있다(9:9-10). 이것은 완전한 평강의 상태와 우주적 통치가 시작되는 것을 말한다. 예수 그리스도는 제자들에게 인간의 지각을 초월하는 하나님의 평강을 주시겠다고 약속하셨다(요 14:27; 16:33).

야웨 하나님은 그 이름이 있는 곳에 복을 주신다. 그 이름은 절대자 하나님을 가리키는데 그 분은 타락한 인간을 구속하시기 위한 목적을 역사 속에서 아버지와 아들과 성령으로 계시하시는 분이시다. 결국 복은 삼위 하나님으로부터 온다.

그런데 이 복은 조건 없이 누릴 수 있는 것은 아니다. 왜냐하면 이스라엘 예배의 중심은 풍산제가 아니라 하나님의 구속의 행위와 언약이기 때문이다. 언약의 특성은 믿음으로 순종하는 자는 복을 받고 불순종하는 자는 저주를 받는다는 것이다(신 28장). 백성은 언약의 양면성(고후 2:15, 16)을 지닌 축복으로 위로와 동시에 암시적이긴 하지만 경고를 받았다. 믿음이 있는 한 하나님과 더불어 생명의 풍성한 복을 누릴 것이다.

하나님은 이 복을 통하여 이스라엘의 존재를 강화시키고 아브라함에게 약속하신 그의 씨로 말미암아 땅 위에서 복을 얻을 모든 족속을 향해 일하셨다. 그래서 이 복의 중심에는 항상 하나님의 구원의 계획이 있다.

이 언약적 축복의 완전한 성취는 하나님이 정하신 날에 이루어질 것이다. 마지막 때 모든 백성이 함께 모이는 날 다시는 저주가 없고, 모두가 그 이마에 쓰인 이름과 더불어 하나님의 얼굴을 보고 등불과 햇빛이 필요 없이 주 하나님이 비취는 가운데 왕 노릇할 것이다(계 22:3-5).

백성의 반란

민수기의 전면에 드러나는 사건은 지도자와 하나님에 대한 반란사건이다: 모세에 대한 미리암과 아론의 반란(12장), 정탐꾼의 반란(14장), 고라의 반란(16, 17장), 물 때문에 일으킨 모세와 아론에 대한 백성의 반란(20장), 불뱀사건(21장) 등 이다. 백성의 반란의 특징은 하나님의 약속을 믿지 못한 데서 온 것이다. 광야에서 하나님을 시험한 사건이 말세의 신자에게 거울이 된다고 바울은 경고한다(고전 10장).

이스라엘은 열 번이나 자신을 거스렸지만 하나님은 각 사건을 통하여 백성의 믿음을 정화하고 이스라엘이 반드시 알아야 할 교훈을 일깨워주셨다. 미리암의 사건을 통해서 모세의 특별한 선지자적 권위를 세우셨고, 정탐꾼 사건을 통해 약속에 대한 믿음을 깨우치시고, 고라의 반란을 통해 참다운 중보자로서 제사장직을 인정하셨고, 반석에서 물이 터지는 사건을 통해 하나님의 거룩을 나타내는 것이 우선임을 알려주시고, 불뱀 사건에서는 믿음으로만 구원받고 약속의 땅에 들어갈 수 있음을 보여주셨다.

5. 구속사적 메시지

민수기 1-10장은 모든 것이 하나님의 말씀을 따라 이루어졌다는 것을 강조한다. 본서에 두 차례의 인구조사(1, 26장)는 아브람에게 주신 큰 민족을 이루시겠다는 하나님의 약속의 중간 성취를 확인시켜주는 의미가 있다. 첫 번째 인구조사에서 장정만 육십만 이상 집계된 것은(1:2-46) 공동체의 규모를 확인하는 것이고, 두 번째 인구조사에서도 육십만 이상 계산된 것은(26:2-50) 광야의 2세대를 새로운 언약 공동체에 참여케 하고 믿음을 준비하도록 하기 위함이다.

하나님은 제사장을 임명하시고 하나님의 거룩과 자비를 가르치도록 하셨다. 한편으로 하나님의 거룩은 자신과 제사장 간에 거리를 둠으로써 나타나고, 다른 한편으로 중보자들을 두시는 하나님의 채비는 자비의 표시이다. 아론의 제사장직을 도전하는 것은 하나님의 권위를 도전하는 것이다. 하나님은 그들의 삶의 중심에 제의를 두시고 그 제의의 중요한 요소로서 축복을 명하셨다. 제사장 축복(6:24-26)에서 말하는 복은 지속적인 보살핌을 의미한다. 제사장 축복의 중심 사상은 임마누엘 사상이다. 하나님의 얼굴을 대면하는 관계는 이스라엘의 소망이고 가장 큰 특권이자 복이다(민 12:8; 시 42:3). 하나님은 제사장 직분 외에 나실인의 서약을 통하여 자신을 섬기도록 하셨다(6:1-21).

백성이 행진할 때 법궤를 통하여 하나님의 인도를 확인할 수 있었다(10:33-36). 모세는 가데스 바네아에서 약속의 땅을 탐지하려고 정탐꾼을 보냈다(13장). 그러나 약속의 말씀을 믿지 못한 정탐꾼의 보고로 말미암아 백성은 하나님을 원망했고, 이로써 여호수아와 갈렙을 제외하고 이십 세 이상 계수함을 받은 사람은 가나안 땅에 들어갈 수 없었다. 그 일로 인하여 그들은 사십 년간 광야에서 머물러야 했다(14:33).

지도자와 하나님을 원망하는 반란은 반복되었다. 이 반란사건은 하나님의 계시 역사의 진전을 방해하는 것이지만 하나님은 이 과정을 통하여 그들의 믿음을 정화시키셨다. 광야에서 하나님을 시험한 사건이 말세의 신자에게 거울이 된다고 바울은 경고한다(고전 10장). 특별히 불뱀 사건에서는 그리스도께서 어떻게 세상을 구원하실 것인지에 대한 구속의 모형이 계시되었다(요 3:14).

이어지는 발람의 사건은 이스라엘에게 위협이 되는 것이었다. 모압 왕 발락이 메소포타미아에서 온 발람을 불러서 이스라엘을 저주하라고 요구했다. 하나님은 그의 계획을 바꾸어 이스라엘을 축복하고 그 미래를 예언하도록 하셨다(24장). 그는 이스라엘이 바알브올을 섬김으로써 영적인 행음을 하도록 한 죄로서 죽임을 당했다(31:8, 13). 이것은 의인처럼 죽기를 원하는 그의 바램과 대조된다(23:10).

하나님은 이렇게 이스라엘을 보호하시고 인도하셨다. 가나안 땅의 경계를 정하시고, 레위인의 성읍과 도피성을 두심으로써 이스라엘이 약속의 땅에서 이상적인 언약의 공동체를 건설하시려는 계획을 주셨다(35장). 민수기의 모든 내용은 아브라함에게 주신 약속과 말씀에 신실하신 하나님의 구속행위를 보여준다.

6. 특기사항

인구조사

계수규정

고대 바벨론, 특히 마리 지역에서는 사람들이 인구조사에서 이름을 기록하는 것이 위험하다고 생각했다. 이름이 적히는 것은 불길한 일이고 적힌 사람들은 그 이름을 통하여 해를 당한다고 여겼던 것이다. 이런 이교적 관점과는 달리 이스라엘 백성은 그런 미신적인 두려움의 지배를 받지 않는다. 왜냐하면 모든 것이 하나님의 언약의 신실성에 달려있기 때문이다. 그렇다고 해서 인구조사를 하는 것이 언약 공동체에서는 전혀 위험하지 않다는 말은 아니다. 거룩하시고 의로우신 하나님은 계수된 자에게 전적인 헌신을 요구하신다. 그러나 그 요구는 죄 지은 인간이 아니라 하나님의 은혜로운 대속, 즉 속전을 통한 헌신이다. 계수함을 받은 자는 자신의 생명을 위해서 속전을 내어야 한다. 하나님은 인구조사에 대한 규정을 미리 제정해 두셨다. 반 세겔은 계수함을 받은 자들이 여호와께 드리는 것이다: "네가 이스라엘 자손의 수효를 따라 조사할 때에 조사 받은 각 사람은 그 생명의 속전을 여호와께 드릴지니 이는 그 계수할 때에 그들 중에 질병이 없게 하려 함이라"(출 30:12).

계수방법

하나님은 '이스라엘의 모든 회중을 계수하라' 고 하셨다. 이것은 남녀노소를 막론하고 다 해당되는 말이다. 그러나 실제상황은 다르다. 조사 대상에 들지 않는 사람은 참석의무를 지닌 남자들을 대표로 내세웠던 것이다. 그래서 이 인구조사는 현대적 의미의 '센서스' 도 아니고 군복무 징집도 아니다. 하나님은 자신이 거룩하게 하신 반열대로 각 지파의 조상과 족장의 혈통과 계보를 따라 백성을 계수하기 원하셨다. 그들은 한 조상의 후손으로 구성된 연합체였다. 이십 세 이상의 남자가 계수함을 받았지만 그들은 비상시에 군사활동에 동원될 수는 있어도 현역병사는 아니다. 이 인구조사는 모세와 아론 그리고 각 지파의 족장의 도움으로 이루어졌을 것이다.

계수결과

민수기에 기록된 두 차례의 인구조사(1, 26장)는 책 제목과 함께 중요한 주제를 형성한다. 그것은 아브람에게 주신 큰 민족을 이루시겠다는 하나님의 약속의 중간 성취를 확인시켜주는 의미가 있다. 첫 번째 인구조사는 이십 세 이상 싸움에 나갈 수 있는 장정만 총 603,550명으로 집계되었다(1:2-46). 이것은 공동체의 규모를 확인하는 것이고, 두 번째 인구조사 결과 607,130명으로 계산되었다(26:2-51). 이것은 광야의 2세대를 새로운 언약 공동체에 참여케 하고 믿음을 준비하도록 하기 위함이다. 그러나 이 숫자는 '천' 에 대한 번역상의 어려움 때문에 대략의 수치이지 현대적 의미로 확정된 수치로 받아들이기 어렵다. 학자들은 당시 전체 이스라엘 백성의 수가 250,000명 정도 되었을 것이라고 추산하기도 한다.

레위인의 역할

계수에 들지 않은 레위지파의 위치는 예외적이라고 볼 수 있다. 그들은 진영의 배치에 있어서도 특별한 역할을 한다. 레위인은 성막 사면에 진을 쳤다(1:50). 성막은 이스라엘 종교와 영적 삶의 중심이며, 하나님께서 그 백성과 지속적으로 함께하기 위해서 고안하신 것이다. 그래서 백성은 하나님의 은혜로 살고 있다는 사실을 깨닫게 된다. 하나님은 화목을 이루는 제도를 위해서 엄격한 규정을 세우셨다. 그 존귀는 아무나 취할 수 없고 하나님의 부름을 받아야 한다(히 5:4). 여기서 레위인은 부름을 받은 자들이다. 그 규정이 얼마나 엄격한지 인정받은 사람 외에 누구든지 성막에 가까이하면 죽임을 당한다(1:52). 이스라엘은 하나님의 회중으로서 여호와 하나님을 경외해야 한다는 사실을 알아야 했다.

레위지파는 성막 곁에 둘러서 진을 쳤다. 동쪽으로 모세와 아론과 그의 아들이, 남쪽으로 고핫 자손들이, 서쪽으로 게르손 자손들이 북쪽으로 므라리 자손들이 진쳤다. 레위지파는 백성과 성소 사이에 진을 침으로써 격리된 집단이 되었다. 이 위치는 변압기의 고압전선 같은 데 사용되는 위험을 알리는 적신호와 같은 것이다. 새 언약의 성도는 아론과 레위인보다 더 크신 예수 그리스도가 아니면 하나님께 나아갈 수 없다. 레위인은 성막에 시중들면서 성막과 그 부속물품을 관리하기 위해서 성막 주위에 진을 치라는 명령을 받았다.

레위인은 또한 떠날 때 성막을 걷고, 여행 중에는 운반하고 백성이 어떤 곳에 정주하면 성막을 세우는 임무를 맡았다. 특별히 법궤와 관련하여 이 일은 신중하고 엄밀하게 수행해야 했다(4:5-15). 민수기 1:52은 마치 성막이 살아있는 것처럼 언급되었다. 한글번역은 '장막을 운반할 때' 그리고 '장막을 세울 때' 라고 번역되었지만 원문은 '장막이 나아갈 때' 그리고 '장막이 정주할 때라고 되어있다(히브리 성경, 1:51). 성막은 모세나 레위인에 의해서 움직이는 것이 아니다. 그것은 하나님의 주도하에 이루어지는 것이다. 구름이 신호가 되어서 출발하기도 하고 멈추기도 한다. 이것은 하나님의 임재의 장엄함을 드러낸다. 하나님은 자신의 존귀함을 유지하시고 레위인들은 이 일에 보조 역할을 한다.

나실인 규례

하나님은 제사장이나 레위인이 아니더라도 하나님께 헌신할 길을 열어놓으셨다. 그것이 나실인의 헌신이다. 포도주와 독주를 금하고 부정한 것을 멀리하는 것 그리고 삭도를 대지 않는 것은 제사장에게 요구되는 것과 유사하다(레 10:9-11; 21:1-5). 사람들은 일시적이지만 자발적으로 제사장과 같은 삶을 살 수 있었다. 삼손과 사무엘은 태어나기 전부터 나실인으로 지정되었고 평생동안 나실인으로 살아야 했는데 이들은 예외적인 경우라고 할 수 있다. 하나님은 일반적인 나실인 제도를 일정기간으로 한정하신다. 후기 유대주의에 따르면 이 기간이 최소 30일로 한정되었다. 구약 나실인 제도는 우리에게 여호와께 삶의 전부를 드리는 우리의 값진 임무를 상기시켜주는 것이다(롬 12:1; 벧전 2:9, 10; 계 1:6).

나실인의 임무는 세 가지를 금하는 것이다. 포도주와 독주를 금하는 것은 알코올의 영향을 받아서 영적인 분별력이 흐려져서는 안된다는 것이다. 술에 취하는 것은 영적무장해제를 의미한다. 술을 금하는 것은 금욕주의를 추구하는 것과는 다른 것이다. 나실인은 부부관계에 대한 금지명령은 받지 않았다. 삭도를 대지 않는 이유는 나실인이 자신을 살아계신 하나님께 드리는 사람으로서 생명의 능력을 상징하는 그의 무성한 머리를 보여주어야 했기 때문이다. 삶과 죽음의 반제는 여기서 상징적으로 나타난다. 또 머리가 자라도록 두는 것은 자발적인 헌신의 표시이기도 하다. 노예는 머리를 밀어야 하고, 또 머리를 미는 것은 이방인의 관습과 관련된다. 그래서 이스라엘 사람들은 머리를 미는 것이 금지되었다(신 14:1). 나실인은 시체를 가까이 함으로써 자신을 부정하게 하지 말아야 했다. 비록 그것이 자기 부모 형제 자매와 관련될지라도 그렇게 해서는 안되었다. 이 점에 있어서 나실인은 제사장보다 더 엄격한 규정의 제약을 받는다. 그는 대제사장과 같은 수준의 규율을 지켜야 했다. 그러나 전쟁에서 대적을 처단하는 사역과 관련된 부분은 예외로 보아야 할 것이다(삿 14:19; 15:8). 나실인의 기간이 끝나면 여러 가지 제사를 통하여 하나님과 지속적인 관계를 확인하고 머리를 잘라서 제물의 불에 태움으로써 임무를 마친다.

발람 사건

모압 왕 발락이 메소포타미아에서 온 선지자 브올의 아들 발람을 불러서 이스라엘을 저주하라고 요구했다. 하나님은 처음에는 거절했으나 나중에 발람이 그 소환에 응하도록 허락하셨다. 그러나 하나님의 본심은 처음에 계시한 대로 이스라엘을 저주하지 않는 것이었다. 그래서 나귀를 통하여 꾸짖으셨다. 그의 말과 행위는 잘못된 부분이 없어 보인다. 그러나 그의 본심은 제물에 마음이 있었다. 그는 이스라엘이 바알브올을 섬김으로써 영적인 행음을 하도록 한 죄로서 죽임을 당했다(31:8, 13). 이것은 그의 바램과 대조된다: "나는 의인의 죽음을 죽기를 원하며 나의 종말이 그와 같기를 바라노라"(23:10). 신약은 그를 악한 자요 이스라엘을 범죄하도록 유혹한 자라고 평가한다(벧전 2:15; 유 11; 계 21:14). 그의 말은 틀리지 않았지만 행위는 물질에 관심이 있어서 하나님의 뜻을 그르쳤다(22:12, 18, 19). 하나님은 그의 뜻을 바꾸어 이스라엘을 축복하고 그 미래를 예언하도록 하셨다. 결국 발람의 역할은 대적 앞에서 하나님이 얼마나 약속에 신실한 분이신가를 드러내는 것이었다.

도피성 제도

도피성 제도의 정신

도피성 제도는 출애굽기에서 그 윤곽을 알려주고 있다: "만일 사람이 고의적으로 한 것이 아니라 나 하나님이 사람을 그의 손에 넘긴 것이면 내가 그를 위하여 한 곳을 정하리니 그 사람이 그리로 도망할 것이며"(출 21:13). 도피성과 같은 제도가 이스라엘 이외의 고대 근동 지역에 있지만 이스라엘의 도피성 제도는 독특한 특징을 지니고 있다. 그것은 단순한 문화적인 산물이 아니라 하나님의 계시에 의한 것이기 때문이다. 특별히 이 규례는 하나님이 주실 땅과 관련이 있다. 그 땅은 계속 반복되는 피의 보복으로 말미암아 피로 더러워지면 안된다: "너희는 너희 거하는 땅 곧 나의 거하는 땅을 더럽히지 말라 나 여호와가 이스라엘 자손 중에 거함이니라"(민 35:34). 생명의 하나님이 그 땅에 거하는 그 백성 가운데 거하시기 때문이다.

도피성 제도의 정신은 부지중에 살인한 자가 억울하게 죽임을 당하지 않도록 하나님께서 배려한 조치이다. 이것은 살인자의 내적 동기에 의해서 판결을 받아야 한다는 공정성을 증거한다.

도피성 체류와 사면

부지중에 살인한 자는 피의 보수자를 피해서 도피성에서 안전하게 보호를 받을 수 있다. 그곳의 체류는 넓은 목초지를 끼고 있는 레위인의 성읍이기 때문에 그가 갇혀 있다는 느낌은 들지 않을 것이다. 그는 거기서 망명자로 살지만 영주하지는 않는다. 이스라엘은 자기 기업에서 살도록 되어 있기 때문이다. 그는 대제사장이 죽으면 사면을 받아 자기 성읍으로 돌아가야 한다. 그는 자기 가족에게로 돌아갈 수 있겠지만 희생자의 가족 근처에서 살게 된다. 이것은 아무리 좋은 규정의 보장을 받으며 산다고 할지라도 우리는 항상 불완전하고 죄로 얼룩진 세상에 살고 있다는 것이다. 대제사장이 죽으면 살인한 자는 자기 성읍으로 돌아가기 때문에 도피처가 살인자로 인한 인구 과잉증가에 대한 위험은 없을 것이다.

그런데 대제사장의 죽음이 왜 살인자를 사면할 근거가 되는지 늘 의문이 된다. 대제사장의 죽음은 온 이스라엘의 애통을 의미한다. 왕이 없던 시대에 대제사장은 최고의 지도자인데 그의 죽음을 애도하는 시기에 도피성에 거하던 살인자들이 방면된다. 이것은 현대 정치에서 볼 수 있듯이 새로운 지도자가 취임하는 기념으로 특별사면을 내리는 것이 아니다. 즉 늙은 제사장이 죽고 새로운 젊은 제사장이 위임됨으로써 전국적으로 사면을 단행하는 것이 아니다. 이것은 대제사장의 승계가 아니라 죽음과 관련된 것이다. 여기서 사람들은 대제사장의 죽음을 그리스도의 죽음에 대한 적합한 모형이라고 한다. 그러나 구약은 제사장의 죽음에 의해서 속죄가 이루어진다고 말하지 않는다. 속죄는 그의 사역을 통해서 이루어지는 것이다. 제사장의 죽음은 이런 속죄제의 상황에서 나타난 것이 아니다. 그래서 우리는 대제사장의 죽음과 그리스도의 죽음을 관련지어서는 안된다. 예수님은 강한 분이지만 이스라엘의 대제사장은 연약한 인간이다. 예수님의 죽음은 목적이 있는 대속의 죽음이지만 제사장의 죽음은 자연적인 죽음이다. 그래서 이 제사장 직분의 한계를 신약성경이 알려주고 있다: "제사장 된 그들의 수효가 많은 것은 죽음으로 말미암아 항상 있지 못함이로되, 예수는 영원히 계시므로 그 제사장 직분도 갈리지 아니하느니라"(히 7:23-24). 예수님의 죽음과 대제사장의 죽음이 이렇게 다르다. 죽음은 죄의 결과로 온 것이다. 제사장의 죽음은 레위 제사장의 속죄가 완전하지 않은 것은 그들도 죄인이고, 그들도 죽기 때문이다. 부지중에 살인한 자가 나쁘듯이 제사장의 죽음도 좋은 일이 아니다. 그들은 거룩한 자로서 그런 일이 없어야 될 것 같으나 아무도 그것을 피할 수 없다. 그러나 오직 한 대제사장되신 예수 그리스도만이 이런 죽음을 극복할 수 있다. 제사장의 죽음은 참된 제사장이신 예수 그리스도의 오심에 대한 강력한 요청이 된다: "이러한 대제사장은 우리에게 합당하니 거룩하고 악이 없고 더러움이 없고 죄인에게서 떠나 계시고 하늘보다 높이 되신 이라"(히 7:26). 그분의 삶과 죽음이 곧 구속이다. 제사장의 죽음과 그리스도의 죽음은 상관이 없지만 하나님은 미래의 그리스도의 사역에 근거해서 제사장의 죽음을 기점으로 그를 사면하셨다.

도피성의 위치

도피성은 요단 이편과 동편에 각각 세 곳이 지정되었다. 그 여섯 성읍은 납달리의 산지 갈릴리 게데스와 에브라임 산지의 세겜과 유다 산지의 헤브론과 르우벤 지파 중에서 평지 광야의 베셀과 갓 지파 중에서 길르앗라못과 므낫세 지파 중에서 바산이다(수 20:7, 8). 이 성읍의 균형잡힌 지리적 배치를 볼 때 부지중에 살인한 자가 어느 곳에서도 도피성에 빨리 달려가서 보호를 받을 수 있도록 하기 위한 조치로 보인다.

신명기

1. 제목과 기록목적

오경의 마지막 책 신명기란 명칭은 17:18의 '율법의 복사'란 표현을 잘못 번역하여 생겼는데 그 뜻은 제2의 율법이란 뜻이다. 히브리 성경의 제목은 '이것들은 말씀들이다'(*'ēllê hadd*ᵉ *ḇārīm*)인데 이것은 약속의 땅에 들어가기 직전에 모세가 이스라엘 백성에게 한 말이다. 이 책은 단순한 '두 번째 율법'이라기보다는 출애굽기와 민수기에 포함된 율법을 모세의 연설을 통해서 반복, 집대성한 것이다.

모세는 하나님의 특별한 보호와 은혜로 광야를 지나온 것을 상기시키면서 율법을 재선포하고 미래에 가나안 땅에서 어떻게 살아야 할 것인가를 가르친다. 그래서 신명기의 기록 목적은 약속의 땅에 들어가기 위한 준비로서 이스라엘 백성이 언약에 기초한 삶을 영위함으로써 하나님의 복을 누리도록 하기 위함이다.

2. 구조와 내용분류

학자들은 고대근동의 종주권 언약의 양식을 따라서 분류하기를 좋아한다. 그것은 여섯 부분으로 이루어져있다: 전문(1:1–5), 역사적 서설(1:6–4:43), 일반규정(5–11장), 특별규정(12–26장), 신적인 증인(26:15–19) 그리고 복과 저주(27–28장). 그러나 신명기가 그 양식과 반드시 일치하지는 않는다.

a. 모세의 첫 설교(1:1-4:43)

1) 서론(1:1-5)

2) 회고와 서언(1:6-3:29)

3) 율법선포와 도피성(4:1-43)

b. 모세의 둘째 설교(4:44-28:68)

1) 율법 서론과 십계명(4:44-5:21)

2) 기본적 권면(5:22-11:32)

3) 개별적 율법(12:1-26:15)

4) 언약체결(26:16-19)

5) 율법기록(27:1-26)

6) 복과 저주(28:1-68)

c. 모세의 셋째 설교(29:1-30:20)

1) 언약파기(29:1-29)

2) 언약갱신(30:1-30)

d. 모세의 고별사와 사망(31:1-34:12)

1) 여호수아의 임명(31:1-8)

2) 율법낭독에 관한 규정(31:9-13)

3) 불충한 이스라엘에 대한 예언(31:14-29)

4) 모세의 노래와 마지막 권면(31:30-32:52)

5) 모세의 축복과 그의 죽음(33:1-34:12)

3. 역사적 배경

애굽에서 가나안까지 이 주도 걸리지 않는 그 여행은 이스라엘의 불순종으로 말미암아 사십 년으로 늘어났다. 모세는 요단 강 맞은 편 모압 평지에서 이스라엘의 새 세대를 위하여 율법을 포함한 언약을 재선포했다(신 1:5; 민 36:13). 신명기는 세밧(1:3)의 첫 날부터 모세의 사망 후 삼십 일(34:8)까지의 기간 즉 약 육십 일간의 기간을 포함한다.

4. 신학적 주제

신명기의 하나님

본서는 먼저 야웨 하나님은 하나이시라(6:4)고 강조한다. 그 분외에는 다른 신이 없다(4:35). 야웨는 신의 신이시며 주의 주시요 크고 능하시며 두려우신 하나님이시다(10:17). 그래서 이스라엘은 다른 신들을 섬겨서는 안된다. 다음으로 하나님은 말씀으로 자신을 알리시는 분이시라는 것이다. 또한 하나님은 영이시기 때문에 다른 형상을 만들어서는 안 되고(5:8-10), 그 분이 계시는 곳에는 그 이름이 있다(12:5). 그리고 하나님만이 역사와 자연을 주관하시는 분이시다. 가나안의 여러 신들은 자연신으로 생각하지만 그러나 정작 자연의 결실을 가져다주는 이는 야웨 하나님이시다(7:13).

신명기의 이스라엘

이스라엘은 유일한 백성이다. 그들은 땅 위의 모든 족속 가운데서 선택받은 특별한 민족이고 야웨의 거룩한 백성이다(7:6). 하나님은 그들의 조상에게 맹세한 대로 이 백성을 버리지 않으실 것이다(4:31). 하나님은 그들의 조상에게 맹세하신 땅으로 그들에게 주어 들어가게 하시려고 그들을 거기서 인도하여 내셨다(6:23). 이것은 이 민족이 다른 민족보다 우월해서 그런 것은 아니고 일방적인 하나님의 사랑에 근거한 것이다(7:8). 이 이스라엘은 새 언약 시대에는 예수 그리스도 안에 있는 모든 자를 의미한다(갈 3:29).

신명기의 언약

신명기의 핵심 주제는 역시 하나님과 이스라엘의 관계를 나타내는 언약이다. 이것은 본서의 내용과 형식을 통해서 강조되며 쉐마(6:4-5)의 신앙고백적 진술에도 잘 요약되어 있다. 야웨는 유일한(4:35, 39) 주재(10:14)가 되신 분으로서 그 백성을 위하여 역사 속에서 일하신다. 이스라엘은 거룩한 백성으로 하나님의 선택을 받은 유일한 백성으로서 그 분과 맺은 관계 속에서 특권을 누린다(1:31; 7:6; 10:15; 14:2; 26:19; 28:9; 32:6, 9). 족장들에게 한 약속의 완성으로 주어진 이 언약관계는 시내산과 이 상황에서 주어진 규율에 대한 순종을 요구한다.

신명기의 언약의 역할

언약의 책인 신명기에서는 아브라함과 그의 자손으로 시작한 야웨의 언약이 특별한 상황 속에서 주어진다. 그것은 출애굽 한 지 40년 뒤에 새로운 선택의 의무로 제시되었다: "내가 오늘날 하늘과 땅을 불러 너희에게 증거를 삼노라 내가 생명과 사망과 복과 저주를 네 앞에 두었은즉 너와 네 자손이 살기 위하여 생명을 택하고 네 하나님 야웨를 사랑하고 그 말씀을 청종하며 또 그를 의지하라 그는 네 생명이시요 네 장수시니 야웨께서 네 열조 아브라함과 이삭과 야곱에게 주리라고 맹세하신 땅에 네가 거주하리라"(30:19, 20). 신명기 전체는 이 선택을 설명하고 있다(27-29장). 신명기의 언약은 이스라엘 백성의 삶속에 은혜로 개입하신 야웨에 대한 태도에 초점을 맞춘다. 그 태도는 순종으로 반응하는 것인데 여기에 대해서 복이 보장되지만 그 반대는 저주다. 신명기의 복은 물질적 번영에 초점을 둔 것은 아니다. 우상숭배를 배격하는 것을 주제로 하는 신명기가 그런 우상을 복의 중심에 두지 않는다. 그것은 은혜의 관계를 유지하는 것이다.

신명기의 그리스도

신명기는 뛰어난 한 사람으로 메시아를 제시하고 있다. 하나님께서 모세를 가리켜서 모세와 같은 선지자를 일으킬 것이라고 하셨다(18:14-20). 물론 이 말은 구약의 모든 선지자의 원형과 표준은 모세라는 말이지만 모세와 같이 하나님과 대면하여 계시를 받은 자는 없었다(34:10). 그러나 이 표현은 궁극적으로 참 선지자는 그리스도를 대망하도록 하는 것이다. 그래서 베드로는 자신의 설교에서 이 구절로 예수 그리스도를 가리켰다(행 3:22, 23). 또한 도피성(19-13장)과 기업 무를 자(25:1-10)의 구속은 그리스도의 사역을 모형으로 보여주는 것이다.

5. 구속사적 메시지

모세는 이스라엘 백성을 애굽에서 광야를 거쳐 모압 평지로 인도했다. 신명기는 이스라엘의 새로운 세대를 향한 모세의 설교를 제시한다. 앞의 다른 율법과는 달리 신명기는 조상들의 실패를 염두에 두고 새 세대에 충고하는 권면의 형식을 띠고 있다. 여기에 가나안 정복의 목적을 달성하도록 하는 특별한 목적이 들어 있다. 그래서 이것은 단순한 회고가 아니라 미래를 향한 메시지다.

신명기에는 새로운 구속사적 진전은 별로 없다. 단지 하나님의 구속역사를 상기시키며 이스라엘이 구원하신 하나님과의 관계를 유지하도록 권면한다. 그것은 언약으로 표현되었다. 언약은 본서의 내용과 형식을 통해서 강조되며 쉐마(6:4-5)의 신앙고백적 진술에도 잘 요약되어 있다. 야웨는 유일한(4:35, 39) 주재(10:14)가 되신 분으로서 그 백성을 위하여 역사 속에서 일하신다. 이스라엘은 보배로운, 거룩한 백성으로 하나님의 선택을 받은 유일한 백성으로서 그 분과 맺은 관계 속에서 특권을 누린다(1:31; 7:6; 10:15; 14:2; 26:19; 28:9; 32:6, 9). 족장들에게 한 약속의 완성으로 주어진 이 언약관계는 시내산과 이 상황에서 주어진 규율에 대한 순종을 요구한다.

신명기의 언약은 양면성을 지니고 있다. 그것은 복과 저주다(28장). 복과 저주는 하나님의 말씀에 대한 순종과 불순종으로 구분된다. 신명기의 복은 물질적 번영에 초점을 둔 것은 아니다. 구약에 나타난 복은 물질적 내용으로 설명되어있지만 그 중심에는 하나님과 영적인 관계 즉 언약이 자리 잡고 있다.

특별히 본문 12:1-26:19에 이 관계를 유지하기 위한 세부규정이 기록되었다. 그들은 하나님이 정한 장소에서 예배함으로써 거룩한 삶을 유지해야 하고(12:1-14:21), 가나안에서 난 풍요로운 산물을 이웃과 나누어야 한다(14:22-15:23). 매년 세 차례의 절기를 지켜야 하고(16:1-17), 인간관계에서 공의로운 사회를 이루어야 하고, 왕은 율법을 따라 통치하고, 제사장은 야웨의 이름으로 섬기고 재판관의 권위를 가지며, 선지자는 하나님의 말씀을 전해야 했다(16:18-21:23). 이 모든 규정에는 사랑의 법이 지배한다(22:1-26:29). 여기에 대한 언약체결이 이루어졌다(26:16-19).

모세는 이 언약을 영영히 기억하도록 하기 위해서 그 율법을 바위에 기록하라고 했고(27:1-3), 노래를 지어서 부르도록 했다(32장). 모세는 그의 축복에서 이스라엘이 모든 민족 중에 유일한 민족임을 강조했다(33:29). 그의 지도력은 여호수아에게로 계승되었다(34:9).

6. 특기사항

신명기와 히타이트 왕국의 종주권 언약

멘덴홀(Mendenhall)의 연구에 의하면 종주권 언약은 여섯 개 요소로 구성되었다고 한다.

① 군주의 이름의 칭호가 있는 서두
② 언약 체결의 전역사를 설명해 주는 역사적 서문
③ 다음에 나오는 각 조항의 뜻을 요약해 주는 원칙 설명
④ 조약의 본체를 이루는 개별조항
⑤ 신들을 증인으로 세움

⑥ 군주에게 복종하느냐, 거역하느냐에 따르는 축복과 저주

이 항목 외에도 조약의 부본을 그 지역의 주신(主神) '앞에' 혹은 '발밑에' 보관한다는 말도 있고, 봉신들 앞에서 정기적으로 조약문을 낭독한다는 규정도 있다. 이 조약문이 신명기와 관계가 있는 지는 아직도 토론의 여지가 있다. 매카시(J. McCarthy)는 다음의 몇 가지 이유로 히타이트의 종주권 언약이 신명기에 영향을 미쳤다는 것을 반대한다: ① 1200년 전 소아시아의 대왕에 의해서 형성된 조약형식이 광야를 건너 가나안 땅에 들어온 반유목민의 손에 들어 올 수 없다. ② 인간세계에만 이루어진 것이 어떻게 신과 인간의 조약으로 사용되었는지 설명할 수 없다. ③ 구약 어디에도 완전한 헷족의 조약문은 없다.

폰 라트(G. von Rad)는 이 조약문에 근거해서 신명기를 다음과 같이 분류했다.

1. 역사적인 내용을 말하는 서두 연설 (1-11)
2. 계명 선포 (12:1-26:15)
3. 계약 체결 (26:16-19)
4. 축복과 저주 (27-30)

신명기의 안식일 근거

출애굽기에 나타난 십계명 중 안식일은 창조에 근거를 두고 있다. 그러나 신명기는 출애굽에 근거를 둔다: "너는 기억하라 네가 애굽 땅에서 종이 되었더니 네 하나님 야웨가 강한 손과 편 팔로 거기서 너를 인도하여 내었나니 그러므로 네 하나님 야웨가 네게 명령하여 안식일을 지키라 하느니라"(5:15). 출애굽 때 하나님의 큰 기사와 능력으로 애굽의 군주에게서 막 구원받은 백성에게는 하나님이 권능의 창조주라는 것이 핵심진리가 될 수 있다. 안식일이 창

조주의 사역을 마치신 창조주에 초점을 맞추는 것은 타당할 것이다. 그러나 사십 년이 지난 후 신명기의 관점에서 창조는 구속의 행위에 비해서 그렇게 크게 느껴지지 않았을 것이다. 이스라엘은 역사적인 회고를 통하여 절망적인 상황에서 영광스런 구속을 상기함으로써 정복과 같은 남은 구속의 역사를 기대할 수 있었을 것이다. 출애굽기에서 안식일의 동기를 창조로 제시한 것은 안식에 대한 이유가 될 것이고, 신명기에서 구속을 동기로 제시한 것은 안식의 목적이 될 것이다. 이 두 본문에 나타난 안식일의 근거는 창조와 구속으로 조화를 이루고 신명기에서 계시역사의 전진을 보여준다. 새 언약의 성도는 이 안식을 주일에 누린다. 그 근거는 창조도 아니고 출애굽도 아니다. 성도가 주일에 누리는 안식의 근거는 그리스도의 부활, 즉 재창조와 구속의 정점이 된다. 신약의 안식은 사망권세를 이기신 그리스도를 기념하여 한 주의 첫날, 주일에 지키게 된다.

야웨께서 그 이름을 두실 장소

이스라엘 백성은 임의의 장소에서 하나님을 예배할 수 없었다. 예배는 규정된 장소에서 합법적으로 실시되어야 한다는 말이다. '너희 하나님 야웨께서 자기 이름을 두시려고 택하신 곳' 이란 표현은 총 21번 언급된다(12:5, 11, 14; 14:24 등). 하나님의 이름을 두실 장소라는 것은 하나님이 친히 거하셔서 그 이름이 불려지는 장소를 의미한다. 구약에서 이름이란 지칭되는 존재와 분리될 수 없기 때문이다. 그 장소는 바로 하나님께서 거하실 장소를 의미한다. 이 장소는 어디인지 오경에는 언급되어 있지 않으나 궁극적으로 예루살렘으로 보아야 할 것이다. 이 장소란 말은 단수(*hammāqōm*)로 표현되어서 오직 한 곳에만 적용된다. 그러나 전 역사를 통해서 한 장소가 아니라 그 시대에 한 장소로 보는 것이 좋을 것이다. 왜냐하면 실로도 하나님의 이름이 거하는 장소가 되기 때문이다(렘 7:12). 물론 임시적인 성격이 있어 보이기는 하지만 27장에는 세겜도 중요한 예배의 처소로 언급되어 있다. 이 장소는 시대를 따라서 여러 군데로 알려져 있지만 궁극적으로 다윗이 야웨의 영원한 처소를 마련함으로써 예루살렘이 하나님의 이름을 둘 장소가 되었다. 그러나 그 장소가 어디이든지 그곳에 의미가 있는 것은 하나님의 임재와 위엄이 함께 하기 때문이다.

왕의 규례

하나님은 신명기에서 이스라엘을 위한 왕직을 허용하셨다. 하나님이 원하시는 왕은 이방나라의 왕과 같이 전쟁을 하기 위해서가 아니라 백성이 율법을 지키도록하여 언약을 준수하도록 할 임무를 지닌 자이다. 그래서 왕을 세울 때는 규율을 따라야 한다(17:14-20). 그것은 하나님이 택한 자라야 하고, 이스라엘 백성 중에서 선택해야 한다(15장). 이 두 가지 조건은 이스라엘 왕이 백성과 하나님의 관계를 유지하는데 기본요건이 된다. 만일 이방인이 왕이 된다면 다신론적인 신앙을 가지고 백성을 잘못된 곳으로 인도할 위험이 있을 것이다. 이스라엘 왕은 세 가지를 금해야 한다: 말을 많이 두지 말 것, 아내를 많이 두지 말 것, 은금을 많이 두지 말 것(16, 17장). 말을 많이 두는 것에 대한 금지는 전쟁에서 자신감이 생겨서 하나님을 의지하지 않고 군사력을 의지하게 될 것을 경고한 것이다. 이스라엘은 말과 병거를 의지하지 않고 그 백성과 함께 하시는 야웨의 이름을 자랑해야 하기 때문이다(신 20:1; 시 20:7). 아내를 많이 두는 것에 대한 금지는 이방 여인의 미혹을 받아 배교행위를 하는 것과 이방나라와 외교적 동맹을 맺는 것에 대한 경고가 된다. 이 조항은 솔로몬과 아합의 경우에 적용된 것이다. 부를 축적하는 것에 대한 금지는 많은 재물로 인하여 자족함으로써 하나님을 떠날 것에 대한 경고가 된다(6:11-12; 8:11-17). 왕의 통치 기반은 율법에 있으며, 그 왕위도 율법준수에 달려 있다(20장). 이스라엘 왕은 인본주의 왕으로서 절대권력을 행사해서는 안되고 하나님의 통치가 이루어지는 신정통치를 이루어야 한다는 것이다.

모세의 노래

이 노래는 하나님의 위대성과 그분의 온전한 사역 그리고 그분의 의로운 길을 찬양하는 것이다. 이 노래에서 하나님은 반석이시고 변치 않는 분이시다(32:3-4). 그러나 백성은 하나님께 불충했고 우매무지한 자들이다. 모세는 그들에게 하나님의 은혜와 광야의 인도를 상기시켰다(32:7-14). 결국 여수룬은 하나님의 풍요로운 복을 받고서 그분을 떠나서 우상을 섬길 것이다(32:15-18). 이 배교행위에 대한 하나님의 반응은 백성에 대한 진노로 나타난다. 다양한 재앙이 닥치고 백성이 포로로 잡혀갈 것이다(32:19-17). 모세는 백성의 우매함을 탄식하고 그들은 하나님의 진노의 신호를 분별하지 못할 것이다. 이스라엘 군대가 이방민족과 싸울 때 자기 반석이 자신을 버렸다고 생각할 것이다. 소돔과 고모라같이 부패한 대적에게 수치를 당한다(32:28-33). 모세는 하나님의 심판이 있은 후에 하나님의 연민의 희망을 제시한다. 결국 대적은 그 대가를 지불하고 하나님은 그 백성을 판결하시고 긍휼을 베푸실 것이다. 이방신들은 자기 백성을 구원하지 못할 것이고 이스라엘은 이것을 깨달을 것이다(32:34-38). 마지막으로 모세는 하나님의 위대하심을 강조한다. 그분은 죽이기도 하시고 죽은 자를 일으키기도 하신다. 이 위대한 하나님은 대적에게 복수을 맹세하신다. 대적에 대한 이 궁극적인 승리가 기쁨을 안겨준다(32:39-43).

하나님께서 모세에게 이 노래를 기록하고, 이스라엘 백성에게 가르치고, 그 입술에 두어야 한다고 말씀하셨다(31:19). 그 노래는 백성이 타락할 때 그들에게 증거가 될 것이다(31:19, 21). 야웨께서는 그들이 약속의 땅에서 그분을 멸시하고 다른 신들에게 돌아갈 것이라고 미리 말씀하셨다(31:20). 거기에 대해서 모세는 노래해야 했다. 그러나 그것은 구원에 대한 노래였다. 그래서 그것은 타락의 시기에 개혁정신을 불러일으킬 수 있다. 모세는 이 노래를 기록하고, 그것을 이스라엘 백성에게 가르쳤다(31:22). 이 노래는 그 자손들의 입에서 멈추지 않을 것이다(31:21). 이 노래는 의미 없는 소리가 아니고 이스라엘의 삶이다. 이스라엘은 이 노랫말대로 그 땅에서 살게 될 것이다(32:44-47).

02 역사서

1. 역사서 개요

역사서의 명칭

구약에서 역사서라는 것은 유대교 정경에서 선지서의 전반부와 제문서의 일부(*kᵉ tubīm*, 룻기, 에스더, 에스라-느헤미야, 역대기)에 해당하는 부분이다. 기독교에서는 이 부분을 역사서로 분류하는 것은 엄격한 문학적인 분류가 아니라 이 책이 지니는 일반적인 글의 성격을 따른 것이다.

역사서의 범위

구약의 역사서를 공부하는 것은 역사적 사건 자체 보다는 사건에 대한 기록과 회고한 것이나, 과거 역사에 대한 해석을 담고 있는 글을 이해하는 것이다.

구약의 역사는 하나님께서 택한 백성을 통하여 그리스도가 오는 길을 예비하는 역사라고 할 수 있다. 이것은 이스라엘 역사보다 범위가 넓다는 것을 의미한다. 왜냐하면 하나님께서 열강들을 사용하셔서 구속의 계획을 이루어가시기 때문이다.

현대 비평가들에 의하면 역사서의 범위를 잡기가 쉽지 않다. 학자들에 따라서 사경, 오경, 육경, 구경 등 그 주장이 다양하기 때문이다. 물론 오경과 역사서의 첫 책인 여호수아는 밀접한 관계를 지니고 있지만 이스라엘의 지도자가 바뀌고 이스라엘 역사의 새로운 국면을 맞이하는 상황을 담고 있는 여호수아까지 한 단위로 묶을 이유는 없어 보인다.

이스라엘 역사는 아브라함이나 출애굽에서 시작할 수 있겠지만 구약 역사서의 시작은 여호수아에서 전반부에 나타난 역사적 상황이다. 또한 이스라엘 역사의 종국은 마카비 시대나 로마에 의한 예루살렘 성전으로 볼 수도 있겠지만 구약 역사서의 끝은 연대기적으로 구약의 마지막 사건을 다루는 느헤미야 책의 결론으로 볼 수 있다.

역사서의 저자

역사서는 대체로 그 저자가 알려져 있지 않다. 현대 비평가들은 신명기부터 열왕기까지를 신명기 기자나 신명기 학파의 저작으로 돌린다. 그래서 이 부분을 '신명기 역사' 라고 한다. 그러나 전통적으로 사무엘, 나단과 갓 선지자(대상 29:29), 그리고 예레미야와 에스라가 언급된다. 선지자들은 다윗의 생애와 관련된 사무엘서를 기록한 것으로 보고, 예레미야는 열왕기, 에스라는 역대기와 에스라-느헤미야를 기록한 것으로 본다. 저자들은 각기 다른 역사적 상황에 있었지만 그들의 글이 이음매가 없이 연속되는 역사를 서술하는데 공헌하고 있다는 것을 의식하고 있었던 것 같다.

역사서의 주제

구약이 하나님의 구속계시를 보여주는 것이라고 한다면 역사서는 그 계시 과정의 대부분을 구속역사로 채우고 있다. 하나님께서 오경에서 하나님의 구속계획과 약속을 주시고, 역사서에서 약속을 성취해감으로써 계획을 진행시키시고, 그리스도께서 오시는 길을 마련해 주신다.

여호수아서는 조상에게 한 땅에 대한 약속의 성취를 묘사하고, 사사기는 왕이 없는 시대가 얼마나 혼란스럽고 하나님의 요구에서 떠나 있는가를 보여주고, 룻기는 왕이 오신다는 메시지를 담고 있다. 사무엘서는 선지자 사무엘의 사역으로 왕이 오는 길을 열어 보여주고, 열왕기는 언약을 중심한 열왕들의 통치를 평가하고 있다. 열왕의 불신앙과 하나님을 떠난 모습은 이상적인 왕이신 그리스도를 대망하도록 한다. 이스라엘은 멸망했지만 하나님은 남은 자를 통해서 메시아를 주시려고 여호야긴을 보호하시고 백성을 고토로 돌아오게 하셨다. 이것은 에스라-느헤미야의 내용이다. 이 책에서 유대공동체의 재건을 보여주고 에스더서는 메시아의 계보를 보호하기 위한 하나님의 계획을 드라마틱하게 그려놓고 있다.

역사서의 구조

역사서 열두 권을 한 눈에 볼 수 있도록 배열을 할 때 내용에서 다루는 왕정을 중심으로 다음과 같은 구조를 만들 수 있다.

① 왕정이전: 여호수아, 사사기, 룻기
② 왕정시대: 사무엘서, 열왕기, 역대기
③ 왕정이후: 에스라, 느헤미야, 에스더

역사서의 교훈

역사서 열두 권이 다루고 있는 약 천 년에 달하는 역사는 그리스도인에게 너무나 많은 교훈을 담고 있다. 이 책들에 나타난 믿음의 사람들의 헌신과 순종 그리고 그들의 충성된 삶은 그리스도인들에게 귀감이 된다. 그들의 모습 하나하나가 우리 자신의 모습을 투영해주기 때문이다. 또한 헤아릴 수 없이 많은 역사적인 사건들이 풍부한 교훈을 제공한다. 그 사건이 이스라엘 편에서 긍정적이든지 부정적이든지 우리에게 교훈이 된다(딤후 3:16).

그러나 우리가 우선적으로 관심을 가져야 하는 것은 하나님 자신과 그 분의 행위이다. 하나님은 이스라엘 백성을 언약의 구조를 따라 다루시는 과정에서 긴 역사를 통하여 자신의 자비와 긍휼을 나타내셨다. 하나님의 관심은 자기 백성이 언약 관계 속에서 복을 누리도록 하는 것이다. 그러나 이스라엘이 언약을 파기하고 다른 신을 좇을 때는 심판을 받는 것이 역사서의 명백한 메시지다. 언약은 복과 저주로 맞물려 있지만 하나님은 자기 백성의 불신앙적인 행위에 대해서 언약이라는 틀 속에서 기계적으로 반응하지 않으시고 진노 가운데서도 긍휼을 잃지 않는 분으로 나타나셨다. 하나님의 진노보다는 은혜가 더 크다는 것이다. 하나님은 자유로운 뜻대로 족장들에게 약속하신 구속을 지속적으로 이루어 가셨다. 이스라엘의 모든 왕은 실패했지만 참된 왕이 오신다는 것이다. 메시아의 도래가 약속에 신실하신 하나님이 이루어 가신 역사의 목표다. 이렇게 그리스도 안에서 구속의 목적을 향해서 역동적으로 일하시는 하나님의 행위는 역사서가 보여주는 가장 큰 가르침이다.

여호수아

1. 제목과 기록목적

본서의 제목은 이 책의 중심 인물로 등장하는 여호수아의 이름을 따라 붙였다. 한글 성경의 제목은 히브리 성경의 제목(*yᵉhōsuᵃ‘*)을 음역한 것이다. 그의 이름은 구원이란 뜻인데 이스라엘 백성을 가나안 땅으로 인도하여 들이는 그의 역할과 잘 어울린다. 본서는 한 민족으로서 이스라엘의 삶의 단면에 대한 역사를 제공하기 위해서 기록되었다. 그것은 이스라엘이 족장들에게 약속한 땅을 정복하고 분배해서 정착하는 과정에 대한 서술이다. 야웨께서 이스라엘의 승리의 보증이 되시는 것은 약속에 신실하신 그 분이 약속의 내용을 따라 땅에 대한 약속을 성취하시기 위해서 일하시기 때문이다. 본서는 약속의 성취로서 땅을 주심으로써 야웨는 전능하시며 약속에 신실하신 주권자임을 나타내기 위한 목적으로 기록되었다.

2. 구조와 내용분류

a. 가나안 정복(1:1–13:7)
- 1) 정복을 위한 준비(1:1–5:15)
- 2) 이스라엘의 가나안 정복(6:1–13:7)

b. 가나안 땅 분배와 정착(13:8–24:33)
- 1) 요단 동편 땅 정착(13:8–33)
- 2) 요단 서편 땅 정착(14:1–19:51)
- 3) 도피성과 레위지파의 정착(20:1–21:42)
- 4) 지속적인 정착의 조건(22:1–24:33)

3. 역사적 배경

가나안 땅은 일찍이 애굽의 지배하에 있었으나 주전 1400년부터 갑자기 그 지배력이 줄어들었다. 가나안에는 일곱 족속이 살고 있었고(수 9:1), 그 종교는 우상숭배와 음행의 특징이 있었다. 그래서 이스라엘은 그들을 쫓아내고 그 관습을 따르지 말아야 했다(신 12:29-31).

4. 신학적 주제

땅: 하나님의 선물

온 땅의 창조주시요, 가나안의 참 주인이신 하나님께서 족장들을 나라를 세우기에 적당한 젖과 꿀이 흐르는 땅의 거류민이 되게하셨다. 그 분은 그 땅을 자손들에게 영원한 기업으로 주시겠다고 약속하셨다. 땅을 차지하는 것은 여호수아에 의해서 드라마틱하게 전개되었다. 정복한 땅은 제비를 뽑아 각 지파에게 할당되었다(민 33:50-54). 그래서 그것은 아무도 빼앗을 수 없는, 양도할 수 없는 소유가 되었다. 그런데 레위지파는 땅을 분배받지 못하고, 그 대신 하나님 자신을 상속받았다. 그래서 영적으로 기업을 이해할 수 있는 길을 열었다. 그들의 직분은 그리스도의 대제사장직을 대망하도록 하는 것이다.

지도자의 연대성

저자는 여호수아를 모세와 결부시키고 가나안 땅에 들어가는 백성을 애굽에서 나온 자들의 대표로 보려고 한다(24:7, 17). 비록 출애굽과 정복이 두 세대 이상 지속되었지만 저자는 이 건국 세대들을 하나로 취급하고 있다. 그는 모세와 그의 종 여호수아를 전 책을 통하여 연결시키고 있다: 예를 들어 하나님은 이 두 사람과 함께 하리라고 약속하셨다(1:5). 두 사람은 이스라엘을 인도하여 물을 가르고 백성을 마른 땅을 건너가도록 하고 백성 앞에 고임을 받았다(3:7). 또 하나님 앞에서 신을 벗었다(5:13-15). 백성이 범죄했을 때 그들을 위해 중보기도를 했다(7:7). 둘은 땅을 소유하고, 분배했다(12:7, 8; 14:1-5). 두 사람은 백성을 축복했다(22:6). 둘은 옛 언약의 중보자 역할을 했다(24장). 이 세대의 사람들은 이 두 사람의 지도하에 출애굽과 가나안 정복 과정에서 하나님의 놀라운 이적을 보고(24:7, 17), 그와 함께 언약을 맺었다. 그들은 하나님이 다스리는 나라의 첫 지도자가 되었다.

하나의 이스라엘

저자는 또한 '온 이스라엘' 또는 그와 비슷한 말을 자주 사용하면서 열두 지파의 결속을 묘사하려고 한다(3:1, 7, 17; 18:1; 22:14). 이스라엘이 요단강을 건넌 후 각 지파에서 나온 열두 사람은 요단강에서 돌을 취하여 국가적 기념물로 삼았다(4:1-9). 이것은 단순한 기념비가 아니고 후손들에게 하나님과 그분의 역사를 가르치기 위함이었다. 그리고 모든 지파가 세겜에서 모세의 언약을 새롭게 갱신했다(8:33, 34). 이것은 이스라엘이 하나의 언약 공동체인 것을 말해준다. 또한 정복이 끝난 후 동쪽 지파의 전사들은 해체되어 돌아갔다(1:14, 15; 22:1-9). 그런데 그들이 오해하여 경쟁적으로 쌓은 단이 다른 아홉 반 지파들 사이에 놀라움을 자아내었다(22:10-34). 이것은 그들이 하나가 되는 것에 대한 방해요소로 작용하는 것에 대한 우려에서 나온 것이다. 이 사건 자체가 그들의 일체감을 반영해주는 것이다.

언약적 임무

여호수아의 세대는 그 역사에서 이 지배적인 주제를 증명해 보였다. 즉 야웨는 족장에게 한 약속을 이행하시고, 이스라엘에게 땅과 안식을 주셨다. 이 책의 요점은 정복 전 서문(1:1-9)에, 정복 후(11:23) 그리고 땅 분배 후(21:43-45)에 놓여 있다. 본서의 끝에 나오는 장례에 대한 기사도 이 진리를 상징적으로 보여준다(24:29-33). 이 거룩한 역사로 인해서 이스라엘의 고백인 '야웨는 하나님' (22:22)이시라는 고백을 하게 되고, 언약을 지키는 동기를 부여받는다(23, 24장). 이 역사는 아직 차지하지 못한 땅(13:1-7; 14:6-15; 19:49, 50)을 소유하도록 격려하고, 반면에 신실치 못한 자들을 핑계치 못하게 한다(18:3). 동시에 언약의 저주를 일깨워준다(23:15, 16; 24:19-24). 이스라엘은 자기편에서 언약의 임무를 수행하고, 야웨를 믿음으로 순종함으로써 그 땅을 차지, 분배, 유지해야 한다.

거룩한 전쟁

언약에 순종하는 것은 이스라엘이 신명기에 명시된 성전의 규칙을 따라 싸워야 하는 것을 의미한다. 야웨께서 전쟁을 주관하시는데 만일 이스라엘이 전 마음으로 순종하면 승리가 보장된다. 하나님은 기적적인 방법으로 개입하여서 여리고 전쟁(6:20)과 기브온 전쟁(10:11, 14)에 관여하셨다. 또 이스라엘 백성을 격려하여 강하게 하기 위하여 전쟁 전에 적군들의 마음이 녹아지게 하셨다(2:9-11, 24).

모든 악한 가나안 사람들은 진멸되어 야웨께 바쳐져야 했다(6:17). 가나안 사람들을 근절하는 것은 죄의 유혹으로부터 이스라엘을 지키기 위해서 계획된 것이다(신 7:1-5). 신앙 공동체의 삶을 위협하는 요소를 제거해야 했다. 온전한 신앙 공동체 유지를 위해서 그들은 완전히 제거되어야 했다. 아간이 정당하게 하나님의 것을 헌납하지 않았을 때 아간과 그의 모든 소유는 파멸당했다(7:1). 하나님은 스스로 전리품을 취하시기도 하시고, 그의 군사들에게 그것으로 상주기도 하신다(8:27). 가나안 사람들은 야웨의 의로운 심판이 임했기 때문에 제거되는 것이지, 이스라엘 사람들이 피에 목마른 자들이기 때문은 아니다. 기생 라합은 회개하고 이스라엘에서 영원한 거처를 발견했다(6:25). 그러나 대부분의 경우 하나님은 심판의 때가 무르익은 가나안 사람들의 마음을 완고하게 하셨다(11:19, 20). 그들의 멸망은 몇 세기 전에 소돔과 고모라 시대의 멸망과도 같이 악한 자의 영원한 심판을 예시한다(마 25:46). 이스라엘이 그들의 땅을 소유한 것은 야웨께서 그 땅을 거룩하게 하시고자 하셨기 때문이다. 그래서 저자는 세겜의 언약갱신 이야기를 전쟁 이야기의 중심에 두었다(8:30-34). 만일 우리가 가나안 사람들에 대한 이스라엘의 심판과 마지막 심판간의 병행을 인식하지 못한다면 우리는 왜 이스라엘이 이렇게 행하도록 교훈을 받는지 모를 것이다.

5. 구속사적 메시지

이 책은 전쟁과 정복 그리고 정복한 땅을 분배하는 사건으로 가득 차 있다. 이 모든 일의 배후에는 야웨 하나님이 계신다. 그분의 명령에 순종하고 또 그분의 도움이 있을 때만 일이 순조로웠다. 이 일은 백성이 임의로 상대를 대항할 수 있는 전쟁이 아니다. 우리는 이 역사의 국면을 족장들에게 한 맹세와 약속의 배경에서 보아야 한다. 그리고 애굽에서의 학대와 거기서 인도하신 것, 또 광야를 통과하는 길고 지루한 여행의 배경에서 보아야 한다. 그래서 '너희 하나님 야웨께서 너희에게 안식을 주시며' 라고 한다(1:13). 이 은혜와 신실성이란 견지에서 여호수아와 이스라엘은 강화되고 용기를 얻는다. 기업을 얻는 길은 전쟁의 길이다. 그것은 진짜 전쟁이다. 야웨의 전쟁이다. 야웨께서 주시려는 땅은 이미 주어진 땅이나 마찬가지다. 그것은 동사가 선언적 의미를 지닌 완료로 쓰인 데서 나타난다.

이런 대규모의 군사적 행동은 백성이 적절한 준비를 갖추어야 했다. 모세가 죽은 후 눈의 아들 여호수아가 지도자로 부름을 받았다. 모세가 신명기에서 그들에게 명령한 것을 다시 한 번 언급한다(1:7, 8). 하나님은 그와 함께 하시겠다고 약속하시고 그를 강하고 담대하게 하시고 율법의 요구를 지킬 것을 명하셨다. 약속의 성취는 항상 믿음의 순종을 통해서 이루어진다. 이스라엘이 가나안 땅을 차지한 것은 믿음의 결과로 주어진 것이다.

하나님의 도움은 요단강을 건널 때부터 나타난다(3:1-4:24). 여리고에서는 전투라고 할 수 없는 이상한 행동으로 승리했다(6:1-27). 제사장이 법궤를 앞세우고 주위를 돈 것은 하나님의 영광스런 임재와 인도를 보여주는 것이다. 아이 성의 전투는 죄로 말미암아 처음에는 패배했다(7:1-8:29). 에발산에서 언약을 갱신하면서 하나님이 약속의 땅 중심부로 인도하셨음을 알려준다(8:30-35). 이런 전쟁의 와중에서 이스라엘의 하나님을 택한 자는 생명을 부지할 수 있었다. 라합(6:25)과 기브온(9:1-27)의 경우가 그렇다. 중부를 진압한 후 남부 동맹군을 무찌르고(10:1-43), 북부의 막강한 동맹군도 정복했다(11:1-15). 이스라엘은 수에 있어서나(신 7:7) 군사력에 있어서 가장 열등한, 노예 출신의 민족임에도 불구하고 약속에 신실하신 하나님의 은혜로 가나안 땅을 정복할 수 있었다.

백성의 불순종으로 말미암아 정복하지 못한 땅도 있지만(13:1-7) 땅 분배를 통하여 백성은 정착생활을 하게 되고 야웨께서 주시겠다는 안식을 누리게 되었다. 이 안식은 이미 여호수아에게서 시작한다. 땅을 분배하는 것은 단순한 토지의 소유주가 되는 것이 아니라 이스라엘에게 특별한 의미가 있다. 그것은 자신과 후손을 위한 삶의 터전 즉 영원한 기업이 되는 것이다.

여호수아는 이스라엘에 대한 야웨의 통치로 끝맺는다. 구속의 새로운 장을 보여주는 이 책은 족장들에게 하신 약속에 신실하신 하나님에게 초점을 맞춘다. 여호수아의 역사에 나타난 하나님의 신실성은 오늘도 여전히 유효하다.

6. 특기사항

정탐꾼과 라합

여호수아는 여리고를 탐지하기 위해서 싯딤에서 정탐꾼을 여리고로 보냈다. 그는 자신이 정탐꾼 역할을 한 경험이 있는 자로서 그 땅을 잘 알고 있었다(민 14:6-9). 이 정탐은 그 도시의 상황을 미리 파악하여 위험에 대비하여 그 성의 강점과 약점을 파악하기 위한 것이다. 그래서 우리는 하나님께서 그 땅을 주시기로 약속하셨다면 이런 정탐이 필요하겠는가 하는 생각이 든다. 그러나 이 정탐은 라합의 입에서 나오는 하나님의 약속의 성취를 미리 듣도록 하기 위함이다: "우리가 듣자 곧 마음이 녹았고 너희로 말미암아 사람이 정신을 잃었나니 너희 하나님 야웨는 위로는 하늘에서도 아래로는 땅에서도 하나님이시니라"(2:11). 하나님은 천하 만민이 이스라엘을 두려워할 것이라고 이미 예언하셨다(신 2:25; 11:25). 정탐꾼이 정황을 통하여 이 사실을 깨닫고 이스라엘이 담대하게 하나님을 의지하도록 하기 위함이다. 정탐꾼의 보고도 바로 그것이었다: "진실로 야웨께서 그 온 땅을 우리 손에 주셨으므로 그 땅의 모든 주민이 우리 앞에서 간담이 녹더이다"(2:24).

결과적으로 볼 때 다른 하나의 목적은 라합과 그 가족을 구하기 위함이었다. 그녀는 창녀였다. 당시 대부분의 창녀들은 손님을 맞을 숙소를 갖고 있었다. 라합의 숙소는 성벽에 있었던 것 같다. 그래서 정탐꾼들은 라합의 집에서 묵었다. 라합은 이스라엘의 하나님이 최고의 신인 것을 고백하고 정탐꾼을 보호했다. 물론 라합의 행위는 거짓말이지만 그것은 하나님을 선택하는 믿음의 행위였다(히 11:31). 라합도 가나안 사람도 야웨를 두려워했지만 오직 라합만 하나님께 무릎을 꿇었다. 그래서 그녀와 그 가족은 구원을 받았다(행 16:33). 결국 라합은 믿음으로 메시아의 반열에서 예수 그리스도의 조상이 되는 복을 누렸다(마 1:5).

법궤의 역할

히브리 민족이 약속의 땅으로 들어갈 때 첫 번째 만나는 자연적 장애물은 요단강이었다(수 3장). 이스라엘이 강을 건너는 시기는 3월 중순이나 4월 초쯤 된다. 성경은 모맥을 거두는 시기라고 했다(수 3:15). 이때는 안티 레바논의 헬몬산의 눈이 녹아서 요단강의 근원으로 내려오기 때문에 수위가 높은 시기이다. 언덕에 물이 넘쳤다고 한다. 과거에 요단강 수위가 정상일 때는 요단강 폭이 30미터 정도 되고 넘치면 요단강 협곡으로 물이 흘러서 3킬로미터 정도 되었다고 한다. 이것은 이스라엘 백성이 자연적인 상태에서는 건널 수 없다는 것을 말한다. 그러나 하나님은 그들이 요단강을 마른 땅과 같이 건너게 하셨다. 법궤를 멘 제사장들이 요단강에 들어섰을 때 강물이 끊어졌다. 이것은 하나님께서 법궤라는 제의기구를 통하여 자신의 전능을 나타내셨다. 그들에게 그것이 우연한 일로 생각지 않은 것은 법궤가 그들은 인도했기 때문이다.

여리고 성이 무너지는 것도 법궤가 앞장서는 상황에서 이루어진 일이다. 이스라엘 백성은 이 일에 아무 것도 기여한 것이 없다. 그냥 법궤를 따라 돌았을 뿐이다. 여리고 성벽이 무너졌을 때 그들은 하나님께서 그 성의 기초를 무너뜨리신 것을 믿었다. 법궤가 그들을 인도했기 때문이다. 이 정복 전에서 법궤는 하나님이 전능을 계시하는 도구로 쓰였다.

할례의식

가나안의 모든 왕들이 이스라엘이 요단강을 마른 땅으로 건너왔다는 소식을 듣고 두려워했다(5:1). 이런 상황에서 또 다른 전쟁 준비를 해야 했는데 그것은 할례였다. 우리 생각에는 정상적인 상태에서도 전쟁을 하기가 쉽지 않은데 할례를 받고 걸음도 걷기 힘든 상황에서 어떻게 전쟁을 하겠단 말인가라는 의문이 생긴다. 그러나 이것은 가장 중요한 전쟁 준비였다. 광야에서 태어난 세대는 할례를 받지 않았다(5:5). 그래서 그들은 할례를 받고 하나님과 언약을 맺어야 했다. 이 할례로 인하여 '애굽의 수치'가 굴러가도록 했다. 이 수치란 애굽에서 종살이 하면서 당한 것을 말한다. 그래서 이 할례를 받음으로써 하나님의 종으로 살게 된다는 의미가 된다. 이 길갈이란 도시의 이름은 '구르다'는 뜻을 가졌는데, 이것이 할례사건과 관련되어 나온 어원과는 무관한 것 같다. 이것은 단순히 재담으로 보인다.

그런데 '부싯돌 칼'로 할례를 행해야 할 일이 무엇인지 궁금하다. 이것은 십보라가 부싯돌로 그 아들에게 할례를 행한 것을 연상시킨다(출 4:25). 하나님의 일을 하기 전에 하나님과의 관계를 회복하는 것이 중요하다는 것이다.

정복의 연대

노트(M. Noth)는 히브리인들이 가나안 땅을 정복한 것이 아니라 목초지를 따라서 이동하다가 평화적으로 정착한 것이라고 한다. 그러나 이 견해는 성경계시와 역사적 사실을 무시하고, 하나의 환상이 그려낸 그림으로 밖에 볼 수 없다. 멘덴홀(G.E. Mendenhall)과 브라이트(J. Bright)는 내란에 의한 정복을 주장하고(라합, 기브온 족속), 갓월드(Gottwald)는 농민의 봉기로 본다. 성경과 고고학적 발굴은 이런 견해를 지지하지 않지만 그 견해는 다양하다.

열왕기상 6:1과 사사기 11:26에 근거해서 정복의 연대를 대략 주전 1400년으로 잡을 수 있다. 그러나 여리고와 하솔에서 나온 고고학적 증거는 다양하다. 특히 하솔의 파괴층은 주전 1400, 1300, 1230년 등이다. 대부분의 학자들은 주전 1300년으로 보지만 분명한 근거는 없다. 사사기 4:2의 하솔에 대한 언급이 여호수아 삼 세대 혹은 사 세대 이후의 일인 것을 고려하면 여호수아 정복을 이보다 이른 연대로 볼 수도 있을 것이다. 아이의 멸망은 역사적 증거가 없지만, 빔슨(Bimson)은 고고학적 연대를 재구성하여 이 성의 멸망을 주전 1400년으로 설정했다. 이것은 정복의 연대가 이른 시기일 수 있다는 것이다. 비록 정복의 연대를 객관적으로 확정하지 못해도 이 책의 신학과 메시지를 듣는데 지장을 받지는 않는다.

레위인의 성읍

하나님은 민수기 18장에서 레위인의 몫에 대해서 규정한 것과는 별도로 그들이 살 수 있는 거처를 할당해 주라고 명령하셨다(21:2). 그들에게 주어지는 것은 성읍뿐만 아니라 '들' 이라고 번역된 목초지도 있다. 특이한 것은 하나님께서 레위인들에게 그냥 자신이 원하는 장소에서 살라고 하지 않으셨다는 것이다. 또한 그들이 성소를 중심으로 살라고도 말씀하지 않았다. 만일 그렇게 되면 레위지파가 점점 자라서 다른 지파의 영역과 마찰이 생길 것이다. 그래서 레위인들은 이스라엘 자손의 모든 지파에 골고루 분산되어 살아야 했다. 비록 그들이 특정한 성읍에 배정이 되지만 이스라엘 전역에 걸쳐서 살게 되었다.

레위인은 성소의 봉사를 위해서 뿐만 아니라 율법을 가르치기 위해서 부름받았다: "주의 법도를 야곱에게, 주의 율법을 이스라엘에게 가르치며 주 앞에 분향하고 온전한 번제를 주의 제단 위에 드리리로다"(신 33:10). 레위인은 전역에 흩어져서 백성이 하나님의 거룩을 지키며 살도록 사역을 해야 한다. 이들에게 주어진 성읍은 마흔 여덟 개다(수 21장; 대상 6장). 아론의 아들들, 즉 제사장들은 유다와 시므온 그리고 베냐민 영역에서 열 성읍을 받았다. 이들은 대체로 성소에 가까운 지역에 집중되어 있었다. 반면에 고핫 자손은 단, 에브라임, 므낫세 반지파에 있는 성읍을 배당받는데 이곳은 팔레스타인 중앙이다. 게르손 자손은 북쪽의 잇사갈, 아셀, 납달리와 요단 동편의 므낫세 반지파 지역에 배속되었다. 므라리 자손은 요단 쪽의 스블론과 동편의 갓, 르우벤 지파의 성읍에 배치되었다.

레위인들은 성읍 이외에 또 목초지가 배당되었다. 그것은 가축을 위한 것이다. 하나님은 레위인들에게 민수기 18장에서 규정한 몫을 주는 것 외에도 숙영지와 생활수단을 제공해주셨다. 이 땅의 크기는 성벽에서 사방 이천 규빗(약 1km)이다. 이 말은 그 성읍의 외곽지역은 사방으로 레위인의 목축을 위한 곳이라는 뜻이다. 이 도시 주변에 그런 목초지가 형성되어 있는지 알 수 없지만 중요한 것은 하나님께서 레위인을 통하여 그의 백성에게 말씀을 전하려는 의도를 이해하는 것이다.

언약갱신

온 이스라엘 백성이 세겜이 모였을 때 여호수아는 언약갱신을 통하여 이스라엘 백성에 대한 하나님의 권리를 제시했다. 지금 온 백성은 여기에 응답하고 야웨 하나님만을 선택한다는 사실을 보여주어야 했다. 여호수아는 먼저 조상에게 주신 약속과 출애굽의 역사와 광야여행을 상기시킨다. 특별히 요단 동편의 전투와 발람 사건을 부각시킨다(24:8-10). 그리고 요단강을 건너 가나안 땅에서 여러 부족을 쫓아내고 점령한 후 정착한 것을 언급하며 그 모든 것이 야웨의 전쟁임을 강조한다(24:11-13).

결론적으로 백성의 결단을 촉구하며 야웨만 믿으라고 주장한다(24:14). 15절은 마치 아무 신이나 섬겨도 좋다는 말로 들릴 수도 있지만 그 길은 생명의 길이 아님을 이미 증명했다(24:2-13). 그리고 그 선택에는 대안이 없다는 것을 강조하며 야웨를 섬길 것을 촉구하고 있을 뿐이다: "오직 나와 내 집은 야웨를 섬기겠노라"(24:15). 여호수아의 고백이 모든 백성의 고백이 되어야 했다. 여기에 대한 백성의 반응은 긍정적이었다: "우리가 결단코 야웨를 버리고 다른 신들을 섬기기를 하지 아니하오리니"(24:16). 그들은 하나님의 은혜를 언급하면서 말했지만 여호수아는 그들이 피상적으로 동의할 수도 있다고 판단하여 그들의 대답을 분명하게 다잡았다. 그는 언약의 성격을 분명하게 제시하면서 백성에게 도전을 주었다: "만일 너희가 야웨를 버리고 이방신들을 섬기면 너희에게 복을 내리신 후에라도 돌이켜 너희에게 재앙을 내리시고 너희를 멸하시리라"(24:20). 여기에 대해서 이스라엘은 다시 야웨께 대한 충성을 맹세했다(24:21). 이렇게 그들은 언약갱신에 참여했다. 그들은 스스로가 증인으로 채택되었다(24:22). 그들이 세겜에서 언약을 맺은 이 모든 일이 하나님의 율법책에 기록되었다(24:26). 언약은 막연하지 않다. 이것이 기록됨으로써 후세대가 당시에 무엇을 동의했는지 정확하게 알게 될 것이다. 그것도 모자라서 돌을 세워서 언약의 증거로 삼았다(24:27). 돌은 말이 없지만 이스라엘 사람들에게 그것이 언약갱신의 사건을 상기시킬 것이다. 또 다른 증거는 임무를 마치고 죽은 여호수아의 무덤이다. 그것은 자기 백성에 위한 하나님의 약속의 성취에 대해서 증거하는 것이다. 마지막으로 언급된 요셉과 엘르아살의 무덤도 같은 기능을 가진다. 궁극적으로 하나님께서 약속을 성취하셔서 구원하신다는 것이다(히 11:40).

사사기

1. 제목과 기록목적

본서는 이 책 제목이 의미하는 대로 사사들(*šᵉfāṭīm*)의 활동을 중심으로 쓰였다. 사사들은 이스라엘에 왕이 없을 때에 카리스마적 영적 지도력을 가진 사람으로서 이스라엘을 구원하고 지도하고 재판하면서 하나님의 뜻을 전달하는 일을 했다. 사사기의 기록 목적은 왕이 없는 시대가 얼마나 비참한가를 보여주고 왕이 필요함을 보여주고, 왕국시대로 가는 준비와 조정과 시험을 통한 구속사의 전진을 보여주기 위함이다.

2. 구조와 내용분류

사사기는 타락-심판-회개-구원이라는 도식을 가진 사사들의 활동과 사사시대를 초래하게 되는 원인으로서 서론과 부록 형식을 취하고 있다. 그래서 종교적, 도덕적 혼란을 다루는 부록은 후반부에 배치되어도 시대적으로 이른 것이다.

a. 서론: 군사적, 영적 쇠퇴(1:1-3:6)

b. 사사들의 활동(3:7-16:31)

c. 종교적 혼란: 미가와 그 신당(17:1-18:31)

d. 도덕적 혼란: 레위인과 그의 첩(19:1-21:25)

3. 역사적 배경

사사시대는 아직도 열강들이 팔레스타인에 실제적인 주도권을 행사하지 않았기 때문에 이 시기의 이스라엘의 압제자는 주로 가나안 국경에 있는 변방의 적들이었다. 아멘호텝 3세 이후 애굽의 통치자들은 유약하여 팔레스타인을 통제하는데 관심이 없었다. 잇단 외국 압제자들은 메소포타미아인, 모압인, 가나안인, 미디안인, 암몬인, 블레셋이었다.

4. 신학적 주제

땅

사사기에서는 땅을 차지하는 사건이 아니라 땅을 차지하지 못한 이유를 보여준다. 그것은 가나안을 완전히 진멸하지 않고 그 신들을 좇았기 때문이다(2:1-3, 20-22). 이스라엘의 불신앙은 가나안 땅에 대한 완전한 영유권을 유보시켰다. 그것은 땅을 주시겠다던 하나님의 언약적 주제가 손상을 입은 것이다.

하나님의 신실성

하나님의 신실성은 끊임없이 반복되는 이스라엘의 배교와는 대조적으로 나타난다. 하나님을 버리고 이방신을 좇는 이스라엘을 버리지 않으시고 이방나라에 붙여서 고통을 받게 하셨다. 이 심판을 통하여 백성이 회개하고 하나님을 찾도록 하셨다. 하나님께서 범죄한 백성을 포기하지 않으신 이유는 그 분의 약속에 근거한다. 그들에게 땅을 주시고 그들로 제사장 나라가 되게 하고 그 나라를 통해서 인류를 구원하시려는 하나님의 계획에 대한 약속 때문이다. 약속에 신실하시다는 하나님의 속성 때문에 자기 백성이 약속의 땅에서 믿음의 진보를 보여주지 못하고 있는 상황에서도 그 백성을 붙들고 계셨다. 이 신실함은 사사들의 활동에서 나타난다. 그들의 사역은 신실하신 하나님의 일을 보여준다.

왕권

사사기의 주제는 왕이 없는 시대가 얼마나 처참한가를 보여주는 것이다. "그때에는 이스라엘에 왕이 없었으므로 사람마다 자기 소견에 옳은 대로 행하였더라"(17:6; 21:25). 왕은 신명기(17:18-20)에서 명한 대로 백성이 율법을 지키도록 함으로써 하나님과의 언약관계를 유지하도록 하는 임무를 가진 자이다. 이런 직분이 없는 시대는 백성이 죄에 빠져 혼란이 야기될 수밖에 없다. 기드온은 왕이 되어 달라는 백성의 부탁을 거절한다. 그러나 이것은 백성이 왕을 구하는 의도가 잘못되었기 때문이다. 하나님은 율법을 세우기 위해서 왕을 세우려고 하시지만 백성은 군사적 목적으로 왕을 구했다. 왕의 제도 자체는 잘못된 것이 아니다. 본서는 왕정을 반대하는 것이 아니라 왕을 요청하고 있다. 그리고 왕이 있었더라면 상황이 달랐을 것이다.

사사직

사사기에서 놓칠 수 없는 신학적 주제는 역시 사사라는 직분이 될 것이다. '사사' 라는 한글 표현은 아무런 의미를 전달하지 못하는데, 여러 번역본은 '재판관' 이라고 했다. 그러나 재판관으로 묘사된 사사는 드보라밖에 없다(4:4, 5). 사사는 이스라엘에 왕이 없을 때에 카리스마적 영적 지도력을 가진 사람으로 이스라엘을 구원하고 지도하고 재판하면서 하나님의 뜻을 전달하는 직책으로 보인다.

이 직분은 하나님께서 임명하시고 종신직이지만 선지자와 마찬가지로 세습되지 않는다. 사사들은 왕과 같이 목자의 역할을 감당하여 백성을 악에서 구원하는 역할을 하지만 그의 권력은 극히 제한되었다. 즉 일정한 수입, 수행 부대, 왕관, 직분 임명권, 조세권, 법률제정권 등을 갖지 않았다. 사사들은 의식적으로 기름부음 받은 자가 아니지만 성령에 의해 직접 기름 부은 받은 자들이다(옷니엘 3:10; 기드온 6:34; 입다 11:29; 삼손 14:6, 19; 15:14). 신약시대와는 달리 이 성령의 역사는 그들이 카리스마적인 능력을 발휘하도록 한 것이다. 사사들은 출신과 자질과 성품에 있어서 문제가 많은 사람들이다. 그들이 구원자의 역할을 함에도 불구하고 그들의 구원은 일시적인 구원에 불과했다. 사사들의 구원하는 사역은 그리스도의 모형으로서 영원한 구원자 예수 그리스도를 대망하도록 한다.

5. 구속사적 메시지

사사시대는 여호수아가 죽은 이후 시작된다(1:1). 백성이 여호수아와 더불어 하나님과 맺은 언약(수 24장)은 이제부터 지켜져야 하는데 처음부터 이 언약은 이행되지 않았다. 이스라엘이 점유한 땅은 결코 균형잡힌 완벽한 하나의 영토권을 구성하지는 못했다. 단지 산악지대를 중심으로 점령했을 뿐이지 평지에서는 전투력을 발휘하지 못했다. 특히 블레셋의 철병거(수 17:16; 삿 1:19) 때문에 평지와 해안지대, 이스르엘 평원은 이스라엘 권한 밖이었다. 그 지역에 사는 사람들은 가나안 사람들과 뒤섞여 살 수 밖에 없었다(1:31f.). 예루살렘의 경우는 산악지대지만 서쪽 지역만 점령한 것으로 보인다. 그들은 그곳 거민들을 쫓아내지 않고 그들과 함께 살았다. 이것은 이스라엘의 일치된 생활과 통일에 항상 위협이 되었다. 하나님은 그 거민들을 서서히 쫓아내라고 하셨으나(출 23:29) 그들은 아예 쫓아내지 않았기 때문에 보김에 나타난 야웨의 사자에게 책망을 받는다(2:1-5). 그들을 내쫓겠다고 약속하신 야웨께서는 의도적으로 그 거민들을 이스라엘을 시험하기 위한 도구로 삼으셨다(2:21, 22). 이스라엘이 바알과 아스다롯 숭배의 영향을 받음으로써 야웨를 슬프게 했다.

하나님은 점점 더 큰 진노로 이 백성과 그 백성의 재산까지 이스라엘을 괴롭히는 가나안 거민들의 손에 넘겨 버렸다. 그때 고통 중에서 그들이 야웨께 부르짖으면 그분은 그들을 구원하기 위해서 사사들을 일으키셨다.

사사기에 나타나는 타락-심판-회개-구원의 도식은 백성에게 훈육적인 교훈을 주기 위한 고대 민담이 담긴 그런 도식이 아니다. 그것은 그 백성이 계속 되풀이한 안타까운 현실이었다. 백성은 점점 더 심한 죄에 빠지고, 여러 가나안 민족으로부터 더 가중한 압박을 받는다. 이스라엘이 하나님을 부를 때 그분은 백성을 불쌍히 여기시고 구원자를 부르셨다. 그들은 옷니엘(메소포타미아), 에훗(모압), 삼갈(블레셋), 드보라와 바락(하솔), 기드온(미디안), 입다(암몬), 삼손(블레셋) 등이다. 이들의 일시적인 구원사역은 그리스도의 영원한 구원사역의 모형이 된다.

이 책에 나타난 하나님의 계시역사는 우리에게 이스라엘은 참된 언약의 하나님을 모시고 있다는 것을 보여준다. 여호수아가 가나안 입성 때 한 것과 같이 그 후손들은 언약의 하나님을 기억하지 못했다. "그때에 이스라엘에 왕이 없었으므로 사람마다 자기 소견에 옳은 대로 행하였더라"는 말은 '왕이 있었더라면 달랐을 텐데' 라는 여운을 남긴다. 그러나 이것이 사사시대의 특징이다. 아무도 율법을 준수하지 않은 무질서한, 어두운 시대에 왕이 요청된다는 것이 사사기의 메시지다.

6. 특기사항

골짜기의 철병거

사사기 1장은 이스라엘이 가나안 땅을 점령하지 못한 이유를 설명하면서 유다지파가 "골짜기의 주민들은 철병거가 있으므로 그들을 쫓아내지 못하였다"고 한다(19절). 우리나라 사람들이 통상적으로 알고 있는 산속의 골짜기나 능선에 대한 대조적인 개념으로 계곡을 떠올리면 이 본문을 이해하기 어려울 것이다. 그런 골짜기에서는 전차가 기동할 수 없기 때문이다. 여기서 '골짜기'(`*emeq*)란 말은 산지와 대조적으로 쓰인 '저지대'란 뜻이다. 이 말은 이스르엘 평원을 가리킬 때도 쓰였다(삿 6:33; 호 1:5). 그래서 이 골짜기는 광활한 평원으로서 전차가 기동하기 적합한 지역이다. 사울이 이스르엘 평원에서 치른 블레셋과의 전투에서 최후를 맞이한 것은 전차의 기동력과 관계가 있다(삼상 1:6). 다윗이 싸웠던 엘라 골짜기도 산속의 좁은 계곡이 아니라 가드와 소고 사이 즉 유다와 블레셋을 가로질러 흐르는 엘라 와디를 중심으로 펼쳐진 평지에 해당하는 지역이다(삼상 17:2). 여호수아가 남부 동맹군과 전투한 지리적 배경의 일부가 되었던 아얄론 골짜기도 평지에 가까운 지형으로 이해해야 할 것이다(수 10:12). 특별히 사사기 1장에서 유다가 점령해야 하는 지역이라면 이 지역은 블레셋 사람들이 거하는 평야지대를 가리킬 것이다. 이 지역은 서부해안 지역과 중앙고산지대 중간에 위치한 쉐펠라라고 하는 곳이다. 이 쉐펠라라는 말은 우리말로 골짜기, 평지 등으로 번역될 수 있는 말로서 유다산지의 서쪽 변방에 위치한 저지대에 대한 전문용어이다. 한글 번역 '골짜기'라는 말은 지형의 특징을 말할 때 틀린 말은 아니지만 우리의 경험과 다르기 때문에 가끔 혼동이 생긴다.

사사들의 활동과 기간

압제자	압제기간	사사	평화기간	전체기간	본문
구산리사다임	8	옷니엘	40	48	3:8, 11
에글론	18	에훗	80	98	3:14, 30
야빈	20	드보라(바락)	40	60	4:3; 5:31
미디안	7	기드온	40	47	6:1; 8:28
		아비멜렉	3	3	9:22
		돌라	23	23	10:2

압제자	압제기간	사사	평화기간	전체기간	본문
		야일	22	22	10:3
암몬	18	입다	6	24	10:8; 12:7
		입산	7	7	12:9
		엘론	10	10	12:11
		압돈	8	8	12:14
블레셋	40	삼손	20	60	13:1; 15:20; 16:31
	111		299	410	

〈표1 : Daniel I. Block〉

물론 전체기간을 사사시대 전 기간으로 볼 수는 없을 것이다. 여기는 서로 겹치는 기간이 있기 때문이다. 예를 들어 입다와 삼손의 사역은 시기적으로 겹치는 부분이 있다.

바알사상

바알이란 말 자체는 기본적으로 주인 또는 남편을 의미한다. 신격에 적용되는 명칭은 보통 농사를 관장하는 폭풍의 신을 가리킨다. 가나안 신화에서 바알은 모트(죽음의 신)와 얌(바다의 신)과 함께 엘과 아세라 사이에서 난 칠십 자손 가운데 한 신이었다. 바알을 종종 복수로 제시하는 것은 다수의 여러 신을 가리키는 것이 아니라 한 날씨 신의 여러가지 발현을 언급하고 있는 것이다. 가나안 사람들은 땅의 비옥함이 이 신의 축복에 달려있다고 생각했다. 바알상은 주로 선돌로 제시되었고, 아스다롯은 큰 가슴과 두드러진 성기가 조각된 여성상으로 묘사되었다.

사실 고대근동 국가의 신이 그렇듯이 바알도 자연의 능력을 의인화한 것이다. 바알사상에 의하면, 우주는 그 자체로 생명력을 지닌다는 것이다. 세상은 궁극적으로 바알과 아스다롯이라고 하는 남성과 여성의 결합의 결과다. 바알-아스다롯 종교는 풍산과 밀접한 관련이 있다. 바알의 종교에서 풍요를 얻는 방법은 방탕한 성적인 행위를 통해서 자연신인 바알과 아스다롯을 자극하고 그 둘의 결합의 결과로 사람과 동물, 곡물의 풍요를 얻는다고 한다. 바알종교는 본성을 충동하는 데서 풍요를 얻을 수 있다고 한다. 바알사상은 자연이 모든 생명의 시여자라는 신념인 진화론이다. 바알주의는 하나님의 창조와 섭리, 그분의 계시를 거부하고 본능적 욕구를 따르도록 하는 모든 종류의 세속적 인본주의를 가리킨다.

사사들에게 임한 성령의 사역

사사기에는 옷니엘(3:10), 기드온(6:34), 입다(11:29) 그리고 삼손(14:6. 19; 15:14)에게 성령이 임했다고 한다. 사사들에게 임한 성령의 사역은 소명과 관련된 것이고, 그들이 사사의 직분을 갖고 그 사역을 감당하도록 하기 위한 방편이다. 특별히 사사직은 세습되는 것도 아니고 선지자와 왕과 같이 공식적인 의식을 통한 옹립으로 이루어지지도 않는다. 다만 성령의 임재를 통한 영적인 카리스마를 보여주는 것이 자신의 직분을 확인하는 것이 된다.

사사들에게 임한 성령의 사역은 신약시대의 성령의 사역과 다르다. 그들에게 성령이 임하였다고 해서 그들의 인격이 변화되고 삶이 달라진 것은 아니다. 그들은 여전히 연약한 인간으로 죄 가운데서 활동했다. 그것은 입다와 삼손에게서도 확인할 수 있다. 그래서 사사들에게 임한 성령의 사역은 구원이나 성화와는 상관없이 그들의 소명과 직분을 수행하는 것에 한정되었다.

입다의 서원

입다는 "내가 암몬 자손에게서 평안히 돌아올 때에 누구든지(무엇이든지) 내 집 문에서 나와서 나를 영접하는 그는(것은) 야웨께 돌릴 것이니 내가 그를 번제물로 드리겠나이다"(11:31)라고 했다. 이 서원에 대해서는 많은 논쟁이 되었다. 즉 본문에 나타난 대로 입다가 인간번제를 서약할 이유가 없다는 것이다. 그래서 이것은 사람을 염두에 두고 말한 것이 아니라 동물제사를 염두에 둔 것이라고 주장하는 이도 있다. 그러나 동물이라면 분사, '나오는 자'를 히브리어로 여성형으로 써야 했다. 또 입다는 지금까지 보았듯이 하나님에 대한 바른 믿음을 가지고 있고, 이스라엘 역사와 말씀에 대한 지식도 있는데 그런 자가 율법에서 금한 인간번제(레 18:21; 20:2)와 같은 이교도의 제사의식을 서원의 내용을 삼을 수 없다는 것이다. 그래서 그것은 야웨의 집에 종신으로 봉사하는 자로 드린다는 것으로 해석해야 한다고 주장한다. 그러나 이것은 문법과 문맥에 맞지 않다. 그는 분명히 하나님의 영을 받은 사람이다. 그러나 그것이 그의 실수에 영향을 미치지는 않는다. 또 신약에서 그의 업적을 기리고 있지만(히 11:32) 그는 성급했고 이 점에 있어서 어리석었다. 입다의 서원은 하나님께 가장 귀한 것을 바쳐야 한다는 원칙이 잘못 적용된 것으로 볼 수 있다.

입다가 승리한 후 입다의 딸이 춤을 추며 그를 맞이하였다. 본문은 그 딸이 무남독녀임을 강조한다. 이것은 그의 서약의 결과가 더 충격적임을 뜻한다. 딸의 영접에 대한 입다의 반응은 매우 절망적이었다. 이것은 단순히 딸을 처녀로서 하나님의 성막에 평생을 바쳐야 하는 것에 대한 반응으로 보기는 어렵다. 그의 성급한 서원이 이런 불행을 가져온 것이다. 그렇지만 그는 서원을 지킬 수밖에 없었다. 그것은 하나님께 한 엄중한 서원이기 때문이다(신 23:21-23). 인간제사는 원래 풍산제와 관계가 있는 것으로 요단 동편 비이스라엘 사람들 사이에 행해진 것으로 보인다. 이것은 한때 이스라엘에 받아들여져 거행되었으나(왕하 16:3; 21:6) 후기에는 거절되었다.

입다의 딸이 처녀됨으로 인하여 그녀의 친구들은 산에서 두 달간 애곡하며 위로했다. 생명을 다하지 못하고 처녀로 죽는 것을 너무도 애석하게 생각했던 것이다. 원문에는 '죽음'이란 말이 없다. 그러나 이 상황은 단순한 헌신 이상을 의미하는 것이다. 하나님의 성막에서 봉사하기 위해서 바쳐지는 친구를 위해서 이렇게 애곡할 필요는 없을 것이다.

룻기

1. 제목과 기록목적

본서는 구약에서 이방인의 이름이 제목으로 붙은 유일한 책으로서 주인공의 이름 룻(*rūṯ*)을 따라 붙였다. 본서의 기록 목적은 왕이 없어서 혼란에 빠진 사사시대에 룻과 보아스의 믿음을 통하여 왕이 오신다는 메시지를 주기 위함이다. 아울러 구속을 향한 하나님의 특별한 섭리는 천하 만민이 복을 얻을 것이라는 하나님의 약속의 성취에 시각을 맞추어서 왕이 오신다는 사실을 알리는 것이다.

2. 구조와 내용분류

a. 모압 이주와 베들레헴 귀향(1:1-22)

b. 은혜를 입은 룻(2:1-23)

c. 믿음, 결심 그리고 행동(3:1-18)

d. 결혼과 그 결과(4:1-22)

3. 역사적 배경

룻기의 배경은 사사시대다(1:1). 룻기는 이스라엘에 종교적인 타락(삿 17장)과 도덕적 타락(삿 19장)이 만연한 사사시대의 특징을 보여주는 사사기와는 대조적이다. 이 책은 배교와 죄 그리고 불신의 시대에 생명을 주는 믿음의 오아시스와도 같다.

4. 신학적 주제

기근

한 이스라엘 가정이 기근이란 상황 때문에 이방의 땅 모압으로 이주한다. 기근은 족장 시대부터 자주 있었다. 아브라함과 이삭이 기근을 만났고, 야곱은 기근을 피해 온 가족을 거느리고 애굽으로 이주하고, 거기서 노예로 압제를 받았다. 그 기근이 하나님의 구원역사를 이끄는 동기가 되었다. 개인적으로 엘리멜렉의 가정은 하나님의 심판으로 주어진 기근을 피해서 약속의 땅을 떠난 것이 고난을 초래했다. 이 책에서 동일한 하나님께서 어려움에 처한 두 여인을 도우시고, 슬픔과 죽음을 극복하고 기쁨과 생명을 얻도록 하신다.

결혼

결혼이란 이 책의 또 다른 중심주제다. 적어도 나오미의 생각에는 그랬다. 나오미는 스스로 너무 늙어서 결혼할 수 없다고 생각했기에 두 자부에게 자신을 따르지 말라고 했다. 손자가 태어난다면 그녀는 삶의 새로운 즐거움을 얻을 것이고, 하나님의 섭리에 의해서 엘리멜렉의 유업을 합법적으로 받을 수 있을 것이다. 이것이 그녀의 바램이었다. 모압에서 온 젊은 과부 룻은 시모와 자신의 운명을 함께 할 생각으로, 이스라엘의 신앙을 받아들였다. 룻의 재혼은 합법적이고, 정당하며, 또한 명백한 의무였다. 룻은 나오미를 공양하기 위해서라도 시모를 한 가족의 일원으로 맞아줄 남편이 필요했다. 그 때문에 이 이야기는 특색이 있는 러브 스토리처럼 전개될 수밖에 없었다. 나오미의 인도로 이 일이 아주 특별한 사건임을 알 수 있다. 룻은 자기 또래의 적당한 청년을 만나 결혼할 수도 있었을 것이다. 그러나 그것으로는 가족 재산과 관련된 나오미의 문제를 해결할 수 없고 기업이 엘리멜렉에게 돌아가지 않았을 것이다. 룻이 죽은 남편의 가족 중 한 사람과 결혼함으로써 자신은 물론 나오미의 생명을 안전하게 지켜주었다. 룻의 이타적인 사랑은 그녀가 신뢰하는, 이스라엘에 대한 하나님의 사랑을 반영한다.

기업무름

기업을 무른다는 것은 구속(*gō' ēl*)하는 것이다. 그것은 손상되고 잃어버린 것을 원상태로 되돌리는 것이다. 나오미는 친족인 보아스가 모압에서 죽은 말론의 미망인과 결혼할 것과 결국은 잃을 수도 있는 자신의 재산을 사줄 것을 기대하고 있었다. 율법 규정은 슬픔을 당한 유가족에게 호의적이고, 결혼해서 태어난 아들이 엘리멜렉의 재산을 상속하고 자신의 혈통을 존속할 것을 보장한다. 법이 없는 시대에 율법을 준수한 것은 희망이다. 보아스가 우선권을 준 더 가까운 친척은 자기 재산에 해를 당할까봐 기업 무를 자의 권리를 포기하지만(4:6) 보아스는 그 일에 희생이 따른다 할지라도, 넓은 마음으로 그 가족의 책임을 떠맡았다. 장로들은 무조건 그 일을 승낙했고, 베들레헴 사람들은 그들이 공동체 안에서 번영을 누리고 룻이 자녀를 갖도록 축복했다.

왕이 오심

이 책의 마지막에서 이스라엘의 기도는 완전히 이루어졌다. 그것은 어느 누구도 상상하지 못했던 것이다. 왕을 구하는 이스라엘의 소원은 사울이 죽은 다음 다윗을 통해서 이루어졌다. 보아스와 룻 사이에서 태어난 오벳의 손자 다윗을 통해서 성취되었다. 다윗은 많은 실수가 있었지만 왕국을 세우고, 예루살렘을 건설하고, 오는 모든 세대의 이상적인 왕으로 인정받았다. 하나님은 나오미, 룻과 보아스의 사랑과 순종을 받으시고 그것을 하나님의 영원한 목적에다 접목시키셨다. “나를 사랑하고, 내 계명을 지키는 자에게는 천대까지 은혜를 베푸느니라”(신 5:10). 메시아는 이 반열에서 탄생하셨다.

5. 구속사적 메시지

사사기는 왕이 없는 시대의 현실을 보여준다. 반면에 룻기는 왕이 오시는 길을 보여준다. 그 길은 하나님의 신비로운 손길이 인간의 믿음과 연결되는 데서 나타난다. 사사들이 통치하던 시대이긴 하지만 룻기에는 예상되는 타락과 혼란은 사라지고 태풍의 눈과 같은 고요를 느끼게 한다. 그것은 하나님의 영원한 계획을 믿음을 통해서 잠잠히 수행하시는 신중함이 나타나는 느낌이다. 룻은 이방여인으로서 처음부터 기회를 부여받지 못한 자였다. 그러나 결혼을 통해서 그가 이스라엘의 신앙을 알았을 때 불행 가운데서도 그 믿음에 자신의 미래를 맡겼다(1:16). 그녀의 결정은 하나님과 이스라엘 공동체, 개인적으로는 시모에 대한 사랑과 율법에 대한 순종에 근거한 신앙고백이다. “그 때에 이스라엘에 왕이 없었으므로, 사람마다 자기 소견에 옳은 대로 행하였더라”는 시대적인 특징이 룻기에서는 개인적이라기보다는 공동체적인 성격이 두드러진다. 시모와 남편의 동족에 대한 애착은 하나님의 백성에 대한 사랑을 보여준다. 룻에 대한 나오미의 기대는 항상 하나님의 율법에서 보장하는 권리를 따른 것이다. 보아스가 기업을 무르는 과정도 정욕이나 불륜이 아니라 율법을 따른 희생적 사랑으로 그 책임을 감당한다. 이들은 모두 율법에 대한 믿음의 순종을 따라 행동했다. 이것은 사사시대의 특징과 전혀 무관한 것이다. 시대적 흐름에 역행한 것이다. 하나님은 이들을 사용하셔서 새로운 미래를 여셨다.

룻이 보아스와 결혼한 것은 개인의 행복과 관련된 것이지만, 그가 낳은 아들 오벳(섬기는 자)은 하나님을 섬기는 새로운 세대를 시사하며 사사시대의 불신앙의 위기와는 대조를 이루는 것이다. 오벳의 손자 다윗으로 인하여 왕이 없는 사사시대의 혼란과 비극은 끝나고 왕의 통치로 말미암아 백성이 하나님의 은혜 아래서 복을 누리게 된다. 룻기는 이방인에게도 구원의 복음이 적용되는 구약의 오순절이라고 볼 수 있다. 또한 이 여인을 통해서 아브라함에게 하셨던 인류 구원의 약속이 더 구체화 되었다. 하나님은 개인의 삶과 인간 역사에서 믿음을 통하여 자신의 선하신 구속의 목적을 이루신다.

6. 특기사항

기근과 이주

룻기에서 일어난 사건의 발단은 그 땅에 기근이 있었다는 것이다. 이 사건을 대할 때 우리는 그것이 흔히 있는 일이기 때문에 유다 땅에도 기근이 있을 수 있다고 생각한다. 또 그럴 때는 양식을 구하기가 용이한 이방 땅으로 이주하여 이방인으로 살 수 있다고 생각한다. 과거에 족장들도 그렇게 했고, 이 경우는 모압이 그렇게 멀리 떨어져 있는 지역도 아니고 유다의 형편이 나아지면 이방인으로 살다가 또 다시 돌아오면 된다고 생각하기 쉽다.

그러나 그런 생각은 잘못이다. 그 기근은 일반적인 기근이 아니었다. 하나님의 백성은 기근을 만날 때 아주 진지하게 생각해야 했다. 왜냐하면 하나님은 이스라엘 백성이 약속의 땅에 들어가기 전에 이 부분에 대해서 정확하게 말씀하셨기 때문이다. 신명기는 하나님의 백성이 야웨의 명령을 지켜 행하면 풍족한 땅의 소산을 허락하신다고 말한다(28:11, 12). 그들이 기근을 당하는 것은 죄의 결과였다. 이 일이 사사시대에 일어났다는 것은 충분히 납득할 만하다. 백성은 기근을 만나면 자신의 죄를 회개해야 했다. 족장들이 기근을 만나서 이주하는 것과 엘리멜렉이 이주하는 것은 경우가 다르다. 왜냐하면 이스라엘은 가나안 땅을 기업으로 받았기 때문이다. 엘리멜렉의 가정은 양식을 얻는 것이 하나님의 언약을 지키는 것보다 더 중요하게 여겼다.

나오미의 믿음

엘리멜렉의 가정은 우상을 숭배하는 가정은 아니었다. 그들은 야웨 하나님을 믿었다. 그렇지만 야웨 하나님에 대한 그들의 믿음은 분명하지 않았다. 적어도 언약을 굳게 지키는 가정은 아니었다. 나오미는 남편이 죽은 후에 아들들이 모압 여인과 결혼을 할 때 아무런 저항을 하지 않았다. 이것은 그녀가 자녀들을 하나님의 언약의 말씀을 따라서 양육하지 않았다는 증거가 된다. 물론 그녀가 기본적으로 하나님에 대한 지식을 가지고 자녀들과 대화를 했겠지만 그것은 피상적이었다. 나오미가 하나님의 언약을 지키는데 충실하지 못했다는 것은 자부들과 나누는 대화에서 나타난다.

나오미가 베들레헴으로 돌아가고자 했을 때 자신이 경험자로서 그 젊은 자부들이 낯선 땅에 사는 것을 얼마나 힘든 일인가를 잘 이해했다. 그래서 현실적인 판단에 근거해서 그들이 모압의 어머니 집으로 돌아가라고 한다. 그것은 잘못된 것이다. 오르바와 룻은 엄연히 엘리멜렉의 가족에 속해 있으므로 하나님의 백성 가운데 있었던 것이다. 나오미는 '가자, 함께 야웨께 돌아가자' 고 말해야 했다(시 122:1). 그런데 나오미는 그들에게 덕담을 하면서 그들이 남편의 집에서 '안식' 을 얻기를 원한다고 했다. 안식은 약속의 땅에서 얻을 수 있는 것이다(수 1:13, 15; 22:4). 자부들을 위한 안식은 둘째 이방인 남편의 집에서 찾을 수 있는 것이 아니다. 또한 나오미가 계대결혼을 언급하는 것은(12-13절) 그녀가 하나님의 율법을 알고는 있었다는 것이다. 그러나 그녀는 이 법이 문자적으로만 적용되지는 않는다는 것을 몰랐다. 며느리들에 대한 나오미의 설득은 현실적인 것이지만 믿음에서 비롯된 것이 아니었다. 나오미는 오르바의 경우를 예로 들면서 "보라 네 동서는 그의 백성과 그의 신들에게로 돌아가나니 너도 너의 동서를 따라 돌아가라" 고 했다(15절). 정말 충격적인 표현이 아닐 수가 없다. 나오미는 이스라엘의 하나님과 이방 신들 간의 차이를 보지 못했다. 그녀는 종교 다원주의 입장을 취했다. 나오미는 각자가 자신의 신들을 섬기고 사는 것을 인정한 셈이다. 실제로 오르바는 그의 백성과 그의 신들에게로 돌아갔다. 이것은 그녀에게 영원한 심판을 의미한다. 나오미는 여기에 대한 책임이 있다고 말할 수밖에 없다. 나오미의 행위는 결코 귀감이 되지 않는다.

엘리멜렉과 보아스의 아들

룻기의 결론은 베레스에서 시작해서 다윗으로 마치는 계보로 맺는다. 그런데 이해할 수 없는 것은 엘리멜렉의 이름이 나타나지 않는 것이다. 계대결혼의 의미는 이름을 잇는 것이다: "그 죽은 자의 기업을 그의 이름으로 세워야 할지니라"(4:5). 그러나 '엘리멜렉의 아들, 말론의 아들, 오벳' 일 것이라는 독자의 기대와는 달리 '보아스가 오벳을 낳았다' 고 한다(4:21). 이것은 분명히 모순으로 여겨진다.

우선 본문에 나타난 계대결혼의 특징은 세 가지로 요약된다. 첫째, 나오미가 그 아이를 품고 양육자가 된 것은 그녀의 권리이기 때문이다(4:16). 둘째, 여인들은 '나오미에게 아들이 태어났다' 고 했다(4:17). 이것은 나오미가 끝난 가문이 아니라 오벳으로 인하여 그녀의 세대가 펼쳐진다는 것이다. 셋째, 룻기의 저자는 나오미의 아들이 이새의 아버지라는 것을 강조한다. 그래서 이스라엘의 위대한 왕 다윗은 두 가족에게서 나왔다는 기억이 생생하게 남아 있었다. 그는 엘리멜렉의 아들인 동시에 보아스의 아들이었다.

계대결혼의 법은 분명히 영예로운 것이다. 그러나 이 계보에서 엘레멜렉의 세대를 세우신 하나님께서 보아스의 계보에 오벳을 배치하셨다. 그래서 보아스를 다윗의 조상, 그리스도의 조상이 되게하셨다. 하나님은 믿음으로 신실하게 언약의 의무를 이행한 기업 무를 자에게 영예가 돌아가게 하셨다. 그것이 하나님이 기뻐하신 뜻이었다.

사무엘

1. 제목과 기록목적

이 책의 주인공은 다윗이지만 책의 명칭은 사무엘(*šᵉ mû'ēl*)의 이름을 따라 붙였다. 그것은 그가 첫 부분의 주도적인 인물이고 사울과 다윗에게 기름을 부음으로써 이스라엘 왕직 설립에 산파 역할을 했기 때문이다. 처음에는 이 두 권의 책이 한 권으로 분류되었으나 칠십인 역에서 두 권으로 나누어졌다.

본서의 목적은 왕국 설립과 왕을 세우기 위한 사무엘의 역할 그리고 다윗 왕국을 서술한 것이다. 특별히 사무엘은 사사이자 선자자로서 사사시대와 초기 왕국을 연결하는 가교 역할을 한다. 이 책은 하나님의 주도적인 역사로 말미암아 백성을 은혜로 인도할 왕이 오는 과정과 왕국을 통치하시는 하나님을 보여준다. 그 왕의 직분을 통해 미래의 구원을 바라보도록 한다.

2. 구조와 내용분류

a. 사무엘상
- 1) 사무엘의 탄생과 초기 사역(1:1–7:17)
- 2) 사무엘과 사울(8:1–15:35)
- 3) 사울과 다윗(16:1–31:13)

b. 사무엘하
- 1) 다윗의 초기 통치(1:1–8:18)
- 2) 다윗 왕과 궁전생활(9:1–20:26)
- 3) 다윗 말년의 통치: 문제와 전망(21:1–24:25)

3. 역사적 배경

사무엘서는 정치적으로 사사시대 말기로부터 시작된다. 종교적으로 타락하고(2장) 정치적으로 백성이 왕을 구하는 불안정한 상태였다(8장). 이 시기에 가장 위협적인 대적은 블레셋이었다. 문화적으로 앞선 블레셋은 법궤를 빼앗고(4-6장) 철기문명을 독점했다(13장). 이스라엘에 초대 왕이 등극하지만 결국 실패한 왕정으로서 블레셋에게 패하고 말았다. 그러나 다윗이 왕이 됨으로써 이스라엘의 국운이 달라졌다. 다윗은 블레셋을 포함한 주변의 모든 국가를 복속시켜서 하나의 작은 제국을 이루어 이스라엘 역사에서 최고 강대국을 만들었다. 메소포타미아의 아시리아와 바빌로니아 그리고 엘람과 같은 강대국들이 서로 각축전을 벌이며 팔레스타인 지역에 관심을 가지지 못할 때 이스라엘은 아무런 제한을 받지 않고 발전할 수 있었다.

4. 신학적 주제

믿음

사무엘서는 하나님께서 믿음을 통해서 구속의 역사를 진행하신다는 사실을 잘 보여준다. 그것은 하나님의 계시역사가 처음부터 엘가나 가정의 믿음과 접속이 되는 데서 알 수 있다. 한나는 경건한 여인이었고 이스라엘의 타락을 슬퍼하는 중에 이스라엘을 구원할 지도자를 구한다. 그 기도는 이스라엘의 왕권을 좌우하는 믿음의 기도였다. 그 결과로 얻은 사무엘은 사사시대를 마감하고 왕이 오는 길을 예비한다. 그것은 한나의 노래의 내용에서 확인된다. 이 노래는 하나님의 백성이 위기에 처할 때 불러야 했던 모세의 노래와 연장선에 있는 것이다.

사무엘서는 믿음 없는 엘리, 홉니, 비느하스, 사울과 같은 직분자를 폐하고 사무엘이나 다윗과 같이 믿음으로 사는 자를 중심으로 기록되었다. 미갈은 메시아의 어머니가 될 수 있는 특별한 기회를 부여받은 신분의 소유자이지만 그의 불신앙으로 말미암아 그 기회를 박탈당한다(삼하 6:20-23). 본서는 다윗조차도 믿음을 저버릴 때 가혹한 심판을 받는다는 것을 가감없이 보여준다.

직분의 수행을 통한 왕국설립

제사장

사사시대에는 하나님과 백성 간의 중보자 역할을 하는 제사장의 기능은 사라졌다. 사무엘상에 나타난 제사장인 엘리 그리고 홉니와 비느하스는 백성을 하나님 앞으로 인도하기보다는 하나님께 나아가는 길을 막는 역할을 했다. 이것은 하나님의 계획에 정면으로 대치되는 것이기에 하나님은 제사장 직분의 타락을 심각하게 여기시고 개혁을 주도하셨다. 홉니와 비느하스는 '벨리알'로서(2:12) 야웨의 제사를 멸시하고(2:17), 성소를 가나안 종교적 관행으로 더럽히는 일을 했다(2:22). 그러나 엘리는 이 일을 개혁하려는 의지가 없었고, 그들을 징계하지도 않았다. 그 결과 야웨는 사무엘을 불러서 엘리 가문의 몰락을 예언하도록 하셨다(3:12-14). 지도자에 대한 심판은 백성에 대한 하나님의 사랑 때문이다. 엘리 가문에 대한 심판으로 말미암아 왕 앞에 충성스러운 제사장 사독이 등장하게 된다(2:35). 제사장 직분은 그 자체로 고유성을 지닌다. 그래서 사울이 제사장의 고유한 영역을 침해한 것은 그가 몰락하는 계기가 된다(삼상 13장).

선지자

구약의 선지자의 원형은 모세에서 찾을 수 있지만(신 13:1-5) 성경은 사무엘이 최초의 선지자라고 말하고 있다(행 3:24). 그가 소명을 받은 시기는 이스라엘이 언약을 성실히 준수하지 못하고 약속된 안식이 보류된 때였다. 이것은 어둠에 빛을 던져주는 사건이 된다. 하나님은 사무엘을 부르시면서 제사장직의 개혁을 단행하고(삼상 3:11-14), 왕이 오는 길을 여셨다. 하나님이 원하시는 왕직을 수행하는 데는 선지자의 활동이 결정적이다. 그래서 하나님은 사사시대를 청산하고 왕국시대를 여는 전야에 사무엘을 부르셨다.

그는 선지자로서 모세의 정신을 구현하였다(렘 15:1). 하나님의 종으로서 그의 개인적(삼상 9:6), 국가적(7:2-4; 8:1-22) 사역은 인정을 받았다: "단으로부터 브엘세바까지의 온 이스라엘이 사무엘은 야웨의 선지자로 세우심을 입은 줄을 알았더라"(3:20). 블레셋의 압제를 받는 상황에서 그는 이스라엘에 큰 희망을 주었다. 특별히 국가의 안녕에 대한 관심(삼상 7:13-17)과 다윗에게 기름 붓는 데서(삼상 16장) 그는 신정정치의 수호자로 나타났다. 사무엘의 유산은 역대하 35:18과 시편 99:6에 다시 나타난다.

왕

사사기가 왕이 없는 시대의 혼돈시대를 보여준다면 룻기는 왕이 오시는 길을 보여준다. 그리고 사무엘서는 왕이 실제로 오는 것을 보여준다. 왕직은 처음부터 하나님께서 허락하신 것이다(신 17:14-20). 왕직은 백성이 율법을 지키도록 하는 역할을 해야 한다. 백성이 사무엘에게 왕을 구하는 것은 그 의도가 잘못 되었기 때문이다: "우리도 다른 나라들같이 되어 우리 왕이 우리를 다스리며 우리 앞에 나가서 우리의 싸움을 싸워야 할 것이니이다"(삼상 8:20). 그러나 하나님은 그들의 강청을 거절하지 않으셨다. 그러나 그런 기도의 응답이 결코 복이 될 수는 없다: "그날에 너희는 너희가 택한 왕으로 말미암아 부르짖되 그날에 야웨께서 너희에게 응답하지 아니하시리라"(8:18). 사무엘서의 초반부에서는 왕이 오는 길을 열기 위해서 직분을 개혁하시고 선지자 직분을 세우셨다. 왕에게는 바른 제사장과 선지자가 필요하기 때문이다. 그렇지 않으면 이방 왕과 같이 권력을 행사할 것이기 때문이다.

시온

다윗이 예루살렘을 정복하고 그곳을 수도로 정하고 거기에 법궤를 옮김으로써 시온은 이스라엘의 신앙에 중요한 장소가 되었다. 시온은 왕이 거하는 처소로서 백성의 삶의 근거가 된다(시 133편). 이곳은 처음에는 '다윗 성' 으로 알려졌으나 예루살렘이 확장되면서 시온이란 이름은 그 도시 전체에 적용되었다(시 14:7; 48:2; 사 1:8; 욜 3:17). 시적인 표현으로 예루살렘에 사는 하나님의 백성을 시온의 딸(왕하 19:21; 시 9:14; 사 1:8; 52:2) 혹은 시온의 아들(시 149:2)이라고 할 정도로 그 백성을 규정하는 개념으로 쓰였다. 새 언약의 개념으로 이 시온은 교회에 해당된다.

다윗의 언약

선지자 나단을 통해서 주어진 다윗의 언약은 구약 전체의 신학적 주제를 형성하는 부분이다(삼하 7:11-16). 이 언약은 중요한 네 가지 요소로 구성되었다: 다윗을 위한 집, 다윗의 씨, 다윗 왕국, 다윗의 후손으로 오실 하나님의 아들. 이 언약의 성격은 무조건적이며 하나님의 주권으로 이루어지는 것이다. 비록 인간 왕은 실패할 지라도 다윗의 자손으로 오시는 예수 그리스도는 승리하신다는 것을 암시하는 뜻으로 그 집과 그 나라가 영원히 보존된다는 내용이 돋보인다. 이런 점에서 이것은 아브라함에게 하신 하나님의 약속과 연관성이 있다. 하나님께서 범죄한 솔로몬의 나라를 제거하지 않으신 것은 다윗에게 대한 언약의 약속 때문이었다(왕상 11:34-36). 이 언약은 성경의 여러 신학사상의 주제가 된다.

하나님의 주권

성경의 모든 역사에서 하나님의 주권이 나타나지만 사무엘서에서는 사울의 통치와 다윗의 생애를 통해서 그 분의 주권을 발견할 수 있다. 하나님은 사울을 통하여 그의 백성이 블레셋의 압제에서 벗어날 수 있도록 하셨다(삼상 11:6-13). 그리고 다윗이 사방의 적을 다 파하고 제국을 이루어 주변국가의 조공을 받아낸 것도 역시 하나님의 주권적 간섭이었다(삼하 8-10장). 다윗은 정통성 있는 왕위 계승자가 아니었지만 하나님의 주권적 역사로 말미암아 왕이 될 수 있었다. 특히 그가 수없이 많은 역경 가운데서 하나님의 보호하시는 손길을 바라본 것은 하나님의 주권을 확인하는 것이다(삼상 18-30장).

5. 구속사적 메시지

본서는 야웨께서 그 백성을 점차 구원하기 위해서 이스라엘에 직분에 따른 봉사를 수립하심으로써 궁극적으로 도달하게 될 안식으로 그 백성을 인도하시는 것을 보여준다. 그 강조점은 왕직을 수립하고 수행하는 데서 나타난다. 그러나 제사장과 선지자의 직분, 이 두 직분도 특별한 강조를 받는다는 사실을 간과해서는 안된다(2:11-36; 3장).

백성은 타락하여 종종 구원의 길에서 벗어나지만 야웨께서는 위대한 주권 속에서 자기 백성으로 나아가는 길을 내셨다. 왕직의 설립은 그 분의 뿔이 높아지는(2:10) 주 그리스도의 왕직과 관련된 것이다.

이것은 한나의 기도 응답으로 탄생한(1, 2장) 사무엘을 부름으로써 시작된다(3장). 왕은 권력을 가진 직분이기 때문에 선지자를 통하여 하나님 말씀의 통제를 받아야 한다. 또한 제사장의 역할도 중요한데 제사장이 타락한 상태에서 왕이 오는 것은 위태로운 일이다. 그래서 하나님은 타락한 제사장(2:12, 17, 22)을 심판하시고 직분을 개혁하셨다(2:34; 3:14; 18). 최초의 선지자라고 할 수 있는(행 3:24) 사무엘의 출현은 블레셋의 지배를 받던 이스라엘에 희망을 주었다(7장). 백성의 요구로(8장) 사울을 왕으로 삼지만(9장) 일시적인 위로를 줄 뿐이었다. 사울은 제사장직 찬탈(13:9)과 진멸하라는 법칙을 어김으로써(15장) 사무엘과 두 차례의 마찰이 있은 후 몰락의 길을 걸었다. 거기에다 골리앗을 죽인 젊은 영웅 다윗의 인기로 인하여 그것이 가속화되었다(18:7-9). 사무엘은 이새의 아들 다윗에게 기름을 붓고(16장) 무대 뒤로 사라졌다. 사울은 다윗을 쫓는데 국력을 소모하고 결국 호시탐탐 이스라엘을 노리던 블레셋과의 전면전에서 세 아들과 함께 전사했다(31:6).

한편 다윗은 사울을 피하여 부하들을 데리고 광야에 피신할 때 처음에는 백성의 보호를 받았으나 나중에는 사울에게 쫓기는 상황이 계속되었다. 결국 부모를 모압 왕에게 맡기고 기름 부음받은 메시아가 블레셋에 항복했다(27장). 그는 시글락에 머물면서 블레셋 왕의 기대와는 반대로 유다를 괴롭히는 아말렉 족속을 쳐서 전리품을 골고루 나눠줌으로써 자신이 변치않는 유다의 친구인 것을 확인시켰다. 다윗은 비참한 상황에 처했지만 하나님은 이런 일련의 행위를 통하여 그가 왕으로 가는 길을 여셨다.

야웨는 이 책에서 처음부터 다윗을 겨냥해서 일하셨다. 그래서 룻기도 여기에 연결된다. 결국 다윗을 통해서 오실 그 아들에 초점을 맞추어 일하셨던 것이다.

사울이 죽은 후 다윗은 한 동안 헤브론에서 사울의 계승자 이스보셋과 대치상태에 있어야 했다. 아브넬과 백성의 충성이 다윗에게도 옮겨지자 그는 통일왕국의 왕이 되었다(5:3). 그때 그는 블레셋의 공격을 막아야 했다(삼하 5:17). 이어서 블레셋과 치른 여러 차례의 전투를 통하여 블레셋은 패배했고 더 이상 이스라엘에 위협이 되지 않았다.

수도를 예루살렘으로 옮기고 하나님의 법궤를 시온으로 옮김으로써(6장) 시온은 영원한 하나님의 거처가 되었다. 이것은 이스라엘에 진정한 신정정치가 이루어진 것을 의미한다. 법궤를 통한 하나님의 통치에 관심을 갖지 않던 미갈은 하나님의 심판을 받았다(6:23). 아비아달과 사독을 제사장으로 세우고 레위인들은 노래하는 자로 임명됐다. 침략전은 아니지만 외부의 적들과 싸워야 했다: 모압(8:2), 암몬(10장; 11:1; 12:26-31), 아람(8:3-8), 에돔(8:2; 왕상 11:18). 이 전쟁에서 승리함으로써 다윗은 작은 제국을 건설하게 되었다. 이 일이 있은 후("야웨께서 주위의 모든 원수를 무찌르사" 7:1) 다윗은 성전건축에 대한 허락은 얻지 못하지만 왕위에 대한 약속을 받는다. "내가 네 몸에서 날 네 씨를 네 뒤에 세워 그의 나라를 견고하게 하리라, 그는 내 이름을 위하여 집을 건축할 것이요 나는 그의 나라 왕위를 영원히 견고하게 하리라 나는 그에게 아버지가 되고 그는 내게 아들이 되리라"(7:12-14). 이것은 고대 근동에서 말하는 왕의 신격을 말하는 것이 아니고, '양자의 형식'을 말한다. 이것은 하나님과 더 깊고, 친근한 관계를 가리킨다. 나중에 솔로몬은 성전을 건축하고, 그 후손으로부터 참된 왕이신 그리스도가 오신다.

다윗은 암몬을 공격할 동안 밧세바와 불륜의 관계를 맺어 어려움을 겪었다. 압살롬의 반역(15장), 스바의 반역(20장)이 일어났고 또 인구조사를 함으로써 심판을 받았다(24장). 이때 하나님 앞에 직분으로 돌이키는 제사를 드리고 용서받는다. 바로 그 제사를 드린 장소에 성전이 건축된다.

6. 특기사항

한나의 기도

한나의 기도는 이기적인 여인의 기도가 아니라 이스라엘 백성의 미래를 걱정하는 경건한 여인의 기도였다. 사사시대에 에브라임 산골에서 실로까지 정기적으로 하나님께 경배드렸다. 무법한 시대에 시대적 조류에 편승하지 않고 율법을 좇아 살았다. 이 행동 자체가 그녀의 믿음을 보장해 준다고 볼 수 있다. 그녀의 기도는 우발적으로 억울함을 호소하는 기도가 아니다. 이것은 자신의 간절한 소원만 아뢰거나 하나님의 뜻을 외면한 자기중심적인 기도가 아니라는 것이다. 그것은 그녀가 처음으로 하나님을 '만군의 야웨'라고 부르는 데서도 알 수 있다. 여기서 주의해야 할 것은 그녀가 야웨께 남자 아이를 구했다는 것이다. 한나는 단순히 대를 이을 남자 아이를 구하는 것이 아니고 힘을 가진 남자, 그 백성의 미래에 영향을 줄 수 있는 사내아이를 구했던 것이다. 그녀는 무엇인가를 할 수 있는 개혁자를 얻기 위해서 기도했다. 하나님께서 다시 구원을 주실 인물을 구했던 것이다.

한나의 서원은 내용적으로 아들을 나실인으로 바치겠다는 말이다(1:11). 자발적인 나실인으로서 삼손과는 다르다. 그래서 그는 모범으로서 백성을 지도하고 그들이 구원에서 떨어지지 않도록 해야 한다. 이것은 결코 불임여성을 위한 기도의 모델이 될 수가 없다. 한나의 기도는 이스라엘을 개혁하고 그 나라의 왕권을 좌우하는 기도였다.

한나의 노래

이 노래는 단순히 사적적인 감정을 반영한 개인적인 표현으로 나타나지 않는다. 만일 그것이 오랜 시간을 기다린 후에 단순히 자녀의 복의 풍성함을 노래하는 개인적인 노래였다면 그 내용이 달랐을 것이다. 여기서 자녀의 복에 대해서는 5절에만 나온다. 이 노래는 행복한 어머니 한나의 개인적인 사건을 훨씬 넘어선 것이다. 그 노래는 한나가 아이를 야웨께 드릴 때 부른 것 같다. 그것은 곧 이스라엘 회중이 불러야 할 노래이다.

한나가 이 노래를 불렀을 때 우리는 아직 유아였던 사무엘에 대해서 독특한 구절을 발견한다. 야웨께 바친 아이에 대한 노래에서 전쟁의 함성이 울려 퍼진다. 열을 지은 군사들이 행진하고(2:4), 보좌가 흔들리고(2:8), 사회의 지각변동으로 인해서 사람들은 안정을 얻기도하고 놀라기도 한다(2:5, 7). 확실히 이 모든 것을 이 아이와 따로 생각해서는 안된다. 또 그렇게 낮아지고 고통받은(2:7) 그 어머니를 위한 그의 탄생이 의미하는 바를 분리시켜서도 안된다. 한나는 아주 무력했고, 죽었으며(2:4, 6), 가난했고(2:7), 원수로 취급받았다. 반면에 브닌나는 오만한 말을 했고(2:3), 강한 자였으며(2:4), 유족했고(2:5), 자녀가 많았다(2:5). 그러나 한나는 이 고통 가운데서 그것을 훨씬 넘어서 예언적인 것을 이해했다.

이 노래는 순수한 개인적인 경험을 시적으로 묘사한 순전한 형이상학적인 언어가 아니다. 여기서 블레셋의 적대적인 힘을 대할 수 있고, 더 나아가서 그리스도와 그의 회중의 안팎에 있는 수세기에 걸친 교회의 대적들도 대할 수 있다. 여기서 노래한 것은 전쟁의 실제이고 그리스도의 교회가 억압당하는 것과 높아지는 것이다. 낙원에서 한 약속의 주제가 여기서 나타나고 더욱 더 전개된다. 그것은 주 예수 그리스도의 회중을 위한 그녀의 현실에서 반증을 고백하는 노래다. 그것은 하나님께서 완전한 하나님 나라에서 누릴 영광스런 승리의 안식을 위해 그리스도의 직분의 신실함을 통해서 이루어질 것이다.

사무엘의 탄생은 이 영광스러운 승리에 대한 보증이 된다. 이 보증을 고백함으로써 한나는 예언적인 전망에 다다른다. 그것은 해방을 누리는 교회에 온전히 수립된 직분의 사역에서 나온, 즉 야웨를 통해 이루어진 (2:1, 2, 6, 7, 9, 10) 결실을 노래한 것이다.

이 노래는 과거로는 모세의 노래(신 32장)와 연결되고 미래로는 마리아의 노래(눅 1장)와 연결된다. 우리는 한나의 노래에서 그 시의 강한 능력을 대할 수 있다. 그것은 개인적인 종교성을 넘어선 것이다. 그녀의 궁핍과 구원, 그녀의 비참과 그리스도를 노래하는 전교회의 목소리요, 고백이다.

이 시는 궁극적으로 그리스도를 바라보도록 한다. 이 책 전체를 지배하는 주제는 다윗의 왕직이요, 더 나아가서 다윗의 위대한 자손 예수 그리스도의 왕직이다. 그러므로 이 노래의 마지막에 왕에 관한 언급이 전체적으로 잘못 배치된 것이 아니다. 그 백성은 직분적 구원사역을 이루는 중추 역할을 하는 왕직에 의해서 치유된다. 곧 한 왕을 부르시고 야웨께서 그의 기름부음 받은 자를 주신다. 야웨는 그에게 힘을 주시고, 그의 뿔은 높아질 것이다. 이 모든 것은 그 백성을 위한 것이다. 그 백성은 구원의 생명을 얻고, 높아지며, 부하게 되고, 하나님의 은혜로 만족하게 될 것이다. 완전한 구원의 안식 가운데 교회의 영광스런 미래가 보장될 것이다.

법궤의 귀환

이스라엘은 블레셋 사람들에게 법궤를 빼앗겼다. 법궤는 블레셋 땅에 있지만 하나님께서 자신의 위엄을 계시하시는 것을 볼 수 있다. 블레셋이 전쟁에서 이겼음에도 불구하고 그 승리는 하나님의 뜻을 따라 이루어졌음을 증명한다. 그분은 아무도 당해낼 수 없다(5:6). 하나님의 법궤를 빼앗기는 사건은 교육적 목적을 지닌 심판의 동기에서 발생했다.

살아계신 하나님, 야웨는 처음부터 능력으로 자신을 계시하신다. 법궤가 아스돗에 있는 다곤의 신전에 승전 트로피로 들어가자마자 그렇게 행하셨다. 이 전쟁은 블레셋 사람들에게도 종교적인 사건이었다. 거기서 다곤의 무능력이 드러났다. 그리고 야웨는 법궤가 돌아갈 길을 여셨다. 야웨의 공격은 그 신전에서 시작되었다. 블레셋 사람들은 다곤을 섬겼는데, 첫날 밤 다곤은 법궤 앞에 엎드러져 있었다. 이것은 낮아짐과 굴복의 자세다. 그때 사람들은 불길하다고 여겨서 제사장들이 그 신상을 다시 똑바로 세웠다. 둘째 날 밤에는 더욱 심각한 사태가 벌어졌다. 그 신상은 여전히 엎어져 있었고, 그 머리와 두 손목이 끊어져 문지방에 있었다. 몸둥이만 남았다(5:4). 시편에서 이 우상의 완전한 무력함을 노래하고 있다(115:4-7, 135:15-17). 이 비 셈족인 블레셋 사람들은 이 사건에서 단지 이교적인 문지방 종교의식에 대한 동기만을 발견했을 뿐이다(5:5).

아스돗 사람들이 법궤로 말미암아 재앙을 당하자 블레셋 방백 회의에서 법궤를 가드로 보내기로 했다(5:8). 가드에서도 독종이 큰 환난으로 번지자 에그론으로 보냈다(5:10). 그러나 에그론 사람들은 법궤가 오는 것을 그 거민을 죽이려고 한다고 판단하고 생명을 부지하기 위해서라도 그 골칫거리를 이스라엘로 돌려보내기로 했다. 블레셋 사람들은 자기들의 방식을 따라 국운을 회복하기 위해서 정성을 다해 법궤를 돌려보낼 계획을 세웠다. 그들은 결국 이스라엘 하나님의 우월성을 인정하고 그에게 영광을 돌려야 한다고 했다(6:5). 블레셋 종교인들은 출애굽 당시에 있었던 하나님의 능력도 알고 있었다(6:6). 그러나 그들은 하나님의 온전한 주권에 대해서 여전히 의심을 하고 있었다. 그래서 자연법을 이용하여 하나님의 심판을 알아보려고 했다. 멍에를 메어보지 않은 젖 나는 소가 끄는 수레에 법궤를 싣고 송아지는 떼어두고 보낼 때 소가 벧세메스로 가면 재앙이 하나님에게서 온 것이고 그렇지 않으면 우연으로 보겠다는 것이다(6:9). 새끼를 뒤로 한 암소는 울면서 곧장 벧스메스로 갔다(6:12). 이것은 자연법을 거스르는 하나님의 주권적인 역사를 보여준 것이다. 블레셋 사람들은 하나님으로부터 재앙을 당했다는 것을 확인했지만 그릇된 방식으로 속건제를 드리며 회개했을 뿐이다(6:17).

벧스메스 사람들은 법궤가 오는 것을 보고 기뻐하였다. 그런데 그들은 율법의 규정을 무시하고 법궤를 함부로 다루다가 (오만) 칠십 명이 죽임을 당했다(6:19; 민 4:15). 물론 블레셋 사람들도 법궤를 만졌겠지만 무슨 일이 일어났다는 언급이 없다. 그러나 이스라엘은 하나님의 율법을 따라 하나님을 섬겨야 했다. 법궤가 이스라엘로 돌아온 것은 하나님이 이스라엘로 돌아오셨다는 상징적인 사건이 된다. 법궤는 기럇여아림의 아비나답의 집에 안치되었다. 거기서 법궤는 나중에 다윗이 예루살렘으로 옮기기까지 백년 가까운 세월 동안 방치되어 있었다.

사울의 나이 문제

사무엘상 13:1은 히브리어 본문이 훼손되어서 나이를 잘 알 수 없다. 이 구절을 문자적으로 번역하면 "사울은 그가 통치할 때 ***한 살***이었다. 그리고 그는 이스라엘을 ***이 년*** 통치했다."고 할 수 있다. 그러나 이것은 넌센스이다. 그래서 이 본문을 임의로 다양하게 번역하고 있다(개역, 개역개정: 사십 세; NIV: 삼십 세; NEV: 오십 세 등). 이것을 구축해보면, 왕이 될 때 그의 나이는 30세 전후 사람으로 보인다(이것은 칠십인 역 루키안 역(LXX^L)과 일치하는 것이다). 그 이유는 그가 왕으로 기름부음을 받은 지 그렇게 먼 세월이 지나지 않아서 군대를 지휘하는 아들이 있고(13:3, 16, 22) 또 사울을 아직 소년이라고 했기 때문이다(삼상 9:2). 그리고 사무엘 13장의 사건은 그가 왕이 된지 22년 된 것으로 보는 것이 타당하다. 왜냐하면 아들이 장성했고, 13–31장까지의 그의 통치는 약 20년이 되는데 그것은 그의 전체 통치 40년과 잘 어울리기 때문이다.

야웨의 부리신 악신

이 표현은 사울과 관련해서 7번 사용되었다(삼상 16:14, 14, 16, 23a, 23b, 18:10; 19:9). 그 전에 아비멜렉에게도 적용되었다(삿 9:23). 이 악신이란 말은 그들의 도덕성 결여와 관련이 되었다. 아비멜렉의 경우는 악신으로 인하여 세겜 사람들과 불화를 낳았고(삿 9:1-9), 사울이 경우도 악신에 사로잡혀서 결국 왕위에서 내쫓기게 된다(삼상 13장; 15:23). 사울의 경우는 단순히 정신적인 불안에 그치지 않고 야웨의 신이 떠난 후 외부적인 힘이 작용했다는 것을 알 수 있다. 이것이 악을 수행하는 마귀인지는 알 수 없으나 그것은 불행과 재난을 가져다주는 영적인 본질로서 자신에게 악의 전조를 보여주고 나쁜 결과를 가져오는 존재로 보아야 할 것이다. 의사 출신인 해리슨은 편집적 정신분열증에 의한 악성 정신병 증세로 고통을 받았다고 한다.

다윗과 요나단의 관계

다윗과 요나단의 관계에 대한 최근 연구는 이들의 관계가 남성 간의 진정한 우정이냐, 동성애 관계냐 혹은 전사들의 동료애 관계냐에 관심이 집중되고 있다. 사무엘서는 이들의 관계를 동성애로 규정할 수 있는 본문을 많이 제시하지만(삼상 18:1, 3; 20:11, 17, 30, 41; 삼하 1:26) 모든 본문들이 성적인 에로틱한 사랑이 아니라 상호 간에 깊은 신뢰와 사랑을 줄 수 있는 우정으로도 충분히 설명할 수 있는 내용이다. 진정한 우정이란 유익과 쾌락이 아니라 상호 신뢰와 헌신 그리고 덕을 바탕으로 하는 것인데 다윗과 요나단의 관계가 그랬다.

그러나 구약 전체의 흐름 속에서 다윗과 요나단의 관계를 엄격하게 규정하는 것은 그렇게 중요하지 않다. 중요한 것은 정통성 없는 왕위 계승자였던 다윗이 어떻게 해서 왕이 되었는가를 보여주는 것이 계시역사에서 중요하다. 이 둘의 관계는 다윗과 요나단의 관계가 모범적인 우정으로 제시되고, 그들의 우정을 그리스도인들이 본받아야 한다는 것을 보여주는 메시지는 아니다. 다윗은 이미 기름부음 받은 메시아였고 요나단은 그것을 알았는지는 몰라도 자신의 마음에 합한 왕을 그 백성에게 주시려는 하나님의 섭리에 순종했던 것이다. 아버지와의 관계를 어렵게 만들면서까지 자기에게 돌아올 왕관을 다윗에게 돌린 요나단의 행위는 메시아가 오는 길을 여는 믿음의 행위였다. 요나단의 우정은 자기보다 어리고 신분이 비천한 다윗이었지만 궁극적으로는 자신이 순종할 메시아의 조상에 대한 사랑과 배려였다. 하나님은 다윗에 대한 요나단의 사랑을 통하여 인류에 대한 구원 계획을 점차 이루어가셨다. 이런 관점에서 이 둘의 관계는 우정에 대한 단순한 모범이 되어서는 안 될 것이다. 이 관계는 한 마디로 다윗이 합법적인 왕이 되는 과정에 필요했던 것이다.

엔돌의 접신한 여인

사울이 엔돌의 신접한 여인을 만나서 벌어진 사건은 독자를 당황스럽게 한다. 성경은 신령술사나 복술자, 무당이나 신접한 사람을 경계하고 이스라엘 공동체가 용납하지 말 것을 명하고 있다(출 22:18; 레 20:6; 신 18:9-12). 그런 술사나 복술자들은 하나님의 계시를 거슬러 거짓을 말하기 때문에 듣지 말라고 했다(렘 27:9-10)

그러나 이 경우는 좀 다른 각도에서 다루어야 할 것 같다. 문제는 어떻게 이런 일이 일어날 수가 있으며 또 그것을 문자적으로 받아들일 수 있는가 라는 것이다. 이것이 신접한 여인이 정말 사무엘의 영을 불러 올린 것인지, 아니면 사울의 단순한 심리적 현상을 표현한 것인지, 아니면 사탄이 사무엘의 인격으로 나타난 것인지 모를 일이다.

그런데 본문에서 몇 가지 사항은 분명하게 나타난다. 첫째, 한 신이 올라왔다는 것이다. 이것은 문자적으로 '하나님' (*'ᵉlōhīm*)과 같은 표현으로 되어 있으나 그렇게 번역할 수 없다. 이 단어는 계속 복수로 연결되기 때문이다. 둘째, 본문의 해설자는 그가 사무엘이라고 한다. 이것은 신접한 여인이나 사울의 표현이 아니다. 셋째, 신접한 여인이 놀란 것은 이 일이 아주 이례적이라는 것을 의미한다. 이것은 자신도 감당할 수 없는 일이 일어났다는 것이다. 즉 자신이 행한 일이 아니라는 것을 암시하는 것이다. 넷째, 그 신이 하는 말은 하나님의 계시를 전달하는 것이다. 그것은 사울이 성전의 법칙을 어김으로써 하나님께서 이미 그를 버리셨다는 것과 그가 블레셋과 치루는 전투에서 패배할 것이라는 예언이다.

이런 점을 고려할 때 이 일은 심리적인 현상이나 환상도 아니고 또 사탄이나 신접한 여인이 강신술을 행한 것도 아니다. 이 일은 하나님께서 사무엘의 영을 통하여 계시를 주셨다고 볼 수 있다. 물론 이것은 이성으로 완전히 이해될 수 있는 성격은 아니다. 사울의 이런 행위는 그의 죽음의 동기가 된다(대상 10:13-14). 하나님은 이런 불신앙의 사건을 통해서도 자신의 진실한 계시를 주실 수 있는 분이시다.

다윗과 미갈의 다툼

이 다툼은 단순한 부부 간의 갈등으로 끝나는 것이 아니고 이스라엘 역사와 하나님의 구속사에 영향을 미친다. 다윗이 법궤를 예루살렘으로 옮길 때 그가 법궤를 인도하며 기뻐서 춤을 추는 행위를 미갈은 못 마땅하게 여겼다. 그래서 그녀는 다윗을 조소하며 그가 '계집종들 앞에서 염치없이 몸을 드러냈다'고 말했다(삼하 6:20). 그러나 다윗의 행위는 '하나님 앞에서' 행한 것이라고 한다(6:21). 사실 미갈은 법궤가 제시하는 하나님의 상징적 임재를 이해하지 못하기 때문에 다윗을 행동을 이해하지 못했던 것이다.

이 일에 대해서 하나님이 개입하셔서 미갈이 죽을 때까지 아이를 갖지 못한다고 하셨다(6:23). 이것은 하나님의 심판으로 볼 수밖에 없다. 다윗 편에서도 미갈에게서 아들을 얻는다면 정치적인 안정을 기대할 수 있었을 것이다. 그러나 하나님은 이 심판으로써 자신의 예언의 말씀을 성취하셨다. 하나님은 사울을 버리셨는데 그를 메시아 반열에서 버리셨다. 그렇지만 미갈이 자녀를 가지면 그는 다윗의 후손으로서 예수 그리스도의 조상이 될 수 있는 가능성이 있었을 것이다. 그러나 하나님은 미갈을 심판하셔서 그녀가 메시아의 어머니가 될 기회를 완전히 빼앗아 버렸다. 하나님은 메시아의 계보에서 믿음 없는 사울의 피를 깨끗하게 제외시키셨다. 미갈이 당한 심판은 근본적으로 하나님의 임재와 그분의 통치를 이해하지 못하고 비웃는 데서 비롯된 것이다. 하나님의 임재를 예사롭게 생각하는 자, 하나님의 통치를 비웃는 자가 당하는 심판은 이렇다. 그것은 희망과 소망을 잃어버릴 뿐만 아니라 최고로 영광스런 자리를 차지할 기회를 놓치는 것이다.

다윗의 인구조사

하나님은 모세에게 두 차례나 인구조사를 명하셨는데(민 1, 26장) 다윗의 인구조사가 왜 문제가 되는지 궁금해진다. 그리고 하나님이 인구조사의 동기가 된다는 사무엘서의 기사(삼하 24:1)와 사탄이 원인 제공자로 언급된 역대기의 기사(대상 21:1) 사이에도 모순이 있어 보인다.

다윗의 인구 조사가 죄가 된다는 것에 대한 최선의 답은 다윗의 교만한 마음이 인구조사의 동기가 되었다는 것이다. 역대기 20장에서 다윗이 전쟁에서 승승장구한 전공이 찬란하게 기록되어 있는데 그것은 다윗이 스스로 교만해질 수 있는 충분한 이유가 될 수 있다. 이렇게 자만에 빠질 수 있는 이 틈을 이용해서 사탄이 그를 유혹했던 것이다. 역대기의 언급은 이렇게 해결할 수 있다. 그런데 이 기사가 사무엘서에 기록된 대로 하나님께서 다윗에게 인구조사를 하도록 한 것과 어떻게 조화가 되느냐는 것이다. 사실 하나님은 사람이 죄를 짓도록 유혹하지 않으신다. 하나님은 죄의 원인자가 아니시다. 그러나 죄인들이 그 마음에 가진 욕망과 악한 의도를 드러내게 하실 수 있고 또 그렇게 하신다. 그 악한 생각을 행동에서 드러나게 하심으로써 빨리 죄를 깨닫도록 하신다. 사무엘서에서 이렇게 하나님이 궁극적인 원인 제공자로 언급된 것은 하나님이 모든 것을 섭리하신다는 히브리적인 사고에서 비롯된 것이다. 이런 점을 감안 한다면 사무엘서와 역대기의 기록은 상호모순이 되지 않는다.

열왕기

1. 제목과 기록목적

열왕기(*mᵉ lāḵīm*)란 제목이 보여주듯이 이 책은 솔로몬을 비롯한 열왕의 통치를 보여준다. 본서는 역사의 주관자는 하나님이시며, 국가의 흥망은 언약에 신실한 정도에 달렸음을 보여주고, 인간의 왕국은 영원할 수가 없고 영원한 메시아 왕국을 동경하도록 하기 위해서 기록되었다. 또한 언약을 떠난 백성의 최후와 그 가운데 나타나는 신실하신 하나님의 은혜를 깨닫도록 한다.

2. 구조와 내용분류

열왕기의 구조는 명확하지 않지만 다양하게 구조를 그려 볼 수 있다. 가장 도움이 되는 기본 구조는 삼단으로 된 구조다: 솔로몬 즉위와 통치(왕상 1-11장); 분열왕국(왕상 12장-왕하 17장); 이스라엘 멸망 후 유다(왕하 18-25장).

a. 솔로몬의 즉위와 통치(왕상 1-11)

b. 분열왕국(왕상 12-왕하 17)

1) 솔로몬의 죽음에서 이스라엘의 오므리 통치(왕상 12:1-16:29)

2) 유다와 오므리 왕조(왕상 16:29-왕하 10:36)

3) 유다와 예후에서 사마리아 함락까지(왕하 11:1-17:41)

c. 홀로 남은 유다의 운명(왕하 18-25)

3. 역사적 배경

다윗이 죽고 솔로몬이 왕위를 계승(주전 970년)해서 국력이 신장될 동안에는 이스라엘은 애굽과 시리아, 아라비아와 좋은 관계를 맺었다. 그러나 솔로몬 이후 나라는 남북으로 분열되고 주변 국가와도 외교관계가 경색되었다. 이 당시에 이집트는 유약했으나 시삭(쇼생크)시대에 팔레스타인을 쳐서 약탈했다(주전 945년). 종교적으로는 아합 시대에 두로의 공주 이세벨의 영향으로 이스라엘에 바알숭배가 공식적으로 도입되었다. 분열왕국의 백성은 열강들이 팔레스타인 진출을 놓고 벌이는 각축전으로 국가의 패망을 맞이하게 되었다. 북 이스라엘은 주전 722년 앗수르에게, 남 유다는 주전 586년 바벨론에 의해서 멸망했다. 여호야긴은 주전 561년에 감옥에서 석방되었다. 이때는 바벨론의 국력이 약화되고 페르시아가 세계 패권을 장악하고 있을 때였다.

4. 신학적 주제

왕권

인간은 권력욕 때문에 왕위계승과 찬탈에 관심을 가지지만 하나님은 왕의 통치를 통하여서 자기 백성이 율법을 지키고 하나님과의 관계를 존속시키며 하나님의 실제적인 통치를 이루길 원하셨다. 그래서 마음에 합한 왕 다윗을 세우시고 그에게 영원한 왕위를 약속하셨다. 그러나 열왕기가 보여주는 왕에 대한 평가는 어떤 왕도 무고하지 않다는 것이다(cf. 왕상 8:46). 저자는 선한 왕의 원형인 다윗조차도 완전하지 않다고 인정한다(왕상 15:5). 열왕기는 이스라엘과 유다 왕들이 모두 예외 없이 결함이 있음을 보여주면서 하나님의 호된 결정을 정당화한다.

이스라엘이 멸망한 후 유다는 히스기야와 요시야가 정치적, 종교적으로 단행한 개혁을 누렸다. 그들은 이 정책으로 나라를 새롭게 했고 이스라엘이 당한 운명에서 구제할 수 있었다. 그러나 두 왕도 극적인 반전을 맞이하여 재난을 피할 수 없었다. 열왕기는 인간 왕권의 한계를 노출시키며 다윗 왕조를 따라서 올 영원한 왕을 기대하도록 한다.

성전

솔로몬이 칠년 동안 지은 성전은 하나님의 계시역사에서 중요한 의미를 지닌다. 이것은 하나님께서 모세에게 약속하신 안식을 성취하는 계기가 된다(왕상 8:56). 성전은 법궤의 마지막 귀착지이며 약속의 땅에 하나님께서 정하신 장소를 국가의 성소로 지정한 곳이다(신 12장). 또한 성전건축은 하나님과 백성의 관계를 진척시키기 위한 솔로몬의 지혜의 극치를 보여준다. 이것은 이스라엘 종교의 새로운 기원을 여는 역할을 한다. 하나님이 기브온에서 나타나신 것과 같이 성전봉헌식에도 나타나신 것은 다윗 왕조와 이 전을 인정하실 뿐만 아니라 성전이 하나님의 계시의 장소가 된다는 것이다. 그것은 하나님의 통치를 구체적으로 보여주는 증거가 된다. 성전은 하나님의 임재를 상징하는 것이지만 하나님이 거하시는 집은 아니다. 하나님은 하늘 보좌에 앉으시지 성전 안에 갇혀 계신 분이 아니다(왕상 8:27). 성전과 관련된 하나님의 임재는 기계적으로 보장된 것이 아니고 성전을 향한 백성의 합당한 태도에 달려있다(왕상 8:61).

솔로몬의 기도

솔로몬의 기도(왕상 8장)는 열왕기의 신학을 풍부하게 담고 있다. 이것은 성전봉헌과 관련된 것이다. 그의 기도는 세 가지 신학적 주제를 포함한다. 첫째, 하나님은 유일하신 분이시라는 것이다(8:23). 다른 신은 존재하지 않으며 온 우주에 야웨와 같은 신은 없다는 것이다. 둘째, 하나님은 언약의 하나님이시다(8:24-26). 백성은 언약관계 속에서 그분의 은혜를 누릴 수 있다. 셋째, 다윗의 언약인데(8:15-21, 24-26) 이것은 구약의 나머지 부분을 망라하는 신학적 주제다. 다윗은 공의로 다스릴 종말론적인 왕이자(겔 34:23-24) 장차 그 위에 앉으실 그리스도는 그의 후손이다(눅 1:31-33).

열왕기 속의 선지자

유대교에서 열왕기를 선지서로 분류하는 이유가 있다. 열왕기에 나타난 선지자들의 역할이 돋보이고 그들의 영향력이 크기 때문이다. 물론 가장 영향력 있는 선지자는 엘리야와 엘리사였다. 그러나 아히야는 여로보암에게 왕국의 분열을 예언했고(왕상 11:29-39), 여선지자 훌다는 요시야의 개혁에 대해서 예언했다(왕하 22:14-19). 미가야는 참 선지자로서 거짓 선지자와 맞서서 아합의 죽음을 예언했다(왕상 22:1-35). 이사야의 예언은 산헤립에 대한 예루살렘의 안전과 관련이 있다(왕하 19:20-33). 이 밖에 이름이 소개되지 않은 선지자들도 있다(왕상 12; 20:13, 35).

열왕 시대에 예언한 선지자가 열왕기에 다 언급된 것은 아니지만 그들은 중요한 인물이었다. 그들은 왕의 권력과 생명을 위협하고 나라의 운명에 영향을 미쳤다. 엘리야의 경우, 그는 하사엘에게 기름을 붓고, 예후를 일으켜서 바알의 잔당을 숙청하는 일을 하도록 했다. 그렇지만 그들의 권위와 영향력은 자신의 권위가 아니라 그들이 하나님의 말씀의 담지자였기 때문이다. 그래서 하나님은 그들을 '내 종 선지자들' 이라고 하셨다(왕하 17:13).

우상숭배

열왕기는 왕의 우상숭배를 항상 지적한다. 왜냐하면 왕이 다른 신을 섬기는 것은 가장 큰 죄악이기 때문이다. 솔로몬조차도 이방결혼으로 인하여 우상숭배에 빠지고 북이스라엘의 여로보암은 단과 벧엘에 송아지 우상을 세움으로써 공식적인 우상숭배를 도입했다. 그 뒤로 그의 우상숭배가 이스라엘 왕들을 평가하는 부정적인 기준이 되었다. 이스라엘의 아합과 유다의 므낫세 시대에는 바알과 아세라가 거의 공식적인 숭배의 대상이 되었다(왕상 16:29-33; 왕하 21:3-5). 그래서 백성도 야웨와 바알 사이를 오가는 실정이었다(왕상 18). 때로는 언약을 의식하는 왕이 우상숭배를 멀리하기는 하지만 백성의 집요한 우상의 뿌리는 제거하지는 못했다(왕상 15:11-14; 22:43; 왕하 15:4). 이스라엘 왕과 백성이 섬긴 이방신은 바알과 아세라 이외에도 그모스, 몰렉(밀곰) 등이 있다. 결국 이스라엘과 유다의 운명은 하나님의 언약을 저버리고 우상을 숭배하는 데서 결정되었다(왕하 17:18-20; 23:26-27).

유배

열왕기에서 가장 큰 질문은 하나님께서 어떻게 자기 백성을 버리시고, 이방신을 섬기는 이교도의 지배를 받으며 살도록 하실 수가 있는가 하는 것이다. 여기에 대한 답은 이스라엘과 유다의 멸망 원인을 살펴보면 그들의 멸망은 불가피한 것이라는 것을 알 수 있다. 이스라엘의 경우 그들이 하나님의 언약과 율법을 버리고 우상을 숭배하고 이교도의 관행을 실행함으로써 언약의 공동체를 배교 집단으로 만든 것이다(왕하 17:7-41). 그들 중 일부는 앗수르의 각 도시로 유배를 당하고 나머지는 식민정책으로 이주해온 다른 민족과 섞여 살면서 혼혈민족인 사마리아 사람이 되었다. 이 역사적인 사건이 유대인과 사마리아인의 갈등을 초래하게 되었다.

유다도 같은 이유로 세 차례에(주전 605, 597, 589년) 걸친 바벨론의 침략을 받고 성전이 파괴되고 백성은 바벨론으로 유배되는 굴욕적인 경험을 해야 했다. 이렇게 비참한 상황 속에서도 열왕기의 마지막은 유다의 합법적인 마지막 왕 여호야긴이 삼십 칠년 만에 석방되어 높아지는 것으로 끝맺는다(왕하 25:27-30). 이것은 하나님께서 자기 백성을 버리지 않으신다는 야웨의 약속의 성취로 스룹바벨의 인도 하에 유대인이 돌아오는 것에 대한 밝은 빛을 주는 한 가닥의 희망을 제공한다. 그가 남은 자로서 그리스도의 계보을 이어간다(마 1:12).

하나님의 주권

언약에 신실하면 복을 받고 신실하지 못하면 저주를 받는다는 사실을 많이 강조하지만 저자의 신학은 행위와 결과 사이의 인과론적인 관계 그 이상이다. 그것은 하나님이 자유로 사태를 놀랍게 반전시키셨다는 것이다. 예를 들어 여호아하스 때에 왕들이 통치를 잘했기 때문이 아니라 단순히 하나님이 선택하여 이스라엘에게 자비와 은혜를 보여주셨기 때문에 이스라엘이 망하지 않았다(왕하 13:4-6, 22, 23; 14:26, 27). 그러나 하나님의 자유는 자비를 베풀 때만 사용된 것은 아니다. 유다를 멸하시기로 하신 하나님의 작정은 요시야의 경건과 종교 개혁에도 불구하고 요지부동이었다. 하나님의 자유는 그 분이 인간들에 의해서 조종받을 수 없다는 것을 의미한다. 역사를 이루는 것은 열왕의 행위가 아니라 주권적인 하나님의 의지에 달렸다.

부분적이지만 하나님의 자유에 대한 강조는 열왕기하 마지막에서 유다에 대한 희망을 보여주는 데서 나타난다. 하나님은 그분이 기뻐하시는 대로 자유롭게 행하시기 때문에 포로가 마지막이 아닐 것이라는 기대를 갖게 한다.

5. 구속사적 메시지

솔로몬은 다윗이 물려준 나라를 평화로운 상태로 이양받았다. 다윗이 죽은 후 “솔로몬이 그 아버지 다윗의 왕위에 앉으니 그의 나라가 심히 견고하니라”(왕상 2:12)고 했다. 나라의 기강을 잡기 위해서 또 다윗의 유언으로 숙청작업을 벌여서 그의 형제 아도니야, 제사장 아비아달, 군대장관 요압이 제거되었다.

그가 애굽의 공주와 결혼(3:1)한 것은 이스라엘의 위상과 애굽의 침체를 보여주는데 아마 그때의 바로는 시아문(Siamun)일 것이다. 바로는 결혼 지참금으로 게셀 성을 주었다(9:16). 그 밖에 여러 후궁을 거느렸다(11:1-3). 아내를 많이 두는 것은 왕의 신분을 나타내는 상징이지만 그는 왕에 대한 경고가 아직도 유효하다는 것을 기억해야 했다(신 17:17).

그는 평화의 사람으로 거의 전쟁을 하지 않았지만 평화를 지키기 위해서 증강시켜야 했다. 그래서 군비를 증강하고 여러 성을 요새화한다(하솔, 므깃도, 게셀, 아래 벧호른, 바알랏과 광야의 다말, 9:15-19).

솔로몬은 교역을 활발하게 전개함으로써 나라의 번영을 이루었다. 그의 통치 전반부는 교역의 동반자로서 남쪽의 애굽과 북쪽 두로의 히람과 좋은 관계를 누렸다. 아라비아와 교역이 이루어지는데 스바의 여왕이 이 일에 한 몫을 한 것 같다. 물론 그녀의 첫 목적은 솔로몬의 지혜를 시험하기 위한 것인데, 많은 선물과 새로운 관계가 이 교역의 길을 확장시켰을 것이다. 그녀는 이방인으로서 솔로몬의 하나님을 찬양했다(10:9)! 이것이 우리를 심판하는 기준이 된다(마 12:42). 구리산업이 번창하였고 다시스에 무역을 위해 배를 띄웠다. 말과 병거를 중개 거래했다(10:28, 29; 대하 1:14-17). 이 모든 것을 통하여 전례 없는 번영을 누렸다. 그야말로 황금시대였다. 이 번영은 왕과 관리 뿐 아니라 온 백성이 누리는 것이었다(4:20, 25). 예수께서 '솔로몬의 모든 영광으로도' (마 6:29; 12:42)라고 말씀하신 것은 그가 누린 영광과 그 시대가 어떤 시대인가를 단적으로 증명해 준다. 솔로몬의 성전건축은(주전 966년) 하나님께서 모세에게 약속하신 안식이 이루어지는 사건이었다(8:56). 문화적으로도 번영을 이루어 문학적인 활동이 극치를 이루었다. 거기서 솔로몬의 잠언이 큰 비중을 차지한다. 이 문화적인 활동도 하나님과의 관계에서 이루어진다. 솔로몬의 지혜는 하나님의 응답이다(3:12). 그의 뛰어난 지혜(4:29-34; 10:1-4)와 그의 임무는 전체 구속사에서 자기 백성으로 하여금 영광의 그리스도를 바라보도록 하는 것이다.

그러나 솔로몬의 후반부 통치는 쇠퇴한 외교 관계를 보여준다. 솔로몬이 두로의 히람과 불편한 관계에 있었고(왕상 9:10), 남쪽의 에돔과 북쪽의 다메섹과 적대관계에 있었음(왕상 11:14-25)을 시사하는 곳도 있다. 주전 945년 왕조가 바뀔 때 시삭이 애굽 왕이 되었다. 그는 솔로몬이 여로보암을 죽이려고 할 때(왕상 11:40) 그에게 피난처를 제공해 주고, 솔로몬이 죽은 지 몇 년이 안 되어 예루살렘을 공격했다(왕상 14:25, 26).

솔로몬이 죽은 후 르호보암은 소년들의 조언을 따라 백성을 학대하기로 결정함으로써 나라가 분열되었다. 그러나 이것은 하나님께로서 난 것이다(왕상 12:15). 이 나라의 분리는 교회의 분리이지만 이단적인 교회는 아니다. 하나님께서 그들 가운데 참 백성을 모으시고 선지자를 보내셨기 때문이다. 그러나 여로보암이 벧엘과 단에 금송아지를 세움으로써 이스라엘은 참 교회에서 떨어져 나가 분열되었다. 르호보암은 애굽 왕 시삭의 공격을 받지만 순간적인 겸비함으로 멸망당하지는 않았다(대하 12:6, 7).

북이스라엘 여로보암의 우상숭배는 이후 타락한 왕을 평가하는 기준이 되었다. '여로보암의 길' 을 따르는 왕들의 죄로 말미암아 정치적인 불안이 계속되어 왕위가 자주 바뀌었다. 긴 왕조에 속하는 오므리(주전 885-874년)는 놀랄만한 국제적 입지를 세우고 그의 아들 아합은 막강한 군사력을 보유했으나 하나님을 떠나서 배교를 일삼고 백성이 우상을 섬기도록 했다(16:29-34). 그 결과로 엘리야의 예언대로 비참한 최후를 맞았다(21:22-24; 22:38).

엘리야는 이 배교의 상황에서 언약의 기소자로 나타났다(17장). 그는 아합에게 가뭄에 대한 경고를 하고 삼년 후 갈멜산에서 바알의 제사장과 영적인 전투를 하여 야웨가 참 하나님임을 보여주었다(18장). 이세벨이 그의 생명을 찾으므로 호렙까지 피신했다가 하나님의 음성을 들었다. 그 내용은 세 사람에게 기름을 붓는 것인데, 아람 왕 하사엘과 예후와 엘리사였다(19:15-16). 그것은 이스라엘의 미래가 달린 중요한 사역이었다. 하나님은 배교한 이스라엘에 선지자를 보내어서 사랑과 희망을 보여주셨다.

열왕서의 후반부의 가장 큰 사건은 하나님이 어떻게 자기 백성을 멸하시고 포로로 삼았는가를 보여준 것이다. 그 주된 목적은 이스라엘과 유다 왕들이 모두 예외없이 결함이 있음을 보여주면서 하나님의 호된 결정을 정당화시키기 위함이다. 물론 이것은 왕들에게만 해당되는 것이 아니라 죄성에 대한 고질적인 경향을 지닌 모든 백성에게 해당된다.

또한 이 부분은 이스라엘에 대한 하나님의 애착과 하나님이 친히 국가의 정치적인 삶에 관여하시는 것을 보여준다. 하나님은 심판뿐만 아니라 은혜로도 활동하신다는 것을 보여준다. 또한 하나님의 주권과 더불어 인간의 자유와 책임이 한데 얽혀있음을 전반적으로 드러낸다. 인간의 악행과 선행은 모두 하나님이 자신의 궁극적인 목적을 이루는데 사용된다. 하나님은 죄 많은 인간을 통하여도 역사 속에서 자신의 목적을 이루어 가신다.

본서는 언약에 신실하면 복을 받고 신실하지 못하면 저주를 받는다는 사상이 지배적이다. 그래서 왕들은 대체로 소위 '신명기적' 언약에 따라서 평가를 받았다. 북이스라엘 아합의 집안과 여호아하스, 요아스, 스가랴, 므나헴, 베가, 호세아 그리고 유다의 아하시야, 아달랴, 요담, 아하스 등은 나쁜 평가를 받고, 요시야, 히스기야 등은 좋은 평가를 받았다. 그렇지만 하나님은 언약적 평가와는 달리 그의 자유로운 의지로 의외의 은혜를 베풀기도 하셨다. 왕들의 범죄에도 불구하고 경제적 정치적 부흥이 이 두 나라에 찾아왔는데 이스라엘은 여로보암 2세(주전 782-753년) 치하에서, 유다는 아사랴(웃시야, 주전 767-740년) 치하에서 이루어졌다. 물론 그런 하나님의 자유는 자비를 베풀 때만 사용된 것은 아니다. 유다를 멸하시기로 하신 하나님의 작정은 요시야의 경건과 종교 개혁에도 불구하고 요지부동이었다. 하나님의 자유는 그 분이 인간들에 의해서 조종받을 수 없다는 것을 의미한다. 이 모든 것은 하나님의 주권이라는 영역에 속해 있다.

하나님의 주권에 대한 강조는 열왕기하 마지막에서 유다에 대한 희망을 보여주는 데서 나타난다. 희망이 있는 것은 저자가 포로들에게 그들이 회개하고 하나님을 찾으면 하나님이 그들을 용서하실 것이고 정복자들이 긍휼을 베풀게 할 것이라고 했기 때문이다(왕상 8:46-51). 열왕기에는 본국으로 돌아올 것에 대한 약속도 없고, 다윗 왕조의 회복에 대한 보장도 언급되지 않았다. 그리스도인은 그 왕조가 둘째 다윗인 예수의 인격 안에서 마침내 회복된 것을 알 수 있다. 그런 희망은 열왕기 어디에도 표현되지 않지만 신약과의 관계에서(마 1:12) 여호야긴이 석방된 후 대우를 받는 것은(25:27-30) 곧 구속의 여지를 남겨놓은 것을 알 수 있다.

6. 특기사항

궁중음모와 왕위계승

다윗은 노쇠하여 왕위계승에 대한 아무런 조치를 취하지 않고 있던 차에 살아 있는 아들 가운데 연장자인 학깃의 아들 아도니야가 왕을 자처하고 나섰다(왕상 1:5). 다윗은 전에 솔로몬이 왕위를 계승할 것으로 약속을 했지만(1:13, 17, 30) 그의 우유부단한 태도가 반란의 계기가 되었다. 아도니야는 백성을 모으고 다윗과 관계가 약간 소원해진 제사장 아비아달과 군대장관 요압의 지지를 받았다. 그는 에느로겔 근처에서 벌인 잔치에 솔로몬을 제외한 모든 왕자들과 고관들을 초청하여 왕을 자처했다(1:9, 25).

그러나 제사장 사독, 군관 브나야, 선지자 나단은 이 음모에 가담하지 않았다. 나단은 이 사실을 급히 밧세바에게 알리고 다윗이 신속한 조치를 취해주도록 간청했다. 그 결과 다윗은 자신의 약속대로 솔로몬을 당장 왕으로 옹립하라고 명령했다(1:30). 솔로몬은 왕의 호위군사들과 함께 왕의 노새를 타고 성스러운 기혼 물가로 가서 기름부음을 받고 왕으로 추대되었다(1:39).

이 소식을 들은 아도니야는 일이 잘 못되었다는 것을 알고서 목숨을 부지하기 위해서 성소의 제단뿔을 잡고 솔로몬이 살려준다고 할 때까지 거기서 나오지 않았다(1:51-53). 그는 일시적으로 목숨을 부지했지만 결국 솔로몬의 손에 죽었다. 아도니야가 왕이 되려는 계략은 결과적으로 다윗이 솔로몬을 왕으로 세우도록 재촉했다. 그러나 이것은 하나님의 주권적 의지로 이루어진 것이다.

솔로몬의 지혜

이스라엘에서 지혜와 관련된 왕은 솔로몬뿐이다. 그는 기브온 산당에서 일천 번제를 드린 후 하나님으로부터 백지수표를 받았다: "내가 네게 무엇을 줄꼬 너는 구하라"(3:5). 하나님에게서 이런 제안을 받은 사람은 아무도 없다. 솔로몬은 하나님의 파격적인 제안에 대해서 자신이 왕의 직무를 이행하기에는 아직 무능하다는 것을 전제로 하며 지혜로운 마음을 구했다(3:9). 이 일로 솔로몬은 지혜를 가진 전무후무한 왕이 되었다(3:12).

하나님은 솔로몬이 지혜를 구한 것을 기특하게 여기시고 그가 구하지 않은 부와 영광도 허락하셨다(3:13). 정말 그가 누린 영광은 예수께서 '솔로몬의 모든 영광으로도' (마 6:29; 12:42)라고 말씀하신 데서 확인된다.

그의 지혜는 예기치 않게 두 창녀의 아이를 결정하는 데서 실제 상황에 적용되었다(3:16-27). 솔로몬은 인간 본성에 관한 경건한 지혜를 가진 자가 어떻게 인간의 인식능력의 한계를 극복할 수 있는가를 잘 보여주었다. 그는 인간의 본성적인 감정을 이용하여 거짓된 증언과 속임수를 만천하에 폭로했던 것이다. 솔로몬은 궁극적으로 하나님의 지혜로 이런 판결을 할 수 있었다(3:28).

그는 삼천의 잠언과 천 편이 넘는 노래를 지었다. 이것은 잠언서와 전도서와 관련될 것이다. 또한 식물과 동물에 대해서 논할 정도로 관찰력이 뛰어났다. 그의 지혜는 모든 지혜자보다도 뛰어나서 여러 나라에서 소문을 듣고 왕들이 솔로몬에게로 왔다(4:30-34).

솔로몬의 외교와 통상

솔로몬의 정책 과제는 다윗과 같이 영토를 확장하는 것이 아니고 외부적으로 우호관계를 증진시키고 평화적으로 다윗이 이룬 제국을 공고히 다지는 것이었다. 그는 많은 결혼관계를 통해서 여러 민족과 좋은 관계를 맺었다. 그 중에서 가장 돋보이는 것이 애굽의 공주와 결혼한 것이다. 이것은 애굽이 그 당시 무력한 통치체제였음을 보여준다. 특별히 두로와 맺은 동맹은 솔로몬에게 교역과 산업의 새로운 활로를 열어주었다.

아라비아와 교역이 이루어지는데 스바의 여왕이 이 일에 한 몫을 한 것 같다. 물론 그녀의 첫 목적은 솔로몬의 지혜를 시험하기 위한 것인데, 많은 선물과 새로운 관계가 이 교역의 길을 확장시켰을 것이다. 구리산업이 번창했고 그 광산은 요르단 계곡과 아르바에 있었다. 솔로몬은 페니키아인들이 서부로 확장하는 것에 자극을 받아서 그는 홍해를 따라서 남쪽으로 진출했다. 그는 페니키아인들의 조선기술의 도움을 받아 에시온게벨에서 배를 건조하고 오빌까지 정기 무역항로를 열고 활발한 무역을 했다(금, 은, 상아, 원숭이, 공작 수입). 또한 솔로몬은 이스라엘에 기르지 않았던 말과 그동안 만든 적이 없는 병거를 각각 길리기아(Kue)와 애굽에서 수입하여 중개 거래를 함으로써 왕실의 수입을 올렸다(10:28-29; 대하 1:14-17). 아직 앗수르의 티글랏 빌르셀 2세가 팔레스타인을 위협하기 전이었으므로 솔로몬은 순풍에 돛단 듯이 번영을 누렸다. 이 번영은 하나님께서 주신 선물이었다.

분열왕국의 열왕의 통치기간

유 다		이스라엘	
르호보암	BC 930-913	여로보암 I	BC 930-909
아비얌	BC 913-910	나답	BC 909-908
아사	BC 910-869	바아사	BC 908-886
여호사밧	BC 872-848	엘라	BC 886-885
여호람	BC 853-841	시므리	BC 885
아하시야	BC 841	디브니	BC 885-880
아달랴	BC 841-835	오므리	BC 885-874
요아스	BC 835-796	아합	BC 874-853
아마샤	BC 796-767	아하시야	BC 853-853
아사랴	BC 792-740	요람	BC 852-841
요담	BC 750-732	예후	BC 841-814

아하스	BC 735-715	여호아하스	BC 814-798
히스기야	BC 715-686	여호아스	BC 798-782
므낫세	BC 697-686	여로보암 II	BC 793-753
아몬	BC 642-640	스가랴	BC 753
요시야	BC 640-609	살룸	BC 752
여호아하스	BC 609	므나헴	BC 752-742
여호야김	BC 609-598	베가	BC 752-732
여호야긴	BC 598-597	브가히야	BC 742-740
시드기야	BC 597-586	호세아	BC 732-723

〈표2: Edwin R. Thiele〉*

분열 왕국

르호보암 5년에 시삭이 팔레스틴을 침략한 이후 이 지역을 통합하여 애굽의 통제하에 두려는 연이은 시도는 없었다. 애굽 제국 시대는 지났으나 이스라엘과 유다에 대한 장기간의 위협은 다른 곳에 있었다.

성경은 보도하지 않지만 이스라엘 왕 오므리(주전 885-874년)는 놀랄만한 국제적 입지를 세웠다. 주전 약 850년 모압 왕 메사의 석비는 오므리를 이전에 모압을 이스라엘의 속국으로 삼은 왕으로 인정하고 있다. 그후 이스라엘은 앗수르 문헌에서 '오므리의 나라'로 언급될 정도로 오므리의 명성은 대단했다.

다메섹을 중심으로 한 도시 국가인 아람은 주전 9세기 이스라엘에 위협적인 존재였다. 주전 895년경 벤 하닷의 통치하에 아람은 이스라엘을 공격하여 유다의 아사 왕을 도왔다(왕상 15:18-20). 또 다른 벤 하닷(아들 혹은 첫 후계자)은 아합과 그 자손의 거의 영원한 적이 되어 두 번씩이나 사마리아를 에워쌌다(왕상 20장; 왕하 6, 7장). 아합과 벤 하닷 간에 잠시 평화로운 기간이 있었는데 그것은 앗수르가 등장할 때 공동의 적이 되었기 때문이다. 살만에셀 3

* 겹쳐진 연수는 섭정 또는 공위기간이다.

세(주전 858-824년)하에 앗수르가 서쪽으로 진군할 때 위협을 느낀 작은 여러 왕국이 동맹을 맺어 그를 대항했다. 카르카르(Qarqar)전투에 대한 살만에셀 자신의 언급을 따르면 아합과 벤 하닷이 이 동맹군의 일원이고 아합은 병거 2,000대와 보병 10,000명을 전투에 내보냈다고 기록한다. 이것은 아합의 군대가 동맹군 가운데서도 막강했다는 것을 말해 준다. 여기서 살만에셀이 동맹군을 이겼다고 주장하지만 서방에서 시도한 앗수르의 간섭은 일시적으로 중단되었다.

앗수르의 위협이 사라지자 아람의 적개심이 되살아났다(왕상 22:2, 3). 주전 843년경 벤 하닷은 그 뒤를 이은 하사엘에게 암살당했다(왕하 8:7-15). 이스라엘은 하사엘과 그의 아들 벤 하닷 3세의 공격을 받아 겨우 살아남았고(왕하 13:3-7) 유다조차도 위협을 받았다(왕하 12:17, 18). 그러나 경제적, 정치적 부흥이 이 두 나라에 찾아왔는데 이스라엘은 여로보암 2세(주전 782-753년) 치하에서, 유다는 아사랴(웃시야, 주전 767-740년) 치하에서 이루어졌다.

그러나 앗수르는 근동에 대한 태도를 바꾸었다. 티그랏 빌레셀 3세(주전 744-727년)의 군사 원정으로 앗수르 제국은 급속도로 팽창했는데 이스라엘은 삽시간에 그 제국에 흡수되었다. 주전 738년경 므나헴이 자발적으로 항복하는 바람에(왕하 15:17-22) 이스라엘은 앗수르의 위성 국가가 되었다. 속박에서 벗어나려는 베가의 반역에 이어서 영토는 줄어들고 그 땅은 속국이 되어(주전 732년) 더 비대해진 앗수르의 간섭을 받게 되었지만 여전히 자국의 왕을 허락했다. 호세아 왕이 반란을 일으키자 사마리아는 멸망하고(주전 722년) 그 지역은 군사 통치하의 앗수르 구역이 되었다. 일부 인구가 앗수르 제국의 다른 지역으로 이주했고 그 자리에 외국인 거주민이 살게 되었다. 이렇게 북쪽 지파들은 자신의 정체성을 잃어버리고 이스라엘은 사라졌다.

여리고의 재건에 나타난 아합의 죄

여호수아가 여리고 성에 대해서 저주를 선포한 것(수 6:26)은 하나님의 복음이 전파되도록 하기 위함이었다. 즉 이스라엘은 자신의 군사력이 아니라 하나님의 은혜로 여리고를 얻었고, 가나안 사람들은 하나님의 심판을 받았다는 것이다. 이 저주는 사사들과 후의 왕들에게 구속력이 있었다. 그들은 이 폐허가 외치는 야웨의 음성이 이스라엘에서 자유롭게 퍼지도록 놓아두었다.

그러나 아합은 불신앙으로 인하여 그 폐허에서 선포되는 권능의 말씀을 듣지 못했다. 그래서 그는 열려 있는 국경도시를 위험스러운 것으로 간주할 수밖에 없었다. 전적으로 군사력을 의지하며, 강병책과 담으로 둘러싸인 성들만을 신뢰하는 왕의 입장에서 보면 성벽이 무너진 채 그대로 방치해 둔다는 것은 분명히 어리석은 일이었다. 아합은 하나님의 능력에 의지하여 살기를 원치 않고, 오히려 가나안으로 가는 입구에 기록된 복음을 지워버렸다. 이 성읍과 땅은 하나님의 은혜의 선물로서 주어지는 믿음의 능력을 통해서 받은 것이지 인간의 능력에 의해 지켜지는 것이 아니라고 하는 기록에 저항하였다. 이제 그 폐허가 외치고 있는 말씀도 잠잠하게 되었다! 아합은 자신의 기록으로 그것을 바꾸어 놓았다: "이스라엘은 오직 아합의 능력과 벧엘의 건축자 히엘의 건축기술을 통하여 방어되고, 보존될 것이다." 아합은 하나님께서 은혜로 주신 터 위에서 자신의 왕국을 건설하려고 했다. 하나님께서 하시고자 하는 은혜의 복음전파를 가로 막아버렸다. 하나님의 은혜로 된 것을 인간의 힘으로 이룩한 것으로 왜곡시켰다. 아합은 적그리스도의 편에서 그리스도의 왕국을 대적하는 자가 되었다. 돌무더기에서 나타나는 하나님의 찬란한 영광을 지워버리고 자신의 영광을 장식하려 했다. 바로 이것이 여리고성 재건에 나타난 아합의 죄였다.

엘리사의 거짓예언

이스라엘 왕 여호람과 유다 왕 여호사밧이 속국인 에돔과 동맹을 맺어 모압을 치러 원정을 갔으나 물이 없어서 진퇴양난의 국면에 처해 있었다. 그들이 엘리사를 찾아가서 이 문제를 해결하려고 했다. 엘리사는 처음에는 바알의 선지자들에게나 알아보라고 했지만 유다 왕을 봐서 이 일을 예언해 주었다(왕하 3:14). 결국 선지자는 하나님이 동맹군의 물 문제를 해결해 주시고 모압에 승리할 것이라고 예언해 주었다(3:16-19). 그러나 위기에 처한 모압이 왕위 계승자로 인신제사를 지냄으로 말미암아 모든 것이 수포로 돌아갔다. 사실 이 일이 야웨 하나님의 진노를 촉발했던 것이다: "이스라엘에게 크게 격노함이 임했다"(3:27). 이 말 자체는 누구의 진노를 의미하는지 알 수가 없지만 내용상 야웨의 진노로 보아야 한다(민 1:53; 18:5; 대하 29:8). 동맹군은 그 성을 눈앞에 두고서 포위망을 해체하고 자기 나라로 돌아가야 했다. 그 원정은 실패로 끝나고 말았다.

이 하나님의 진노가 전염병이나 다른 재난으로 나타났는지는 알 수가 없지만 분명한 것은 하나님께서 그 일에 개입을 하셨다는 것이다. 인신제사는 하나님 앞에서 가증한 것이다(레 18:21). 이스라엘 백성은 그 일을 보면서 심한 혐오감을 느꼈을 것이다. 실제로 이스라엘은 하나님의 심판을 받을 일을 했다. 그들은 한 성을 칠 때 율법의 규정을 따라서 먼저 그 성의 평화를 선언해야 했다(신 20:10). 그러나 이스라엘은 그 땅에 대한 '초토화' 작전을 감행함으로써 그 지역의 나무를 다 잘라버렸다. 이것은 하나님의 뜻을 명백히 위반한 것이다: "너희가 어느 성읍을 오래 동안 에워싸고 쳐서 점령하려 할 때에도 도끼를 둘러 그 곳의 나무를 찍어내지 말라 이는 너희의 먹을 것이 될 것임이니 찍지 말라 밭의 수목이 사람이냐 너희가 어찌 그것을 에워싸겠느냐"(신 20:19).

사실 엘리사의 예언은 잘못된 것이었다. 그것은 이스라엘을 시험하는 것이고 물을 구함으로써 회생하게 된 이스라엘 연합군의 생각을 부추긴 것이다. 즉 하나님이 이 작전에 함께 하시니 그 승리도 보장되었다는 논리적인 결론을 내리도록 한 것이다. 그것은 자기 백성을 심판하시려는 하나님의 계획이 반영된 것이었다. 이스라엘은 처음부터 하나님께 물었어야 했다. 그들은 일을 벌려놓고 사태수습을 위해서 하나님을 찾았던 것이다. 그렇게 형식적인 그들의 근원적인 불신앙에 대한 하나님의 진노였다.

홀로 남은 유다의 운명

주전 734년 아하스 왕때 유다는 티글랏 빌레셋에게 항복하여 앗수르의 속국이 되었으나(왕하 16:7, 8) 히스기야는 그의 선친의 정책을 반전시켜서 반역을 일으켰다. 앗수르 왕 산헤립(주전 704-681년)은 주전 701년 유다를 침략하여 그 영토를 차지하여 요새 46곳을 점령하고 200,150명의 포로를 이주시켰다. 예루살렘은 멸망 직전에 있었으나 기적적으로 구원 받았다(왕하 18, 19장). 유다는 므낫세의 긴 통치 기간 동안 앗수르의 지배를 받았다. 그래서 산헤립의 후계자 에살핫돈과 아슈르바니팔은 그를 봉신이라고 했다. 아슈르바니팔(주전 668-630년) 치하에서 앗수르 제국은 전성기를 맞이했다. 그는 애굽을 침략하여 주전 663년 테베스를 점령했다. 그러나 그의 통치 말년에 제국의 서쪽 영역에 대한 앗수르의 지배권은 붕괴되기 시작했다. 그래서 요시야는 아무런 저항 없이 이스라엘의 옛날 영토까지 자신의 개혁을 확장할 수 있었다.

그러나 유다의 독립은 짧았다. 주전 609년 요시야 왕은 바벨론을 대항해서 싸우는 앗수르의 마지막 왕 아슈르우발릿을 도와 유프라테스 강변 갈그미스로 가는 애굽의 바로 느고를 저지하다가 므깃도에서 전사했다(왕하 23:29, 30). 애굽은 잠시 앗수르의 붕괴로 나타난 권력의 공백기를 이용해 아람-팔레스틴 동맹을 요구했다. 그래서 유다는 다시 애굽의 속국이 되었다. 요시야의 아들 여호아하스는 석 달간 통치하다가 느고에 의해 폐위되고 애굽으로 잡혀가서 거기서 죽었다. 그러나 느부갓네살이 이끄는 바벨론 군대는 주전 605년 갈그미스에서 느고에 승리함으로써 유다는 신바벨론 제국의 일부가 되었다. 같은 해 느부갓네살은 그의 아버지 나보폴라살을 계승하여 바벨론 제국의 왕이 되었다.

유다는 두 차례에 걸쳐서 바벨론의 통치에 저항하여 반란을 일으켰다. 첫 번째 반란의 결과로 여호야긴 왕이 포로로 잡혀갔고 예루살렘의 핵심 인물들을 바벨론으로 데려갔다(주전 597년). 둘째 반란은 잘 계획된 것이지만 불운하게 끝났다. 시드기야는 반 바벨론 동맹을 형성하여 애굽에 군사 원조를 구했다. 그러나 애굽의 도움은 너무 늦어서 실효를 거두지 못했다. 주전 588년 느부갓네살이 예루살렘을 포위했을 때 바로 호브라의 군대가 그 성을 도우러 와서 잠시 포위한 군대를 물러가게 했다(렘 37:5-8). 그러나 애굽인들은 곧 물러가고 새로 포위했다. 주전 586년 예루살렘은 멸망하고 둘째 그룹의 포로가 바벨론으로 끌려갔다. 감금된 여호야긴이 나중에 느부갓네살의 계승자에게 환대를 받기는 하지만(왕하 25:27-30) 유다 열왕의 통치는 끝났다.

역대기

1. 제목과 기록목적

역대기란 이름은 역대상 27:24의 '역대지략' 이란 말에서 온 것이다. 이것은 '그 날들의 말씀들' (*dibrē-hayyāmīm*)이라는 히브리 성경의 제목의 번역이기도 하다. 이 제목이 의도하는 바는 역대기가 하나님의 전체 역사를 연대적으로 기록했다는 것이다.

역대기의 기록목적은 하나님이 역사를 주관하신다는 것을 보여주면서 죄에 대한 심판은 이미 끝났고, 백성의 미래는 하나님께서 아브라함과 다윗에게 하신 밝은 약속의 성취로 이루어짐을 강조한다. 포로에서 돌아온 유대인들이 하나님의 택한 백성이며, 예루살렘과 성전을 재건하고, 신실하게 역사를 주관하시는 하나님을 섬기도록 격려하기 위함이다.

2. 구조와 내용분류

본서는 구조적으로 합법적인 왕인 다윗과 솔로몬의 업적에 초점을 맞추고 있다. 그래서 강조점도 포로에서 돌아온 백성이 성전과 예루살렘을 재건하여 이상적인 신앙공동체를 건설하는 데 있다.

a. 계보(대상 1-9)
b. 다윗(대상 11-29)
c. 솔로몬(대하 1-9)
d. 유다왕들(대하 10-35)
e. 포로귀환(대하 36)

3. 역사적 배경

역대기의 역사적 사건은 사무엘하와 열왕기상 부분과 중복된다. 그 내용은 인류의 시조인 아담에서부터 시작하여 다윗의 통치를 거쳐 솔로몬의 통치로부터 고레스의 칙령에 의한 포로귀환(주전 538년)까지를 다룬다. 이 포로귀환은 바벨론이 멸망하고 페르시아가 그 제국을 통치하면서 고레스의 문화관용정책의 일환으로 이루어진 것이다. 역대기는 제2성전건축을 전후로 기록된 책으로 보인다.

4. 신학적 주제

계보

역대기는 1장에서 9장에 이르는 긴 계보로 시작된다. 이것은 이스라엘 종교에 중요한 통찰력을 주지만 특별히 이 족보가 겨냥하는 것은 유다 지파와 레위 지파다. 그래서 이 계보는 이 책의 목적을 알 수 있는 실마리를 제공한다. 아담에서 시작하는 이 족보는 하나님의 창조의 계획을 확정하는 의미가 있는데 그 가운데서 독특한 위치를 점하는 이스라엘을 부각시킨다. 이 족보의 구성 자체가 인류를 위한 하나님의 특별한 계획이 다윗 왕조를 통하여 성취된다는 것을 암시한다. 계보의 다른 부분은 별 의미 없이 선별적으로 기록한 반면에 유다 지파에 치중하는 것은 일차적으로 재건될 왕조의 정통성을 확립하려는 의도가 있지만 궁극적으로 예수 그리스도 안에서 하나님의 계획이 어떻게 성취되는 가를 보도록 한다.

신정정치

역대기의 강조점은 유대 공동체의 신정적인 성격에 있다. 하나님의 직접적인 개입, 징계, 말씀의 권위와 성전 중심 생활, 이 모든 것은 자기 백성에 대한 하나님의 통치 요소가 된다. 역대기는 다윗과 솔로몬의 영광스런 시대를 회복하는데 기여하려는 열망을 담고 있다. 물론 이 회복은 왕국의 재건이 아니라 하나님의 말씀에 순종하는 예배 공동체로 돌아가는 것이다. 왕을 잃고 페르시아의 법을 따라야 하는 백성에게 역대기 기자는 희망의 언어로 외친다: "유다와 예루살렘 주민들아 내 말을 들을지어다 너희는 너희 하나님 야웨를 신뢰하라 그리하면 견고히 서리라 그의 선지자를 신뢰하라 그리하면 형통하리라"(대하 20:20). 그리고 하나님의 신정정치는 과거 포로 이전의 성공과 실패로부터 배워야 했다.

북 이스라엘에 대한 태도

역대기에는 에스라서와 느헤미야서와는 달리 북 이스라엘 백성에 대해서 훨씬 개방적이다. 왕국이 분열된 직후 북측 제사장과 레위인들이 그들의 대표와 함께 와서 예루살렘에서 제사를 지내고 르호보암을 강성하게 했다(대하 11:13-17). 처음부터 예루살렘 성전을 인정하고 회개하는 자들이 있었고, 북측에 대해서 가장 강경했던 아비야조차도 그들에게 회개의 여지를 주고 있다(대하 13:4-12). 아사 왕 시대에는 에브라임과 므낫세, 시므온에서 많은 사람들이 유다 왕에게로 와서 언약을 맺었다(대하 15:9-15). 히스기야의 유월절 초대는 북쪽 백성으로부터 거절을 당했지만 아셀, 므낫세, 스불론 지파에서 개별적으로 예루살렘에 왔다(대하 30:11, 12). 그가 묘사한 하나님의 자비는 이스라엘 백성에 대한 역대기의 입장을 잘 보여준다: "너희가 만일 야웨께 돌아오면 너희 형제들과 너희 자녀가 사로잡은 자들에게서 자비를 입어 다시 이 땅으로 돌아오리라 너희 하나님 야웨는 은혜로우시고 자비하신지라 너희가 그에게로 돌아오면 그의 얼굴을 너희에게서 돌이키지 아니하시리라 하였더라."(대하 30:9). 또한 요시야의 개혁은 북 이스라엘까지 영역이 확장되어 므낫세, 에브라임과 납달리까지 이르러 온 이스라엘이 야웨를 섬기게 했다(대하 34:6, 33).

북 이스라엘에 대한 역대기의 이러한 언급은 예루살렘 성전의 합법성을 인정하는 한 그들이 결코 버림받은 백성이 아니라는 것이다.

약속성취와 미래

역대기의 마지막은 페르시아 왕 고레스의 칙령으로 장식한다(대하 36:23). 고레스는 이스라엘 백성이 본토로 돌아가도록 허락했다. 이 마지막 구절은 유대인들이 하나님의 약속의 땅으로 돌아가도록 긍정적으로 요청하는 것이다. 이것은 하나님의 징계의 심판은 끝나고 그들의 미래가 밝게 열렸다는 것을 의미한다. 하나님은 자신의 약속에 신실하시기 때문에 이스라엘은 다시 한 번 구속의 복을 누리게 된다. 역대기 전체를 통해서 강조된 다윗과 솔로몬 왕국의 영광은 그들이 그 땅에 돌아온 후에 따라야 할 모델로 제시된 것이다. 역대기는 이렇게 이스라엘의 긍정적인 미래에 대한 기반으로서 긍정적인 과거를 강조한다. 이스라엘은 과거로부터 배워서 하나님을 영화롭게 하는 미래를 위해서 분발해야 했다.

5. 구속사적 메시지

역대상은 최초의 인간인 아담에서부터 왕국시대에 이르기까지 하나님의 긴 구속사를 보여준다. 이것은 언약에 신실한 하나님의 구속에 대한 의지를 보여준다. 그 후에 나타난 하나님의 구속사는 사무엘서에 나타난 역사와 내용이 같다.

그러나 역대기 저자의 의도는 다르다. 저자는 이미 이스라엘 백성이 이미 알고 있는 역사를 상기시키며 하나님의 위대성과 능력과 유일성을 부각시킨다(29:11-12). 이것은 역대기 전체를 지배하는 사상이다. 하나님은 유일한 분으로서 다른 모든 신위에 경배를 받아야 할 분이다. 다른 민족의 신들은 우상에 불과하지만 야웨는 하늘을 창조하신 분이시다. 그래서 다윗이 주 외에 다른 신이 없다고 한 말이 인용되었다(17:20). 하나님은 열방을 다스리는 분으로서 이스라엘을 애굽에서 인도하시고 가나안 족속을 쫓아내시고 그들에게 약속의 땅을 주셨다(17:21).

하나님께서 주신 약속의 땅에 왕국을 건설하는 다윗의 행적을 상기시키며 그 나라를 이상적인 국가로 제시한다. 특별히 역대상은 족보가 끝나는 부분에서 시작하는 다윗 왕국의 역사는 법궤를 예루살렘으로 옮기는 것부터 묘사한다(13;1-14). 이 사실은 진정한 신정국가는 하나님의 임재를 상징하는 법궤가 시온에 안치되면서부터 시작되었다는 것을 암시한다. 이것은 이 부분을 길게 서술하는 것으로도 알 수 있다(15:1-16:43). 다윗이 주변 국가를 정복하고 제국을 건설한 것도 언약에 신실한 다윗의 모습을 부각시키고 있다. 그런데 역대상에서는 사무엘서와는 달리 다윗이 밧세바와 더불어 동침한 범죄와 압살롬의 반란과 같은 역경은 생략했다. 그는 하나님을 신실하게 섬기는 존귀한 이상적인 왕으로 제시되었다(29:26-30). 이스라엘에서 다윗의 왕권은 역대기에서 야웨의 나라와 일치하기 때문이다(10:14; 17:1-15; 28:5). 역대상의 마지막은 다윗이 성전건축을 준비하는 것으로 장식한다. 그의 왕국과 성전은 앞으로 도래할 찬란한 메시아 왕국을 대망하도록 하는 것이다.

역대기 후반부는 역대상 종반부에서 다윗이 성전 건축을 준비한 것에서부터 시작한다. 솔로몬이 하나님의 복을 받아서 성전을 건축하고 하나님께 영광을 돌린 사건이 7장까지 기록되었다. 이것은 하늘도 품을 수 없는 그 하나님이 그 백성과 영광으로 함께 하신다는 것을 강조한다(6:18). 솔로몬이 사십 년 중에 이십 년 동안 건축사업을 하고(8:1), 국방을 위해서 여러 성을 건축하며(8:5-6) 모세의 명을 좇아 절기를 지키며(8:13) 하나님께서 주신 지혜가 세상에 알려진 것(9:22-23)이 그의 치적으로 제시되었다(8-9장). 솔로몬이 누린 영화와 풍요는 앞으로 도래할 메시아 왕국의 영광을 예시하는 것이다.

역대하에 기록된 분열왕국의 상황은 열왕기에 기록된 것과는 달리 유다 왕들을 중심으로 기록되었다. 북이스라엘은 여로보암이나 아합과 같이 유다와 접촉이 있을 경우만 언급되었다. 하나님은 유다의 열왕과 열국을 대하는 데서 자신의 의로움(12:6)과 자신의 거스릴 수 없는 통치(20:6)와 무한한 자비(30:9)를 보여주신다. 특별히 하나님의 주권이 여러 사건을 통해서 나타났다. 왕국분열에 대한 자신의 계획(10:15), 르호보암의 전쟁을 막으시는 것(11:4), 예후의 손에 아하시야가 죽은 것(22:7), 요아스가 아람군대에 크게 패배한 것(24:24), 웃시야가 블레셋과 아라비아와 마온 사람에게서 승리한 것(26:7) 그리고 아하스가 아람 왕에게 당한 것(28:5)은 모두 하나님께서 주권적으로 하신 일로 기록되었다. 야웨 하나님은 언약 백성과 관련하여 자신의 주권으로 블레셋과 아라비아 사람들을 동원하여 여호람을 치게하시고(21:16), 바로 느고를 통하여서도 요시야에게 자신의 명령을 알리셨다(35:21). 가장 극적인 하나님의 주권은 페르시아 왕 고레스를 통하여서 칙령을 내리도록 한 것이다: "하늘의 신 야웨께서 세상 만국으로 내게 주셨고 나를 명하여 유다 예루살렘에 전을 건축하라 하셨나니 너희 중에 무릇 그 백성 된 자는 다 올라갈지어다 너희 하나님 야웨께서 함께 하시기를 원하노라"(36:23). 이와 같이 역대기 후반부는 하나님의 주권적 역사로 말미암아 새로운 성전 예배를 중심으로 건설된 이상적인 나라를 지향하는 것으로 마친다.

6. 특기사항

역대기의 역사성

드 베테(de Wette) 이전까지만 해도 역대기는 포로 이전의 이스라엘 역사를 위한 신뢰할 만한 자료로 인정받았다. 그러나 드 베테는 포로 이전 기간의 재구성에 대해서 역대기의 역사적 가치를 거절하고 역대기 기자가 잃었던 자료를 사용할 수 있었다는 것을 부인했다. 사무엘서와 열왕기서의 역사는 역대기보다 더 오래된 원문을 제시한다는 것이다. 역대기는 사무엘서와 열왕기의 이야기를 신중하지 않게, 무지하게까지 심하게 변경시켰다고 한다. 역대기 기자는 레위인과 유다의 제의를 좋아하고 또 이스라엘을 싫어하는 편견을 가지고 역대기를 썼다는 것이다. 그 이후 많은 비평가들이 이 이론을 받아들였다. 그러나 여기에는 두 가지 문제가 작용한다. 그것은 사무엘서와 열왕기 기사와 역대기 사이에 차이가 있다는 역사비평적 관점이 작용한다는 것과 포로기와 포로 후기에 존재했다는 '제사문서' (P)에 대한 가설이다.

한 사건을 다른 관점에서 공관복음서가 역사적인 가치를 지니듯이 역대기도 같은 사건에 대해서 다른 관점으로 설명할 수 있는 것이다. 이것은 다른 사람이 혹은 한 사람이 다른 시대에 과거의 같은 역사를 돌아보고 다르지만 둘 다 타당성 있는 이야기 줄거리를 이끌어내는 것과 같다. 이 과정을 비유로 하자면 두 미술가가 동일 인물에 대해서 다른 그림을 그리지만 둘 다 정확한 초상을 그릴 수 있는 것과 같다. 실제로 역대기는 자체에서 역사적 자료에 기초해서 썼다는 것을 암시하고 있다(대상 29:29; 대하 9:29; 32:32).

다윗의 위임과 공헌

먼저 다윗은 모든 신하들과 백성에게 하나님의 모든 명령을 준수할 것을 위임했다(대상 28:8). 이것은 실제로 중대한 문제였다. 백성이 하나님께 불순종한다면 아름다운 성전은 아무 의미가 없을 것이다. 이스라엘 백성은 하나님의 총회로서 하나님께서 그들에게 은혜로 주신 율법을 따라 살아야 할 의무가 있었다. 그들은 족장에게 하신 하나님의 약속에 의해서(창 12:1-3; 13:14-18) 그 땅을 소유했지만 그것은 하나님의 말씀에 순종할 때 누릴 수 있다는 조건이 있다(신 27-30장). 만일 그들이 그 땅을 지속적으로 소유하고 다음 세대로 물려주길 원한다면 순종하는 백성이 되어야 했다. 그들이 불순종한다면 그 후손에게 돌아갈 것이 없을 것이다. 그래서 다윗이 이 위임명령을 하는 것은 아주 중대한 것이다.

다음으로 다윗은 솔로몬이 왕으로서, 또 성전을 건축하는 자로서 신실하게 임무를 수행할 것을 위임했다(대상 28:9-10, 20-21). 여기서 '강하고 담대하라'(10, 20절)는 표현은 여호수아에게 하신 하나님의 말씀을 상기시켜준다(수 1:6, 7, 9, 18). 비극적인 것은 솔로몬이 하나님 앞에서 신실하지 못했다는 것이다(왕상 11장). 그는 온전한 마음으로 하나님을 섬기지 않았다. 그가 말씀을 떠났을 때 우상을 섬겼다. 이것은 다윗이 온전한 마음으로 하나님을 섬기라는 위임명령을 저버린 것이다.

다윗은 성전건축을 위해서 말로만 위임한 것은 아니었다. 그는 그 위대한 건축계획을 위해서 솔로몬이 필요로 한 모든 것을 공급해주었다(대상 28:11-19): 건축설계, 제사장과 레위인의 조직, 각종 부대시설에 필요한 물질. 다윗이 성전건축을 위해서 바친 물질은 그 가치를 따지기 어려울 것이다(대상 29:4).

하나님의 말씀을 전한 바로 느고

열왕기에는 요시야의 마지막 생애에 대해서 총체적으로 긍정적인 평가를 하고 있다(왕하 23:25-27). 그러나 역대기에서는 아주 간략하게 '이 모든 일 후 곧 요시야가 성전을 정돈하기를 마친 후에'라고 간단하게 되어 있다(대하 35:20). 물론 이것은 요시야가 그의 생애 마지막까지 성전에 헌신적이었다는 것을 의미할 것이다. 그 뒤 곧 전쟁에 가담했다.

주전 610년 앗수르 왕 아슈르우발릿은 갈그미스에 새로운 수도를 세웠다. 애굽 사람들은 앗수르 사람들을 돕는데 관심이 있었고 근동에서 바벨론 사람들이 힘의 균형을 깨고 등장하는 것을 두려워했다. 그래서 애굽의 대군은 주전 609년 여름에 앗수르를 도와 그의 대반격에 가담하기 위해서 팔레스타인 연안으로 이동해서 올라갔다.

요시야는 느고의 진행이 재연합된 이스라엘을 위한 자신의 계획에 방해가 된다고 생각했다. 요시야는 미운 앗수르인의 우방은 누구든지 자신의 대적이라고 여겼다. 그래서 애굽 군대가 앗수르에 가세하지 못하도록 막는 일에 전념하느라 그와 반대되는 어떤 예언적 경고도 과감하게 무시했다. 놀라운 것은 이 경우는 그 예언적 경고가 이스라엘 선지자에게서 나온 것이 아니라 자신의 임무에 관여하는 일을 중지하라고 요시야에게 경고한 이방인 바로에게서 나왔다는 것이다. 느고는 "하나님이 나에게 명령하사 속히 하라 하셨은즉 하나님이 나와 함께 계시니 그대는 하나님을 거스르지 말라 그대를 멸하실까 하노라"라고 주장했다(대하 35:21). 그러나 요시야는 그 말을 듣지 않았다: "요시야가 몸을 돌이켜 떠나기를 싫어하고 오히려 변장하고 그와 싸우고자 하여 하나님의 입에서 나온 느고의 말을 듣지 아니하고 므깃도 골짜기에 이르러 싸울 때에"(대하 35:22), 결국 그는 화살에 맞아 죽었다(35:24).

성경은 느고가 하나님의 말씀을 예언했다고 했다. 애굽 왕이 선전으로 한 말이 진실한 하나님의 말씀이었다. 하나님은 이방인이라고 할지라도 자신의 계시를 전하기 위한 도구로 사용하실 수 있다. 이 경우는 애굽의 군주를 사용해서 요시야를 저지하고 앗수르를 도우셨다. 중요한 것은 도구가 아니라 그 예언의 내용이었다. 이것은 발람의 경우와 꼭 같다고 할 수 있다(민 22:28-31). 그러나 요시야는 하나님께서 바로 느고를 그런 도구로 사용하시는 줄 모르고 그 경고를 무시하다가 죽었다.

에스라

1. 제목과 기록목적

본서의 제목은 '에스라' 라고하는 이 책의 주도적인 인물에서 따온 히브리 성경의 제목(*'ezrā*)을 그대로 따른 것이다. 본서의 기록목적은 하나님께서 포로에서 돌아온 자들을 어떻게 도우셨는가를 보여주고 나라를 재건하는 어려운 임무를 수행할 수 있도록 믿음을 격려하기 위해서 기록되었다.

2. 구조와 내용분류

a. 언약의 장소 재건(1:1-6:22)

  1) 고레스를 통한 귀환(1:1-2:70)

  2) 성전 재건축(3:1-6:22)

b. 언약의 관행 재건(7:1-10:44)

  1) 포로귀환(7:1-8:34)

  2) 언약적 순결회복(9:1-10:44)

3. 역사적 배경

유대인 포로들은 주전 약 538년 스룹바벨의 인도하에 바벨론에서 일차 귀환이 이루어졌다. 또한 에스라에 의해서 주전 458년 아닥사스다(주전 464-424년) 통치 7년에 에스라의 예루살렘 귀환이 있었다. 에스라 시대는 페르시아가 황금시대를 맞이하고 번영을 구가하던 시대였다.

4. 신학적 주제

땅에 대한 약속

하나님은 아담에게 금방 창조된 땅을 주시고, 노아에게 새로 마른 땅을 주시고, 아브라함과 모세와 이스라엘 민족에게는 가나안 땅을 주셨다. 이스라엘의 땅은 유대 민족에게 하나님의 약속의 본질적인 요소였다. 그러나 독자는 유대 민족이 바벨론 포로로 잡혀있을 동안 땅에 대한 하나님의 약속이 어떻게 되었나에 대해서 궁금하게 생각했을 것이다. 여기에 대해서 에스라는 이스라엘이 그 땅으로 되돌아오고 그 땅은 여전히 그들의 것이라고 하면서 그 약속이 확실하다는 사실을 보여준다. 그리고 땅에 대한 약속은 궁극적으로 온 민족의 영역으로 확장될 때 새 하늘과 새 땅을 기대하도록 한다.

다윗의 언약

하나님은 다윗의 언약을 통하여 영원한 왕위를 약속하셨다. 그런데 포로생활은 이 약속이 무산된 것 같은 생각이 든다. 그러나 에스라서는 다윗 왕조의 계열에 속한(대상 3:18-19) 세스바살과 스룹바벨의 역할을 보여준다(스 1-6장). 이 다윗의 계보는 여전히 명맥을 이어가면서 포로 귀환을 인도하는 역할을 했다. 그렇지만 페르시아와 그리스, 로마의 지배로 이어지는 상황에서 어떻게 다윗의 통치가 회복될 것인가에 대한 대답을 기다려야 했다. 이 약속은 예수님께서 오셔서 하나님 우편에 앉으심으로 새로운 종류의 통치를 시작하면서 이루어졌다. 그러나 그리스도의 재림 때에 다윗 통치에 대한 약속은 완전히 이루어질 것이다.

모세 언약

에스라서는 이스라엘 백성이 바벨론 포로 이후에도 이전과 같이 여전히 모세 언약의 구속을 받고 있는 것을 보여준다. 에스라의 관점에서 율법은 여전히 구속력이 있었다. 율법을 지키는 것이 하나님의 복을 받는 길이라는 데는 변함이 없었다. 이방인과 결혼해서 그 율법을 거스르는 것은 여전히 멸망의 길이었다. 그래서 에스라는 이 일로 인하여 공적으로 죄를 자복하고(10:1) 회개했다(10:6). 백성은 에스라의 죄의 고백에 대해서 자신의 죄를 청산하고 하나님과 언약을 새롭게 하겠다고 반응했다(10:3). 율법의 확고함과 지속성은 모세보다 더 크신 예수님에게까지 뻗쳐 있다(마 5-7장). 예수님의 구속사역으로 모세의 언약은 폐기되고 주님의 피로 인친 새 언약으로 대치되었다. 그러나 에스라 시대의 이스라엘 백성은 복과 저주의 언약을 받들어야 했다. 이렇게 백성은 항상 하나님의 언약적 요구에 순종할 책임이 있다.

5. 구속사적 메시지

창조주시요(1:2), 주권적으로 역사하시는 하나님(1:5; 7:6; 9:8)은 의로우신 분(9:15)으로서 세 가지 언약을 지킴으로써 자기 백성을 인도하셨다. 그것은 땅에 대해서 족장들과 맺은 언약, 다윗 언약, 모세 언약이다. 에스라서는 이스라엘이 고토로 돌아와서 회복될 것을 보여준다. 그러나 땅에 대한 약속은 궁극적으로 온 민족으로 확대되는 새 하늘과 새 땅을 고대하도록 한다. 하나님은 다윗 언약을 통하여 영원한 통치를 약속하셨다. 본서에는 세스바살과 스룹바벨이 다윗의 왕가에 속한 자로 활동한다(대상 3:18-19). 다윗의 계보는 여전히 적소에 있었고 포로귀환을 주도했다. 그렇지만 다윗 언약의 참된 성취는 그리스도께서 왕으로 오실 때 성취되었다. 다윗에게 약속된 완전한 통치는 주님의 재림 때 이루어질 것이다. 또한 모세의 언약은 율법으로 나타나는데 본서에서는 에스라로부터 여전히 율법을 지킴으로써 하나님의 복을 누리는 것을 보여준다. 여기서도 우리는 율법의 성취를 그리스도에게서 찾을 수 있음을 알고 있다(마 5-7장). 이스라엘 백성이 예루살렘으로 돌아와서 나라를 세우고 율법을 준수하는 모든 것은 언약에 신실하신 하나님의 손길에 의한 것이다.

이 책에서 포로귀환은 두 차례에 걸쳐서 이루어졌는데 첫째는 고레스 원년에 스룹바벨의 인도 하에서(1-6장, 주전 538년), 둘째는 80년 뒤에 에스라에 의해서(7-10장, 주전 458년)에 이루어졌다. 본서는 백성을 정착시키는데 에스라의 지도력을 강조한다. 그러나 그의 정치적인 지위에 대해서는 알 수가 없지만 아닥사스다 왕이 성전에 봉헌할 물건에 대해서 그에게 모든 권한을 위임하는 것을 보면 그가 중책을 맡은 것은 틀림없다(7:21-26).

주전 537년에 시작한 성전건축은 반대에 부딪혀(4:23-24) 한 동안 중단되었다가 주전 520년에 다시 시작해서 주전 516년에 완공해서 봉헌했다(6:16-18). 이것은 에스라의 말대로 하나님께서 그 공동체를 사랑하시는 증거였다(9:8-9). 그러나 그 공동체는 이방인과 결혼한 백성과 제사장으로 인하여 온전한 신앙공동체가 되지 못했다(9:1-2). 에스라는 이 일로 인하여 공적으로 죄를 자복하고(10:1) 회개했다(10:6). 백성은 에스라의 죄의 고백에 대해서 자신의 죄를 청산하고 하나님과 언약을 새롭게 하겠다고 반응했다(10:3). 에스라가 이방 여인들과의 관계를 끊으라고 명령하고 백성이 순종하겠다고 대답함으로써(10:11-12) 유대 공동체는 정결한 신앙공동체의 모습을 갖추었다.

6. 특기사항

고레스의 관용정책

에스라서의 서두는 이렇게 시작한다: "바사 왕 고레스 원년에 야웨께서 예레미야의 입을 통하여 하신 말씀을 이루게 하시려고 바사 왕 고레스의 마음을 감동시키시매 그가 온 나라에 공포도 하고 조서도 내려 이르되 바사 왕 고레스는 말하노니 하늘의 하나님 야웨께서 세상의 모든 나라를 내게 주셨고 나에게 명령하사 유다 예루살렘에 성전을 건축하라 하셨나니"(1:1-2). 이 본문은 마치 고레스가 하나님의 명을 받아서 이스라엘이 고토로 돌아가서 성전을 짓도록 하기 위해서 칙령을 내린 것처럼 들린다. 고레스 칙령 자체는 확인이 되는 것이다. 1879-82년 바벨론에서 발견된 '고레스의 칙령' 원통은 다른 백성의 신들과 관련된 유사한 기록을 보여준다. 그러나 성경 본문과 같이 '하늘의 하나님, 야웨' 라는 말은 없다. 그는 마르둑을 신봉하는 자였다. 그렇지만 그의 관용정책은 하나님의 역사로 이루어진 것이라고 말할 수 있다. 자신이 제국의 패권을 장악한 것도 하나님이 인도였고(사 45:1) 각 나라 백성을 돌려보내는 것도 하나님의 백성을 위한 것이었다.

이 정책에 대해서는 이전에 선지자들이 이미 예언한 것이다. 약 이백 년 전에 이사야는 고레스의 이름을 언급하면서 포로귀환과 성전건축을 후원할 것까지 예언했다(사 44:28). 예레미야는 유다가 칠십 년 만에 바벨론 포로에서 돌아올 것이라고 예언했다(렘 29:10).

고레스는 그 하나님에 대한 지식이 없었을 것이다. 그러나 그 정책은 하나님께서 감동을 주셔서 가능했던 것이다. 왕의 마음도 하나님의 손 안에 있는 것이다(잠 21:1). 성경은 고레스의 칙령이 유대인을 위한 것처럼 들리지만 그의 관용정책은 페르시아 제국 내의 모든 민족에게 그 혜택이 돌아가는 것이다.

대적의 도움을 거절한 스룹바벨

성경은 그들을 '대적' 이라고 표현했지만(4:1) 그들이 누구인지 분명하게 언급하지 않았다. 그렇다면 그들이 참된 하나님을 섬긴다고 하면서 성전건축을 도와서 거기에 참여하겠다고 하는 제안을 일언지하에 거절하는 것은 좀 이상하게 보일 수 있다. 대개 도움을 제의한 사람들은 사마리아에서 온 사람들일 것이라고 생각한다. 그들은 앗수르 사람들이 대규모의 이주정책을 써서 그곳에 각지에서 온 여러 민족과 함께 살게 되었다. 그것은 민족적으로나 종교적인 일체감을 제거함으로써 제국에 대한 반란이 일어나지 않도록 하는 정책이었다. 이런 상황 가운데서 사마리아는 혼합주의가 그 특징이 될 수밖에 없었다.

사실 이 사람들이 성전건축을 돕겠다고 제의한 것은 표면상 나타나는 것과 달리 순수한 동기에서 나온 것은 아니었다. 그들은 하나님의 말씀에 신실한 자도 아니고 오직 야웨 하나님만 섬기는 사람들도 아니었다. 비록 그들이 유대인과 같은 하나님을 섬기다고는 했지만 그들은 다른 신들도 함께 섬겼다(왕하 17:33). 이런 혼합주의는 야웨께서 그의 백성에게 요구하는 배타성과는 양립할 수 없다.

그래서 스룹바벨의 거절은 단순히 분리주의적 입장을 취한 것이 아니다. 분명히 사마리아의 지도자들은 페르시아 제국의 지원을 받은 유다의 새로운 등장을 위협으로 여겼을 것이다. 그들은 성전을 짓는데 재정을 들이고 노동을 제공해서 성전을 장악하려는 의도가 있었을 것이다. 이것은 순수하게 이웃을 돕는다기보다는 정치적 의미가 더 컸다는 것이다. 스룹바벨이 그들의 도움을 거절한 이유는 바로 여기에 있었다.

모든 아내와 그 소생을 다 내어보내는 문제

하나님은 이혼하는 것을 미워하신다(말 2:16). 그런데 이스라엘에서 이방 여인과 결혼 한 자들의 아내를 그 자녀와 함께 다 내어보내는 것은 이혼과 어떻게 조화가 되는지 궁금해진다(스 10:2-3). 아닥사스다 칠 년에 두 번째 그룹의 포로귀환을 인도한 에스라가 스룹바벨 하에서 새롭게 건설된 공동체에 심각한 문제가 있다는 사실을 들었다. 그것은 예루살렘 제사장과 레위인들과 또 다른 사람들이 이방 여인과 결혼을 해서 그 땅에 함께 살고 있다는 것이었다. 에스라가 이 일에 대해서 들었을 때 그는 속옷과 겉옷을 찢고 머리털과 수염을 뜯고 무엇을 해야 할지 몰라서 망연자실한 상태에 있었다. 그가 저녁 제사 때 옷을 찢고 무릎꿇고 하나님께 그 백성을 위해 자신의 수치와 죄를 고백하며 기도했다.

그가 기도할 때 다른 사람들도 함께 울며 기도했다. 그때 엘람 사람 스가냐가 이방 여인을 다 내어쫓는 것으로 해결책을 제시했다. 에스라는 이 제안에 동의해서 삼일 째에 백성을 모으고 선언했다: "이제 너희 조상들의 하나님 앞에서 죄를 자복하고 그의 뜻대로 행하여 그 지방 사람들과 이방 여인을 끊어버리라"(10:11).

조사결과 113명이 이방 여인을 취하였다. 이것은 전체 수에서 아주 미미한 것이지만 하나님의 백성이 언약 바깥에 있는 사람들과 결혼해서는 안된다는 엄중한 계명을 생각하면 이것은 실로 중대한 사건이었다(출 34:11-16; 신 7:1-5). 그런 결혼은 많은 경우 우상숭배로 직결되기 마련이다.

에스라가 한 것은 그들을 내어 보내는 것이다(10:3). 그것은 일반적인 이혼에 해당하는 용어가 아니다. 이혼이라고 해도 이것은 합법적인 것이다. 어떤 상황에서는 이혼이 허용되는 경우가 있다(신 24:1-4). 음행한 경우와 배교의 상황에서는 온 가정이 함께 하나님을 섬긴다는 결혼의 목적을 이룰 수 없기 때문에 성경은 이혼을 허락한다(고전 7:15). 에스라는 새로운 이스라엘이 언약에 신실한 공동체로 서도록 하기 위해서 이 개혁을 단행했던 것이다.

느헤미야

1. 제목과 기록목적

이 책의 제목은 내용상 가장 중요한 역할을 하는 인물인 느헤미야(*n*^{e}*ḥẹmyā*)를 따라서 붙인 것이다. 본서는 호전적인 대적과 신실치 못한 이스라엘 사람들을 대항해서 싸우는 느헤미야와 같은 신실한 사람을 통해서 예루살렘 성 재건을 도우시는 하나님을 보여준다. 이 책은 이스라엘 민족의 포로후의 재건에 관한 이야기를 마무리하기 위해서 기록되었다.

2. 구조와 내용분류

a. 느헤미야의 예루살렘 성벽 재건(1:1-7:73)
  1) 느헤미야의 제시(1:1-2:20)
  2) 성벽재건(3:1-6:19)
  3) 하나니와 하나냐의 임무(7:1-73)

b. 에스라와 느헤미야의 개혁(8:1-13:31)
  1) 언약갱신(8:1-10:39)
  2) 예루살렘 인구증가(11:1-12:26)
  3) 예루살렘 성곽 봉헌과 개혁(12:27-13:31)

3. 역사적 배경

느헤미야의 책은 에스라의 성전개혁이 있은 지 13년 정도 된 사건을 시작으로 기록되었다. 이 책의 사건은 페르시아 다섯 왕의 통치를 망라한다: 고레스(주전 559-530년), 캄비세스(주전 530-522년), 다리우스 1세(주전 522-486년), 크세르크스 1세(주전 486-465년), 아닥사스다 1세(주전 464-424년).

4. 신학적 주제

하나님의 도성과 성전

하나님은 자기 백성과 교제하고 세상을 다스리는 임무를 수행하면서 그들이 성장할 수 있는 특별한 출발지점을 지정하셨다. 그 장소는 에덴동산과 약속의 땅, 특히 그 땅의 중심이 되는 예루살렘을 포함한다. 또 그 도시의 중심부에 하나님과 그 백성의 교제의 장소인 성전이 있었다. 수백 년 동안 그 도시의 평화나 불안이 전체 땅과 백성에 대한 복과 저주를 가늠하는 척도가 되었다. 즉 예루살렘의 멸망은 백성의 죄로 인한 하나님의 심판의 표시였다. 에스라와 느헤미야가 그 도시에 나타난 심판의 잔재를 제거했을 때조차도 그 도시와 백성은 하나님의 복의 중심이 되는 완전한 예루살렘을 기다렸다.

회복된 도성과 성전은 백성이 순종하며 머물 때 생존하고 복을 받을 것이다. 하나님의 복은 항상 그 분의 인격적인 임재와 관련되기 때문에 느헤미야의 예루살렘 재건은 하나님 자신의 창조적인 손에 의해 완전히 회복되는 그 도시의 그림자에 지나지 않는다. 하늘의 예루살렘이 하늘에서 내려와서 하나님의 백성 가운데 머물 것이다. 그 도시에 건설된 조그만 성전은 하나님의 무한한 임재로 대치될 것이다(계 21:3).

새 예루살렘은 하나님이 친히 예비하실 것이고(계 21:2), 그 도시의 사람들은 완전한 순종과 행복을 누리며 살 것이다(계 21:3-27)

수치의 제거

느헤미야는 황폐된 도성을 민족적 죄로 인한 하나님의 능욕의 표시로 보았다(1:3; 2:17). 그는 모세 언약에 비추어 그 치욕을 제거하는 것을 자신의 임무로 여겼다. 느헤미야가 백성에게 그들의 죄의 치욕을 제거하자고 권면하는 임무는 바울이 하나님의 정죄를 초래하는 옛 생활을 벗어버리자는 신약의 권면과 비슷하다. 심판의 때는 지났고 과거의 것을 제거할 때라는 말이다.

과거의 심판의 표시를 제거하는 것은 하나님께서 아브라함에게 약속하셨듯이 하나님과 인간의 책임을 의미한다. 하나님은 자기 백성을 축복하는 자에게 복을 주시고 저주하는 자를 저주하신다(창 12:3). 또한 세상은 영적 성숙과 순종을 이루어가는 하나님의 백성에 대해서 적대적이다(창 3:15). 그럼에도 불구하고 백성은 대대로 하나님의 길을 걸어야 한다(창 18:19). 이 순결과 거룩을 지키는 데서 세상과 구별된 삶을 살게 된다. 이 책에서 느헤미야는 이방인들을 예루살렘 재건에서 배제했고 혼인도 금지시켰다. 이것은 신약에서 불신자와 멍에를 같이 메지 말라는 교훈과 같다.

5. 구속사적 메시지

포로에서 돌아와서 재건한 유대 공동체는 하나님께서 이스라엘과 다윗에게 하신 약속의 합법적인 기업이다. 비록 다윗 계통의 왕은 존재하지 않았지만 다윗 왕조의 주요 기능은 성전을 건축하는 것과 거기서 이루어지는 예배였다. 왕이 없어도 이제 하나님에 대한 예배는 그 공동체에 의해서 효과적으로 이루어지게 되었다. 이 책은 백성의 십일조에 의해서 유지되는 제사장과 레위인과 함께 재건된 성전에서 순수하고 즐거운 예배의 모습을 결론적으로 묘사하고 있다(12:44-47). 하나님의 심판으로 말미암아 겪었던 오랜 기간의 시련이 있은 후에 도래한 본서의 마지막 부분의 내용은 그 공동체에 밝은 미래를 보여준다. 그들이 비록 광대한 이방 제국에서 작은 공동체로 존재했다 할지라도 그들은 자신이 이스라엘의 창조된 목적, 즉 하나님을 예배하는 공동체라는 목적을 성취하고 있다는 것과 하나님의 선택을 받은 지도자의 통치를 받고 있다는 것을 아는 것으로 만족할 수 있었다. 여기서 중요한 것은 하나님의 백성은 결코 버림받지 않는다는 것이다. 특히 언약에 인을 치는 것을 볼 때 그렇다(10장).

느헤미야는 영의 사람이고, 성격이 급한 사람으로 묘사되었지만 그는 지도자로서 자기 백성의 복지에 대해서 열정을 가진 사람이었다(12장). 또 가난한 백성의 요청에 대해서 즉각 반응하고(5장), 유대 공동체의 예배의 순결을 지키는데 열심이 있는 자였다(13:4-9). 무엇보다도 그는 항상 하나님의 선한 손길을 의식하고(2:8), 하나님을 경외하는 지도자였다(5:15).

하나님은 예루살렘 공동체 재건을 위하여 그를 수산 궁에서 높이시고 그를 도구로 하여 언약의 말씀을 따라 이상적인 신앙공동체를 세우셨다.

6. 특기사항

에스라의 율법 낭독

서기관 에스라가 율법책을 읽은 것을 우리 성경에는 '낭독하고' 라고 했다(8:8). 그런데 히브리어 *m^e fōrāš*에 대한 번역은 다양하다. 대부분의 영어번역은 '명확하게' 라고 번역했다(*KJV, NIV, ESV*). 그런데 어떤 영어성경은 '번역하다' 로 번역했다(*NASB*). 이 번역은 칠십 년의 포로생활을 하면서 공용어였던 아람어에 익숙해져서 히브리어를 알아들을 수 없었다는 것을 전제로 한다. 그러나 만일 포로에서 돌아온 사람들이 히브리어를 몰랐다면 어떻게 해서 포로 후기에 쓰여진 많은 선지서와 역사서가 히브리어로 쓰여졌는지에 대해서 답할 수 없을 것이다.

성벽이 건축된 지 약 칠 일째 되는 날 백성이 수문광장에 모였다(3:26). 에스라가 모세의 율법을 공적으로 낭독했다. 그때가 티쉬리 월 첫째 날이었다. 그날은 나팔절이고(레 23:24; 민 29:1) 그 달 십 일에 행하는 대속죄일을 준비하는 때였다. 남녀와 아이들까지 다 모였다(8:2). 새벽부터 정오까지 율법을 낭독했는데 약 여섯 시간 정도 되었을 것이다. 에스라가 낭독하는데 열세 명의 레위인이 도왔다고 했다. 이들이 어떻게 도왔는지는 알 수 없지만 그룹별로 이해를 도왔을지도 모른다. 에스라가 율법을 읽기 전에 하나님을 송축했을 때 백성은 아멘으로 화답하며 하나님을 경배했다(8:6).

히브리어 *pārāš*란 말은 '분명하게 하다, 분리하다' 란 뜻이 있다. 이것을 '번역하다' 로 볼 근거는 없다. 그 다음 '문장에 읽은 것을 이해하도록 설명해 주었다' 는 내용이 나온다. 나팔절을 지키는 동기는 성벽을 재건한 것에 대한 하나님의 은혜로운 돌보심을 감사하는 것이다. 하나님의 선하심이 그들을 인도하여 하나님의 말씀을 듣도록 하셨다.

느헤미야의 개혁

총독 느헤미야의 주된 역할은 성벽을 재건하는 것이지만 새로운 공동체를 개혁하는 일에도 그의 역할이 잘 나타난다.

첫째, 느헤미야는 하나님의 율법을 무시한 부자들에 의해서 착취당하는 공동체의 가난한 자들을 위한 조치를 취했다(5:1-19).

둘째, 죄를 회개하고 방백과 레위인과 제사장들이 언약을 갱신하고 인을 치도록 했다(9:37-10:39).

셋째, 이방인들이 하나님의 회에 참석하지 못하도록 함으로써 예배를 정화시켰다(13:1-3).

넷째, 성전이 사적으로 오용되는 것을 막고 목적에 부합하는 용도로 사용되도록 회복시켰다(13:4-9).

다섯째, 레위인들의 직무를 복귀시킴으로써 회복된 공동체가 언약의 특권을 누리도록 했다(13:10-14).

여섯째, 안식일을 범하는 사람들을 꾸짖고 안식일을 준수하도록 했다(13:15-22).

일곱째, 다른 종교를 가진 이방인과 결혼한 유대인들이 그 관계를 정리하도록 했다(13:23-29). 이 모든 개혁은 회복된 공동체가 새로운 성전을 중심으로 언약에 신실한 삶을 살도록 하기 위한 조치였다.

에스더

1. 제목과 기록목적

책 제목은 본서의 주요인물인 에스더의 이름을 따라 지었다. 페르시아어로 그 이름의 뜻은 '별' 이다. 유대인들은 에스더서가 부림절의 기원을 설명하기 위해서 기록되었다고 하지만 단순히 그 절기의 기원을 알려주기 위함이 아니라 하나님의 구속의 계획이 위태롭게 된 상황에서 하나님의 극적인 구원의 역사를 보여주기 위해서 기록되었다.

2. 구성과 문학적 특징

a. 에스더의 등극(1:1-2:23)

b. 에스더의 결심(3:1-9:19),

c. 부림절 제정(9:20-32)

d. 높아진 모르드개(10:1-3)

3. 역사적 배경

에스더는 포로귀환 때에 페르시아에 남아있던 가족이었다. 에스더는 크세르크스 1세(아하수에로, 주전 486-465년) 때 살았다. 에스더의 사건은 스룹바벨의 성전 재건과 느헤미야의 예루살렘 성벽재건 사이에 일어났다.

4. 신학적 주제

이스라엘의 보존

에스더서는 이스라엘 백성에게 그들을 보존하신다는 하나님의 약속을 상기시킨다. 하나님은 아브라함에게 이것을 약속하셨다(창 12:1-3). 애굽이 이스라엘의 속박과 보존의 장소가 되었듯이 페르시아도 그런 역할을 하는 곳으로 사용되었다.

하만의 계략으로 인한 왕의 칙령은 귀환한 유대인들이 사는 지역을 포함한 모든 페르시아 지역에 사는 유대인들을 멸망시킬 것이다(3:14). 그러나 하나님은 모르드개와 에스더를 사용하셔서 극적으로 사태를 반전시켜 자기 백성을 보호하셨다. 마치 출애굽 직전에 하나님의 기적이 여러 잡족을 이스라엘 백성에 가담시킨 것 같이 에스더를 통하여 성취된 것은 많은 페르시아 사람들이 유대교를 믿는 유대인이 되도록 했다(8:17; 9:27).

이스라엘과 그 대적

에스더서는 해묵은 적대관계를 보여준다. 그것은 이스라엘과 아말렉 간의 관계다. 모르드개는 사울 왕의 계보에 속하는 기스의 후손이고(2:5), 하만은 고대 아말렉 왕 아각의 후손이다(3:1).

이스라엘의 대적은 항상 그 민족을 박멸하려고 했지만 아브라함에게 주신 하나님의 약속은 항상 그들을 보존하는데 유효했다. 에스더서는 하나님께서 보존에 대한 자신의 약속을 항상 붙들고 계신다는 것을 다시 한 번 확증해준다. 이스라엘 보존에 대한 하나님의 약속은 새 언약 시대에는 교회에 적용된다.

5. 구속사적 메시지

이 책에는 하나님이란 단어가 한 번도 언급되지 않았다. 그렇지만 종교적인 요소가 없는 것은 아니다. 물론 금식하는 것(4:16)이라든가 모르드개가 하만에게 굽히지 않는 것(3:5)을 종교적인 것과 관련시킬 수 있을 지도 모른다. 그러나 넓은 의미에서 이스라엘의 역사와 약속이라는 관점은 무엇보다도 종교적이라고 볼 수 있다. 그래서 에스더서도 정경으로서 하나님의 구속역사를 서술한다는 관점에서 읽어야 할 것이다.

인도에서 이디오피아까지 광활한 영토를 통치하던 아하수에로의 제국의 수도는 페르시아의 수산이었다. 그의 왕후 와스디가 왕의 명령을 거절하고 궁중에 나오지 않으므로 말미암아 그녀는 폐위되고 새로운 왕후를 찾는데(1:10-12) 모르드개가 양육한 젊은 유다 처녀 에스더가 왕후로 선발되었다(2:1-18). 모르드개와 에스더는 초기에 서로 도와서 왕의 목숨을 구했다(2:19-23). 왕이 하만을 궁중에서 가장 영향력 있는 사람으로 세웠다(3:1). 그러나 모르드개는 그의 지위를 인정하지 않았다(3:2-4). 그가 유대인이라고 할지라도 그의 행위는 정당화될 수 없는 것이었다. 그런 모르드개의 불손한 태도로 인하여 그는 하만의 미움을 받아 그의 음모로 유대 민족 전체가 위기에 처하게 되었다(3:6, 12-14). 모르드개는 조복을 입는 특별한 방법으로 에스더와 연결되었고, 그는 망설이는 왕후 에스더를 압박했다(4:11-14). 그의 설득으로 인하여 에스더가 죽기로 각오하기에 이르렀다(4:16). 에스더는 왕을 위한 잔치를 열고(5:1-8), 하만은 모르드개를 죽일 음모를 꾸몄다(5:9-14). 그날 밤 왕은 잠이 오지 않아서 역대 일기를 읽도록 하여 모르드개의 공적을 깨닫고 하만이 도착했을 때 그를 존귀하게 하라고 명령했다(6장). 결국 하만의 음모는 탄로나고 모르드개를 달려고 준비한 나무에 오히려 그가 달렸다(7장). 왕은 모르드개를 존귀케 하고 각 도에 있는 유대인들을 보호하라는 칙령을 내렸다(8장) 유대인들은 왕의 윤허를 받아 하만의 음모에 연루되었던 그들의 대적을 죽였다(9:1-16). 그 후 이 민족적인 구원을 경축하려고 부림절이란 절기를 제정했다(9:17-32).

하나님이란 단어조차도 언급되지 않은 이 책에서 하나님의 놀라운 구속역사가 전개되었다. 하만의 계획은 하나님 편에서 유대인들 가운데 그리스도가 오신다는 구속계획에 위협이 되는 것이었다. 그러나 하나님은 제국의 중심에서 인류를 향한 놀라운 구속역사를 이렇게 이루어 가셨다.

6. 특기사항

때늦은 즉위잔치

즉위 잔치는 왕이 즉위한 지 삼 년 후에 있었다(1:3). 그 이유는 헬라와의 전쟁을 준비했기 때문이라고 주석가들은 말하지만 분명치는 않다. 즉위 잔치를 삼년 후에 하는 것은 흔히 있는 일이다. 당시 왕들은 즉위 잔치를 하지 전에 주로 전쟁을 먼저 해야 했다. 아하수에로도 그랬다. 그는 통치 시작부터 애굽과 바벨론에서 일어난 반역을 제압해야 했다. 그 일을 하고 난 다음 수산에서 즉위식을 거행하고, 나라의 질서가 잡혔다.

보좌에 앉는 것은 통치의 시작을 의미한다. 당시 왕은 전제군주였기 때문에 에스더서의 처음부터 끝까지 아하수에로 왕의 공적인 통치가 나타난다.

모르드개와 에스더의 믿음

이 책의 주인공으로 나오는 두 사람은 유대인들을 보호하는데 결정적인 역할을 하지만 이들은 언약에 신실한 사람들이 아니었다. 에스더는 모르드개의 양육을 받았기 때문에 모르드개를 관찰하면 이들이 얼마나 언약에서 멀어져 있는가를 알 수 있다. 첫째, 모르드개는 베냐민 지파 사람이었고 바벨론이 멸망한 지 육십 년이 되도록 고토로 돌아가지 않았다. 그들은 하나님의 약속보다는 제국의 복지에 더 많은 관심이 있었다. 둘째, 그의 가족은 이국적 환경에 동화되었다. 모르드개란 이름은 바벨론의 최고신 마르둑의 이름에서 유래되었다. 이 이름은 '마르둑을 경배하는 자'를 의미한다. 셋째, 모르드개는 삼촌의 딸이 왕궁에 있게 된 것은 자신의 출세에 좋은 발판을 마련할 수 있었다. 그래서 그는 에스라와는 달리(스 9장) 신앙적으로 잘못된 에스더의 결혼을 반대하지 않았다. 넷째, 모르드개는 에스더에게 자기의 민족과 종족을 말하지 말라고 명했다(2:10). 에스더가 그 명령에 순종함으로써 이방적이고 거룩하지 못한 일용품에 대한 저항감을 없앨 수 있었다. 그것은 다니엘의 행동과 달랐다. 다섯째, 모르드개는 그와 에스더와의 관계도 알려지지 않았다. 이렇게 함으로써 모르드개는 정치적 영향력과 힘을 얻기 위해서 은밀한 노력을 할 수 있었다.

모르드개가 하만에게 절하지 않은 이유

모르드개는 수도인 수산에 살았고(2:5) 항상 대궐문에 앉아 있었으며(2:21), 후궁의 뜰 앞으로 갈 수 있는 사람으로서(2:11) 왕궁의 의례를 잘 알았을 것이다. 또 그는 여러 번 왕 앞에 꿇어 절했을지도 모른다. 심지어 이 책의 후반부에서 에스더는 아하수에로 왕의 발 앞에 엎드렸다(8:3). 모르드개가 하만에게 공경을 표하지 않았던 것은 이것 때문이 아니다. 모르드개가 아각 사람인 하만에게 경의를 표하기 싫어했던 것은 유대 민족주의 때문이었다.

모르드개는 느헤미야처럼(느 9:37) 유대인인 자신들의 죄로 인하여 아하수에로 왕이 자기들 위에 세워졌음을 기억했어야 했다. 하지만 모르드개는 자신이 유대인이라는 사실을 중요하게 생각하는 그 순간부터 유대주의자가 되고 말았다. 바로 이 유대주의로 인하여 많은 유대인들이 예수께서 이 세상에서 일하셨을 때 셀롯당(로마를 대적하여 혁명을 일으키려던 파)에 참여하게 되었다. 모르드개는 절하기를 거부한 것은 신앙의 행위가 아니라 민족 감정의 발로였다.

부림절

유대인들이 극적으로 구원받은 것에 대한 기쁨은 해마다 부림절이라는 절기를 지킴으로써 계속되고 새롭게 되었다. 하만이 부르(제비)를 뽑아 아달월 13일을 선택했기 때문에 이 절기는 제비의 이름을 따 부림절이라 불렀다(9:24). 모르드개의 편지(9:20)와 에스더의 편지(9:29)의 결과로 부림절은 일반적으로 인정된 절기가 되었다. 유대인들 가운데서 이 절기는 가장 인기 있는 절기가 되었다. 특별히 그리스도께서 오신 후에는 하만의 죽음을 기념하는 이 절기가 유대주의적 국가의 행사가 되었고, 축제가 되어 버렸다.

이렇게 하는 것은 기념할 사건과 그 절기의 의미를 오해하는 일이다. 그 사건은 구속사의 빛 아래 하나님께서 이스라엘 백성을 아무런 공로없이 그리스도를 위해 그 백성을 보호하신 사건이었다. 그래서 부림절은 하나님의 은혜를 찬미하고 메시아의 오심을 믿음으로 기대하는 결과를 낳아야 한다. 예수께서 육신으로 이스라엘 백성에게서 태어나신 그때부터 부림절을 절기로 지킬 필요는 없어졌다.

03 시가서

1. 시가서 개요

시가서의 명칭

시가서는 이 책들이 지니는 시적인 문학적 특성에 근거해서 붙여진 이름이다. 가장 두드러진 문체의 특징은 병행법이다. 이 부분은 욥기, 시편, 잠언, 전도서, 아가서를 포함하는데 이른바 지혜 문학이라고 하는 장르도 들어 있다. 이 책들은 하나님의 언약적 요구와 임무 그리고 구원의 확실성과 성도의 사랑을 보여준다.

시가서의 범위

유대교에서는 시가서 다섯 권이 들어있는 제문서(커투빔)가 11권으로 구성되었다. 그러나 기독교 전통은 기독교 교부 키릴(Cyril of Jerusalem, 주후 363년)이 다섯 권으로 분류한 이후 시가서는 욥기, 시편, 잠언, 전도서, 아가서로 구성되었다. 이 순서는 연대순으로 배열된 것이다. 욥기는 족장시대로 분류하기 때문에 제일 먼저오고, 시편은 상당부분 다윗과 관련이 있기 때문에 그 다음, 나머지 세 권은 솔로몬이 저자로 여겨지기 때문에 마지막에 왔다. 시간이 지나면서 이 다섯 권의 책이 구약의 독특한 단위를 형성하는 부분이 되었다.

시가서의 특징

시가서는 성경의 다른 부분과 구별되는 몇 가지 특징이 있다. 첫째, 이 책의 대부분이 히브리 시로 기록되었다. 둘째, 시편 몇 편을 제외하고는 역사적인 진술이 없다. 셋째, 인간의 보편적인 문제를 다룬다. 고통, 사랑, 용기, 복지와 불행, 인생의 의미와 허무와 관련된 문제를 다룬다. 넷째, 선지서와는 달리 하나님의 직접적인 말씀은 없고, 대신 인간이 하나님을 향하는 말이 있을 뿐이다. 다섯째, 이런 까다로운 문제를 취급하는데 있어서 이 책들은 과감하고 솔직한 면을 보여준다. 여섯째, 시가서의 책들은 구약의 다른 책과는 달리 개별성을 지니기 때문에 어느 본문을 보아도 쉽게 개인의 삶에 적용시킬 수 있다는 특징이 있다.

시가서의 주제

다양한 주제를 가진 시가서의 주제를 크게 말한다면 하나님의 구속과 인간의 책임있는 반응이라고 할 수 있을 것이다. 시편은 찬양의 책으로서 구원받은 인간이 하나님을 어떻게 예배해야 하는 지를 가르친다. 지혜서에 속하는 나머지 책도 이스라엘의 지혜가 '야웨를 경외하는 것'을 근본적인 개념으로 삼는다. 특별히 이 지혜서는 구원받는 백성이 지켜야 할 하나님의 율법을 일상생활에서 실천하도록 하는 안내서 역할을 한다. 이것은 성전예배에 적용되는 것이 아니고 성도의 삶의 현장에서 하나님을 섬기도록 하는 것이다.

히브리 시의 구조

히브리 시의 주요 형태는 운이 아니라 병행법이다. 병행법의 형태는 다음과 같다.

① 동의적 병행법

시 49:2, *"뭇 백성들아 이를 들으라*
세상의 거민들아 모두 귀를 기울이라"

② 반의적 병행법

시 7:9, *"악인의 악을 끊고 의인을 세우소서..."*

③ 종합적 병행법

시 6:6, "내가 탄식함으로 피곤하여,
밤마다 눈물로 내 *침상을 띄우며*
내 *요를 적시나이다*"

④ 상징적 병행법

시 42:1, "하나님이여 *사슴이 시냇물을 찾기에 갈급함 같이*
내 영혼이 주를 찾기에 갈급하니이다"

⑤ 계단식 병행법

시 3:1–2, "야웨여 나의 대적이 어찌 그리 *많은지요!*
일어나 나를 치는 자가 *많으니이다*
*많은 사람*이 있어 나를 가리켜 말하기를
그는 하나님께 구원을 받지 못한다 하나이다"

⑥ 대구적 병행법

시 124:7, "우리의 영혼이 새가 사냥군의 *올무에서 벗어난* 새같이 되었나니 *올무가 끊어지므로* 우리가 벗어났도다"

시가서의 교훈

시가서는 하나님을 경외하라는 교훈 이외에도 왜 하나님을 경외하고, 어떻게 하나님을 경외하는 지를 구체적으로 가르치고 있다. 하나님은 우주의 창조주요, 구속주로서 자기 백성이 합당한 영광을 돌리며 살 것과 도덕적 피조물의 책임을 요구하신다. 도덕적인 것은 단순히 한 민족에게 제한된 것이 아니고 모든 민족에게 해당되는 것이다. 또한 하나님은 지혜의 근본이 되신다. 지혜는 하나님의 계시에 의해서 획득된 인간 경험과 자연에 나타난 하나님의 말씀이다. 부모와 교사는 이 지혜의 전수자이다 그들이 이 지혜를 전할 때 젊은 사람들은 그것을 받을 책임이 있다. 사회의 일원으로서 개인은 그 공동체에 긍정적인 영향을 미쳐야 하고 말로나 행동으로 이웃에 해악을 끼쳐서는 안된다. 그는 자신과 가족을 부양하고 하나님께서 부여하신 능력에 부합하는 삶을 살아야 한다. 욥의 경우는 다르지만 일반적으로 의인은 상을 받고, 악인은 벌을 받는다(잠 10:30).

욥기

1. 제목과 기록목적

본서의 제목은 이 책의 중심 인물인 욥(*'iyyōḇ*)을 따라 붙였다. 이 이름은 욥기 이외에 세 번 나타난다(겔 14:14, 20, 약 5:11). 본서의 기록목적은 의로우신 하나님의 구원 계획이 견고하며 사탄의 고소에도 불구하고 하나님의 백성이 구원에 이르는 진실한 믿음을 가질 수 있다는 것을 욥의 고난과 회복을 통해서 증명하기 위함이다.

2. 구조와 내용분류

a. 고난과 관련된 서막(1:1–2:13)
b. 친구와의 대화: 세 친구와 엘리후의 해결(3:1–37:24)
c. 하나님의 말씀: 두 차례의 논쟁(38:1–42:6)
d. 결말: 욥과 친구의 회복(42:7–17)

3. 역사적 배경

욥기는 족장시대와 잘 어울린다. 제사의 형태(1:5; 42:8), 재산의 유형(1:3), 화폐의 단위(42:11) 등이 그렇다. 그 시대는 아마도 이스라엘이 애굽에 있을 때 일 것이다. 그가 살던 우스(1:1)에 대해서는 그 위치가 확실하지 않지만 팔레스타인 동남쪽으로 추측된다.

4. 신학적 주제

신정론

악의 존재 앞에서 하나님의 의로움을 입증하는 것을 신정론(theodicy)이라고 한다. 욥기의 전체 흐름은 이 신정론과 관계있다. 믿음이란 나름대로 세속적인 동기가 있다고 말하는 사탄 앞에서 하나님이 주시는 순수한 믿음, 즉 하나님의 사역으로 인한 참다운 믿음이 존재한다는 것을 보여주는 것이다. 이것은 욥의 고난을 통해서 입증된다. 원인을 알 수 없는 고난 중에도 조건없이 하나님을 신실하게 의지하는 믿음을 보여주는 것은 하나님이 의로우시고 그 분이 이루신 믿음도 온전하다는 것이다.

하나님께서 악의 존재를 인정하시는 것은 잠정적이다. 하나님의 완전한 승리가 이루어지기까지는 이런 투쟁 속에서 하나님은 궁극적인 구속을 수행해 가시는 것이 하나님의 뜻이다. 그래서 성도는 비록 하나님의 인도를 다 이해하지 못할 지라도 최후 승리에 대한 확신을 가지고 믿음으로 살게 된다.

의인의 고난

욥기는 무고한 자도 재난을 당하는가에 대한 문제를 다룬다. 욥기에 나타난 의인의 고난은 '악인은 반드시 벌을 받고 의인은 항상 복을 받는다' 는 고정관념을 깨뜨린다. 물론 죄로 물든 인간의 역사가 종종 원칙을 흔들어 놓기 때문에 불공정에 대한 불평이 나온다. 이것은 하나님의 완전한 통치가 이루어질 때까지 계속될 것이다. 이 땅에서 의인은 항상 부정과 고난에 취약해 질 수 있다. 그렇지만 그런 종류의 고난이 영원한 멸망을 의미하지는 않는다. 욥기가 가르치는 것은 의인도 구속을 위한 하나님의 주권적인 섭리 가운데서 무고하게 고난을 받을 수 있다는 것이다.

지혜

욥기는 지혜서에 속한 책으로 지혜가 중요한 중심주제가 된다. 그러나 이 지혜는 단순히 사람들의 문제를 해결하는 지혜가 아니라 끝까지 하나님을 의지하는 것이다. 친구들은 욥에게 많은 지혜를 베풀면서 신앙적 조언을 했다. 오히려 욥은 그런 지혜를 조소했다(12:2). 그가 추구하는 지혜는 이유를 알 수 없는 재난 속에서도 하나님을 끝까지 의지하며, 주님이 인도하시는 그 길을 다 이해하지 못한다 할지라도 믿음으로 따라간다는 것이 욥이 언급한 지혜의 의미이다(28:28).

5. 구속사적 메시지

욥은 세상에서 가장 경건한 자였다(1:1, 8). 그것은 그가 존경받는 부자라는 것과 신실한 아버지라는 데서 확인된다. 그러나 하나님께서 욥의 경건을 사탄에게 말했을 때 사탄은 욥이 그런 경건을 유지하는 데는 이유가 있다(1:9)고 하며 모든 성도의 믿음의 가치를 인정하지 않았다. 그는 욥이 야웨 하나님에 대한 믿음을 유지할만한 이유를 제거하면 욥도 별수 없이 믿음을 저버릴 것이라고 했다(1:11). 이것은 하나님의 구원사역에 엄청난 도전이었다. 만일 욥의 신앙이 외형적이고 조건적이라고 한다면 이 땅에 진실한 믿음은 존재하지 않는다는 말이 되기 때문이다. 그래서 하나님은 사탄에게 욥의 믿음을 시험할 기회를 주셨다. 그것은 참혹한 것이었다. 욥의 재산, 자녀들, 건강까지도 잃었다. 그래도 욥은 하나님에 대한 믿음을 잃지 않았다(1:21, 22; 2:10).

그에게 친구들이 찾아왔다. 그들은 위로하기 위해서 왔지만 실제로는 자신들의 신학적 논조로 욥을 정죄하는 것이었다. 엘리바스는 인과론을 의존하는 도덕주의자(4:7–8)이자 신비주의적인 요소도 있었다(4:15–17). 빌닷은 근본주의자이자 전통주의자다(8:8). 소발은 잔인하기까지 한 친구였다(11:6). 그리고 친구들의 말은 맞는 말이다. 하나님보다 의로운 이가 없고, 하나님은 죄를 심판하시기 때문이다. 그러나 욥에게는 적용되지 않았다. 그들은 하나님을 잘 안다고 생각하고 스스로 하나님의 편에서 욥의 재난을 평가하고 그가 회개할 것을 권했다. 친구들은 하나님을 선택하고 욥을 버렸다. 이것은 욥의 아내와 다른 관점이다. 아내는 욥을 잘 알기 때문에 그런 욥에게 재난을 주시는 하나님을 이해할 수 없다고 판단하고 남편을 선택하고 하나님을 버렸다(2:9). 그러나 이 둘 다 하나님의 일을 판단할 수 있을 만큼 스스로 지혜롭다고 생각했다는 점에서 공통점이 있다. 그들은 죄와 벌의 관계가 신비라는 점을 몰랐던 것이다.

욥은 자신이 죄로 인해서 재난을 받은 것이 아니라고 항변하며 자신의 의를 주장했다. 더 이상 친구들을 설득할 수 없다고 판단하자 하나님의 판결을 요구하기도 하고, 그는 고통 가운데 죽음 저편에서 자신의 의를 변호할 구속자에게 호소하기도 했다(19장). 그는 하나님의 이해할 수 없는 인도에 대해서 항변하기도 했다.

친구와 욥의 대화에 진전이 없자 엘리후가 등장했다(32장). 그는 양쪽을 책망하면서 욥이 절망의 나락으로 떨어질 무렵에 은혜의 낙하산을 발견하도록 했다. 그것은 죽어가던 사람이 '대속물'을 받고서 다시 살아난 이야기였다(33:19-28). 엘리후의 이야기는 욥에게 복음으로 작용했을 것이다.

하나님은 욥을 부르시고 창조세계에 대한 질문을 하셨다. 그러나 욥은 아무것도 대답할 수 없었다(38-41장). 이 질문의 의도는 하나님의 창조세계도 모르면서 창조주 하나님의 뜻을 함부로 논하는 것이 얼마나 어리석은가를 지적하기 위함이었다.

하나님은 친구들의 말이 정당하지 못하다고 판결을 내리시고 제사를 통해서 사함을 받도록 하셨다. 욥은 친구들을 위해서 기도했다. 이 순간 욥은 회복되었다(42:10). 욥의 중보기도는 특별한 의미가 있었다. 그것은 처참한 상황에 있는 자신이 가지지 못한 행복을 남이 갖도록하는 하는 이타적인 사랑의 기도였다. 이것은 욥의 믿음이 조건적이 않다는 것을 증명하는 것이다. 그래서 사탄에게 이 사실이 증명된 이상 더 고통 가운데 있을 이유가 없었던 것이다. 하나님이 의로우시고 욥의 믿음 참되다고 하는 것은 하나님의 구속을 정당화하는 것이고 우리도 영생에 이르는 참된 믿음 소유할 수 있다는 메시지를 준다.

6. 특기사항

정당성 없는 친구들의 말

하나님은 엘리바스와 친구들의 주장이 욥과 같이 정당하지 않다고 하셨다(42:7). 그것은 그들에게 청천벽력 같은 소리로 들렸을 것이다. 왜냐하면 그들은 스스로 하나님 편에 서 있다고 생각했기 때문이다. 사실 욥의 친구들이 한 말은 틀린 말이 아니다. 그들은 하나님에 대해서 잘 알았고 또 하나님이 의로우신 분으로서 선악 간에 판단하신다는 주장도 맞는 말이다. 그들의 말은 논리적으로 맞다. 그러나 친구들은 하나님에 대해서 많은 말로 논했지만 정작 하나님을 말하지는 않았다. 반면에 욥의 경우는 논지가 부족하고 모순된 부분도 보인다. 그는 결백을 주장했지만 친구들을 논리적으로 설득하지 못했다. 가령 자신이 하나님으로부터 재난을 당했다고 하면서 동시에 하나님이 자신의 구원자가 되신다는 식으로 모순을 범했던 것이다. 그러나 욥에게는 그 모순이 전혀 문제가 되지 않았다. 그는 그냥 하나님을 의지하고 있었던 것이다. 친구들의 말은 한 마디 한 마디가 다 맞는 말이지만 전체적으로 틀린 것이다. 그들이 하나님에 대한 자신의 지식을 욥의 경우에 적용시킬 때 맞지 않는 것이다. 친구들은 하나님 밖에서 자신의 논지를 전개하면서 하나님의 일을 스스로 평가할 수 있다고 판단한 것이 잘못이었다. 욥은 종종 거친 표현을 쓰면서 하나님께 항변을 하곤했지만 지속적으로 하나님을 의지했다. 이 지혜가 그가 인정받는 근거가 되었다.

욥의 소원

욥은 이 땅에서 더 이상 자신의 의를 증명할 수 없다고 판단했을 때 죽음 저편에서라도 자신의 의가 밝혀지기를 기대했다. 그래서 후일에 구속자가 땅 위에 서실 것이라고 했다(19:25). 그러면서 "나의 이 가죽, 이것이 썩은 후에 내가 육체 밖에서 하나님을 보리라"고 했다(19:26). 하나님을 대면하여 만나는 것이 그의 소원이었다. 그런데 우리 번역 '육체 밖에서' 라는 말은 육신을 떠나서 영혼의 눈으로 하나님을 본다는 의미가 된다. 그렇지만 이 표현(*mibb*[e] *śārī*)을 문자적으로 번역하면 '내 육체로부터' 라고 해야한다. 그래서 '육신을 가지고' 라고 번역하는 것이 옳다. 바로 다음 구절에 나오는 '내가 친히 그를 보리니' 또 '내 눈으로 그를 본다' 는 말도 육안을 말하는 것이지 영안을 가리키는 것이 아니다. 이 말은 욥의 부활신앙을 표현한 것이다. 당시 그의 육체는 형편없는 상태였지만 구속자가 오시면 다시 새로워진 건강한 육신으로 그분을 대할 것이라는 육신의 부활소망을 가졌던 것이다. 욥은 이 소망으로 주님이 우리의 육신과 함께 영혼의 주가 되신다는 것을 고백했다.

창조세계에 대한 표현

하나님은 두 차례 욥을 부르시고 자연 현상과 동물 세계에 대해서 언급하셨다. 이것은 독자에게 자연과 과학에 대한 정보를 주기 위한 것이 아니다. 또 이 본문에 나타난 자연현상을 과학적으로 설명하기는 대단히 어렵다. 왜냐하면 전체적으로 문학적으로 표현되었기 때문이다. 하나님께서 욥을 창조세계로 인도하시며 다양한 질문을 통해서 욥을 시험하셨다. 그러나 욥은 그 질문에 하나도 제대로 답변할 수 없었다. 하나님은 이 질문을 통해서 인간이 통제하도록 위임받는 창조 세계도 잘 이해하지 못하면서 이 모든 것을 창조하신 하나님을 판단하려고 하는 것이 얼마나 어리석은 일인가를 깨닫도록 하기 위함이었다. 그래서 욥은 이렇게 고백할 수밖에 없었다: "주께서는 못 하실 일이 없사오며 무슨 계획이든지 못 이루실 것이 없는 줄 아오니 무지한 말로 이치를 가리는 자가 누구니이까 나는 깨닫지도 못한 일을 말하였고 스스로 알 수도 없고 헤아리기도 어려운 일을 말하였나이다"(42:2-3).

욥의 회복

욥의 모든 것이 회복되었다는 것은 사탄 앞에서 욥의 믿음의 순수성이 증명되었다는 말이다. 그러면 무엇이 그 믿음을 증명했는지 궁금해진다. 우리는 욥이 여러 차례 주옥같은 신앙고백을 했을 때 회복될 기회가 있었던 것 같다(1:21; 2:10; 19:25; 42:6). 그러나 하나님은 그것으로는 참 믿음을 증명하기에 부족하다고 판단하셨다. 욥이 회복되는 순간은 그가 친구들을 위해서 기도할 때였다(42:10). 하나님께서 그 중보기도가 욥의 무조건적인 신앙을 증거해주는 것으로 판단하신 이유는 참 믿음이 아니고는 그런 기도를 할 수 없기 때문이다. 욥은 모든 것을 다 잃었고 친구들은 아무 것도 잃은 것이 없었다. 정말 기도가 필요한 사람은 욥이었다. 그러나 형편이 뒤바뀌었다. 사경을 헤매는 사람이 멀쩡한 사람을 위해서 기도하기란 쉽지 않은데, 게다가 그 친구들은 그의 논적이었다(21:27). 그는 자신을 부인하며 그들을 위해서 기도했다. 그는 진정한 의미에서 이웃 사랑을 실천했던 것이다. 그 행위가 참 믿음을 증거하는 것으로 인정되었던 것이다.

시편

1. 제목과 기록목적

본서의 제목이 의도하는 바와 같이 시편은 '찬양의 책' (t^e *hillīm*)이다. 그래서 이 책은 읽기 위한 것이 아니고 부르기 위한 것이다. 시편의 기록목적은 구속받은 백성이 개인적으로나 공동체로서 찬양과 기도로 하나님을 합당하게 섬기며 경건하게 살아가는 방법을 가르치기 위함이다. 이것은 구약의 성도들에만 한정된 것이 아니라 모든 시대에 다양한 환경에 처한 성도들이 자신의 신앙을 적절하게 표현하는 방법을 알려주기 위함이다.

2. 구조와 내용분류

전통적으로 시편은 모세오경과 병행시킬 의도로 다섯 권의 책으로 분류되었다(1-41편; 42-72편; 73-89편; 90-106편; 107-150편). 다만 시편의 내용에 따라 다음과 같이 분류할 수 있다.

찬양시

이 시는 하나님의 존재와 속성과 사역을 높이는 노래다. 그 구조와 특징은 하나님을 경배하라는 요청으로 시작해서, 하나님을 찬양해야 할 이유를 길게 상술하고, 찬양하라는 요청으로 끝맺는다(8, 19, 29, 33, 103, 104, 111, 113, 150편 등).

① 찬양요청

할렐루야, 야웨의 종들아 찬양하라 야웨의 이름을 찬양하라 이제부터 영원까지 야웨의 이름을 찬송할지로다(113:1, 2).

② 찬양이유

야웨는 광대하시니 극진히 찬양할 것이요 모든 신보다 경외할 것임이여 만방의 모든 신은 헛것이요 야웨께서는 하늘을 지으셨음이로다(96:4, 5).

감사시

감사시는 찬양시와 형태상 비슷한데 이것은 특별히 개인의 간절한 기도와 간구를 통해서 어려움에서 벗어난 구체적인 결과에 감사하는 내용을 담고 있다(9, 18, 30, 32, 34, 40:2-12, 116, 138편 등).

탄원시

이 시는 하나님 앞에 호소하는 내용으로 구성되었다. 이것은 오직 하나님 한 분만이 성도가 하소연할 수 있는 대상임을 말해준다. 또 불평이 탄원시(탄식시)의 특징인데 이를 통해서 성도의 기도의 동기가 무엇인가를 배운다.

① 개인탄원시

개인적으로 당하는 환란을 하나님께 호소하는 내용이다. 대상에 따라서 세 가지 유형이 있다. 자신이나 이웃, 혹은 하나님에 대한 불평과 관련된 것이다(3, 5, 6편 등). 예를 들어 시편 42편은 이 세 가지가 다 나타난다(3, 5, 9절).

② 민족탄원시

탄원시에 나타난 일인칭 복수 대명사 '우리'는 이스라엘 민족을 뜻한다(44,

74, 79, 80, 83편). 그리고 단수 대명사 '나' 도 단순한 개인을 나타내기보다는 이스라엘 민족 전체를 나타낼 수 있다. 시편 83편이 그렇다. 어떤 시에서 '우리' 가 갑자기 '나' 로 바뀌기도 한다(44편).

제왕시

하나님은 세상과 우주를 통치하시는 궁극적인 왕으로서 찬양을 받으신다. 야웨의 통치권과 주권을 노래하면서 열방의 진정한 왕은 야웨이심을 인정하는 내용이다. 시편기자는 하나님의 왕권과 다윗의 언약과 다윗에서 약속된 메시아에 이르는 하나님의 통치의 설립을 강조한다(2, 18, 20, 21, 45, 72, 89, 101, 110, 144편).

회개시

이 시는 시인의 죄나 실패에 대해서 회개하는 특징을 가진 시다. 시인은 하나님 앞에서 자신의 죄를 깨닫고 하나님의 은혜와 용서의 필요성을 인정한다(32, 38, 51, 102, 130, 143편).

순례자의 시

한글 성경에는 '성전에 올라가는 노래' 로 번역되었다. 이 노래는 이스라엘 백성이 한 해에 세 차례 예루살렘으로 순례할 때 부르는 노래로 보인다. 종종 이 시는 예루살렘을 거룩한 성으로 선택한 것을 찬양한다(120–134편).

저주시

이 시는 저자의 대적에 대한 하나님의 심판을 구하는 내용을 담은 시다. 이

시는 사사로운 복수가 개입되는 것이 아니라 이스라엘을 저주하는 자는 저주를 받는다는 아브라함의 약속에 신학적 근거를 두고 있다. 하나님의 백성의 원수는 곧 하나님의 원수라는 것이다(7, 35, 56, 58, 69, 83, 109, 137, 137편).

메시아 시

이 시는 그리스도의 인격과 사역의 측면을 예언하는 시이다. 예수님께서도 친히 시편에서 자신에 대해서 언급하고 있다고 하셨고(눅 24:44), 십자가 상에서는 직접 인용하기도 하셨다(시 22:1; 마 27:46).

그리스도와 관련된 시편의 내용은 일차적으로 당대의 사건과 상황에 적용되지만 계시 역사적인 측면에서 예언적 의미를 갖고 있다(2, 8, 16, 22, 40, 45, 68, 69, 78, 89, 102, 109, 110, 118, 132편).

3. 역사적 배경

시편을 부르고 낭독하는 일반적인 역사적 배경은 예루살렘의 솔로몬 성전이었다. 그러나 대부분의 시편이 성전예배에 초점을 두고 있지만 150편의 특별한 역사적 배경과 환경은 다양하다.

시편은 출애굽 시기부터(90편) 바벨론 포로기까지(137편) 혹은 포로 후기까지(126편) 펼쳐진 기간 동안 특별한 관심과 사건에서 비롯되었다.

4. 신학적 주제

하나님

시편에서는 하나님의 사역과 속성을 나타내는 다양한 이름으로 하나님을 부른다: 거룩하신 주(22:3; 99:3, 5, 9), 만군의 야웨(천군 천사를 거느린 군대의 하나님). 이런 이름이 영광, 거룩, 공의, 은혜와 진리 같은 하나님의 속성을 나타낸다. 하나님의 속성과 완전성은 한 단어에 요약되어 있는데 그것은 이름이다. 이름이 가깝다는 것은 하나님이 친히 가까이 계셔서 우리를 도울 준비가 되어 있다는 뜻이다. 이는 백성이 하나님을 찬양하고 감사할 때 쓰는 말이 시편에 나오는 이름에 속해 있기 때문이다: 나의 구원(18:47; 25:5; 27:9), 나의 힘, 나의 반석(18:3; 31:4; 42:10), 나의 산성(18:3; 31:4; 71:3; 91:2), 나의 하나님, 나의 바위(18:3, 32, 37), 나의 피난처가 되는 바위, 높은 곳(9:10; 18:3; 46:8, 12; 48:4; 59:10, 18; 94:22 등).

하나님은 창조주시고, 보호자시며(8; 19; 66:5f.; 102; 33; 95; 136편), 백성과 함께하시는 분이시다(18, 29, 50, 68, 77, 97, 144편 등). 하나님은 그 얼굴을 비추시고 드시면서 교제하신다(67, 80편). 이 모든 것은 하나님의 영광을 위해서 일어난다.

하나님의 백성

백성이 찬양한다는 것은 하나님과 맺은 관계를 잘 설명해 준다. 또 '이스라엘의 하나님' 이란 이름에 하나님과 이스라엘의 근본적인 관계가 잘 나타나 있다. 이 관계는 족장들부터 이미 형성되어 있었다(47, 105편). 이 관계는 하나님의 선택에서 비롯되었다. 이 백성은 하나님이 조성하신 것이요, 그분의 작품이다(95, 100편). 하나님은 이 백성을 통하여 자신을 알리신다(59편; 14편; 76:2): "유다는 야웨의 성소가 되고 이스라엘은 그의 영토가 되었도다"(114:2).

하나님은 야곱에게 그의 율법을 주셨는데(78:5; 99편; 147:19) 그것은 단순히 옛날에 받은 법이 아니라 계속되는 현실에서 나왔다고 우리에게 가르친다(50, 81편).

인간은 그의 백성으로서 이 언약이라는 틀 속에서 인간의 본래의 속성인 하나님의 형상을 이룰 수 있다. 하나님은 이 백성이 거할 처소를 주시고(44:3; 78:55; 77:15) 열방의 계략을 깨뜨리셨다(33편). 하나님은 이방 민족 가운데서 이스라엘을 높이신 것은 그의 놀라운 일을 선포하고 찬양하기 위함이었다. 다른 민족들이 야웨를 찬양하도록 하기 위함이었다(9:12; 96:3; 105:1).

이스라엘은 공동체, 회중이다. 그 회중은 야웨의 기이한 일(111:4, 6)을 듣고 '야웨여 복을 주소서' (118:25-26; 124:8; 129:8)로 응답한다. 하나님의 구원으로 인하여 이스라엘은 회중으로 또 개인적으로 하나님께 찬양한다.

성소와 경배

성소는 선택받은 백성인 회중의 영적인 센터이다. 그 장소로 말하자면, 시편의 이 성소는 시온 또는 예루살렘을 가리킨다. 전에 실로에 있었던 성막과도 같이 그곳은 하나님이 계시하시는 장소이고 백성을 만나는 장소이다. 하늘에 거하시는 야웨 하나님은 예루살렘에도 거하신다고 한다. 그 성소에서는 우리가 종종 설정한 '하늘과 땅' 이라는 상반된 개념이 사라진다. 이사야가 소명받는 사건에서 그것을 잘 알 수 있다(사 6장).

예배

여기에 대한 여러가지 표현을 대할 수 있다: 기쁨으로 하나님의 도성에 도착(122편), 문에 들어감(118편), 그 성에 들어가는 조건(15, 24편) 등. 시편 24편은 야웨 자신의 입성에 관한 것을 가르치는 것 같다. 예배의 요소는 제의적 경배다: 경배의 시편(99, 100편). 시편은 제사에 대해서 반대하지 않는다. 시편 50편에서 제사는 인격적인 하나님의 장엄함을 존중하지 않는 것을 비난한다. 경배의 절정은 감사에서 나타난다. 찬양의 제사. 하나님이 받으시는 제사는 상한 심령이다. 이것은 우리를 굳건하게 한다(35, 69, 109편).

제의에 관한 사상

이스라엘은 '원시시대로 돌아가자' 는 다른 민족과는 다르다. 이스라엘은 하나님의 큰 일로 되돌아간다. 이스라엘은 미래 지향적이다. 그래서 그들의 제의적 관행은 이미 행한 행위의 결과가 영향을 미치는 '효력 있는 의식' 이 아니다. 하나님의 자유와 은혜는 제의에 의해서 제한되지 않는다. 야웨 하나님이 오시는 것은 그 분의 은혜와 진리에 의한 것이다. 그것은 종교적 의식에 의해서 신과 회중의 능력이 증가되는 이방종교와는 다르다. 이스라엘 종교에서는 모든 것이 하나님의 기쁘신 뜻에 달려 있다.

왕

시편 21편에서는 왕의 기도를 대할 수 있고, 곧 바로 그 응답이 나온다. 시편 61:7에서 개인기도로서 왕을 위한 중보기도를 들을 수 있고, 시 72편은 아들을 위한 왕의 기도다. 시편 45편은 왕의 결혼을 다룬다. 기름부음 받은 왕의 임무는 하나님의 통치권을 보여주는 것이다. 그는 의와 공의를 행한다(72편). 거기에 판단의 보좌를 두셨다(122편). 이 시(122편)에서 말하는 복(9절)을 받은 결과는 평강이다(6-8절). 왕은 이방인이나 원수들에 대해서 승리자로 묘사된다(2:5, 8; 21:9; 10:2, 5; 144:1). 이것은 세상에 대한 하나님의 통치권을 반영한다. 백성과 왕들은 하나님의 뜻에 복종해야 한다.

원수

백성의 원수는 기존 질서를 전복하고 파괴한다. 그들은 말과 병거를 의존하는 자들이다. 이와는 반대로 왕과 백성은 기도의 능력만 믿어야 하는데 이것은 시편 2; 89; 132편의 약속에 근거한다.

드물긴 하지만 시편 137편과 같은 경우는 원수가 누구인지 분명하게 지적한다. 원수는 이스라엘의 죄로 인한 하나님의 심판의 도구로서 사용된다. 그러나 도구로 부름받은 이방 민족은 야웨의 소유인 이스라엘을 치고, 야웨의 이름을 능욕한다(74:10, 18). 이때 이스라엘은 야웨의 간섭을 간구한다: "우리에게 은혜를 베푸소서"(123편), "주의 구원을 우리에게 주소서"(85:7), "세계를 심판하시는 주여 일어나소서"(94:2). 이렇게 대적의 활동은 범세계적인 성격을 띠는데 하나님의 지고의 장엄함을 대항하는 죄는 엄청난 것이다. 몇몇 시편에서 하나님이 원수를 대적하는 내용이 나온다: "죄인들을 땅에서 소멸하시며 악인들을 다시 있지 못하게 하시리로다 내 영혼아 야웨를 송축하라 할렐루야"(104:35, cf. 8:2). 원수의 현존은 새 창조의 영광을 나타내고, 우상들은 야웨의 능력이 얼마나 넓고 깊은가를 드러내기 위해서 등장한다(93, 96, 97편).

개인의 원수는 보다 더 잘 알려져 있다. 왜냐하면 그들은 개인적 시편에서 더 많이 부각되기 때문이다. 이들은 경건치 않은 자, 행악자로서 하나님을 두려워하지 않는 자들인데 하나님은 그들이 계획을 수행하지 못하게 하신다. 그들의 구호는 "나는 흔들리지 않는다," "하나님은 없다," "하나님은 개입하지 않는다"는 것이다. 그들은 각종 악을 비난하는 무고한 자임을 자처한다. 악인은 적군의 모습으로 나타난다: 올무를 가진 사냥꾼과 그물을 치는 어부와 같이 또 숨어서 기다리는 포식자와 같이 의인을 해친다.

삶과 죽음

시편 36:10은 '생명의 원천이 주께 있습니다' 라고 한다. 여기에 야웨 하나님과 이스라엘 주변의 자연신 사이에 첨예한 대립이 있다. 그 신들은 계절에 따라 나오고 들어가고, 죽었다가 부활한다. 야웨는 삶과 죽음을 초월해 계시면서 그분의 기쁘신 뜻을 따라 생명을 부여하신다.

시편에 나타난 삶은 실존 이상의 것이다. 그것은 하나님과 함께한 삶이고 하나님을 위한 삶이다. 고통과 비참은 사실 삶이라고 할 수 없다. 삶은 영광과 관련된 것이다.

반대 개념인 죽음은 야웨와 관련하여 생명의 개념에서 부과된다. 살아있을 동안에 인간은 죽음을 이미 맛볼 수 있다. 이때 사람은 음부(셔올)에 가까이 있다고 한다. 사람들이 큰 위험에서 구원받거나 심각한 질병에서 나음을 입은 후 그는 죽음에서 벗어나 일어났다(30:4). 시편 16, 17, 49, 73편은 하나님의 회중의 견고함을 보여준다. 야웨는 전능하신 하나님으로서 모든 것 위에 뛰어나시다. 사망도 야웨 하나님께 속해 있다(68:21).

5. 구속사적 메시지

시편은 하나님의 구속사에 대한 백성의 반응이다. 그래서 시편 자체에는 하나님의 구속역사의 전진이 별로 나타나지 않는다. 그 대신 하나님의 구속역사를 회고하며 찬양하는 시가 몇 편 있다(78, 96, 105, 106편). 그 구속이 하나님을 찬양할 이유가 된다는 말이다.

'역사적 시편' 에 속하는 시편 105편은 족장들에게 하신 하나님의 약속을 회고하는 유일한 시편이다. 이 시편은 오경에 나타난 히브리 민족의 역사를 간략하게 요약하고 있다. 애굽에 내린 재앙을 언급함으로써 하나님의 신실성을 노래한다(28-36절). 또한 출애굽과 광야에서 돌보신 하나님의 은혜를 언급하면서 구속의 역사를 상기시켜준다(37-45절).

이어서 시편 106편에서는 105편에 기록되지 않은 백성의 반란사건을 기록하고 있다. 이 시편은 출애굽 전후의 광야에서 난 반란사건을 순서를 따라 기록하지 않았지만 잘 요약하고 있다. 또한 사사시대에 언약을 저버린 백성의 불신과 하나님의 심판 그리고 용서로 나타나는 구속을 언급한다. 결국 백성의 죄로 말미암아 바벨론에 포로가 된 상태에서 하나님의 자비를 구하며 찬양하는 것으로 마무리 한다(47-48편). 이 부분의 계시역사는 언약에 신실하지 못한 자기 백성을 징계하시는 하나님을 보여주면 과거에 참으시고 구원해주신 하나님께서 미래에도 구원의 은혜를 베푸셔서 이스라엘을 자신의 언약에 따라 한 백성으로 이끌어 가실 것이라는 소망이 담겨 있다.

시편 137편에 나타난 포로의 상황은 남은 자에 대한 하나님의 예언이 성취되고 있다는 것을 확인시켜주는 것이다. 왜냐하면 그들이 회개하고 하나님의 처소에 지대한 관심을 회복했기 때문이다. 이것은 포로에서 돌아갈 기약이 전혀 없는 가운데서 예루살렘에 소망이 있다고 생각하는 것은 믿음의 확실성을 보장할 수 있을 것이다. 이 시편의 내용이 약속에 신실하신 하나님께서 바벨론에서도 자기 백성을 붙들고 계신다는 증거가 된다.

특별히 다윗의 언약(삼하 7:8-16)을 회상하면서 하나님의 특별한 돌보심을 기대하고 구원을 소망하는 것도 하나님의 약속을 붙드는 것이다(87, 132편). 하나님께서 사랑과 은혜로 다윗과 언약을 맺으시고 그 위를 후손 대대로 영원히 보존하겠다고 하신 말씀에 근거해서 포로에서 벗어나서 하나님과 언약적 복을 누리게 해달라는 간구이다. 바로 이 다윗의 언약에서(87:3-4; 132:11-12) 다윗의 후손으로 오시는 그리스도가 오시는 길을 발견하게 된다.

6. 특기사항

시편의 표제

전체적으로 시편의 표제는 진정성을 갖고 있다고 볼 수 있다. 그러나 어느 학자의 주장대로(Kidner) 그것까지 영감된 것이라고 주장해서는 안될 것이다. 예를들어 '다윗의 시' 란 표제는 히브리어로 *l*ᵉ *ḏawi̱*이다. 그런데 고대 문헌에 같은 표현을 바알에게 적용시킨 *l*ᵉ *ḇa'al*이라는 말이 나오는데 이것을 바알이 썼다고 볼 수는 없을 것이다. 그것은 바알을 위한 것이다. 이런 점을 고려할 때 그 표제가 그 시편의 출처를 말해준다는 단적인 증거가 될 수는 없다. 또 표제가 내용과 전혀 맞지 않는 경우도 있다. 시편 30편의 표제가 그렇다. 그 시편의 표제는 '다윗의 시 곧 성전 낙성가' 라고 되어있다. 그런데 다윗은 성전을 짓지도 않았고 또 그 내용은 성전 낙성식과 아무런 상관이 없다. 그 내용에 따르면 그 시는 질병의 고통에서 벗어난 사람의 감사의 내용을 표현한 시로 보아야 할 것이다.

시편의 표제는 단순히 후대 첨가로 보아 무의미한 것으로 넘겨서도 안된다. 표제는 시편이 지어진 후 오래 되지 않은 시간에 붙여진 것으로 보아야 할 것이다. 왜냐하면 표제가 없는 서른 네 편의 시편은 후대에도 아무런 표제가 없이 그대로 남아 있기 때문이다. 또 칠십인 역과 같은 고대 역본도 그 표제를 그대로 달고 있기 때문이다. 시편의 표제가 정확한 것은 아니지만 대체로 진정성을 가진다고 하겠다. 그래서 그것은 내용이 맞을 때는 그 시편의 훌륭한 역사적인 배경을 제공해준다.

시편의 사용

구약시대 백성은 이 시편을 성전에서 사용했다. 모빙켈이 주장하듯이 대중찬송으로도 사용했을 가능성이 있다. 특별히 개인적으로 사용할 때도 있었을 것이다. 시편 기자나 시를 사용하는 사람이 하나님의 전에서 자신의 환란에 대해서 탄식하면, 거기서 또 다른 음성이 들려왔다. 아마도 제사장이나 레위인이 공식적으로 야웨의 이름으로, 하나님의 위로로 그를 확신시키고 과거의 하나님의 말씀을 기억나게 했을 것이다. 즉 과거에 하셨던 하나님의 말씀을 인용함으로써 기도하는 사람에게 들려주었을 것이다. 예를 들면 이런 내용을 들려주며 위로했을 것이다: "야웨께서 내게 이르셨다"(2:7); "야웨의 말씀에 가련한 자들의 눌림과 궁핍한 자들의 탄식으로 말미암아 내가 이제 일어나 그를 그가 원하는 안전한 지대에 두리라 하시도다"(12:5); "야웨께서 자기의 기름부은 받은 자에게 승리를 주시는 줄 이제 내가 아노라"(20:6-8); "야웨께서 내 간구를 들으셨음이여 야웨께서 내 기도를 받으시리로다(6:9); "내가 정한 기약이 이르면 내가 바르게 심판하리니"(75:2); "내가 그의 어깨에서 짐을 벗기고..."(81:6); "내가 하나님 야웨의 하실 말씀을 들으리니..."(85:8); "주께서 환상 중에 주의 성도들에게 말씀하여 이르시기를..."(89:19); "그가 나를 사랑한즉 내가 그를 건지리라..."(91:14). 이렇게 시편은 성전의 예배의식과 밀접한 관계를 가진다.

신년축제설과 시온 축제설

모빙켈(Mowinckel)은 몇몇 시편과 사무엘하 2장과 열왕기상 8장에 근거하여 야웨가 왕으로 등극한다는 신년축제설을 주장했다. '등극시' (Thronbesteigungs Psalmen)에 대한 그의 견해는 한 해에 두 차례 씩(니산월과 티쉬리월) 열리는 고대 바벨론 신년축제(altbabylonische Neujahrfest)에 근거한 것이다. 이 '아키투' (akitu)축제에서 신들은 자신의 역할을 승인받는다. 특히 마르둑의 아들 나부는 신들의 서열에서 최고의 권위를 보여주고 왕의 수호신으로 행세했다. 니산월 8일에 제국의 모든 도시의 신들이 모여서 마르둑의 지상권과 그의 도시 바벨론의 수월성을 인정했다. 신들은 태고의 '성산' 이라고 하는 '운명의 단' 에 좌정한 마르둑과 공식적인 총회 모임을 가진 후 아키투의 집으로 행진했다. 모빙켈은 여기서 시편을 해석하는 바벨론의 병행 관행을 이끌어내었다. 그가 '등극시' 에 속한다는 시편들(47, 93, 95-98편)은 이스라엘에서 야웨 하나님이 해마다 보좌에 등극하는 것을 보여준다고 한다. 그리고 시편 132편은 법궤를 가지고 행진하는 축제와 관련된다고 한다. 그렇지만 이스라엘에 해마다 신년축제가 있었다는 증거도 없고, 또 영원한 언약의 하나님이신 야웨가 자연신과 같이 해마다 등극할 이유도 없었을 것이다. 특별히 시편 93:1의

*yahweh malak*을 '야웨가 왕이 되셨다' 로 번역해서는 안되고 '야웨께서 통치하신다' 혹은 '야웨는 왕이시다' 로 번역하는 것이 타당하다. 하나님이 특정한 순간에 왕이 되신다거나 그런 의식을 갖는다는 사상은 성경과 맞지 않는다. 하나님은 처음부터 통치자로 계셨다.

크라우스(Kraus)는 야웨가 보좌에 오르는 것은 본문에서 찾을 수 없다고 주장하면서 '왕의 시온 축제' 를 주장한다. 그것은 다윗 왕국 당시 장막절에 시온과 다윗 왕조가 야웨에 의해서 선택되었다는 '거룩한 전통' (*hieros logos*)의 행렬과 극적인 의식을 행했다는 것이다. 이 축제의 핵심은 다윗이 법궤를 기럇여아림에서 예루살렘으로 처음 옮긴 것이나 솔로몬이 그것을 장막에서 성전으로 옮긴 것을 기념하여 법궤를 성전으로 옮기는 것이다.

그러나 크라우스의 이론은 모빙켈과 크게 다르지 않다. 사실 법궤를 하나님의 보좌나 발등상으로 생각하는 사람들은 왕을 위한 제의 기능과 즉위축제의 개념을 연결시키는 경향이 있다. 물론 그 전체 축제이론은 시편 24, 47, 132편과 같이 모빙켈이 상상을 발휘한 그런 본문의 해석에 달려 있다. 법궤를 시온으로 옮기는 연중행사에 대한 성경적 증거는 불확실하다. 비록 법궤를 가지고 행진하는 것이 시편 68:25에 암시되었지만 이것은 아마도 법궤를 가지고 해마다 행진하는 것이라기보다는 다윗이 처음 법궤를 예루살렘으로 옮길 때 축제와 관련된 노래로 보아야 할 것이다. 크라우스의 주장은 온건한 편이지만 모빙켈의 가설은 바벨론 신년축제에서 그 병행을 찾고자 하는 종교사학파적인 관점이 반영된 것이라고 볼 수 있을 것이다.

시편과 그리스도인

시편은 단순히 구약시대 백성의 문학책이 아니다. 이것은 전 시대에 걸쳐 하나님의 백성에게 주는 하나님의 계시이다. 그 내용은 우리의 전 영역의 구체적인 삶과 관련되어 있다. 우리는 이 시편을 통해서 신앙의 많은 유익을 얻을 수 있다. 그것은 곧 전인적인 것으로 지, 정, 의에 영향을 미친다.

우선 시편은 지식을 공급해준다. 그 지식은 하나님과 그 분의 역사, 하나님의 요구, 백성의 상태에 관한 것이다. 하나님을 아는 것이 곧 영생이다(요 17:3).

다음으로 시편은 감정을 불러일으킨다. 칼빈은 시편을 거울에 비유했다: "어떤 사람이 의식할 수 있는 모든 감정이 다 거울처럼 여기에 묘사되어 있다. 보다 정확히 말하면, 여기에서 성령은 온갖 바탄과 슬픔과 두려움과 의심과 희망과 염려와 당혹을 생생하게 묘사하고 있다. 요컨대 인간의 마음을 동요시키는 모든 감정들을 다 그리고 있다."

시편에는 찬양의 기쁨, 탄식의 슬픔, 신뢰의 평안의 감정이 들어 있다. 존경(5:7)의 마음을 자아내고, 백성의 수치를 느끼게 하고(44:9, 15-16), 두려움과 슬픔(56:3; 6:6, 7)을 느끼게 한다. 13편은 참으로 애처로운 상황을 노래하고 있다(1, 2절). 분노와 의심(5:10; 109:8, 9; 14:1)도 있다. 또한 우리의 의지를 도운다. 시편은 지혜를 얻어 새로운 삶을 살도록 인도한다(1:1; 32:1; 119:1-8).

잠언

1. 제목과 기록목적

본서의 제목은 이 책을 시작하는 첫 구절 '마샬'(*māšāl*)에서 왔다. 잠언이란 말 자체는 지혜를 표현하는 간략한 말을 가리킨다. 잠언은 성도들이 하나님을 경외하고 그 경외심을 일상생활의 다방면에 적용할 수 있도록 돕기 위해서 기록되었다. 그래서 이 책은 백성이 무지와 오류에서 비롯되는 어둠과 사망의 영역에서 구원받아 하나님이 의도하시는 대로 생명의 영역으로 들어가도록 하기 위함이다.

2. 구조와 내용분류

a. 서론(1:1-7)
b. 부모의 인생관: 지혜의 유익, 피할 것과 추구할 것(1:8-9:18)
c. 첫 번째 솔로몬의 잠언: 경건한 자와 악인의 대조, 경건한 삶 격려(10:1-22:16)
d. 일반적 잠언 모음집: 다양한 상황에 관한 잠언(22:17-24:34)
e. 두 번째 솔로몬의 잠언: 대인관계, 다양한 행동규정(25:1-29:27)
f. 아굴의 잠언(30:1-33)
g. 르무엘의 잠언: 지도자의 지혜, 현명한 여인(31:1-31)

3. 역사적 배경

잠언의 역사적 배경은 솔로몬의 궁전(1:1)과 히스기야(25:1)시대가 된다. 그들은 각각 주전 970-931년 그리고 주전 715-686년에 활동했다.

4. 신학적 주제

야웨 경외

잠언 전체를 통하여서 지혜(지식)는 야웨를 경외하는 것이라는 특징을 지니고 있다: "야웨를 경외하는 것이 지식의 근본이거늘 미련한 자는 지혜와 훈계를 멸시하느니라"(1:7; cf. 9:10). 이것은 지혜를 신학적으로 정의하는 동시에 어리석음에 대한 정의를 내린다. 지혜는 관계로 규정된다. 지혜로워지고자 하는 자는 스스로 지혜로워 질 수 없고(3:7) 하나님을 경외해야만 한다. 하나님을 경외하는 것은 단순히 그를 두려워하거나 존경하는 것이라기보다는 어디서나 자신이 복종하는, 그리고 의존적인 위치에 있다는 것을 인정하는 것이다. 그것은 경외심을 가지는 이상의 의미가 있다.

야웨를 경외하는 자는 악을 미워하고(8:13), 장수를 누리고(10:27), 삶에서 직면하는 위험에서 안전을 보장받고(14:26, 27; 19:23), 크게 부하고 번뇌하는 것 보다 낫다(15:16). 이 경외는 단순히 영적인 것에 국한되지 않고 부와 영예와 생명을 가져오며(22:4), 복을 누리게 한다(28:14). 구약에서 야웨를 경외하는 것은 신약에서 하나님을 믿는 것과 같은 말이다.

지혜와 창조

지혜는 재주를 훨씬 능가하는 것이다. 지혜는 우주에 대한 하나님의 계획과 생각이다. 잠언 8:22-31은 지혜를 창조의 청사진과 연결시키다. 지혜는 어떻게 자신의 창조세계가 운행되는가에 대한 하나님의 상세한 계획이다. 야웨를 경외하는 것이 지혜의 근본인 것도 지혜가 인간과 창조에 대한 하나님의 원래 계획을 연결시켜주기 때문이다. 지혜로운 자는 혼돈이 아니라 하나님의 창조 질서를 따라 살아간다.

하나님은 자신의 창조세계에 대해서 주권을 행사하시고 모든 사람의 마음을 아신다(15:3, 11; 16:2). 그는 선악 간에 보응하신다(12:2; 22:22-23). 하나님은 우주를 운행하시는 인격적인 분이시다. 자신의 삶의 근거를 높은 도덕수준이나 사회적 규범에 두지 않고 세상을 통제하시는 인격적인 하나님께 두는 자가 지혜로운 자다. 여기에서 생명이 발견된다(12:28; 13:9; 19:16).

그리스도와 지혜

신약의 사도들은 종종 그리스도와 지혜를 연결시켰다. 특별히 바울은 그리스도께서 모든 창조물보다 먼저 나신 자라고 했다(골 1:15). 그리고 잠언 8장은 지혜가 만세 전에 세움을 입었다고 한다(23절). 지혜는 창조의 대리자였고, 그리스도는 골로새 인들에게 대리자였다. 그러나 이것으로 지혜가 그리스도를 직접 가리킨다고 볼 수 없을 것이다. 지혜가 인간과 창조주 하나님 사이에 중보역할을 하듯이 그리스도도 중보자가 되신다. 한 가지 분명한 것은 잠언에 소개된 지혜는 그리스도 안에서 구체화된다는 것이다. 지혜의 근본이신 그리스도를 떠나서는 어떤 지혜도 존재할 수 없다.

5. 구속사적 메시지

애굽에서는 이런 종류의 잠언이 바로의 궁전에서 근무하는 관리들의 소양교육을 위해서 필요했지만 이 책은 구원받은 하나님의 온 백성이 하나님을 경외하도록 가르친다. 잠언은 지혜서의 형식이지만 하나님의 백성에게는 율법과도 같이 구속력을 가진 것이다. 즉 잠언은 율법을 일반화한 것이다. 그래서 구속받은 백성이 잠언의 지혜를 따르지 않는다면 곧 언약의 계명을 어기는 것과 같다.

먼저 지혜자는 서문에서 '야웨를 경외하는 것이 지식의 근본' 이라고 강조하는데 이것은 책 전체를 이해할 수 있는 안내서의 역할을 한다. 다음 단락(1:8-9:18)에서는 지혜롭고, 의로운 길 그리고 어리석고 악한 길을 대조하고 그 결과는 생명과 죽음으로 묘사한다. 의인화된 지혜는 여인의 어리석음과 대조되는 것으로 나타난다. 그 다음 단락(10:1-22:16)에서는 375개의 독립된 잠언이 조화를 이루고 있다. 전반부(10-15장)는 의인과 악인의 대조가 자주 나타나고, 후반부(16-22장)는 야웨와 왕의 관계를 나타내며 교훈을 준다.

여러 사람의 잠언을 모아 놓은 단락(22:17-31:31)에서 슬기로운 자들의 말과 악한 행위에 경고하고 선한 행위를 권한다. 히스기야의 신하들의 잠언이라고 하는 부분(25:1-29:27)은 왕에 대한 확대된 잠언과 왕에 대한 적합한 태도를 제시한다. 30장은 아굴의 잠언으로서 지혜와 절제를 가르치고, 31장은 르무엘의 잠언으로서 덕있는 여인을 칭찬하는데 1-9절은 왕후가 왕에게 절제와 자비와 정직을 격려한다. 특히 10-31절 부분은 알파벳순으로 배열되어 있다.

잠언은 구속받은 백성의 삶의 양식으로서 율법을 구체적인 삶의 현장에 적용하도록 도우는 것이다.

6. 특기사항

잠언의 독특성

지혜문학이란 보편성을 띠고 있다. 인간이 불행을 막고 복지를 추구한 과정에서 축적된 경험이 격언, 잠언, 우화, 에피소드 등과 같은 문학형식으로 나타나는 것을 지혜문학이라고 한다. 그래서 성경의 잠언도 보편적인 지혜 문학의 일부분으로 여겨질 수 있을 것이다. 그럼에도 불구하고 거기에는 근본적인 차이점이 있다.

이것은 성경의 지혜 문학이 전적으로 한 백성에게 가르쳐진 반면, 이집트와 바벨론의 지혜 문헌은 일급관리와 같은 선택된 집단의 교육을 위한 교과서로 사용되었다. 물론 이스라엘의 잠언서에 아굴과 르무엘의 어머니라 명명된 비이스라엘적 지혜가 정경화된 것도 특별한 일은 아니다. 근본적 차이는 성경이 하나님의 사람의 지혜가 이방 민족의 지혜를 능가한다는 사실을 세 번씩이나 언급한 데서 드러난다. 이것은 요셉(창 47장)과 솔로몬(왕상 4장), 그리고 다니엘의 경우(단 5, 6장)에서 발견할 수 있다. 하나님은 이 특별한 지혜를 그들에게 주셨다(왕상 4:29). 느부갓네살 왕은 다니엘에게 명백히 말했다: "거룩한 신들의 영이 네 속에 있음이라"(단 4:18). 영이 다니엘 안에 있었다는 것은 하나님이 다니엘에게 이 지혜를 주었다는 진리에 대한 이교도적인 표현이다. 이것은 지혜에 있어서 요셉, 솔로몬 왕, 그리고 다니엘이 그들의 능력을 훨씬 능가하는 이유이다. 그리고 잠언에 기록된 지혜는 하나님의 영감된 말씀이다. 이것이 성경의 지혜 문학이 내용상 가장 뛰어난 이유가 된다.

그래서 우리가 진정 지혜롭게 되기를 원한다면 우리는 '잠언서'가 우리에게 가져다주는 권위 앞에 우리 자신을 절대적으로 복종시켜야 한다. 그리고 우리에게 말하는 바를 믿음으로 받아들여야 한다. 왜냐하면 그것은 신적인 지혜를 포함하고 신적 권위를 가지고 우리에게 계시되기 때문이다.

지혜와 하나님의 율법

야웨를 경외하지 않는 자들은 하나님의 계명을 순종하지 않고 그들 자신의 의지대로 살아간다. 이에 반해서 야웨를 경외하여 지혜를 얻을 때 하나님의 율법에 순종하는 것에 대한 열매를 얻게 된다.

지혜와 하나님의 율법 간에 보여주는 강한 관계는 비단 잠언에만 나타나는 것은 아니다. 우리는 이미 그것을 일찍부터 발견할 수 있다. 모세는 모압 평지에서 언약을 새롭게 하면서 이렇게 말했다: "내가 나의 하나님 야웨께서 명령하신 대로 규례와 법도를 너희에게 가르쳤나니 이는 너희가 들어가서 기업으로 차지할 땅에서 그대로 행하게 하려 함인즉 너희는 지켜 행하라 이것이 여러 민족 앞에서 너희의 지혜요 너희의 지식이라 그들이 이 모든 규례를 듣고 이르기를 이 큰 나라 사람은 과연 지혜와 지식이 있는 백성이로다 하리라"(신 4:5-6).

도덕과 기회주의의가 혼합된 애굽과 바벨론의 지혜는 사람이 중심에 놓이는데 그런 지혜와는 달리 성경의 지혜는 항상 하나님과 그분의 돌보심과 관계가 있다.

그것은 잠언이 아주 분명하고 단호한 입장을 취한다는 것을 의미한다. 선과 악 사이의 중립지대는 없다. 시편 1편이 우리에게 시적인 방법으로 보여주고, 주 예수께서 좁은 문과 넓은 문에 관하여 말씀 하실 때 반복했던 것(마 7:13-14)을 잠언서는 아주 다양한 색깔로 그리고 있고 모든 종류의 상황 속에서 그것을 설명하고 있다.

왜냐하면 지혜는 야웨를 경외하는 것에 뿌리를 두고 있기 때문이다. 지혜로운 사람은 아무런 조건 없이 자신을 그분께 드린다. 지혜로운 행위는 감사와 기쁨, 그리고 하나님의 율법에 대해 기꺼이 응답하는 것이다.

아들에게 주는 교훈

잠언서는 '아들' 에게 주어졌다. 잠언서 전체에서 훈계하는 사람은 자신이 아들에게 말하고 있다고 한다(1:8, 10, 15 등). 화자는 아버지이며 아들이 어떻게 살아야 하며, 어떻게 함정을 피하고 성공할 것인가에 대해서 조언하고 있다.

아버지/아들의 구조는 지혜서에 나타나는 일반적인 형식이다. 이것은 이스라엘뿐만 아니라 주변 국가의 문학에서도 마찬가지다. 주전 3000년기 말에 나온 '하르데데프의 교훈' 은 이렇게 시작한다: "타고난 왕자이며, 고관이며,

왕의 아들이 아우이브레라는 젖먹이인 그의 아들에게 주는 교훈의 시작이라." 잠언의 문학양식은 이렇게 아버지가 아들에게 가르침을 주는 것이다. 여기서 아버지와 아들은 혈연관계라기보다는 지혜자가 제자에게 말하는 관계일 것이다. 그렇지만 이 잠언의 내용은 학문적 승계를 위해서 필요한 것이 아니다. 본문이 말하는 '아들'은 특정하게 젊은 남자가 되겠지만 포괄적으로 언약의 자녀를 의미한다.

부와 가난에 대한 교훈

잠언서는 부와 가난에 대한 많은 교훈을 주고 있다. 하나님이 의로운 자를 부하게 하시는 것은 일종의 상급으로 이해할 수 있다(3:9-10). 부는 삶의 장애물을 헤쳐 나가는데 많은 도움이 된다(10:15). 부의 혜택은 지혜로운 자에게 돌아간다(14:24). 어리석은 자가 부를 가질 수는 있지만 그것은 일시적이고 피상적이다(11:18; 13:11). 악인이 비윤리적으로 부를 축적하는 것은 그 소유주에게 해가 된다(21:6; 22:16). 부당한 방법으로 재물을 모은 것이 부정적인 결과를 낳는 것은 당연한 일이다(23:4-5).

가난하게 되는 것은 자신의 어리석은 행동과 게으른 삶의 결과일 수도 있고(6:6-11; 10:4-5; 26:12-15) 사회적 불의와 학대의 결과일 수도 있다(13:23). 전자는 믿음 없는 무책임한 삶에 대한 비난을 피할 수 없지만 후자는 자신이 통제할 수 없는 상황 때문이다.

잠언서는 부자나 가난한 자를 차별하지 않는다: "가난한 자와 부한 자가 함께 살거니와 그 모두를 지으신 이는 야웨시니라"(22:2). 문제는 빈부의 차이가 아니라 의롭고 경건하게 사는 것이 중요하다고 가르친다(16:8). 그리고 가진 자는 가지지 못한 자에게 후해야 한다. 잠언서는 부자가 가난한 자를 배려하는 것을 의롭다고 한다(29:7). 특별히 왕은 가난한 자들을 보살필 것을 권고하고 거기에 대한 보상도 주어진다(29:14). 가진 자가 구제하지 않으면 화를 당하고(28:27), 구제하는 자는 상급을 받는다(11:24).

부는 생활에 필수적이지만 그 가치란 항상 제한되어 있다(11:4). 그리고 어떤 경우에는 전혀 도움이 되지 않고 문제를 일으키기도 한다(13:8). 그래서 잠언의 마지막 부분에서 하는 아굴의 기도는 하나님과의 관계에 초점을 두고 있다(30:7-9). 결국 부는 상대적이고 믿음과 지혜가 부를 능가하는 것이라고 가르친다(15:16; 16:8, 16).

잠언과 아메네모페의 지혜

잠언 22:17-23:14의 부분은 애굽의 문헌에서 유래되었다고 한다. 성경의 이 부분은 원래 제18왕조에서 시작된 '아메네모페의 지혜'(Wisom of Amenemope)의 제19왕조 후기의 변형본에서 발견된 많은 격언의 충실한 의역을 담고 있다. 성경과 아메네모페 지혜의 유사성은 아주 명확하다. 아메네모페는 독자들에게 물질적 이득과 재물의 도적질을 피하라고 권고했다. 즉 부정한 재산은 사라지고 하늘로 날아가 버릴 것이다. 이것은 부귀를 도적질하고 재물 좇는 것을 비난하는 잠언 23:4-5과 유사하다. 재물은 스스로 날개를 내어 독수리처럼 하늘로 날아가 버린다.

두 번째 예로 아메네모페는 그의 독자들을 촉구한다: "너의 귀를 주어서 말하는 것을 들으라, 너의 마음을 그들의 판단에 두어라; 그들을 너의 마음에 두는 것이 이롭고, 소홀히 여기는 자에게는 화로다" 실제로 똑같은 생각이 잠언 22:17에도 나타나 있다. 이러한 유사성이 잠언의 자료를 보여주는 것이라고 단적으로 증명할 수는 없다. 그렇지만 이방인의 글이 성경에 들어있다고 해서 그 영감성이 훼손되는 것은 아니다.

전도서

1. 제목과 기록목적

전도서라는 한글 제목은 히브리 성경의 제목 '코헬렛'(*qōhẹlẹṯ*)에서 왔는데 1:1의 '전도자'란 말이다. 한글번역의 '전도자'란 의미도 분명하지 않다. 이 말은 영어에서는 '설교자'(preacher)로 번역되었는데 이것도 의미가 명확하지 않다. 정확한 의미는 신앙공동체의 '지혜의 교사'이다(12:9). 전도서의 목적은 백성이 지혜롭고 행복하게 살도록 하기 위해서 기록되었다. 지혜롭게 사는 것은 이 세상의 물질적이고 사회적인 것에 소망을 두는 것이 헛된 일임을 보여줌으로써 이루어지고, 행복하게 사는 것은 하나님을 경외하면서 세상의 것들을 즐기는 것이다.

2. 구조와 내용분류

전도서의 구조는 간단하다. 전반부의 서언(1:1-11)과 종반부의 결언(12:9-14)을 빼면 인생의 의미에 대한 경험을 담은 긴 독백만 남는다. 그러나 내용을 좀 더 분류하면 다음과 같다.

a. 탐구: 허무의 문제와 대안(1:1-3:22)

b. 현실 문제(4:1-10:20)

1) 인생의 수고와 동행(4:1-5:7)

2) 가난과 부(5:8-6:12)

3) 고난과 죄(7:1-8:1)

4) 권위와 불의(8:2-9:10)
5) 지혜와 우매(9:11-10:20)
c. 결단의 요청: 믿음의 모험, 인생의 낙, 결정의 긴급성 (11:1-12:8)
d. 결언(12:9-14)

3. 역사적 배경

전도서의 역사적 배경은 대체로 솔로몬 통치 시기로 볼 수 있다(주전 970-931년). 그의 통치가 최고의 번영을 이룰 때 주변국의 부러움을 샀다. 그의 영화로운 삶과 다양한 경험이 전도서에 베여 있다.

4. 신학적 주제

하나님

모든 지혜서와 마찬가지로 전도서도 지혜의 시작이 되는 하나님을 경외하는 것에 근거를 둔다. 이 책의 강조점은 하나님의 주권과 그분의 지혜이다. 인간은 한계가 있어서 하나님의 길을 알 수가 없다. 그 길은 하나님이 알려주셔야 한다(5:2). 하나님의 은혜는 그분이 인간에게 어느 정도의 기쁨을 주시는 데서 나타난다(2:24, 25; 3:13). 하나님은 인간에게 모든 것을 주지 않으시고 그의 분복에 따라 주신다(2:10).

하나님은 창조주로서 자신의 섭리를 따라 이끄시고 통치하신다. 기쁠 때나 슬플 때나 다 주님의 주권 아래 있다. 인간은 이 창조주를 경외하고 그의 명령을 따라 살 때 가장 행복하다.

죽음

전도자에게 인생은 짧고 죽음은 확실하다. 죽음의 그림자는 항상 인간을 따라다닌다(3:19). 세상의 인간은 죽음의 망령에 사로잡혀 있다. 인간은 자신이 죽을 줄 알지만 그때가 언제인지 모른 채 살아간다. 죽음은 창조사역의 과정을 뒤집어 놓은 것이다. 영혼은 육신을 떠나서 창조주에게로 돌아가고 육신은 왔던 흙으로 돌아간다(12:7). 전도자는 죽음보다는 생명이 더 낫다고 가르친다(9:3). 이런 죽음을 맞이하기 전에 창조자를 기억하라고 가르친다.

삶

전도자는 처음부터 인간의 삶은 헛되다고 한다. 성취를 위한 인간의 노력조차도 만족스럽지 못하다고 본다. 그렇게 삶이 힘들고 고달프다는 것을 나타내는 말을 '수고'라고 표현했다(2:10, 21). 그렇다고 삶에 전혀 기쁨이 없는 것은 아니다(2:24, 25; 3:12). 그것은 하나님께서 주신 기쁨인데, 먹을 것과 마실 것, 일하고 사랑하는 것이다. 인간의 성취에는 기쁨만큼이나 고통도 따른다. 하나님은 대체로 자기 백성이 삶에 고통을 당하는 것을 원치 않으신다. 그러나 인간이 해 아래서 수고하는 모든 것이 헛된 것인데 이 허무를 극복하고 삶의 진정한 의미를 찾는 길은 야웨를 경외하는 것이다. 하나님 없는 인간의 삶은 무의미하고 항상 헛되다고 가르친다.

그리스도

전도자가 그리스도에 대한 예언을 직접 언급하지는 않았다. 그럼에도 불구하고 그리스도의 인격에 대한 의미는 두 가지로 나타난다. 첫째, 그리스도는 성도가 열망하는 궁극적인 만족이 되신다(요 4:13, 14). 그분은 인간의 행복에 대한 갈망을 해갈시켜주는 생명의 물이시다. 둘째, 그리스도는 이 지혜를 주신 '한 목자' 시다(12:11; 요 10:11; 골 2:3). 그리스도는 지혜에 대한 갈망을 충족시키는 하나님의 지혜시다. 전도자 솔로몬은 인간적 지혜의 한계를 드러내면서 자기보다 더 큰 자를 위한 길을 예비한다.

5. 구속사적 메시지

전도자는 이 세상의 모든 일이 덧없다고 했다. 전도자는 첫 마디에서(1:2) 이 '덧없음' 의 단어를 반복하여 히브리어 최상급 형태로 표현하고 있다. 전도자는 이 허무를 "사람이 해 아래서 수고하는 모든 수고가 자기에게 무엇이 유익한가?"(1:3)라는 수사 의문문에 대한 답변으로 제시하고 있다. 부귀와 권세, 지혜와 쾌락으로 장식된 그의 호화로운 삶에 대한 자신의 평가는 바람을 잡으려는 것과 같이 허무한 것이었다(1:12-2:26)는 것이다. 전도자는 인생의 참된 의미를 찾으려고 노력하지만 모든 것이 헛됨을 안다. 그래도 삶을 향락을 조언한다. 즉 먹고 마시고 수고하는 가운데 마음으로 낙을 누리는 것이 가장 좋다고 한다. 그는 염세주의자가 아니지만 향락주의자도 아니다. 세상의 낙은 하나님을 경외하도록 하는 길잡이 역할을 한다. 그래서 전도서가 주는 총체적인 교훈은 하나님께서 때를 따라 필요를 채우시며, 인생의 수고와 낙을 허락하시고, 주권적으로 역사를 운행하시는 것은 사람이 하나님을 경외하도록 하는 목적이라는 진술에 집약되어 있다(3:10-15).

전도서의 목적과 본서를 이해하는 열쇠는 결론 부분에 나와 있다: "일의 결국을 다 들었으니 하나님을 경외하고 그의 명령을 지킬지어다 이것이 모든 사람의 본분(전부)이니라. 하나님은 모든 행위와 모든 은밀한 일을 선악 간에 심판하시리라"(12:13, 14). 이러한 인생의 고상한 최고의 목적은 성경적 표현이며 어떤 주변 철학에서도 찾아 볼 수 없다.

결국 하나님을 떠나서는 아무 것도 의미가 없고 하나님만 삶에 의미를 주실 수 있다는 것이 이 책의 메시지다.

6. 특기사항

헛된 인생

전도자는 인생에 직접 즐거움을 주는 쾌락에 대해서 다섯 가지로 탐구했다(2:1-11). 첫째, 웃음에 대해서 탐구하면서 그것을 미친 것이라고 하며 무의미하다고 했다(2:1-2). 웃음과 희락은 참 즐거움을 줄 수 없다는 것이다. 둘째, 술(포도주)에 대한 것(2:3). 술이 긍정적으로 쓰일 때가 있지만 대부분 술은 취하기 위해서 마신다. 두뇌가 알코올의 작용을 인식할 때 사람들은 일종의 쾌감을 느끼지만 그것이 마음의 진정한 위안을 주는 것은 아니다. 셋째, 건설적인 일을 하는 것(2:4-6). 사람이 자신의 거처를 작은 낙원으로 만들어서 끝없는 만족을 누려보려고 하지만 결국 그것도 사람을 진정으로 만족시킬 수는 없다. 넷째, 재물을 가지는 것(2:7-8a). 소유하는 것으로서 만족과 인생의 목적을 달성하려고 노력해보았다는 말이다. 그러나 물질적 번영을 추구하는 것은 결국 타락의 길을 걷게 된다. 다섯째, 여자에 대한 것(2:8b). 전도자가 처첩을 많이 둔 것은 쾌락과 동시에 권력을 추구한 것이다. 그는 만족을 위해서 모든 노력을 추구했으나 다 헛되다는 결론에 이른다. 그렇다고 해서 전도자가 일 자체를 정죄하는 것은 아니다. 왜냐하면 일은 하나님께서 주신 복이기 때문이다. 사람들이 추구하는 모든 즐거움은 하나님 없이는 헛된 것이다.

즐거운 인생

전도자는 강한 회의주의를 나타내며 인생의 허무를 논하면서도 인생의 즐거움이 있다고 한다. 그는 삶을 단순히 비관적으로 보지 않는다. 그는 '사람이 먹고 마시며 수고하는 가운데 심령으로 낙을 누리는 것보다 더 나은 것이 없다' 고 했다. 그런데 그 '낙' 이 하나님으로부터 오고(2:24), 하나님의 선물이라고 했다(3:13). 단순한 일상생활도 진정한 즐거움이 될 수 있는 것은 그것이 하나님이 주신 것이기 때문이다. 사람이 자기 일을 즐기는 것도 큰 낙으로 인정된다. 노동이 힘들지만 즐거움이 되는 것은 그것이 하나님께서 정하신 분복이기 때문이다(3:18). 전도자는 이 몫에 해당되는 먹고, 마시고 재물을 소유하고(5:19) 가족관계의 기쁨(9:9)과 같은 세상적인 복을 누리라고 한다. 그러면서 이 즐거움을 칭찬하며 적극 권하다. 그리고 하나님에 대한 믿음이라는 조건하에서 그것이 백성의 삶 속에 항상 따를 것이라고 한다(8:15). 즐거움에 이러한 전도자의 권고와 약속은 인생에 대한 허무를 찬양하는 대신 삶에 대한 애착을 갖도록 만든다. 결국 전도자가 말하는 즐거움이란 우리 자신의 재미를 위한 것이 아니라 그 즐거움을 주신 하나님을 의지하도록 하기 위함이다(3:13-14).

중용의 도?

전도서 7:16은 많은 사람들에 의해서 오해를 받아왔다. 여기서 전도자가 일상생활에 필요한 '중용의 도'를 가르치고 있다는 것이다. "지나치게 의인이 되지도 말며 지나치게 지혜자도 되지 말라"는 말은 '그냥 적당히 세상과 타협하면서 살아라'는 말로 들린다. 즉 불의를 보아도 그냥 넘어가고 알아도 모르는 것처럼 지나치는 것이 성경이 가르치는 지혜로운 처세술로 이해한다는 것이다. 그러나 이것은 전도자의 가르침이 아니다. 이 말의 의미는 '자신이 의롭다고 주장하지 말고 스스로 지혜롭다고 주장하지 말라'는 것이다. 전도자는 '자기 의'와 자신이 다 아는 것처럼 행동하는 것을 경고하고 있다. 20절에서도 세상에 죄를 전혀 범치 않은 의인이 없다고 한다(7:20). 그는 멸망과 죽음으로 인도하는 자기 의라는 위선과 교만의 지혜를 정죄한다.

사람의 본분

전도서의 결론은 사람의 본분을 언급하는 것을 끝맺는다. 그것은 '야웨를 경외하는 것'과 '그의 명령을 지키는 것'이다. 야웨 경외에 대한 충고는 잠언서의 서두(잠 1:7)가 전도서의 결말이 되었음을 의미한다. '야웨 경외'란 하나님의 백성이 그분께 보이는 존경과 두려움의 태도를 말한다. 왜냐하면 그 백성은 하나님과 그분의 능력과 위대성을 존중하기 때문이다. 하나님을 경외하는 사람은 그분의 말씀에 주의하고 거기에 순종한다. 자연적인 두려움은 사람들이 하나님으로부터 달아나도록 하지만 거룩한 두려움은 사람들을 사랑으로 하나님께 복종하게 한다. 침멀리의 말대로 하나님을 두려워하는 자는 세상에 두려울 것이 없고, 하나님을 두려워하지 않는 자는 모든 것을 두려워한다. 야웨를 경외하는 자가 복된 자다(시 112:1).

그의 명령을 지키는 것은 하나님을 경외하는 증거가 된다. 하나님의 명령에 순종하지 않는 경외는 위선이다. 야웨 하나님은 삶을 창조하신 분이시기 때문에 그분의 명령을 따르는 것이 가장 이상적인 삶을 사는 것이다. 이 명령에 대한 이유를 "이것이 모든 사람의 본분이니라"라고 한다. 이것을 문자적으로 번역하면 "이것이 사람의 전부다"가 된다. 우리의 삶의 모든 것이 하나님을 경외하고 그분의 명령을 따르는 과정이어야 한다는 것이다.

아가

1. 제목과 기록목적

한글 번역의 제목 '아가' 란 말은 '고운 노래' 라는 뜻인데 히브리 원문은 '노래 중의 노래' (*šîr haššîrîm*)이다. 즉 최고의 노래라는 뜻이다. 아가서는 구속받은 백성의 남녀 간의 이상적인 사랑을 노래한 것이다.

2. 구조와 내용분류

a. 왕과 술람미 여인의 만남(1:1-2:7)

b. 깊어진 사랑(2:8-3:5)

c. 약혼식(3:6-5:1)

d. 기회를 놓침(5:2-6:3)

e. 커지는 사랑(6:4-8:14)

3. 역사적 배경

남녀가 서로에 대해서 사랑을 묘사하는 이 아름다운 사랑의 노래의 배경은 솔로몬의 후궁으로 볼 수 있다.

4. 신학적 주제

아가서 해석

본서의 해석에 있어서 가장 큰 특징은 알레고리이다. 유대교는 신랑과 신부의 사랑이 야웨 하나님과 택한 백성 이스라엘 간의 사랑을 의미하는 것으로 보고, 기독교는 그리스도와 그의 교회 간의 사랑으로 이해한다. 그렇지만 헬라 사상을 반영한 알레고리적 해석 자체가 잘못된 해석법이다.

하나님은 성적인 사랑의 선을 인정하시고, 정당한 결혼관계 속에서 사랑하도록 명하신다. 아가서의 메시지는 구속받은 남녀 간의 이상적인 사랑을 노래로 가르치고 있다.

남녀의 사랑

아가서는 남녀 간의 육체적 사랑이 하나님과 인간의 관계에 대해서 믿음의 교훈은 준다. 하나님을 믿는 것은 서로에 대한 온전한 헌신을 의미한다.

호세아와 예레미야와 같은 이스라엘의 선지자도 부드럽고 열렬한 사랑의 관계를 사용하여 인간과 하나님 간의 결속을 가르치는 기본적인 유추로 사용했다. 바울은 하나님과 인간의 관계에 대한 이 모습을 발전시켜서 그리스도와 교회의 관계를 '큰 비밀' 이라고 했다. 이 사랑으로 성도가 그리스도와 갖는 영적연합을 이해하게 된다. 그래서 땅 위의 사랑은 하늘의 사랑을 이루는데 도움을 준다. 즉 그리스도인은 술람미 여인이 그의 목자를 사랑했듯이 같은 열정과 충성으로 주님을 사랑해야 한다. 이 교훈은 유추에 의한 것이지 알레고리적 해석이 아니다.

5. 구속사적 메시지

본서는 구속받은 남녀 간의 이상적인 사랑을 노래한 것이다. '노래 중의 노래' 라는 제목은 결혼한 사랑에 관한 노래 중에서 최고의 노래임을 자부한다. 어떤 사랑의 노래나 시보다 우월하다는 것을 말한다. 그래서 이 글은 저속한 연애 소설이 아니라 고상한 시로 사랑을 묘사한다. 이것은 사랑의 관계를 저해하는 기계적 사랑과는 대조된다.

하나님은 육체를 무시하지 않으시고 오히려 육체적 사랑을 허락하셨다. 이 사랑은 삶에 중요한 부분이기 때문에 책 전체가 거기에 대해서 다루고 있다. 그래서 정경의 일부로 포함되었다. 아가서는 인간의 육체에 대해서 논하는 것이 자연스런 것으로 가르친다(4:1–5; 5:10–16; 6:5–7; 7:1–5). 물론 우리가 보기에는 이상해 보이는 표현도 있지만 이것은 특별한 문화적 상황 가운데서 기록되었기 때문이다. 이 결혼한 사랑은 배타적이어서(4:12) 육체적 사랑에서 부부는 각각 '잠근 동산' 과 '덮은 우물' 이 되어야 한다. 각자는 상대에 속한 개인 포도원이 되어야 한다(8:12). 또한 부부관계는 하나님의 때가 있음을 가르친다. 그 사랑은 준비되어야 비로소 가능하다(2:7; 3:5; 8:4). 세상은 '언제라도' 라고 하지만, 하나님은 '나의 때' 라고 하신다. 부부 간의 사랑에 위험이 따르기도 하는데 사랑하는 배우자가 접근하는 것에 적절하게 반응하지 못하고 후회하는 것에 대한 경고도 있다(5:2–8). 또 남녀관계는 당사자 간의 문제이지만 가족의 역할도 중요하다(8:8–10). 특히 소녀의 오빠는 그녀가 '성벽' 이 되도록 돌보아 원치 않는 청혼자로부터 보호하고, 아무나 들어와서 삶에 손상을 입히는 '문' 이 되지 않도록 한다. 아무리 사소한 것이라도 건강한 사랑의 관계를 망칠 수 있다(2:15). 부부는 모두 결혼 초기의 꽃망울을 짓밟는 '작은 여우' 를 경계해야 한다. 참된 사랑은 억제할 수 없고 재물과도 바꿀 수 없다(8:6–8). 참된 사랑은 하나님이 주신 것이기 때문이다.

이렇게 고귀한 인간적 사랑의 모습은 이보다 더 높은 차원의 하나님의 아들 그리스도의 사랑을 생각나게 한다.

6. 특기사항

고전적 알레고리의 실례

유대교 알레고리의 예는 미쉬나, 탈무드와 탈굼에서 찾을 수 있다. 예를 들어 탈굼은 아가서를 이스라엘 역사의 다섯 단계를 의미하는 것으로 해석했다: ① 출애굽, 시내산과 정복(1:2-3:6), ② 솔로몬 성전(3:7-5:1), ③ 이스라엘의 죄와 유배(5:2-6:1), ④ 귀환과 성전재건(6:2-7:11), ⑤ 로마제국 내에서 흩어짐과 메시아 대망(7:12-8:14). 좀 더 구체적인 예를 들면 탈굼은 1:3의 '왕이 나를 침궁으로 이끌어 들이시니'를 이스라엘을 애굽에서 이끌어내어 하나님의 침실, 즉 약속의 땅으로 인도한다고 보았다. 이븐 에즈라는 7:2을 알레고리로 해석해서 '너의 배꼽'은 대 산헤드린으로, '섞은 포도주'는 율법으로, '너의 허리 두른 밀단'은 소 산헤드린을 가리키는 것이라고 했다.

기독교적인 알레고리는 교회를 그리스도의 신부로 묘사하는 것인데 부분적으로 남아 있는 로마의 힙폴리투스(Hippolytus, -235)의 주석에서 가장 먼저 나타난다. 어거스틴과 특히 오리겐이 이 입장을 견지했다. 전형적인 알레고리는 입맞춤(1:2)을 하나님의 말씀으로, 소녀의 검은 피부(1:5)는 죄로, 그녀의 가슴(7:7)은 교회의 교리로, 그녀의 두 입술(4:11)은 율법과 복음으로, 기치를 벌인 군대(6:4)는 사탄을 대적하는 교회로 보는 것이다. 이와 유사한 예는 수없이 많다.

알레고리를 '원숭이 놀음'이라고 철저하게 반대한 종교개혁자 루터도 아가서를 해석하는 부분에서는 대체로 이 입장을 따랐다. 칼빈도 아가서를 해석할 때는 자신의 역사적-문법적 해석방식을 버렸다. 그는 기독교강요에서 '내가 발을 씻었으니 어찌 다시 더럽히랴마는'(5:3)이라는 표현을 회개로 해석했다. 이런 유형의 해석은 19세기 말까지 계속되다가 고대근동의 유사한 문헌들이 발견되면서 새로운 해석의 동기를 갖게 되었다.

비유로 사용된 지명

아가서에 나타나는 인물은 역사적인 인물이지만 역사적으로 재구성하기가 어렵다. 이 책에 언급된 지리적 명칭도 실제의 장소이지만 그 장소와 사건을 연결시킬 수가 없다. 왜냐하면 글의 성격이 사실적이지 않고 시적인 노래이기 때문이다. 그렇지만 본서에 언급된 지리적 명칭을 사용해서 묘사하는 글을 살펴보는 것도 글의 내용을 이해하는데 도움이 될 것이다.

'게달의 장막' (1:5)에 게달은 다메섹 동남쪽을 가리킨다. 특히 그 지역의 유목민을 말하는데 일반적으로 베두인족을 가리킨다. 그래서 '게달의 장막' 이란 말은 그 베두인들이 쓰는 염소가죽을 의미한다. 그것은 사막 기후에도 잘 견디는 재질이다.

'엔게디의 포도원' (1:14)은 사해 바다 서쪽 연안의 엔게디 오아시스를 말한다. 그곳에는 열대식물과 아열대식물이 잘 자라는 지역이다. 역사적으로 화장품과 향수를 만드는 외래 식물이 재배되었다. 여인에 대한 사랑이 멀리서도 풍겨오는 포도향기와 같은 느낌을 주기에 충분한 표현이다.

'샤론의 수선화' (2:1)에서 샤론은 갈멜산에서 남쪽으로 뻗은 해안평야이다. 고대에는 그곳이 습지였는데 모래언덕과 조화를 이루어서 다양한 야생화가 무성하게 핀 지역이다. 샤론이란 이름이 야생화같은 여인의 이미지를 부각시킨다.

'레바논의 나무' (3:9)에서 레바논은 이스라엘 북쪽의 산악지역이다. 이 지역의 백향목은 건축자재로 유명한데 그것으로 솔로몬의 가마를 만들었다는 것은 그의 특별한 신분을 나타내는 표현이다.

'길르앗 산기슭' (4:1)은 갈릴리 동편의 고원지대로서 요단계곡에서 절벽을 이루어 천 미터에 이르는 고지대다. 이 신비스런 지형에서 휴식을 취하는 염소무리가 여인의 윤기있는 머리털에 비유되었다.

'아마나, 스닐, 헤르몬' (4:8)은 안티 레바논에 있는 높은 산들이다. 특히 아마나는 나아만에 의해서 깨끗한 강이 있는 곳으로 알려졌다(왕하 5:12).

'눈은 헤스본 바드랍빔 문 곁의 못같고' (7:4)에서 바드랍빔은 어디인지 알 수 없다. 헤스본은 모압 지역인데 그곳에서 저수지가 발견되었다. 메마른 지역에 있는 저수지의 맑은 물이 사랑하는 여인의 눈을 묘사하는데 사용된 것은 아름다움과 소중함에 대한 특별한 표현이 될 것이다. '갈멜산' (7:5)은 '진홍색' (carmil)으로 대체될 수 있다. 아가서는 이렇게 지리적 특성을 이용한 비유법으로 사랑의 대상을 아름답게 묘사하고 있다.

04 선지서

1. 선지서 개요

선지서의 명칭

기독교에서 선지서로 분류하는 정경의 부분은 유대교에서 주전 2세기에 그들의 경전을 율법서, 선지서, 제문서로 나눌 때 주로 선지서에 속한다. 그중에서도 후선지서에 속한다. 그런데 다니엘서와 예레미야 애가는 제문서로 분류되었다. 유대교에서는 대부분, 그리고 기독교에서 이 부분에 해당하는 정경을 선지서로 분류하는 것은 이 책들의 내용이 지닌 일반적인 특징 때문이다. 선지서에는 미래에 대한 예언만 있는 것이 아니고 역사적인 내용도 많이 나오는데 선지서는 역사서와는 달리 선지자의 예언의 말과 역사에 대한 해석이 주종을 이룬다. 기독교에서는 편의상 선지서를 대선지서와 소선지서로 나눈다. 대선지서라는 의미는 책의 크기와 관련된다. 즉 많은 분량의 책을 기록한 선지자의 글이 대선지서이다. 그것은 이사야, 예레미야, 예레미야 애가, 에스겔, 다니엘로 구성되었다. 소선지서는 선지서 가운데서 적은 분량을 예언서를 기록한 선지자들의 책을 소선지서라고 한다. 유대교에서는 이 부분을 한 권의 책으로 분류하지만 기독교는 열두 권으로 분류한다. 소선지서는 분열왕국시대부터 제2성전시대까지 선지자들을 통한 하나님의 메시지를 담고 있다.

선지서의 범위

이스라엘 선지자의 기원은 아브라함으로부터(창 20:7) 모세(출 12:6-8)를 거쳐 오랜 기원을 가지고 있지만 선지서는 다르다. 선지서는 기본적으로 이스라엘의 선지자들이 하나님의 사자로서 메시지를 전달한 것을 기록한 것이기 때문에 선지자들의 예언과 진술을 내용으로 한다. 그래서 비문서 선지자로 소개된 자들 가운데 문서를 기록한 사람이 있지만(대상 29:29) 그들의 이름으로 문서가 남겨지지 않았다. 그래서 선지자를 통해서 전달된 하나님의 계시를 기록한, 하나의 단위로서의 책만을 선지서라고 한다. 기독교 정경의 순서를 따르면 이사야부터 말라기까지를 선지서의 범위에 넣는다. 시대적으로는 유다왕 여호람 시대(주전 845년)부터 제2성전 시대까지를 포함한다. 문서 선지자들이 활동한 기간은 약 400년 정도 된다.

선지서의 저자

선지서는 하나님의 대언자로서 선지자들이 영감을 받아서 기록한 책으로 이해한다. 저자가 되는 선지자들은 환상, 꿈, 상징적인 행동들, 투시력 등을 통해서 예언적 발언을 한다. 예언자는 그가 하나님이 계시하시는 것에 대한 직접적이고 개인적인 체험을 통해 하나님의 메시지를 변함없이 전했다(렘 1:9; 23:22; 호 1:1 등). 많은 경우 예언적 활동은 하나님의 영의 활동과 관계가 있다(민 11:29; 삼상 10:6; 대상 12:18; 대하 24:20; 느 9:20; 겔 11:5; 호 9:7;

욜 2:28). 때로는 예언자적인 책임을 거부하려는 상황에서도 하나님의 영의 활동으로 인하여서 내적인 강한 속박에 굴복할 수밖에 없었다.

선지서의 저자는 때로는 격앙된 감정으로 말씀을 선포하지만 자신의 주관적인 확신을 전하는 것이 아니고 하나님의 뜻을 전했다. 그들은 예언사역에서 하나님의 능력에 완전히 사로잡혔지만 자신의 개성이 배제되지는 않았다. 그래서 그들의 말은 하나님의 완전한 계시이지만 그 시대의 정치적, 문화적 상황에 적실한 것이었다.

선지자의 사명과 사역

선지자는 단순히 장래 일을 미리 말하는 정도에서 그치지 않는다. 그들의 사명은 다가오는 왕국을 예고하고 백성이 그분의 오심을 예비하도록 하는 것이다. 첫째, 선지자는 하나님의 백성이 자신의 공로나 정치적 동맹세력을 의지하지 말고 오직 야웨의 자비와 구원의 능력만을 의지하라고 촉구했다. 둘째, 선지자는 백성의 안녕과 복이 언약을 신실하게 지켜서 순종하며 거룩하게 살아가는 데서 보장받는다는 사실을 상기시켰다. 이것은 단순한 윤리가 아니라 구원의 열매로 나타나는 행위를 요구했다. 셋째, 선지자는 이스라엘이 궁극적 승리라는 미래에 대한 소망을 갖도록 해야 했다. 넷째, 선지자는 이미 성취된 예언을 객관적으로 확인함으로써 메시지의 권위를 확인시켜 주었다.

선지서의 문체

선지서는 대체로 히브리 시문으로 기록되었다. 선지자들이 시라고 하는 장르를 선택한 이유를 언급하지 않지만 여기에는 적어도 몇 가지 이유가 있어 보인다. 첫째, 시는 의지와 감정을 표현할 때 힘이 실린다. 선지자들은 청중들에게 단순히 정보전달을 하는 것이 아니라 그들이 선포된 말을 듣고 행동으로 옮기도록 하기 위함이다. 둘째, 시는 상징과 심상을 강조함으로써 하나님의 기적과 속성을 전달하는데 때로는 산문보다 더 적합하다. 셋째, 시는 모든 것을 문학적으로 상세하게 묘사할 필요없이 미래의 사건에 대한 의미를 말할 수 있는 장점이 있다.

선지서의 교훈

선지서의 교훈을 한 마디로 요약하기는 쉽지 않다. 그러나 전체 선지서는 두 가지 신학적 주제에 국한되어 있음을 알 수 있다. 첫째, 이스라엘이 준수해야 했던 언약이다. 선지자들은 끊임없이 이스라엘이 시내 산에서 맺었던 언약을 상기시키면서 하나님께로 돌이키라고 외쳤다. 그들에 대한 심판의 경고도 언약에 근거한 것이다. 이 언약은 하나님과의 새로운 관계로 발전하는데 그것이 새 언약이다(렘 31:31). 둘째, 하나님의 주권이다. 하나님은 이스라엘 민족의 하나님일 뿐만 아니라 온 우주를 통치하시고 열방의 주가 되심을 보여준다. 이사야와 에스겔은 특이한 환상을 통해서 하나님을 하늘의 통치자로 그리고 있다. 그것은 자기 백성을 심판할 때나 회복시킬 때나 공히 적용되는 하나님에 대한 심상이다. 선지자들은 당대의 국제적 상황으로 인하여 국경을 초월한 하나님의 계획을 선포해야 했다. 이 두 가지 중요한 축을 통해서 선지자들은 종교적이고 윤리적인 행위에 대한 회개를 촉구했고, 그 백성에게 메시아를 바라보도록 하는 희망을 주었다.

이사야

1. 제목과 기록목적

선지자의 이름을 딴 본서의 제목인 이사야(*yᵉšaʿyāhū*)는 '야웨는 구원이시다' 라는 의미를 갖고 있다. 그의 이름이 이 책의 내용을 적절하게 요약하고 있다. 이사야의 예언은 세계에 대한 피할 수 없는 심판과 의로운 남은 자에게 주는 위로를 골자로 하고 있다. 하나님의 회복된 세계는 오직 하나님의 자비와 은총에 의해서 이루어진다. 본서는 하나님의 승리가 낮아진 기간을 통하여 자기 백성과 그 종에게 도래할 것이고 이 메시지가 과거와 미래의 심판과 복을 바라보면서 회개할 것을 촉구하기 위해서 기록되었다.

2. 구조와 내용분류

a. 이사야 당대의 예언(1:1–35:10)

1) 유다에 대한 예언: 심판, 소명, 포도원 비유, 이스라엘 멸망, 앗수르 멸망(1:1–12:6)
2) 열국에 대한 예언: 바벨론, 앗수르, 블레셋, 모압, 다메섹, 사마리아, 이디오피아, 애굽, 에돔, 아라비아, 예루살렘, 두로(13:1–23:18)
3) 야웨의 날에 대한 예언: 환란의 심판과 왕국의 승리(24:1–27:13)
4) 심판과 복에 대한 예언: 에브라임, 아리엘, 애굽동맹, 앗수르, 열국에 대한 화, 왕국도래(28:1–35:10)

b. 역사적 진술(36:1-39:8)

1) 히스기야의 구원: 앗수르의 도전과 패배(36:1-37:38)

2) 히스기야의 치료(38:1-22)

3) 히스기야의 죄(39:1-8)

c. 바벨론 포로에 대한 위로의 예언(40:1-66:24)

1) 이스라엘 구원에 대한 예언: 하나님의 속성과 종으로 인한 위로 (40:1-48:22)

2) 이스라엘 구원자에 대한 예언: 메시아의 사명, 순종, 격려, 속죄, 회복약속, 초대, 책망(49:1-57:21)

3) 이스라엘의 영광스런 미래에 대한 다양한 예언(58:1-66:24)

3. 역사적 배경

히스기야의 통치하에 유다는 회개하고 앗수르의 파괴에서 벗어났다(주전 701년). 비록 앗수르의 위협이 줄어들었지만 더 큰 위협이 바벨론으로부터 왔다. 이사야서는 아하스 시대의 시리아와 에브라임 동맹(7-12장), 사마리아 멸망(28:1이하), 그리고 산헤립의 유다 공격(36-39장, 주전 701년)이라는 역사적 사건에 치중한다.

4. 신학적 주제

심판

이사야서의 구성상 심판(1-39장)은 위로(40-66장)와 함께 양대 주제를 구성한다. 본서의 전반부에서 하나님은 열국에 대한 심판과 자기 백성의 회복에 대한 메시지에 초점을 맞춘다. 첫째, 심판은 언약을 저버린(1:1-13) 자기 백성

이스라엘에게 선포된다(1-12장). 그러나 이스라엘은 하나님이 그와 함께 하시기 때문에(7-12장) 징계를 통하여 높아질 것이다. 여기서는 아하스가 앗수르와 동맹을 맺는 것이 문제였다. 둘째, 심판은 열국에 선포되었다(13-27장). 특별한 나라가 거론되었지만 이 단락은 하나님의 지상권으로 끝맺는다(27:13). 셋째, 심판이 다시 이스라엘을 향한다. 애굽과 동맹을 맺고(28-35장), 히스기야가 바벨론 사신들에게 자랑한 그의 어리석음(36-39장)을 인한 것이다. 자기 백성에 대한 하나님의 심판은 가혹한 것이지만 징계의 의미를 지닌다.

위로

본서의 후반부(40-66장)는 전체적으로 위로에 대한 메시지로 이루어졌다. 이 부분은 세 단락으로 이루어졌다. 첫째 단락은 이스라엘이 하나님의 비교할 수 없는 광대하심을 통하여 바벨론으로부터 받는 구원을 묘사한다(40:1-48:22). 둘째 단락은 하나님의 종에 대해서 묘사하고 이스라엘이 세계를 향한 소명이 있음을 알려준다(49장; 57:21). 이스라엘의 지도력은 책망받고(56장), 구원으로 초대를 받는다(51장). 셋째 단락은 하나님의 미래의 영광을 보는 조건을 제시한다(58:1-66:24). 이스라엘은 신실한 백성과 그렇지 못한 사람으로 나누어진다. 신실한 자는 남은 자인데 그들이 구원을 위해서 부르짖고(63:7-64:12), 하나님의 응답을 받고(65:1-25), 새창조에서 제외될 사람들에 대해서 배운다(66:1-24).

출애굽

이사야는 종종 바벨론 포로와 애굽의 종살이를 연결시켰다. 이 두 나라는 이스라엘을 압제하기도 하고 보존했다는 데서 같다. 또한 하나님의 능력으로 이스라엘을 해방시켜서 약속의 땅에 들어가게 하는 것도 같다. 예레미야는 출애굽을 언급하지 않고 이스라엘이 포로에서 돌아오는 가장 최근에 일어난 하나님의 구원의 위대한 역사를 언급할 것이라고 했다(렘 16:14-15). 출애굽과 해방이란 주제는 이사야의 예언에 널려있다(1:24-27; 11:16; 19:24-25; 27:12-13; 30:1-3; 31:1; 36:6; 43:3; 45:14; 48:20-21; 52:4-6; 66:2, 22-23). 앗수르와 바벨론의 신들에 대한 하나님의 능력은 문제가 되지 않는다. 하나님은 이미 출애굽에서 애굽의 신들을 심판하시고 승리하신 것을 보여주셨다(21:9; 48:20-21).

왕에 대한 소망과 그리스도

이사야의 예언은 다윗계열의 왕이 영원히 다스릴 것이라는 약속을 확대, 심화시킨다. 세상적 기준과는 달리 다윗 왕조의 통치자에 대한 다윗에게 주어진 약속은 고난과 낮아짐을 통하여 민족을 초월한 통치로 이루어질 것이다. 이사야는 이 통치자를 가지, 종, 싹이라고 불렀다(4:2; 11:1; 42:1; 52:13-53:12). 이 다윗의 가지는 이스라엘의 왕이신 그리스도에게서 성취되었다. 시편에 버금갈 정도로 본서에서도 메시아적 예언이 많이 나타나고 있다. 이사야는 그리스도의 사역과 영광의 여러 국면을 묘사하고 있다. 그리스도의 성육신(7:14; 9:6), 유년시절(7:15; 11:1; 53:2), 온유함(42:2), 순종(50:5), 메시지(61:1, 2), 이적(35:5, 6), 고난, 버림받음, 대속의 죽음(50:6; 53:1-12), 그리고 그의 높아지심(52:13)이 예언되었다.

아브라함의 약속 성취

이사야는 아브라함의 약속이 성취된 것을 묘사한다. 아브라함의 약속의 주제인 땅과 씨 그리고 복은 이 책을 관통하고 있다(29:22; 41:8-11; 51:1-3; 63:16). 이 모든 약속은 원래의 완전한 창조를 돌이켜 보게 하고 새 하늘과 새 땅의 완전함을 내다보게 한다.

이스라엘의 불순종으로 말미암아 일시적으로 포로가 되었지만 이스라엘 보존에 대한 이 약속은 이사야서에 퍼져 있다(34:8; 35:4). 반면에 이스라엘의 대적은 저주를 받는다. 이스라엘의 대적에 대한 심판은 본서에서도 상세히 기록되었지만(12장), 그 심판의 종국은 계시록에서 완전히 이루질 것이다(계 12:1-12). 하나님의 의로운 백성에 대한 적개심은 사탄에게 그 기원을 두기 때문이다(창 3:15). 물론 하나님께서 아브라함에게 하신 약속의 완전한 성취는 새 하늘과 새 땅에서 이루어질 것이다(사 65:17, 25; 66:1-24; 계 21:1-22:6). 이때는 창조와 구속이 완전히 하나 될 것이다.

5. 구속사적 메시지

이사야가 역사 속에서 펼쳐지는 하나님의 영원한 계획에 대해서 말하는 부분이 이 책의 특징을 이룬다. 그는 자신의 소명의 환상에서 야웨의 위엄을 아주 인상적으로 묘사하고 있다. 6:1-13은 하나님을 위대한 왕이시며, 주이시며, 만군의 야웨이시며, 홀로 거룩하신 분으로 묘사한다. 이사야는 특별히 '이스라엘의 거룩한 자' 란 말을 좋아하는데 그것은 동시에 우주의 하나님이신 '만군의 야웨' 이시다. 그래서 하늘과 시온이 특별히 강조되는 부분에 유의할 필요가 있다. 야웨는 세계의 역사 속에서 일하시는 분으로(5:13, 19; 10:5-19; 14:24-27; 18:4; 20; 22:11, 12), 열강들을 통치하는 것에 관한 메시지는 지혜로운 농부의 비유에서 절정을 이룬다(28:23-29).

그러나 백성의 죄는 열강들의 권력 구조에 영향을 미쳤다. 그들의 죄는 경제적, 사회적인 영역이나 종교적 관행을 추구하는 것뿐만 아니라 국제 정치에서도 범하게 되는데 그것은 믿음이 없이, 야웨를 인정하지 않고 자신의 지혜를 따라 행하며 무지하게도 역사 속에서 행하시는 주님의 일을 깨닫지 못하는 데서 비롯된다. 28장(11절)과 22장(11절)은 그들의 경솔한 행위에 대한 전형적인 실례를 보여준다.

이 죄에 대한 하나님의 심판의 특징은 '야웨의 날' 이다. 이것은 정치적인 파국을 의미한다(3:12-15, 3:16-26, 5:8-24): "야웨의 진노가 돌아서지 아니하며 그의 손이 여전히 펴져 있으리라"(9:12b). 심판과 구원의 예언은 나란히 존재한다. 왜냐하면 이 둘은 한 분 하나님 야웨의 선포의 양 측면이기 때문이다. 이 심판의 도구는 바벨론이었다.

심판으로 하나님의 구속사가 끝나는 것은 아니다. 그들은 회개할 때 용서받을 수 있다(1:18). 특히 이사야가 강조하는 것은 믿음이다(7:9; 28:16; 30:15). 남은 자는 회개하고 돌아올 것이다(1:9; 4:2-6; 7:22). 구원의 메시지는 메시아적 예언으로 더욱 빛난다: 임마누엘(7:14), 평강의 왕(9:1-6), 이새의 줄기(11장), 다윗의 장막(16:5), 견고한 기초 돌(28:16), 의의 왕(32장), 높은 곳에 거할 자(33장).

하나님은 실제로 바벨론에 거하던 자기 백성을 위로하시고 되돌리신다(40장). 이 일에 고레스가 구원자로 나선다(41:1-7; 41:21-29; 44:24-45:8; 45:9-13; 48:12-16). 그리고는 자신을 창조주로 계시하시며 "이스라엘의 왕인 야웨, 이스라엘의 구속자인 만군의 야웨가 이같이 말하노라 나는 처음이요 나는 마지막이라 나 외에 다른 신이 없느니라"(44:6)고 선포하셨다. 이어서 우상의 무용성에 대한 설교가 풍자적으로 언급되었다(44:8ff.). 특히 하나님의 작정은 계속되는 주제인데(46:10) '창조하다' 란 말은 하나님의 작정을 나타내는데 가장 적절한 표현이다. 이스라엘과 맺은 유대는 그들의 첫 번째 조상 아브라함과 관련해서 존중을 받는다(41:8; 51:2). 이스라엘은 하나님의 종이라 칭함을 받고 임무를 부여받는다. 52장 마지막 부분과 53장에서 야웨의 종에 관한 예언이 나온다. 그는 이스라엘을 통해서뿐만 아니라 이스라엘과 함께 그리고 이스라엘의 대표로서 고난을 받는다. 백성과 권세를 잡은 세력은 악역을 담당하지만 결국 그를 통해서 공적인 심판을 받을 것이다. 이 백성은 분명히 그 종의 고난을 통한 대속의 성격을 가르쳐준다. 이 모든 일이 있은 후에 그는 높임을 받는다(53:10-12). 이것은 그리스도의 대속의 죽음과 부활에서 성취되었다.

후반부에서 이사야는 하나님의 심판을 선포하면서도 이스라엘의 밝은 미래를 선포하고 있다. 특히 예루살렘은 영광을 받을 것이고(60, 62장), 남은 자의 찬양과 기도에 대한 응답으로 새로운 세계가 도래할 것이다(63:7-65:25). 마지막 66장은 요약 형식으로 구원과 심판의 주제를 다루면서 하나님은 예루살렘을 위로하고 복을 주시지만 죄인은 진노의 대상이라고 한다. 하나님을 영화롭게 하는 자는 영원히 서고 대항하는 자는 영원히 버림을 받는다는 언약을 확정한다.

6. 특기사항

이사야의 저작설

이사야서의 저작에 관한 문제는 현대 신학자들이 폭넓게 논의해 온 주제다. 유대교와 기독교 전통은 이사야 40-66장 부분을 앞부분과 마찬가지로 이사야의 저작으로 본다. 그러나 되더라인(**Döderlein**, 1775), 로우스(Lowth, 1778) 그리고 코페(Koppe, 1780)와 같은 학자들이 등장한 이후 이 부분의 저자는 포로시대의 사람이라는 주장이 폭넓게 받아들여졌다. 그 뒤 약 100년 후 바젤의 B. 둠(Duhm, 1892)은 이 부분을 다시 둘로 나누어서 제2이사야(40-55장)와 제3이사야(56-66장)라고 했는데 제3이사야는 느헤미야 시대 사람으로 보았다. 이렇게 해서 이사야의 유명한 저작은 '예언 문학의 작은 문고' 가 되었다. 특별히 이사야의 기원을 부정하는 이유는 내적인 특성과 관련된다. 즉 이사야의 이름이 언급되지 않았다는 것과 고레스의 이름이 나온 것, 언어와 문체, 그리고 이사야 시대와 후반부의 역사적인 상황 등을 고려할 때 이 부분을 이사야의 저작으로 보기 어렵다는 것이다.

그러나 이사야란 이름이 후반부에 나오지 않는다고 이 부분의 저작을 그에게 돌릴 수 없다는 것은 근거가 없어 보인다. 사실 '야웨의 구원' 을 뜻하는 그의 이름이 굳이 언급될 필요는 없어 보인다. 이 부분의 예언의 목적이 '은혜를 통한 구원' 이라는 사실을 고려하면 더욱 그렇다. 비평가들은 고레스의 이름이 미리 언급된 것을 인정할 수 없다고 한다. 그렇지만 성경의 예를 보면 그런 경우가 있다. 여로보암 I세 때 한 예언에 이미 요시야란 이름이 나온다(왕상 13:2). 언어와 문체의 경우는 저자의 나이와 환경 그리고 사역의 성격에 따라 변할 수 있다. 이 부분은 그의 나이가 아주 많았을 때 예언했을 수도 있다. 그렇다고 언어의 통일성이 없는 것도 아니다. 예를 들어 '이스라엘의 거룩한 자'란 표현은 전반부에 12번, 후반부에 14번 나오는데 이것은 이사야서 전체를 지배를 지배하는 사상으로 그가 예루살렘 성전에서(6장) 받은 하나님에 대한 깊은 인상을 반영한 것이다. 또한 최근의 언어학적 연구 결과는 이사야서는 동시적 그리고 통시적 관점에서 전체적으로 하나의 통일성을 이루고 있다는 것을 보여준다. 특히 이사야 40-66장의 연대가 동시적인 분석이 보여주는 언어학적 증거는 포로이전의 시기를 압도적으로 지지하고 있다는 것이다. 또한 히브리어 몇몇 단어의 일관된 불완전 철자법은 포로이전의 정서법을 보여준다. 역사적인 간격이 큰 것에 대해서 성경이 말하는 것은 '배나 받은 것' (40:2), '오랫동안 조용하며 잠잠하고 참았으나' (42:14)란 표현과 관계 있는데 이 표현은 유배의 마지막 시기를 가리킨다. 여기서 우리는 이 글이 역사적 사건을 보고 서술한 것이 아니라 예언이라는 점을 감안해야 할 것이다. 이 본문이 다른 기원을 가진 것으로 이해할만한 근거가 없기 때문에 이 부분도 이사야가 받은 계시를 기록했다고 볼 수밖에 없다. 이점에 대해서는 더 이상 설명하기는 어렵다. 이사야는 히스기야 후에도 공식 직분을 떠나서 오래 살았을 것으로 여겨진다. 이것은 왜 므낫세의 이름이 이 책의 초두에 빠져있는가를 설명해준다. '제2이사야' 가 자신의 글을 이사야라는 이름으로 출판하도록 했다는 가정도 받아들이기 어렵다. 그것은 그렇게 큰 작품을 하나의 부록과 같이 보는 것은 성경의 정경론적 특징에 부합하지 않기 때문이다. 정말 익명의 저자 '제2이사야' 가 있었다면 그 신분이 밝혀졌을 것이다. 그 메시지가 야웨의 인정받은 대변자의 권위 있는 선포로 받아들여지기 위해서는 선지자의 정체가 밝혀질 필요가 있기 때문이다. 이사야가 두 번째 부분의 저자가 된다는 또 다른 증거는 신약과 쿰란문서와 벤 시락과 스바냐, 나훔, 예레미야, 스가랴 선지자들이 사용한 용어에 근거한다. 이런 내용을 고려할 때 이 책의 처음부터 끝장까지 이사야가 썼다는 성경의 분명한 기록이 없어도 이사야가 이 본문의 저자라는 것을 거부할 하등의 이유가 없을 것이다.

이사야의 남은 자 사상

이사야는 야곱의 남은 자가 돌아올 것이라고 예언했다(10:20-22). 하나님께서 제국의 각처에서 자기 백성을 돌아오게 하시되 큰 길을 내시어 이스라엘이 출애굽하듯이 돌아오게 하시겠다고 한다(11:11-16). 그리고 남은 자들은 나면서부터 하나님의 자녀라고 한다(46:3). 이런 명백한 예언의 메시지 이외에도 비유를 통해서 이 사상을 전하고 있다. 하나님의 백성이 혹독한 심판을 받지만 남은 자들은 '포도원의 망대 같이, 참외밭의 원두막 같이, 에워 싸인 성읍 같이' (1:8), '그루터기는 남아 있는 것 같이' (6:13), '감람나무를 흔들 때에 가장 높은 가지 꼭대기에 과일 두세 개가 남음' (17:6)같고, '산꼭대기의 깃대' (30:17)같이 남을 것이다. 또 남은 자에 대한 이사야의 예언은 아들의 이름을 통하여 상징적으로 예시되었다. 마헬살랄하스바스(노획물을 급히 옮기고 전리품을 신속히 나르다)란 이름은 하나님의 심판으로 인해 유다가 거침없는 대적의 침략을 받아서 약탈을 당한다는 것을 예시한다. 스알야숩(남은 자가 돌아오리라)이란 이름은 '남은 자' 에 대한 소망을 가지도록 하는 전조로 알려졌다.

남은 자들은 자신들의 죄에 대한 심판으로 주어진 재난에서 생존한 사람을 가리키지 않는다. 남은 자는 생존한 자들 중에서 이방 종교에 동화되지 않고 하나님의 심판 가운데서도 하나님의 긍휼로 말미암아 자신의 죄를 깨닫고 회개하고 돌아온 자들이다. 그렇게 정화된 거룩한 백성이 예루살렘을 신실하고 의로운 도성으로 다시 회복시킬 것이다(1:26). 하나님의 열심으로 말미암아 남은 자들은 견고하게 서고 새로운 공동체로 조성될 것이다(37:31-32). 남은 자에 대한 사상은 궁극적으로 아브라함의 약속과 다윗 언약에 대한 하나님의 신실성과 그분의 긍휼에 근거를 두고 있다.

종의 노래

'종의 노래' 란 둠(Duhm)에 의해서 최초로 구분되었다. 일반적으로 종의 노래에 해당하는 본문은 41:1-4; 49:1-6; 50:4-9; 52:13-53:12로 본다. 여기서 논쟁이 되는 것은 이 본문에 묘사된 '야웨의 종' 을 집합적으로 볼 것인가 아니면 개별적인 것으로 볼 것인가 하는 문제다. 그런데 이 논쟁점은 하나를 선택할 수 있는 문제는 아니고 개 본문에 따라서 결정해야 할 문제다.

우선 이사야가 언급하는 야웨의 종은 집합적인 의미로 이스라엘을 가리키는 것으로 보아야 한다. 그것은 '나의 종 너 이스라엘아' (41:8), '나의 종 야곱' (44:1-2), '야곱아 이스라엘아 이 일을 기억하라 너는 내 종이니라' (44:21), '너는 나의 종이요 내 영광을 네 속에 나타낼 이스라엘' (49:3)이란 표현에서 명백히 드러난다. 이 종을 '고난의 종' 으로 묘사된 것은 이들이 포로로서 하나님의 징계를 받고 있었기 때문이다.

그렇지만 그 고난의 종은 민족적인 차원이 아니라 특정인을 가리키기도 한다. 그 종은 민족이라기보다는 그 민족을 하나님께로 인도하는 역할을 한다(49:5-6). 그 종은 이스라엘 공동체를 영화롭게 하여 이방의 빛이 되게 할 것이다(49:5-6). 그러나 역사적으로 포로 이후 이스라엘은 하나님을 영화롭게 하는 이상적인 공동체가 되지 못했다. 그것은 에스라와 느헤미야에게서 지적받은 것이다. 이 말은 이스라엘 지도자 중에서 야웨의 종으로 볼 수 있는 자가 없다는 것이다. 그 종은 귀환한 남은 자들과는 달리 죄를 짓지 않았다(53:9). 이스라엘은 자신의 죄로 심판을 받았지만 야웨의 종은 하나님의 백성의 죄를 담당했다(53:6). 그는 의로운 자로서 자신을 대속물로 하나님께 드리고 새로운 백성을 조성하셨다(53:10). 그래서 이사야가 개별적인 의미에서 언급한 야웨의 종은 그 백성을 새 이스라엘로 인도할 메시아를 가리킨다.

메시아에게 임할 성령

이사야는 메시아에게 성령이 임할 것이라고 했다(11:2). 이 예언의 배경은 유다의 배교로 말미암아 임하게 될 하나님의 심판에 대한 은유적 표현과 관련되었다(10:33, 34). 다 베어버리고 아무 것도 남아 있지 않는 황폐한 상태에서 하나님께서 그 나라를 새로 일으키시려고 하신다. 그래서 선지자는 다시 은유를 사용함으로써 메시아 왕국의 회복을 예언했다: "이새의 줄기에서 한 싹이 나며 그 뿌리에서 한 가지가 나서 결실할 것이요"(사 11:1). 그에게 야웨의 신이 임한다는 것이다: "그의 위에 야웨의 영 곧 지혜와 총명의 영이요 모략과 재능의 영이요 지식과 야웨를 경외하는 영이 강림하시리니"(11:2). 이 예언은 성령의 여섯 가지 은사와 관련된 영을 야웨의 영과 동격으로 표현하고 있다. 여기서 성령이 언급된 것은 비록 이스라엘은 자신의 죄로 인하여 하나님의 심판을 받겠지만 하나님은 남은 자를 통해서 다윗의 언약을 이루시고 새로운 나라를 세우는데 성령께서 하실 역할의 중요성을 언급하고 있다. 그래서 옛 언약의 백성으로 하여금 메시아가 통치하는 나라의 특성이 바로 성령의 사역에 있음을 미리 알도록 한 것이다.

이사야가 메시아에 임한 성령에 대해서 언급한 또 다른 본문은 이사야 61:1이다: "주 야웨의 영이 내게 내리셨으니(임하셨으니, 개역) 이는 야웨께서 내게 기름을 부으사 가난한 자에게 아름다운 소식을 전하게 하려 하심이라 나를 보내사 마음이 상한 자를 고치며 포로된 자에게 자유를, 갇힌 자에게 놓임을 선포하며." '야웨의 영이 내게 임하셨다'는 것은 성령이 메시아에게 임하신 것으로 보아야 할 것이다(눅 4:18). 메시아는 완전하신 분이지만 그분의 사역은 성령의 능력으로 이루어진다. 그 사역은 고난당하는 자에게 복음을 전하고, 마음의 상처를 치유하고, 죄에 매여 있는 자기 백성을 해방시키는 것이다. 이 모든 것은 신약시대에 그리스도 안에서 성취되었다. 이 본문은 지금까지 메시아 공동체를 회복시키는 것에 대한 앞의 예언들을 확정하는 역할을 한다.

예레미야

1. 제목과 기록목적

본서의 제목은 주전 7세기의 유명한 선지자 예레미야(*yirm[e] yāhū*)의 이름을 따른 것이다. 주제는 예레미야의 소명에 나타난 그의 사명에 압축되어 있다. 즉 예레미야를 통하여 열방을 뽑고, 파괴하며, 파멸하여 넘어뜨리며, 건설하며, 심게 하는 것이다. 그는 영적인 죄를 선포하면서 기존 종교적 사회적 구조를 파괴시키고 세워야 했다. 이 책은 이 모든 과정을 통하여 새 언약이 옛 언약을 대체할 먼 미래와 죄가 아니라 순종으로 향하는 변화된 백성이 약속된 왕국을 받을 것이라는 것을 알려주기 위해서 기록되었다.

2. 구조와 내용분류

a. 서론: 예레미야의 소명(1)
b. 유다에 대한 정죄: 예레미야의 열두 편의 설교(2-25)
c. 예레미야의 투쟁: 백성, 거짓 선지자, 하나냐, 스마야와 투쟁(26-29)
d. 예루살렘의 미래의 회복: 땅과 백성의 회복, 예루살렘 재건, 언약 갱신(30-33)
e. 예루살렘 함락 당시의 역사(34-45)
f. 열국에 대한 예언: 애굽, 블레셋, 모압, 에돔, 다메섹, 게달, 하솔, 엘람, 바벨론(46-51)
g. 결론: 예루살렘 멸망: 함락, 유배, 여호야긴 석방(52)

3. 역사적 배경

예레미야 시대에 애굽은 바벨론과 두 번에 걸친 중대한 전투에 연루되었다. 첫째가 주전 609년(대하 35:20-25)이고, 둘째가 주전 605년에 있었는데 애굽이 패했다(대하 36:1-6; 렘 46:1-26). 바벨론을 저지하기 위해서 애굽과 손을 잡은 앗수르는 실패하고 말았다. 바벨론은 결국 애굽과 앗수르를 장악했다. 이 기간 동안에 등장한 유다 왕은 모두 다섯 명이다: 요시야(주전 640-609년), 여호아하스(주전 609년), 여호야김(주전 609-598년), 여호야긴(주전 597년), 시드기야(주전 597-586년).

4. 신학적 주제

하나님

예레미야에게 하나님은 우주의 창조주로서 절대 주권을 행사하는 분이시다. 그래서 세상을 심판하셔서 땅이 혼돈하고 공허하게 하며 하늘이 빛을 잃도록 하실 수 있는 분이시다(4:23-26). 그분은 주권자로서 토기장이가 토기를 다루듯이 '언제든지 어느 민족이나 국가를 뽑거나 부수거나 멸할 수 있는' 만국을 지배하는 분이시다(18:6-7). 예레미야는 이 일을 대행하는 열방의 선지자로 부름을 받았다(1:10). 선지자는 하나님이 이스라엘의 수호신이 아니라 우주적인 통치권을 가지신 분으로 믿고 사역했다.

예레미야는 하나님의 속성을 언급하면서 이사야와 같이 하나님을 '이스라엘의 거룩한 자' 라고 했다(50:29; 51:5). 그분은 공의로 심판하시는 분이시지만(13:14) 긍휼이 풍성하시고, 자비로우시며(3:12), 오래 참으시는 분이시며(15:15), 돌이키는 자에게 구원을 베푸시는 분으로 묘사했다(4:14). 진노 가운데서도 긍휼을 잃지 않으시고 무한한 사랑으로 자기 백성을 사랑하여 인자를 베푸시는 분이시다(31:3, 20). 하나님의 긍휼이 이스라엘의 회복의 근거가 된다(12:15; 30:18; 33:26; 42:12).

잃은 복과 얻은 복

예레미야 1-29장 그리고 34-52장은 모세의 언약 아래서 이스라엘의 잃어버린 복을 보여준다. 이스라엘은 언약을 파기함으로써 보좌와 땅, 성전과 기업을 잃었다. 그들은 정치, 경제, 종교와 현실적인 삶의 기반을 잃었다. 이것은 약속을 따라 하나님께서 주신 모든 복을 다 잃은 것이다. 그러나 이 책의 핵심부에서 이스라엘의 언약파기에 대한 약속된 치유가 있다. 그것이 바로 새 언약이다(30-33장). 이스라엘은 새 언약 아래서 율법을 마음에 새기고서 다시는 하나님의 복을 잃지 않을 것이다.

새 언약과 재 출애굽

첫 출애굽에서 하나님의 백성은 애굽의 압제에서 벗어나서 모세의 언약으로 하나님과 새로운 관계에 들어갔다. 바벨론 포로에서 귀환하는 것도 새 언약을 통한 하나님과의 새로운 관계로 인도한다. 예레미야는 바벨론에서 해방되는 것을 제2의 출애굽이라고 했다(16:14-15; 23:7-8). 속박, 해방 그리고 관계라는 패턴은 죄와 죽음의 속박에서 완전히 해방되는 마지막 시대에 성취될 것이다. 그때는 피조물이 하나님과 아무런 장애를 받지 않고 교제하게 될 것이다. 그것은 종에서 자유케 되는 마지막 출애굽이 될 것이다. 이스라엘은 모세의 언약을 지키지 못해서 아브라함의 축복에서 제외되었다(31:32). 그러나 새 언약은 하나님의 도를 지킬 수 있는 능력을 줄 것이다. 그래서 아브라함에게 약속하신 충만한 복을 기대하도록 한다.

이방인의 위치

아브라함에게 주신 하나님의 약속은 모든 족속이 그를 통하여 복을 받을 것이라고 했다(창 12:3). 이것은 이방인이 이스라엘과 같은 복을 받을 것이라는 말이다. 예레미야는 하나님의 복이 유대인과 이방인에게 적용되는 시기에 대해서 말하고 있다. 만국이 야웨께 복종할 때(3:16-18) 그리고 그분 안에 있는 복을 발견할 때(4:2)라고 했다. 그때 하나님께서 각자의 마음을 평가하실 때 유대인과 이방인은 일반이다(9:25-26). 예레미야 시대의 모든 민족은 포로로 잡혀있었다. 만일 이들이 하나님께 순종으로 응답한다면 그들도 회복을 받을 것이다(12:14-17; 25:29-31).

하나님 앞에서 이방인의 책임은 창조주로서의 하나님의 요구로 되돌아갔다. 아브라함과 맺은 언약은 세상의 모든 백성을 포함한다. 모세와 맺은 언약은 하나님의 구원과 관련된 모든 백성에게 복음의 증인이 되는 유대민족에게 초점을 맞추었다. 새 언약은 유대인과 이방인 간의 모든 장벽을 허물고, 메시아이신 예수 그리스도를 통해서 아브라함과 다윗의 씨의 구심점을 유지한다. 아브라함에게 주어진 약속에 있던 범민족적인 복은 더 이상 예루살렘 성전의 제사장들의 중보를 필요로 하지 않고 아버지의 우편에 계신 아들의 중보로 이루어진다.

언약의 약속

하나님의 약속은 이스라엘의 불순종으로 좌절되지 않았다(31:35-37). 비록 인간의 관점에서는 지체될 수 있어도 그분의 약속은 성취될 것이다. 이스라엘의 불순종과 포로생활이라는 견지에서도 야곱(30:3, 7, 10)과 다윗(30:9)에 대한 하나님의 말씀은 여전히 효력이 있을 것이다. 바울(고후 3장)과 히브리서 기자(히 8-10장)는 예수께서 그의 피로 새 언약에 대해서 말씀하셨을 때 그분이 의미하신 것을 설명했다. 정말 '신약' 이란 명칭은 신약 전체가 새 언약과 그것이 함축하는 것에 대한 설명이라는 사실을 보여준다.

5. 구속사적 메시지

예레미야가 하나님의 소명을 받은 때는 요시야 왕이 율법을 발견하고 개혁을 단행하기 5년 전이었다. 이 말은 므낫세 왕의 타락한 통치 유산이 그대로 남아 있는 상황에서 예레미야가 부름을 받았다는 말이다. 그래서 그가 하나님의 부름에 부담을 느낀 것도 이해할 만하다(1:6). 그는 의롭고 신실한 왕의 통치기간 동안 선포했음에도 불구하고 유다에 대해서 신랄하게 비판했다. 개혁은 자동적으로 오는 것이 아니기 때문에 마음으로부터 철저한 변화를 요구했다(4:4).

예레미야는 언약적 표준에 근거해서 유다의 모든 지도자들이 바르게 가르치지도 못하고 올바른 지도력을 발휘하지 못했다고 거침없이 공격했다. 그 대상은 왕들(22장)과 선지자들(23:9-40)과 제사장들(2:7)이었다. 여기서 요시야는 예외였다(22:15-16). 더욱 놀라운 것은 예레미야 자신도 제사장이자 선지자이면서도 그렇게 정죄했다는 것이다(1:1). 이런 메시지의 근거는 언약 백성이 철저히 타락했기 때문이다(9:3-6).

오랜 기간 동안 선포된 그의 메시지는 몇 단계를 거쳐서 나타난다. 첫 단계에서 예레미야는 그들이 멸망을 당하지 않도록 하기 위하여 회개를 촉구했다(3:12). 둘째 단계로 그들이 회개하지 않자 하나님의 징계는 불가피했다(21:1-10). 그러나 셋째 단계에서 그는 이 심판이 회복을 위한 것이라고 선포한다. 하나님의 자비로 바벨론 포로는 심판을 받아들이는 사람들에게 생명의 길이 될 것이다(21:9; 24:4-7). 바로 다음 단계에서 새 언약의 소망을 포함하는 약속이 이해될 수 있다(31:31-34). 옛 언약은 의문에 새겨졌지만 새 언약은 마음에 새겨져서 하나님과 인격적인 교제를 할 수 있고 확실한 용서를 보장한다(히 7, 8장). 그러므로 여기서 한때 이스라엘에 의해서 무시당하던 언약이 하나님의 자비로 재건되었다.

예레미야는 그 자신이 그 메시지에 깊이 연루되어 그것 때문에 정상적인 사회생활과 가정생활도 포기한 채 고통을 받았다(15:17; 16:2). 거기다가 살해음모를 당하고(11:18-24; 18:18), 옥에 갇히고 매를 맞기도 했다(20:2; 37:15-16; 38:6). 그는 백성이 당할 고통을 알고 통렬함을 느꼈지만(4:19-21; 10:19-22) 죄를 거스르는 하나님의 열정을 느끼기도 했다(8:21-9:3). 그래서 그는 양쪽에서 오는 거의 견딜 수 없는 고통을 감당해야 했다. 그러나 이 모든 것에서 하나님이 결국 구원하시리라는 확신이 있었다(15:19-21).

예레미야는 하나님을 만국을 다스리시는 주권적인 왕으로 제시한다(19:6-19). 우선적으로 하나님의 심판이 유다에 미치지만 결국 그 주변과 원방의 국가들도 심판을 받게 된다(25:15-38, 47-49). 야웨는 애굽을 심판하여 애굽의 도움이 없이도 자기 백성을 일으킬 것이다(46:27-28). 열국에 대한 하나님의 심판의 절정은 자기 백성을 심판하는 도구로 삼았던 바벨론에서 나타난다(50-51장). 하나님은 보복을 통해서 이스라엘을 회복하신다(51:35). 그것은 하나님께서 자기 백성을 결코 버리지 않으신다는 뜻이다(51:5).

예레미야의 예언의 메시지는 결국 심판을 통한 구원과 새 언약 속의 그리스도의 구속 사역을 지시한다.

6. 특기사항

인간 예레미야

예레미야는 다른 선지자보다 그의 생애가 많이 알려졌다. 그래서 그의 생애가 후대 많은 사람들에게 감동을 주고 그의 생애 자체가 살아 있는 설교다. 그는 예루살렘 약간 북쪽 아나돗 마을 출신이다. 그는 하나님의 소명을 받고(1:4-10), 정상적인 가정생활에 대한 희망을 버려야 했다(16:1-13). 그의 사역은 이웃(11:21-23)과 그를 염탐하는 자들(5:31; 26:1-6)에게 에워싸여 있었다. 그는 살해당할 위협을 받았다(26:24). 그는 공개적으로 굴욕을 당하고(20:1-6), 굴에 갇히기도 했다(38:6). 예레미야는 그의 시련을 통해서 볼 때 정직하고 투명한 사람이었다. 그는 자신의 감정을 자유롭게 표현하고 하나님을 굳게 의지하는 선지자였다(14:17-18; 15:15-23; 18:20; 20:7-18; 32:1-44; 38:1-13).

예레미야가 감정을 이렇게 표현하는 것은 하나님의 계시가 주어지는 상황을 더 잘 이해할 수 있게 해주고 선지자가 기계적으로 예언을 선포하는 것이 아니라는 점을 잘 보여준다. 하나님의 선지자는 청중과 똑같은 인간으로서 죄에 대한 상한 마음에서 그리고 축복의 놀라운 약속에 대한 소망을 기대하면서 거친 메시지를 선포했다. 백성의 죄에 대한 선지자의 상심한 마음은 하나님의 심적 고통을 반영해준다. 이것은 하나님의 사랑을 가장 잘 보여준다.

여호야김 왕에 대한 예언

여호야김은 예레미야에게서 온 하나님의 말씀이 적힌 두루마리를 칼로 찢어서 화롯불에 던진 왕이다. 이 때문에 예레미야는 그 왕에 대한 새로운 심판의 계시를 받았다: "그러므로 야웨께서 유다 왕 여호야김에 대하여 이와같이 말씀하시니라 그에게 다윗의 왕위에 앉을 자가 없게 될 것이요 그의 시체는 버림을 당하여 낮에는 더위, 밤에는 추위를 당하리라"(36:30).

그런데 여호야김이 주전 597년에 죽었을 때 그의 아들 여호야긴이 왕위를 물려받아 공식적인 즉위식이 없이 석달 열흘 간 통치했다. 그때는 예루살렘이 바벨론 왕에게 포위되어 있었기 때문이다. 여호야긴은 보좌에 머물 수 없었고 그의 삼촌 시드기야가 바벨론 왕에 의해서 그를 대신하여 왕위에 앉혔다. 여호야긴과 그의 아들들은 포로로 끌려가고 그는 거기서 죽을 때까지 머물렀다(왕하 24:6; 대하 36:9).

이것을 두고 예레미야의 예언이 잘못된 것이 아닌가 생각할 수 있지만 그렇지는 않다. 여호야긴이 왕위에 앉긴 했지만 그것은 공식적인 즉위가 아니다.

보좌에 앉는다고 할 때 분사형 '앉은 자'(*yōšēb*)는 안정된 통치기간을 말하는 것이지 그렇게 짧은 기간의 임시적 성격의 왕위를 뜻하지 않는다. 여호야김의 아들 여호야긴은 즉위식도 하지 못한 채 물러났다. 그래서 추운 날 궁전에서 하나님의 말씀을 불 속에 던져 넣은 왕은 그 자신이 던져져서 낮에는 더위에, 밤에는 추위에 노출될 것이다.

예레미야의 성전 설교

윙클(Winkle)이 예레미야의 성전 설교(7, 26장)와 예수께서 감람산 강화(마 23:29-24:2)에서 성전에 대해서 하신 말씀 사이의 유사성을 지적한 것은 대단히 흥미롭다.

예레미야가 성전에 대해서 설교했을 때 제사장과 선지자들과 모든 백성이 그를 죽이고자 했다(26:8). 왜냐하면 성전이 실로와 같이 황폐하게 될 것이라고 했기 때문이다(26:9). 예수께서도 '보라 네 집이 황폐하여 버려진 바 되리라' 고 하셨다(마 23:38). 예레미야는 이스라엘이 무고한 자의 피를 흘렸다고 하는데 이것은 하나님의 선지자들을 죽이는 것에 대한 표현이다(7:6).

예수께서도 유대인들이 아벨에서부터 사가랴까지 선지자들을 죽인 것을 언급하시며 지도자들을 책망하셨다(마 23:29-35, 37). 그 선지자의 피는 예수께서 흘리실 피를 의미하는 것이다. 선지자의 피를 흘리는 것이 하나님의 집을 버리는 주된 이유가 된다고 한다.

마태복음에서는 집을 버린 하나님은 다름 아닌 바로 예수님이시다. 그분은 집을 떠나셔서 다시는 돌아오지 않으셨다(마 24:1). 이렇게 비슷한 상황에서 성전과 예루살렘에 대해서 심판을 선포한 메시지와 거기에 대한 반응의 유사성으로 인하여 예수님과 예레미야를 종종 연관시킨다.

예레미야 애가

1. 제목과 기록목적

본서의 제목은 히브리 성경 첫 단어를 따서 감탄사 '어찌'(*'ēḵā*)를 붙였다. 칠십인 역에서는 이 책을 내용을 따라 '눈물'(*thrēnoi*)이라고 붙였다. 이것은 예레미야를 눈물의 선지자라고 하는 이유와도 관련된다. 한글 제목도 이를 따라서 예레미야 애가라고 했다.

애가는 유다의 지도자와 백성이 죄를 지어 언약을 파기함으로써 예루살렘이 멸망하지만 하나님의 사랑과 자비는 영원하다는 것을 보여준다. 이 책의 기록목적은 예루살렘의 멸망을 애곡하고 생명을 얻을 수 있는 기반, 즉 회개와 하나님에 대한 신뢰를 설명하기 위함이다.

2. 구조와 내용분류

예레미야 애가는 네 편의 애가와 한 편의 기도가 각 장별로 구성되어 있다.

a. 예루살렘의 멸망: 예레미야와 예루살렘의 탄원(1)
b. 야웨의 분노: 하나님의 진노, 예루살렘의 고뇌와 간구(2)
c. 하나님의 긍휼: 예레미야의 절규, 고백, 회개권면 그리고 확신(3)
d. 예루살렘 함락: 함락 당시의 상태와 원인과 결과(4)
e. 남은 자의 기도: 회복의 필요와 회개, 회복 요청(5)

3. 역사적 배경

예레미야 애가의 역사적 배경은 주전 586년 느부갓네살이 이끄는 바벨론 군대에 의한 예루살렘 멸망이다.

4. 신학적 주제

하나님의 침묵

욥기가 개인적 재난에 대한 호소라고 한다면 예레미야 애가는 국가적 재난에 대해서 하나님께 외치는 것이다. 예루살렘과 성전이 참혹하게 멸망한 가운데 '하나님은 어디 계시냐'는 질문에 하나님은 끝까지 침묵을 지키신다(1:9, 20). 하나님의 자비와 도움에 대한 시온의 외침은 그냥 공허하게 울려퍼질 뿐이다. 그러나 그런 침묵 가운데서도 저자는 이스라엘의 책임을 깨닫고 "야웨는 의로우시다. 그러나 내가 그의 명령을 거역하였도다"라고 고백한다(1:18). 사실 애가의 불평에 대한 응답은 애가에서 주어지지 않고 예레미야서에서 나타난다. "바벨론에서 칠십 년이 차면 내가 너희를 돌보고 나의 선한 말을 너희에게 성취하여 너희를 이곳으로 돌아오게 하리라"(렘 29:10).

약속과 회복

예레미야 애가는 아브라함과 모세의 약속으로 되돌아간다. 모세 언약에서는 약속의 땅에서 사로잡혀가는 것은 죄에 대해서 약속된 결과였다. 그들의 만연한 죄는 명백했다(1:5, 8-9, 18, 22; 2:14; 3:40-42; 4:13, 22, 5:7). 애가는 약 천 년 전에 맺은 언약이 여전히 유효함을 보여준다. 저자는 이 심판이 하나님의 공의로 이루어진 것을 인정한다. 그러나 하나님의 약속은 공의로운 심판을 능가한다. 지속적인 사랑에 대한 하나님의 약속(3:22-23)은 시내산에서 모세에게 주신 하나님의 계시(출 34:6)와 다윗의 언약(삼하 7:14-15)에까지 미친다. 영원한 사랑에 대한 이 지속적인 약속이 애가의 저자에게 희망을 주었다. 결국 이스라엘의 대적에 대한 심판은 아브라함의 약속에 의해서 이루어질 것이다(창 12:3).

5. 구속사적 메시지

예레미야 애가의 구속의 메시지는 한 마디로 비극의 반전으로 설명할 수 있다. 과거의 영광과 현재의 붕괴는 파멸과 희망을 신학적으로 대비시키고 있다. 애가의 강조점은 예루살렘의 잿더미 속에서 하나님의 의를 정당화하는데 있다(1:18). 그 도성의 멸망은 우발적인 것이 아니고 하나님의 언약을 거스른 마땅한 결과였다. 그들의 만연한 죄는 명백했다(1:5, 8-9, 18, 22; 2:14; 3:40-42; 4:13, 22, 5:7). 그렇지만 유다의 곤경은 전혀 희망이 없는 것은 아니었다. 비록 그 희망이 강조되지는 않았지만 그 원인은 언약에 대한 신실성이라고 설득력 있게 언급되었다(3:1-39). 전에 선지자들이 평안을 예언하던 것과 예레미야가 이 끔찍한 상황 가운데서 이 희망을 제공하는 것은 전혀 다른 것이다. 그가 고난을 받으며 하나님의 징계를 인정하는 것(3:25-30)은 설득력 있는 증거가 된다.

이 애가는 멸망을 통해 하나님의 구속을 보여주기 때문에 그리스도인은 역경 속에서도 오직 하나님의 구원을 바라보아야 한다는 교훈을 얻는다.

6. 특기사항

욥기와 애가

욥기와 애가는 인간의 고난을 다룬다는 점에서는 공통점이 있다. 그러나 이 양자 간에 커다란 차이가 있다는 것을 간과하면 안된다. ① 욥기는 개인적인 재난을 다루는데 반해서 애가는 민족이라는 집단적인 재난을 다루고 있다. ② 욥에게 재난을 가져다 준 원인자는 사탄이다. 그러나 유다 민족에게 재난을 가져다준 이는 다름 아닌 하나님이시다. ③ 욥의 고난의 동기는 그가 무고함에도 불구하고 하나님이 주신 믿음은 참되다는 것을 보여주기 위한 시험이었다. 그러나 애가에 나타난 예루살렘의 재난은 이스라엘의 뿌리깊은 배교와 누적된 죄 때문에 당하는 것이다. ④ 욥이 당한 고난의 의미는 악의 존재 앞에서 하나님은 의로우시다는 신정론적 의미가 있다. 그러나 애가의 재난은 하나님이 의로우시기 때문에 죄를 끝까지 참지는 못하시고 결국 심판하신다는 것이다. 물론 이 심판은 가혹하지만 징계의 의미가 있다. ⑤ 욥은 고난으로 말미암아 하나님의 인정을 받고 자신의 삶이 더 풍요로워졌다. 이것은 하나님의 구원은 확실하다는 교훈과 함께 모든 성도에게 구원의 확신을 준다. 애가는 예루살렘이 당한 재난으로 말미암아 죄의 결과의 참혹성을 일깨워준다.

그리스도인을 위한 애가

애가는 많은 그리스도인으로부터 무시를 당한다. 그렇지만 이 책도 그리스도인에게 가치 있는 책이다. 비극에서부터 오는 복에 관한 그 책의 강력한 진술은 모든 세대에도 적용되는 것이다. 애가는 구약에서 발견되는 죄의 결과에 대한 가장 강한 실례를 들고있다. 시온의 멸망이라는 어두운 배경에 저항하며 하나님의 신실성을 그려내는 신학적 사상도 분명하다.

그리스도인이 애가를 활용하는 방법은 우선 시편의 탄원시와 같다고 볼 수 있다. 하나님으로부터 버림받았다고 느끼는 성도가 기탄없이 자신의 문제를 표현하도록 하는 데는 이보다 더 좋은 말씀은 없을 것이다. 그러면서 하나님의 은혜와 구원을 기대하도록 한다. 또한 애가는 독자로 하여금 역경을 당하는 이웃과 동일하게 여기도록 한다. 재난을 당하는 상황에서 성도들도 애가의 저자와 같이 '하나님이 어디 계십니까?' 라는 질문을 할 수 있을 것이다. 애가를 읽은 자는 자신의 고통에 대해서 하나님께 호소할 뿐만 아니라 형제의 아픔에도 동참할 수 있는 성숙한 삶의 태도를 취하도록 한다. 무엇보다도 이 책은 하나님의 징계에 대해서 취해야 할 태도가 죄에 대한 진실한 고백과 회개라는 것을 깨닫게 한다.

에스겔

1. 제목과 기록목적

본서의 제목은 주요 인물로 등장하는 선지자 에스겔(*y*[e] *ḥęzqēl*)의 이름을 따랐다. 그 뜻은 아마도 "하나님께서 힘을 주신다"일 것이다. 에스겔의 예언은 유대인들에게 예루살렘 함락의 책임이 있음을 확정하고 동시에 회복된 예루살렘과 성전 그리고 땅을 구체적으로 그려주면서 함락 후의 유대인들을 위로하기 위해서 기록되었다.

2. 구조와 내용분류

a. 선지자의 소명(1-3)

b. 유다 멸망예언(4-24)

1) 심판의 네 가지 징조: 박석, 좌편에 누움, 부정한 떡, 삭도(4:1-5:17)
2) 심판의 메시지: 우상숭배로 인한 멸망, 바벨론의 정복(6:1-7:27)
3) 심판의 네 가지 환상: 하나님의 영광, 성전의 가증한 것, 영광이 떠남, 바퀴달린 그룹, 이십 오인의 방백, 남은 자의 회복에 대한 약속, 감람산에서 영광이 떠남(8:1-11:25)
4) 징조, 비유와 심판의 메시지(12:1-24:27)

c. 열국 심판 예언: 암몬, 모압, 에돔, 블레셋, 두로, 시돈, 애굽(25-32)

d. 이스라엘의 회복: 귀환과 왕국의 회복(33-48)

3. 역사적 배경

에스겔서는 바벨론 포로의 전반부에 있었던 예언과 사건을 보여준다. 에스겔은 아마도 주전 597년에 바벨론으로 잡혀갔을 것이다. 그는 바벨론에서 주전 586년 예루살렘의 최후 멸망에 대해서 쓰고 하나님께서 자기 백성을 위해서 예비하신 미래의 영광을 예언했다.

4. 신학적 주제

하나님

에스겔서의 하나님은 더 이상 지역이나 민족의 신이 아니다. 이스라엘의 하나님은 지존하시고, 전능하시고(1:24), 전지하시다(1:18). 특별히 에스겔이 강조한 것은 세 가지로 나눌 수 있다. 첫째, 하나님은 주권자시다. 그분은 하늘과 땅의 통치자로서 열방은 그분의 주권적 작정에 복종한다. 둘째, 하나님은 거룩하시다(39:7). 그분의 이름이 거룩이다(36:21-23; 39:25). 그래서 그분은 유다의 죄를 간과하지 않으셨다. 셋째, 하나님은 자비로우시다. 하나님은 악인이 죽는 것을 기뻐하지 않으신다(18:23, 32; 33:11). 비록 자기 백성이 그의 자비를 받을 자격이 없지만(36:32), 그 분은 그들에게 영광스러운 미래를 약속하셨다.

이스라엘의 희망과 여호야긴

에스겔 1:2에서 '여호야긴이 사로잡힌 지 오 년' 이란 말은 이례적인 표현이다. 이것은 백성의 포로기간을 의미하기도 하지만 당시 유다 왕이었던 시드기야를 합법적인 왕으로 인정하지 않으려는 의도가 있어 보인다. 그는 왕족이지만 느부갓네살에 의해서 임명된 꼭두각시 통치자에 불과했다. 예레미야는 이미 포로기간이 칠십 년이라고 못을 박았다(렘 25:11). 그리고 여호야긴의 석방은 포로기간의 중간지점인데 그가 높임을 받은 것은 이스라엘 회복에 대한 희망을 주는 것이다.

징계의 목적

비록 일부 유다 백성이 바벨론에 포로로 잡혀갔지만 많은 유대인들이 아직 예루살렘에 남아 있었다. 이것은 사람들이 그 나라가 완전히 망하지 않을 것이라는 거짓된 믿음을 갖게 했다. 포로들은 예루살렘에 미련을 두고서 포로를 통해서 일하시는 하나님의 목적에는 괘념치 않았다. 그들은 하나님의 징계를 피하고 싶었지만 하나님은 그들을 거기에 머물게 함으로써 중요한 교훈을 얻도록 하기를 원하셨다. 유대인들이 바벨론에서 하나님으로부터 들은 반복되는 말은 "내가 야웨인줄 너희가 알리라"는 것이다(7:4, 27;11:10; 34:27; 36:11, 38; 37:6, 13, 28; 38:23; 39:22, 28). 이 말은 출애굽 당시 여러 번 들던 말이다(출 6:7). 출애굽 사건은 이스라엘과 애굽 사람들에게(출 7:5, 17; 9:14) 하나님이 누구신가를 분명하게 보여주면서 자기 백성을 격려하는 사건이다(출 10:1-2). 에스겔에서 이 구절은 비슷한 역할을 한다. 이스라엘은 심판과 그 후의 회복을 통하여 하나님이 주님이 되신 것을 알게 될 것이다.

하나님의 영광이 머무는 곳

에스겔서는 하나님의 영광이 성전을 떠나는 것으로 시작하여 하나님의 영광이 돌아오는 것으로 마친다. 에스겔은 그 이유와 하나님의 임재와 부재의 암시들을 설명하려고 했다. 처음에는 하나님의 영광이 완전하게 창조된 땅에 임했다. 시내 광야에서는 성막에 그의 영광이 충만히 임했고(출 40:34-38), 그 뒤 솔로몬의 성전도 하나님의 임재로 충만했다(왕상 8:10-11). 미래에는 새로워진 온 땅이 하나님의 성전이 되어 그의 임재로 충만할 것이다. 그러나 인간의 죄와 회개하지 않는 완고함으로 말미암아 하나님의 거룩한 임재가 사라질 것이다. 에스겔은 하나님이 신자들을 완전히 순종하도록 해서 영원히 그들 가운데 거하실 바로 그 미래의 때에 대해서 말했다(11:19-20; 36:25-35). 이 구절들을 예레미야 31:31-34과 함께 보면 하나님이 약속하신 새 언약에 대해서 완전히 이해하게 될 것이다. 이 언약은 또 평화의 언약으로 언급되었다(34:25-31; 37:26).

메시아의 예언

에스겔서에도 오실 자에 대한 예언이 있다. 그 메시아는 '연한 가지' 로 묘사되었는데, 백향목의 높은 가지로부터 유다의 왕권을 취해서 높은 산에 심긴다(17:22-24). 이스라엘의 왕관이 그에게 속하고 악한 시드기야의 머리에서 제거되어 그에게 주어질 것이다(21:27). 메시아적인 '다윗' 은 하나님의 회복된 백성 가운데 신실한 왕이 될 것이다. 그는 왕으로서 그들을 통치함으로써(37:24) 진실하고 신실한 목자의 역할을 수행할 것이다(34:23, 24). 이 왕은 하나님의 백성의 특별한 대표의 자격으로 야웨 앞에서 먹고 마실 것이다(44:3).

왕국

본서에는 '하나님의 나라' 란 말이 없다. 그러나 구속받은 백성의 마음에 하나님의 통치의 개념은 분명하게 제시되었다. 에스겔은 동포의 재난과 관련하여 하나님 나라가 유다의 정치적 현실과 반드시 연결된 것은 아니라고 강조했다. 그는 땅에 흩어져 사는 그 민족의 영적인 씨를 보았다(12:15). 이 씨는 회개하는 사람의 수가 증가하면서 점차 자라고 있었다(34:11-19). 결국 에스겔은 그 나라의 왕인 메시아와 함께 새 이스라엘을 보았다(34:23, 24; 37:24). 새 이스라엘은 야웨의 율법을 좇아 행하고(11:20; 16:61; 20:43; 36:27), 약속의 땅에 거할 것이다(36:33; 37:25). 하나님은 그 백성과 새 언약을 맺고(37:26-28), 그들과 친밀한 교제를 가질 것이다(39:29; 46:9). 야웨는 그들에게 그의 성령을 부어주실 것이다(36:27; 39:29).

5. 구속사적 메시지

역사적으로 에스겔은 두 차례의 바벨론 포로이송(주전 605, 597년)이 있은 이후 그리고 예루살렘 멸망 전에 소명을 받았다. 그의 예언은 당대의 선지자들이 불가능하다고 여긴 것을 경험하는 고통받는 남은 자에게 주는 하나님의 말씀이었다. 그는 선지자로서 말씀만 전하는 것이 아니라 상징적인 행위를 통하여서도 예언했다(4:1-4; 5:1-4; 12:3-6; 24:3-5, 15-24; 37:16 등) 에스겔이 환상을 통해서 본 것은 하나님의 초월성을 강조한다. 이것은 그 분의 전능이 자기 백성의 실패에 제한을 받을 수 없다는 뜻이다. 그래서 구약의 이스라엘 역사와 종교의 실체를 가장 적나라하게 묘사했다(16, 20, 23장). 회복에 대한 약속은 더 이상 백성의 회개에 달린 것이 아니고 회개로 이끄시는 하나님의 은혜의 행위에 달려있었다(36:16-32). 무엇보다도 회복은 하나님의 영광을 입증하는 것이다. 모든 것이 하나님의 은혜에 속하기 때문에 하나님과의 개인적인 관계는 계승되는 것도 아니고 자신의 과거에 달려 있는 것도 아니다(18; 33:10-20). 하나님은 그의 영을 부어주셔서 자기 백성을 새롭게 하신다(36:26-27, 37:14). 그리고 그 백성을 중심으로 메시아의 영원한 통치가 이루어진다(37:25). 이 책의 마지막 부분은 회복된 성전예배에 할애하고 있다(40-48장). 이 가운데 나타난 하나님의 영광은 하나님이 자기 백성을 결코 버리지 않으신다는 확정이다. 이 찬란한 메시아 왕국의 예언은 궁극적으로 그리스도를 통하여 영적인 아브라함의 자손에게 돌아오는 혜택이다(갈 3:29; 벧전 1:10-11).

6. 특기사항

에스겔에게 임한 성령

에스겔서는 세 군데의 본문에서 에스겔 선지자에게 성령이 임하는 사건을 언급하고 있다(2:2, *bō*; 3:24, *bō*; 11:5, *nāfal*). 그런데 이 세 본문이 모두 하나님의 말씀과 관련되어있다. 에스겔 2:2; 3:24은 말씀의 능력에 성령의 사역이 필수적임을 보여준다. 말씀 그 자체로는 아무 능력을 발휘할 수 없고 성령의 역사가 있어야 함을 예증한다. 특별히 이 본문에서는 말씀을 전하는 선지자의 기능이 아니라 말씀을 듣는 입장에서 그 효력을 설명하고 있다. 선지자가 하나님의 말씀을 듣는데 성령의 능력이 필요했던 것이다. 이것은 모든 성도에게 적용되는 것이다. 에스겔 11:5에서 선지자에게 성령이 임한 것은 선지자가 하나님의 말씀을 전달하는 성령의 기관이 되어야 했기 때문이다. 그리고 성령께서 그 예언의 말씀에 효력이 있게 하기 위함이다. 에스겔에 임한 성령은 성령의 임재가 선지자의 직분을 감당하도록 하기 위한 것과 선포된 말씀이 효력이 있도록 하기 위함이다.

이스라엘 백성의 마음에 임할 성령

에스겔은 세 차례에 걸쳐서 하나님이 이스라엘 백성에게 그들 속에 하나님의 영이 주어질 것이라고 했다(겔 11:19; 36:27; 37:14). 에스겔 11:19은 '내가 그들에게 일치한 마음을 주고 그 속에 새 신을 주며' 라고 했는데 이 내용은 이스라엘의 남은 자들이 새로워질 것을 말하고 있다. 미운 물건과 가증한 것을 제하여 버리고(11:18) 율례를 따라 규율을 행하는 것은 자신의 능력으로는 할 수 없는 것이다(11:20; 36:27). 오직 성령의 능력으로만 그런 경건에 대한 추구가 이스라엘 가운데 나타날 수 있다. 에스겔 37:14은 '내 영을 너희 속에 두어 너희가 살아나게 하고 내가 또 너희를 너희 고국 땅에 두리니' 라고 했다.

이것은 성령께서 남은 자에게 생명을 허락하시겠다는 것이다. 물론 영적인 회복을 의미할 것이다. 그리고 그들이 고토로 돌아가는 것도 성령의 능력으로만 가능하다. 이것은 단순히 주거지를 옮기는 것이 아니라 하나님의 약속의 말씀을 믿고 따르는 것을 의미한다. 그때 성령의 능력이 필요하다. 제국에서 누릴 수 있는 세속적인 기회를 다 버리고 약속의 땅으로 향하는 자체가 성령께서 주신 믿음의 결과로 볼 수밖에 없다. 하나님의 백성이 율법을 따라서 순종하는 것과 하나님의 영광을 위해서 사는 것은 오직 성령의 능력으로만 가능하다는 교훈을 준다.

에스겔의 상징적 행위

선지자의 예언은 말로만 하는 것은 아니다. 에스겔도 말씀 선포와 함께 그의 상징적 행동을 통하여 하나님의 뜻을 전달했다. 이것은 마치 설교에서 예화를 사용하는 것이나 실물 교육의 효과가 있다. 그렇지만 어떤 것은 예언의 내용상 선지자에게는 너무나도 통렬한 면이 있다. 에스겔은 토판에다 예루살렘을 그리며 그것이 포위된 것을 나타내었고, 빵굽는 뜨거운 철판으로 성벽을 쌓은 것은 하나님께서 친히 그 성읍의 대적이 되셔서 심판하시겠다는 상징적 예언이다(4:1-3). 선지자는 돌아눕는 방향으로 유다와 예루살렘에 대한 심판의 날을 예언했다. 그가 좌편으로 눕는 날 수가 이스라엘의 죄에 대한 심판이고 우편으로 눕는 날이 유다에 대한 심판이었다. 그 날은 사십 년이었다(4:4-6). 에스겔은 자신의 머리털과 수염을 깎아서 불사르고, 칼로 치고, 바람에 날림으로써 예루살렘 주민들이 당할 운명을 보여주었다(5:1-4). 또 예루살렘이 공격을 받아서 함락하고 그 주민은 포로로 잡혀갈 것을 행구를 챙겨서 벽을 뚫고 나르며 이사하는 행동을 통해서 알려주었다(12:1-20). 선지자는 또한 바벨론 왕이 칼을 들고 예루살렘으로 진격하는 길을 땅 위에 그려야 했다(21:18-20). 아내가 죽었을 때 망연자실한 선지자의 태도는 유다 백성이 처한 운명을 나타낸다(15-24장). 그는 또한 두 막대기를 취하여 나누어진 나라가 하나로 통일될 것을 보여주었다(37:16-17). 선지자의 상징적 행위는 그의 예언의 말씀을 구체적으로 이해하고 생생하게 기억하도록 하는 실물 교육이었다.

두로 왕에 대한 심판

에스겔 28:11-19에 언급된 두로 왕에 대한 묘사가 마치 사탄의 타락에 대해서 알려주는 것 같다(28:12-15). 그러나 사탄의 역사적인 타락에 대해서는 성경 어디에도 직접 언급된 곳이 없고 다만 몇몇 구절에서 은유로 그 배경을 시사하고 있을 뿐이다(사 14장). 여기서 사탄의 타락은 두로 왕의 타락에 대한 모델로서 제시된 것이다. 이것을 종말론적인 관점에서 본다면 이 둘은 가깝고 먼 미래에 같은 처지에 처하게 될 것이다. 두로 왕의 타락은 사탄이 마지막 날에 당할 일에 대한 작은 암시에 불과하다.

두로 왕은 에덴동산에 있던 악한 자와 비교되었다. 그러나 그렇게 높았던 자가 타락하여 그 지위를 잃어버렸다. 이와 유사하게 두로 왕은 자신을 하나님보다 높인다는 같은 이유로 자신의 지위를 잃게 될 것이다. 여기에 분명히 나타나는 사탄은 결국 불 심판을 받을 것이다. 그전에 두로도 하나님으로부터 불 심판을 받게 될 것이다.

곡과 마곡

곡은 마곡 땅에 있는 메섹과 두발의 왕이라고 한다. 그런데 이 곡이 바벨론에 대한 암호라고 주장하는 이도 있다. 왜냐하면 에스겔 25:1-32:32에서 열국에 대한 예언을 언급한 데서 바벨론이 빠졌기 때문이다. 그 당시 유다를 사로잡아간 나라가 빠졌다는 것은 이상한 일이기 때문에 곡과 마곡이 바벨론이라는 그럴싸한 추측이 나왔다.

곡을 실제 인물과 연결시키기 위한 많은 시도도 있었다: ① 아슈르바니팔의 기록에 나오는 루디아 왕 기게스(Gyges), ② 북쪽 나라에서 온 아마르나 서신에 있는 이름인 가가(Gaga), ③ 우가릿의 신인 가가(Gaga), ④ 역사적 인물이 알렉산더, ⑤ 어둠의 악한 세력을 대변하는 신화적 요인들. 이 중에 어느 것도 분명하게 일치되는 것이 없다. 곡이란 이름은 북쪽 군사원정 이야기에서 나왔고 그들의 최고 지도자에게 주어진 이름이 되었다. 이 곡이 상징하는 것은 분명하다. 그는 북쪽에서 온 대적의 원형이자 하나님과 그의 백성을 대항해서 일어난 악한 세력의 수괴이다.

그러면 38장에 예언된 대로 하나님께서 언제 곡을 칠 것인지는 알 수 없다. 하나님과 악의 세력 간에 일어나는 투쟁은 마지막 때에 올 것이다. 그리고 현재의 악은 평화와 의와 하나님의 임재로 대체될 것이다.

이스라엘의 대적인 곡이 당할 운명에 대해서는 본문이 상세하게 기록하고 있다. 하나님이 이스라엘을 대항하는 곡과 그 동맹국을 끌어내고(38:1-9), 곡은 이스라엘을 북쪽에서 침략할 것이다(38:10-16). 이때 하나님은 곡에 대하여 엄청난 심판을 발하셔서(38:17-23) 전리품을 정리하는데 칠 년, 곡의 군대의 죽은 자를 장사하는데 칠 개월이 걸릴 것이고(39:1-16) 곡은 공중의 새와 들짐승들에게 먹힐 것이다(39:17-24).

결국 이 전쟁은 하나님의 구원과 이스라엘의 회복으로 결말이 날 것이다(39:25-29). 에스겔 38-39장은 마지막 시대의 예언에서 가장 파괴적인 전쟁에 속한다. 그것은 악의 세력이 많은 사람을 죽이는 역사의 정점에 오는 하나님의 불가피한 심판으로 보인다. 하나님께서 악의 세력을 대표하는 곡을 치는 것은 자신이 이스라엘의 거룩한 자인 것을 열국이 알도록 하기 위함이다(39:7).

다니엘

1. 제목과 기록목적

다니엘서란 제목은 본서의 주요 인물인 다니엘(*dāniyyēl*)을 따라 붙였다. 그의 이름은 '하나님은 나의 재판관' 이란 뜻이다. 이 책은 바벨론 제국이라는 상황 속에서 인간의 역사에 개입하셔서 주권적으로 역사하시며 자기 백성에 대한 약속을 이루어 가시는 하나님을 계시한다. 본서는 이스라엘이 하나님 앞에서 거룩한 삶을 살도록 격려하기 위해서 기록되었다. 이것은 세 가지로 나타난다. 그것은 다니엘과 그의 친구들이 목숨을 걸고 하나님에 대한 믿음을 지킨 것과 하나님이 신실한 백성을 보호하기 위해서 모든 상황을 주관하신다는 것, 그리고 미래에 대한 환상을 통하여 하나님의 약속의 성취와 회복이 이루어진다는 것이다.

2. 구조와 내용분류

a. 다니엘의 궁정생활(1:1-21)

b. 열국 시대(2:1-7:28)

1) 네 부분으로 된 상(2:1-49)
2) 금상과 다니엘의 세 친구(3:1-30)
3) 나무 환상: 느부갓네살의 낮아짐(4:1-37)
4) 벽에 쓴 글씨: 벨사살의 낮아짐(5:1-30)
5) 기도금지 칙령: 사자굴에서 구원(5:31-6:28)
6) 네 짐승(7:1-28)

c. 이스라엘에 대한 열국의 영향(8:1-12:13)

1) 수양과 수염소: 헬라제국의 등장(8:1-27)

2) 일흔 이레: 훼손된 거룩과 회복된 거룩(9:1-27)

3) 마지막 때의 전쟁: 고레스에서 세상 끝(10:1-12:3)

3. 역사적 배경

유다의 포로는 세 차례 바벨론으로 갔다. 첫째가 주전 605년, 둘째가 주전 597년 셋째가 예루살렘 멸망에 이은 주전 586년이다. 다니엘은 첫째 그룹에 들어간다(1:1). 그리고 다니엘의 마지막 예언은 고레스 삼 년에 있었다(10:1). 이때는 스룹바벨이 팔레스타인으로 돌아간 지 이 년 후의 일이었다. 그래서 다니엘은 이스라엘의 전 포로기간 동안 예언했다.

4. 신학적 주제

하나님의 주권

다니엘서의 역사는 하나님의 주권이라는 주제 속에서 펼쳐진다. 막강한 군주들과 제국들도 하나님의 뜻이 허용하는 범위 안에서 권력을 쥘 수 있고, 그 권력의 틈바구니 속에서 자기 백성은 안전하게 보호받았다: 왕궁에서 소년들 보호(1장), 다니엘의 해몽(2장), 세 친구 보호(3장), 느부갓네살의 낮아짐(4장), 벨사살에 대한 심판(5장), 사자 굴에서 구원(6장), 제국에 대한 주권행사(7-12장). 하나님의 주권은 인간이 하나님을 닮으려고 할 때는 통치할 권리를 가지지만, 그가 하나님이 되고자 할 때는 그 권리를 빼앗기고 야수와 같이 되도록 한다. 그래서 하나님은 통치자도 자신의 주권을 인정하도록 만드신다. 하나님의 주권은 백성에 대한 사랑과 보호로 나타난다. 이 사랑은 이스라엘의 회복의 중요한 요인이 되고 결국 메시아의 도래로 구현된다.

영원한 나라

하나님의 나라는 특징 있는 세 가지 이상의 끝에 항상 나타난다. 네 부분으로 된 형상(2:1-49)과 네 짐승(7:1-28)의 환상은 높으신 자의 성도들을 위하여 세워진 영원한 나라로 끝난다. 그리고 일흔 이레에 대한 이상(9:1-27)은 대적의 완전한 패배와 하나님의 백성을 위한 완전한 승리, 순결, 영광으로 끝난다. 하나님은 시종일관 적대세력을 통치하는 자신의 능력을 보여주신다. 그래서 9-12장에 나오는 특정한 사건들은 하나님의 백성에게 필요한 것이다. 그들은 이 사건을 통해서 징계의 잔혹한 때와 미래로 펼쳐진 이방인 주도의 무한한 시대의 전망이 대비되는 것을 보게 된다.

메시아

다니엘이 강조하는 메시아의 인격과 사역은 이상 중의 인자로 표현된 인물(7:13-14)과 '일흔 이레'와 관련된 예언에서(9장) 나타난다. 일흔 이레는 전통적인 견해로 보면 장차 그리스도가 오셔서 십자가의 죽음을 당하시고(9:26) 결국 승리하실 것(9:27)에 대한 예언을 대할 수 있다. 또한 풀무불 속의 넷째 인물은 느부갓네살이 '신들의 아들'과 같다고 했는데 이것은 하나님이 친구를 구하기 위해서 보낸 천사일 것이다. 그의 구원사역은 구원자 예수님의 모형이 될 수 있을 것이다.

5. 구속사적 메시지

다니엘의 구속역사는 하나님의 주권이라는 주제 속에서 펼쳐진다. 그래서 열국의 통치자는 하나님이시라는 것을 강조한다. 이 열국에 주권을 보여주는 계시는 다니엘의 해몽과 그가 본 이상에서 나타난다. 그 핵심내용은 막강한 힘을 가진 제국의 군주들도 역사의 주관자가 되신 하나님의 통제를 받고 악의 세력은 결국 하나님의 권세에 굴복하게 된다는 것이다.

하나님의 주권은 하나님에 대한 깊은 신뢰와 경건을 유지하는 백성이 사랑으로 보호받는 데서 나타난다. 다니엘과 친구들은 이방나라 왕궁에서 정결법에 관한 규례를 지키는 일로 어려움에 처할 뻔할 때 보호를 받았고(1장), 다니엘의 세 친구들이 우상에 절하지 않음으로써 율법을 지킬 때에 그들은 풀무불에서 보호를 받았다(3장). 그리고 다니엘이 자신의 경건에 대한 음모로 사자굴에 던져졌으나 천사의 보호를 받았다(6장).

또한 하나님의 주권은 하나님이 친히 교만과 악을 심판을 심판하는 데서 나타난다. 느부갓네살 왕이 자신의 위엄과 영광을 나타내므로 교만해져 악을 드러내었을 때 하나님은 그에게 왕위를 거두시겠다고 하셨다(4:30-31). 벨사살 왕은 스스로 높아져서 하늘의 주재를 거역하고 하나님의 성전 기명으로 술을 마시며 모욕한 일로 죽임을 당했다(5장). 또 다니엘의 경건을 문제삼아 그를 참소한 신하들은 그 가족과 함께 사자의 밥이 되었다(6장). 이 모든 일은 하나님께서 스스로 주권자가 되시면 또 영광을 받으시기 위한 것이었다(4:37; 5:21; 6:26-27).

하나님의 주권과 자기 백성에 대한 사랑은 이스라엘의 회복의 중요한 요인이 되고 그것은 결국 메시아의 도래로 구현된다. 그의 왕국은 특징 있는 세 가지 이상의 끝에 항상 나타난다. 네 부분으로 된 형상에서 뜨인 돌이 형상을 부수고 태산을 이루어서 세상을 가득 채우는 것은 도래할 영원한 메시아 왕국을 의미한다(9:34-35, 44). 네 짐승의 환상은 메시아 왕국의 궁극적인 승리를 보여주고(7:1-28), 칠십 이레에 대한 이상에서는 이스라엘과 오실 메시아를 언급하고 있다(9:24-27). 바로 앞에서 '인자'로 표현된 인물(7:13-14)과 '일흔 이레'와 관련된 예언에서 메시아를 발견하게 된다(9:25-26).

하나님은 공의의 심판주로서 땅과 하늘에서 끊임없이 일어나는 전쟁에서 결국은 악의 세력을 멸하고 승리하실 것이다(10-12장). 이것이 의로운 이스라엘에게 소망을 준다.

6. 특기사항

메대 사람 다리오

바벨론이 멸망당한 후 벨사살은 처형당하고 메대 사람 다리오가 왕이 되었다(5:31). 당시 그는 육십 이세였고 자기 왕국에 백이십 명의 방백을 세웠다(6:1). 그러나 이 왕에 대해서는 역사적으로 알려지지 않았다. 여기에 대해서 다양한 견해가 있지만 일단 성경의 증거를 따른다면 그는 고레스가 되어야 할 것이다. 고레스가 바벨론을 멸망시킨 후 다른 사람이 왕이 될 수 없고 성경은 다리오 왕 시대와 고레스 왕 시대를 같이 보고 있기 때문이다: "이 다니엘이 다리오 왕의 시대와 바사 사람 고레스 왕의 시대에 형통하였더라"(6:28). 이때 접속사 '그리고'(*waw*)는 설명적 '와우'로 본다. 이것은 당시 한 왕이 두 나라를 다스릴 때 각기 다른 이름으로 통치했다는 관행을 보여준다고 한다. 이것은 와이즈맨(Wiseman)의 주장인데 상당히 가능성이 있는 것이다. 그러나 역사적으로 증명할 수 없다는 단점이 있다.

일반적으로 넓게 받아들이는 대안은 고레스가 바벨론을 점령했을 때 곧 바로 바벨론 왕이란 칭호를 가지지 않고 봉신을 통해서 통치했다는 것이다. 그 대리 통치자가 부분적인 메대 사람으로서 벨사살의 후계자가 되었을 것이라고 한다. 그가 성경에서 말하는 다리오라고 한다. 그러나 이 다리오를 역사적인 인물과 연결시키는 데는 여전히 한계가 있다.

일흔 이레

다니엘이 예루살렘의 회복을 위하여 용서를 구하며 기도했을 때 가브리엘 천사가 약속된 구속이 있기 전의 기간을 말해주었다: "네 백성과 네 거룩한 성을 위하여 일흔 이레를 기한으로 정하였나니"(9:24). 여기서 '일흔 이레'(seventy weeks)란 애매한 표현에 대해서 세가지 주된 견해가 있다.

첫째, 이 말은 문자적으로 계산하여 그 연도를 안티오쿠스 4세에게 저항한 사건(주전 175-164년)으로 보는 것이다. 일흔 이레를 490년으로 보고 최초의 포로기간인 주전 605년에서 계산하면 주전 115년이 나오는데 이것을 주전 164년에 있었던 유다 마카비 성전 청결이나 안티오쿠스 에피파네스의 죽음의 시기로 연결시키기 어렵다.

둘째, 이 표현을 추상적인 숫자로 보는 것이다. 이 말은 칠십의 일곱 배가 되는 연수(seventy weeks of years), 즉 사백 구십 년을 가리키는데 이것은 완전수인 칠의 배수로 구성된 안식일의 수라는 것이다. 그래서 이 수는 하나님이 완전하게 정한 시기를 의미하는 것으로 본다. 이것을 상징적으로 이해하면서도 세 가지 단계로 적용하는 견해도 있다. 그것은 고레스가 포로귀환을 명하는 단계와 에스라, 느헤미야가 예루살렘에서 활동하던 단계 그리고 주전 400년부터 육십이 이레를 적용하여 그리스도의 오심에 연결시키는 것이다. 그렇지만 이것을 삼 단계로 나누어서 설명하기는 어렵다.

셋째, 일흔 이레를 문자적으로 해석하여 다양하게 적용시키는 것이다. 여기서 그리스도의 시대와 연결을 시키려고 시도하는 경우가 많았다. 그러나 문제는 어느 시점을 기준으로 할 것인가 이다. 가장 합리적인 것은 아닥사스다가 칙령을 발표하는(스 7:12-26) 해인 주전 458년을 기준으로 삼는 것이다. 그러면 예수께서 돌아가신 주후 33년이라는 정확한 연대가 나온다. 그러나 그 연대는 한 해가 모자란다. 왜냐하면 영(zero)년이 없기 때문이다. 또한 예수님의 탄생연대가 주전 4년이라는 점을 생각하면 더 복잡해진다. 어떤 경우는 아닥사스다가 느헤미야에게 예루살렘 성벽을 건축하도록 권위를 부여하는 서신을 보낼 때(느 2:5-8)인 주전 445년을 기준으로 삼기도 한다. 그러나 이것도 만족스럽지 못하다. 이 외에도 이 표현의 문제를 해결하기 위한 수많은 시도가 있었지만 어느 하나를 선택하기는 어렵다. 어쨌든 중요한 것은 하나님께서 일정한 때를 정하셨으니 백성이 낙담해서는 안된다는 것이다.

호세아

1. 제목과 기록목적

본서의 제목은 주요 인물인 선지자 호세아(*hōšēa'*)의 이름을 따라 붙인 것이다. 그의 이름은 '구원'이란 뜻이다. 결혼을 통한 비유와 호세아의 예언은 하나님이 언약에 신실하시다는 것과 변치 않는 사랑을 강조한다.

2. 구조와 내용분류

a. 음란한 아내와 신실한 남편(1:1-3:5)
- 1) 호세아서 서론(1:1)
- 2) 고멜에 대한 호세아의 예언적 결혼(1:2-2:1)
- 3) 고멜의 음행의 적용(2:2-23)
- 4) 고멜의 회복(3:1-5)

b. 음행한 이스라엘과 신실하신 야웨(4:1-14:9)
- 1) 이스라엘의 영적 간음(4:1-6:3)
- 2) 행음의 회개에 대한 이스라엘의 거절(6:4-8:14)
- 3) 이스라엘에 대한 하나님의 심판(9:1-10:15)
- 4) 이스라엘의 회복(11:1-14:9)

3. 역사적 배경

호세아의 사역은 주전 753년(여로보암 2세 죽음)경부터 주전 722년의 사마리아 멸망 바로 직전까지 걸쳐 있다. 여로보암 2세가 죽은 이후 그를 계승한 왕들은 정치적 혼란 속에서 여섯 명 중에 네 명이 암살당했다. 반면에 앗수르는 강성하여 팔레스타인을 위협했다. 호세아의 사역기간 동안 이스라엘은 영적으로, 도덕적으로 타락했다. 아마도 아모스도 동시대에 사역했을 것이다.

4. 신학적 주제

혼인 언약

결혼을 은유로 하여 하나님과 백성의 관계를 나타낸 선지자는 호세아밖에 없다. 아마도 다른 선지자들은 이스라엘과 주변에 만연된 성관계를 통해 풍요를 기리는 종교와 혼동이 될 수 있다고 생각했는지도 모른다. 하나님은 이스라엘의 남편이고 이스라엘은 하나님의 신부였다. 하나님은 남편으로서 아내인 이스라엘에게 헌신적이었다. 그러나 이스라엘은 언약을 저버리고 간음을 일삼았다. 이런 영적 간음이 하나님과의 관계를 깨뜨렸다. 반대로 한 편에서 회개하고 또 상대의 회개를 용납하는 용서와 자비는 깨어진 결혼을 회복시킨다. 시내산에서 맺어진 결혼은 이상적인 관계로 지속될 것이고, 이혼은 결코 허락되지 않는다. 호세아의 이런 이미지 변형은 아주 적합한 것이었다.

영적 간음과 도덕

호세아는 포로 전의 다른 선지자들과는 달리 이스라엘 공동체의 도덕적 문제로 인하여 사회개혁 문제를 거론하지 않았다. 그는 나라의 도덕성을 파괴하고 고갈시키는 것은 바로 영적인 간음이라는 것을 분명히 알았다. 그래서 이스라엘은 심판을 자초했고, 포로생활은 야웨께서 이스라엘과 다시 출발하기 위한 숙청과 반성과 기초가 될 것이다.

하나님의 긍휼과 소망

호세아는 하나님의 사랑이 심판보다 우위에 있다는 것을 보여준다. 이스라엘에 대한 회개 촉구와 '돌아오라'(14:1) 혹은 '돌아가자'(6:1)고 반복되는 구절은 하나님의 긍휼을 증거한다. 그는 하나님이 자기 백성이 죄 가운데 있을 때조차도 그들을 어떻게 사랑하셨는가를 보여준다. 하나님의 사랑에 대한 호세아의 구절은 신약에도 여러 번 인용되었다(호 1:10, 롬 9:26; 호 2:23, 롬 9:25; 호 6:6, 마 9:13과 12:7; 호 11:1, 마 2:15; 호 13:14, 고전 15:55). 하나님의 긍휼은 그분의 속성에 근거한다. 하나님의 주권적 은혜와 긍휼이 다윗의 지도하에 이스라엘을 회복시키고(1:11; 3:5), 아브라함에게 주어진 약속이 성취된다(2:23).

5. 구속사적 메시지

고멜과의 그의 결혼은 여호보암 2세의 마지막 몇 년의 통치기간에 이루어졌다고 볼 수 있다. 그때 예후 왕조가 권좌에 머물러 있었다. 호세아의 아들들 중에 하나인 이스르엘이란 이름과 또 다른 두 아들의 탄생은 외형적인 시대적 번영과 잘 어울린다. 야웨께서 호세아에게 이상한 명령을 하신 원인은 '이 나라가 야웨를 떠나 크게 음란했기' 때문이다(1:2). 이스라엘은 부끄럽게도 야웨를 떠나서 음행한, 가나안화된 하나님 나라가 되었다. 호세아의 아이들의 이름이 그 백성의 타락과 부패를 상징하고 있다. 즉 이스르엘은 예후의 피흘림의 죄에 대한 복수, 로루하마는 '긍휼이 없다', 로암미는 '내 백성이 아니다'로 깨어진 언약관계를 각각 나타낸다.

호세아의 심판은 백성의 죄 때문이다. 종교, 정치, 사회 모든 방면에 죄가 만연했다. 그 원인은 하나님을 아는 지식을 잃어 버렸기 때문이다(4:6; 6:6). 그 지식은 하나님에 대한 사랑과 존경이다. 종교적으로 이스라엘은 야웨를 바알처럼 숭배했고, 또 바알도 섬겼다(4:13; 4:14; 8:11; 10:1). 정치적으로는 혼란스러웠다. 아합의 집을 처단할 때 예후는 하나님의 명령을 따른 것이 아니고 지나쳐서 자신의 기분을 따라했다. 여호보암 2세 이후 반란과 왕의 살해가 있었다(7:3-7). 이것을 가마와 빵굽는 자의 모습으로 비유한다(8:4). 외교적 부분에서 이스라엘은 환자가 의사에게 가듯이 앗수르에게 우정과 원조를 구했다(5:13; 7:11). 살인, 간음, 폭행, 강도로 인한 사회적 불안도 만연했다(4:1; 7:1; 6:8). 선지자와 제사장 같은 지도자들도 타락했다(4:5-9; 9:15).

이 죄에 대한 심판은 당시의 선지자들의 말씀을 통하여 수행되었다(6:5). 하나님은 1장에서 이미 그 타락에 보응하시고, 그것은 미래에 이루어질 것도 가리킨다. 나라와 왕권의 멸망(10장)으로 심판이 나타난다.

그러나 그 심판이 끝이 아니었다. 구원에 대한 표적은 2장에 이미 나와 있다. 그 구원은 야웨께로 돌아가는 백성을 위해 마련된 것이다(6:1-2). 죄 용서와 삶의 활기가 약속 안에 보장되었다(14:5-7). 결혼을 통한 비유와 호세아의 예언은 하나님이 언약에 신실하시다는 것과 변치 않는 사랑을 강조한다(11:9). 그래서 하나님의 백성은 구속의 언약 안에서 항상 소망을 가진다.

6. 특기사항

세 아들의 이름을 통한 계시

첫 계시는 호세아의 아들 이름을 이스르엘의 지명을 따라 이스르엘이라고 지은 데서 나타난다(1:4, 5). 그곳은 의로운 나봇이 증인들의 거짓 증거로 인해서 돌에 맞아 죽은 곳으로 아합의 집이 피흘린 죄를 연상하게 한다(왕상 21장). 또한 예후는 그 피흘린 죄에 대한 복수를 행한 것(왕하 9, 10장)과 장차 예후가 당할 심판과 관련된다. 사대까지 이어지는 예후의 보좌에서 죄가 떠나지 않기 때문에 호세아 때에 보복이 가해질 이스르엘과 관련된 피흘린 죄는 예후의 집에 여전히 남아 있다.

둘째 계시는 로루하마라는 딸의 이름에서 나타난다(1:6-7). 이것은 '긍휼이 없다' 또는 '사랑이 없다'는 뜻이다. 그녀는 자비로운 사랑의 대상이 아니다: "내가 다시는 이스라엘 족속을 긍휼히 여겨서 용서하지 않을 것임이니라"(1:6). 마침내 하나님의 인내가 끝난다. 로루하마란 말은 열 지파 북이스라엘에 적용되지만 유다에는 아직 해당되지 않는다. 오히려 "그러나 내가 유다 족속을 긍휼히 여겨 그들의 하나님 야웨로 구원할 것이다"(1:7). 이스라엘은 군사력이 있음에도 불구하고 멸망할 것이고 반면에 군사적인 능력이 없는 유다는 구원을 받을 것이다. 유다에 관한 이 예언은 산헤립에 포위당한 후 북 이스라엘이 멸망당한 지(대하 32장) 이십 년 만에 예루살렘에서 성취되었다.

셋째 계시는 로암미라는 이름에서 나타난다(1:8-9). 이 이름은 '내 백성이 아니다'란 뜻으로 이스라엘은 하나님의 백성이 아니고, 야웨는 이스라엘의 하나님이 아니라는 말이다. 진노 가운데서도 긍휼을 잃지 않으시던 야웨께서 이스라엘과 결별을 선언하셨다. 하나님은 유다와 이스라엘에 놀라운 약속을 주신다(1:10-11). 열 지파에서는 단지 몇 명만 구원을 받는다(대하 30:1, 10, 11, 18; 34:6, 9; 눅 2:36). 그런데 그들이 다시 하나님의 자녀로 부름을 받는다(9:24, 25; 벧전 2:10).

언약갱신

하나님은 그 백성을 데리고 광야로 가서 다시 자기 백성으로 받아들이신다. 마치 출애굽 후 광야에서 언약을 맺으시던 것과 같이 하나님이 남편이 되신다는 언약을 갱신하실 것이다. 그래서 약속의 땅을 다시 들어가듯이 포도원을 차지하고 아골 골짜기가 희망의 문이 되어서 그리로 들어가게 하신다(2:14-16). 언약 갱신 후 이스라엘은 그 입에서 바알의 이름도 부르지 않을 것이다(2:17). 그때에 하나님은 들짐승과 공중의 새와 땅의 곤충과 언약을 맺어서 백성의 추수를 해치거나 곡물을 삼키지 못하게 하시고 땅 위의 전쟁을 그치게 하심으로써 안전하게 살게 하신다(2:18). 언약갱신 이후 하나님은 이스라엘을 처음과 같이 순수한 처녀로 대하신다: "내가 네게 장가들어 영원히 살되 공의와 정의와 은총과 긍휼히 여김으로 네게 장가들며 진실함으로 네게 장가들리니 네가 야웨를 알리라"(2:19-20). 이 완전한 공의와 사랑은 주께서 골고다에서 보여주신 것이다. 하나님은 새로워진 언약관계 속에서 물질적 풍요를 약속하셨다: "그 날에 내가 응답하리라 나는 하늘에 응답하고 하늘은 땅에 응답하고 땅은 곡식과 포도주와 기름에 응답하고 또 이것들은 이스르엘에 응답하리라"(2:21-22). 땅이 비옥하여 풍성한 결실을 맺고, 하늘이 비를 내려 대지를 적시므로 주님께 순종해야 한다. 그러므로 이 언약은 전반적으로 새롭게 되어 이스라엘은 '내 백성'이 되고 야웨는 '내 하나님'이 된다(2:23).

요엘

1. 제목과 기록목적

본서의 제목은 선지자 요엘(*yō'ēl*)의 이름을 따른 것이다. 이 이름의 뜻은 '야웨는 하나님이시다' 라는 말이다. 그는 성령의 선지자라고도 한다. 이 책은 임박한 야웨의 날을 더 철저한 심판으로 묘사하는 메뚜기 재앙에 근거하여 이스라엘의 회개를 촉구하기 위하여 기록되었다. 물론 이 예언은 대적의 파멸과 이스라엘의 구원의 날에 미래의 구원과 번영에 대한 약속으로 그 백성을 위로하기 위한 의도도 있다.

2. 구조와 내용분류

a. 청취와 전수를 위한 소환(1:1-3)
b. 메뚜기 떼 심판과 회개촉구(1:4-2:17)
c. 정치적, 경제적 회복(2:18-27)
d. 이스라엘의 영적인 회복(2:32-3:21)

3. 역사적 배경

요엘의 역사적 배경은 알기 어렵다. 여러 가지 정황을 볼 때 포로 전으로 보는 것이 유력하고 또 장로가 지도자로 나와 있는 것은 요아스 때와 잘 어울린다(주전 835-796년). 그가 아직 어렸기 때문이다(왕하 11:21). 유다의 멸망을 연상케 할 만한 구절(3:1-3)이 있지만 포로 전에도 여러 차례의 침략과 약탈이 있었고(왕상 14:26; 왕하 8:20-22; 역대하 21:16, 17), 또 기록되지 않는 침략도 생각할 수 있을 것이다.

4. 신학적 주제

복과 심판

이 책은 하나님의 백성 앞에서 선지자의 메시지를 지키기 위해서 대를 이어서 알려져야 했다(1:3). 심판은 두 차례의 메뚜기 재앙으로 나타나는데 하나는 이스라엘의 과거의 일이고 다른 하나는 미래와 관련된다. 메뚜기 떼의 공격이 그 땅의 곡식을 쓸어버리고 하나님께 순종하지 않은데 대한 약속된 심판과 연결된다(왕상 8:37-40). 미래의 심판은 '야웨의 날'과 일치하는데 그의 원수들을 멸하기 위해서 오는 하나님의 군대를 묘사한다(2:1). 과거와 미래의 재앙 간의 연결은 자기 백성의 회개를 위한 하나님의 은혜로운 부르심이다(2:32). 일부 이스라엘 사람들은 야웨의 날을 구원의 날로 생각했다. 그러나 그들은 대적의 심판을 기뻐하고 그것이 자신을 향한 것임을 부인했다. 그것은 언약의 의미를 몰랐기 때문이다.

이런 징계 가운데서도 하나님은 그 민족을 신실하게 보존하실 것이다(2:32; 3:1, 16). 그는 또한 이스라엘에 대한 과거의 불의한 행동으로 인해 열국을 심판하실 것이다(3:2). 요엘은 과거의 관점에서 미래를 생각하도록 한다. 미래는 오직 과거에 나타난 메뚜기 떼의 공격으로 나타난 부분적인 심판을 점차 확대하여 완전케 할 것이다. 그래서 백성은 진노로부터 구원받기 위해서 하나님께 부르짖어야 했다.

언약에 근거한 메뚜기 떼 심판

예루살렘은 하나님의 임재를 위한 지상의 처소이다(3:16, 21). 그의 백성은 모세의 언약을 지키고 하나님의 임재의 복을 누려야 했다. 복과 저주는 그들의 순종과 불순종에 달렸다. 솔로몬이 성전을 봉헌할 때 그가 그런 저주의 예로서 메뚜기 떼를 언급했다(왕상 8:37). 오래 전에 모세 언약도 언약의 불순종에 대한 저주로서 메뚜기 떼를 언급했다(신 28:38). 메뚜기 떼 저주는 하나님의 여러 가지 기사와 표적 가운데 하나로 등장한다(2:30, 신 28:46).

야웨의 날

야웨의 날은 우선 이스라엘에 대한 심판의 날이자 또 열국에 대한 심판의 날이다. 그 날은 야웨께서 다스리는 날이요, 크고 두려운 날인데 누가 그것을 견디겠냐고 요엘은 물었다(2:11). 그 답은 회개하고 주의 이름을 부르며 하나님께 돌아가는 자이다(2:12, 32). 메뚜기 떼와 다른 기사와 표적은 백성이 회개하도록 하는 기능이 있다. 그것은 자기 백성에게 다가가려는 은혜로우신 하나님의 행위였다. 은혜로우시며 자비로우시며 노하기를 더디하시며 인애가 크시사 뜻을 돌이켜 재앙을 내리지 아니하시는 하나님(2:13)은 이런 식으로 그 백성이 경험한 것에서 하나님이 그들 가운데 계시며, 그 분만이 그들의 하나님이 되며, 다른 이가 없음을 알도록 하신다(2:27). 야웨의 날은 순종하여 주께로 돌아오는 백성에게는 구원과 공의의 날로 다가온다(2:32).

성령의 보편적 임재

하나님은 그의 영을 만민에게 부어주심으로써 마음을 새롭게 하신다(2:28, 29). 사실 그들이 당한 비참한 재앙의 근본 원인은 종교적인 것이기에 이로써 완전한 회복이 이루어진다.

'그 후에 내가 내 영을 만민에게 부어 주리니' 란 표현은 이때 모세의 기도가 성취되는 것을 뜻한다(민 11:29). 이것은 또 예레미야의 새 언약의 영광에 대한 표현과도 관련이 있다(렘 31:33, 34). 구약시대에는 성령의 역사가 특별한 직분을 가진 사람(왕, 선지자, 제사장)에게 한정되었지만 이제는 모든 백성이 성령의 선물을 받게 된다. 그래서 모든 사람이 선지자가 될 수 있다. 오순절 성령강림 이후 모두가 성령의 내주로 인하여 하나님의 계시를 파악하고 응답할 수 있게 되었다.

5. 구속사적 메시지

다른 선지서와 마찬가지로 요엘도 오경의 언약을 근간으로 선포한다. 요엘의 메시지가 담고 있는 재앙은 언약의 하나님이 내리시는 저주와 심판인데, 이것은 국가적인 불순종의 결과로 볼 수밖에 없다(요아스 시대로 봄). 실로 메뚜기 재앙은 농사가 나라의 번영과 부의 원천이었던 유다에 치명적인 것이었다. 그래서 장로와 농부, 제사장, 모든 백성이 애통한다. 심각한 기근과 메뚜기의 침입으로 인하여 소산이 줄어든 결과 소제와 전제가 야웨의 전에 끊어졌다(1:9). 선지자는 메뚜기 재앙이 단순한 자연적 재해가 아니기 때문에 그 전례 없는 재난을 대대로 전하라고 한다(1:2, 3). 선지자는 부와 풍요로 도취되어 하나님을 떠나 범죄한 백성을 향해서 영적 각성과 회개를 촉구한다(1:5). 가시적인 메뚜기 재앙과 구체적인 기근으로부터 자연을 통치하시는 하나님의 손길을 보라고 외친다. 그래서 백성은 애곡하고(1:8), 제사장은 금식일을 정하고 성회를 선포하여 온 백성을 성전으로 모으고 회개함으로써 하나님과의 언약 관계를 회복하도록 해야 했다(1:14).

선지자는 심각한 메뚜기 재앙과 기근을 언급하면서 임박한 야웨의 날의 공포와 멸망을 언급하고 있다(1:15, 2:1). 이 파멸은 파괴적인 전투 무기를 가진 강한 군대에 의한 것이다(2:2-11). 이 모든 것은 백성의 죄의 결과로 인한 것이기 때문에 선지자는 야웨의 날에 당할 환난을 피하기 위하여 회개하라고 촉구했다(2:12-17). 하나님의 백성이 진심으로 하나님께 돌이킬 때 그 백성에게 놀라운 복이 임한다(1:12; 2:19, 21-23).

하나님의 회복은 그들이 입은 경제적 손실을 보상해 주시는 데서 그치지 않는다. 더 나아가 그의 영을 만민에게 부어주심으로써 마음을 새롭게 하신다(2:28, 29).

그리고는 열국의 심판을 통하여(3:2) 자기 백성을 학대한 보복을 하신다(3:2-6). 여기서 아브라함에게 하신 하나님의 약속이 적용된다(창 12:3). 역사는 자연론적 인과론에 근거한 것이 아니라 구속을 향한 하나님의 주권에 달려 있다.

6. 특기사항

메뚜기의 다양한 명칭

"팥중이가 남긴 것을 메뚜기가 먹고 메뚜기가 남긴 것을 느치가 먹고 느치가 남긴 것을 황충이 먹었도다"(1:4). 이 구절에 나타나는 메뚜기에 대한 네 가지 명칭은 다양한 해석의 가능성을 지니고 있다. 첫째, 이 용어는 다른 종류의 곤충을 가리키는 것으로 본다. AV 번역을 따라서 '모충,' '메뚜기,' '자벌레' 그리고 '유충' 으로 보는 견해도 있다. 이것은 모두 메뚜기를 가리키지 다른 종류를 뜻하지 않는다. 둘째, 이 단어들이 메뚜기의 아종이나 다른 색깔을 묘사한다고 한다. 셋째, 이 다른 용어는 메뚜기 생애의 주기에서 나타나는 발전단계로 보는 것이다. 넷째, 그 말은 지역의 다른 사투리를 반영하는 것을 본다. 이 대안은 설득력이 없은 것은 요엘이 예루살렘 사람들에게 바로 메시지를 전했기 때문이다. 다섯째, 그 단어는 예루살렘과 그 인근을 연속적으로 덮친 네 메뚜기 떼를 가리킬 수 있다고 본다. 여섯째, 이 말은 수사적인 효과를 내기 위한 동의어라는 것이다. 많은 주석가들이 세 번째 이론을 따르는데 그것이 가장 그럴듯해 보이지만 그것도 역시 가설에 불과하다. 이것은 쉽게 결정할 수 없는 문제다. 그렇지만 이 네 가지의 표현이 상당한 수사적인 효과를 지니는 것은 사실이다. 그것은 야웨의 진노는 철저해서 피할 수 없다는 것이다. 이 점에서 이 구절은 아모스 5:19과 일맥상통한 면이 있다.

야웨의 날과 공의의 심판

야웨의 날은 요엘 선지자의 시대적 문맥 가운데서 묘사되었지만 그 성취는 이후 시대의 사건을 묘사한 것이다. 선지자는 하나님을 만국을 심판하는 재판장으로 제시한다: "내가 만국을 모아 데리고 여호사밧 골짜기에 내려가서 내 백성 곧 내 기업인 이스라엘을 위하여 거기에서 그들을 심문하리니"(3:2). 만국이 여호사밧 골짜기에서 재판을 받는데 그 장소는 여호사밧 왕과 관계가 있는 지명으로 볼 수 없다. 이것은 실재하는 지명이 아니라 계시적 이름으로서 예언의 틀 속에서만 존재하는 계곡으로 볼 수 있다. 더욱이 이 사건은 요한계시록 20장에 묘사된 곡과 마곡에 대한 심판과 관계 있다.

열국이 야웨의 고발을 당하는 이유는 '내 백성 곧 내 기업인 이스라엘'과 관련된 그들의 태도 때문이다(3:2-6). 열국이 하나님의 백성에게 행한 행위는 곧 하나님께 행한 것이다. 여기서도 아브라함에게 하신 하나님의 약속이 적용된다(창 12:3). 여기서는 두로와 시돈 그리고 블레셋이 언급되었다. 그들은 이스라엘 민족을 흩고 야웨의 땅을 나누었다. 그들은 향락을 위하여 소년을 남창으로, 소녀를 포도주로 팔았다(3:3). 또한 유다와 예루살렘의 아이들을 그리스의 노예로 팔아서 약속의 땅을 떠나도록 만들었다. 하나님을 미워하는 자는 그의 백성을 미워한다.

이 고소는 곧 심판으로 바뀐다. 하나님은 심판자로서 자신의 공의를 따라 그들이 행한대로 갚으신다(3:7-8, 21). 하나님은 열국을 향해서 도전장을 던지신다. 무기를 들고 덤벼보라는 것이다. 메시아의 평화의 왕국은 전쟁무기가 없지만, 비기독교 제국은 반대로 보습을 쳐서 칼을 만들고 낫을 쳐서 창을 만든다(3:10). 하나님은 열국으로 하여금 전쟁준비를 갖추고 우주적 보복전으로 초청하셨다. 역사는 자연론적 인과론에 근거한 것이 아니라 하나님의 주권에 달려 있다. 요엘의 메시지는 열국을 심판하여 세상 나라의 역사가 끝날 때 끝난다.

아모스

1. 제목과 기록목적

본서의 제목은 선지자 아모스(*'āmōs*)의 이름을 따라서 붙였다. 그 이름은 '짐진 자'란 뜻이다. 이 책은 북왕국의 사회적 불의와 도덕적 타락 그리고 영적인 배교에 대한 심판을 선포하기 위해서 기록되었다. 여기서 언약의 임무를 따라야 할 국가의 책임을 보여주고 윤리적인 행위를 떠난 외적인 종교형식은 하나님 앞에 인정되지 않음을 강조한다.

2. 구조와 내용분류

a. 열국에 대한 심판: 아람, 블레셋, 페니키아, 에돔, 암몬, 모압, 유다, 이스라엘(1–2)
b. 이스라엘에 대한 심판(3–6)
c. 심판에 대한 다섯 가지 환상: 메뚜기, 불, 다림줄, 여름 실과, 문설주(7:1–9:10)
d. 회복과 축복의 약속(9:11–15)

3. 역사적 배경

아모스가 활동하던 시대는 여로보암 2세의 통치로서 북 이스라엘이 지중해 동부 연안을 따라 막강한 지위를 행사하는 시대였다(왕하 14:25–28). 남쪽의 웃시야 왕과 함께 솔로몬 이후 최대의 영토를 확장했다. 앗수르의 위협은 없었고, 남북 간의 관계도 좋았다. 그러나 아모스는 반항적인 자기 백성에 대한 하나님의 임박한 심판을 보았다(5:27; 7:11, 16-17).

4. 신학적 주제

아모스의 하나님

아모스는 이스라엘의 유일한 특권을 강조하지만(2:9-11; 3:2), 그는 결코 야웨를 '이스라엘의 하나님' 이라고 말하지 않고 '언약' 이라는 말도 쓰지 않았다. 이것은 그의 예언을 오해하여 안전에 대한 그릇된 개념을 갖게 될 같아서 피한 것 같다. 아모스의 하나님은 '주, 야웨' 시고(1:8; 8:1, 3, 9, 11; 9:8), '만군의 하나님 야웨' 시다(4:13; 5:14-16, 27; 6:8, 14). 이것은 하나님의 우주적인 통치를 강조하는 표현이다. 하나님은 창조주시고(413, 5:8; 9:5, 6), 역사의 주관자시자(3:6; 4:6-11; 9:7), 열국의 심판자시다(1:3-2:16). 아모스는 오직 한 하나님 외에 다른 경배의 대상이 없다는 것을 인정한다(5:26-27).

열국에 대한 심판

이스라엘 이웃인 일곱 나라에 대한 심판의 메시지는 절정을 향해서 점진하는 패턴을 띠고 있다. 이 점진적 이동은 외국인(아람, 블레셋, 페니키아)에서부터 시작해서 혈연관계가 있는 나라(에돔, 암몬, 모압)으로 향하고, 다음으로 자매관계에 있는 나라(유다)로 간다. 그러나 하나님의 심판의 일차적인 대상은 이스라엘이라는 점을 여덟 번째 예언이 강조하고 있다. 왜냐하면 이스라엘의 죄가 열국의 죄를 능가하기 때문이다. 이 패턴은 덫에 걸려드는 느낌을 갖게 하는 수사법이다. 여기에 언급된 나라들은 한결같이 하나님의 백성을 괴롭힌 죄로 인하여 심판을 받는다. 열국에 대한 경고는 하나님 자신이 만국과 만민의 하나님이심을 나타낼뿐만 아니라 아브라함에게 하신 약속(창 12:3), 즉 하나님의 백성을 저주하는 자는 반드시 저주를 받는다는 약속을 지키시는 분임을 나타낸다.

자기 백성에 대한 심판의 당위성

유다와 이스라엘은 이 땅에서 유일한 특권을 지닌 백성이었다(3:2). 은혜와 화목의 언약은 오직 이스라엘과 체결하였고(아브라함과 모세), 반복하며 확증하였다(여호수아와 다윗). 이 언약 때문에 "내가 너희 모든 죄악을 너희에게 보응하리라"고 선포하셨다. 그런 백성에 대한 심판은 한 마디로 언약파기에 대한 심판이다. 그러나 이스라엘은 자신들이 하나님의 언약 안에 살아가는 하나님의 택한 백성이기에 아무 일도 일어나지 않을 것이라고 안일하게 생각했다. 그런 백성에게 하나님의 심판이 타당한 것을 알리기 위해서 상식적인 인과론을 들어서 깨달음을 주고 있다(3:3-8). 처음에는 그것이 일반적인 현상처럼 들리지만 점점 구체적으로 그 내용을 드러내고 있다. 이것은 백성의 죄와 하나님의 임박한 심판을 암시하고 있는 것이다. 이렇게 하나님이 율법과 율례의 말씀(2:4)과 기사(2:9-11)를 통해 관계 맺은 언약백성이 하나님께 신실하지 못한 것은 심판을 자초하는 길이다. 아모스가 한 역할을 담당했던 역사는 이스라엘을 부끄럽게 하기 위해서 블레셋 사람들과 아람 사람들의 예를 든다(6:2; 9:7). 언약파기는 이방 열국의 죄보다 더 심각한 것이므로 징벌도 더 클 것이다(2:13-16).

사회적인 죄

번영을 구가하던 아모스 시대의 사회구조는 부유층과 빈곤층 간에 극단적인 대조를 이루고 있었다(2:6; 3:12-15; 4:1-3; 5:11; 8:4-7). 부자와 권력층은 사치스런 생활을 누리지만 가난한 자들은 착취를 당했다(2:7; 4:1; 5:11; 8:4, 6). 그리고 부조리한 사회를 바로 잡아야 할 법정마저도 공의를 굽게 했다(2:6, 7; 5:7, 10, 12, 15). 상행위에서 저울추를 속이는 불의한 방법으로 부를 축적하고 인신매매하는 반인륜적인 관행이 만연했다(8:5-7). 이런 물질위주의 사회, 상업주의 사회에서 사람들은 물질적 번영을 하나님의 은혜로 착각했다. 이 모든 사태의 근저에는 '하나님이 우리와 함께 하신다' 는 거짓된 신적 제시가 만연해 있었다(2:4; 5:14; cf. 9:10).

종교적인 죄

아모스 시대는 대단히 종교적이었지만 그 종교는 하나님의 율법을 떠난 것이었다(2:7-8). 그것은 영적인 유익이 없으며(4:4-5), 예배자를 보호하지도 못하고(3:14; 5:5-6), 도덕과 사회정의가 결여된(5:21-25) 종교였다. 물론 그들의 잘못된 제사를 비판하는 아모스의 입장은 제사 자체를 거부하는 것이 아니라 믿음이 결여된 예배자의 태도를 탓하는 것이다. 그들에게 요구되는 것은 하나님께 순종하여 거룩을 회복하는 것이다

소망

열국과 마찬가지로 이스라엘에 선포된 심판이 끝을 의미하지는 않는다. 아모스는 적어도 야웨의 선지자였다. 이것이 소망의 메시지를 기대하도록 한다. 그는 구원으로 돌이키라고 부르짖었다(5:4-6, 14). 황충과 불타는 환상 가운데서 아모스의 기도에 대한 하나님의 응답은 구원에 대한 여지를 준다(7:3, 6). 또한 끝에서 미래의 구원에 대해서 예언했다. 그것은 다시 세워지게 될 다윗의 무너진 천막에 관한 언급이다. 다윗의 왕가가 한 때 받았던 약속의 수행자로 남아 있다. 이것은 회복된 다윗의 왕권과 회복된 창조세계 그리고 회복된 인간을 기대하도록 한다.

5. 구속사적 메시지

하나님을 시온에서 심판하시는 자(1:2)로 묘사하는 아모스의 예언은 열국에 대한 심판과 자기 백성에 대한 심판으로 가득 차 있다. 열국에 대한 심판은 아브라함의 약속에 근거를 둔 것이고(창 12:3), 자기 백성에 대한 비판은 선택에 기초를 두고 있다(3:2).

아모스 시대의 경제는 전례 없는 번영과 태평세월을 누리고, 전반적인 사회생활의 특징은 극단적인 대조를 이루는 것이다(2:6; 3:12-15; 4:1-3; 5:11; 8:4f). 그리고 부조리한 사회를 바로 잡아야 할 법정도 정직한 자를 싫어하고 부패했다(5:10). 백성은 물질주의 사상에 물들어서 물질적 번영과 하나님의 은혜를 일치시켰다.

부자는 사치스런 선물로써 그의 신의 은혜를 샀다. 아모스는 이스라엘을 부끄럽게 하기 위해서 자기들보다 못한 처지에 있는 블레셋 사람들과 아람 사람들의 예를 든다(6:2; 9:7). 이스라엘 사람들은 공중에 구름을 보지 않고 야웨의 날에서 찬란한 것을 제시하고 있지만(5:18-20), 아모스는 심히 진노하실 수 있는, 그리고 자기 백성을 심판하실 수 있는 언약의 하나님을 선포한다. 그 심판의 선포는 또한 정치적인 파멸을 가리킨다(3:11; 5:3; 7:9; 4:1ff). 아모스는 다섯 가지의 환상을 통해서도 하나님의 백성에 대한 징계를 선포했다(7:1-9; 8:1-3; 9:1-6). 뿐만 아니라 그는 구원으로 돌이키라고 부르짖었다(5:4-6, 14). 여기서도 그는 언약의 하나님을 섬기고 있었던 것이다.

결론적으로 그는 끝에서 미래의 구원에 대해서 예언한다. 그것은 다시 세워지게 될 다윗의 무너진 천막에 관한 언급이다. 다윗의 왕가가 한 때 받았던 약속의 수행자로 남아 있다. 이것은 계속적인 정치적 위대함으로, 그리고 경제적으로 영복의 기쁨으로 인도한다. 그래서 궁극적인 하나님 나라를 바라보도록 한다.

6. 특기사항

모압의 죄

아모스의 열국에 대한 심판예언 가운데 특이한 것은 모든 나라의 죄는 이스라엘이나 유다에 관계가 되는데 모압의 죄는 좀 예외적으로 보인다. 그래서 하나님의 심판의 동기에 대해서 다른 관점을 적용해야 할 것 같다. 모압의 대표적인 죄는 에돔 왕의 뼈를 불살라 회를 만들었다는 것이다(2:2). 이것은 하나님의 공의로 그 백성과 상관없이 심판하실 수 있다는 것이다. 그래도 의문이 생기는 것은 모압이 에돔 왕의 뼈를 불살랐다는 것이 이 문맥에서 심판의 대상으로 여겨지는 것이 잘 맞지 않는다. 하나님의 백성과 아무런 상관이 없이 일어나는 잔학행위에 대해서 심판을 선언하시는 하나님의 행위는 이례적이다. 여기에 대한 대안으로 그 에돔 왕이 이스라엘의 분봉 왕일 수 있다는 것이다. 또 다른 대안은 여기서 '에돔 왕의 뼈'를 단순한 속격으로 보지 않고 행위자의 속격(genetivus auctoris)으로 보는 것이다(cf. 사 66:16). 이때 그 뼈는 에돔 왕의 뼈가 아니라 에돔 왕이 죽인 유다 사람들의 뼈가 될 수 있다. 그래서 모압은 건축자재인 회를 얻기 위해 에돔 왕이 죽인 유다 사람들의 뼈를 불사른 일 때문에 심판을 받는다. 여기서도 아브라함에게 하나님의 약속(창 12:3)이 지속적으로 적용된다고 볼 수 있다.

아모스가 선포한 야웨의 날

이스라엘은 야웨의 날이 하나님의 백성을 심판하는 날이 아닌 줄로 여겼다. 그들은 야웨의 날을 사모했다(5:18). 마치 요엘이 선포한 것과 같이 이 야웨의 날이 열방에게는 심판의 날이요 하나님의 언약의 백성에게는 구원의 날이 될 것이라고 믿었다. 그러나 아모스는 자기 백성을 심판하실 수 있는 언약의 하나님을 선포한다. 그는 '야웨의 날'에 대한 다른 시각을 가지고 이스라엘에 대한 심판과 하나님의 백성을 위한 구원, 동시에 영적으로 다른 이방민족과 동화되어버린 언약백성에 대한 심판도 아울러 예언하고 있다. 이것은 열 지파 모든 사람에게 적용된다. 멸망과 죽음의 길이 엄습해 왔다. 이것은 마치 한 사람이 포효하는 사자의 발톱에서 간신히 도망하고 보니 또 다른 맹수인 곰을 갑자기 만나 천신만고 끝에 겨우 도망하여, 이 두 어려운 고비를 극적으로 모면하고서 간신히 집에 무사히 도착하여 두려움에 떨며 벽에 몸을 기대고 숨을 가빠르게 들이키고 있다가 벽틈에 숨어있던 독사에 물려 독사가 내뿜은 독에 결국 죽고 말듯이 더 이상 죽음을 피할수 없었다(5:19). 악인의 길은 기필코 멸망으로 인도한다 (시 1편).

아모스의 환상

아모스는 이스라엘의 심판과 관련되 다섯 개의 환상을 보게 된다. 처음 네 개는 서로 연결되어 있고 마지막 하나는 하나님의 일방적인 말씀만 나오는 것이다.

첫째, 황충 환상은 왕의 곡간을 채우고 나서 두 번째 곡식을 황충이 먹어버리는 것이었다(7:1-2). 아모스는 이 시기에 황충 떼가 몰려들면 경제에 미칠 심각한 영향을 깨닫고 있었다. 여기서 아모스의 다른 모습을 대한다. 그는 교회를 향해서 심판을 선포하는 전형적인 언약의 기소자로 보였지만 여기서는 모세와 같이 백성의 중보자로 나섰다(7:2). 그 결과 하나님은 그의 심판을 유보하셨다.

둘째, 타는 불 환상 속의 불은 자연적 재앙이 아니었다(7:4-6). 하나님이 명하신 불이었다. 그 불의 열기가 너무나 강력해서 바다까지도 마르게 할 정도였고 그 결과 경작지는 수분의 부족으로 인해 메말라 갈 형편에 처했다. 여기서 다시 아모스의 기도는 당연히 받아야 할 하나님의 언약파기에 대한 심판을 막을 수 있었다.

셋째, 다림줄 환상(7:7-9)은 하나님의 심판에 초점을 맞춘 것으로 하나님은 아모스가 중보기도할 기회도 주지 않고 용서하지 않겠다고 하셨다(7:8). 이 심판은 직접적으로 이방제사와 국가, 교회와 정부를 향하여 내려진 것이었다(7:9).

넷째, 여름실과 광주리 환상(8:1-3)은 '내 백성 이스라엘의 끝이 이르렀은즉' 이라는 말에서 그 의미가 나타난다. 즉 과일이 무르익은 것과 같이 심판의 때가 무르익어 임박하였음을 나타낸다.

다섯째, 파괴된 성전 환상 (9:1-6)은 블렛셋의 다곤 신전에서 수천 명의 우상숭배자들와 함께 죽은 삼손을 연상시킨다. 하나님은 그의 심판은 아무도 피할 수 없고 불가피한 것이라는 것을 이 환상으로 계시하셨다.

오바댜

1. 제목과 기록목적

본서의 제목은 선지자 오바댜(*'ōḇaḏyā*)의 이름을 따른 것이다. 그의 이름은 '야웨의 종'을 뜻한다. 이 책은 예루살렘 침공으로 말미암아 심각한 좌절을 겪고 있는 유다 백성을 위로하기 위한 목적으로 기록되었다. 즉 왕이신 하나님이 공의로 심판하신다는 것이다.

2. 구조와 내용분류

a. 에돔에 대한 경고(1-14)
b. 우주적인 심판(15-16)
c. 이스라엘의 회복(17-21)

3. 역사적 배경

오바댜는 여호람 시대에 예언한 것으로 본다(주전 845년). 그때 에돔이 독립을 하고(대하 21:8-10) 예루살렘은 블레셋과 아라비아 동맹군의 침략을 받았다. 그 당시의 상황을 통쾌하게 여기는 에돔이 심판의 대상이 되었다.

4. 신학적 주제

시온 산과 에서의 산

오바댜의 메시지는 '두 산의 이야기'가 될 수 있다. 시온 산은 하나님의 백성의 산이고, 에서의 산은 하나님의 백성의 원수를 의미한다. 같은 대조가 '야곱의 집'과 '에서의 집'이란 용어에서 나타난다. 전반부에서 유다의 현재 상황이 처참하지만 그의 미래는 밝다. 반면에 하나님의 백성의 원수는 미래가 없다.

에돔의 죄와 심판

비록 에돔이 직접적인 군사적 책임을 지지는 않았지만, 혈맹의 관계를 무시하고 예루살렘과 유다를 파괴하는 대적의 편에 서서, 원수를 도왔다. 형제의 환란을 방관하고, 기뻐하고, 피신하는 것을 방해함으로써 남보다 못한 관계에 있었다(12-14절). 또한 그들은 교만했다(3절). 이것은 그들의 지혜와 세일 산의 천연요새를 의지하는 데서 비롯된 것이다.

에돔은 그들이 자랑스럽게 여기던 모든 것을 빼앗기게 되었다. 근접할 수도 없는 난공불락의 요새(3절)와 그들의 지혜(8절)가 그것이다. 연합군의 공격은 교만한 에돔이 아무것도 남지 않고 멸망당할 정도로 대단한 것이므로 에돔은 열국으로부터 철저히 멸시당할 것이다(2절).

이스라엘의 회복

오바댜서 말미부분에 대한 설명은 말라기서 1:2-5에서 찾을 수 있다. 하나님께서 에돔을 멸하시고 야곱을 높이셨다. 하나님의 은혜와 긍휼은 그가 택하신 사랑 안에서 비추어진다. 에돔의 멸망과 함께 이스라엘이 회복되어 이방나라를 다스릴 것이다. 시온에 거하시는 왕의 통치권 아래 이방 세계로부터 한 민족이 형성될 것이고, 그 왕권에 굴복하지 않는 민족은 완전한 멸망을 맞을 것이다. 이 왕권은 야웨 즉 스스로 존재하시는 언약의 하나님의 것이다(21절).

5. 구속사적 메시지

유다와 에돔은 형제였지만 처음부터 경쟁적 관계였다. 이스라엘 전 역사에 걸쳐 지속되었던 불편한 관계는(삼상 14:47; 삼하 8:13-14; 시 137:7) 헤롯과 예수 그리스도의 관계까지 이어진다. 에돔은 형제의 관계를 무시하고 예루살렘과 유다를 파괴하는 대적의 편에 서서, 원수를 도왔다(여호람 때로 추정된다, 대하 21:8-17). 그들은 형제에게 방해가 되었을뿐만 아니라(12-14절) 교만하기까지 했다(3절).

하나님은 에돔에 죄에 대해서 심판하시되 그들의 자랑거리를 심판의 대상으로 삼으셨다. 그것은 근접할 수도 없는 난공불락의 요새(3절)와 그들의 지혜(8절)였다. 그들의 계산과 안전에 대한 기대에도 불구하고 에돔의 멸망은 도래할 것이다. 에돔인들은 바위의 협곡과 높은 산지에 자신들의 보루를 만들고 살았으므로 그들 스스로 무적이라 생각하였다. 에돔인들은 거의 통행 불가능한 험한 바위틈에서 살고 있었다. 그러나 지형을 믿고 의존하던 에돔은 하나님을 고려하지 않았다. 비록 그들의 거주지가 독수리가 나는 것만큼 높은 위치에 있고 별들 가운데 그들의 보금자리를 마련하고 있다 할지라도 하나님께서는 그들을 끌어내리실 수 있었다(4절). 하나님께서 에돔에 대한 심판을 마치고 나면 에돔은 완전히 멸망할 것이다. 에돔이 갑작스런 약탈을 당하고 나면 그들이 땅에서 거두어 들일 수 있는 소산은 아무것도 없을 것이다(5절). 적군의 약탈은 완벽할 것이다(6절). 에돔의 옛 친구들과 동맹자들이 에돔을 버렸으므로 에돔인들이 난을 피해 탈출하려 해도 그들을 다시 변경으로 되돌려 보낼 것이다(7절) 지혜와 그 힘으로 유명했던 나라가 하나님의 진노의 때에 그 지혜와 힘을 잃을 것이며 그 정부도 지각이 모조리 없어질 것이며 그 나라도 구원의 소망이 없어질 것이다(8-9절). 그리고 '유다에 행한 포학을 인하여 수욕을 입고 멸절될 것이다' (10절). 그가 행한 대로 보응을 받게 되었다: "네가 행한대로 너도 받을 것인즉 너의 행한 것이 네 머리로 돌아갈 것이라"(15절).

이 사실들은 에서의 교만이 어떻게 꺾이는가를 잘 보여주는 것이다. 여기에는 살아계신 하나님의 무서운 심판이 계시되었다. 실로 '하나님은 왕이시다'라는 것이 오바댜 예언의 주제이다. 1절에 나타나는 열국은 하나님의 진노를 집행할 하나님의 도구였다. 사실 에돔이 겪을 심판은 하나님의 백성을 괴롭힌 모든 나라에 대한 심판의 본보기가 된다(15-16절).

하나님께서 에돔을 멸하시고 야곱을 높이셨다(말 1:2, 3). 에돔의 멸망과 함께 이스라엘이 회복되어 이방나라를 다스릴 것이다. 거룩한 산 시온으로 사람들이 몰려와서 구원을 받을 것이다. 시온에 거하는 자는 야곱의 족속과 요셉 족속이 될 것이고 그들은 불이되어 에서를 초개같이 사를 것이다(18절). 시온의 거민은 약속의 땅 전역에서 기업을 차지하게 될 것이다. 구원자들은 사사들과 같은 직책을 가진 자들을 생각나게 한다. 그들이 시온 산에서 에서의 산을 심판할 것이다(21절). 이것은 온 나라가 야웨 하나님께 속해있음을 예증해준다.

6. 특기사항

오바댜의 연대

이 책을 포로 이전으로 연대를 잡는 몇 가지 이유가 있다. 첫째, 정경에서의 위치가 중요하다. 비록 이것이 연대에 충실하게 배열되어 있지는 않았지만, 큰 가치를 지니고 있는 것이다. 둘째, 이 책에는 주전 586년에 유다를 침공하는 갈대아 사람에 대한 언급이 없다. 셋째, 예레미야 49:7-22은 오바댜의 기사와 상당한 부분에서 병행을 이룬다. 여기서 예레미야에서는 훨씬 더 확대된 상태로 기록되었다. 예레미야는 다른 곳에서도 이전의 여러 선지자들의 말과 관련해서 언급하고 있다. 넷째, 백성이 바벨론으로 이주한다는 것에 대한 언급은 전혀 발견할 수 없다. 다섯째, 오바댜 17절은 요엘 3:5에서 인용되었다.

구원자들의 심판

이 구원은 종말론적으로 보아야 한다. 그래서 구원자들을 포로 귀환 때 백성을 인도한 스룹바벨이나 에스라로 볼 수 없다. 구원자가 심판할 때는 메시아 왕국이 시작되고 이스라엘이 이상적인 왕 아래서 우주적인 통치를 성취할 때를 말한다(창 49:10; 겔 21:25-27; 계 5:5-6). 이 구원자들이 에돔을 다스릴 것이다. 그들은 마치 사사시대에 사사들이 이스라엘을 구원하고 다스린 것처럼 통치할 것이다(삿 3:9, 15). 그래서 에돔은 완전히 멸망당하지 않고 복속될 것이다. 여기서 에돔은 하나님과 그 백성을 반대하는 온 나라를 나타내는 상징적인 표현으로 보아야 할 것이다(19-20절).

요나

1. 제목과 기록목적

본서의 제목은 선지자 요나(*yōnā*)의 이름을 따른 것이다. 그 이름의 '비둘기'란 뜻이다. 이 책은 하나님이 열방의 하나님이시지만 이스라엘에 대한 애착과 니느웨의 회개를 통한 하나님의 사랑을 보여주면서 그들의 회개를 촉구하기 위해서 기록되었다.

2. 구조와 내용분류

a. 하나님의 사명에 대한 요나의 반항과 폭풍으로 막으심(1:1-16)
b. 하나님의 은혜에 대한 요나의 감사(1:17-2:10)
c. 요나의 선포와 니느웨의 회개 결과(3:1-10)
d. 니느웨 사람들이 구원받은 것에 대한 요나의 불평(4:1-4)
e. 요나가 니느웨 멸망을 바라고 있을 때 주는 교훈(4:5-11)

3. 역사적 배경

요나는 여로보암 2세 때 영토확장을 예언한 선지자(왕하 14:25)로서 앗수르 제국의 가장 큰 도시인 니느웨로 가야 했다. 당시 다메섹의 하사엘이 공격을 받은 후 두로와 시돈은 물론 이스라엘도 주전 841년부터 앗수르에 조공을 바치고 있었다. 이스라엘이 국가적으로, 개인적으로 배교를 일삼던 여로보암 시대에 솔로몬 이후의 최고의 번영을 이룬 것은 자기 백성에 대한 하나님의 언약적 심판이 유보된 것으로 이해할 수 있다.

4. 신학적 주제

요나의 하나님

그가 야웨의 낯을 피했을 때(1:3) 요나는 하나님이 그 백성이 거하는 땅에 제한되는 것으로 생각했다. 그러나 한편으로 그는 야웨가 바다와 육지를 지으신 하늘의 하나님이라고 믿었다(1:9). 야웨는 폭풍을 다스리시고(1:12), 기도를 들으시는 분으로 믿었다(2:2, 6). 또한 그분은 노하기를 더디 하시고, 은혜와 자비가 크신 하나님이시다(4:2). 회개하기만 하면 침략자인 니느웨의 백성도 용서하시는 사랑의 하나님이시다(3:10). 그분은 자기 백성을 위해서 열국을 통치하시는 분이시다.

요나의 선포와 이스라엘

제국의 백성은 '사십 일이 지나면 니느웨가 무너지리라' 는 이 메시지를 듣고 회개의 반응을 보이며 자기들의 관습을 따라 즉각적으로 회개했다(3:8). 이것이 이스라엘 백성에게 경고가 된다.

하나님은 요나의 사역을 통한 니느웨의 회개에 근거해서 이스라엘의 회개를 촉구하셨다. 그들도 회개하면 용서받는다는 실제적인 사건을 선지자의 선포로 전했다.

예수님은 니느웨 백성의 회개를 그 세대 사람을 심판하는 기준으로 삼으셨다(마 12:41).

5. 구속사적 메시지

요나서가 주는 구속사적 메시지는 한마디로 이방민족에 대한 하나님의 사랑이 아니라 이스라엘에 대한 하나님의 사랑이다. 그것은 요나의 사역을 통한 니느웨의 회개에 근거해서 이스라엘에 대한 회개 촉구를 통해서 나타난다.

그가 도피한 것은 하나님의 긍휼이 앞선다고 보고 선포의 말씀이 실현되지 않을 것으로 생각했기 때문이다(4:2). 그는 도피하면서 바다의 폭풍을 만나고 이방인들에게 부끄러움을 당하게 된다. 요나는 죽게 된 상황에서 하나님의 은혜로운 보살핌을 받아서 물고기 뱃속에 거하는데, 거기서 감사의 노래와 시를 하나님께 드린다. 물론 회개가 있었을 것이다.

결국은 순종하여 하나님의 말씀을 선포하는데, 그것은 심판의 메시지였다: '사십 일이 지나면 니느웨가 무너지리라.' 이 메시지를 듣고 제국의 백성이 회개의 반응을 보인다는 것은 현실적으로 기대할 수 없는 일이다. 그러나 하나님의 큰 역사로 니느웨 백성은 자기들의 관습을 따라 즉각적으로 회개했다(3:8). 그들의 회개가 영생으로 인도하는 회개로 볼 수는 없겠지만 그것은 하나님이 보시기에 충분한 것이었다. 이것이 이스라엘 백성에게 경고가 된다. 그들도 회개하면 용서받는다는 실제적인 사건을 선지자의 선포로 전했다. 예수님은 니느웨 백성의 회개를 그 세대 사람을 심판하는 기준으로 삼으신 것은 하나님과 율법에 대해서 아무 것도 모르는 이방인이 단순한 메시지를 듣고 회개하는데 모든 것을 다 알고 있는 자기 백성이 회개하지 않는 것은 심판을 받아서 마땅하다는 것이다.

니느웨는 구원받았지만 그것을 요나는 못마땅하게 여긴다. 언약 밖에 있는 자들은 심판을 받는 게 마땅한 것인데 그들이 심판을 면한 것을 자신의 거짓 선지자로 만드는 것이다. 그래서 그는 고통을 받았다. 하나님은 요나에게 박넝쿨이라는 실물로 훈계하시며 식물과 인간과 동물의 창조주와 주가 되신다는 교훈으로 끝맺는다.

6. 특기사항

요나의 불순종

요나가 야웨의 낯을 피해서 사명을 저버린 것은 그가 열렬한 민족주의자이고 이방민족에 대한 하나님의 연민을 못마땅하게 생각하는 친이스라엘 파였기 때문이라고 생각하기 쉽다. 그러나 소명을 받은 선지자가 자신의 강한 민족주의 정신 때문에 자신의 사명을 저버리는 것은 이해할 수 없는 일이다. 오히려 본문의 내용에서 그것을 찾는다면 그가 거짓 선지자가 되지 않기 위해서 사명을 피했다고 보는 것이 타당할 것이다.

요나가 야웨께서 니느웨의 죄로 인하여 그 도시를 반드시 멸망을 시키실 것이라고 확신했다면 사명을 피하지 않았을 것이다. 그는 하나님이 공의보다는 자비가 더 많으신 분이시기 때문에 심판을 받지 않을 것이라고 생각했다(4:2). 니느웨가 용서받는다면 자신은 거짓 선지자가 될 것이기 때문에 그는 도망을 갔던 것이다(신 18:22).

요나와 엘리야

니느웨 성이 무사히 보존된 것은 요나에게 큰 고통을 안겨주었다. 그는 끓어오르는 분노를 삭이지 못하고 죽기를 바랬다: "야웨여 원하건대 이제 내 생명을 거두어 가소서 사는 것보다 죽는 것이 내게 나음이니이다"(4:3). 이 표현은 엘리야가 로뎀나무 아래서 사용한 것과 비슷하다(왕상 19:4). 이 둘은 삶의 목적을 상실하고서 스스로 존재할 이유를 찾지 못했기 때문에 죽음을 선택하려고 했다. 그러나 이 두 사람이 죽고자 하는 이유는 다르다. 엘리야는 자신의 메시지를 받지 않았기 때문에 거부했지만 요나는 자신이 선포한 메시지를 받을까봐 두려워했기 때문이다. 엘리야는 언약의 백성이 야웨를 떠나서, 제단을 헐며, 선지자들을 죽이려고 위협한 것을 한탄했다. 그러나 요나는 니느웨 백성이 야웨를 받아들이고, 하나님께 제단을 쌓고, 그의 선지자를 영접할까봐 염려했다. 그는 하나님의 사랑과 자비로 말미암아 자신의 메시지가 아무 의미가 없어지자 자기가 거짓 선지자로 알려지는 것이 괴로워서 죽고 싶어했다(신 18:22). 그는 '주의 인자하심과 성실하심으로 말미암아 주의 이름에 감사하지' (시 138:2) 않았다.

미가

1. 제목과 기록목적

본서는 선지자 미가(*mīḵā*)의 이름을 따라 붙였다. 그 이름의 뜻은 '누가 야웨와 같은가?' 이다(7:18). 미가서는 심판의 위협과 아브라함과 다윗 왕에게 하신 하나님의 약속에 대한 궁극적인 승리의 약속에 근거하여 회개를 권하기 위해서 기록되었다.

2. 구조와 내용분류

a. 심판 예언(1–3)

1) 미가서 서론(1:1)

2) 백성에 대한 심판(1:2–2:13)

3) 지도자에 대한 심판(3:1–12)

b. 회복 예언(4–5)

1) 다가오는 왕국에 대한 약속(4:1–5)

2) 다가오는 유배에 대한 약속(4:6–5:1)

3) 오실 왕에 대한 약속(5:2–15)

c. 회개 촉구(6–7)

1) 첫 번째 회개촉구(6:1–9)

2) 두 번째 회개촉구(6:10–7:6)

3) 마지막 구원에 대한 약속(7:7–20)

3. 역사적 배경

미가는 이스라엘이 멸망할 즈음에 두 왕국에 대해서 그 길을 돌이키라고 경고를 발했다. 그의 경고는 진지하게 받아들여졌고, 히스기야의 개혁에 기여했다(렘 26:18-19). 그는 요담(주전 750-732년) 통치 말년에서 아하스(주전 732-716년)를 거쳐 히스기야(주전 715-686년)의 통치 초기까지 예언한 것을 보이며 남쪽의 이사야와 동시대 사람이다.

4. 신학적 주제

하나님의 심판

미가서의 전면에 부각된 주제는 하나님의 심판이다. 그것은 사마리아에 임박한 심판(1:2-6)과 예루살렘에 대한 심판이다(3:9-12). 그것은 토지를 착취하는 자(2:3-5)와 거짓 선지자, 타락한 재판관과 타산적인 제사장(3:5-12)에게 임할 것이다. 이 심판은 또 속이는 자와 광포한 자에게 올 것이다(6:9-12). 결국 심판은 두 국가에 온다(4:11-13; 5:5-9, 15; 7:16-17). 그것은 죄 때문이다(1:5). 미가서에서 죄는 다양하게 나타나는데 그것은 우상숭배(1:7; 5:13)로부터 복술을 행하고(5:12), 사기를 행하고(6:11), 거짓말하며(6:12), 부모를 경멸하고(7:6), 살인하는 것이다(7:2).

선한 것

하나님의 요구와 너무도 동떨어진 삶을 추구하는 자기 백성에게 진정으로 하나님이 원하시는 것은 '선한 것' 이다. 그것은 공의를 행하고 인자를 사랑하며 겸손히 하나님과 행하는 것이다(6:8). 달리 말하면 하나님과 더불어 사는 법률적-윤리적-종교적인 삶을 뜻한다. 이것은 사회, 종교 전반이 타락한 이스라엘과 유다의 회복을 위해서 가장 절실하게 요구되는 핵심 사항이다.

메시아 왕국

미가는 메시아의 왕국과 관련해서 메시아의 오심을 구체적으로 묘사하고 있다(5:1-8). 메시아의 탄생을 예고하는 부분에서 그 장소가 예루살렘이 아니라 베들레헴으로 나타난 것이 특이하다. 동방박사들은 이 부분의 예언을 보고 왕이 베들레헴에 탄생했다고 했다. 예루살렘은 다윗 왕 때부터 유다 왕들의 본거지였다. 그러나 그리스도의 왕권은 전적으로 새롭게 시작된다. 열왕들과는 다른 차원의 통치가 이루어질 것임을 예고하고 있다. 미가는 그 나라의 특징을 자기 시대의 이미지로 표현했다. 메시아 왕국의 특징은 안식(5:4), 평화(5:5), 풍요(5:7) 그리고 권세와 권력(5:8, 9)이다. 이 특징은 율법 준수와 맞물려 있다(5:12-14).

5. 구속사적 메시지

미가의 선포는 야웨와 이스라엘 간의 유대를 출발점으로 삼는다. 하나님은 인상적인 현현을 통하여(1:3-4) 그의 백성과 변론을 요청하며(2:8; 6:2) 은혜의 역사를 상기시키고(6:3; 7:20) 진노를 발하셨다(1:5). 그들의 죄는 '야웨께서 우리 중에 계신다' 는 거짓된 평안(3:11)과 사마리아와 예루살렘의 그릇된 제의(1:5; 5:12-14)와 사회생활의 죄(2:1-2; 2:9; 3:1; 3:9) 등 전반에 나타났다.

미가를 통한 하나님의 심판은 야웨의 날로 나타나는데 그것은 공의로 보응하는 성격을 띤다(2:5; 3:6; 6:14). 사마리아에 대한 심판에 이어서 유다의 심판도 선포한다. 미가는 그 방법에 있어서, 주전 701년에 산헤립이 유다를 침략하여 포위할 것을 예언한 이사야와 똑같이 예언했다. 미가서에도 예루살렘 멸망에 관한 예언이 있다(3:12). 이것은 예레미야 시대에도 잘 기억할 수 있었다(렘 26:18). 그는 바벨론 포로에 대해서 4:9-13에서 많은 말로 이야기 했다.

동일한 하나님은 또 친절하시다(2:7; 6:3; 7:5, 6, 18-20). 그 하나님은 공법을 세우기를 요구하신다. 미가 또한 공의를 요구한다. 미가의 전형적인 것은 '선한 것' 이란 말에 요약되어 있다(3:2; 6:8). 이것은 공의를 행하고 인자를 사랑하며 하나님과 겸손히 행하는 것인데 하나님과 동행하는 삶을 기초로 하여 법을 존중하고, 도덕적으로 고매한 삶을 사는 것이다.

구원에 대한 미가의 예언은 시온 중심으로 나타난다(4:1-5). 이와 관련하여 포로귀환에 대해서도 언급되었다(2:12, 양떼, 4:8; 남은 자, 7:18). 구원의 메시지는 메시아가 베들레헴에서 탄생하실 것이라는 예언에서 절정을 이룬다(5:1).

6. 특기사항

남은 자의 회복

하나님의 심판이 끝나면 하나님은 자기 백성 중 남은 자를 양떼 같이 모으실 것이다(2:12). 하나님은 그들의 왕으로서 그들 앞서 가서 인도하여 성문을 나가게 할 것이다(2:13). 이것은 주께서 남은 자를 모을 장소를 가리키지 않는다. 이 장소는 바벨론이고 포로에서 돌아오는 것으로 이해하는 자도 있고, 이 장소가 예루살렘이고 주전 701년 산헤립이 침공하기 전에 사람들이 예루살렘으로 피신한 사건과 관련된다고 하는 자도 있다. 그러나 앞 절과 관련해서 볼 때 이곳은 포로로 있던 바벨론으로 보는 것이 타당성이 있어 보인다. 남은 자는 포로에서 새로운 공동체인 예루살렘으로 돌아오는 자들이지 일시적인 피난을 위해서 오는 것이 아니다. 이것은 이사야가 바벨론에서 예루살렘으로 돌아오는 것을 출애굽에 비유한 것과 같다. '길을 내는 자' 는 적의 성벽을 부수고 포로된 자들이 나올 수 있도록 하신다는 것이다(사 49:9). 제2출애굽은 이런 식으로 이루어진다(사 52:11-12; 55:12).

시온의 미래

시온이 미래에 높아질 것이라고 하는 말(4:1-5)은 '시온은 갈아엎은 밭이 되고 예루살렘은 무더기가 되고 성전의 산은 수풀의 높은 곳이 되리라' (3:12)라는 놀라운 선언에 곧 이어서 나타나는 것이 특이하다. 비록 성전이 파괴된다할 지라도 그 곳이 놀랍게 회복되어 모든 민족의 예배 중심지가 된다는 것을 강조하기 위해서 이 구원의 예언은 일부러 심판의 예언 바로 뒤에 배치했을 것이다. 말일에 나타날 시온의 회복은 하나님의 산이 모든 산 위에 우뚝 솟고 모든 민족이 하나님을 경배하는 것으로 표현된다. 또한 예루살렘이 말씀의 중심지가 될 것이고 평화만 있을 것이다. 이 구절은 이사야의 예언과 병행을 이룬다(사 2:1-4). 이 종말론적 예언은 구속사의 세 단계에서 성취될 것이다: 포로귀환, 그리스도의 사역의 성취, 새 하늘과 새 땅의 도래.

나훔

1. 제목과 기록목적

본서의 제목은 1:1의 '나훔의 묵시'에서 선지자의 이름(*naḥūm*)을 따라 붙였다. 그 이름은 '위로'란 말이다. 이 위로는 주권적이시고, 공의로우신 하나님께서 죄악이 관영한 앗수르를 심판하심으로써 나타난다. 따라서 나훔서의 기록목적은 이스라엘의 대적인 니느웨에 대한 임박한 심판을 선언함으로써 유다를 위로하기 위함이다.

2. 구조와 내용분류

a. 인내와 능력(1)
b. 니느웨에 대한 하나님의 공격(2)
c. 니느웨의 포로에 대한 원인과 확실성(3)

3. 역사적 배경

나훔의 예언은 니느웨가 바벨론과 메대의 군대에 멸망당하기 전에 선포되었다. 나훔 선지자는 므낫세 통치기간(주전 697-642년)에 예언했다. 앗수르 왕 아슈르바니팔은 므낫세를 애굽원정을 지원하는 유다의 봉신으로 세웠다. 므낫세는 공식적인 앗수르 종교의식과 다른 이교적 의식을 유다에 끌여 들였다(왕하 21:1-18). 앗수르는 고대근동의 패권을 잡고 아슈르바니팔은 잔인한 군사적 만행을 감행했다.

4. 신학적 주제

심판을 통한 위로

하나님은 보복하는 분인(1:2) 동시에 회복하시는 분이시다(2:2). 니느웨의 군사활동은 하나님에 대한 공격이자(1:9, 11) 이스라엘을 심판하는 도구가 되었다(1:12). 그래서 하나님은 그 공격 때문에 그 성읍을 심판하시고 그 백성의 징계를 마무리하려 하신다. 하나님은 권능이 크신 분이시기 때문에(1:3), 그 일을 하실 수 있다. 나훔은 심판의 책이지만 그 심판이 자기 백성에 대한 위로와 사랑이 된다.

하나님의 질투와 인내

하나님은 질투하시며 보복하시고, 동시에 노하기를 더디하는 분이시다(1:2-3; 출 34:6-7). 히브리어 '질투'(1:2)에 해당하는 단어가 때로는 '열심'으로 번역된다(출 20:5; 사 9:7; 59:16-21; 욜 2:18). 출애굽기 34:6-7의 단어는 시내 산에서 모세에게 주어진 것인데 이스라엘과 열국에 대한 보호와 심판을 뜻하는 양날 검이 되었다.

성읍들과 하나님의 통치

성경에 나타나는 멸망한 도시들은(바벨, 소돔, 고모라, 여리고, 니느웨, 바벨론) 하나님의 통치를 거스르는 모든 도시를 요약한 것이다. 예루살렘조차도 하나님을 거스를 때는 멸망당했다. 반대로 하나님의 통치를 받아들이는 새 예루살렘과 같은 도시는 하나님의 영광과 복이 가득할 것이다. 니느웨조차도 그들이 회개할 때 일시적으로 심판을 면했다.

5. 구속사적 메시지

나훔은 하나님을 열방의 하나님으로 제시한다. 그 하나님께서 죄악이 관영한 앗수르를 심판하신다는 것이다. 선지자는 처음부터 질투하시며, 보복하신다는 하나님의 속성과 관련된 심판의 근거를 강하게 제시한다. 그 하나님은 공의로 정당하게 보복하신다(신 32:43).

나훔은 니느웨가 철저하게 멸망당하는 모습을 생생하고도 박진감 있게 묘사한다. 한때 열국들을 먹이로 삼던 사자 앗수르가 이제는 신세가 뒤바뀌었다(2:11, 12). 실제로 앗수르는 주전 612년 멸망했다. 억압받던 유다는 회복될 것이다(2:2).

열국에 대한 니느웨의 죄(3:1-4)는 돌이킬 수 없는 것으로 하나님의 심판을 초래했다. 그 도성은 음녀가 당하는 형벌에 처해지며(3:5-7), 이 멸망은 역사적으로 상 이집트의 수도 테베스(노아몬)가 무너진 것을 상기시키는 데서 더욱 분명해진다(3:8-10). 이것은 피할 수 없는 심판임을 강조한다.

하나님은 이 세계에 관심을 가지시고 죄를 심판하신다. 하나님의 관점은 공의에 있다: "야웨는 노하기를 더디하시며 권능이 크시며 벌받을 자를 결코 내버려두지 아니하시느니라"(1:3). 하나님은 역사의 주관자이시며 역사는 하나님의 활동무대이다. 나라의 운명은 공의로우신 하나님의 장중에 달려 있다.

6. 특기사항

앗수르의 붕괴

약 삼백 년 동안 매우 강력한 제국이었던 앗수르가 몰락하는 데는 내부적인 분쟁과 외부적 침략이라는 복합적인 요인이 있었다. 주전 627년 아슈르바니팔이 죽자 그의 아들 아슈르에텔일라니가 후계자로 지정되었지만 다른 아들 신샤르이스쿤이 반대하여 불화가 심화되었다. 아슈르바니팔이 세운 칸달라누가 주전 627년에 사라져서 정치적 혼란이 커졌다. 이때 앗수르는 바벨론에 대한 통치권을 잃었다. 주전 626년에 앗수르의 관료였던 나보폴라살 아래서 토착 왕조가 일어나고 주전 616년까지 나보폴라살은 바벨론 지역에 대한 통치권을 장악했다. 한편 아슈르바니팔이 엘람을 침공할 공백기에 서부 이란에서 메대가 강한 군주국을 형성하여 주전 615년 앗수르의 본토를 침공하였고 바벨론과 동맹을 맺었다. 주전 612년 스키티아인과 같은 민족들의 도움으로 메대와 바벨론 연합군은 수도 니느웨를 침공하여 함락시켰다. 바벨론 왕은 바벨론을 파괴한 산헤립에 대한 복수로 니느웨의 불탄 재를 가지고 고향으로 돌아갔다. 니느웨 심판에 대한 나훔의 예언은 이런 역사적인 과정을 통하여 성취되었다.

테베스(노아몬)와 니느웨

나훔은 니느웨의 함락을 애굽의 수도였던 테베스와 비교하고 있다(3:8-10). 특별히 두 가지 점에서 비교를 하는데, 그것은 두 수도의 입지 조건과 힘을 언급했다. 테베스는 나일강을 끼고 있으므로 물이 둘렀고 바다가 성루가 되어 방어벽을 형성하고 있어서 침공이 불가능한 도시였다. 그것은 니느웨와 비슷한 입지조건이다. 니느웨는 티그리스강과 많은 운하에 둘러싸여 있었서 공격이 어려워 보인다. 애굽은 구스와 함께 다른 동맹군을 두고 있어서 힘으로 그를 제압할 나라가 없을 정도였다. 마찬가지로 앗수르 제국은 당시 대적할 나라가 없었다. 그럼에도 불구하고 막강한 힘을 가진 테베스도 앗수르에 함락되어, 포로가 되어 사로잡혀 갔고 그 어린아이들은 학살을 당하고 귀족들이 흩어지고 그 통치자들이 사슬에 결박되었다(3:10).

이 비교는 두 제국의 힘을 비교하는 것이 아니라 인간의 힘이 하나님의 진노 앞에서는 아무 것도 아니라는 점을 강조한다.

하박국

1. 제목과 기록목적

본서의 제목은 1:1의 선지자 하박국($ḥ^{a}$ *ḇaqqūq*)을 따라 붙였다. 그 이름은 '포옹' 이란 뜻이다. 그의 예언은 도덕적 악에 대한 하나님의 공의로운 심판을 통하여 세상의 악의 존재에 대해서 경건한 사람의 태도가 어떠해야 하는지를 보여준다. 하박국서는 이스라엘이 죄로 말미암아 가장 암울했던 한 시기에 위로와 희망을 주기 위해서 기록되었다.

2. 구조와 내용분류

a. 하나님의 구원을 기다리는 하박국의 탄원(1:1-4)

b. 하나님의 외적인 구원의 도구(1:5-11)

c. 악의 지속성에 대한 하박국의 질문(1:12-2:1)

d. 의인의 구원과 심판의 확실성에 대한 하나님의 응답(2:2-20)

e. 하박국의 반응: 기도와 찬양(3:1-19)

3. 역사적 배경

북이스라엘은 이미 앗수르에게 망하고 남유다는 바벨론에 의해서 나라의 반은 잠식을 당한 상태에 있었다. 주전 605년 바벨론은 남쪽의 진군을 막던

애굽 군대도 파괴해버렸다. 이런 상태에서 하박국 선지자는 요시야, 여호아하스와 여호야김 시대에 예언한 것으로 보인다(주전 640-597년).

4. 신학적 주제

의인은 그의 믿음으로 말미암아 살리라

악인의 형통과 그들의 압제 그리고 의인의 고통이라는 이해할 수 없는 현실 가운데 하박국의 메시지는 의인은 믿음으로 보존될 것이라는 것이다.

'의인은 그의 믿음으로 말미암아 살리라' 는 이 친숙한 글귀는 하나님의 자녀들이 어떠한 어려움 가운데서도 인내하도록 격려한다(2:4; 롬 1:17; 3:21-29; 갈 3:11). 의인의 희망은 하나님의 의롭고 영광스러운 왕국의 완전한 성취에 있다. 이 희망은 하나님의 약속에 의해서 확정된다. 하나님은 악한 압제자로부터 자기 백성의 완전한 구속을 약속하셨다(2:6-20).

하박국의 기도

마치 시편과 같이 선지서에 이런 찬양의 내용이 나오는 것은 특이하다. 하박국은 주의 일이 수년 내에 나타날 것을 기도하며(3:2), 하나님의 계획을 찬양하고, 그를 신뢰했다(3:17-18).

하박국은 하나님의 의를 깨달아 하나님께서 물질적인 복을 허락지 않으신다고 해도, 그 분은 여전히 찬양받기에 합당하신 분이라는 것을 알았다. 이것은 하나님의 공의로운 통치와 주권적인 행위를 인정하고 그분을 의지하는 것이 중요하다는 것이다. 그래서 이 기도는 믿음으로 사는 의인이 궁극적으로 승리한다는 확신을 준다.

5. 구속사적 메시지

하박국은 백성 중의 악인들에 대한 하나님의 징계가 지연되는 것을 호소하자(1:2-4) 하나님은 바벨론이 행악하는 자들에 대한 심판을 곧 가져올 것으로 대답하셨다(1:5-10). 그렇지만 이 답변은 악한 자와 하나님의 징계에 대한 의문을 남겼다(1:12-17). 어떻게 하나님께서 악한 자들이 자기보다 의로운 자들을 집어삼키도록 허락하실 수 있는가라는 것이다. 그러나 하나님은 바벨론의 오만과 야만성도 심판받을 것이라고 하셨다(2:6-20). 악의 현존 가운데서 의인의 태도는 믿음으로 사는 것이다(2:4). 이것은 바울을 통해서 잘 알려졌다(롬 1:17, 갈 3:11). 악이 심판을 받고 세상은 하나님의 영광을 아는 것으로 가득찰 것이다(2:14). 모든 일이 점점 악화되는 것같이 보여도 하나님은 여전히 통치하신다.

하박국은 주의 일이 수년 내에 나타날 것을 기도하며, 진노 중에서도 자비를 잃지 말 것을 구한다(3:2), 그는 용사로 오셔서 열국을 심판하시는 하나님의 현현을 묘사하며 과거에 자기 백성을 위해서 행하신 일에 대해서 확신을 하며 자기 백성이 당하는 환난을 인내하며 기다린다(3:16). 그런 중에 그는 하나님의 계획을 찬양하고, 그를 신뢰할 수 있었다(3:17-18). 하박국은 하나님의 의를 깨달아 하나님께서 물질적인 복과 상관없이 찬양받으시는 분이라고 고백한다. 이것은 하나님의 주권적인 행위를 인정하고 그 분을 의지하는 것이 중요하다는 메시지를 준다.

6. 특기사항

하박국의 간구

선지자의 간구는 세 가지다(3:2). 그것은 생명을 보존하는 것과 주의 일을 알리는 것과 주의 자비를 기억해 달라는 것이다. 하박국은 하나님의 일이 이 땅에서 성취되기를 원한다. 그것은 역사의 과정에서 믿음의 눈으로 볼 수 있는 출애굽과 같은 구원의 일이다. 그것은 과거의 하나님의 일에 근거하여 현재에도 그 일을 수년 내에 새롭게 이루어 달라는 간구였다. 하박국은 하나님께서 과거에 애굽에 행하신 것처럼 바벨론의 폭군으로부터 새로운 구속의 역사를 이루어 달라고 간구했다. 그리고 이 일을 모든 사람이 경험하고 알 수 있도록 나타내어 달라고 했다. 그러면서 진노 중에라도 긍휼을 잃지 말라고 간구했다. 이 진노는 바벨론을 통한 자기 백성에 대한 심판이 될 것이고, 긍휼은 이스라엘이 진노를 당하는 중에도 자비를 보여달라는 간구가 될 것이다. 그래서 그 심판은 징계의 성격을 갖게 될 것이다. 하박국은 하나님의 일을 새롭게 하기를 원했지만 먼저 예루살렘에 대한 심판이 있은 후에 출애굽과 같은 하나님의 구속을 경험하게 될 것이다(사 10:12).

하박국의 기쁨

하박국은 하나님께서 바벨론 군대를 보내어 유다를 약탈할 것이라는 소식을 듣고 몹시 떨었다. 그는 분명히 거기에 대한 실제적인 공포를 느꼈을 것이다. 그렇지만 그런 상황 가운데서도 하박국은 기쁨의 은사를 받았다. 이것은 단순한 자포자기 상태를 의미하지 않는다. 본문은 우리가 슬픔으로 부르짖는 상황에서도 하나님 안에서 기뻐해야 한다고 가르친다. 이미 난폭한 일이 일어날 것이라는 경고를 받았지만 그는 하나님이 주시는 거룩한 기쁨을 경험했다. 그의 기쁨의 대상은 구원의 하나님이었다. 때로는 역사가 어떻게 진행될지 모를 것 같이 여겨지지만 하나님은 궁극적으로 역사를 붙들고 계시고 그 끝을 아신다.

그래서 물질적 번영에 대한 모든 상징이 사라진다고 할지라도 그것은 살아계신 하나님으로부터 오는 기쁨과는 비교할 수 없었다.

스바냐

1. 제목과 기록목적

본서의 제목은 첫 절에 나타나는 선지자 스바냐(*ṣ^e fanyā*)의 이름을 따라서 붙였다. 그 이름은 '야웨가 감추신 자'란 뜻이다. 스바냐서의 목적은 야웨의 날이라고 하는 임박한 우주적 심판을 경고하고 하나님의 백성 중 남은 자가 회개하고 보호받도록 하기 위함이다.

2. 구조와 내용분류

a. 야웨의 날의 심판: 온 땅, 유다, 주변국, 예루살렘(1:1-3:8)
b. 야웨의 날의 회복: 남은 자의 회개에 대한 약속(3:9-20)

3. 역사적 배경

히스기야(주전 728-686년)가 죽은 이후 요시야의 통치까지(주전 612년) 유다 왕국의 영적인 상태는 악화일로를 걸었다. 주전 627년 요시야는 유다와 예루살렘에서 종교개혁을 시작했다(대하 34:3). 이 사역은 스바냐, 예레미야와 나훔 선지자의 사역의 영향이었다. 이 시기에 유다는 외국의 간섭을 받지 않았지만 신속한 바벨론의 팽창에 직면할 수밖에 없었다. 이 바벨론의 침략의 위협은 스바냐의 심판예언의 정치적인 배경이 되었다.

4. 신학적 주제

우주적 심판

'내가 땅 위에서 모든 것을 진멸하리라'는 심판에 대한 스바냐의 예언은 노아시대의 심판을 연상케 한다(1:2-3). 그것은 사람과 짐승, 공중의 새와 바다의 고기와 같은 피조물이 멸말당하기 때문이다. 유다의 죄는 세 가지로 요약된다: 우상숭배(1:4-6), 지도자의 사악한 행위(3:3-4), 백성의 안일한 태도(1:12-13)와 교만(2:3). 이 심판의 날에 블레셋, 암몬, 모압, 구스, 앗수르와 같은 열방도 심판의 대상이 된다(2:4-15). 이 나라들은 교만하여 하나님의 백성을 훼방했기 때문이다(2:10, 15).

남은 자에 대한 희망

하나님의 임박한 심판 가운데서 교만에서 돌이키고 하나님을 의지하는 자는 보호를 받는다(3:11, 12). 겸손하게 하나님을 의지하는데 소망이 있다. 소망의 극치는 하나님의 일방적인 사랑에서 나타난다(3:17). 하나님은 그들과 함께 하시고, 구원을 베푸시는 전능자시다. 그분은 자기 백성을 얼마나 사랑하시는지 노래를 부르며 기뻐하실 정도다. 이 희망이 야웨의 날의 심판과 대조를 이룬다.

5. 구속사적 메시지

스바냐는 요시야 시대에 사역했지만 요시야의 개혁 이전이었다. 그의 선포는 므낫세와 아몬의 악한 통치의 결과로 도덕적 종교적 상황이 어찌나 심각했던지 마치 노아 시대의 타락을 연상케하는 심판으로 시작한다(1:2-3). 심판의 설교(1:2-6)는 선지자로 하여금 궁극적인 심판 즉 야웨의 날(1:7-3:20)로 이끌어 가는데, 이 날은 '마지막 날'에 인간의 행위들에 의해 촉발될 것이다. 비록 스바냐서가 그 날을 다루는 유일한 책은 아니지만(cf. 사 2장; 렘 46-51장; 겔 7장, 욜 2장), 다른 어디서도 여기서처럼 책을 하나로 묶는 신학적 주제로 사용하고 있지는 않다.

스바냐는 이 날의 두 가지 측면을 보여주는데, 복된 희망으로서뿐만 아니라 징계하는 심판의 때로도 나타난다. 언약을 지키지 못한 유다에 그 징계가 임할 것이다. 우상숭배(1:4-6), 유다의 지도자(3:3-4), 유다의 안일함(1:12-13)과 교만(2:3)이 특별히 정죄된다.

이 날은 열방도 심판으로부터 자유롭지 못하다(2:4-15). 특별히 나라들은 교만하여 하나님의 백성을 훼방했기 때문이다(2:10, 15).

만일 이스라엘이 스스로 겸비하고 교만에서 돌이킨다면 희망이 주어진다(3:12). 이스라엘(3:13-17)과 열방(3:9)을 향한 미래의 복뿐만 아니라, 이스라엘을 향한 즉각적인 축복도 있다(2:3). 17절에 나타난 하나님의 일방적인 사랑의 표현은 최고의 복음이라고 할 수 있다. 국가적이고 사회적이고 개인적인 희망은 단지 겸손이라는 맥락에서만 주어질 수 있다. 교만과 희망은 결코 공존할 수 없는 것이다. 스바냐의 결말(3:20)은 그의 메시지의 신적인 권위와 더불어 자기 백성에 대한 하나님의 위로의 확실성을 강조하기 위한 것이다.

6. 특기사항

백성의 죄

특정한 우상숭배의 죄

유다 백성은 야웨 하나님을 찾지 않고 바알과 그마림이란 우상과 말감(몰렉)과 하늘의 뭇별을 섬겼다(1:4-6).

유다의 안일함과 무관심의 죄

그들은 '야웨는 복도 내리지 아니하시며 화도 내리지 아니하시리라' 고 하면서 포도 찌꺼기같이 갈아 앉은 상태에 있었다(1:12–13). 하나님의 은사에 대한 관심과 심판에 대한 경각심이 없는 무사안일한 태도가 책망의 대상이 되었다.

유다의 지도자들의 범죄

지도자는 포악한 정치를 하며 백성을 착취하고 재판장들은 굶주린 이리와 같고 선지자는 간사하고 제사장은 이교적인 관행으로 성소를 더럽히며 율법을 범했다(3:3–4). 하나님의 백성을 언약 안에서 보호해야 할 직분자들이 타락하여 사회적, 종교적 죄가 극에 달했다.

"야웨의 규례를 지키는 세상의 모든 겸손한 자들아 너희는 야웨를 찾으며 공의와 겸손을 구하라 너희가 혹시 야웨의 분노의 날에 숨김을 얻으리라"(2:3).

이 구절에서 겸손한 자들은 소수의 남은 자에 해당한다. 이 말은 대다수의 백성은 교만해서 하나님의 진노의 대상이 되었다는 것이다.

스바냐의 복음

남은 자에 대한 '스바냐의 복음' 은 놀랍다. "너의 하나님 야웨가 너의 가운데에 계시니 그는 구원을 베푸실 전능자이시라 그가 너로 말미암아 기쁨을 이기지 못하시며 너를 잠잠히 사랑하시며 너로 말미암아 즐거이 부르며 기뻐하시리라"(3:17). 이 구절에 들어 있는 약속의 내용은 임마누엘 사상, 구원, 기쁨, 사랑, 백성에 대한 사랑의 노래이다. 하나님은 자기 백성과 함께 하시며 전능하신 전사로서 그 백성을 구출하시고 자기 백성에 대한 말로 표현할 수 없는 사랑과 기쁨을 못 이겨서 노래를 부를 정도라면, 이것은 구약에 나타나는 복음 중의 복음이라고 할 수 있을 것이다.

학개

1. 제목과 기록목적

본서의 제목은 선지자 학개(*ḥaggay*)의 이름을 따른 것이다. 그 이름은 '축제' 라는 뜻이다. 이 메시지의 목적은 게으른 유다 지도자와 백성이 성전건축에 대한 자신의 영적 책임을 일깨워주기 위함이다.

2. 구조와 내용분류

a. 유다 지도자들에 대한 메시지: '내 집과 너희 삶이 황폐하다' (1:1-11)
b. 백성의 반응: 재건축 시작(1:12-15)
c. 새 성전에 대한 메시지: '내가 너희 삶을 변화시킬 것이다' (2:1-9)
d. 저주에 대한 말씀: '내가 복으로 대치할 것이다' (2:10-19)
e. 스룹바벨에 대한 약속; '내가 내 지도자를 지킬 것이다' (2:20-23)

3. 역사적 배경

학개의 역사적 배경은 에스라 1-4장이다. 포로 귀환한 자들이 주전 536년에 성전을 다시 재건하기 시작했지만(스 3:8), 그 지역의 반대로 공사는 중단되었다(스 4:1-5, 24). 다리우스 2년 (주전 520년)에 다시 공사를 시작했는데, 이것은 학개를 통한 하나님의 말씀에 의해 촉발된 것이다(1:14-15). 공사는 516년에 끝났는데(스 6:15), 이것은 이전의 성전이 주전 586년에 파괴된 지 꼭

70년 만의 일이다(렘 25:11, 29:10).

4. 신학적 주제

남은 자

남은 자는 '남은 자가 돌아오리라'는 이사야의 아들 스알야숩의 징조가 생생하게 성취된 것이다(사 6:11-13; 7:3; 10:21; 11:11). 하나님께서 귀환에 대한 약속을 성취하셨지만 그 민족은 여전히 순종할 임무가 있었다. 포로에서 돌아오는 진정한 귀환은 단순히 본토로 돌아오는 것이 아니라 하나님께로 돌아오는 것이다(2:17; 암 4:9). 회복이란 순종의 의무를 벗어나거나 하나님과의 관계에서 벗어나는 것이 아니라 하나님과 새로운 관계에 들어가는 것이다.

성령의 임재

'나의 영이 계속하여 너희 가운데에 머물러 있나니'(2:5)란 말은 신약의 선언에서 성취되었다(마 28:20; 계 21:3). 주의 날에 하늘의 권능이 흔들릴 것이다(2:6; cf. 마 24:29; 눅 21:26; 히 12:26). '마음을 감동시키는 것'(1:14)은 성령께서 백성의 마음을 움직여서 자신의 뜻을 수행하도록 하는 것이다(cf. 출 36:1-2; 대상 5:26; 대하 21:16; 36:22; 스 1:5). 그것은 구체적으로 성령의 능력을 받아서 하나님의 성전을 건축하는 일이다.

하나님의 백성의 풍요

학개 2장 전반부는 칠월에 받은 계시다(2:1-9). 이 시기와 계시의 내용은 조화가 된다. 7월 1일은 나팔절, 10일은 대 속죄일, 15-23일은 장막절이다. 특별히 장막절은 이스라엘이 출애굽한 후 광야에서 받은 하나님의 보호를 기념한다. 하나님은 장막절 기간에(21일) 이스라엘의 출애굽과 포로에서 귀환한 이스라엘을 비교하셨다(2:5-6). 이것은 하나님이 애굽을 흔들고 자기 백성을 부요케 하셨듯이 세계를 흔들고 이스라엘을 회복시키고 그 왕에게 번영을 주실 것이라는 의미가 있다.

다윗의 보좌에 대한 희망

학개서는 다윗 계열의 왕에 대한 희망으로 끝난다(2:20-23). 그 왕은 범민족적인 권위를 가지고 위에 앉은 것이다(cf. 렘 22:24). 여기서 하늘과 땅을 진동시킨다는 표현은 백성의 마음을 감동시켜서 하나님의 일을 하도록 하는 것과 같은 이후의 신학적 발전을 위한 근거가 된다. 성전에 대한 더 큰 영광(2:1-9), 새로워진 성전으로 인한 더 큰 복(2:10-19), 더 큰 왕(2:20-23)에 대한 내용이 이어진다.

5. 구속사적 메시지

주전 520년 4개월 동안 3일간 하나님의 말씀이 선지자 학개에게 다섯 번 임했다. 이 모든 예언은 학개를 통해 왔고, 각각의 경우 특정한 사람에게 선포되었다. 이 예언의 말씀에서, 하나님은 성전건축에 관심이 없는 백성의 눈을 열어, 그들이 회개하고 순종하도록 격려하시며, 그리고 그 결과로 복을 약속하셨다. 하나님께서는 환경적이고 정치적인 변동으로 인해 그의 성전이 하나님의 영광으로 가득 채워질 것이며, 그의 지도자들은 다가오는 소동 중에서도 안전하게 보호받을 것을 약속하셨다(2:6-7, 22-23). 특별히 스룹바벨을 택하셨다는 하나님의 확정적 선택은 하나님의 영원한 계획 속에 있던 구속사를 이어가는 중요한 맥이 된다(2:23).

6. 특기사항

우선순위

포로에서 귀환한 자들에게 대한 하나님의 말씀은 '이 전이 황폐하였거늘 너희가 이 때에 판벽한 집에 거하는 것이 옳으냐' 는 것이다(1:4). 이 수사의문문에 나타난 '판벽한 집' 이란 화려한 집이 아니고 그냥 지붕이 있는 집으로서 황폐한 하나님의 성전과 대조를 이루고 있다. 자기 일에 바쁘고, 자기 일에 관심을 가지면서 하나님의 일에 무관심한 백성에 대한 책망은 호된 것이다. 그들은 자신의 집을 짓고, 곡물을 경작하고 자신의 안녕을 위해서 많은 노력을 했음에도 불구하고 그들의 수고는 만족이 없는 헛수고였다(1:6). 하나님은 그들을 '이 백성' 이라고 부르면서(1:2) 하나님의 일에 우선순위를 두지 않는 백성에게 언약에서 약속한 저주를 내리셨다(1:9-11; 신 28:23-24; 38-40, 48).

나라의 보배

'모든 나라의 보배가 이르리니' (2:7)란 말이 영어에서 크게 두 가지도 번역되었다. 몇몇 영어번역은 라틴어역을 따라서 '사모하는 것' (desideratus)이라고 번역했다(*KJV*, *NIV* 등). 이 번역에서 메시아적 해석이 나온다. 즉 모든 민족이 기다리는 메시아가 올 것이라는 것이다. 그런데 이 번역의 문제는 동사가 복수로 되어 있다는 것이다. 초기 기독교 주석가들이 이 해석을 선호했다. 그렇지만 문맥에 잘 맞지 않는다(2:8). 반면에 히브리어 단어 *ḥęmdā*를 '가치 있는 것' 즉 보배로 번역하는 역본도 있다(*RSV*, *ESV* 등). 이것은 이방인들이 하나님께 존경을 표하면서 그들의 재물을 가져옴으로써 하나님의 목적을 성취하는데 한 몫을 한다는 것으로 해석된다. 이들의 값진 선물은 물질이 부족했던 성전을 장식하는데 도움이 될 것이다. 이 헌신으로 성전에 하나님의 영광이 충만하게 될 것이다.

스가랴

1. 제목과 기록목적

본서의 제목은 선지자 스가랴(z^e *ḵaryā*)의 이름을 따른 것이다. 그의 이름은 '야웨께서 기억하셨다' 는 뜻이다. 가장 큰 주제는 정상적인 기능을 가진 성전의 필요성과 백성의 마음이 모세의 언약으로 돌아오는 것이다. 이 두 주제를 중심으로 희망과 심판에 대한 다양한 환상이 주어졌다. 스가랴서는 택한 백성을 다루시는 하나님의 미래의 상세한 그림을 제공하기 위하여 기록되었다.

2. 구조와 내용분류

a. 회개 요청: 너희 조상들처럼 행하지 말라(1:1-6)
b. 여덟 개의 환상: 하나님의 집에 대한 보호(1:7-6:15)
c. 포로후의 사고: 슬픔에서 기쁨으로 전환(7:1-8:23)
d. 성전 준공 이후의 메시지: 양 떼와 이스라엘의 승리(9:1-14:21)

3. 역사적 배경

스가랴는 학개와 함께 성전재건을 위해서 백성을 격려했다(스 5:1-2). 선지자는 그리스를 페르시아에 위협적인 존재로 보았고, 그 예언은 스가랴 시대와 잘 어울린다. 주전 520년부터 그리스는 다리우스에게 지속적인 화근이 되었고 주전 500년에는 이오니아 대반란이 일어났다. 주전 490년에 다리우스는 이오니아 폭동을 진압하지만 이후에 마라톤(주전 490년)과 살라미스에서 패했다(주전 480년).

4. 신학적 주제

성전건축의 필요성

하나님은 예루살렘을 세계의 중심으로, 성전을 자신의 왕적인 거처로 재건할 것을 약속하셨다. 여덟 개의 환상을 포함하는 1-8장의 내용도 개인적인 회개와 성전 재건을 독려하기 위해서 기록되었다. 예루살렘 성전을 중심으로 하나님의 우주적 통치가 이루어지기 위해서 백성은 모세의 언약으로 돌아와서(1:3-6), 성전중심의 예배를 회복시켜야 했다.

메시아 예언과 사역

스가랴는 메시아의 첫 번째 도래와 두 번째 도래에 대해서 언급하고 있다. 메시아는 하나님의 종(3:8), 순(3:8), 돌(3:9) 그리고 목자(13:7)로 묘사되었다. 그리스도의 오심에 대한 예언은 예수께서 나귀를 타시고 예루살렘으로 입성하는 것(9:9)과 이스라엘에서 거절당하는 것(11:1-17), 손과 발에 찔리는 것(12:10)과 십자가의 사역(13:1)이다. 이것은 메시아의 통치의 시작을 의미한다. 그리고 이스라엘의 회개(13:1-9), 메시아에 의한 이스라엘 대적의 멸망(14:3, 12-15), 예루살렘의 회복(14:8-11, 16-21)과 시온에서 약속된 메시아가 통치하는 것(14:9)은 메시아의 두 번째 오심과 관련된 것이다. 스가랴는 이렇게 메시아의 사역을 다각적으로 아주 분명하게 보여준다.

5. 구속사적 메시지

스가랴는 아마도 주전 538년에 바벨론에서 예루살렘으로 돌아왔을 것이다. 그는 학개(주전 520년)보다 몇 달 늦게 예언을 했는데(스 4:24-5:2; 6:14), 스가랴는 스룹바벨의 지도 아래 성전이 완성되는 것에 대해 많은 강조를 하였다(4:9-10, 6:12).

그 과정에서 스가랴는 귀환한 유대인들을 향해서 조상들을 본받지 말고 하나님의 언약으로 돌아오라고 외쳤다(1:3-6). 그는 여덟 개의 환상을 통하여 남은 포로가 돌아오고(1:7-17), 열국의 권세가 꺾일 것이며(1:18-21), 예루살렘이 다시 선택되고(2:1-5), 여호수아가 정결케 되어 대제사장이 될 것이고(3:1-5), 스룹바벨이 성전을 완공할 것(4:1-14)과 그 땅을 정결케 하며(5:1-11), 세상의 만국을 심판하는 하나님의 왕권을 보여주면서(6:1-8) 하나님의 뜻을 전달했다. 즉 하나님께로 돌아와서 언약에 신실한 삶을 살면 이 모든 것이 이루어진다는 것이다. 역사적 인물인 스룹바벨(통치자)과 여호수아(대제사장)는 성전과 그 예배를 회복시키는 인물로 언급되었다. 스룹바벨은 메시아를 묘사하는 단어로 쓰인 '싹' (3:8; 6:12)에 해당하는 인물이다.

스가랴의 나머지 예언도 형식은 다르지만 같은 내용을 표현하고 있다. 즉 하나님은 예루살렘과 유다를 열방을 통치하는 본부로 삼으실 것과 메시아가 자신의 통치권을 쥐기 위해서 하나님의 도성으로 승리의 입성을 할 것이라는 것을 다시 생생하게 선포했다(9:9-10; 14:16-19).

6. 특기사항

스가랴의 환상

첫째 환상은 땅을 순찰하고 그 땅의 상태에 대해서 보고하는 말 탄 자들이다.

이 환상을 통해서 하나님은 예루살렘과 시온을 위하여 질투하시는 하나님으로 나타나고 예루살렘에 하나님의 집이 세워질 것이고 그 도시가 번성할 것이라고 약속하셨다(1:7-17). 둘째 환상은 네 뿔과 네 대장장이에 대한 것이다. 네 뿔은 유다와 이스라엘과 예루살렘을 흩뜨린 나라들이고, 네 대장장이는 자기 백성을 압제한 나라들을 두렵게 하고 그 뿔을 떨어뜨릴 것이다(1:18-21). 셋째 환상은 손에 측량줄을 잡고 예루살렘을 측량하러 온 사람에 대한 환상이다. 예루살렘에 거민이 거할 것이고 하나님이 그 백성 가운데 거하실 것이다(2:1-5). 넷째 환상은 대제사장 여호수아에 대한 이상이다. 여호수아가 백성을 대표하여 그 죄를 제거하고 하나님의 집과 그 뜰을 다스릴 것이고 '내 종 싹'이 올 것이라는 것을 약속했다(3:1-10). 다섯째 환상은 일곱 등잔을 가진 순금 등대와 두 감람나무의 환상이다. 이것은 이상적인 공동체를 건설하는 것은 오직 하나님의 성령의 능력으로 가능하다는 것이다. 여기서 성전 재건의 임무가 스룹바벨과 여호수아에게 주어지고 그 일은 주의 능력으로 이루어질 것이라는 약속이 주어졌다(4:1-14). 여섯째 환상은 날아가는 두루마리에 대한 것이다. 이것은 언약의 저주가 언약 파기자에게 임할 것이다. 이들은 도적질하고 거짓 맹세하는 자들이다(5:1-4). 일곱째 환상은 에바에 앉은 여인과 두 여인이 이것을 나르는 광경이다. 여인이 나타나는 것으로 상징된 악이 바벨론으로 옮겨갈 것이라는 뜻이다(5:5-11). 여덟째 환상은 붉고, 검고, 희고, 아롱진 건장한 말들이 끄는 네 병거에 대한 환상이다. 검은 말과 흰 말들이 끄는 병거는 북쪽으로 가고, 아롱진 말들이 끄는 병거는 남쪽으로 갔다. 이것은 이스라엘을 압제하던 나라들에 대한 심판을 예언하는 것이다(6:1-8).

싹이라 이름하는 사람

스가랴에게 주어진 '싹'에 대한 예언은 메시아적인 내용으로서 일차적으로 역사적인 인물인 스룹바벨에 적용되어야 할 것이다. 이 '싹'을 스룹바벨과 여호수아 둘에게 적용시키면서 왕직과 제사장직을 동시에 수행하는 공동통치에 적용시킬 수도 있을 것이다. 그러나 상징적으로 묘사된 그의 역할을 볼 때 이 '싹' 이 구약의 역사적인 인물에 한정되는 것이 아니라는 것을 알 수 있다. 성전은 이미 완성단계에 있는데 이 내용을 당시의 역사에 다 적용할 수는 없을 것이다. 그는 그의 보좌에서 제사장이 될 것이고, 야웨의 성전을 짓고, 영광을 얻어 보좌에 앉아서 다스릴 것이요, 멀리서 온 사람들이 성전 건축을 도울 것이다. '싹' 이라는 이름으로 나타는 내용은 네 가지인데 왕(렘 23:5-6), 종(3:8), 사람(6:12), 야웨의 싹(사 4:2)이다. 이 메시아적 모습은 신약의 사복음에서 그리스도에 대해서 묘사하는 것과도 잘 어울린다. 신약에서 예수님은 대제사장인 동시에 왕으로 묘사되었다. 또한 멀리서 온 이방인들이 와서 그의 위엄을 인정할 것이다(행 2:39; 엡 2:13). 두 사이에 있을 평화의 논의는 그리스도의 왕직과 제사장직 사이에 있을 완벽한 조화를 의미한다(6:13). 메시아로 오신 예수님은 우리의 화평이 되신다. 하나님의 성전에서 대제사장이 왕관을 쓰는 것은 메시아 한 분에게서 왕직과 제사장직이 연합되는 것을 상기시킨다(6:11, 14). 이것은 '싹' 이 다윗 왕의 계보에서 나실 메시아에 대한 예언임을 보여준다.

말라기

1. 제목과 기록목적

본서의 제목은 선지자 말라기(*mal'āḵī*)의 이름을 따른 것이다. 그 이름의 뜻은 '나의 사자' 이다. 이 책의 기록목적은 유대인들의 영적 침체의 원인을 드러내면서 또 그 공동체가 거듭날 수 있다는 것을 알리면서 하나님과 그들의 바른 관계를 회복하도록 하기 위함이다.

2. 구조와 내용분류

말라기 예언의 문학적 특성은 변증법적이고 논쟁적인 문체를 썼다. 구조적으로는 전체 내용을 대칭구조 속에 배열했다: A(하나님의 사랑)–B(정죄)–C(하나님의 증언)–C' (하나님의 증언)–B' (정죄)–A' (하나님의 사랑).

a. 의심받는 하나님의 사랑(1:1–5)
b. 타락한 제사장직(1:6–2:16)
c. 정화된 레위 자손(2:17–4:3)
d. 의로운 자에게 회복된 언약적 순종(4:4–6)

3. 역사적 배경

아닥사스다 삼십이 년(주전 432년)에 느헤미야는 예루살렘을 떠나서 페르시아 왕을 방문했다(느 13:6). 유대인들은 정치적 공백상태에서 영적으로 해이해졌다(느 13:6-31). 말라기 선지자는 주전 516년 성전이 완공된 지 약 75년 후에 예언했다. 유대인들은 고국에 돌아온 지 백 년이 되었다. 우상숭배의 습관은 고쳤지만 그들은 귀환과 합당한 예배의 재설립에 대한 열정을 잃어버렸다. 말라기 선지자는 이런 분위기가 만연한 가운데 사역했다.

4. 신학적 주제

하나님의 사랑

이스라엘은 그들이 받은 심판의 경험으로 인하여 '주께서 어떻게 우리를 사랑하였나이까?' 라고 하며 하나님의 사랑에 대한 의문을 제기했다(1:2). 이 의문에 대해서 하나님은 야곱과 에서라는 개인과 거기서 나온 이스라엘과 유다라는 민족을 대비시키면서 이스라엘에 대한 사랑을 강조하셨다(1:2, 3). 하나님은 창세기 25:19-25의 예언을 기억하시고 이스라엘에 대한 지속적인 사랑으로 보존하셨다: "나 야웨는 변하지 아니하나니 그러므로 야곱의 자손들아 너희가 소멸되지 아니하느니라"(3:6).

형식적인 종교생활

말라기 시대의 종교적인 특징은 형식적이라는 것이다. 제사장이 드리는 제사는 하나님의 표준에 미치지 못했다(1:8; 신 15:21). 그들은 레위의 언약을 파기하고 자신이 하나님의 도를 지키지 않을뿐만 아니라 백성을 그릇된 길로 인도하였다(2:7-9). 그들은 하나님을 영화롭게 함으로써 언약을 지켜야 한다는 도전을 받았다.

백성의 경우 십일조와 헌물을 드리면서 하나님을 온전히 섬기지 않았다. 십일조는 일 년에 한 번(민 18:21; 신 14:22-27), 삼 년째의 것은 레위인과 가난한 자를 위해서 드려졌다(신 14:28-29). 헌물이란 일반적으로 드리는 선물이 될 것이다(출 25:2). 하나님은 온전한 십일조를 강조하셨다(신 14:28). 비록 제사장이 신실하지 못하다고 할지라도 온전한 십일조를 드리지 않는 것은 핑계가 될 수 없다(3:8). 이것은 온전한 공동체 건설을 위해서 필요했다.

하나님의 공의

악인의 형통함을 보고 '공의의 하나님이 어디 있느냐' (2:17)는 이스라엘의 질문은 시편기자의 불평처럼 들린다. 이 질문은 하나님이 악에 대해서 보응하도록 도전한다. 하나님은 공의의 하나님이시기에 언약을 저버리고 신앙 공동체를 와해하는 행위를 하는 자들을 심판하실 것이다(3:5). 하나님의 공의로운 심판은 말라기 시대에 한정된 것이 아니고, 미래로 연결된다. 또한 그 심판의 날은 의로운 자에게는 구원의 날이 된다(3:3, 4, 6, 16-18; 4:2-3). 심판의 이미지인 '크고 두려운 날' 이 이르기 전에 엘리야(세례 요한)가 메시아의 길을 예비할 것이다(4:5).

5. 구속사적 메시지

말라기 시대의 제사장과 백성은 종교의식에 있어서 크게 문제될 것이 없었다. 그렇지만 그들의 예배는 형식적이었고 제사장은 하나님의 이름을 멸시하며(1:6), 하나님의 언약을 저버렸다(2:8). 백성도 무성의한 제물을 바치고(1:7-14), 온전한 십일조도 드리지 않았다(3:8-9). 이런 상황에서 말라기의 메시지는 '언약의 복은 언약에 대한 신실성을 요구한다' 는 것이다.

그의 예언은 모세의 언약을 포로에서 돌아온 이스라엘의 문제에 적용시켰다. 그 문제는 태만과 편법과 노골적인 불순종이었다. 이런 문제의 근저에는 언약의 신실성에 대한 그릇된 관점이 있었다. 이런 잘못된 관점이 성전에서 백성의 예배(1장)와 가정의 결혼관계(2:14)에 영향을 주었다. 말라기는 그들의 관점을 새롭게 할뿐만 아니라 희망을 재정립하고 그들이 신실하게 정당한 언약으로 돌아가도록 하기 위해서 이스라엘을 다루시는 하나님의 과거와 현재와 미래를 지적했다.

마지막 부분의 예언(4:4-6)은 전체 예언의 요약으로서 모세의 법을 기억하고, 엘리야의 약속과 주님의 오시는 구속의 날을 기억하라는 것이다.

6. 특기사항

하나님의 사랑과 미움

하나님은 '내가 야곱을 사랑하였고, 에서는 미워하였다' 고 하셨다(1:2-3). 미움이란 하나님과 그분의 공의로운 표준에 맞서는 모든 종류의 행위에 대해서 하나님이 취하시는 입장이라고 할 수 있을 것이다. 하나님도 싫어하고 미워하시는 것이 있다(잠 16-19). 미움이라는 것은 때로는 부정적인 심리가 아니라 상대적인 의미로 '덜 사랑하는 것' 도 될 수 있다(창 29:30). 하나님께서 에서를 야곱보다 덜 사랑하신 것이다. 여기서는 하나님의 선택적 사랑이 기초가 될 수 있을 것이다(창 25:23; 롬 9:11). 즉 하나님이 야곱의 택하시고 에서를 택하지 않으셨다는 것이다. 그런데 이 본문은 단순히 야곱과 에서라는 개인적인 대상을 가리키지 않는다. 여기서는 집단적인 의미로 사용되었다. 그것은 이스라엘과 에돔을 일컫는다. 이것은 하나님의 미움이 단순히 하나님의 작정에만 근거하지는 않는다는 것이다. 구약에 나타나는 에돔에 대한 수많은 저주와 심판에 대한 예언은 그들의 악한 행위 때문에 주어진 것이다(시 137:7; 60:8-9; 사 21:11-12; 34:5-17; 63:1-6; 렘 49:7-22; 애 4:21-22; 겔 25:12-14; 35:1-15; 욜 3:21; 암 1:12; 옵 1-14; 말 1:2-5). 에돔은 유다를 대적하는 자의 상징이 되기도 한다. 그래서 여기서 에돔은 하나님의 진노가 임하는 악의 영역을 상징하는 전형적인 대상으로 쓰였을 것이다. 물론 하나님의 선한 목적을 위한 선택에 근거한 이해라고 할지라도 그것을 부당하다고 할 수 없을 것이다.

이방인의 경배

말라기는 이스라엘 백성의 제의에 대한 하나님의 불만을 언급하다가 갑자기 이방인의 경배에 대해서 예언했다: "만군의 야웨가 이르노라 해 뜨는 곳에서부터 해 지는 곳까지의 이방 민족 중에서 내 이름이 크게 될 것이라 각처에서 내 이름을 위하여 분향하며 깨끗한 제물을 드리리니 이는 내 이름이 이방 민족 중에서 크게 될 것임이니라"(1:11). 문맥을 고려하면 선지자는 다른 종교의 발전을 언급하는 것이 아니라 자기 백성의 부적절한 경배와 대조시키고 있다. 이스라엘과는 달리 장소와 정치와 인종을 초월하여 온 세계에서 하나님의 위대한 이름에 합당한 경배를 드리게 될 것이라는 것이다. 하나님에 대한 지식과 그분에 대한 경배는 선택받은 자기 백성에게 국한되지 않는다. 이방인들은 각처에서 하나님께 경배하기 때문에 실제로 예루살렘에서 정한 제물로 제사를 드릴 필요가 없다. 그들이 분향하고 제물을 드리는 것은 하나님과 진정한 영적 관계를 유지하며 그분을 섬기는 것에 대한 구약적인 표현일 뿐이다. 이스라엘은 이방의 빛이 되었지만 새 시대에는 복음이 모든 민족에게 전파되고 세상 모든 곳에서 이방인들이 참된 경배를 드리는 때가 온다는 것이다.

엘리야

말라기 마지막 부분에서 하나님께서는 선지자 엘리야를 보내겠다고 하셨다(4:5). 그때는 '야웨의 크고 두려운 날이 이르기 전' 이다. 이 표현은 요엘 선지자의 예언으로서(욜 2:31) 승리와 심판의 때를 말한다. 즉 대적에게는 심판의 때이고 진심으로 주를 따르는 자들에게는 구원의 때가 된다. 그 전에 언약의 기소자였던 엘리야가 올 것이다. 그는 주께서 오시는 길을 예비할 것이다. 이 엘리야가 바로 세례 요한이라고 예수님께서 말씀하셨다(마 11:7-15; 눅 7:18-35). 말라기는 이 약속으로써 복음의 새 시대를 대망하도록 한다.

부 록

01 선지자의 활동배경

유 다

930 왕국의 분열, 세겜 회의.

930-913 르호보암이 유다와 베냐민 지파의 왕이 됨. 많은 경건한 자들이 북에서 남으로 이주함.

925 시삭의 공격을 받음. 르호보암은 하나님 앞에 겸비하게 행함.

913-910 아비얌 왕이 이스라엘을 침.

910-969 아사. 야웨 보시기에 선을 행함. 10년 동안 평안을 누림, 유다는 강화됨. 구스 사람 시락이 유다를 공격함. 약 895년 아사가 하나님의 도움을 받음.

아사가 바아사와 전쟁할 동안 오뎃의 아들 아사랴가 개혁을 단행할 것을 격려함.

이스라엘

930-909 여로보암이 벧엘과 단에 송아지 숭배를 제정. 마음대로 제사장을 임명함. 절기도 변경. 유다에서 온 하나님의 사람이 단을 향해서 예언함. 왕자 아비야가 병들어 죽음.

아히야가 왕조의 종말을 예언함.

여로보암이 아비얌과의 전투에서 죽음.

909-908 여로보암의 아들 나답이 왕위에 오르지만 음모의 희생물이 됨.

908-885 바아사가 여로보암의 집을 쓸어버리고 왕이 됨. 시리아의 벤하닷과 동맹을 맺음. 여로보암의 길로 행함. 하나니의 예후가 그 집의 멸망을 예언.

아사와 계속적인 전쟁.

895 야웨와 엄숙히 언약맺음.
아사가 바아사와 다메섹의 동맹을 깨려고 하닷에게 많은 돈을 줌.
아사가 게바와 미스바를 점령.
선견자 하나니가 아사 심판함.

871 아사가 병듦.
971-848 여호사밧 통치.

853 여호사밧이 이스라엘왕 아합과 길르앗 라못을 대항해서 싸움.
군사력을 재정비.
모압과 암몬에 대승리.

848-841 여호사밧의 아들 여호람이 아합과 아세벨의 딸 아달랴와 결혼함. 에돔이 유다를 벗어나 자치권을 갖고 립나도 독립(대하 21:10). 블레셋 사람과 아랍인들이 궁전을 약탈함

894 바아사가 라마를 건축 강화시킴.

886-885 엘라, 바아사의 아들. 시므리벤에게 죽음.
885 시므리가 7일간 왕위에 오름.
885-880, 885-874 디브니, 오므리.
880 오므리가 혼자 통치. 사마리아 새수도로 삼음. 야웨 앞에 더 많은 악을 행함.
874-853 아합이 페니키아와 동맹을 맺을 목적으로 이세벨과 결혼하고 바알과 야웨를 섬김. 선지자 출현하여 바알숭배와 투쟁함. 대기근, 그릿 시내가의 피신. 갈멜산에서 바알과 대결. 하나님이 자신을 계시하시는 호렙산으로 감.
858 벤하닷이 아람의 32명의 왕과 함께 사마리아를 포위함. 한 선지자가 아합에게 조언하고 대승리를 거둠.
857 재정비한 아람과 다시 전투해서 아벡에서 다시 승리를 얻음. 아합이 벤하닷과 약조함. 이 일로 선지자의 책망을 받음.
857-854 이스라엘과 아람 사이에 전쟁이 없음. 아합이 죽음. 모압이 이스라엘을 배반함.

853-852 아하시야(아합의 아들). 그의 질병으로 인하여 보낸 사자가 엘리야를 만남. 엘리야의 승천과 엘리사 등장.
852-841 아합의 아들 요람.
모압 정벌에 나섬.
아람과 전쟁.
엘리사가 도단과 사마리아가 아람군에 의해 포위되었을 때 활약함.

(대하 21:16-17).

오바댜 선지자

여호람이 창자병으로 죽음.
841 요람과 아달랴의 아들 아하시야가 그의 삼촌 이스라엘왕 요람을 문병할 동안 예후에게 죽임을 당함(왕하 9:24, 27).

841-835 아달랴 여왕이 전 왕족을 멸함. 제사장 여호야다가 요아스를 구해서 숨겨둠.

835-796 아하시야의 아들 요아스 통치. 요아스가 여호야다가 생존할 동안 야웨 보시기에 옳게 행함. 요아스가 퇴락한 성전을 수리하라고 명함.
814-813 성전 앞뜰에 궤를 만들어 은을 모아 성전을 보수케함.

여호야다가 130세에 죽고 난 후 요아스는 그릇된 조언자들의 영향을 받아서 타락함(대하 24:15-17). 선지자들이 경고했지만 듣지 않음. 그중 여호야다의 아들 스가랴는 순교를 당함(대하 24:21). 아람왕 하사엘이 가드를 점령하고 예루살렘을 위협함(왕하 12:17).

아합의 아들 요람이 길르앗 라못을 지키기 위하여 아람과 싸우다가 부상당한 것을 치료하기 위하여 이스르엘로 갔다가 거기서 예후에게 죽임을 당함.
예후가 이세벨과 아합의 아들 칠십명과 바알 숭배자를 죽임(왕하 10:7).
841-814 예후. 그 후손의 4대까지 이스라엘의 왕위를 계승할 것이라는 약속을 받음(왕하 10:30).
예후가 여로보암의 길을 좇아 벧엘과 단의 금송아지를 섬김.

814-798 예후의 아들 여호아하스가 여로보암의 길로 행하였으므로 하나님께서 그를 하사엘과 벤하닷의 손에 붙이심(왕하 13:3).
아람군의 점령으로 인하여 이스라엘의 경계와 국력이 상당히 위축됨.

여호아하스가 아람-다메섹군에게 심한 압제를 받으므로 야웨께 구원을 간구함. 야웨께서 준비하신 구원

요엘 선지자

요아스가 음모로 암살당함(왕하 12:20).

796-767 아마샤 통치. 야웨 보시기에 옳게 행함.
암살음모에 가담한 자들을 보복했으나 모세의 법을 따라 그 자녀들은 살려둠.
이스라엘에서 용병 10만을 데려와서 에돔을 침. 아마샤가 겁 없이 요아스에게 도전장을 내었으나 요아스는 우화로 거절함. 요아스가 벧세메스에서 아마샤를 쳐서 사로잡음. 많은 유다 사람이 인질로 잡혀가고 예루살렘 성벽의 일부가 헐림.
792 아사랴(웃시야)의 섭정
782 아마샤는 아마도 다시 석방되어 767년까지 직함이 없는 평범한 시민으로 살았을 것이다.

(792)-740 웃시야 통치.
웃사야는 스가랴가 살아있는 동안에는 하나님을 찾았고 형통함(대하 26:4, 5). 블레셋과 아라비아인을 치고 암몬으로부터 조공을 받음.
예루살렘을 견고하게 하고 요새화하고 농업을 장려함. 그가 강성하여지자 교만해져 악을 행함.

자는 앗수르 왕이다.

798-782 여호아하스의 아들 요아스가 여로보암의 길을 좇아 행함.

796 요아스가 다메섹을 점령한 앗수르왕 아닷니나리에게 조공을 바침.
요아스가 엘리사의 임종에게 활과 살로 상징적인 행위를 보여줌으로써 아람을 이길 것이라는 예언을 받음.

792 여로보암 2세의 섭정.
782 요아스 죽음.
782-753 여로보암 2세 통치.
아밋대의 아들 요나가 이스라엘이 북쪽 하맛 어귀까지 영토를 확장한다고 예언하고 니느웨를 회개시켜 그 도시와 왕이 굴복하도록 함(왕하 14:25; 욘 3).
정치 경제 분야에서 전례 없는 전성기를 맞이하지만 사회문제, 공의를 실천하는 문제 특히 종교부분에는 심각한 상태에 이름.

아모스 선지자

753 스가라 통치(6개월). 그는 예후 가문의 마지막 후손으로 살룸의 반란에

750 웃시야가 제사장의 권한을 침해했을 때 심판을 받아 문둥병이 걸림.
750-740 요담의 섭정.

740 웃시야의 죽음.
이사야가 소명을 받음

740-735 요담이 야웨 보시기에 옳게 행함.
백성은 악한 관행으로 죄를 지음.
암몬사람들에게 승리해서 조공을 받음(대하 27:5).
735-732 아하스의 섭정.
유다를 반 앗수르 동맹에 끌어들이려고 이스라엘과 아람이 연합하여 아하스를 위협함.
아하스가 이사야를 만나서 '임마누엘의 표적'으로 야웨를 의뢰할 것을 권고받음(만일 당신이 믿지 않으면… 사 7-8:10).
아하스가 야웨를 의뢰할 것을 거절하고 앗수르 왕 티글랏 빌레셀의 도움을 구함.

유다가 아람-이스라엘 연합군과 치른 전쟁으로 대한한 타격을 입음(대하 28:5-7).

아하스의 요청으로 티글랏 빌레셀이

의해서 처형당함.
753 살룸(1개월 통치)은 베가의 바란에 의해서 죽음.
752-742 므나헴 통치. 여로보암의 길로 행함.

호세아 선지자

743 므나헴이 앗수르 왕 티글랏 빌레셀에게 조공을 바침.
742-740 브가히야 통치. 이 악한 왕은 베가의 반역으로 살해됨.
740-732 베가의 통치.

베가가 아람 다메섹의 르신이 주도하는 반 앗수르 동맹을 지원함(cf. 왕하 15:37).

사마리아의 선지자 오뎃이 유다를 치고 돌아오는 이스라엘 군대를 영접함.

베가가 호세아의 반란의 희생물이 됨.

다메섹의 르신을 죽였지만 그는 그 도움에 대해서 값비싼 댓가를 지불해야 함.

732-715 아하스 통치. 아하스는 유다에서 가장 패역한 왕이었다. 성전이 신성모독을 당했고 성전에 다메섹 양식의 제단의 모형을 세움.

미가 선지자

716 앗수르 군대가 팔레스틴 남부로 진입.
715-686 히스기야 통치. 그는 조상 다윗과 똑같이 야웨 보시기에 옳게 행함.
성전의 문을 열고, 성전을 정결케 함. 유월절을 지킴.
714 히스기야가 반 앗수르 동명을 지지함.
712 사르곤이 군대장관을 보내어 블레셋 도성들을 점령하고 앗수르에 합병시킴(사 20:1).
이사야가 유다의 정치적 동맹에 대해서 신랄한 비판을 가함.

704 므로닥 발라단의 사절단이 히스기야를 문병함(왕하 20:12).
701 산헤립의 세 번째 원정을 통하여 페니키아와 블레셋 땅이 점령됨.
두로를 저항하고 에그론은 친 앗수

732-723 호세아(북 이스라엘의 마지막 왕)통치.
사실 호세아는 실권이 없는 형식적인 왕이었음.
처음에는 친 앗수르파였으나 나중에 앗수르에 대해서 반란을 일으킴.
724-722 사마리아 포위.
722 사마리아 함락. 열 지파 나라 북 이스라엘의 종말.

앗수르와 바벨론

722-705 정복욕에 불타는 사르곤 2세가 전임자의 과업을 완성함.
사마리아에 이방인들을 이주시키는 정책을 씀으로써 혼혈민족인 사마리아인이 시작됨.

710 므로닥 발라단이 망명하고 사르곤이 바벨론도 통치하게 됨.
705 사르곤이 키메리엘 전투에서 전사함.
705-681 산헤립 통치.
704 므로닥 발라단이 다시 바벨론의 왕좌에 오름.

르 왕 바디를 히스기야에게 넘겨줌.
산헤립이 유대에 들어와서 예루살렘을 포위하려 함.
히스기야가 자신의 죄를 고백함.
예루살렘이 기적으로 구원받음.

이사야와 히스기야 협약.

696-686 므낫세의 섭정.

686-642 므낫세의 통치. 전반부 통치 동안은 야웨 보시기에 심히 악한 왕이었음.

에살핫돈이 블레셋과 애굽 경계까지 원정.
두로가 에살핫돈과 종주권 언약을 맺고 므나헴도 앗수르의 종주권을 인정함.

나훔 선지자

663(643?) 아마도 이 시기에 므낫세가 앗수르에 반란을 일으켜 체포되어 바벨론으로 사로잡혀갔을 것임.
므낫세가 환란 중에 깊이 회개하고 다시 왕권을 회복해서 국정을 바르게 함.
642-640 아몬은 야웨 보시기에 악을 행함. 궁중 반란에 의해서 살해됨.
640-609 요시야의 통치.

스바냐 선지자

632 요시야가 다윗의 하나님을 찾기 시

700-694 산헤립의 아들이 바벨론 왕으로 통치.

692-689 무세집 마르둑이 반 앗수르 동맹 형성.
688-681 산헤립이 바벨론 왕으로 통치.

681 산헤립이 그의 아들들에게 살해됨.
681-669 산헤립의 아들 에살핫돈이 앗수르 왕이 됨.

671 에살핫돈이 다시 애굽을 침.

669 애굽으로 가는 도중 에살핫돈이 죽음.
669-630 아수르바니팔의 통치.
667 아수르바니팔이 타하카를 쳐서 애굽 테베를 점령함(cf. 나 3:8-10).
앗수르 제국이 전성기를 맞이함.

648 아수르바니팔이 바벨론의 왕이 됨.

작함.
628 요시야가 유다와 예루살렘을 우상숭배로부터 정결케하는 정책을 씀.
627 선지자 예레미야의 소명.
622 (통치 18년) 성전을 수리하던 중 대제사장 힐기야가 율법책을 발견함.
요시야가 보고를 받고 여선지자 훌다의 자문을 구함.
왕과 백성이 야웨 앞에서 언약을 맺음(왕하 23:3; 대하 34:29-33).
예루살렘 성전과 벧엘, 사마리아도 정결케 됨.
유월절을 지킴.

609 요시야가 앗수르를 도우러 가던 애굽의 바로 느고를 저지하다가 므깃도를 전사함.
609 여호아하스(3개월 통치). 애굽에 끌려가서 죽음.
609-598 여호야김은 바로 느고에 의해서 왕이 됨. 유다가 엄청난 조공을 느고에게 바침.

하박국 선지자

605 사실상 느부갓네살이 팔레스틴을 장악함.
여호야김 통치 4년(렘 25장).
여호야김이 두루마리를 태움(렘 36장).
605 또는 602년에 다니엘과 그의 친구들이 바벨론으로 사로잡혀감(cf. 단 1:1; 왕하 24:1).

598 느부갓네살이 예루살렘을 포위함.
여호야김은 아마도 이 시기에 597년 3월에 죽었을 것임.

629과 627년 사이에 앗수르왕 아수르바니팔이 죽음.

614 메대가 앗수르의 도시 앗수르를 정복함.

612 메대와 바벨론에 의해서 니느웨가 함락됨.
612-609 아수르우발릿 통치.

605 바벨론이 갈그미스에서 애굽과 싸워 이김.
605-562 느부갓네살이 바벨론의 왕으로 통치.

여호야긴이 왕이 되어 바벨론을 잡혀감.
에스겔과 많은 사람들이 첫 번째 포로로 이때 잡혀가서 카바루 강가에 거주했음.
597-586 시드기야의 통치
586년 8월 15일 예루살렘성 함락. 백성은 포로로 잡혀감.

포로귀환 後

538 스룹바벨의 1차 포로귀환(49,897명) (스 1-6장).

520 학개, 스가랴 선지자가 성전건축을 도움(스 5:1-2; 6:14).
516 성전완공(스 6:15).

458 에스라의 2차 포로귀환(1,754명) (스 7-10장).
444 느헤미야 귀환(느 1-2장).

말라기 선지자

433 말라기 선지자 활동

에스겔 선지자

593 에스겔이 삼십 세에 소명받음.
592 에스겔이 예루살렘에서 우상숭배하는 환상을 봄(겔 8장).

587 애굽 바로의 팔이 부러질 것을 예언(겔 30:20, 26).
585-572 느부갓네살 두로를 공략.
573 에스겔이 새예루살렘과 새성전에 대한 환상을 봄(겔 40-48장).

페르시아

539 고레스가 나보니두스를 제거하고 바벨론을 점령함.
538 고레스가 포로귀환과 성전건축을 허락하는 칙령을 발표함(대하 36:22-23; 스 1:1-3; 6:2-5).
521-486 다리우스1세 통치. 그의 통치 6년에 성전이 완공됨(스 5-6장).

486 아하수에로(Xerxes)가 유대인의 대적의 편지를 받음(스 4:6).

458 아닥사스다1세가 에스라를 보내어 예루살렘을 방문하도록 함(스 7:8, 11-16).

02 참고도서

구약전체

Carson, D.A., *New Bible Commentary*, 21st Century Edition (4th ed.), Downers Grove, Ill.,: Inter-Varsity Press, 1994.

Dillard, R.B. & Longman, T., *An Introduction to the Old Testament*, London: Apollos, 1995.

Dumbrell, W.J., *The Faith of Israel*: A theological survey of the Old Testament (2nd ed.), Grand Rapids, Mich.: Baker Academic, 2002.

Elwell, W.A. & Beitzel, B.J., *Baker Encyclopedia of the Bible*, Grand Rapids, Mich.: Baker Book House, 1988.

Elwell, W.A. & Comfort, P.W., *Tyndale Bible Dictionary*, Tyndale Reference Library, Wheaton, Ill.: Tyndale House Publishers, 2001.

Frank E. Gæbelein (ed.), *The Expositor's Bible Commentary*, 1-7, Grand Rapids, MI: Zondervan Publishing House, 1990.

Freedman, D.N., *The Anchor Yale Bible Dictionary*, New York: Doubleday, 1996.

Harrison, R.K., *Introduction to the Old Testament*, Grand Rapids, MI: William B. Eerdmans Publishing Company, 1985.

Hill, A.E., *A Survey of the Old Testament*, 2nd ed., Grand Rapids: Zondervan, 2000.

LaSor, W.S., *Old Testament Survey*: The Message, Form and Background of the Old Testament, 2nd ed., Grand Rapids, Mich: William B. Eerdmans, 1996.

Kaiser, W.C., *Hard Sayings of the Bible*, Downers Grove, Il: InterVarsity, 1997.

Walton, J.H., *The IVP Bible Background Commentary*: Old Testament, Downers Grove: InterVarsity Press, 2000.

Wood, D.R. & Marshall, I.H., *New Bible Dictionary* (3rd ed.). Leicester, England; Downers Grove, Ill.: Inter Varsity Press, 1996.

Young, E.J., *An Introduction to the Old Testament*, Grand Rapids, MI: William B. Eerdmans Publishing Company, 1977.

창세기

Kidner, D., *Genesis*, TOTC, Downers Grove, IL: Inter VarsityPress, 1967.

Mathews, K.A., *Genesis*, NAC 1, 2, Nashville: Broadman & Holman Publishers, 2001.

Pritchard, J. B. (ed.), *The Ancient Near Eastern Texts relating to the Old Testament*, 5th., Princeton: Princeton University Press, 1992.

Sarna, N.M., *Genesis*, The JPS Torah Commentary, Philadelphia: Jewish Publication Society, 1989.

Wenham, G.J., *Genesis*, WBC 1, 2, Dallas: Word Books, 1987, 1994.

Westermann, C., *Genesis*, A Continental Commentary I-III: Minneapolis, MN: Fortress Press, 1994.

출애굽기

Aling, C.F., *Egypt and Bible History*: From Earliest Times to 1000 B.C, Grand Rapids, Mich: Baker Book House, 1981.

Currid, J.D., *Ancient Egypt and the Old Testament*, Grand Rapids: Baker Book House, 1997.

Durham, J.I., *Exodus*, WBC, Waco, Tex.: Word Books, 1987.

Houtman, C., *Exodus*, Vol. 1-3, HCOT, Kampen: Kok, 1993-2000.

Sarna, N.M., *Exodus*, The JPS Torah Commentary, Philadelphia: Jewish Publication Society, 1991.

Stuart, D.K., *Exodus*, NAC, Nashville: Broadman & Holman Publishers, 2006.

레위기

Harrison, R.K., *Leviticus*, TOTC, Downers Grove, IL: InterVarsity Press, 1980.

Hartley, J.E., *Leviticus*, WBC, Dallas: Word Books, 1992.

Levine, B.A., *Leviticus*, The JPS Torah commentary, Philadelphia: Jewish Publication Society, 1989.

Milgrom, J. *Leviticus*: A Book of Ritual and Ethics, A Continental Commentary,

Minneapolis, MN: Fortress Press, 2004.
Wold, D.J., *Out of Order*: Homosexuality in the Bible & the Ancient Near East, Grand Rapids, Michigan: Baker Books, 1998.

민수기

Budd, P.J., *Numbers*, WBC, Waco, Tex.: Word Books, 1984.
Coats, G.W., *Rebellion in the Wilderness*, Nashville: Abingdon Press, 1968.
Cole, R.D., *Numbers*, NAC. Nashville: Broadman & Holman Publishers, 2001.
Milgrom, J., *Numbers*, The JPS Torah Commentary, Philadelphia: Jewish Publication Society, 1990.
Ohmann, H.M., *Enumerations in the Wilderness 1-2*, Armadale, Western Australia: Pro Ecclesia Publishers, 2002.
Wenham, G.J., *Numbers*, TOTC, Downers Grove, IL: InterVarsity Press, 1981.

신명기

Christensen, D.L., *Deuteronomy 1-21:9*, WBC, Nashville: Thomas Nelson, 2001.
Christensen, D.L., *Deuteronomy 21*: *10-34:12*, WBC, Nashville: Thomas Nelson, 2002.
McConville, J.G., *Deuteronomy*, AOTC, Downers Grove, Ill: InterVarsity Press, 2002.
Merrill, E.H., *Deuteronomy*, NAC, Nashville: Broadman & Holman Publishers, 1994.
Tigay, J.H., *Deuteronomy*, The JPS Torah Commentary, Philadelphia: Jewish Publication Society, 1996.

여호수아

Butler, T.C., *Joshua*, WBC, Waco, Tex.: Word Books, 1983.
Hamlin, E.J., *Joshua*, ITC, GrandRapids, Michigan: Eerdmans, 1983.
Hess, R.S., *Joshua*, TOTC, Downers Grove, IL: InterVarsity Press, 1996.
Howard, D.M., *Joshua,* NAC, Nashville: Broadman & Holman Publishers, 1998.
Kroeze, J.H., *Het Boek Jozua*, COT, Kampen: Kok, 1968.
McConville, J.G., *Joshua*, The two Horizons Old Testament Commentary, Grand Rapids, Mich: William B. Eerdmans, 2010.
Smit, H.M., *Outlines on the Book of Joshua*, London, Ontario: Inter-League Publication Board, 2003.
Woudstra, M.H., *The Book of Joshua*, NICOT, Grand Rapids, Mich.: Eerdmans, 1981.

사사기

Block, D.I., *Judges, Ruth*, NAC, Nashville: Broadman & Holman Publishers, 1999.

Butler, T.C., *Judges*, WBC, Nashville, Tenn: Thomas Nelson, 2009.

Cundall, A.E. & Morris, L., *Judges and Ruth*, TOTC, Downers Grove, IL: InterVarsity Press, 1968.

Gunn, D.M., *Judges*, Blackwell Bible Commentaries, Oxford: Blackwell, 2005.

Jordan, J.B., *Judges*: God`s War against Humanism, Tyler, Tex: Geneva Ministries, 1985.

룻기

Bush, F.W., *Ruth, Esther*, WBC, Dallas: Word Books, 1996.

Cnossen, S.S., *The Significance of the Book of Ruth*, Ontario: Inter-League Publication Board, 2000.

LaCoque, A., *Ruth*, A Continental Commentary, Minneapolis, MN: Fortress Press, 2004.

사무엘서

Anderson, A.A., *2 Samuel*, WBC, Dallas: Word Books, 1989.

Baldwin, J.G., *1 and 2 Samuel*, TOTC, Downers Grove, IL: InterVarsity Press, 1988.

Bergen, R.D., *1, 2 Samuel*, NAC, Nashville: Broadman & Holman Publishers, 1996.

Carlson, R.A., *David*: the chosen King, Uppsala: Almqvist & Wiksells, 1964.

Firth, D.G., 1 & 2 Samuel, Apollos Old Testament Commentary, Downers Grove, Ill: InterVarsity Press, 2009.

Klein, R.W., *1 Samuel*, WBC, Waco, Tex.: Word Books, 1983.

Robinson, G., *1 and 2 Samuel*, Grand Rapids, Michigan: W.B. Eerdmans, 1993.

Tom Horner, *Jonathan Loved David; Homosexuality in Biblical Times*, Philadelphia: TheWestminster Press, 1978.

Tsumura, D.T., *The First Book of Samuel*, The New International Commentary on the Old Testament, Grand Rapids, Mich: William B. Eerdmans, 2007.

열왕기

DeVries, S.J., *1 Kings*, WBC, Dallas: Word, Inc., 2003.

Fritz, V., *1 & 2 Kings*, A Continental Commentary, Minneapolis, MN: Fortress Press, 2003.

Hobbs, T.R., *2 Kings*, WBC, Waco, Tex.: Word Books, 1985.

House, P.R., *1, 2 Kings*, NAC, Nashville: Broadman & Holman Publishers, 1995.

Mulder, M.J., *I Kings*, HCOT, Leuven: Peeters, 1998.

Thiele, E.R., *A Chronology of the Hebrew Kings*, Grand Rapids: Zondervan, 1977.
Wiseman, D.J., *1 and 2 Kings*, TOTC, Downers Grove, IL: InterVarsity Press, 1993.

역대기

Braun, R.L. *1Chronicles*, WBC, Waco, Tex.: Word Books, 1986.
Dillard, R.B., *2Chronicles*, WBC, Waco, Tex.: Word Books, 1987.
Klein, R.W., & Krüger, T., *1 Chronicles*, Hermeneia, Minneapolis: Fortress Press, 2006.
Selman, M.J., *1Chronicles*, TOTC, Downers Grove, IL: InterVarsity Press, 1994.
Selman, M.J., *2Chronicles*, TOTC, Downers Grove, IL: InterVarsity Press, 1994.
Thompson, J.A., 1, 2 Chronicles, NAC, Nashville: Broadman & Holman Publishers, 1994.

에스라 / 느헤미야

Breneman, M., *Ezra, Nehemiah, Esther*, NAC. Nashville: Broadman & Holman Publishers, 1993.
Kidner, D., *Ezra and Nehemiah*, TOTC, Downers Grove, IL: InterVarsity Press, 1979.
Willamson, H.G.M., *Ezra-Nehemiah*, WBC, Waco, Tex.: Word Books, 1985.

에스더

Berlin, A., *Esther*, JPS Bible Commentary. Philadephia: Jewish Publication Society, 2001.
Reid, D., *Esther*, TOTC, Downers Grove, IL: InterVarsity Press, 2008.
Wiskerke, J.R., 그래도 하나님은 승리하신다, 에스더서 강해, 서울: SFC, 1989.

욥기

Alden, R.L., *Job*, NAC, Nashville: Broadman & Holman Publishers, 1993.
Anderson, F.I., *Job*, TOTC, Downers Grove, IL: InterVarsity Press, 1976.
Bijl, C., 욥의 고난과 하나님의 구속사, 서울: 생명의 양식, 2007.
Clines, D.J.A., *Job*, WBC 17, 18, Nashville, Tenn: Thomas Nelson, 2006.

시편

Allen, L.C., *Psalms 101-150*, WBC, Nashville: Thomas Nelson, 2002.
Calvin, J., *Commentary on the Book of Psalms I-V*, Grand Rapids, Mich: Baker Book

House, 1993.
Craigie, P.C., *Psalms 1-50* (2nd ed.), WBC, Nashville: Thomas Nelson, 2004.
Goldingay, J.E., *Psalms*, Vol. 1-3, Baker Commentary on the Old Testament: Wisdom and Psalms, Grand Rapids, Mich: Baker Academic, 2006-8.
Harman, A.M., *Commentary on the Psalms*, Fearn: Christian Focus, 1998.
Kidner, D., *Psalms 1-72*, TOTC. Downers Grove, IL: InterVarsity Press, 1973.
Kidner, D., *Psalms 73-150*, TOTC, Downers Grove, IL: InterVarsity Press, 1973.
Kraus, H.J., *Psalms 1-59*, A Continental Commentary, Minneapolis, MN: Fortress Press, 1993.
Kraus, H.J., *Psalms 60-150*, A Continental Commentary, Minneapolis, MN: Fortress Press, 1993.
Longman, T., *How to Read the Psalms*, Downers Grove, Ill: Inter-Varsity, 1988.
Tate, M.E., *Psalms 51-100*, WBC, Dallas: Word Books, 1990.

잠언

Longman, T., *Proverbs*, Baker Commentary on the Old Testament Wisdom and Psalms, Grand Rapids, Mich: Baker Academic, 2006.
Kidner, D., *Proverbs*, TOTC, Downers Grove, IL: InterVarsity Press, 1964.
Murphy, R.E., *Proverbs*, WBC, Nashville: Thomas Nelson, 1998.

전도서

Fox, M.V., *Ecclesiastes*, The JPS Bible commentary. Philadelphia: Jewish Publication Society, 2004.
Lohfink, N, *Qoheleth*, A Continental Commentary, Minneapolis, MN: Fortress Press, 2003.
Longman, T., *The Book of Ecclesiastes*, NICOT, Grand Rapids: Eerdmans, 1998.
Wiersbe, W.W., *Be Satisfied*, Wheaton, IL: Victor Books, 1996.

아가서

Carr, G.L., *Song of Solomon*, TOTC, Downers Grove, IL: InterVarsity Press, 1984.
Keel, O., *The Song of Songs*, A Continental Commentary, Minneapolis, MN: Fortress Press, 1994.
Longman, T., *Song of Songs*, New International Commentary on the Old Testament. Grand Rapids, Mich: William B. Eerdmans, 2001.

Murphy, R.E. & McBride, S.D., *The Song of Songs*, Hermeneia, Minneapolis: Fortress Press, 1990.

이사야

Calvin, J., *Commentaries on the Prophet Isaiah* I-IV, Michigan: Baker Book House, 1993.
Clendenen, E.R., *Isaiah 1-39*, NAC, Nashville: Broadman & Holman Publishers, 2007.
Motyer, J.A., *The Prophecy of Isaiah*, Leicester: Inter-Varsity, 1993.
Watts, J.D.W., *Isaiah 1-33* (Revised), WBC, Nashville: Thomas Nelson, Inc., 2005.
Watts, J.D.W., *Isaiah 34-66* (Revised), WBC, Nashville: Thomas Nelson, Inc., 2005.
Young, E.J., *The Book of Isaiah*, NICOT, Grand Rapids: Eerdmans, 1965-72.

예레미야 / 애가

Brueggemann, W., *The Theology of the Book of Jeremiah*, Cambridge: Cambridge University Press, 2007.
Calvin, J., *Commentaries on the Prophet Jeremiah and the Lamentations*, I-V, Michigan: Baker Book House, 1993.
Harrison, R.K., *Jeremiah and Lamentations*, TOTC, Downers Grove, IL: InterVarsity Press, 1973.
Holladay, W.L., *Jeremiah 1, 2*, Hermeneia, Philadelphia: Fortress Press, 1986.
Huey, F., *Jeremiah, Lamentations*, NAC, Nashville: Broadman & Holman Publishers, 1993.

에스겔

Allen, L.C., *Ezekiel 1-19*, WBC, Dallas: Word Books, 1994.
Allen, L.C., *Ezekiel 20-48*, WBC, Dallas: Word Books, 1990.
Cooper, L.E., *Ezekiel*, NAC, Nashville: Broadman & Holman Publishers, 1994.
Joyce, P.M., *Ezekiel*: a Commentary, Library of Hebrew Bible/Old Testament Studies, New York: T & T Clark, 2007.
Zimmerli, W., *Ezekiel*, Hermeneia, Philadelphia: Fortress Press, 1979.

다니엘

Baldwin, J.G., *Daniel*, TOTC, Downers Grove, IL: InterVarsity Press,1978.
Collins, J.J., *Daniel*, Hermeneia, Minneapolis: Fortress Press, 1993.

Goldingay, J.E., *Daniel*, WBC, Dallas: Word Books, 1989.
Gowan, D.E., *Daniel*, Abingdon Old Testament Commentaries, Nashville, Tenn: Abingdon Press, 2001.
Miller, S.R., *Daniel*, NAC, Nashville: Broadman & Holman Publishers, 1994.

소선지서

Baker, D.W., *Nahum, Habakkuk and Zephaniah*, TOTC, Downers Grove, IL: InterVarsity Press, 1988.
Baldwin, J.G., *Haggai, Zechariah and Malachi*, TOTC, Downers Grove, IL: InterVarsity Press, 1972.
Barker, K.L., *Micah, Nahum, Habakkuk, Zephaniah*, NAC, Nashville: Broadman & Holman Publishers, 1999.
Chisholm, Jr. R.B., *Interpreting the Minor Prophets*, Grand Rapids, Michigan: Zondervan, 1990.
Hillers, D.R., *Micah*, Hermeneia, Philadelphia: Fortress Press, 1984.
Hubbard, D.A., *Joel and Amos*, TOTC, Downers Grove, IL: InterVarsity Press, 1989.
Lok, P., *The Minor Prophets*, London, Ontario: Inter-League Publication, 1989.
McComiskey, T.E. (ed.), *The Minor Prophets*: An Exegetical and Expository Commentary, V. 1-3. Grand Rapids: Baker Book House, 1992-1998.
Paul, S.M., *Amos*, Hermeneia, Minneapolis: Fortress Press, 1991.
Smith, B.K., & Page, F.S., *Amos, Obadiah, Jonah*, NAC, Nashville: Broadman & Holman Publishers, 1995.
Smith, J.E., *The Minor Prophets*, Joplin, Mo.: College Press, 1994.
Smith, R.L., *Micah-Malachi*, WBC, Waco, Tex.: Word Books, 1984.
Stuart, D., *Hosea-Jonah*, WBC, Waco, Tex.: Word Books, 1987.
Sweeney, M.A., *Zephaniah, Hermeneia*, Minneapolis, Minn.: Fortress Press, 2003.
Wiseman, D.J., Alexander, T.D. & Waltke, B.K., *Obadiah, Jonah and Micah*, TOTC, Downers Grove, IL: InterVarsity Press, 1988.
Wolff, H.W. & McBride, S.D., *Joel and Amos, Hermeneia, Philadelphia*: Fortress Press, 1977.

03 인명색인

04 약어표

ABD Anchor Bible Dictionary

BEB Baker Encyclopedia of the Bible

DDD Dictionary of Deities and Demons in the Bible

NIV New International Version

KJV King James Version

ESV English Standard Version

HCOT Historical Commentary of the Old Testament

ITC International Theological Commentary

NAC New American Commentary

NASB New American Standard Bible

NBD New Bible Dictionary

NEB New English Bible

NICOT New International Commentary of the Old Testament

NRSV New Revised Standard Version

TBD Tyndale Bible Dictionary

TOTC Tyndale Old Testament Commentaries

WBC Word Biblical Commentary